图书在版编目(CIP)数据

中国古代政治思想史 / 刘泽华,葛荃主编.—2版
(修订本).—天津:南开大学出版社,2001.6
(2021.7重印)
ISBN 978-7-310-01618-1

Ⅰ.中… Ⅱ.①刘…②葛… Ⅲ.政治思想史－中国 Ⅳ.D092

中国版本图书馆CIP数据核字(2001)第040114号

版权所有 侵权必究

中国古代政治思想史(第二版)
ZHONGGUO GUDAI ZHENGZHI SIXIANGSHI (DI-ER BAN)

南开大学出版社出版发行
出版人:陈 敬
地址:天津市南开区卫津路94号 邮政编码:300071
营销部电话:(022)23508339 营销部传真:(022)23508542
http://www.nkup.com.cn

天津泰宇印务有限公司印刷 全国各地新华书店经销
2001年6月第2版 2021年7月第11次印刷
787×960毫米 16开本 36.75印张 2插页 613千字
定价:95.00元

如遇图书印装质量问题,请与本社营销部联系调换,电话:(022)23508339

研究生教学用书
教育部研究生工作办公室推荐

中国古代政治思想史

（修订本）

刘泽华　葛　荃　主编

南开大学出版社
天　津

撰者分工
（按章节次序）

刘泽华： 导言，第一、二、三、四、五、六、七、八、九、十章，第十一章第五节之一、三，第十二章第二节，第十三章第二节，后记。

葛　荃： 第十一章第一、二、三、四节，第十二章第一、四、五节，第十三章第三、四节，第十七章第二、三、四节，第十八章，第十九章第四节，第二十章第一、四、五节，第二十一章，第二十三章第二节。

张分田： 第十一章第五节，第十二章第三节，第十四、十五、十六章，第十七章第一节，第十九章第一、二、三节，第二十章第二、三节，第二十二章，第二十三章第三节。

杜洪义： 第十二章第六、七节，第十三章第一节。

乔治忠： 第二十三章第一节。

目 录

导言：中国政治思想史研究对象 …………………………… 1

第一章　商与西周神佑王权政治思想 ……………………… 1
　第一节　商代神、祖崇拜与王权思想 ……………………… 1
　　一、上帝的权威和祖先崇拜 ………………………………… 1
　　二、王权专制思想 …………………………………………… 3
　第二节　周公的尊天敬德思想 ……………………………… 5
　　一、敬天和尊王的政治观念 ………………………………… 5
　　二、敬德、保民、慎罚思想 ………………………………… 6
　第三节　"天子独尊"的王权专制思想 …………………… 9
　第四节　西周后期对王专权的修正 ……………………… 10
　　一、邵公论弭谤 ……………………………………………… 10
　　二、伯阳父论"和"、"同" ………………………………… 11

第二章　春秋战国时期政治思想的世俗化转型 ………… 12
　第一节　春秋时期的政治思潮 …………………………… 13
　　一、关于天人关系与政治的指导思想 …………………… 13
　　二、对"民"在政治成败中地位的新认识 ………………… 15
　　三、君主专制思想的强化 …………………………………… 18
　　四、关于礼、法、刑、政的政治作用的新认识 …………… 20
　　五、关于用人与成败 ………………………………………… 24
　第二节　战国时期政治思想上的百家争鸣 …………… 26

第三章　儒家以伦理为中心的政治思想 ………………… 30
　第一节　孔子以礼仁为中心的政治思想 ………………… 30
　　一、政治理想与统治者的自我认识 ……………………… 31

· 1 ·

二、伦理政治与安于专制秩序…………………………………………… 34
三、保守的边际平衡式的政治思维……………………………………… 38
第二节 《中庸》、《大学》的修身治国思想……………………………… 42
一、关于修身之道………………………………………………………… 42
二、修身治国平天下……………………………………………………… 44
第三节 孟子的仁政思想……………………………………………………… 46
一、人性善和伦理思想…………………………………………………… 46
二、仁政说………………………………………………………………… 50
三、论君臣与君民关系…………………………………………………… 52
四、王道、霸道与统一…………………………………………………… 56
第四节 荀子的礼治思想……………………………………………………… 57
一、性恶论和对性的改造………………………………………………… 57
二、礼治、法治和人治…………………………………………………… 60
三、道义分析与道高于君………………………………………………… 63
四、富国与富民…………………………………………………………… 65
第五节 《易传》以应变为核心的政治思想………………………………… 70
一、《易传》的理论特点………………………………………………… 70
二、社会结构本于自然说………………………………………………… 71
三、应变政治……………………………………………………………… 73
四、圣人治道……………………………………………………………… 75

第四章 法家以法、势、术为中心的政治思想……………………………… 80
第一节 慎到的以势行法思想………………………………………………… 80
一、贵势与天子为天下说………………………………………………… 81
二、尚法贵公论…………………………………………………………… 82
三、驭臣之术……………………………………………………………… 85
第二节 申不害的术治思想…………………………………………………… 87
一、申子在法家中的地位………………………………………………… 87
二、术治思想……………………………………………………………… 88
第三节 《商君书》的以法强国思想………………………………………… 90
一、政治思想的理论基础………………………………………………… 91
二、耕战政策论…………………………………………………………… 92
三、以"重罚"为特色的法治思想……………………………………… 95
第四节 韩非的绝对专制政治思想…………………………………………… 98
一、政治思想的理论基础………………………………………………… 99

二、君利中心论 ………………………………………… 102
　　三、势、法、术理论与君主专制主义的绝对化 ………… 103
　　四、思想与文化专制论 …………………………………… 108

第五章　道家以法自然为中心的政治思想 … 111
第一节　《老子》法自然的无为政治思想 … 111
　　一、道与法自然 …………………………………………… 112
　　二、无为政治 ……………………………………………… 115
　　三、弱用之术 ……………………………………………… 117
　　四、小国寡民说 …………………………………………… 121
第二节　《庄子》的自然主义政治思想 … 122
　　一、人性自然说 …………………………………………… 123
　　二、对桎梏人自然性的社会关系与社会观念的批判 …… 126
　　三、政治主张与理想社会 ………………………………… 131
第三节　马王堆《老子》乙本卷前古佚书的黄老政治思想 … 136
　　一、顺天合人与循理用当原则 …………………………… 137
　　二、法断与审形名 ………………………………………… 139
　　三、文武、德刑、刚柔并用之术 ………………………… 141

第六章　墨子的兼爱论与绝对尚同的专制主义 … 144
第一节　刑政、政长的起源和社会政治的基本矛盾 … 145
　　一、一人一义的混乱时代 ………………………………… 145
　　二、刑政、政长的产生 …………………………………… 145
第二节　兼相爱、交相利说 … 146
第三节　尚同说与君主专制主义 … 148
　　一、立统一之义 …………………………………………… 148
　　二、推行"义"的手段 …………………………………… 149
　　三、专制主义政治体系 …………………………………… 150
第四节　尚贤说、节用说、非攻说 … 151
　　一、尚贤说 ………………………………………………… 151
　　二、节用说 ………………………………………………… 151
　　三、非攻说 ………………………………………………… 152

第七章　《管子·轻重篇》的商业治国理论 … 154
第一节　以"轻重"治国说 … 154
　　一、"轻重"一词的含义 ………………………………… 154

二、以"轻重"治国 ……………………………………………… 155
　第二节　关于市场规律的认识 …………………………………… 157
　　一、谷物、货币、万物的比价问题 ………………………………… 157
　　二、关于物价 ……………………………………………………… 158
　第三节　国家垄断以牟利论 ……………………………………… 159
　　一、垄断货币的铸造与发行 ……………………………………… 159
　　二、掌握充足的谷物 ……………………………………………… 160
　　三、控制盐铁 ……………………………………………………… 160
　　四、垄断山林及特产 ……………………………………………… 160
　　五、操纵市场，从中取利 ………………………………………… 161
　第四节　以经济实力为基础的治国方略 ………………………… 163
　　一、经济控制与经济鼓励 ………………………………………… 163
　　二、以经济实力解决矛盾 ………………………………………… 164

第八章　阴阳家以天人配合为特征的程式化政治思想 ………… 166
　第一节　阴阳、五行说概述 ……………………………………… 166
　　一、阴阳五行的缘起 ……………………………………………… 166
　　二、阴阳五行学派 ………………………………………………… 167
　第二节　邹衍五德终始下的政治循环理论 ……………………… 168
　第三节　《月令》天人相应的政治程式化理论 …………………… 170
　　一、天人相应 ……………………………………………………… 170
　　二、时政论 ………………………………………………………… 170

第九章　秦朝皇权专制思想 ………………………………………… 173
　第一节　皇帝至上理论的极度发展 ……………………………… 173
　第二节　皇帝极欲与重罚主义 …………………………………… 175
　　一、皇帝极欲 ……………………………………………………… 175
　　二、"督责之术" …………………………………………………… 176
　第三节　以法为教，以吏为师 …………………………………… 177
　　一、以法为主，兼蓄其他的文化政策 …………………………… 177
　　二、文化专制主义 ………………………………………………… 177

第十章　西汉前期黄老政治理论与儒法的新发展 ……………… 179
　第一节　道家黄老政治思想的实践与理论 ……………………… 179
　　一、黄老思想与汉初政治 ………………………………………… 179
　　二、《淮南子》无为政治思想 ……………………………………… 180

目 录

第二节 儒家政治思想面向实际的新发展 …………………… 187
一、陆贾的仁义与无为相结合的政治思想 ………… 187
二、贾谊尊仁义与强化中央集权的政治思想 ……… 189
第三节 晁错的尚法与重农战思想 ……………………………… 193

第十一章 西汉中、后期政治指导思想的争论与发展 …… 196
第一节 "独崇儒术"与汉武帝的统治思想 ………………… 196
一、西汉统治者关于政治指导思想的争论 ………… 196
二、独崇儒术 ………………………………………… 198
三、汉武帝的杂霸政治术 …………………………… 199
四、汉元帝尊儒 ……………………………………… 203
第二节 《春秋·公羊传》的"大一统"政治思想 ………… 205
一、《公羊传》和"公羊学" ………………………… 205
二、《公羊传》的"大一统"政治学说 ……………… 206
第三节 董仲舒的天人合一政治论 …………………………… 211
一、天的体系与天人合一 …………………………… 212
二、君权至上和天谴说 ……………………………… 213
三、阴阳合分论与德治主张 ………………………… 214
四、道的永恒与经、权、更化 ……………………… 216
第四节 《盐铁论》中的王、霸道之争 ……………………… 218
一、盐铁之议与《盐铁论》 ………………………… 218
二、王道仁义与霸道权利之争 ……………………… 219
三、贤良文学对社会政治弊端的揭露批判 ………… 221
第五节 西汉晚期的政治调整思潮 …………………………… 222
一、西汉后期社会危机与政治调整思想 …………… 222
二、扬雄对汉代经学的反思与改造 ………………… 229
三、王莽受命改制的政治思想 ……………………… 232

第十二章 东汉谶纬化的经学政治观与名教思潮 ………… 237
第一节 东汉初期统治集团的崇儒与集权思想 ……………… 237
一、刘秀君臣的崇儒思想 …………………………… 238
二、以"柔道"治国 ………………………………… 239
三、并官政策与集权思想 …………………………… 242
第二节 《白虎通义》名教与神学相结合的政治思想 …… 243
一、帝王的神圣性与至上性 ………………………… 244

  二、三纲五常的绝对化思想 ……………………………………… 245
 第三节 王充的经学批判思想 ……………………………………… 247
  一、对谶纬神学的批判 …………………………………………… 247
  二、对神化圣人和经学崇拜的批判 ……………………………… 249
  三、时命论与思想的矛盾性 ……………………………………… 251
 第四节 东汉名教思潮 ……………………………………………… 252
  一、汉代的孝治与名教 …………………………………………… 252
  二、奖励名节与孝廉取士 ………………………………………… 253
  三、"浮华交会"与名教的衰落 …………………………………… 257
 第五节 东汉末年的党锢与清议思潮 …………………………… 259
  一、"党锢之祸"及其根由 ………………………………………… 259
  二、清议思潮及其政治意义 ……………………………………… 261
 第六节 《太平经》的善恶观和太平理想 ……………………… 264
  一、"兴善止恶"论 ………………………………………………… 265
  二、君臣民"并力同心"说 ………………………………………… 267
  三、"尊道重德"的治国思想 ……………………………………… 269
  四、太平盛世的政治理想 ………………………………………… 270
 第七节 东汉末年的政治批评与反思思潮 ……………………… 272
  一、对昏君奸臣的抨击与反思 …………………………………… 272
  二、关于重整政治关系的反思与设计 …………………………… 274
  三、论用人之道 …………………………………………………… 276
  四、论治国之道 …………………………………………………… 278
  五、关于经济政策的反思与措施 ………………………………… 282

第十三章 汉末三国两晋南北朝时期政治思想的多元发展 …… 284
 第一节 汉末的名理与名法思潮 ………………………………… 284
  一、东汉末期的名理思潮 ………………………………………… 285
  二、汉魏之际的名法思潮 ………………………………………… 290
 第二节 魏晋玄学中的政治思想 ………………………………… 294
  一、何晏贵自然与用名教 ………………………………………… 294
  二、王弼"名教出于自然"的政治哲学 ………………………… 296
  三、嵇康、阮籍"越名教而任自然"的政治观 ………………… 301
  四、裴頠的崇有论的政治思想 …………………………………… 305
  五、郭象"存在即合理"的政治思想 …………………………… 308
  六、玄学政治思想的特点 ………………………………………… 312

第三节 两晋及南朝儒家政治思想的承传与发展 ……… 313
    一、论王朝更迭与王权合法性 ……………………… 313
    二、君权至上与君臣关系 …………………………… 316
    三、礼制与教化 ……………………………………… 318
    四、九品官人法与贤人政治 ………………………… 320
    五、法治与"议复肉刑" ……………………………… 322
第四节 北魏统治集团治国思想的儒学化 …………… 327
    一、北魏前期统治者对儒家政治思想的认同 ……… 327
    二、孝文帝的孝治主张 ……………………………… 332

第十四章 魏晋至宋佛教、道教的政治思想 ………… 335
第一节 佛、道、儒三教的争衡与兼摄 ……………… 335
第二节 佛教的政治观念 ……………………………… 338
    一、佛教的中国化及其对政治文化的影响 ………… 338
    二、佛教学者的尊君思想 …………………………… 340
第三节 道教神化王权、维护宗法的政治思想 ……… 342
    一、道教中的尊君思想 ……………………………… 342
    二、道教经戒对大众社会政治观念的影响 ………… 347

第十五章 隋唐诸帝的君道理论 ……………………… 349
第一节 民本论与君臣一体论 ………………………… 350
    一、民本论:君权的绝对性与相对性 ……………… 350
    二、君臣一体论:驭群臣与驭天下 ………………… 354
第二节 封建论:家天下与公天下 …………………… 356
第三节 法制论与谏议论 ……………………………… 359
    一、人治与法治 ……………………………………… 359
    二、谏议论:兼听与独断 …………………………… 361
第四节 孝治及隋唐君道的思想特点 ………………… 364
    一、以孝治天下 ……………………………………… 364
    二、隋唐君道的思想特点 …………………………… 365

第十六章 隋唐儒家政治哲学与政治批判思想 ……… 367
第一节 隋唐儒学的复兴 ……………………………… 367
第二节 孔颖达的道论与治道 ………………………… 369
    一、自然本体与伦理本位相结合的道论 …………… 369
    二、以礼仁为中心的治国之道 ……………………… 370

三、系统的君德论 …………………………………………… 371
　第三节　《中说》兴王道、正礼乐的政治思想 …………………… 372
　　一、"三教可一"论 …………………………………………… 372
　　二、批判谶纬，提倡中道 ……………………………………… 373
　　三、兴王道，正礼乐 …………………………………………… 374
　第四节　柳宗元的大中之道及国家政体论 ……………………… 374
　　一、天与人不相干预论 ………………………………………… 375
　　二、国家政体论 ………………………………………………… 375
　　三、大中之道与仁义之政 ……………………………………… 376
　　四、"吏为民役"论 …………………………………………… 378
　第五节　韩愈的道统论与尊君思想 ……………………………… 378
　　一、道统论 ……………………………………………………… 378
　　二、性品说 ……………………………………………………… 379
　　三、圣人创制立法、拯救人类说 ……………………………… 380
　第六节　隋唐、五代政治批判思想的新发展 …………………… 381
　　一、皮日休的仁政论及其对暴政的批判 ……………………… 382
　　二、《无能子》否定圣人、帝王和纲常的政治思想 ………… 383
　　三、罗隐的明君论及其对暴君的批判 ………………………… 385
　　四、谭峭的"君盗"论与均食、尚俭论 ……………………… 386

第十七章　北宋政治调整与强化王权的政治思想 ……………… 388
　第一节　宋初诸帝强化集权的治国方略 ………………………… 388
　　一、强化对兵权的控制 ………………………………………… 389
　　二、削夺地方权力，限制朝臣权柄 …………………………… 390
　　三、养官和不抑兼并 …………………………………………… 390
　　四、守内虚外 …………………………………………………… 391
　第二节　李觏的富国强兵政治思想 ……………………………… 391
　　一、礼和王霸道同质论 ………………………………………… 392
　　二、义利统一说 ………………………………………………… 393
　　三、救弊之术 …………………………………………………… 393
　　四、强本节用 …………………………………………………… 394
　　五、"强兵"主张 ……………………………………………… 396
　第三节　王安石"改易更革"政治调节思想 …………………… 397
　　一、天、道自然与"性不可善恶言" ………………………… 398
　　二、"改易更革"论 …………………………………………… 399

目　录

　　三、大明法度,众建贤才 …………………………………………… 400
　　四、生财与理财 …………………………………………………… 401
　　五、"改易更革"的归宿 …………………………………………… 402
第四节　司马光尊君和反对变法的政治思想 ……………………… 402
　　一、尊君论 ………………………………………………………… 403
　　二、御臣之道 ……………………………………………………… 405
　　三、爱民之政 ……………………………………………………… 407
　　四、反对王安石变法 ……………………………………………… 407

第十八章　两宋理学与功利学派的政治思想 …………………… 409
第一节　理学基本论题及其政治意义 ……………………………… 409
　　一、理即天理 ……………………………………………………… 410
　　二、理一分殊 ……………………………………………………… 413
　　三、性说 …………………………………………………………… 415
　　四、进修之术 ……………………………………………………… 418
　　五、理欲之辨和义利之辨 ………………………………………… 421
第二节　理学诸子的政策思想 ……………………………………… 427
　　一、变革和师古 …………………………………………………… 427
　　二、德治 …………………………………………………………… 428
　　三、仁政 …………………………………………………………… 429
　　四、刑杀 …………………………………………………………… 430
　　五、宗法、分封和井田 …………………………………………… 431
　　六、求贤才 ………………………………………………………… 432
第三节　南宋事功政治思潮与邓牧的"平等"政治理想 …………… 433
　　一、陈亮"倡事功"政治思想 …………………………………… 433
　　二、叶适注重功利的政治主张 …………………………………… 439
　　三、邓牧的"平等"政治理想 …………………………………… 445

第十九章　辽、夏、金、元的统治思想 …………………………… 448
第一节　辽、夏、金因俗而治的统治方略 ………………………… 448
　　一、仿效汉族王权,建立皇帝制度 ……………………………… 449
　　二、因俗而治,两套官制 ………………………………………… 450
　　三、"夷可变华",尤重儒教 ……………………………………… 451
　　四、习中华君道,作正统天子 …………………………………… 451
　　五、不断改革,与中华渐趋大同 ………………………………… 452

第二节　承天后及辽圣宗的政治思想…………………… 453
第三节　金世宗的吏治思想…………………………… 454
第四节　元代"用夏变夷"思潮与理学的官学化……… 456
　　一、"用夏变夷"思潮与汉蒙文化交融 ……………… 456
　　二、理学的官学化 …………………………………… 461

第二十章　明代的集权专制政治思想………………… 465
第一节　朱元璋加强中央集权的统治思想…………… 465
　　一、利用"华夷"和"天命"观念论证明朝政权合法性 … 466
　　二、安民、恤民宽和政策 …………………………… 467
　　三、重视选才、重用儒生 …………………………… 469
　　四、严整吏治 ………………………………………… 471
　　五、树立君主绝对权威,强化集权 ………………… 473
第二节　朱棣崇道统、尊理学的政治思想…………… 475
　　一、尊崇道统与为君之道 …………………………… 475
　　二、崇尚程朱理学 …………………………………… 477
第三节　邱濬的"帝王之学"………………………… 478
　　一、系统的君主行为规范 …………………………… 479
　　二、正君心是政治之本 ……………………………… 480
第四节　张居正"尊主庇民"政治思想……………… 483
　　一、振纪纲,重诏令 ………………………………… 483
　　二、核名实,课吏治 ………………………………… 485
　　三、抑豪强,固邦本 ………………………………… 486
　　四、禁私学,抑异说 ………………………………… 488
　　五、"治体用刚" …………………………………… 490
第五节　东林党人以政治调节为特色的政治思想…… 490
　　一、东林党人的兴起 ………………………………… 490
　　二、东林党人的政治主张 …………………………… 492
　　三、东林党人的政治立场及思想特点 ……………… 496

第二十一章　王守仁"心学"及其后学的政治思想……… 497
第一节　王守仁"心学"的政治意义………………… 497
　　一、心的学说与"天下一家"理想政治 …………… 498
　　二、"致良知"与"破心中贼" …………………… 501
　　三、"知行合一"与政治道德实践 ………………… 504

目 录

第二节 王艮、何心隐以"平等"为特色的理想政治 …………… 505
　一、王艮的"人人君子"理想政治 …………………………… 506
　二、何心隐以"师友"为核心的理想政治 …………………… 510
第三节 李贽张扬个性的反传统政治思想 ………………………… 513
　一、平等观 ……………………………………………………… 514
　二、童心说 ……………………………………………………… 516
　三、私利论 ……………………………………………………… 518
　四、理想人格与理想政治 ……………………………………… 520

第二十二章 明末与清初士人群体的政治反思 …………………… 521
第一节 黄宗羲对秦汉以来政治体制的批判 ……………………… 521
　一、"天下为主，君为客"说 …………………………………… 522
　二、宰相理政、方镇御边、学校议政 ………………………… 524
　三、"重定天下之赋"与工商皆本 ……………………………… 526
第二节 顾炎武改革君主集权政体的设想 ………………………… 527
　一、批判"私天下"的政治体制 ………………………………… 528
　二、"寓封建之意于郡县" ……………………………………… 529
　三、废天下之生员 ……………………………………………… 530
第三节 王夫之对儒家政治哲学的改造 …………………………… 531
　一、论"循天下之公" …………………………………………… 531
　二、理势相成与政治变革 ……………………………………… 532
　三、理欲合一论与人禽之辨 …………………………………… 533
　四、道器统一论与任人任法并重 ……………………………… 535
　五、道统、治统与尊君 ………………………………………… 536
第四节 唐甄抨击暴君暴政的思想 ………………………………… 537
　一、"帝王皆贼"说 ……………………………………………… 537
　二、调整绝对君权的具体设想 ………………………………… 539
　三、"平则万物各得其所" ……………………………………… 539

第二十三章 清代帝王的统治思想与古典政治思想的终结 ……… 542
第一节 清代帝王维护绝对君权的政治思想 ……………………… 542
　一、君权惟一论 ………………………………………………… 542
　二、严禁朋党论 ………………………………………………… 546
　三、文化崇正论 ………………………………………………… 547
第二节 乾嘉汉学的政治理念与戴震对传统经学的反思 ………… 550

一、乾嘉汉学的循道与崇圣主旨 …………………………… 550
　　二、戴震的"以理杀人"辨 …………………………………… 552
　　三、"归返原典"政治思维 …………………………………… 556
　第三节　龚自珍"自改革"、救衰世的政治思想 ……………… 559
　　一、激烈抨击"衰世",劝谏朝廷"自改革" ………………… 559
　　二、重建农宗、平均天下与尊崇君命 ……………………… 560
　　三、君师合一的政治理想 …………………………………… 563
后　记 ……………………………………………………………… 565

导言:中国政治思想史研究对象

关于政治思想史研究对象问题,前苏联学者有过清晰的概括:"政治学说史作为一门科学,要阐述政治思想的发生和发展所固有的规律性,证明政治思想的历史是国家和法的学说有规律的积累过程,而这个过程是在代表不同阶级利益的思想派别斗争中进行的。"① 中国学者也有相近的看法,他们说:"政治思想史的研究对象是:历史上各个阶级和政治集团对社会政治制度、国家政权组织以及各阶级相互关系所形成的观点和理论体系;各种不同政治思想流派之间的斗争、演变和更替的具体历史过程;各种不同政治思想对现实社会政治发展的影响和作用。"又说:"政治思想最主要的就是各个阶级对待国家政权的态度和主张,即关于国家的产生、性质和作用,以及如何维持国家政权的理论观点和政治主张。"② 上述的说法,我们认为是相当深刻的,作为政治思想的主要内容之一是抓住了。我们同意上述概括,但又感到尚有不足的地方,问题主要是把政治思想史的对象规定得过于狭窄,有碍于视线的展开。政治思想史除了研究国家与法的理论外,如下一些内容也应列入它的研究范围。

首先是关于政治哲学问题。就中国古代的政治思想理论看,政治思想与哲学思想浑然为一体。人们常说"哲学是时代的精华"。所谓精华是说哲学的认识是深刻的,且具有普遍性。在政治思想史的研究中,我们不难发现,各个流派和不同人物的认识有深浅精粗之分,这种认识上差别最明显的标志之一是哲理化的程度不同。缺乏哲理的政治思想,一般地说属于

---

① K·A·莫基切夫主编:《政治学说史》,中国社会科学出版社1979年版,第14页。
② 徐大同等编著:《中国古代政治思想史》,吉林人民出版社1981年版,第2~3页。

直观性的认识。譬如先秦、两宋思想家的多数,为了充分和深入论述他们的政治思想,特别注意哲理性的认识。就目前的认识状况,究竟把哪些命题视为政治哲学,或怎样才能更清楚地概括出政治哲学性命题是一个需要展开讨论的问题。但至少如下一些问题,都可以算为政治哲学。如天人关系,人性论,中庸、中和思想,势不两立说,物极必反说,理、必、数、道等必然性理论,历史观,圣贤观等等。这些问题与政治思想有极为密切的关系,其中一些问题是政治思想的理论基础。许多思想家把这些问题与政治理论、政策等交融在一起。例如,孟子的仁政理论就是以人性善说为基础,荀子的礼治主张是针对人性恶而来的。法家主张人性好利,他们认为这种本性既改不了,也无需改,改了反而有害于政治。从这一理论出发,他们认为在政治上应该实行利用、利诱、利导、利惩等政策,超脱利害之民是不治之民,应该加以铲除。先秦诸子以及汉代思想家对天的看法也很不相同,有的认为是神,有的认为是自然,有的认为兼而有之,但他们又有一个共同点,都认为天制约着人事。由此出发,除神权政治外,法自然的政治思想在许多派别中都占有突出的地位。如果细加分析,在法自然上又有各种不同的主张。有的主张天人契合;有的主张天人相分;有的主张有合有分;有的主张天而不人,即绝对的自然主义。于是在政治思想上就形成了明显的分歧。从中国古代政治思想史看,政治哲学问题具有特殊重要的意义,是应该花大气力研究的课题之一。

其次,关于社会模式的理论(又可称之为理想国的理论),也应是政治思想史研究的重要内容之一。社会模式思想与国家政权组织形式的思想,虽有密切的关系,但范围不同,两者不是一回事。社会模式或理想国理论是关于社会总体结构与相互关系的理论或设计,它包括社会生活的各个方面,在政治思想史中具有特殊的意义。这一类的论述是相当丰富的,许多有关的思想和设计别开生面,耐人寻味。孔子的"有道"之世的模式,老子关于"小国寡民"的设想,庄子的"至德之世"、"无何有之乡"的幻境,孟子的王道世界,荀子的"王制"社会,农家人人劳动、自食其力、不分君臣的美境,杨朱童子牧羊式的田园生活,明代泰州学派的平等社会,等等,都属于理想国范围内的课题。在这些五花八门的理论中,有异想天开的幻想,有对现实生活深刻观察后的升华,还有切近实际的描绘,有的是现实主义的,有的则属批判现实主义,有的是浪漫主义的,还有现实主义和浪漫主义的结合。在这些理论中,有奇想,更有深刻的思考和哲学的思辨。就庄子的"至德之世"、"无何有之乡"而言,乍然看去,作者一本正经、绘声绘色讲述的理想世界,使人感到荒唐。他要求人类彻底回到大自然中去,在庄子看来,人们的社会性生活,不仅包括国家、政治,还包括一切知识文明以及仁义道德等等,不仅是多余的,而且都是祸害,是束缚人的桎梏,应加以灭除。人类应该像牛马在草原自由漫步那样,过着"天放"的生活。对这种荒唐的追求,似乎可以一笑了之。其实,在作者到达这个荒唐的结论之前,有着深刻的思想作为先导,这就是其对人的自然性与社会性的关系及其矛盾问题的认识。作者深刻地揭露了在当时历史条件下两者的对立,可惜没有看到两者历史的统一,而对于两者的对立,又缺乏一副科学的头脑去对待,于是走向极端,用人的自然性去否定和排斥人的社会性,推导出纯自然化的无何有之乡的幻境,从而也走到了绝境。作者怒斥了当时社会关系对人们生存权利的剥夺,可是他又企图让自然剥夺人类的社会生活的权利。他谴责当时社会关系对人的自由的限制,呼唤还人以自由,可是他所向往的自由只不过是牛马自然生活式的自由,结果用自然的自由取消了社会性的自由和人的创造自由,人类反而失去了一切自由,人不再是人。在庄子的理想国理论中,到处是一片荒漠,可是在荒漠中又蕴藏着黄金。对中国古代各式各样的理想国理论,我们需要进行分析,沿着他们走过的思路,寻找他们的得失,这是非常有意义的。所以研究和分析社会模式思想和理论,应该是政治思想史重要内容之一。

再次,治国的方略和政策也应是政治思想史的研究内容。国家和法与治国方略和政策有密切的关系,但两者又有区别。我们从中国古代政治思想中不难发现,一些人在国家组织体系和法律规定上并没有什么原则区分,但在治国方略和具体政策上却有明显的不同,甚至形成水火之势。比如在农商关系上,有的主张重农抑商,有的主张惟农除商,有的主张农工商协调发展,有的主张以商治国,凡此等等,在政策上分歧甚多,各有一套理论。政治思想是一个复杂的领域,包含有多方面的内容,并且具有多层次性。不同的方面和不同的层次与政治实践有远近之分,有关治国方略和具体政策方面的主张与实际政治最为接近。实际的政治家常常从这些主张中选择行动方案。在政治思想史研究中应特别注意这方面的研究,从中可以得到许多可资借鉴的东西。

在政治思想史的研究中,还应把伦理道德问题作为重要内容之一。从学科上划分,伦理道德应该是另一个独立的领域。伦理道德不同于政治思想,比如在先秦法家那里,他们便把政治和道德分为两种不同的事情。不过在中国政治思想史上,有些派别把伦理道德政治化,这一点在儒家那里表现得十分突出。比如"孝",早在周初,周公就明确地把它作为一种政治规定,在《康诰》中宣布:"元恶大憝,矧惟不孝不友",对不孝不友者"刑兹无赦"。儒家继承和发展了这种思想,孔子把孝视为直接的政治。有人问他,你为什么不当官从政?孔子回答道:我宣扬孝道,就是从政(参见《论语·为政》)。儒家把修身、齐家、治国、平天下贯通为一,也就是把道德与政治合而为一。把道德政治化,以道德治国虽不是中国古代所独有,但由于儒家在封建社会占正统地位,因此伦理政治在历史上起过重大作用,有着深远影响,应给以足够的重视。

关于政治实施理论以及政治权术理论也应是政治思想史研究的内容。进行政治决策以及如何把政策、政治规定和各种行政措施付诸实践,这是政治思想家们经常讨论的问题,比如关于进谏、纳谏、庭议、兼听、独断、考课、监察等等,都属于这方面的问题。在君臣关系方面,人们喜欢忠义,其实内中充满了利害之争和尔虞我诈。这种关于权术的种种论述,就是官场争斗的理论表现。比如在君主专制的情况下,臣子如何进说就是一个经常被人议论的问题。韩非子的《说难》是专论这个问题的名篇,其实,他的论说脱胎于他的老师荀子。荀子在《非相》中有一段论述,应该说是《说难》的张本。中国古代有关政治实施和政治权术理论是相当丰富的,具有独特的意义,很值得研究。

以上几项还没有把政治思想史的研究内容说完,但这几项大抵都是不可缺少的。

基于上述内容,政治思想史的研究对象,大体可概括如下:研究历史上不同阶级、不同阶层、不同学派和不同人物关于国家和社会制度、社会改造,以及通过国家机关和强力处理人与自然的关系和人与人的关系的理想、理论、方针和政策;研究这些理想、理论、方针和政策得以提出的社会背景及其对实际政治的影响;研究它们之间的相互关系及其发展、演变的过程和规律。

第一章 商与西周神佑王权政治思想

商族是一个很古老的部族,商汤灭夏,在亳(今河南濮阳)正式建立了商王朝(约公元前16世纪～前11世纪)。商王朝在中原统治了六百年左右。盘庚时迁都于殷(今河南安阳),便又称作"殷",或是"殷商"并称。

商朝在盘庚迁殷之后,国势一度达于鼎盛。可是到了后期,逐渐衰落了下来。公元前1027年,商朝被周族灭掉。

周人克商后,在统治形式上实行分封制。周天子利用一级级的分封贵族建立了一套周密的统治网,以治理广袤的国土。同时,与分封制相为表里的还有宗法制度。

西周社会的民族矛盾和阶级矛盾都很激烈,到了晚期尤为尖锐。周幽王的统治极为残暴,诸侯多有不服,再加上长期遭受旱灾,造成了民众流亡,社会动荡的局面。幽王五十一年(前771年),申、吕、鄫三国联合游牧民族犬戎乘机进攻周的镐京。幽王兵败,被杀于骊山下。申侯等拥立太子宜臼,是为周平王。这时都城镐京残破,又处在犬戎兵力控制之下,平王遂于公元前770年东迁洛邑(今河南洛阳西),西周就这样结束了。

第一节 商代神、祖崇拜与王权思想

一、上帝的权威和祖先崇拜

中国古代的宗教无疑起源于原始氏族社会,但是由于没有文字记载流传下来,如今已经无法具体了解当时人们的信仰情况和宗教意识。就现有的文献来看,有事实材料可以佐证的是殷王盘庚以后的事,这时的中国已经进入了阶级社会。据文献记载,殷人非常迷信,《礼记·表记》说:"殷人尊神,率民以事神。"卜辞和《尚书》对此提供了充分的证据,由此可以看出,殷商时代的宗教与原始社会的宗教比较,已经有了本质的改变。

从卜辞记载看,在殷商时人的观念中,帝是最高的神,它与人间的帝王相对,又称为上帝。帝的地位至高无上,具有绝对的权威性,它统管一切自然现象,如风、雨、雷、电等等;此外,它还主宰人间的一切事物,如征伐、狩猎、生产、建邑、灾害等。帝的至上性是人间王的至上性在人们认识中的反映,人类的文明史已经证明,神都是人创造的,并且总是以创造者为模特儿。帝作为商族的至上神,确切的说,它更是殷王的保护神和象征,亦即殷商时代的官方神,不过在表面上它代表并保护的是所有的人。在卜辞中我们可以看到,殷王的一行一动都要向帝表示,问一问是凶是吉。然而不论凶也好,吉也好,其最终目的都是要保护殷王。上帝总是站在殷王一边去残酷地奴役臣民和众人。

殷王还盛行祖先崇拜,而且这种崇拜比对上帝有过之而无不及。祖先像帝一样统管一切,殷王不仅事事都要卜问祖先,而且对祖先还有一套极为繁琐的祭祀制度,上帝还没有这种福分。

殷王的祖先与帝的关系如何?有些人认为,帝就是殷王的祖先。但从卜辞中看,殷王的祖先与帝并非一体。在商代晚期以前,帝与祖先表现为二元关系。帝俨然是一个独立的超然的统帅,殷王则要受帝的支配。《盘庚上》中说得很明白:"恪谨天命","今不承于古,罔知天之断命","天其永我命于兹新邑"。直到商代晚期,才出现帝、祖合而为一的现象。

殷王祖先的权威和帝的权威很难分清。大凡上帝有的,祖先也有。卜问祖先的事几乎无所不包,有农事、自然现象、战事等。不过,如果细加考察,上帝和王帝还略有不同,诸如祷告之事,大凡都是通过祖先转请上帝保佑的。殷王生前是人王,统治人民,死后就变成了鬼王,统治阴间。《尚书·盘庚》中有两段话很能说明问题。

  古我先王,暨乃祖乃父,胥及逸勤,予敢动用非罚?世选尔劳,予不掩尔善。兹予大享于先王,尔祖其从与享之。(《尚书·盘庚上》)
  古我先后,既劳乃祖乃父,汝共作我畜民。汝有戕,则在乃心,我先后绥乃祖乃父。乃祖乃父乃断弃汝,不救乃死。兹予有乱政同位,具乃贝玉。乃祖乃父丕乃告我高后曰:"作丕刑于朕孙!"迪高后丕乃崇降弗祥。(《尚书·盘庚中》)

从这两段文字可以看出,殷王先祖作为鬼王不仅要管理鬼间世界,更重要的是帮助在世的殷王巩固其对人间的统治。它不仅直接命令活着的臣属俯首听命于殷王,而且还能令臣属祖先的鬼魂教训其子孙听命于殷王。殷王祖先的权力之大,涉及政治统治、刑罚和军事等各个方面,这不仅是殷王实际具有的权力的反映,而且是殷商王朝的国家职能在宗教崇拜中的表现。

殷王对上帝的权威是绝对信任的,认为有了上帝保佑,必然万事大吉,即使大难临头之时,也会若无其事。例如殷纣王面对王朝危机就满不在乎,大臣祖伊进谏,提请他注意,他却说:"呜呼!我生不有命在天?!"(《尚书·西伯戡黎》)

随着殷王朝的式微,一些比较清醒的人隐隐约约地察觉到单靠上帝是不成的,要想保持统治还必须从现实入手。例如祖乙说:"惟天监下民,典厥义。降年有永有不永,非天夭民,民中绝命。民有不若德,不听罪,天既孚命正厥德。"(《尚书·高宗肜日》)祖伊说:"非先王不相我后人,惟王淫戏用自绝。故天弃我,不有康食。"(《尚书·西伯戡黎》)这些话虽然还说不上是对神和祖先的真正怀疑和动摇,但他们提出的问题毕竟是比较清醒和有意义的:生活的现实比神启更重要。

另外,据文献记载,殷商的民众由于生活的逼迫,有人对神采取了"不敬"的行动,这就是《尚书·微子》中所说的"今殷民乃攘窃神祇之牺牷牲"。如果说,宗教仪式和教义是宗教的两个最重要支柱,那么敢于破坏宗教的仪礼,如果没有极大胆量是做不出来的。此外,周人给殷王列的"罪状"之中,有一条就是殷人不尊敬神鬼,这也说明殷商末期发生了宗教信仰危机。

上述情况表明,在殷商末年出现了不敬神的思想和行动,应当说这是极有价值的。一定的现实生活创造了宗教,但是生活的另一种现实却又动摇着宗教,这正是历史的辩证法。如果就那个时代的思想特点来看,宗教信仰的危机将会影响到社会一般民众对于政治权威的认同和服从。

二、王权专制思想

殷代的最高统治者称"王"。甲骨文中王作:达、太、王,有的人把它解释为最高奴隶主,像一人站在正当中,端拱而立,以朝群臣。又有人释为斧钺之刑,是为王权的象征。后一种解释比较妥帖。从甲骨文与文献看,王的确拥有至上的权力。

到殷商后期,死去的"王"在甲骨文与文献中有时又称为"帝"、"王帝",王与上帝相对应又称为"下帝",或在庙号前面加上"帝"字。上帝与王同为帝,王具有人神结合的性质,因此,王同一切人对立起来,成为人上人,故自称"余一人"。余也作予。

卜辞中王自称"余一人",在文献《盘庚》中也有"余一人"的记载。金文以及周代史籍中的周王也称"余一人"。所以《礼记·玉藻》说:"凡自称,天子曰予一人。"《曲礼下》:"君天下曰天子。朝诸侯,分职授政任功,曰予一人。"

"余一人"的政治内容,表示天下之大,四海之内,"余一人"为最高。这表现在"余一人"处于"承天、继祖、救民"的地位。上帝是至高无上的,只有王才是继承人;所有的人都是由王拯救和支配的。

人是从哪里来的?从商代的材料中还没有发现明确的论述。《盘庚》篇把万民之命视为由天帝操纵,王作为"余一人"的特殊使命之一就是"予迓续乃命于天,予岂汝威,用奉畜汝众"。迓,迎接。续,接续。汝威即威汝之倒句。畜,养也。这句话的大意:你们的生命是我从天帝那里请求接续下来的,我哪里是用势压你们,是为了畜养你们呀!既然万民的生命是由王从天那里请求而来的,并且由王畜养,这个理论合乎逻辑的结论是:你们必须一切听我的。《盘庚上》中就说:"勉出乃力,听予一人之作猷。"猷,一作"谋"解。段玉裁据《尔雅·释诂》解作已。已,止也。这句大意是,你们要付出全部力量,是作是止,听我一人的(或听我一人的决断和指挥)。根据这个道理,万民的心意是从属于王的。于是殷王宣布:"暨予一人猷同心。"意思是与我的谋划要同心。据此,任何人不准离开王的决定,另有它念它行。"明听朕言,无荒失朕命。"(《尚书·盘庚中》)荒,废。失,江声认为应读为佚,轻忽之意。大意是,一切听我的,不可违反我的旨意。为此殷王宣布,不听命就要动用刑罚,违抗者要受到极刑。"我乃劓殄灭之,无遗育。"劓,割鼻子。殄,灭绝。育,读如胄,后代。大意是,我把你们都杀掉,要你们灭种,断子绝孙。总之,万民的生命是我殷王从天帝那里请来的,因此生死也应在我手里,既然万民的一切都是王赐给的,那么万民的一切也属王所有,这是合乎逻辑的。如果留给你一点点什么,那就应该感恩戴德!

既然殷王大权在握,那么事业功德也在"余一人",如果治理不好,自然也应由"余一人"承当。所以殷王又说:"邦之不臧,唯余一人有佚罚。"但在实际上,这种自我承担责任的情况是极少的。因为实行权力与自我检讨所背靠的历史条件是根本不同的。当时殷王的专制和独断是以政治压迫为基础的,因而行使权力会畅通无阻。相反,有什么样的历史条件能使他在政治上引咎自责呢?无论是从经济上和政治上,都没有这种制约。咎由一人承担的认识,反而从另一个方面说明了王的作用之大:一人不悟,会全邦遭殃。这种说法虽指出了王可能会犯错误,但是这种说法本身认定的是王的权威的独一无二,这仍然是君主专制理论。王权借神而神化,又借神而极端残暴。王权越是神化,离现实也就越远,从而肆无忌惮。神化的结果常常失去了调节政策的余地,如殷纣王就是这样。这种情况不符合统治者的需要,于是有见识者对神化理论产生了疑问,微子、箕子的言论中便有这种倾向。

第二节 周公的尊天敬德思想

周武王领导的牧野之战,一举灭掉了商朝。一年后武王去世,太子成王年幼,由武王之弟周公旦辅政,周公成为周朝各项制度的实际制定者。饱经沧桑的周公对于殷亡的经验教训、以及自称为小邦的周如何才能巩固统治等问题,都有比较深入的思考,在一系列的诰命中作了很有见地的回答。今存《周书》中的《大诰》、《康诰》、《酒诰》、《梓材》、《召诰》、《洛诰》、《多士》、《无逸》、《立政》诸篇,很多学人认为属周公之作。这些篇章不仅是周公的政治命令和政策,同时也是周公对历史所作的总结。周公提出了系统的政治主张和理论,他在古代政治思想史上有着特殊的地位,可以说是中国古代政治思想的开山祖。

一、敬天和尊王的政治观念

周人在宗教信仰上与殷人一样,也把上帝视为至上神。这样便有一个极大的矛盾摆在周人面前,一方面,上帝不能被抛弃,另一方面,如何才能把上帝从殷王手里夺到自己手中,变成自己的保护神呢?周公解决了这一问题。

在周公的言论中,上帝的权威得到了绝对的遵从。上帝又被称之为"天",周公不管讲到什么或干什么,都声称是天或上帝的意志和命令。这种权威的典型表现是"命哲、命吉凶、命历年"(《召诰》)。"命"是此命之命,意思是天把大命赐予圣哲,人间的祸福吉凶,或年头的长短也都由天命决定。

周公并没有简单地继承殷代关于上帝至上权威的信念,而是有所修正,这主要表现在以下几个方面:

"惟命不于常"(《康诰》)是对天即上帝理论最重要的修正和补充。这句话的意思是:上帝所赐予的大命不是固定不变的。那末上帝根据什么来赐予或更改大命呢?这要看王的表现。天之所以不保佑殷王,就是因为殷王辛胡作非为,奢靡无度,酒气熏天,被天抛弃。《酒诰》说:"故天降丧于殷,罔爱于殷,惟逸。天非虐,惟民自速辜。"周公以此为据来解释夏、商、周的朝代更替。"惟命不于常"在周初形成了一种社会意识。《诗·文王》篇说"天命靡常",把问题概括得更明确简练。

依据德来"求民主"是对天命观的另一项重要修正。"民主"即"民人之主",就是"君主"。谁能做"民主",是由天选定的。周之所以被天选中取代了殷商,是因周有德。《康诰》说:"惟乃丕显考文王,克明德慎罚,不敢侮鳏寡。庸庸,祗祗,威威,显民。用肇造我区夏。"大意是,英明的祖先——文王崇德慎罚,不敢欺侮那些无依无靠的老少,用可用,敬可敬,威可威,使民都明白道理。上帝使我们小邦周强盛起来。《大诰》中也说:"已!予惟小子,不敢替上帝命,天休于宁王,兴我小邦周。"已,叹词。宁王,文王。大意为:唉,我是(文王)的儿子,不敢废弃上帝之命。上帝帮助文王,使我们小邦周兴旺起来。

以民情视天命,是对上帝观念的第三项修正。《康诰》中说:"天畏棐忱,民情大可见。"意思是:上帝的威严或诚心,从民情上可以看到。由此进一步引出民近而天远,不知民情就不要妄论天命的思想。《大诰》说:"弗造哲,迪民康,矧曰其有能格知天命。"大意为:如果还没有使民通情明白,引导民达到安康之境,怎么能说知天命呢?!《左传》襄公三十一年载鲁穆叔引《大(太)誓》曰:"民之所欲,天必从之。"这句话又见于《左传》昭公元年、《国语》中的《周语》《郑语》等。《孟子·万章上》引《太誓》曰:"天视自我民视,天听自我民听。"关于《太誓》成文的年代,许多人认为晚出。《孟子》中的话或许不是周初人的语言,但这种思想显然在周初已经萌芽了。

周公可以说是位绝顶聪明的人物。有人说他根本不信上帝,对此我们不敢苟同。虽然他的确是位宗教改革家,但当时还没有抛弃上帝的历史条件,他也就不可能抛弃上帝。周公的理论既保存了上帝,又解释了朝代的更替;既把上帝当作精神保护伞,又提出要面向现实,注重人事,从而满足了神人两方面的要求。

二、敬德、保民、慎罚思想

德在殷代已是一个政治概念,《盘庚》篇即把德视为关系到政治成败的关键之一。周公的贡献是进一步提高了德在政治中的地位。周公用"德"说明了"天"的意向,天惟德是选;用德的兴废作为夏、商、周更替的历史原因,有德者为王,无德者失天下,有德而民和,无德而民叛。周公所说的"德"内容极广,一切美好的东西都可包含在德之中。归纳起来有十项:(1)敬天;(2)敬祖,继承祖业;(3)尊王命;(4)诚心接受先哲之遗教,包括商先王先哲的成功经验;(5)怜小民;(6)慎行政,尽心治民;(7)无逸;(8)行教化,用爱的办法引导教育那些不驯服的人,勉励那些不勤快的人使之勤勉;(9)"做新民"(《康诰》),重新改造殷民,使之改邪归正;(10)慎刑罚。

德是一个综合概念,溶信仰、道德、行政、政策为一体。依据德的原则,对天、祖要诚,对己要严,与人为善,用于民则表现为"保民"。

"保民"是周公提出的一个新的政治概念,《康诰》中反复讲"用保乂民"、"用康保民"、"惟民其康",还有"裕民"、"民宁"等。"乂民"即治民。"保民"与"乂民"相近,但又不同。《说文》:保,养也。"畜",亦作养。《盘庚》中有"畜民"、"畜众"、"重我民"之说。"保民"当是这种思想的发展。"保民"又延伸出"养民"等不同说法。

"保民"的基本点是强调治民的态度,"恫瘝乃身,敬哉。"(《康诰》)恫,统。瘝,病。结合上下文,大意为:把民的痛苦视为在己身一样,要格外注意呀!历史经验证明,不关心民之疾苦就会引起民叛。周公认为,只有像对待自己的痛苦一样去对待民的痛苦,才能使统治地位得到稳定。这里不单是出于同情心,而是现实矛盾的反映。

怎样才能保住"小民"呢?周公告诫群臣子弟,不要贪图安乐,切忌恣意妄为,要谨慎从治。《无逸》说:"治民祇惧,不敢荒宁。"《康诰》说:"无作怨,勿用非谋非彝","无康好逸豫"。另一方面,还要体察民情,"知稼穑之艰难"、"知小民之依"(《无逸》)。对人民的疾苦不可置之不理,要予以关怀,特别对待孤寡老人应另加照顾。《无逸》说:"怀保小民,惠鲜鳏寡。"惠鲜就是爱护之意。

周公还提出了要把民众作为自己的镜子,《酒诰》说:"人无于水监,当于民监。"这一卓绝见识在中国历史上产生了深远的影响。在古代社会君主政治条件下,这一思想虽然不可能付诸实践,但是其中的民主因素是很明显的。

周公鉴于殷代乱罚招致民怨民叛的经验教训,对罚的原则也作了新的阐发,提出"慎罚"。慎罚是德的内容之一,又与德并列,常称为"明德慎罚"。德为根本,罚是补充。在用刑问题上,周公强调了如下几点:

首先,要依据成法成典用刑。《康诰》说:"敬哉!无作怨,勿用非谋非彝。"周公强调按"常典"、"正刑"用刑,以纠殷纣王滥刑之偏,这对稳定民心有重要作用。

其次，用刑要注意犯罪者的态度。《康诰》说："人有小罪，非眚，乃惟终，自作不典，式尔，有厥罪小，乃不可不杀。"意思是，一个人犯了小罪，但他不知反省，还坚持不改，继续干下去。这样，即使罪不大，也必须把他杀掉。反之，一个人犯了大罪，但不坚持，并且悔罪，而且又不是故意的，便可以饶恕不死。这就是《康诰》中说的："乃有大罪，非终，乃惟眚灾，式尔，既道极厥辜，时乃不可杀。"

第三，用刑之心要出于善，切不可借机肆虐。所谓善，就是用刑要设法使民心诚服，如《康诰》所说："乃大明服，惟民其勑懋和。"用刑使民心服，民就会安于本分，勤劳从事，不犯法。

第四，判决时切忌匆忙，要多考察一些时候。《康诰》："要囚，服念五六日，至于旬、时，丕蔽要囚。"意思是判决罪犯时，谨慎思考五六天乃至十天、三个月，以免出现差错。

周公认为，对如下案犯要严加惩处。他说："凡民自得罪，寇攘奸宄，杀越人于货，暋不畏死，罔弗憝。"大意为：凡民有意犯寇攘奸宄、杀人取货者，民愤极大，要执而杀之。另外，对犯了不孝、不友之罪者要严罚。对违法之官吏尤应严加处刑。对不从王命者，要给予惩处等等。

刑罚是国家的主要职能和权威的表现，靠了这些东西，不要说天子、贵人，就是他们的狗，也会使人生畏。然而历史证明，它并不是万能的。周公在朝代的变更中，看到了殷王权力大厦的倒塌，这不能不使他冷静地看待现实。刑罚虽然令人生畏，但必须给它以圣装；刑罚绝对不可缺少，但必须慎而不滥。于是周公强调以善用法，以德施刑。至于心能善否，则又是另外一回事了。

周取代殷，虽然只是一次改朝换代，但它是由社会震荡造成的，而民众是造成社会震荡的主体。在统治秩序得以正常维持的年代，人们看到的多半是统治者的威力，看到了帝王至高无上的权威支配着整个社会。然而历史的巨变显示了无名之辈的力量，正是这种力量掀翻了至高无上的殷王。人们可以用神秘主义观点看待这一切，但是活跃在前线的清醒的政治家不能不面对现实。周公的认识正是在这场历史震荡的推动下产生的。

周公的思想与小邦周战胜大邦商这个事实也有极为密切的联系。小战胜大，不能简单的依赖神明，也不能单纯依靠固有的权力，必须找到一个取之不尽的力量源泉，这个源泉就是民众。周公对民的重视与这一点有密切的关系。

认为周公把天只当成工具使用，这恐怕不是事实。但周公确实没有把天当作惟一的法宝。它把民情当作天的意志的晴雨表，说明在他的神学中,容纳了较多的世俗内容,从而使他的思想既具有神秘性,更具有现实性。

第三节 "天子独尊"的王权专制思想

周代殷之时,周公等以德为标准,强调王朝的可变性和"民主"(君主)的可选择性。随着周王朝的巩固,统治者把这些思想扔在了一边,突出宣扬天子地位的神圣性和权力的绝对性。"礼乐征伐自天子出","普天之下,莫非王土,率土之滨,莫非王臣"。这两句话在观念上表明了周天子的权力是没有限制的。为了强化天子的权威,周朝统治者在思想上突出宣扬了如下三点:

其一,最重要的一点是把王说成是上帝和天的人格体现。周公处处讲文王、武王受命于天,以德配天,其"严"(死后其灵不灭曰严)在帝左右,但他还未把文王、武王直接说成是"天子"。从成王以后,周王直接被尊为"天子"或天之"元子",这样周王就变成了神、人一体化。在周人的观念中,天帝的功能更加突出,他是万物之源,民之父母,还能赠人以福寿。周天子作为天帝的化身,自然像天一样拥有和支配尘世的一切;同时周天子又通过人们崇拜天帝的宗教信仰感情而受到社会的普遍认同。人们越是把自己的命运交给天帝,在现实生活中就越崇信周天子,周天子也就越具有神圣性。这样,宗教崇拜化为对周天子的肯定。这种思维方式以后一直为帝王们所宣扬和提倡。

周王直接成为天之子,这一认识的逻辑结果是神职人员的地位必然降低。周代的卜、筮等神职人员虽然还起着重要作用,但已完全变成周天子的顾问。

其二,强化尊祖敬宗观念。殷、周时期祖先崇拜一直盛行。人类社会从来就存在两种生产,一是自身的生产,一是物质资料的生产。这两种生产都带来与之相适应的社会关系。生产越不发达,人的活动范围越小,血缘关系作用就越大,家长制越强。尊祖的思想就是在这种基础上产生的。当时的阶级、等级区分也需要用神秘的血统观念做护身符。神化祖宗正起着神化宗子的作用。根据宗法制,只有大宗才能祭祖,表示大宗是祖先的惟一继承者。小宗只有陪祭权,大宗是小宗的藩篱。因此,敬宗与亲亲便成为维护宗法制、维护君权所不可缺少的东西。周代的宗法制特别严密,宗法制与政治体制互为表里,周天子为天下之大宗。这样,通过尊祖敬宗,周天子的地位得到强化。

其三,宣扬天子至德。以德配天虽然可以分解为天与王,但这种情况一般只在社会动荡时期才可能产生。在较为平静的时期,以德配天的理论多半导向对最高统治者的期待。在周晚期以前,情况正是这样。周天子在各种诰命中一再宣扬天子是德的化身,社会上也形成了一种歌功颂德的思潮,诸如"明明天子,令闻不已。矢(施)其文德,洽此四国"(《大雅·江汉》),"德音孔昭"(《小雅·鹿鸣》)、"德音是茂"(《小雅·南山有台》),"对扬王休"(《大雅·江汉》)等。在一片颂扬声中,天子把一切功劳归于自己,人们也把自己奉献给了天子,从而加强了周天子的神圣性。

第四节 西周后期对王专权的修正

西周从穆王开始,由鼎盛转向衰败。周厉王以后,西周进入了败落时期,内外交困,矛盾重重。统治集团内部一些较为明智的人逐渐认识到王的胡作非为是引起政治衰败的重要原因,于是提出了制约王权的思想。

一、邵公论弭谤

邵穆公即召伯虎,是周初召公奭之后。召为畿内封国,召伯虎是周厉王的卿士。周厉王暴虐,"国人谤王"。邵公对周厉王说:"民不堪命矣。"周厉王听后大怒,指令卫巫"监谤"。巫本是沟通人神关系的圣职,现在却充当起特务来了,这是一大发明,也说明了神职的虚伪。卫巫把批评者密告给周厉王,周厉王下令杀死这些人。政治气氛十分恐怖,"国人莫敢言,道路以目"。周厉王自以为得计,很高兴。而邵公却在万民沉默中看到了危机,他讲了如下一段著名的话:"防民之口,甚于防川。川壅而溃,伤人必多,民亦如之。是故为川者决之使导,为民者宣之使言。"天子要了解下情,渠道应该条条开放,让卿列士献诗,诗以言志;瞽献曲,曲表达心声;史献书;师献箴;瞍献赋;矇献诵;百工谏,庶人传语等。各方面的情况都反映上来,"而后王斟酌焉,是以事行而不悖"。邵公还说,人有口是干什么的呢?是为了说话,"口之宣言也"。从民的议论中可以知道民心之向背,进而可以知道事情的"善败"。王应该"行善而备败"。邵公的结论是:"夫民虑之于心而宣之于口,成而行之,胡可壅也?若壅其口,其与能几何?"(《国语·周语上》)问题提得中肯而尖锐,可是周厉王拒而不听,结果未经多久,周厉王即被国人赶跑。

邵公的思想如流星光耀,划破了天空,可是转眼又消失在长夜中。"口之宣言也"讲得切实而又准确,可是那个时代没有提供实现的条件。

二、伯阳父论"和"、"同"

伯阳父(甫)是周幽王时的太史,又称史伯。当时郑桓公为王卿士,问史伯王室的命运如何。史伯认为周王室将要灭亡,因为幽王"去和而取同"。

什么是"和"与"同"呢?"和"就是"以他平他",意思是指各种不同的事物的配合与协调。伯阳父认为事物是由"土与金、木、水、火杂"而生成的,事物相杂,协调配合,用长补短,才能产生最好的效果,"是以和五味以调口,刚四支以卫体,和六律以聪耳,正七体(七窍)以役心"(《国语·郑语》)。由此进而讲到政治,认为政治上也应提倡"和",君臣要互相配合,取长补短。

所谓"同",指的是事物的单一性。单一的东西不能长久,"同则不继","以同裨同,尽乃弃矣"。又说:"声一无听,物一无文,味一无果,物一不讲。"(《国语·郑语》)大意为:同是一个声调就无所谓音乐,同是一个颜色就没有花样,同是一个味道就不会好吃;事物都一样,就没有比较。

根据"和"、"同"的理论,王应该取"和"弃"同"。在政治上就是要"择臣取谏工而讲以多物",君主必须纳谏,对事物进行比较,才可能巩固统治。可是幽王却与此相反,幽王弃和而"取同",拒谏饰非,拒"明德"之臣,听阿谀奉承之词,重用"谗慝"之人。根据"同则不继"的道理,伯阳父断言幽王不会久长。

史伯从事物的复杂性、多样性和互相补充的道理引出君主应该纳谏的认识。然而理论不等于现实,幽王恰恰反其道而行之,这就说明个人专制和纳谏之间没有必然的联系。纳谏虽是一种美德,但由于没有制度的保证,常常流于空谈。

第二章 春秋战国时期政治思想的世俗化转型

春秋时期(公元前770～前476年)是中国历史上的动荡时期,也是思想文化飞跃发展的时期。这个时期的政治思想日趋活跃,探讨的问题越来越多,表现出多样化的特点。这个新特点,是以春秋时期的社会变动作为依据的。

春秋时期,社会生产力有了迅速的发展,其主要的标志是铁制生产工具的使用和牛耕的推广。生产力的新发展带来两个明显的结果:一是争夺土地的斗争日益激烈,二是剥削方式的新变化。

这一时期政治形势的变化主要表现在周天子的式微,诸侯、卿大夫势力的崛起,以及家臣的活跃和民的地位的提高等方面。周天子的统治地位削弱之后,形成了若干个大小不同的政治中心。这些政治中心的相互对立、争夺,是春秋时期政治思想具有多样性特点的政治根源之一。

在动乱中,随着旧制度的衰落,一些新制度诞生了。这些新制度包括军衔制、官僚制、新成文法和君主集权制。从春秋的历史看,君主集权化是双线双层发展的。也就是说,诸侯在积极进行集权活动,防止大权旁落;卿大夫也利用自己在战争中所处的有利地位,千方百计扩大自己的权力,与诸侯相抗衡。诸侯、大夫的集权运动是相当复杂的。诸侯反对大夫的斗争,或者大夫反对诸侯的斗争,往往都不是单线进行的。这里有大夫与大夫之间的斗争与联合,也有诸侯与大夫之间的斗争与联合。尽管运作的方向不同,产生的合力却是一致的,即都是朝着集权的方向运动。

春秋时期就是这样一个矛盾的时期:一方面,生产力的发展,社会的大变动,带来了政治的活跃,人的个性某种程度的解放,人的价值的提高,上帝观念及周天子的权威受到蔑视等等;另一方面,又是从一种君主专制向另一种君主专制发展。春秋时期的政治思想必须从这个矛盾上加以阐述和解释。

第一节 春秋时期的政治思潮

春秋后期各种思想如雨后春笋破土而出。如果说以孔子、老子为标志开始了以流派为其特点的百家争鸣,那么春秋则是各种思想的滥觞时期。《国语》、《左传》虽不是专门记录思想的著作,但是其中记述的言论反映了春秋时代的精神面貌,特别是有关政治的认识,记载尤为充分。

由于记载比较零散,不可能按人论述。这里按问题把各种各样的论点列出来,加以述评,以表现这个时期政治思想的动向。

一、关于天人关系与政治的指导思想

天人关系,一般都把它视为哲学问题,其实,它在政治上也很重要。在西周,天、上帝是同一个东西,是至高无上的神。到西周末年,有人开始把天视为自然现象,如《诗·小雅·正月》中就有"谓天盖(盍)高,不敢不局。谓地盖(盍)厚,不敢不踏"之言。

"天"与"道"在西周是两个不同的概念。道的本意是道路,有时也有规则之意。"天道"的概念最早见于《康王之诰》,到了春秋,"天道"已成为一个流行很广的概念。不过人们所赋予它的内容很不一致,可归纳为如下两种:

一种是神秘主义的理解。天道、天命都是"上帝"或"天"的意志的表现,同西周时期的认识没有什么区别。这种观念在春秋时期还相当流行,为众多的人所遵循。

另一种则认为,天道是一个模糊概念,其中有多层含义,不仅包括天、地、人统一的必然性、规律性,有时也不乏神秘的成分。就每个人的论述来看,强调的重点不尽一致。有的认为天道指的是日月的运行规律,如范蠡讲的"天道皇皇,日月为常","天有还(环)形"(《国语·越语下》)。有的认为,天、地是自然现象的物质本源,如单襄公所说:"天六地五,数之常也。经之以天,纬之以地。经纬不爽,文之象也。"(《国语·周语下》)韦注:"六,六气:阴、阳、风、雨、晦、明;五,五行:金、木、水、火、土。"依照韦昭的说法,天、地是由诸种元素构成的,这些元素又是自然万物的本源。还有一种说法,把事物变化的某些规律视为天道,如邓曼说的"盈而荡,天之道"(《左

传》庄公四年),吴子胥讲的"盈必毁,天之道"(《左传》哀公十一年)。还有人把人伦关系也归于天道,晏平仲说:"君人执信,臣人执共,忠、信、笃、敬,上下同之,天之道也。"(《左传》襄公二十二年)

人们对天道的看法尽管大不相同,但有一点是共同的,即都认为人受天道的支配,因此,天道对政治有直接的作用与影响。

神秘主义认为,天道、天命主宰一切人事。天象示人、天应人事的认识在这个时期发展得较为突出。公元前525年冬,有星"孛于大火,西及汉"。申须曰:"慧所以除旧布新也,天事恒象,今除于火,火必出布焉,诸侯其有火灾乎?"梓慎曰:"往年吾见之,是其徵也。"(《左传》昭公十七年)这一类记载甚多。

怀疑或否定天道神秘的人,对天道的态度大致分为两种:一种理论认为,顺乎自然才能使人事兴旺。周太子晋对此有过精彩的论述。周灵王认为谷水与洛水会合之后,水流急,会冲毁王宫,谋划修堤控住谷水。太子晋谏道,自然为民提供了财物,"是以民生而有财用,死而有所葬"。自然万物各有其本性,如水往低处流等等,身为君主只能利用自然的本性,不能反其道而行之。从历史的经验来看,共工的失败就在于逆水性而动,不是疏导,而是壅塞,结果为害天下。鲧复蹈共工之旧辙,也酿成大祸。夏禹改变共工之法,采取了"疏川导滞"的办法,为利于天下。太子晋劝王不要壅塞谷水,否则要酿成大祸。他考察了历史上圣王与天地、民、神之间的关系后提出,只有上"象天",下"仪地",中"和民",顺时,敬神,才能平安。他把这五者称为"五则",其中虽然还有敬神一项,但已处于末位。圣王只有遵从,并通盘考虑"五则",才能制定出正确的政策(《国语·周语下》)。

上述观点提出了如下一个基本命题,即如何对待自然是政治的主要内容之一。这种观点很有价值。政治不仅是处理人与人的关系,同时也包含着如何对待自然。人类不可能离开自然,而是必须在自然中生存和发展。怎样对待自然和社会发展的持续性,这个问题显然不是个人的私事,而是具有鲜明的社会性和政治性。

另一种理论则强调天人相分。一次周单子预言晋将有乱,鲁侯问:"敢问天道乎,抑人故也?"对曰:"吾非瞽、史,焉知天道?"(《国语·周语下》)他认为乱的原因在于人,与天无关。晋发生大火,晋侯问士弱"可必乎"?即是说:这是必然的吗?士弱答:"在道,国无乱象,不可知也。"(《左传》襄公九年)在士弱看来,天虽有神秘性,但不干人事。再有子产讲的"天道远,人道迩",更清楚地表明了天人相分。

从神秘主义方面追求天人之间的统一性,不可能得出合理的结论,只能引导人们走向迷信与愚昧。天人相分的观点抛开了天道的神秘主义内容，无疑具有积极的方面，但是这种认识又具有明显的弱点，它忽视了天人之间客观的统一性内容。从自然规律方面追求天人的统一性是思想史上的伟大贡献，但在当时条件下，人们不可能把问题说清楚，在众多的疑难面前，又很容易走向神秘主义。

二、对"民"在政治成败中地位的新认识

西周的"德"，除了同"天"、祖相关外，重要内容是如何对待民。不管当时对民如何重视，但总的来说，民的问题还没有离开神学体系，当然这种情况在春秋和以后一直存在，不过春秋时期对"民"的认识确实有了突破，有许多人把"民"作为一种独立的认识对象，对民在政治成败中的地位有了更深刻的认识。

1. 关于神、君与民的关系

对于这三者的关系，春秋时人大体有以下几种看法：

教民、敬神和事奉君主是西周以来的传统思想，这种思想在春秋时期仍被许多人所提倡。周襄王时内史说："古者，先王既有天下，又崇立上帝、明神而敬事之，于是乎有朝日（春分）、夕月（秋分）以教民事君。"（《国语·周语上》）在这种认识中，民没有独立的价值和意义，民生来就是神和君的从属物。

与上述思想相近的一种看法是，把民视为君主的对立物，认为当政者切不可使民"富"起来，民富则淫，淫则难治，只有使民处于生死线上才有利于统治。鲁国的公父文伯之母有过这样一段论述："昔圣王之处民也，择瘠土而处之，劳其民而用之，故长王天下。夫民劳则思，思则善心生；逸则淫，淫则忘善，忘善则恶心生。沃土之民不材，逸也；瘠土之民莫不向义，劳也。"（《国语·鲁语下》）晋韩献子也有类似论述。在历史上公然把这种主张作为治国之策者为数并不多。

这个时期在神、民关系上比较开明的一种看法是，认为民是神之主，先民而后神，神依民而行事，民和而神降福。随国季梁说："夫民，神之主也。是以圣王先成民而后致力于神……今民各有心，而鬼神乏主。"（《左传》桓公六年）宋公要用人祭，司马子鱼说："民，神之主也，用人，其谁飨之？"（《左传》僖公十九年）这种思想引申出的政治原则是对民的重视。虢国的史嚣说："国将兴，听于民；将亡，听于神。"（《左传》庄公三十二年）寥寥几字，表明了两种不同的政治方针。

由于对民的重视，许多人提出了"抚民"、"亲民"、"恤民"、"安民"、"利

民"、"惠民"、"以德和民"等等政治主张。这些主张的中心思想是要求君主和当政者施惠于民。他们指出,君民关系的核心是一个"利"字。民是君主的财源,君主不可竭源以取利,否则必将走到自己愿望的反面。楚灵王时期的伍举说:"夫君国者,将民之与处;民实瘠矣,君安得肥?且夫私欲弘侈,则德义鲜少;德义不行,则迩者骚离而远者距违。"(《国语·楚语上》)这种言论把君主养民的传统观念揭破了,表明不是君主养民,而是民养君主。君主的德和财成反比,搜刮越多,德行越寡。不过这个时期提出的亲民、利民主张,并不是政策的目的,而是为了役使民而采取的一种手段,正像楚子西说吴王:"吴光新得国,而亲其民。视民如子,辛苦同之,将用之也。"(《左传》昭公三十年)晋士蒍也说:"夫民,让事、乐和、爱亲、哀丧,而后可用也。"(《左传》庄公二十七年)

在君民关系中,最为激进的言论是民可以推翻和抛弃"困民之主"。当时有些残暴的君主被民推翻了,对于这种现象,统治圈中的多数人是反对的,认为这是作乱抗上,罪莫大焉。但有些开明之士却认为是合理的。晋知武子对献子说:"我之不德,民将弃我。"(《左传》襄公九年)楚尹戌在谈到梁国被灭时说:"民弃其上,不亡,待何?"(《左传》昭公二十三年)从贵人们口里说出民抗上具有合理性,不能不说是前所未见的。更有份量的话是晋师旷讲的。卫国的民众赶跑了君主,晋侯认为太过分了。师旷回答说,良君"养民如子","民奉其君,爱之如父母";如果君主是"困民之主",民众赶他下台是应该的。"天之爱民甚矣,岂其使一人肆于民上以从其淫,而弃天地之性?必不然矣!"(《左传》襄公十四年)师旷当然不是鼓动民众造反,但他认为君主肆意横行必将受到惩罚,赶跑暴君是合乎天理的,这样的认识在当时是相当激进的。

2. 对民的政治作用的认识

春秋时期天下大乱,战争此起彼伏。在生死存亡面前,人们观察和分析胜败的原因,希望从中找到避免失败和争取胜利的秘诀。一些人囿于传统的束缚,从天命神祇那里寻求根由。但也有不少人能面向现实,力求从事情内部寻找原因。他们从不同的角度出发,得出了一个大致相同的结论:民之向背是成败之本。

楚国灭了六、蓼之后,鲁大夫臧文仲评论道:六、蓼的国君"德之不建,民之无援,哀哉!"(《左传》文公五年)梁伯因"沟其公宫而民溃",被秦灭掉。这件事给当时的政治家以深刻的影响,在许多年之后,楚尹戌在总结历史经验时还引以为戒,指出:"民弃其上,不亡,何待?"(《左传》昭公二十三年)这些认识代表了当时统治者重视民的政治作用的程度。在实际历史过程中,统治者对民的态度,常常被敌对的一方作为是否采取军事行动的一个重要根据。

有时争夺的双方还从长远战略着眼,争取对方之民的好感,收取对方的民心。晋大饥,向秦求援。秦内部有两派意见,一派反对支援,一派主张支援。子桑说:"重施而报,君将何求?重施而不报,其民必携(分离),携而讨焉,无众,必败。"(《左传》僖公十三年)子桑主张援助的基点是争取晋国之民,先撒种子,日后收果。当时有许多人都主张在战争之前,首先实行纾民,以求民的支持。晋知䓨说楚晋"二国图其社稷,而求纾其民"(《左传》成公三年)。

在国内公子们争夺君位时,也常常首先争取民倒向自己。卫国的州吁为争君位采取的政策是"求宠于诸侯,以和其民"(《左传》隐公四年)。宋公子鲍也因施贷于民,争得民的支持而立为君(参见《左传》文公十六年)。这类例子很多。

许多政治家把对民的政策看作治乱的指示器。齐襄公为政无常,鲍叔牙指出"君使民慢(使民起慢易之心),乱将作矣"(《左传》庄公八年),后来齐襄公果然被赶下台。周单穆公在总结了历史的经验之后说:"以言德于民,民歆而德之,则归心焉。上得民心,以殖义方,是以作无不济,求无不获,然则能乐。"反之,"上失其民,作则不济,求则不获,其何以能乐?"(《国语·周语下》)陈国的逢滑说:"臣闻,国之兴也,视民如伤,是其福也;其亡也,以民为土芥,是其祸也。"(《左传》哀公元年)

在理论上更为有意义的是,当时一些人已经认识到个人的愿望和要求只有得到民众的支持才能实现,否则必将失败。鲁国的季孙氏势力强大,在执掌国政期间赶跑了鲁昭公,鲁昭公不甘心,企图复国。宋大夫乐祁对此评论说:"政在季氏三世矣,鲁君丧政四公矣。无民而能逞其志者,未之有也,国君是以镇抚其民。诗曰:'人之云亡,心之忧矣。'鲁君失民矣,焉得逞其志?靖以待命犹可,动必忧。"(《左传》昭公二十五年)乐祁在这里概括出了一个普遍真理,即"无民而能逞其志者,未之有也"。公元前515年诸侯会盟,讨论鲁昭公回国问题。晋国的范献子不赞成,他说:"季氏甚得其民,淮夷与之,有十年之备,有齐、楚之援,有天之赞,有民之助,有坚守之心……"(《左传》昭公二十七年)与会者听了范献子的议论,只好作罢。公元前510年鲁昭公死于晋,赵简子对史墨讲:季氏逐君,不准复国,死于异乡,这样作是否有点过分?史墨回答道:"鲁君世从其失,季氏世修其勤,民忘君矣,虽死于外,其谁矜之?"(《左传》昭公三十二年)得到民众的支持就可以犯上作乱,就拥有放逐君主充分的理由,这可以说是春秋后期最激进的言论和见解。君主的神圣性被破除了,这在政治思想上是一次飞跃。

三、君主专制思想的强化

春秋时期政治上的君主专制制度日益强化和发展。与这一进程相伴行,君主专制主义理论也日臻完善,许多人从不同角度和不同方向为专制制度增砖添瓦。当我们把有关的零星论述集中在一起时,就会非常清楚地看到,春秋以后出现的系统的君主专制主义理论,在这个时期已奠定了基础。

上层统治者为争夺君位打红了眼,许多人因此而身首异处。可是从这种纷争中得出的结论却是:君主权力应该具有至上性,并由君主独占。这一时期的政治特点是诸侯势力的急剧扩张,在诸侯国君的政治体制下,出现了权力中心多元化的现象。针对这种现象,不少人提出"国不堪贰"的主张。《左传》鲁隐公元年"郑伯克段于鄢"一事记录了这一思想。郑庄公之弟共叔段依仗母后势力谋划篡夺君位,郑公子吕针对这一危机情况向郑公提出:"国不堪贰,君将若之何?欲与大叔(共叔段),臣请事之。若弗与,则请除之,无生民心。"所谓"国不堪贰"是说君权应保持单一的至高无上地位,禁绝并行权力的存在。这成为统治者们公认的一项政治原则。后来,对政治上一切有"贰"的现象都十分忌讳。周大夫辛伯说:"并后、匹嫡、两政、耦国,乱之本也。"(《左传》桓公十八年)晋大夫狐突言道:"内宠并后,外宠二政,嬖子配嫡,大都耦国,乱之本也。"(《左传》闵公二年)齐悼公说:"君异于器,不可以二。器二不匮,君二多难。"(《左传》哀公六年)

比"国不堪贰"更加促进君主专制思想发展的,是"本"与"末"对立命题的提出。这一命题是由晋国大夫师服提出来的,他说:"吾闻国家之立也,本大而末小,是以能固。故天子建国,诸侯立家,卿置侧室,大夫有贰宗,士有隶子弟,庶人、工、商,各有分亲,皆有等衰。是以民服事其上,而下无觊觎。"(《左传》桓公二年)师服以君权为"本",以从属性的权力为"末",并认为两者的关系是"本"大于"末"。

为了确保君主权力一而不二和本大于末,君主还必须时刻把权力切实掌握在自己手中,不可分给任何人,这就是"唯器与名,不可以假人"。器与名是权力的象征或标志,这种东西不能轻易给人,出手则不返,常常反受其苦。"若以假人,与人政也",是君主的大忌。

以上的这些说法,从不同侧面对君主的绝对权威作了原则性规定,强调了君权的独占性和君权一元化。

春秋时代的统治者在权力分配上突出君权的绝对优势,反映在君臣关系上,就必然强调君对臣的绝对主宰,并对臣的职责义务作了种种规定,要求臣绝对服从君。概括言之,即"君命无贰"(《左传》成公八年晋士燮语)。晋悼公说:"抑人之求君,使出命也。"这就是说,君主的职责是发布命令,臣属的义务就是无条件服从。但是在实际政治生活中,君命的效力往往受到多种因素的影响,使"君命无贰"难以实现。怎样才能加强"君命"的权威呢? 有人求助于习惯的约束。如晋寺人披说:"君命无贰,古之制也。"(《左传》僖公二十四年)有些人则给"君命"罩上神秘的外衣,为了论证君命的绝对性,借助天的权威来强化君命的不可抗拒性。春秋时代的人们对于"天"的理解五花八门,但它们有一个共同之处,就是"天"具有超人的强大威力。统治者正是利用人们对"天"的敬畏心理,把"君主"、"君命"与"天"联系在一起,从而加强了君命的权威。楚箴尹克黄说:"君,天也。"(《左传》宣公四年)君主的意志就是"天"的意志,楚鄖公斗辛说:"君命,天也。"(《左传》定公四年)

把"君命"绝对化的另一个方法是利用血缘传统,将君臣关系与父子关系联在一起,借助于宗法的家长制思想强调臣对君的服从。晋大夫栾共子成说:"成闻之:'民生于三,事之如一'。父生之,师教之,君食之。非父不生,非食不长,非教不知生之族也,故壹事之。"他认为,臣对君的"报生以死,报赐以力"是"人之道也"(《国语·晋语一》)。应该说,栾共子成的思想在当时是具有代表性的。例如晋献公要杀重耳,重耳说:"君父之命不校。"(《左传》僖公五年)从君命如从父命。在君臣父子关系的双重压制下,臣只能俯首帖耳,惟君之命是从。把宗法的专制家长制引入政治关系是中国古代政治的一大特点,而"君臣""父子"关系并论亦成为中国古代政治思想之特色。

再者,还有人利用传统道德观念来约束臣的行为,使臣下无条件服从君命。比如强调要"事君以忠贞"。春秋时代,人们对于"忠"的认识是各种各样的,其中最重要的一种观念是忠于"君主",即所谓"事君不贰是谓臣"(《国语·晋语四》)。忠又与"孝"、"敬"相提并论,《国语》中就有"事君以敬,事父以孝"(《国语·晋语一》),"失忠与敬,何以事君"(《左传》僖公五年)等观点。由于春秋时代的政治集团多是家庭或家族的扩大,国家的政治中枢以某一家庭为核心,故而"孝"与"忠"成为一对孪生道德规范。概如晋大夫狐突说:"子之能仕,父教之忠,古之制也。"(《左传》僖公二十三年)

在"君命"与生命发生矛盾的情况下,则要求臣"死君命"。《左传》载,鲁文公十八年,文公薨,鲁大夫公子遂"杀嫡立庶",并"以君命召惠伯(叔彭生)"。公冉务人劝阻惠伯说:"入必死。"惠伯曰:"死君命可也。"臣对君要绝对服从,至死而不渝。

与"死君命"相近的另一种说法是"君辱臣死"。越大夫范蠡说:"臣闻之,为人臣者,君忧臣劳,君辱臣死。"(《国语·越语下》)这是说,当君主遇到危难的时候,臣要以身殉之。

与上述理论有别的,是道义高于君。这是由晋国的丕郑提出来的。据史载,晋献公得骊姬,生奚齐,得宠,欲废太子申生。荀息认为:"吾闻事君者,竭力以役事,不闻违命。君立臣从,何贰之有?"丕郑则认为:"吾闻事君者,从其义,不阿其惑。惑则误民,民误失德,是弃民也。民之有君,以治义也。义以生利,利以丰民,若之何其民之与处而弃之也?必立太子。"(《国语·晋语一》)丕郑在这里提出了几个重要论点。第一,君与义的关系。丕郑认为"君"与"义"是两回事,君不等与义,义高于君,君与义发生矛盾,从义不从君。第二、义与利的关系,义在于生利。第三,利与民的关系,利在于丰民。第四,民与君的关系,民之所以要君,是为了治义。总之,义高于君。就具体而论,丕郑说的是不能更换太子,在我们来看,这并不是一个革命的命题。但就此引出的理论,则把君的地位放在了道义之下,君也要在义的前面接受衡量。这一理论的提出与发展,在统治者内部增加了一个自我批评的武器。例如,鲁宣公夏天在泗水用密网捕鱼,大夫里革对宣公说:鱼兽繁殖生长时期不能捕捉,"今鱼方别孕,不教鱼长,又行纲罟,贪无艺(边、极)也"(《国语·鲁语上》)。宣公不听,里革便动手割断了鱼网。在"古之训"面前,宣公不得不作罢。从义高于君出发,臣子有义务改正君主的过失。正如史黯所说:"夫事君者,谏过而赏善,荐可而替否,献能而进贤,择材而荐之,朝夕诵善败而纳之。道之以文,行之以顺,勤之以力,致之以死。听则进,否则退。"(《国语·晋语九》)史黯讲的是为臣的责任,其意义在于他把君臣之间的绝对隶属关系和当时盛行的主死臣从观念冲破了。在君臣关系中,政见是第一位的,君主听则进,不听则退。

综上所述,春秋时代围绕如何认识君主,如何强化君主专制以及君臣关系等提出了许多新的认识。这些认识有两个基本点:一是把君主当作认识对象,二是君主专制思想的新发展。这两点是相互补充又互相制约的,其结果是使人们关于君主的认识更富于理性化的色彩。

四、关于礼、法、刑、政的政治作用的新认识

礼、法、刑、政是政治实体不可缺少的组成部分。这四者有联系,又有区别,即互相补充,缺一不可,但各自又有不同的针对性。礼是由传统和习

俗形成的行为规范,法是由人明确制定的具有强制性的规定,刑指强制手段,政指政权。下边我们将这个时期有关礼、法、刑、政在治国中作用的论述作一简要说明。

1. 关于礼的起源、作用与主旨的诸种论述

随着时代的变动,礼也在变化。春秋时期大家都讲礼,可究竟怎样做才符合礼,人们的看法不尽相同。尽管许多人对礼的具体规范有争执,但多数人认为礼是治国的基本方法。不管是革新人物抑或守旧人物,在以礼治国这一点上并无太大分歧。所谓"礼,国之纪也"(《国语·晋语四》);"礼,经国家、定社稷、序民人、利后嗣者也"(《左传》隐公十一年)。"礼,上下之纪,天地之经纬也,民之所以生也"(《左传》昭公二十五年)。

不过,关于礼的起源和礼的主旨,人们的看法却有着明显的差别。

在礼的起源问题上,当时较为陈旧的观点仍然把礼视为超越人类的。这种观点总是同神相联系,如鲁季文说:"礼以顺天,天之道也。"(《左传》文公十五年)而子产则认为,礼出于自然。晋的师服又对礼的起源作了全新的解释,他认为"义以出礼,礼以体政,政以正民,是以政成而民听,易则生乱"(《左传》桓公二年)。

历史就是这样的曲折和怪癖,当着人们普遍地信奉和固守着习惯之礼时,人们并不去研究它的起源,可是当着它走向破坏和变更的时候,人们反而要探讨它的起源。其实这也合乎规律,说明事物的起源总是为了指出它未来的命运。把礼说成是神圣的,是为了盲目地固守;把礼说成是社会生活的产物,指出了它是可以变更的,要在变更中寻求礼的发展。对一种事物平静固守是僵化的表现,寻根问源才是智慧的起点。

学界有一种颇为流行的认识,一说到礼,总是同保守相联系,好像谈礼者都是与时代相背的旧事物的卫道者。这种说法是不全面的,把历史简单化了。从《左传》看,讲礼者确实有许多人偏向守旧,但更多的人是借维护礼以扩大自己的势力和地位。在不同的人手里,礼有不同的意义。

那么礼的主旨是什么?人们的看法又不尽相同。最为流行的一种观点认为,礼的主旨在于别君臣、上下、父子、兄弟、内外、大小(参见《左传》襄公三十一年)。晋随武子说:"君子小人,物有服章,贵有常尊,贱有等威,礼不逆矣。"(《左传》宣公十二年)

晋国的女叔齐认为,礼的根本在于掌握住权位。鲁昭公流亡到晋,举止行动,彬彬有礼。晋侯因此说,人们说鲁昭公不知礼,我看是很知礼的。女叔齐却认为,昭公遵守的是仪,而不是礼,"礼,所以守其国,行其政令,无失其民者也"(《左传》昭公五年)。把权都丢掉了,还谈得上什么礼?楚国声子的认识与女叔齐相近,认为礼之大节是"劝赏"、"畏刑"、"恤民",因此"有礼无败"(《左传》襄公二十六年)。这种说法不拘泥于繁琐的礼仪,强调的是政策。

另有一种意见认为,礼是人伦关系的指导精神。如说"孝,礼之始也"(《左传》文公二年);"礼所以观忠、信、仁、义也"(《国语·周语上》);"恕而行之,德之则也,礼之经也"(《左传》隐公十一年);"君子贵其身,而后能及人,是以有礼"(《左传》昭公二十五年)。

还有一种看法,礼主要表现在待宾客和救济贫人,曹国大夫负羁说:"礼宾矜穷,礼之宗也。"(《国语·晋语四》)

上述诸种说法的侧重点有所不同,但从总体看,并没有什么大的矛盾。诸说可以并行不悖,互相补充。这些说法的综合更加突出了礼的重要作用。春秋时期的礼崩乐坏只是表明礼的实行范围发生了变化,礼的形式有改变,而礼的本身并没有被废弃,相反,礼在改造中又获得了新生。

2. 关于法的问题

从历史上看,礼与法是相辅而行的。如周有"文王之法"。楚先君文王有过"仆区之法"(参见《左传》昭公七年);晋国有"唐叔之所受法度"(参见《左传》昭公二十九年);晋国的赵盾执掌国政后又作"夷搜之法",其内容有"制事典,正法度,辟狱刑,董逋逃"等,被尊为晋的"常法"(参见《左传》文公六年);晋文公作"执秩之法,为被庐之法"。孔子认为这些都合乎礼。

由此可见,法与礼不是对立排斥的关系,不存在一方要"礼",另一方要"法"的历史事实。那么礼与法有无区分呢?有。礼主要表现为习惯与传统,而法则主要是有针对性的政治规定。这种规定可以与礼一致,于是礼、法并存。但有时法的规定不合乎习惯传统,例如子产作丘赋,一些人骂他。浑罕说:"国氏其先亡乎!君子作法于凉,其弊犹贪;作法于贪,敝将若之何?"(《左传》昭公四年)浑罕讲得很清楚,他不是反对一切"法",只是认为"丘赋"过于贪。

礼作为习惯性的规定有着深厚的社会基础,而法则多因事而作,有较多的时代性。因此,礼在历史进程中表现出的惰性显得更为突出。没有社会经济基础的巨大变动,就很难引起礼的巨大变化。因此,变法是重要的,而变礼在某种意义上更加重要,变礼比变法要难得多。到了战国时代,这种矛盾才在政治派别上表现出来。

3. 关于刑

刑比法更要狭窄些。法的规定包括引导和禁止,方法有赏有罚;刑则主要是禁止和惩罚。刑的产生很早,它随同阶级对立来到人间。作为镇压工具的刑,不论是哪个统治者,从来没有放弃过。正如法不是礼的对立物一样,刑也不是礼的对立物。所谓"政以治民,刑以正邪"(《左传》隐公十一年);"以刑佐民"(《左传》隐公十一年)。楚国的申叔时论教太子,就把刑与礼、诗、令(时令)、典(规章制度)、志(历史)等并列,视为不可缺少的课目之一(参见《国语·楚语》)。

当时一般人是把"德"与"刑"作为两种手段并论的,德近于礼,主要是指教化;刑则为暴力。两者并行,可以互为补充。如说"德莫厚焉,刑莫威焉,服者怀德,贰者畏刑"(《左传》僖公十五年);"德、刑不立,奸轨(宄)并至"(《左传》成公十七年);"善为国者,赏不僭而刑不滥"(《左传》襄公二十六年)等。

在处理德、刑关系上,有几种不同的主张。

楚国的声子主张德刑要得体,否则宁可多赏,不可滥刑,以免伤了善人。他说:"若不幸而过,宁僭无滥。与其失善,宁其利淫。"(《左传》襄公二十六年)因为善人是治国之才,"无善人,则国从之",国家必然跟着灭亡。

子产认为,善为政者尚宽,但这不是一般人能作到的,"唯有德者能以宽服民"。如果做不到这一点,则"莫如猛"。他用火与水作比喻,"夫火烈,民望而畏之,故鲜死焉。水懦弱,民狎而玩之,则多死焉。故宽难"(《左传》昭公二十年)。因此执政不妨严胜于宽。

郑国的然明主张两方面都要鲜明,他说:"视民如子。见不仁者,诛之,如鹰鹯之逐鸟雀也。"(《左传》襄公二十五年)

周王孙说在谈到周王赏赐时,对德刑问题发表了另一种看法,认为不能过分突出哪一个。"圣人之施舍也议之,其喜怒取与亦议之。是以不主宽惠,亦不主猛毅。主德义而已"(《国语·周语中》)。他认为不要在宽与猛上作文章,而是要考虑是否合理。这一说法比较有道理。

刑与礼是否相矛盾呢?有些人认为有,他们以叔向反对子产铸刑书和孔子反对赵鞅铸刑书为证。的确,在子产和赵鞅铸刑书时,分别遭到了叔向、孔子和史墨的反对,而他们手中的武器是礼。我们认为礼与刑并不是对立的。那么怎样解释叔向、孔子以礼为由反对子产和赵鞅铸刑书呢?这是成礼与变刑的矛盾,也可以说是原有的刑与变刑的矛盾,笼统地说礼与刑相矛盾是缺乏根据的。

4. 关于政的问题

与礼、法、刑并列的还有政。晋随武子把德、刑、政、事、典、礼并列,主张"德立、刑行、政成、事时、典从、礼顺"(《左传》宣公十二年)。子产也把礼、刑、政分列而论(《左传》昭公二十五年)。

政即政权、政令,是权柄,在所必争。各国统治者内部之争,首先是争政。有了政权,才能有其他权力,譬如有了政就可以变礼,如季氏舞八佾,旅泰山等等。

政权的作用在不同的经济条件下,有着不同的性质。在阶级社会,经济越不发达,权力的超经济性质越明显,权力支配经济的力量越大。权力是某些人或集团获得经济利益的最直接、最有效的手段。因此,争夺经济利益,首先要夺取政权。春秋时代是以武力争权夺利的时代。

五、关于用人与成败

殷周以来用人的传统是"唯旧"、"唯亲",这是由血缘为纽带的分封世袭制造成的,通常称之为"世族"制和"世官"制。在这种用人传统中,血统近的优于远的,同姓优于异姓,人的才能大小是次要的。西周后期的社会动荡开始打破用人唯亲、唯旧的界限,有些下层人物开始崭露头角。《诗·大东》中咒骂:"舟人之子,熊罴是裘,私人之子,百僚是试。"我们从詈骂中可以看到舟人之子、私人之子这些下层人物的升起。《诗·侯人》对侯人权势的兴起也同样抱有仇视和看不惯的情绪。诗中写道:"彼侯人兮,何(荷)戈与祋(殳)。彼其之子,三百赤芾……彼其之子,不称其服……彼其之子,不遂其媾。"金文中也有下层统治者兴起的例子。

那些亲、旧之族对启用远人、异姓总是抱着敌视的态度。《左传》襄公十年就记载了这样一件事。王叔之宰与伯舆之大夫瑕禽坐狱于王庭,士匄听之。王叔之宰曰:"筚门闺窦之人而皆陵其上,其难为上矣。"瑕禽曰:"昔平王东迁,吾七姓从王,牲用备具,王赖之,而赐之骍旄之盟,曰:'世世无失职'。若筚门闺窦,其能来东厎乎!"同姓骂异姓新起之族为"筚门闺窦之人",足见其同姓近亲之神气。亲、旧之人常常为反对启用新人、远人而大动干戈。《左传》昭公七年记载,周单襄公弃亲用远,被襄、顷之族杀死。《左传》定公元年记载,周巩简公弃其子弟而用远人,被子弟杀死。《左传》成公十八年记载,晋厉公因用远人亦被杀。《左传》昭公七年载,燕简公用新人而被逐。可见用新人、远人遭到了亲、旧之人猛烈的反对。可是当时的角斗又必须要启用有才能的新人,这种呼声日益上升。总的来看,在用人问题上当时大体形成了三种观点。

第一,主张用亲用旧。卫大夫石碏谏卫庄公:"贱妨贵,少陵长,远间亲,新间旧,小加大,淫破义,所谓六逆也。"(《左传》隐公三年)晋随武子评论楚国之政说:"其君之举也,内姓选于亲,外姓选于旧。"(《左传》宣公十二年)从《左传》的有关记载看,春秋一代的用人仍然以用亲、用旧为主。

第二,主张亲、旧与远、新并用。晋文公既"昭旧族,爱亲戚",又"明贤良"、"赏功劳"(《国语·鲁语四》)。富辰谏周襄王要"尊贵,明贤,庸勋,长老,爱亲,礼新,亲旧"(《国语·周语中》),也是主张亲、旧与远、新并用。

第三,主张尚贤,以才能为标准选用官吏。随着诸侯国内外矛盾的激化,智力问题也变得突出起来,没有善谋善断之人,国不得治,争战则败。许多人把启用贤者视为头等大事。齐桓公称霸的重要原因之一是他任用了贤能,启用管仲就是打破亲、旧的典型例证。《国语·齐语》记载,齐桓公把任贤作为一项基本的政策,发布命令,要乡长"进贤"。如有贤人而不报,谓之"蔽贤",是犯罪行为,要给以惩处。卫文公复国后,治国之策中有一项即"授方、任能"(《左传》闵公二年),很快收到了实效。晋国任贤的风气最盛。晋文公之后,公族势力减弱,任职的主要是异族大夫,当时异族大夫刚刚兴起,不可能靠既有的势力和亲亲关系,所以在厉公、悼公、平公时期能人辈出,使晋国政治很有生气,是其得以保持霸主地位的重要原因之一。

尚贤的空气甚至对君位的继承都发生了影响。春秋时期为争当君主引起了无数次的厮杀,可是竟然偏偏有几个让贤的君主。宋宣公没有传位给儿子与夷,以传贤为由,把君位传给了他的弟弟。当时有许多大臣不同意,他讲:"先君以寡人为贤,使主社稷。若弃德不让,是废先君之举也。岂曰能贤?"(《左传》隐公三年)曹国也发生这样的事。诸侯要立子臧为君,他自称才德不足而不受(参见《左传》成公十三、十四年)。

关于贤臣的作用,这一时期有了许多新的见解。典型者如曹刿,其身世不甚清楚,但他无疑是一个敢于向高贵者挑战的人。鲁庄公时,齐攻鲁,曹刿请见,其乡人曰:"肉食者谋之,又何间焉?"曹刿曰:"肉食者鄙,未能远谋。"(《左传》庄公十年)从历史看,肉食者未必都是蠢才,但寄生虫居多则是事实。曹刿的这句话是对贵人的挑战,很有见地。还有一些人认识到能否使能任贤关系到国家的兴衰。晋阳处父说:"使能,国之利也。"(《左传》文公六年)楚国的王孙圉认为贤能之人是国家之宝。王孙圉出使到晋,赵简子问:"白珩"这块宝玉还在楚国吗?王孙圉回答道:楚从来没有把它视为宝,几位有才干的大臣,如观射父、左史伯等,才真正是楚国之宝。"若夫白珩,先王之玩也,何宝之焉?"(《国语·楚语下》)楚国的声子在分析楚、晋政治时,认为楚国之所以弱败,晋之所以强盛,原因在于楚国的人才不被重用,到了他国却成为栋梁之才,这就是他所说的"虽楚有才,晋实用之"(《左传》襄公二十六年)。

在举贤上最受称赞的是晋国的祁奚。他告老时,以贤为标准,举仇、荐子和自己的属下。君子评论道:"祁奚于是能举善矣。称其仇,不为谄。立其子,不为比。举其偏,不为党。"(《左传》襄公三年)祁奚举仇表现了政治家的胸怀,尤其值得称道。

在当时人们看来,贤臣首先是指敢于进谏之臣。君主要想求治,最基本的条件也是重用谏臣。正如晋范文子所说:"兴王赏谏臣,逸王罚之。"(《国语·晋语六》)

第二节 战国时期政治思想上的百家争鸣

经过春秋以来长期的兼并和争夺,形成了齐、魏、赵、韩、楚、秦、燕七国对峙的局面。这七国内部都程度不同地存在着改革与保守的斗争,外部都面临着激战,在内外矛盾的促使下,各国程度不同地进行了一些政治改革。著名的有魏国魏文侯、李悝的变法,楚国楚悼王支持的吴起变法,齐国齐威王的改革,秦国秦孝公支持的商鞅变法,赵国赵武灵王的改革等等,这些改革促进了社会发展。

如果我们把历史的篇章翻到这个时代,一种奇玮的景象便会出现在我们的面前:思想理论界犹如峰峦竞相争高,随着一个大师的出现,一种思想便被推向高峰。这个时期究竟有多思想家?据班固《汉书·艺文志》著录的书目看,诸子之作近百种。用"百家"形容诸说林立,早在战国已经流行。《庄子·秋水》说公孙龙"困百家之知",荀子称诸子为"百家之说"。至西汉,司马迁称诸子为"百家之术"。此后遂成习惯,一提到诸子百家,人们自然就会想到战国的学海。

"百家"是指思想流派之多。由于阶级、阶层、政治倾向以及思维方式的影响,思想家理所当然要分为不同的流派。人们把流派称为"家",早在战国初,便开始了这种分类。墨子著《非儒》,形成儒墨对立;孟子力排杨(朱)、墨、神农之学以及兵家等,使各派的分歧更加明朗化;荀子作《非十二子》,把十二子分成六派;《庄子·天下》也把十几位著名思想家分为六大派别;韩非的《显学》更把儒、墨视为两个显赫的派别。在上述划分派别的基础上,西汉司马谈作《论六家要旨》,进一步从理论上明确了划分派别的标准。司马谈划分的六家为:阴阳、儒、墨、法、名、道德。班固在司马谈划分的六家之外,又划分出纵横、杂、农、小说四家。司马谈、班固的分法为历代学者所接受,一直沿用到今天。

司马谈、班固把诸子划分为派别是对的,同时他们也看到了各派并非铁板一块,而是派中有派。韩非曾指出:孔子死后儒分为八,墨子死后墨分为三。各派之间的争论固然激烈,但派中之派的争论有时也不亚于大派之争。例如,荀子便把儒家分为"大儒"、"小儒"、"雅儒"、"俗儒"、"散儒"、"贱儒"、"沟瞀儒"等。他认为,"俗儒"貌似儒而实际"无异于墨子",还指斥子思、孟轲为孔门之罪人。

流派之争和派内之争,把无数问题提到了思想家的面前,迫使他们把思维的触角伸到各个领域,上论天,下论地,中论万物与人事,纵论古今。因此,他们的著作大都具有百科全书的性质。以《荀子》为例,全书不过十余万字,但涉及的问题却相当广泛:讨论哲学的有《天论》、《解蔽》、《正名》、《性恶》、《非相》等篇;讨论政治学的有《王制》、《王霸》、《君道》、《富国》等篇;讨论经济的有《富国》等篇;讨论教育的有《劝学》、《修身》、《不苟》等篇;讨论军事的有《议兵》等篇。另外,全书讨论了伦理道德,有些篇目还论及了自然科学、史学诸问题。荀子为了论战,是有计划、有目的地进行写作的。每篇有一个主旨,篇名与内容一致。从某种意义上说,荀子是中国历史上将知识划分为不同学科的开创人之一。

战国的百家争鸣促进了人们的认识向某一方面或某一领域的重点推进,每个人掌握知识的百科性又促进了对事物的综合考察与深入分析。百家与百科相激,于是人们对每一个问题都能从不同角度提出看法,少者数种,多者十余种,可谓异彩纷呈。

这个思想库是中华各族的文化积累和智慧结晶,是在继承基础上的伟大创造。诸子百家的存在与争鸣,是中华民族文化成熟的标志。在以后长达两千年的封建社会历史长河中,各式各样的思想差不多都可以从战国诸子中找到原形或雏形。直到今天,社会科学中的许多问题,或多或少地还可以从诸子中找到相应的命题或思想源头。

当然,我们必须看到,这个思想库主要是为统治者准备的,诸子提供的各式各样的治国方案和统治术,使他们有了选择的余地,以增强统治的应变能力。

为什么会出现那么多的思想家?这是那个时代酿成的。春秋战国是我国历史上的一大变动时期。"高岸为谷,深谷为陵"的运动打破了传统的生活和观念。过去的一切怎么看?需要人们回答。现在应该怎样生活?需要人们创造。历史的车轮要向哪里转动?需要人们预测。数不清的问题摆在了人们面前。一句话,社会历史需要重新认识!百家争鸣便是历史变动在认识上的表现。

促成百家争鸣的另一个原因是,各国的政治变革与相互竞争需要理论指导。当时每个诸侯都面临着如何解决内政与外交两大课题,都面临着生存与死亡的抉择。在复杂的形势面前,任何僵化的政治资本,如门第、名分都无济于事,唯一有效的东西便是合乎时宜的谋略与政策,在尖锐的斗争中,实力无疑是基础,然而没有适宜的谋略,优势可能转为劣势。斗争不仅是物质力的较量,同时也是智力的较量。物质力可以由少数人垄断或控制,智力却是无法垄断的。君主们拥有物力,却不一定具备智力。在相对稳定的形势下,当权者可以把知识置于可有可无的地位。但是在多元的、动荡的、竞争的时代,抛弃知识才智就意味着毁掉自己。当时许多统治阶层人物对人才智谋的作用看得很清楚。一次,齐威王与梁惠王会晤,梁惠王问齐威王:有明珠吗?齐威王说,没有。梁惠王诧异地说,我的国小还有光照数十丈的明珠,齐国那么大怎么没有呢?齐威王说,我的明珠与你的不一样,我以人才为明珠。人才在当时的社会地位之高和作用之大,于此可见一般。所以各国争着招揽人才,有的下令求贤,有的重金收买,百家的兴起正是适应了智力竞争。他们中的多数目的也很明确,那就是"干世主"。

形成百家争鸣的再一个原因是,当时的政治空隙比较多,知识分子大有用武之地,可以自由驰骋。这并不是说当时有什么开明的政治制度,而是指诸侯国林立,便于知识分子在各国间迁回。"朝秦暮楚"不只是形容说客,对思想家也是适用的,著名的思想家几乎都周游列国,这是一方面。另一方面,由于各国抢着招纳智囊,知识分子的地位也较高。"礼贤下士"虽非君主的本意,而是出于需要,士人"分庭抗礼"也常常使君主恼火,但是君主为了谋求方略而不得不容忍。《战国策》关于齐宣王见颜斶的故事便是证明。"齐宣王见颜斶,曰:'斶前!'斶亦曰:'王前!'宣王不悦。左右曰:'王,人君也。斶,人臣也。王曰斶前,亦曰王前,可乎?'斶对曰:'夫斶前为慕势,王前为趋士。与使斶为趋势,不如使王为趋士。'"经过舌战,颜斶占了上风。齐宣王为了争取士人,不得不容忍颜斶的高傲。这个故事说明当时知识分子依附性较小,所以对事物敢于独立思考,敢于提出个人见解。他们著书立说虽然是为了"干世主",但大多数人是企图用自己的学说改造君主,而不是一味阿谀奉承,取悦于君。有不少思想家虽然喜欢权贵,但更喜欢自己的学说。孔子说过"不义而富且贵,于我如浮云"(《论语·述而》);墨子为实现自己的学说奔走了一生,宁弃富贵而不屈信仰。荀子说的更加痛快:"从道不从君。"

从平面上看百家相争,很有点民主气氛,但是如果分析一下每家的思想实质,就会发现绝大多数人在政治上都鼓吹君主专制,思想上都要求罢黜他说,独尊己见,争着搞自己设计的君主专制主义。因此,百家争鸣的实际结果不可能促进政治走向民主、思想走向自由,只能是汇集成一股强大力量,促进君主专制主义的完善和强化。把握了这一点,才能把握百家的政治归宿。

第三章 儒家以伦理为中心的政治思想

孔子创立了儒家学派。总括起来,儒家的思想有如下几个特点:

第一,儒家祖述尧、舜,宪章文、武,把先王之道作为自己的旗帜。第二,以六艺为法。儒家崇尚六艺不只是个教本问题,实际是崇尚周以来的传统文化,而六艺正是传统文化的负荷者。第三,崇尚礼义。儒家主张以礼治国,以礼区分君臣、父子、贵贱、亲疏之别。第四,仁、义、礼、智、忠、孝、信、爱、和、中等等,是儒家共同的基本概念和范畴。尽管每个人对这些概念内涵的理解有很大差异,但他们都离不开这些概念和范畴。这些概念和范畴构成了儒家特有的思想外壳,使人一看便知是儒家。第五,宗师孔子。儒家内部分为许多派别,常互相指斥。可是他们都以孔子为祖师,宣布自己是孔子的正传。每经过一次这样的论争,孔子的地位非但不会下降,反而上升一步。以上五点是儒家的共同特征。

今世学者对儒家诸派的政治倾向作了许多研究,但看法常常大相径庭。如果异中求同的话,为统治者出谋划策,教育人民安分守己,这就是儒家政治思想的基本点。儒家侧重于从总体上论述如何巩固统治秩序,对当时可行性政策缺乏研讨,所以先秦的儒家常被排斥于实际政治活动之外。

第一节 孔子以礼仁为中心的政治思想

孔子(约公元前551～前479年),名丘,字仲尼。出身破落贵族。他从小受到贵族教育,"十五志于学","三十而立",通晓礼仪,成为鲁国有名望的人,并开始私人办学,招收弟子。孔子是中国古代杰出的教育家,不过他从事的教育同今天的教育不大一样,他搞的是政治伦理教育,教育的目的是培养官僚。由于孔子是位政治教育家,因此主要应从政治伦理角度去评价他的历史地位、价值与影响。

一、政治理想与统治者的自我认识

1. 政治理想

能不能提出一个政治理想国理论和具有普遍意义的政治原则,是衡量能否成为政治思想家的基本标志之一。孔子留下的言论虽然很零碎,但关于这个问题的论述是十分明确的,就是他常说的"有道"二字。在孔子的言论中,"道"具有多层含义,但用于政治,"有道"代表了孔子的理想政治和基本政治原则。与之相对则称之为"无道"。总括有关论述,孔子的"有道"政治理想具有以下两个特点:

其一,所有的人都按照礼制规定,贵贱有等,上下有序,各出其位,各称其事,"君君,臣臣,父父,子子"(《论语·颜渊》,下引《论语》只注篇名)。正如司马谈在《论六家要旨》中所指出的,儒家有些地方尽管迂腐繁琐,"然其序君臣父子之礼,列夫妇长幼之别,不可易也"(《史记·太史公自序》)。

其二,不要使礼之"分"走向破裂和对立,要在"分"中注之以"和"与"仁"。有子说:"礼之用,和为贵。先王之道,斯为美。"(《学而》)"和"不是消除贵贱上下之别,而是在"别"中求得和谐。实现和谐要靠"仁"。仁包括许多内容,其中心是忠恕,即爱人。上述原则落实在政策上表现为富民足君和先德而后刑两大政策。富民足君的办法主要有"使民有时"、"敛从其薄"和"节用"三项。先德而后刑主要表现在要处理好如下三种关系:一是富和教的问题,要先富而后教。他反复强调治民首先要"足食",民有饭吃而后才能谈政治教化等事;二是惠与使的关系,孔子主张先惠而后使,"惠则足以使人"(《阳货》)。统治者使民是必然的,但讲不讲条件大不一样,孔子主张要有条件;三是教与杀的关系,孔子主张先教而后杀。

尊五美、屏四恶可以说是理想国的实现。"五美"指的是"君子惠而不费,劳而不怨,欲而不贪,泰而不骄,威而不猛"。具体言之,"因民之所利而利之,斯不亦惠而不费乎?择可劳而劳之,又谁怨?欲仁而得仁,又焉贪?君子无众寡,无小大,无敢慢,斯不亦泰而不骄乎?君子正其衣冠,尊其瞻视,俨然人望而畏之,斯不亦威而不猛乎?""四恶"者,"不教而杀谓之虐;不戒视成谓之暴;慢令致期谓之贼;犹之与人也,出纳之吝谓之有司"(《尧曰》)。

孔子所说的美政不是一种简单的规定,而是在处理事物的关系中寻求适度点,这个适度点要使矛盾的双方都得到节制,又得到适当的满足。文中提到的惠和费,劳和怨,欲和贪,泰和骄,威和猛五种关系,其中有的是矛盾的,如前三种;有的是相近而不相同的,如后两种。孔子提出要把矛盾对立的关系化为和谐关系,把相近的东西加以区别。本来惠和费是难于和谐的,要施恩惠,总要有所耗费。那麼究竟如何才能解决这一个矛盾呢?孔子不是简单地牺牲一端来满足另一端,而是从两端跳出来,另辟蹊径。这种办法既同惠相连,又把惠变成不费,这就是"因民之所利而利之"。即是说,让民去做对自己有利的事情,从而使双方都有一定的满足。泰与骄在外观上难以区分,孔子认为必须把两者区分开来。骄的特点是欺寡、卑小,泰对多寡、大小都一个样。明白了这一点,便可作到去骄而存泰。

与五美相同,四恶也不是一种简单的规定。比如孔子不是简单地宣布刑杀为恶,只有不教而杀才属恶之列,应予摒弃。如果教而不听,杀大约也可以算作美的。

孔子的政治思想和基本政治原则既没有惊人之笔,又没有玄妙之论,使人感到平实可近,但是真正做起来却又十分难。虽然难,又不是高不可攀。在孔子看来,先贤圣主实行过,三代曾达到过这种境界。孔子描绘的理想境界把实际与理想有机地统一起来,他的政治理想以现实存在的关系为起点,要全部实现固然困难,但朝着这个方向走几步却是完全可能的,从而为统治者的实际政治提供了回旋余地。

2. 关于统治者的自我认识

一种政治理论如果与历史的进程相对立,如道家,特别是像庄学纯自然主义的理论,就不可能从现实中找到自己存在的基础;反之,如果像法家那样对现实一味肯定,那么在实际政治的发展变化中也难以充当导师,难以给政治实践提供一个回旋余地。法家过分肯定君主,一切惟君是从,必然会导致认识上的僵化,这样一来,给自我认识和自我调整留下的余地便太狭隘了。

孔子的政治理想和政治基本原则不是这样,它肯定了实际存在的社会关系和政治关系,同时又不满足于现状,对当时的实际政治多持批评立场。同时这种批评又不是否定,而是希望改善和改良。例如,他对卫灵公的态度就是如此。孔子尽管批评卫灵公"无道",但是他又希望能借助卫灵公治国变善。在孔子眼里,当时是一个"无道"的时代,可是他并不因此而抛弃这个时代,在他看来,事情仍然有救,并且为此孜孜以求,奔波了一生。类似"苟有用我者,期月而已可也,三年有成"(《子路》)的话讲过许多,对改良政治充满了信心和希望。从统治者的整体与长久利益看,他们不仅需要肯定自我,有时又需要不断进行自我认识和自我批评。有关谏议的种种议论就是为了推进自我认识和自我批评。当时的许多政治家和思想家认为,进谏与纳谏问题在政治中具有极为重要的地位,关系到国家的治乱兴亡。

孔子关于"有道"和"无道"的论述把统治者的自我认识和自我批评推到一个新阶段。孔子把"有道"的理论视为一种检验政治的标准,统治者的一切行为都应在这一理论面前接受衡量和检验。这一理论在当时以及其后两千多年的封建社会中都成为统治者自我认识、自我批评和自我调节的理论依据。

孔子的政治理想和基本政治原则把肯定现存的社会基本秩序和批评弊政、改良现实妥善地结合在一起。这种理论既能满足统治阶级中当权者的需要,又为在野派以及其他图谋改良的人们提供了改善处境的希望。孔子的理论所具有的广泛的适应性,是其被封建统治者奉为指导思想的重要原因之一。他一再强调"臣事君以忠"(《八佾》),在君主面前毕恭毕敬,甚至达到了令人厌恶的程度。如"君在,踧踖如也,与与如也";"入公门,鞠躬如也,如不容……摄齐升堂,鞠躬如也,屏气似不息者"(《乡党》);表现了一副奴才相。另一方面,在政治原则上,他又认为事君不能以苟合顺从为上,而是应该首先考虑是否符合于"道",要"以道事君"(《先进》)。在他看来,卫国的史鱼、蘧伯玉就是把道放在第一位的人物,从而备加赞扬。他说:"直哉史鱼!邦有道,如矢;邦无道,如矢。君子哉蘧伯玉!邦有道则仕,邦无道则可卷而怀之。"(《卫灵公》)他自己做梦都想去从政。但他把能否行道作为参政的条件,否则便不出仕,"道不行,乘桴浮于海"(《公冶长》)。"不义而富且贵,于我如浮云"(《述而》)。孔子倾心于君,三月不见君便如丧魂落魄,惶恐不安。可是在他的政治生涯中,除了在鲁国短期走运之外,一生是不得志的,"累累如丧家之犬"。所以会落到这般凄凉的境地,恐怕不是孔子不会在官场周旋,也不是他无能,而是他把"道"看得高于君主、高于权力和地位。这一点常常是思想家与实际政治家不同的地方。如果一位思想家的行动与自己的理论相悖太多、太大,这位思想家就失去了作为思想理论家的资格。从实际看,孔子所坚持的政治原则丝毫不会损害统治阶级的利益,从根本上说,对维护君主是有利的。与此相反,倒是有些君主和当政者却经常作出损害统治阶级普遍利益的举动,进行自我破坏和自我削弱,这就是后来所说的道统与君统的矛盾。在这种矛盾中,孔子站在了道统方面,当两者难以契合时,孔子主张道统高于君统,道义重于权令,从道不从君。在这种情况下,对君主虽然表现为不合作,甚至是表面上的对立,但是孔子所坚持的道义却是从更高的角度维护了统治阶级的利益,维护了君权,在对君主的怨恨之中充满了深沉的爱。孔子强调道义高于君主的思想培养了一批忠勇之士,而这些忠勇之士正是维护封建统治的中流砥柱。这些人对君主爱而不阿谀,顺而不盲从,犯而不欺,怨而不恨,从而把坚持道义与维护君权、维护统治阶级的普遍利益达到了奇妙统一的地步。

孔子的政治理论首先肯定了现存的政治秩序,在这个前提下指导人们批评现实,目的是求得贵贱有等的和谐。这种理论虽然含有改善被统治者生活条件的内容,但对剥削者和统治者是绝对有利的。正因为如此,孔子才成为"权势者们的圣人"!

二、伦理政治与安于专制秩序

孔子的伦理原则与政治原则是浑然为一体的,可称之为伦理政治。

1. 伦理原则

孔子把人际关系主要概括为君臣、父子、兄弟、朋友四个方面。夫妇问题基本没有涉及。如何处理人际关系,他用过许多概念,如仁、义、忠、恕、孝、信、智、勇、温、良、恭、俭、让、慎、直等等,要之,以礼、仁为纲。

礼讲的是人际关系的行为规范,诚如他所言:"不学礼,无以立。"(《季氏》)他讲的正名也就是正礼。孔子要求人们都按一定的礼制规范行事,其核心是分贵贱、上下、等级。

仁讲的是处理人际关系的精神指导,要之可归纳为三点,即克己、爱人、复礼。

克己,简言之,即克制自己,孔子对自我克制讲得很多。

"修己"是"克己"的重要方式。子路问什么叫君子,孔子回答道:"修己以敬","修己以安人","修己以安百姓"(《宪问》)。《说文》:"修,饰也"。修己的"修"具有饰、整治的意思。《述而》所载的"礼之不修"的"修"也是这个意思。

为了"克己",孔子又提出"约"。他说"以约失之者鲜矣"(《里仁》),意思是以礼约束自己,犯错误的就很少了。他又说:"君子博学于文,约之以礼,亦可以弗畔矣夫!"(《雍也》)颜渊说:"夫子循循然善诱人,博我以文,约我以礼,欲罢不能。"(《子罕》)孔子所讲的"约"都是指用礼作为准则克制自己。颜回是能约束自己的典型,所以孔子说:"贤哉,回也!一箪食,一瓢饮,在陋巷,人不堪其忧,回也不改其乐。贤哉,回也!"(《雍也》)颜回是位由自约而到安于现状的典型,这种自约无疑等于慢性自杀。

自戒是克己的又一种方式。孔子曰:"君子有三戒:少之时,血气未定,戒之在色;及其壮也,血气方刚,戒之在斗;及其老也,血气既衰,戒之在得。"(《季氏》)孔子在回答樊迟问如何"辨惑"时,讲的不是分辨是非之道,仍然是自戒。他说:"一朝之忿,忘其身,以及其亲,非惑与?"(《颜渊》)他认为要控制自己的情感,防止一时冲动,以自戒防患。孔子说:"君子食无求饱,居无求安,敏于事而慎于言,就有道而正焉,可谓好学也已。"(《学而》)这里也是教人自戒。自戒无论在什么时候都不能说不需要,问题在于以什么自戒。孔子主张以周礼为戒。很明显,这种自戒在当时不属进取精神之列,而是对人的主体性的限制和约束。

孔子还提倡"自讼"、"自省"和"自责",其意仍然在于克己。他说:"见贤思齐焉,见不贤而内自省也。"(《里仁》)又说:"躬自厚而薄责于人,则远怨矣。"(《卫灵公》)曾子把问题说得更清楚,"吾日三省吾身,为人谋而不忠乎?与朋友交而不信乎?传不习乎?"(《学而》)当时的人很少有自我检讨精神,孔子感慨地说:"已矣乎!吾未见能见其过而内自讼者也。"(《公冶长》)"自责"、"自讼"、"自省"有合理的一面,因为人是会犯错误的。不过自责、自省只能在有限的范围内使用,在孔子的时代,首先不是自责问题,而是应责难社会制度。把社会上的一切矛盾都引到自己身心里加以消弭,只会束缚个性,不利于社会的进步。

《论语》中多次讲到"慎言"、"慎行",这也是克己的方式。慎言、慎行毫无疑问有相当道理,但孔子讲的慎,多半是为了束缚人的手脚。

孔子还一再提倡"无争","君子无所争"(《八佾》)。曾子说的"犯而不校"(《泰伯》),即受人侵犯也不去计较,与孔子的无争也是一致的。孔子还说过:"君子矜而不争"(《卫灵公》)。无争是克己的最彻底的方式,也是最消极的方式。

把克己的精神用于对人则是忠恕,亦即爱人。忠是从积极方面讲的,即"己欲立而立人,己欲达而达人"(《雍也》)。恕是从消极方面讲的,即"己所不欲,勿施于人"(《颜渊》)。这两句话的意思是:我自己希望达到的,也希望别人能达到,我自己不喜欢的,也不要施于别人。不管是从积极或消极方面讲,爱人的过程都是由己及人,从我出发,自己怎样对待自己,也就应该怎样对待别人。上述两句话,可以说是孔子整个思想中最富有光彩的地方,他在理论范围内把所有的人置于了平等地位。最为可贵的是,这种平等是以我为中心展开的,它在理想上越出了等级的藩篱,具有个性解放的因素。在上述论点中,自己不承认任何高于我的外来的权威,也不认为自己比别人高。由于强调人我之间的平等和个人意志的相对独立,因而有"杀身成仁"之论,有"三军可夺帅也,匹夫不可夺志也"的轩昂气概(《子罕》)。子贡本着老师的教诲,也发出了"我不欲人之加诸我也,吾亦欲无加诸人"的豪言(《公冶长》)。理论归理论,如果我们把孔子的上述高论与他切近实际的主张结合起来考察,不难发现,他自己都没有给这种理论以应有的支点,又不免是空论。

克己有其合理的一面,因为每个人都是社会中的一个成员,应该时时考虑自己以什么方式存在于社会。可是孔子的克己教导人们时时处处都把自己作为斗争的对象,不是引导自身在适应社会中改造社会,而是处处克制自己以安于现状,安于传统,安于过时的东西。克己是教人作一个安分的人,而不是教人去成事,这在当时显然是保守的。

忠恕不能说不是一种美德,但是在理论上有它的致命的弱点。"己欲立而立人"、"己所不欲勿施于人",它只注意了个人是社会存在的原子,却忽视了整个社会是个人存在的前提和条件这一基本事实。似乎只要由己作起,一切矛盾便可在自己身上加以消弭,又可由己把整个社会带入极乐世界。无需评论,其谬自明。

克己断然反对人们去作恶,但对社会政治种种之恶似乎也构不成真正的抵御力量。从克己中真正能获得的东西,大概只有精神上的满足和洁身自好的陶醉。忠恕能获取美德之誉,但它又教人对统治者的暴行麻木不仁。专制统治者喜欢倡导克己、忠恕,与这一点不是没有关系的。

克己与爱人在行为上的归宿是"复礼"。孔子对此讲得很清楚:"克己复礼为仁。一日克己复礼,天下归仁焉。"(《颜渊》)

克己、爱人、复礼形成三位一体,内在精神修养与外在行为规范互相制约,互相补充。孔子把高尚与平庸、内美和外辱、精神满足和外在屈从巧妙地结合在一起,成为统治者最理想的伦理原则。

2. 政治与伦理道德的关系问题

先秦诸子的看法大体可分为两派:一派以法家为代表,他们认为政治的中心是权力,道德的作用虽然不可完全忽视,但在政治活动中,道德不起决定作用。《韩非子》某些篇章中甚至认为道德不仅毫无用处,甚至有害,表现为非道德主义。另一派以儒家为代表,他们特别强调道德在政治中的作用,主张政治与道德应结合为一体,甚至认为政治中的根本问题是道德问题。这种思想由孔子最先提出,其后《中庸》、《大学》、《孟子》等著述进一步发展了这一思想。

把道德作为政治中的根本问题,首先表现在如何看待道德与刑政的关系问题上。孔子认为道德为主,刑政为辅。他说:"道之以政,齐之以刑,民免而无耻;道之以德,齐之以礼,有耻且格。"(《为政》)这里很清楚地表明,孔子认为德礼高于刑政。季康子问政于孔子,提出"如杀无道,以就有道,何如?"(《颜渊》)孔子认为把杀放在第一位,出发点就是错误的。孔子提出的正名顺言—成事—兴礼乐—施刑罚的治国次序,也说明先道德而后刑政的思想。

其次,孔子把政治的实施过程看作是道德化过程。"季康子问政于孔子。孔子对曰:'政者,正也,子帅以正,孰敢不正?'"又说:"子为政,焉用杀?子欲善而民善矣。君子之德风,小人之德草。草上之风,必偃。"(《颜渊》)孔子还说过:"其身正,不令而行,其身不正,虽令不从。""苟正其身矣,于从政乎何有?不能正其身,如正人何?"(《子路》)"君子笃于亲,则民兴于仁。"(《泰伯》)有人问孔子:"子奚不为政?"孔子说:"《书》云:'孝乎惟孝,友于兄弟,施于有政。'是亦为政,奚其为为政?"(《为政》)在孔子看来,从政不必当官,宣传孝道就是参政。所以有子说:"其为人也孝弟,而好犯上者,鲜矣;不好犯上而好作乱者,未之有也。"(《学而》)曾子也说:"慎终,追远,民德归厚矣。"(《学而》)

再次,在孔子看来,君臣之间不只是权力制约关系,而且要靠礼、忠、信等道德来维系。"君使臣以礼,臣事君以忠"(《八佾》)。

还有,培养官僚不是首先讲如何学会政治之道,而是首先从事道德训练与培养。子张学干禄,子曰:"多闻阙疑,慎言其余,则寡尤;多见阙殆,慎行其余,则寡悔。言寡尤,行寡悔,禄在其中矣。"(《为政》)孔子的话包含了一部分认识和处理问题的方法,但从基本精神上看是讲处世之道、官场之术,而不是讲统治之理。子张又一次问为政,子曰:"居之无倦,行之以忠。"(《颜渊》)同样是讲道德修养。

儒家主张人治,他们把政治视为道德的延伸和外化,这一认识构成了人治的理论基础。把道德视为政治的基础有无道理呢?毫无疑问,有一定道理。因为执政者的品质对政治会发生直接的影响,特别是在君主专制制度下,执政者政治品质的作用更为突出。孔子把道德品质看得如此之重,从舆论和理论上对执政人员有一定制约作用。但是从根本上说,这种理论是不正确的,实际上是对被统治者的一种欺骗和愚弄。

所以说它不正确,是因为它混淆了政治关系与道德关系。政治与道德是不同范围的两回事。政治关系决不是道德关系,它首先是不同阶级、阶层,或不同利益集团的利害关系。解决其间的矛盾不是靠道德的说教与规劝,而是靠权力、暴力。把道德与政治混为一谈,就掩盖了政治的本质。

从认识上来看,过分强调道德便堵塞了人们对政治问题的认识。政治对象比道德对象要复杂得多,政治要解决安邦治国、用兵、理财以及处理各种社会关系等等。在政治活动中需要创造性的认识和敏锐的眼光,而道德则引导人们注意个人行为的规范和修养。道德品质和政治才识可以统一,但更多的情况是不统一的。有用兵治国之才者不一定是道德化的人物。关于这一点,孔子本人也认识到了,比如管仲在政治和道德问题上就存在着分裂现象。尽管孔子在政治上肯定了管仲,但这只是就人论人,在理论上却没有就此发挥,把两者分开来论述,以便引出新认识。相反,在总体上他却把政治关系硬装入道德规范之中。

在历史的运动中,把道德看得重于政治,多半要把政治拖向保守。政治是多变的,不断出现新情况,而道德规范一般地说是对既成事实的肯定和规定。道德在历史上可以培育出仁人志士,但更多地是教人守成。儒家难于进取,而利于守成,其原因就在于此。

孔子的道德观尽管有利于权势者,但从表面看,常常是说得合情合理,具有"普遍的思想形式"。我们不能说孔子存心欺骗,就个人而言,应该说他的认识更多地出于真心、出于执着普遍的爱。但实际政治过程却与他的主观愿望相反,统治者利用他的话对人民进行欺骗!

三、保守的边际平衡式的政治思维

孔子不只是以政治和伦理原则教人,他更注重培养人的思维方式。关于孔子思维方式的哲学特点,哲学史家已有详尽的论述,这里我们只从政治和历史的角度作点说明。他的思维方式的特点可称之为保守的边际平衡论。

孔子打着古老的旗帜,但又不是简单地要回到陈旧的时代;他密切注视着现在和未来,但又不是现在和未来的创造者。他总是想把陈旧的精神注入到现在与未来之中。他所希望的是这样一种局面:在旧的事物范围内,最大限度地使各种人都得到满足。我们将他这种思想称之为守旧的边际平衡思想。孔子看到了事物之间的矛盾,在矛盾面前,他既不希望矛盾破裂,又不希望转化,而是全力以赴寻求一个连结点,求得矛盾双方在旧事物不发生根本改变的情况下的平衡。

中庸和执中,是孔子寻求边际平衡的基本方式之一。"中庸"这个概念是由孔子提出来的,"中庸之为德也,其至矣乎!民鲜久矣"(《雍也》)。孔子所说的中庸之德不是指品德、品质,而是指对待事物的态度。中庸与"允执其中"是一个意思。"执中"是相当古老的思想,相传是尧提出来的,《尚书》《诗经》某些篇章已把"中"作为一个明确的政治道德概念来使用。"中庸"就是"用中"。"中"并不是中间的意思,而是指按照一定的标准行事,寻求连结点以求得对立双方的平衡,给某种行为规定界限和明确行动目标,从而使事物保持质的稳定。

从《论语》及有关的记载看,孔子把礼视为"中",一切行为符合礼也就是执中。孔子处事事都以礼分是非,以礼臧否人物。他提出的非礼勿视、勿听、勿言、勿动,完全可以证明礼与中是一致的。《礼记·仲尼燕居》对此有明确的记载,孔子说:"夫礼所以制中也。"什么是中呢?孔子又说:"礼乎礼。"这种循环论证足以证明礼、中同体。《礼记》所载是不是孔子的原话,难以考定,不过这种说法是符合孔子思想的。

有礼规定的地方,可以按礼行事。但生活是复杂的,不可能都从礼中找到根据和模式。在这种情况下,孔子的求"中"之方,便是由考察事物对立双方的连结点来确定的。比如孔子认识到贫与富是对立的,"富与贵,是人之所欲也……贫与贱,是人之所恶也"(《里仁》)。怎样解决贫富之间的矛盾呢?他既不是简单地站在求富的立场,也不简单地设法去贫,而是提出了一个"义"字,用"义"作为调整贫富之间矛盾的纽带。合乎"义",当富贵则富贵,反之,不能富贵则安贫贱。君与民之间的利益也是矛盾的,在处理这对矛盾时,同样不是简单地倒向一端,而是以分配和节用为纽带调节两者的关系,既富民又足君,从而求得两者之间的平衡。统治者役使民叫作劳,劳必然引起民怨。在这一矛盾中,他既不主张无限制地使民,又不简单地把感情投向怨者一方,而是提出"择可劳而劳之",从而达到既使民怨,又弥民怨,以求双方的平衡。这类办法可以叫做调和。调和不主张一方吃一方,而是寻求一种方式,使其既包括一部分甲,又包括一部分乙,同时又使甲、乙连结在一起,并使双方在旧质范围内保持稳定。

事物是不断发展变化的,在一定条件下,一种事物都面临两种前途,两种可能性,可能会走向两极。为了保持旧质的稳定,不向两极发展,孔子对各种事物作了范围规定或提出告诫。他讲的"六好"与"六蔽"的关系即是典型一例。他说:"好仁不好学,其蔽也愚;好知不好学,其蔽也荡;好信不好学,其蔽也贼;好直不好学,其蔽也绞;好勇不好学,其蔽也乱;好刚不好学,其蔽也狂。"(《阳货》)蔽,同"弊",这里指弊病。仁、知(智)、信、直、勇、刚是孔子所肯定的六种德行。在一定条件下,如不好好学习,这些德行也会走向另一端:仁会变成愚蠢,聪明会变成放荡,诚实会变成祸害,直率会变成尖刻,勇敢会变成作乱,刚强会变成狂妄。孔子用好学来防止六德走向极端。子张问如何做官,孔子认为关键也是在于保持事物的稳定与平衡,在平衡中保住自己的饭碗。类似的论述在《论语》中比比皆是,如"君子周而不比"(《为政》),"君子泰而不骄"(《子路》),"君子和而不同"(《子路》)等等。

对于一些本身没有确定性的行为,孔子又如何处理呢?他认为,为了不使行为破坏旧质的稳定,就要为这类行为提出明确的目标。他说的"九思"就很可以说明这种思想。"君子有九思:视思明,听思聪,色思温,貌思恭,言思忠,事思敬,疑思问,忿思难,见得思义。"(《季氏》)九思的主旨就是要给自己划定行动路线,规定一个明确的目标。不难看出,这个目标是以保持事物的稳定为其基本原则的。

避免"过"与"不及",是孔子追求边际平衡的另一种方式。"过"与"不及"是"中"的两极表现,两极破坏了中,破坏了原有事物的平衡。为此,孔子提出要避免过与不及。子贡问师和商两个人谁好一点,孔子说:"师也过,商也不及。"子贡又问,师比商是否好一点,孔子答:"过犹不及。"(《先进》)孔子对他的学生总是设法裁过和补不及,这就是一退一进之教。他对冉求和子路(由)教育的重点便不一样,"求也退,故进之;由也兼人,故退之"(《先进》)。

孔子从日常生活到政治行为,一再提出要避免"过"与"不及"。子张问辨惑,孔子说:"爱之欲其生,恶之欲其死。既欲其生,又欲其死,是惑也。"(《颜渊》)这显然是一种"过",孔子给予了批评。又说:"如有周公之才之美,使骄且吝,其余不足观也已。"(《泰伯》)这里讲的是政治行为之"过"。孔子还说过:"质胜文则野,文胜质则史。文质彬彬,然后君子。"(《雍也》)这里是从形式与内容的关系上批评了过与不及。过与不及都是偏激的表现,要通过救偏补弊的办法使之归于中正。

反对过与不及的认识是以稳定旧质为其前提的。因为新事物的质的规定性是在取代旧事物过程中逐渐形成的,是在旧事物的"中正"与"过"和"不及"的矛盾中形成的,因此在新事物的成长过程中,一时难于确定它的质。与此相对,旧事物的质已凝固化,在它的面前过与不及明若观火,"过犹不及"这个命题本身就已暗藏着这个前提,没有稳定的"中",是提不出"过"与"不及"的。另外,事物的运动形式是多种多样的。一般地说,旧事物的"正"不能直接过渡到新事物的"正"。新事物的"正"是在对旧事物的破坏中形成的。另一方面,新质的"正"又只能在自身的"过"与"不及"的运动中确定。因此我们认为孔子反对过和不及是个保守的命题。

孔子还提出了不可则止的运动原则。所谓不可则止是讲处理事情要注意分寸,不要使行动突破质的规定。比如事君,他一方面提倡君臣相对,

"君使臣以礼,臣事君以忠"(《八佾》)。另一方面,在君臣关系中,臣必须以君作为主导,臣的使命是事君,"出则事公卿"(《子罕》),"敬其事而后其食"(《卫灵公》)。臣只能尊君,决不可抗上叛君。孔子主张进谏,但无需强谏,谏而不听,臣子应适可而止或引退以洁身。他说:"所谓大臣者,以道事君,不可则止"(《先进》);"用之则行,舍之则藏"(《述而》);"天下有道则见,无道则隐"(《泰伯》)。如果遵照这样的理论行事,臣决不会对君构成威胁。对于朋友也是一样,"忠告而善道之,不可则止,毋自辱焉"(《颜渊》)。不可则止或洁身自安与顽固派相比,当然有所区别。不过这种政治哲学绝无损于旧事物的稳定。它是历史前进中的惰力,在变革时期表现得尤为突出。

还有一种方式,即无可无不可。如果说"中庸"是折衷主义不尽妥帖,那么"无可无不可"则无疑是典型的折衷主义了。孔子认为"乡愿"是"德之贼"(《阳货》),"无可无不可"实际同"乡愿"是一回事。孔子把自己同一些逸民作了比较,他说伯夷、叔齐"不降其志,不辱其身";柳下惠、少连"降志辱身矣",但仍然"言中伦,行中虑"。虞仲、夷逸表现又不同,"隐居放言,身中清,废中权",他们虽然过着隐居生活,说话随便,但保持自身洁白;虽然离开职位,但仍合乎权宜。这三类人虽有高低之分,但各有自己的行为哲学,孔子很敬重这些人。他自己呢,与这些人又不同,他的行为原则是"无可无不可"(《微子》)。孔子这一方面的言行极多,这里仅举数例:

一方面信神,"祭神如神在";另一方面又怀疑神。

一方面主张人"性相近";另一方面又认为"有生而知之者"(《季氏》),"惟上智与下愚不移"(《阳货》)。

一方面认为自己是学而知之;另一方面又说自己是天命的承担者,"天生德于予"(《述而》)。

一方面主张"杀身以成仁"(《卫灵公》),"见危授命"(《宪问》);另一方面又主张"危邦不入,乱邦不居"(《泰伯》)。

以上所说的并不是一个事物的两个方面,而是对待两种不同的事物的两种态度。依据它们的性质,两者之间不能调和,只能二者必居其一,但孔子却要无可无不可。从理论上说,无可无不可似乎也不是死顽固,但也决不是一个立足于发展的求新命题。无可无不可只能引导人们走向滑头和模棱两可。在事物的变更中这种思想有利于旧事物的保存,不利于新事物的成长。

孔子的保守的边际平衡思想利于守成而不利于进取,对于中国传统政治文化有着极大的影响,应该加以清理。

孔子的政治伦理思想对中华民族有过巨大的影响，在一定历史时期甚至构成了民族共同心理和主要的思维方法。不过这并不是孔子学说自发传播所致，在很大程度上是君主专制统治者不断强化教育和灌输的结果。由于存在这样的历史背景，我们认为不能因孔子的思想已转化为民族的共同心理和形成了强大的传统力量而对它战战兢兢。在我们看来，孔子的思想是维护王权，培育封建官僚，维护君主政治秩序的武器，对于中国的历史进程来说，其消极作用远大于积极作用。

第二节 《中庸》、《大学》的修身治国思想

《中庸》、《大学》最早收在《礼记》中。《礼记》是一部儒家论文汇编。关于《中庸》、《大学》的作者问题，历来就有争论。司马迁在《史记·孔子世家》中说："子思作《中庸》。"郑玄也认为是"孔子之孙子思伋作之"。《大学》的作者学界多有争议，这里姑从成书在孟子之前说，或许即为子思、曾子之作。

宋代的理学家们对这两篇儒家文献特别重视，朱熹把这两篇与《论语》、《孟子》并列为"四书"，加以注释，成为学子必读之书，在思想领域有广泛的影响。《中庸》、《大学》思想基本一致，这里一并论述。

孔子主张圣贤政治和道德治国。《中庸》、《大学》把孔子的道德治国论推向极端，更加强调个人品质在政治中的地位与作用，提出"修身"是治国、平天下之本，在政治思想上表现为极端的个人本位论。《中庸》说："知所以修身，则知所以治人；知所以治人，则知所以治天下国家矣。"《大学》说："身修而后家齐，家齐而后国治，国治而后天下平。"《中庸》和《大学》在政治上都把修身作为政治之本，犹如石投水中引起环形水波一样，个人是政治的波源和中心，从而把个人的作用提到无以复加的高度。

一、关于修身之道

《中庸》、《大学》修身之道的基本点是向内作工夫，并由内而外。

所谓向内就是顺性和诚心。《中庸》说："天命之谓性，率性之谓道，修（循）道之谓教。"大意是：天的旨意和自然生就的叫"性"，顺着本性而行的叫作"道"。通观《中庸》、《大学》的"道"，大同而小异。《中庸》的道重在讲天人合一。《大学》的道即开篇所讲的三项："在明明德，在亲民，在止于至善"；重在讲行为规范。两者提法不同，实际内容很接近。道既然是顺性的

表现,同时又表现为道德品质,那么反过来说,他们所说的"性",本质上是一种善。这中间蕴藏着孟子性善说的胚胎。

如何才能率性？要之在一个"诚"字。《中庸》说:"唯天下至诚,为能尽其性。"又说:"自诚明,谓之性。"意思是由诚而明白道德之理的叫作性。《大学》中也讲诚意正心。诚虽然是主观意识内求的修养,但求诚不只是限于个人的德行修为,还包括改造客观。"诚者非自成己而已也,所以成物也";又:"不诚无物。"对于"不成无物"有两种解释,一种认为不诚就没有物,物是诚的派生物。另一种说法是不诚就作不成事。从《中庸》看,两者兼而有之。只要诚,无事不通,无事不成,"唯天下至诚,为能尽其性。能尽其性,则能尽人之性;能尽人之性,则能尽物之性;能尽物之性,则可以赞天地之化育;可以赞天地之化育,则可以与天地参矣"。作者用主观推理的方法,认为至诚之人不仅能充分发挥自己的本性,而且能充分发挥一切人的本性和万物的本性,从而可以帮助天地化育万物,最终与天地并列。这种认识把个人的主观作用夸大到了极致,既玄又神。另外,诚的作用还表现在认识方面,达到至诚就可以认识一切:"至诚之道,可以前知";"善,必先知之;不善,必先知之。故至诚如神"。这实在是一种神秘主义。

诚重在强化道德意识和修身。修身的外在标准便是中庸之道。《中庸》认为中庸之道是从"诚"中引导出来的,"诚者,自成也;而道,自道也"。大意是,诚是天生的本性,中庸之道是从诚中引导出来的。中庸之道是诚在情与行动上的表现。

中和是中庸之道的精髓。《中庸》篇的"中",首先指非常稳定的心理状态。这种状态最近于本性,最符合道德与诚,故而说:"喜怒哀乐之未发谓之中。"喜怒哀乐是欲望的诸种表现。人的情感有两种情况,一是背离"中"亦即背离道,肆无忌惮;另一种与"中"统一,称之为"节",指节度,恰倒好处,既不过,又非不及,"发而皆中节谓之和"。和可以说是情感上的中庸。

中庸表现在行动上,是礼和儒家道德伦理规定,如孝、忠、知、信、仁、义等等。

对待矛盾的事物,中庸要求"执其两端,用其中于民"。

在言行上,中庸还表现在要留有余地,"庸德之行,庸言之谨,有所不足,不敢不勉;有余不敢尽。言顾行,行顾言"。在言行上要首鼠两端,谨小慎微。

中庸之道反对打破现成秩序和成规,特别强调安于现状。"素富贵,行乎富贵;素贫贱,行乎贫贱;素夷狄,行乎夷狄;素患难,行乎患难"。一句话,目前是什么状况,就安于什么状况,不羡慕分外的东西。又说:"君子无入而不自得焉。"不论到了什么境地都能安然自得,自我陶醉,不怨天,不忧人,"遁世不见知而不悔"。这一点与庄子的出世思想又颇为接近。

《中庸》、《大学》在论述修身时,一致强调要"慎独",即单独一个人时也要规规矩矩,以求思想行为彻底的一贯性。

《中庸》、《大学》的修身,内心在于求诚,行动在于求中。精神上求的是超人,行动上则是一个矮子,没有创造精神。

二、修身治国平天下

《中庸》、《大学》宣扬修身为齐家、治国、平天下之本,理由如次:

其一,己、家、国、天下是一种系列关系,己是系列之始。修身、齐家与治国有内在的统一性。其间的统一性就在于一个"孝"字。作者认为,舜、武王、周公都是由孝发迹而上升为天子或成为圣主。孝的基本精神是遵守列祖列宗的遗志,"夫孝者,善继人之志,善述人之事者也"。明乎孝,"治国其如示诸掌乎"!《大学》中也说"所谓治国必先齐其家者,其家不可教而能教人者,无之。故君子不出家,而成教于国。孝者,所以事君也;弟者,所以事长也;慈者,所以使众也。"这种情况下,修己首先要以孝为首,人与人的关系则以"亲亲为大"。孝是己、家、国、天下系列中的精神中枢。

其二,在社会道德诸种关系中,修身是起点或中心环节。"凡为天下国家有九经,曰:修身也,尊贤也,亲亲也,敬大臣也,体群臣也,子庶民也,来百工也,柔远人也,怀诸侯也。"九经即九项原则。在这九项原则中,修身不仅是始,而且是本。只有修身才能立道,即所谓"修身则道立"。其他八项只能解决某一方面的问题,是修身在某一方面的展开。《大学》中说:

> 古之欲明明德于天下者,先治其国;欲治其国者,先齐其家;欲齐其家者,先修其身;欲修其身者,先正其心;欲正其心者,先诚其意;欲诚其意者,先致其知。致知在格物。

平天下、治国、齐家、修身、正心、诚意、致知、格物八者之间,修身处于枢纽地位。正心、诚意、致知、格物是修身的工夫和修身的方式。修身向外扩充表现为齐家、治国、平天下。作者说这是一个普遍规律。《中庸》说:"知所以修身,则知所以治人。"治人、治物、治国、治天下是治己的外化与扩大。

其三,在道德与人的关系中,人是道德的体现者。作者特别强调了只有"己正"后才能"正人",己不正也就不能正人。《大学》说:"君子有诸己而后求诸人;无诸己而后非诸人。所藏乎身不恕,而能喻诸人者,未之有也。"

《中庸》、《大学》都特别强调榜样的力量。他们依据上行下效的理论,认为下必从上,下必学上。《大学》说:"所谓平天下在治其国者,上老老而民兴孝,上长长而民兴弟,上恤孤而民不倍。""尧舜帅天下以仁,而民从之;桀纣帅天下以暴,而民从之;其所令,反其所好,而民不从。"

其四,在人与政治制度等政治实体的关系中,人是活的主动的因素。作者认为,治国之本在人而不是政治实体,如制度、法律、已形成的政治传统等。据此,他们主张人治,反对法制和法治。《中庸》说:"文武之政,布在方策。其人存,则其政举;其人亡,则其政息。"又说:"人道敏政。"在人与礼的关系中也是人存礼行,《中庸》说:"礼仪三百,威仪三千,待其人而后行。"礼是固定的、凝化的东西,人是活的因素。

其五,只有修身之人才能处理好德与财的关系。作者认为德为财之主,有德才能有财。《大学》说:"有德此有人,有人此有土,有土此有财,有财此有用。德者本也,财者末也。"如果与此相反,"外本内末",势必会引起百姓的不满和反抗。作者总结说:"是故财聚则民散,财散则民聚。是故言悖而出者,亦悖而入,货悖而入者亦悖而出。"作者看到了财、德的矛盾与转化,财富来得不正当,也会同样失掉。《大学》又讲:"生财有大道:生之者众,食之者寡,为之者疾,用之者舒,则财恒足矣。"作者规劝统治者一方面要开生财之路,另一方面又要节用,这样才能足财。就一个人的人品、名誉而论,也主要看对财物的态度。《大学》说:"仁者以财发身。"根据这个道理,作者把"国不以利为利,以义为利也"作为治国的指导思想。

在一定的范围内,上述说法有一定的道理,对统治者的苛刻的剥削起着劝戒作用。但作者把财与道德对立起来,把财富作为道德的附属物是不符合历史发展过程的,这种理论在历史上,特别是在社会变革时期,是一种消极保守的理论。

总上所述,作者把个人的品质与修养作为政治成败之本:"一家仁,一国兴仁;一家让,一国兴让;一家贫戾,一国作乱,其机如此。此谓一言偾事,一人定国。"

《中庸》、《大学》发展了孔子的人治思想,使其更加充实和明确,我们可以称之为人治主义。人治主义与当时兴起的法制思想形成尖锐的对立,从某种意义上讲,提倡人治,特别提倡掌政者要以身作则是有一定的合理性的。在君主专制条件下,这种主张对君主提出了标准与要求,从理论上对君主也是一种制约,有时又是批评君主的武器。

但《中庸》、《大学》把政治视为个人品质的扩大,把政治过程看作是由己及人的过程则完全不符合实际。国家的成员无疑是由一个一个的人组成的,强调每个人的修养无疑有重要作用,但是一个人一个人加在一起的总和并不等于国家,也不等于政治,即使所有的人都是君子,也不能说一切问题就解决了。国家的问题要大于个人加在一起的总和,比如经济问题、制度问题、外交问题等,不是简单的个人总和所能包容的。把国家和政治问题归结为个人修养,会使人目光短浅,不切实际。

从理论上看,《中庸》、《大学》极为重视个人的作用,只要率性诚心,便无所不能,这完全是一种主观主义的想象。率性诚心归旨于礼义中庸,目的是要把所有的人培养为道德人物。道德人物不与知识相结合,只能充当顺民,决不会成为历史前进中的积极分子,顺民恰恰又是君主专制得以实行的最好的群众基础。

第三节 孟子的仁政思想

孟轲(约公元前371～前289年),邹人(今山东邹县),他自称是孔子的孙子子思的私淑弟子。

孔子死后,儒家很不景气,杨朱、墨翟的学说很有市场。孟子曾讲:"孔子之道不著,是邪说诬民,充塞仁义也。"(《孟子·滕文公下》,下引《孟子》只注明篇名)孟子把自己视为孔学的传人,立志恢复儒学。他虽然身跻大夫之列,但没有任过实职,以招收生徒为业,往来于各国进行游说。他的社会地位很高,各国国王都待以上宾,馈赠重金,所以,他派头十足,"后车数十乘,从者数百人"(《滕文公下》)。孟子十分热衷于政治,应该是一位政治学家,它在政治上自负甚高,夸下海口:"如欲平治天下,当今之世,舍我其谁也?"(《公孙丑下》)下面我们介绍一下他的主要思想。

一、人性善和伦理思想

1. 性善说

人性问题早在春秋就已经提出来了。到了孟子时代,已成为诸子百家讨论的一个重大课题。孔子主张"性相近"说。春秋以来有些人主张性好利说,这个认识被法家接受并加以发展。告子主张"性无善无不善"说。另外还有"性可以为善,可以为不善"说及"有性善,有性不善"说等等。面对上述种种理论,孟子别开思路,提出了性善说。性善的核心是:"人皆有不忍人之心"(《公孙丑下》),即人人都有不忍伤害别人之心。这种不忍人之心又可称为"恻隐之心",即对别人不幸的同情心。围绕"不忍人之心",还有"羞恶之心、辞让之心、是非之心"(《公孙丑上》),概括言之称为"四心"。

孟子认为,在如下环境中的表现,表明人的本性是善的:一个小孩爬到井边,马上就要掉下去。此时一个人突然出现在小孩身边,这个人会下意识的上前一把抓住小孩。在这一刹那,救孩子的人没有明确动机,"非所以内交于孺子之父母也,非所以要誉于乡党朋友也,非恶其声而然也"(《公孙丑下》),而是一种本能行为。这种本能是以"不忍人之心"为根底的,本质上是善的。

孟子关于性善的论证有经验的根据,救小孩是生活中存在的事实,是人类自救的一种本能。这种本能就其社会意义而言,应该说是善的。我们应该承认,在人类的本能中,有些与人的社会性之中称之为善的东西有着内在的统一性和联系。就这一点而论,孟子的观察是细致的,思考相当深入。但从整体看,孟子的说法是荒谬的。孟子的不当之处在于把人的一种自然本能提高到其他本能之上,把自救视为人的最主要的本能,这显然是片面的。人的本能并不只有自救,孟子也看到了还有其他本能,他曾说:"口之于味也,目之于色也,耳之于声也,鼻之于臭也,四肢之于安佚也,性也。"(《尽心下》)如何看待这些本能与不忍人之心的关系呢?他认为耳目口鼻感官欲望之性属于"小性"、"小体","不忍人之心"是"大性"、"大体",这显然是诡辩。

人的本能与社会性虽然存在着某些统一性,但是人的社会性毕竟不同于人的生物本能,依据一种本能对人的社会性做出全称性的判断,既混淆了生物性与社会性的界限与区分,又犯了以偏概全的错误。

2. 仁义礼智与人性善

在孔子的伦理体系中,孟子突出了仁、义、礼、智,他把这四者与人性善组成一系列。他认为人生下来都有"四心",这四心便是仁、义、礼、智四大伦理范畴的根芽。他说:"恻隐之心,仁之端也;羞恶之心,义之端也;辞让之心,礼之端也;是非之心,智之端也。人之有是四端也,犹其有四体也。"(《公孙丑上》)如果没有外来的破坏,沿着"四端"发展下去,就会与仁、义、礼、智连为一体,就会发扬光大。"凡有四端于我者,知皆扩而充之矣,若火之始然(同'燃'),泉之始达。"(《公孙丑上》)"仁义礼智,非由外铄我也,我固有之也。"(《告子上》)有些人缺少这四者,那是因为"弗思耳矣"。即是说,是由于没有反省和自我追求造成的。

"仁义礼智根于心。"(《尽心上》)在"四心"中,"不忍人之心"是中心。与之相对应,在仁义礼智中,以仁为中心。

孟子的仁继承于孔子,但论述的方式又不尽相同。孟子的仁以性善为基础,"仁,人心也"(《告子上》)。人不可有害人之心,"人能充无欲害人之心,而仁不可胜用也"(《尽心下》)。

孟子的仁当然不只停留在动机上,它也要转化为行动,行动的原则是由心而行,由己及人,由亲及疏。他同意孔子"仁者,爱人"之说,但爱人首先要爱父母,"仁之实,事亲是也"(《离娄上》)。又说:"亲亲,仁也"(《告子下》)。事亲又称之为"孝","孝子之至,莫大乎尊亲"(《万章上》)。"孝"又是政治之本,"尧舜之道,孝弟而已矣"(《告子下》)。孝和亲亲是仁的根本。

"义"是孟子伦理观之中仅次于仁的范畴。义发端于"羞恶之心"。"义,人路也。"(《告子上》)所谓人路,就是人的行为规范。因为羞耻和憎恶是人路的两条边线,不知什么是羞耻,又不知憎恶是什么,自然也谈不上人生道路了。孟子进一步提出,人的基本道路是从兄、敬长、先君。"义之实,从兄是也。"(《离娄上》)"敬长,义也。"(《尽心上》)"未有义而后其君者也。"(《梁惠王上》)义还要求在沿着固定的道路行事时,必须自我节制。他说:"人皆有所不为,达之于其所为,义也。"(《尽心下》)意思是:人人都有不愿意做的事,把它贯彻到愿意做的事上,就是义。

孟子所说的礼,指揖让进退之类的行为规范。礼从属于义,是仁义的外在表现,但并非不重要。他说:"礼,门也"(《万章下》);"礼之实,节文斯二者是也"(《离娄上》)。礼是进入仁义道德之境的门户,其实质是对仁义的调节和修饰。

智根于"是非之心",它的作用在于明"是非"(《公孙丑上》)。从字面看,智不是一种人伦关系,而是指人的认识方面。不过孟子所说的智主要是对仁义进行判断,"知斯二者弗去是也"(《离娄上》),智也就从认识论的概念转化为伦理概念。

孟子的伦理范畴还有道、德、信、忠等等,但仁、义、礼、智是核心,其他可视为外延。孟子与孔子相比,伦理内容没有什么大的变化和发展。孟子的新贡献主要在于把伦理范畴与人性善连结在一起,人伦关系出自人的本能,就这一点而论,在儒家伦理观念史上有划时代的意义。

3. 人同类说

孟子提出了一个过去没有人提出的观点,这就是一切人,从圣人到民都属于同类。"麒麟之于走兽,凤凰之于飞鸟,太山之于丘垤,河海之于行潦,类也。圣人之于民,亦类也。"(《公孙丑上》)又说,"圣人与我同类者"(《告子上》),"尧舜与人同耳"(《离娄下》)。他又借颜渊之口说:"舜,何人也;予,何人也,有为者亦若是。"(《滕文公上》)民不惟与圣人同类,民与君主也同类。他很赞成成覸说齐景公的话:"彼,丈夫也;我,丈夫也,吾何畏彼哉!"(《滕文公上》)。这样,圣人、王、民都是同类。

孟子的人同类说有两方面的含义:其一、人在自然界自成一类,有别于其他动物;其二、人之所以同类,有其内在的统一性,这种统一性就是性善。尧舜之所以伟大,就在于他们是人类本性最突出的代表。孟子说:"尧舜,性者也。"(《尽心下》)有些人很坏,那不是天生的本质,"若夫为不善,非才(同"材")之罪也"(《告子上》)。人的本性都一样,正是这种性,构成了一般人通向尧、舜的桥梁。"舜,人也,我,亦人也;舜为法于天下,可传于后世,我由未免为乡人也。是则可忧也。忧之如何?如舜而已矣。"(《离娄下》)人们只要修养心性,"服尧之服,诵尧之言,行尧之行,是尧而已矣",即都可以成为尧那样的人。所以又说,"人皆可以为尧、舜"(《告子下》)。

对孟子的人性同一性说应做两面观。首先,他对圣人不可企及的思潮是一大冲击,提高了凡人的地位,用人性同一论证了人在本质上是平等的,凡人也可以成为尧舜式的人物。但是另一方面,他又通过人性的同一性把"仁义"提高到了更高的地位。从表面看,圣人的地位被降低了,因为圣人不是天生的,是通过修行返性达到的。"舜明于庶物,察与人伦,由仁义行,非行仁义也"(《离娄下》)。圣人的降低反衬出仁义的崇高;凡人与圣人同类,凡人的地位上升了,然而提高的基础是仁义,并不是社会经济、政治地位,这样,在圣人与凡人一降一抬之中,伦理的观念被绝对化了。

既然人的本质是相同的,那么依照本性发展,人都应该是善人。实际情况并非如此,有"尧之徒",也有"跖之徒",有"为善"者,也有"为不善"者。这种情况是怎样造成的?孟子认为首先缘于人性的内在原因。由于人的"性善"这种"大体"、"大性"与耳目口鼻之欲的"小体"、"小性"之间的冲突,造成了人的道德表现的不同。性善是"大性",存在内心深处,耳目口鼻之欲则表现在与外物的交往中。耳目口鼻的作用与心不同,"耳目之官不思,而蔽于物。物交物,则引之而已矣。心之官则思,思则得之,不思则不得也。此天之所与我者"(《告子上》)。这就是说,沿着感官欲望发展就会走向歧途,如果用心控制感官欲,就会使人保住性善的本质,并使之发扬光大。依孟子之见,人心与人欲是矛盾的,人欲会引导人走向迷途。

怎样使心战胜人欲呢?孟子提出要做到"尽心"、"存心"。作到"尽心"、"存心"的第一步是保住良心,即天生的"四心"。要保住良心,最重要的是要与"放心"作斗争。欲望压倒了良心叫做"放心"。孟子说:"学问之道无他,求其放心而已矣。"(《告子上》)遇到外来事物的刺激要"不动心"(《公孙丑上》)。归结为一点,就是要同欲作斗争,秘诀是寡欲。

其次,引起人性变异还有外因。孟子曾用如下一个事例说明外因的作用。"牛山之木尝美矣,以其郊于大国也,斧斤伐之,可以为美乎。"(《告子上》)人性也是这样,天天有斧子砍伐,受坏人教唆,好人也会变成坏人(参见《滕文公下》)。外因归根结底还要通过内因起作用,即通过人的内在欲望起作用,是由"放心"造成的。这种人都是意志不坚定分子,有道之士是不受外物干扰的。保住"善性"的叫"君子",失去"善性"的叫"小人"。"君子"与"小人"是相对的称谓代表,"君子"一方有"大人"、"仁者"、"有道者"、"贤人"、"善者"、"圣人";"小人"一方有"不仁者"、"残贼"、"暴"、"谗谄面谀之人"、"幽"、"厉"等等。

4. 人心分化与等级

君子与小人是性与道德的区分,在某些地方又是阶级之分,例如他说:"无君子,莫治野人;无野人,莫养君子。"(《滕文公上》)这里的君子与小人显然指不同等级。为了论证阶级、等级的合理性,孟子一反人性相同的观点,说"人之所以异于禽兽者几希,庶民去之,君子存之"(《离娄下》)。又一反天生同"才"(材)的观点("非天之降才尔殊也",见《告子上》),认为人天生有先觉先知与后觉后知之分,说"天之生此民也,使先知觉后知,是先觉觉后觉也"(《万章上》)。

孟子的劳心劳力分工说在他论证阶级、等级合理性的理论中,具有特殊地位。劳心劳力分工说并非起自孟子,早在春秋初,曹刿已提出"君子劳心,小人劳力";墨子也主张王公大人与庶民各有"分事",不可混淆。孟子进一步发挥了这种认识。他说:"或劳心,或劳力。劳心者治人,劳力者治于人;治于人者食人,治人者食于人。"(《滕文公上》)孟子不只是肯定和承认了这种事实,他还从社会产业分工的角度论述了这是必然的,君子佐助君主治理国家,从事教育是更为重要的事情。

孟子承认和肯定了统治者与被统治者阶级划分的事实,这与他的人性分析既可以并行,又有矛盾。这种矛盾有两种情况,一是抛弃人性相同论,认为君子存之,庶民去之,使人性理论屈从于阶级的现实;二是把人性理论放在第一位,用人性理论准则衡裁各色人物。庶民被置于劣等,这合乎孟子的政治立场,无需多论。较为有意义的是,他用这种理论对王、诸侯、大夫们进行了衡量,认为失去"不忍人之心"和不行仁政者,不配作民父母,不似人君。居王位而行暴政者是率兽食人之辈。这种君主不配作君主,只能称之为"一夫",即独夫民贼。

二、仁政说

孟子所说的"仁政"、"王道"、"王政"、"先王之道"、"道"、"尧舜之道"、

第三章 儒家以伦理为中心的政治思想

"文王之治"等等,都是一回事。仁政是直接面对现实提出的,先王之道则是以历史的方式提出的。我们不可把孟子讲的先王之道视为对历史的描述,更不可简单地认为是复古。孟子的政治主张是性善理论与现实相结合的产物。

仁政说的理论前提是性善,"有不忍人之心,斯有不忍人之政矣。以不忍人之心,行不忍人之政,治天下可运之掌上"(《公孙丑上》)。不忍人之政的基点,是要人能生活下去,能"养生送死,不饥不寒";"仰足以事父母,俯足以畜妻子"(《梁惠王上》)。所以他说:"养生丧死无憾,王道之始也。"(《梁惠王上》)仁政的内容,主要有下列各项:

第一,给民以"恒产"。恒产就是固定的产业,主要指土地和园宅。当时的民产是由君主掌握的,所以要由君主来"制民之产"(《梁惠王上》)。孟子认为,恒产不只是农民的生活保证,同时还是统治者能否统治农民的中心环节。"无恒产而有恒心者,惟士为能。若民,则无恒产,因无恒心。苟无恒心,放辟邪侈,无不为已"(《梁惠王上》)。如何解决这个问题,孟子提出了两个方案。其一是"制民之产"。具体内容是,使民有"五亩之宅,树之以桑,五十者可以衣帛矣。鸡豚狗彘之畜,无失其时,七十者可以食肉矣。百亩之田,勿夺其时,八口之家可以无饥矣"(《梁惠王上》)。其二是井田制。依孟子之见,井田制是西周之制,不过可以用之于今。其内容是:

> 请野九一而助,国中什一使自赋。卿以下必有圭田,圭田五十亩;余夫二十五亩。死徙无出乡,乡田同井,出入相友,守望相助,疾病相扶持,则百姓亲睦。方里而井,井九百亩,其中为公田。八家皆私百亩,同养公田;公事毕,然后敢治私事,所以别野人也。此其大略也;若夫润泽之,则在君与子矣。(《滕文公上》)

后人对这段论述争论不休,文字本身自相矛盾的地方也很多。不过有一点是可以肯定的,那就是孟子主张使民有百亩"恒产"。这一认识在当时是极有价值的,恒产是民有恒心的物质前提,说明孟子的仁政主张并非空谈。

第二,赋税徭役有定制。赋徭的轻重对农民的生产与生活有直接的影响,甚至具有决定性的作用。孟子主张轻徭薄赋,徭役要以"不违农时"为原则。否则就会造成"父母冻饿,兄弟妻子离散"(《梁惠王上》),这叫"陷溺"其民。

第三,轻刑罚。这里特别需要指出的是,孟子反对株连,提出"罪人不孥"(《梁惠王下》)。这个见解很好,不过从未被统治者接受。另外,他分析了民之所以犯罪,大多是统治者逼迫的结果。

第四,救济穷人。孟子认为实行仁政必须先从救济鳏、寡、独、孤做起。

第五,保护工商。孟子认为工商是社会产业与交换所不可缺少的经济部门。当时"关市之征"对工商业是极大的桎梏。针对这种现象,他提出"市,廛而不征,法而不廛";"关,讥而不征"(《公孙丑上》)。这种主张对工商业的发展是有利的。

孟子认为,能否实行仁政是兴衰的根本,"三代之得天下也以仁,其失天下也以不仁,国之所以废兴存亡者亦然"(《离娄上》)。国之兴衰有内因和外因,孟子认为起决定作用的是内因,在于是否行仁政。治理国家不是简单地解决具体事件,必须从"道"入手,从政策入手,他所说的"天下溺,援之以道"(《离娄上》),就是这个意思。

在孟子看来,当时的政治都与王道相违背,他斥责诸侯收取赋税像强盗一样残暴,为了争夺土地,陷人民于死地。"争地以战,杀人盈野;争城以战,杀人盈城。此所谓率土地而食人肉,罪不容于死。"(《离娄上》)然而这也是行王道的最好时机,因为"民之憔悴于虐政,未有甚于此时者也。饥者易为食,渴者易为饮"。在这种情况下,只要实行一点点仁政,就能争得人民;"虽有智慧不如乘势",当今正是乘势之时,"故事半古之人,功必倍之,惟此时为然"(《公孙丑上》)。

孟子批评时政,总要打着先王的旗帜,认为今不如昔。许多研究者也多认为孟子复古、复旧。为了准确地说明这个问题,有两个根本问题要辨清楚:(1)孟子的先王之道是属于历史学的范围,还是一种学说与理论;(2)他的这些主张从当时的社会历史条件看,有怎样的意义。依我们之见,他所说的先王之道不是历史学范围之内的问题,而是借助先王的权威表达自己的理论。就其形式而论,无疑是陈旧的;就其内容而论,与时代的要求又相合拍。孟子讲的仁政不是空头的仁义道德之论,有着实在的经济内容。他的先王之道也不是复古主义,具有现实批判主义精神。

三、论君臣与君民关系

1. 君权神授与君主的品质

关于君主的起源,孟子继承了天命论,即君权神授论。他赞成《书》中所说的"天降下民,作之君,作之师"(《梁惠王下》)。由于王位是天授的,因此王本身不能把王位看作纯粹的个人私有物,王位不能私自处理,"天子不能以天下与人"(《万章上》),因此他反对私相禅让。

君权虽然是神授,但君主还必须行仁政才能保住君主的宝座。否则必定要引起天怒人怨,终将垮台。

孟子认为历史的进程是一治一乱。治是"圣人"、"圣王"之功,乱是"暴君"之过。圣王和暴君决定着历史的面貌。君主暴虐则民背离,君主行仁政则民顺从。"君子之德,风也;小人之德,草也。草尚之风,必偃。"(《滕文公上》)孟子认为君主的品质是维系天下的纽带,君主"身正而天下归之"。因此,对于君主来说,最为紧要的是修养品质,反身自省,从己做起。"天下之本在国,国之本在家,家之本在身"(《离娄上》);"君子之守,修其身而天下平"(《尽心下》);"君仁,莫不仁;君义,莫不义;君正,莫不正。一正君而国定矣"(《离娄上》)。

君主要成为道德的楷模,并治理天下,就应该学习。孟子说,尧舜都是善于学习而成为圣王的。舜"善与人同,舍己从人,乐取于人以为善。自耕稼、陶、渔以至为帝,无非取于人者"(《公孙丑上》)。孟子提出在学习问题上,必须把权势思想抛在一边。他说:"古之贤王,好善而忘势;古之贤士何独不然?乐其道而忘人之势。"(《尽心上》)孟子的看法极有见地,在学习上,权势是不能帮什么忙的,只有把权势抛在一边,才可能学到一点东西。为此,孟子提出天子也应与"匹夫"为友(《万章上》),放下架子。

对孟子的上述说法,我们应作两面观。一方面,他向君主提出了极高的要求,君主应该成为道德的楷模和天下的表率,而不是道德服从权力,由此对乱君暴主进行了批评,认为乱君暴主应承担人民苦难的罪责;另一方面,在向君主提出道德要求的同时,又把天下的命运系在了君主的脖子上。孟子猛烈地抨击了时弊,尖锐地批评了当时的君主,斥责他们是率禽兽食人之辈。言辞尽管激烈,不过老百姓切不可动手动脚。孟子教导人民,等着吧,"五百年必有王者兴!"

2. 臣的作用与君臣关系

孟子十分重视臣在政治中的作用,没有臣的辅佐,贤王也难于成事,"不用贤则亡"(《告子下》)。他劝君主要以仁爱贤能为急,"仁者无不爱也,急亲贤之为务"(《尽心上》)。各级官吏应由贤能者担任,"贤者在位,能者在职";"尊贤使能,俊杰在位"(《公孙丑上》)。

臣对君的态度不能以顺为上,一味顺从是"妾妇之道"(《滕文公下》),臣事君要以道义为基础。孟子反对君命无二的传统观念,认为敬不敬君王,不表现为顺不顺,而在于讲不讲仁义。离开仁义原则的唯唯诺诺恰恰是不敬;进言仁义才是真正的敬。他在齐国自诩说:"我非尧舜之道不敢以陈于王前,故齐人莫如我敬王也。"(《公孙丑下》)孟子认为衡量臣的标准是王道,"立乎人之本朝,而道不行,耻也"(《万章下》)。他提倡为臣者须有大丈夫精神,这种精神的主旨是为道义献身而不向权势低头。"居天下之广居,立天下之正位,行天下之大道;得志,与民由之;不得志,独行其道。富贵不能淫,贫贱不能移,威武不能屈,此之谓大丈夫。"(《滕文公下》)"天下有道,以道殉身,天下无道,以身殉道;未闻以道殉乎人者也"。孟子认为,助君为恶之人虽然有罪,但其罪尚小,罪大恶极的是阿谀奉承,"长君之恶其罪小,逢君之恶其罪大"(《告子下》)。不管怎样评价孟子的仁义主张,他把理论原则看得比君主更神圣,这一点在政治思想上很有意义,它对君命无二的盲从主义是有力的一击。

孟子把道义置于君臣从属关系上,由这一点出发,引申出对君臣关系的新认识。孟子认为君臣是一种相对关系,而不是绝对服从的关系,他断然反对把臣视为君主的奴才与奴隶。他对齐宣王说:"君之视臣如手足,则臣视君如腹心;君之视臣如犬马,则臣视君如国人;君之视臣如土芥,则臣视君如寇仇。"(《离娄下》)我们把孟子的言论与春秋时期盛行的委质为臣、死而后已的传统加以比较,就可以看出两者之间的距离有多么大!在君臣关系这个问题上,孟子是站在时代前头的一位思想家。

孟子特别强调君主应向臣子学习,认为俯首听臣指教是君主的一种美德,说:

> 将大有为之君,必有所不召之臣,欲有谋焉,则就之。其尊德乐道,不如是,不足与有为也。故汤之于伊尹,学焉而后臣之,故不劳而王;桓公之于管仲,学焉而后臣之,故不劳而霸。(《公孙丑下》)

孟子还特别强调,这类圣人的地位虽不及王,道德却高于王。王的权力可以指挥一世,圣人之教却百代不衰,"圣人,百代之师也"(《尽心下》)。以孟子之见,伊尹、伯夷、柳下惠是圣人,而孔子则是生民以来最伟大的圣人,"自生民以来,未有盛于孔子也"(《公孙丑上》)。

很显然,孟子企图在权力与道德、知识之间建立一个制约圈。君主的权力在现实生活中是至上的,但道德、知识在观念范围内又高于权力,从而给权力以制约。这种权利与道德的二元论在实际上未必有多大作用,但在理论上却有着重要意义。在二元之中,否定了君主至上性,否定了旧传统中有权力即有道德的合二而一论,这对人们认识君主与道德的关系有新人耳目的作用。孟子的主张为调整君臣关系装置了一个转动轴,使僵化的君主专制制度多少具有一定灵活性。但孟子的主张并没有否定君主专制制度,只是作了一些补充。

3. 义利关系与得民之道

许多研究者认为孟子把义与利绝对对立起来，倡义而反对利。这种说法有其合理的一面，但全面考察孟子的言论，这种说法有其片面性。

如果细致分析孟子的义利之论，就会发现，他针对不同对象强调的重点不同。对于统治者，他认为必须先仁义而后利；对于民，则认为只有获得实际的物质利益之后，民才可能行仁义。下面一段话把问题讲得很清楚："今也制民之产，仰不足以事父母，俯不足以畜妻子，乐岁终身苦，凶年不免于死亡。此惟救死而恐不赡，奚暇治礼义哉？"(《梁惠王上》)孟子认为对民而言，恒产与衣食是第一位的，"民之为道也，有恒产者有恒心，无恒产者无恒心"(《滕文公上》)。很明显，对于民来说，恒产是第一位的。如果民无恒产，无食无衣，必然会"放辟邪侈"，触犯刑科。孟子对民固然有谴责，可贵的是他并没有到此为止。他认为造成民犯罪的祸首是君主和官吏，他们使民失去了起码的生活保证，民不得不铤而走险。在《尽心上》这一篇中，孟子把民有饭吃而后才可能有仁义这个思想讲得更为透彻："圣人治天下，使有菽粟如水火。菽粟如水火，而民焉有不仁者乎？"孟子所说的义、利关系不是抽象的，统治者首先应施利于民，而后才能行义；对于民，只有衣食足而后才能行仁义。分清孟子义、利关系的两重含义，特别是后一种内容，才能把握他有关得民之论的要领。

孟子对民极为重视，他的著名之论是："民为贵，社稷次之，君为轻。"(《尽心下》)关于这句话，人们有不同的解释，有的认为民最尊贵；有的说民指自由民，不包括劳苦大众；有的说，"贵"指民的重要性而言。我们认为后一种说法比较符合实际，所谓"民贵"主要有两方面的含义：

其一，民之向背关系着国家兴亡。如说"桀纣之失天下也，失其民也；失其民者，失其心也。得天下有道：得其民，斯得天下矣"(《离娄上》)。"得乎丘民而为天子"(《尽心下》)。"天时不如地利，地利不如人和"(《公孙丑下》)。

其二，民是统治者的财用之源。无民就断了君子的财源，无民则君子不能行事。

民既然有这样的作用，统治者怎样才能得民呢？在这个问题上，孟子讲的不是空泛的道理，而是实际的利益。他说："得其民有道：得其心，斯得民矣；得其心有道：所欲与之聚之，所恶勿施，尔也。"(《离娄上》)得民之道的诀窍在于抓住一个"欲"字，抓住民欲，一切问题就迎刃而解了。孟子还提出统治者的行为举止要考虑人民的乐与忧。与民同乐，与民同忧，这样才能换得人民的支持与响应，"乐民之乐者，民亦乐其乐；忧民之忧者，民亦忧其忧"(《梁惠王下》)。下面的一个例子,表明孟子把同情投到人民一边。一次鲁、邹争杀,邹的官吏三十三人被鲁人杀死,邹民见死不救。邹穆公很恼火,对孟子说:"诛之,则不可胜诛;不诛,则疾视其长上之死而不救,如之何则可也?"孟子没有直接回答如何办。他对邹穆公说:邹国之民饥寒交迫无人过问,四处逃亡无人救济,君主的仓库却装满了财货粮食。两者相比,百姓反上不是很正常的吗?他引用曾子的话,这叫"出乎尔者,反乎尔者也"(《梁惠王下》)。

总之,孟子认为得民之道关键在于给人民以物质利益,给人民以生活保障。

四、王道、霸道与统一

王、霸早在春秋时期就已提出来了,其后孔、墨也都用过王、霸概念。在孟子之前,王与霸并没有明显的对立,只是在政治上有所区分,王指统一的君王,霸指诸侯扮演了王的角色。王与霸都是被肯定的,没有政治路线的含义。在中国历史上,最先把王与霸作为不同的政治路线概念而使用的是孟子。所谓王道,也就是他的仁政理论与政策,要点在于保民、行德和服民心。所谓霸道,就是"以力服人"(《公孙丑上》)。霸道也讲仁义,不过那是为了作招牌以骗人。他说:"以力假仁者霸。"(《公孙丑上》)孟子提倡王道,反对霸道,认为在当时只有实行王道才能统一天下。

当时各家各派以及实际的政治家都在讨论统一问题。孟子认为统一之本在内政,内政在行仁政,行仁政就能使天下向往而归心。齐宣王想效法齐桓、晋文称霸天下,孟子认为行不通。他说,像齐国这样的大国有"九"个,"以一服八"根本不可能。只有行仁政,才能使国内之民安业,使天下之人归心。"其若是孰能御之"(《梁惠王上》)。

孟子提出仁政无敌于天下。他反复说:"仁者无敌。"(《梁惠王上》)"仁人无敌于天下。"(《尽心下》)"得道者多助,失道者寡助。寡助之至,亲戚畔之;多助之至,天下顺之。"(《公孙丑下》)仁政之下的人民有无穷的战斗力。

对待战争,孟子不是偃兵主义者。他提出用兵原则要以仁伐不仁。这种战争的特点是"诛其君而吊其民"(《梁惠王下》),即是说诛杀暴君而拯救人民,战争的目的在于救人民于水火。

孟子热切地希望统一,认为只有统一才能安定。不过,他所提出的统一之路的空想成分多于实际,在当时行不通。

孟子的仁政说,理想多于实际。他的理想由于离现实差距太远,显得有些迂腐。他编织的理想尽管不可能实现,但与现实并不是对立的,他的理论是现实生活的高度抽象。在这种高度抽象的图画中,既肯定了现实的等级、君臣、剥削与被剥削以及家族关系,又为这些关系涂上了一道釉彩,显得温情脉脉。孟子的理论,一方面引导人们承认现实的基本关系;另一方面,又在这个现实的基础上给人们悬挂起一个可望而不可及的理想王国,让人们在现实与理想之间上下跳跃。你对现实不满意吗?可以,在你头上有一个理想国;你向往那个理想国吗?那你首先必须对现实的基本关系给予肯定。正因为孟子的理论有这样的特点,所以才被统治者看中。孟子的理论虽然缺乏改革精神,但却充满了温情的自我改良气息。

第四节 荀子的礼治思想

荀子(约公元前298～前238年),名况,字卿,又称孙卿,赵国人。他曾在齐国稷下学宫游学,是稷下先生之一,一度充任稷下学宫的"祭酒"。他在赵、魏也活动过,还到过秦国,对秦的政治有过评述。晚年游楚,受到春申君的礼遇,并委以兰陵令,最后死于楚。

荀子的主体思想属于儒家,同时又批判地吸收了诸子百家的思想。看起来有点杂,但杂而不乱,反而显得浑厚、充实、容量大。荀子的著作很多,现存的有三十二篇,其中有几篇是他的学生编辑的有关他的言行录。从现存的著述看,荀子几乎无所不论,天地、古今、政治、经济、哲学、军事、教育、道德、文艺等等,都有专论,在每个方面均有自己的见解,因此,他的著作具有百科性质。

荀子的思想对汉儒有很大的影响。唐、宋以后理学兴起,很多人批评他杂而不纯,认为他名儒而实法。就实而论,荀子思想中的法家气味相当浓厚,可以说在中国的思想史上,他是最早把儒法结合起来的思想家之一。他的礼熔儒家的礼与法家的法为一炉,这种礼法一体论实际上为两千年来封建统治者所采纳。下面我们从几个方面评述荀子的政治思想。

一、性恶论和对性的改造

荀子的政治思想是建立在对人的本性认识基础之上的。如何认识人,如何对待人,是荀子政治思想的起点、过程和归宿点。

1. 人性恶说

人是怎样来到世间的? 这是先秦诸子讨论的一个重要问题。在当时的历史条件下,这个问题是不可能说清楚的。不过在这个问题上存在着两种不同的认识:一种把人之源归之于神;一种求诸自然。荀子沿着后一种认识进行探索。他认为,人与万物一样,是天地自然的产物,不过,人又不同于万物,有其特殊性。在万物之中,有"血气"的动物高于无"血气"的植物。有血气的主要的特征是"必有知"。这里说的"知",指的是知觉。荀子认为,人是有"血气"中的一类,与其他有"血气"的相比,人最有智慧,"有血气之属莫知于人"(《荀子·礼论》,下引《荀子》只注篇名)。人与动物的区别,还在于人有"辨","辨"同"别","人之所以为人者,非特以其二足而无毛也,以其有辨也"(《非相》)。"别"的具体内容就是"义"。"水火有气而无生,草木有生而无知,禽兽有知而无义;人有气、有生、有知,亦且有义,故最为天下贵也。"(《王制》)

人与动物的另一个区别,还在于人能"群",动物不能群。人与牛马相比,"力不若牛,走不若马,而牛马为用,何也?曰:人能群,彼不能群也"(《王制》)。这里所说的"群",并不是自然成群之群,而是指结成一定的群体,具有一定的组织,与我们所说的"社会性"相近。

荀子关于人与动物区别的看法是相当深刻的,在今天看来,仍具有科学的价值。人在自然之林中虽处于最高枝,但人仍然属于自然的一部分。基于这一事实,荀子认为人的本性首先是自然性。"性者,本始材朴也"(《礼论》);"凡性者,天之就也,不可学,不可事"(《性恶》);"生之所以然者谓之性"(《正名》)。凡此种种,都说明自然生就的本能便是性。性的外延是"情"和"欲"。"性者,天之就也;情者,性之质也;欲者,情之应也。以所欲为可得而求之,情之所必不可免也。"(《正名》)情、欲是从性中引申出来的外在表现。由于人性根于自然,因此,所有的性、情、欲都是一样的,"千人万人之情,一人之情是也"(《不苟》)。

那么人的性、情、欲的具体内容是什么呢?归纳起来,有如下四个方面的表现:一是感官欲望。《性恶》说:"目好色,耳好声,口好味,心好利,骨体肤理好愉佚,是皆生于人之情性者也。"又说:"今人之性,饥而欲饱,寒而欲暖,劳而欲休,此人之情性也。"二是好利。好利无疑以感官欲为基础,但又超出感官的自然需求,表现为一种主观的欲望。好利的具体内容是对财产的追求与占有。《荣辱》说:"人之情,食欲有刍豢,衣欲有文绣,行欲有舆马,又欲夫余财蓄积之富也,然而穷年累世不知不足(当为"不知足"),是人之情也。"三是排他性和妒嫉心。《性恶》说:"生而有疾恶焉。"疾,同"嫉"。恶,憎恶。排他性和忌妒心是好利的一种特殊表现形式,又可视为好利的外延。四是好荣恶辱。《王霸》说:"夫贵为天子,富有天下,名为圣王,兼制人,人莫得而制也,是人情之所同欲也。""名声若日月,功绩如天地,天下之人应之如景向,是又人情之所同欲也。"好荣首先表现为一种权力欲,高居人之上,指使一切人。

以上四方面,除第一方面属于人的自然要求和本能之外,其他几项都是后天形成的,是人的社会性的表现。可是荀子把这些都视为"无待而然"的本性,显然是不正确的。不过在当时私有制社会里,这些又是人们相互关系的本质表现,把这些说成是人的本性,对揭露人的本质是很有意义的。

就上述这些本性而论,荀子并没有区分善恶,认为都是"生之而然"的本能。不过荀子没有到此为止,依荀子之见,这些本性之中包含着恶的基因,当这些本能向外扩展的时候,便走向了恶。《性恶》说:

> 今人之性,生而有好利焉,顺是,故争夺生而辞让亡焉;生而有疾恶焉,顺是,故残贼生而忠信亡焉;生而有耳目之欲,有好声色焉,顺是,故淫乱生而礼义文理亡焉。然则从(纵)人之性,顺人之情,必出于争夺,合于犯分乱理而归于暴。

在荀子看来,如果顺乎本性,就会与"辞让"、"忠信"、"礼义文理"发生对抗,从这个意义说,人性是恶的。

性恶还表现在人的欲望的扩展破坏了社会的正常秩序,破坏了财权与政权的稳定。《富国》说:"欲恶同物,欲多而物寡,寡则必争矣。"争必然造成乱,乱则穷,由此他认为性是恶的。

在荀子看来,人的本性在其外化的过程中,要与人们的社会关系发生冲突和对抗。荀子肯定社会性,以社会性为标准,认为人的自然性是恶的,应加以改造。

2. 性的改造与人皆可以为尧舜

荀子认为,人性的自由发展会带来不可收拾的恶果,因此对人性必须进行改造。如何改造呢?荀子提出了如下几种途径:

最根本的是圣人起伪以化性。"伪"指后天的人为作用,"可学而能,可事而成之在人者,谓之伪"(《性恶》)。"伪"不只是一般地指人的主观能动性,还表现在对性的改造上。这样的"伪"不是一般人所有的,而是出自圣人的心中,"圣人化性而起伪,伪起而生礼义,礼义生而制法度。然则礼义法度者是圣人之所生也"(《性恶》)。这样一来,圣人与一般人就产生了分野。圣人"不异于众者,性也"。但圣人又不同于众,"所以异而过众者,伪也"(《性恶》)。于是,在理论上荀子陷入了无法解决的矛盾之中,圣人成了不可知的怪物,当然也可以叫做神物。无论怪也罢,神也罢,圣人肩负着改造人类性恶的使命!

改造性恶的另一个办法是靠老师的教育。《儒效》说:"人无师法,则隆性矣;有师法则隆积矣;而师法者,所得乎情(疑应作为"积"),非所受乎性,不足以独立而治。"师法来自于学习的积累,不是来源于先天的本性。所以单靠本性是不能达到改造性的目的的。

改造性恶的再一种办法是靠环境和习俗的熏陶。《儒效》说:"注错习俗,所以化性也。""习俗移志,安久移质。"荀子指出,不同的文化环境会使人形成不同的习俗和文化特质,"居楚而楚,居越而越,居夏而夏,是非天性也,积靡使然也"(《儒效》)。

改造性恶的办法还有修身,以"道"、"理"节制本性。遇事要时时注意以礼义克制自己,要用心思理智控制自己的性欲。《正名》说:"性之好、恶、喜、怒、哀、乐谓之情。情然而心为之择谓之虑,心虑而能为之动谓之伪。"感官的欲望要由心加以节制。

荀子宣布人性恶,似乎把人都视为恶人。其实不然,柳暗花明又一村,诸种改造之术又把人引向光明之路。人们不是都称赞禹舜吗?荀子告诉人们,努力改造吧,禹舜就在前头。且看《性恶》篇对此说得多么畅快。有人问:"涂(通途,道路、路)之人可以为禹,曷谓也?"荀子答道:"凡禹之所以为禹者,以其为仁义法正也。然则仁义法正有可知可能之理,然而涂之人也,皆有可以知仁义法正之质,皆有可以能仁义法正之具;然则其可以为禹明矣。"只要沿着仁义走,便可以成为禹舜一样的人物,自然也就是圣人了。"圣人者,人之所积而致也。"

孟子认为保持和发扬善的本能,就可成为尧舜一样的圣人;荀子认为努力改造自己的恶性,也可以成为尧舜一样的圣人。两说途殊而同归。

二、礼治、法治和人治

1. 礼、法的起源和本质

礼、法是矫治人性的工具,是由圣人制作的。圣人制作礼法又基于社会的矛盾,而这些矛盾是以人的情欲与自然、社会之间矛盾冲突为基础而展开的。

矛盾首先表现在欲的无限性与物的有限性上。《富国》说:"欲多而物寡,寡则必争矣。"《礼论》说:"人生而有欲,欲而不得,则不能无求;求而无度量分界,则不能不争。争则乱,乱则穷。"

矛盾还表现在欲望的平等性与社会关系不平等上。《王制》说:"两贵之不能相事,两贱之不能相使,是天数也。势位齐,而欲恶同,物不能澹(同"赡")则必争,争则必乱,乱则穷矣。"依荀子之见,社会只有分为贵贱上下,才能相互制约而形成秩序,欲望的平等性是这种制约关系的对立物和破坏者,是造成社会混乱的原因。

怎样解决这些矛盾呢?圣人制定的礼法便是最主要的手段。在荀子看来,人类的生存除了自然条件之外,还必须有"群"和"分"的保证。"群"与"分"是一个事物的两个方面,没有"群",个人无法存在;没有"分","群"又难以维系。"群"是人的本能,是天生就有的;而"分"则是发展到一定阶段的产物。礼义和法的基本精神便在于"分"。《王制》说:"人何以能群?曰:分。分何以能行?曰:义。"又说:"先王恶其乱也,故制礼义以分之。"

礼义之分表现在各个方面,首先表现在分物以养体。人的欲望不可能取消,离开物质条件就不能生存,然而物又是有限的。礼之分可以调节欲和物的矛盾,求得两者的平衡。《礼论》说:"养人之欲,给人之求,使欲必不穷乎物,物必不屈于欲,两者相持而长,是礼之所起也。故礼者,养也……所以养体也。"就是说,礼要满足人的起码的物质生活要求。荀子说的养体当然并不是平均主义的,它与等级制度紧密相关,受等级制的制约,所以礼之分又表现在等级规定上。"君子既得其养,又好其别。曷谓别?曰:贵贱有等,长幼有差,贫富轻重皆有称者也。"(《礼论》)"君君、臣臣、父父、子子、兄兄、弟弟,一也。"(《王制》)"贵贵、尊尊、贤贤、老老、长长,义之伦也。行之得其节,礼之序也。"(《大略》)等级贵贱之分与对物质财富占有之多寡相为表里,《富国》说:"古者先王分割而等异之也,故使或美、或恶、或厚、或薄、或佚乐、或劬劳";又说:"贫富轻重皆有称者也"。勿庸多说,这是在为政治等级和经济关系的等级分野作辩护。荀子所说的礼之分还表现在职业分工上,礼要使农、士、工、商各守其业。《王制》说:"农农、士士、工工、商商一也。"另外,劳心劳力也在礼分之中,"君子以德,小人以力"(《富国》)。甚至礼还要分"知愚、能不能"(《荣辱》)。礼之分还要使人的行为规范化,引导人达到心正意诚的境界。《礼论》说:"礼者,断长续短,损有余,益不足,达爱敬之文,而滋成行义之美者也。"

以上种种之分,都是矫饰人性恶的过程。《性恶》说:"起礼义,制法度,以矫饰人之情性而正之,以扰化人之情性而导之也。使皆出于治,合于道者也。"

荀子还在《礼论》、《大略》等文中对各种礼作了具体的规定,诸如祭礼、养生、送死、婚嫁、军旅、冠礼以及日常行动之礼等,相当繁琐。他认为凡是《礼经》中有的,都要遵从;《礼经》所无的,则要顺人心而行,顺乎人心则为礼。《大略》说:"礼以顺人心为本,故亡于《礼经》而顺人心者,皆礼也。"荀子所谓的人心并非无经无纬地漫游,而有其规定性。这就是《礼论》中所说的"三本"。"礼有三本。天地者,生之本也;先祖者,类之本也;君师者,治之本也。""故礼,上事天,下事地,尊先祖而隆君师,是礼之三本也。"

荀子认为礼是治国安民之本。《大略》说:"礼之于正国家也,如权衡之于轻重也,如绳墨之于曲直也。故人无礼不生,事无礼不成,国家无礼不宁。"礼之所以有如此功效,就在于"分"。只有上述种种之分才能互相制约,才能形成一定的秩序。《王制》说:"使有贫、富、贵、贱之等,足以相兼临者,是养天下之本也。《书》曰:'维齐非齐',此之谓也。"

把礼的本质归结为"分"或"别",是相当深入的,揭示出了礼的政治本质和特征,表明了荀子对社会政治的思考还是比较诚实的。

2.关于法

荀子主张礼治,同时又主张行法,常常礼法并提。荀子所说的法多有不同的含义,这里主要指法律和政令,与法家所说的法相类。荀子认为,法要以礼为根据。《劝学》说:"礼者,法之大分,类之纲纪也。""类"指法的律例。这句话的意思是:礼是法的纲领或指导原则。《修身》说:"故非礼,是无法也。"在礼的指导下,荀子对法的理论作了别有见地的阐述。

荀子首先提出"法义"、"法数"和"类"三个概念。"法义"相当于今天所说的法学原理或法哲学。"法数"即具体的法律。他认为法义是法数的指导,《君道》说:"不知法之义而正法之数者,虽博,临事必乱。"法数不管多么详细具体,也不可能包纳一切。这就需要引"类"去处理。《王制》说:"有法者以法行,无法者以类举,听之尽也。""类"即律例。只有兼通义、数、类三者,才能运用自如。正如《修身》所说:"人无法则伥伥然,有法而无志(训为"识")其义则渠渠然。依乎法而又深其类,然后温温然。"《王制》也说:"以类行杂,以一行万。"把法义、法数、法类区分开来,是荀子在法律思想上的一个重要贡献。

有法必依,不能以私乱法。《修身》说:"怒不过夺,喜不过予,是法胜私也。"但是人并不是法的工具,这一点与法家有很大的差别。荀子提出要处理好法、职、议、通四方面的关系,《王制》说:"故法而不议,则法之所不至者必废;职而不通,则职之所不及者必队(坠)。故法而议,职而通,无隐谋,无遗善,而百事无过,非君子莫能。"法,指法律条文。职,指职责。法和职都有明确的规定性,但又不能包罗无遗,这就需要"议"、"通"来补充。"议"和"通"都是讲灵活性。不过灵活性并不是任意而行,必须与法、职相贯通。

严于执法是绝对必要的。《成相》说:"君法明,论有常,表仪既设民知方,进退有律,莫得贵贱,孰私王?"《议兵》说:"庆赏刑罚欲必以信。"但是政治不能只依赖于法,法不是万能的,在施法之前还必须先进行教育。教育同样不是万能的,又必须补之以法。荀子说:"不教而诛,则刑繁而邪不胜;教而不诛,则奸民不惩;诛而不赏,则勤励之民不劝;诛赏而不类,则下疑、俗俭(通"险")而百姓不一。"(《富国》)教、诛、赏、类法四者是辩证统一和互相补充制约的关系,但以教为首。教中还包括对法律的宣传,要让每个人都知法,力求自觉地守法。关于刑罚,有一点特别值得注意,即荀子反对血缘株连。他认为"一人有罪而三族皆夷"的"以族论罪"(《君子》),是乱世的暴政,荒唐至极。

3. 有治人无治法

礼法是治国之具,但是与人的因素比较,荀子认为人的因素更重要。他所说的"有治人,无治法"的"法",并不是指法律之法。这个法的含义很广,如前所述,既有法律,又包括法术、政策,礼也在其中。因此也可以说"有治人,无治礼"。《王制》把问题说得很清楚:"无君子,则天地不理,礼义无统,上无君师,下无父子,夫是之谓至乱。"很明显,礼义是依赖于君子而存在的。据此,"有治人,无治法"不局限于论述人与法律的关系,而是讲人在整个政治诸种因素中的地位问题。

从礼法的起源看,荀子认为国家的兴亡盛衰是由圣主、暴君造成的。因此起决定作用的是人,而不是礼法。

荀子还认为,人是法、礼、政策的主体,"法不能独立,类不能自行;得其人则存,失其人则亡。法者,治之端也;君子者,法之原也"(《君道》)。这一思想与《中庸》中所说的"为政在人"是一致的。

从孔子开始,儒家基本上都是沿着"为政在人"这个思路论述政治中的各种关系的。政治与道德都是"由己及人"的过程,至于如何由己及人,儒家中的各派主张又不一致。荀子虽强调礼法,但更注重于人。

三、道义分析与道高于君

1. 政治准则

荀子曾经从不同方面描绘了他的理想国,其中《王制》篇描绘得最为集中。"王制"也即"王道",这个王是理想化的王,是王的最高典型与理论化的表现。荀子从"王者之人"、"王者之制"、"王者之论"、"王者之法"四个方面描绘了他的理想国。

"王者之人:饰动以礼义,听断以类,明振毫末,举措应变而不穷。夫是之谓有原,是王者之人也。"实行王道的君王应该用礼仪来约束自己的行为,以法行事,明察秋毫,善于应变。

"王者之制:道不过三代,法不贰后王。……衣服有制,宫室有度,人徒有数,丧祭械用,皆有等宜。声,则凡非雅声者举废;色,则凡非旧文者举息;械用,则凡非旧器者举毁。夫是之谓复古,是王者之制也。"这里讲的是等级制度和器用制度,从内容上看十分陈腐,令人压抑。把"复古"、"用旧"作为标准,用以抑裁现实,这足以说明荀子之迂腐。

"王者之论:无德不贵,无能不官,无功不赏,无罪不罚。"王者之论讲的是用人原则,其中不乏灼见。

"王者之法:等赋,政事,财(通"裁",成也)万物。所以养万民也。田野什一,关市几而不征,山林泽梁,以时禁发而不税。相地而衰政(同"征"),理道之远近而致贡"。王者之法讲的是财政经济制度和政策,颇为中肯。

荀子的"王制"既是理想国,又是标准、要求和原则。这个原则高于现实的一切统治者和君主,现实的君主都应该与这个目标看齐。

2. 道义分析

荀子的理想国又可简称为"道义"。一般人都把权力和财富视为上乘珍品,而荀子则认为更珍贵的是道义。他说:"闻修身,未尝闻为国也。君者,仪也;民者,景也。仪正而景正。"(《君道》)荀子之所以不提"为国",是因为这是就事论事,而且注重的是权力和发号施令,只有"修身"才是问题的根本。修身以道义为标准,君主与当政者身修,而后才能恰当地使用权力。对于财富,也是这样。《修身》中有两段话很有意思:"志意修则骄富贵,道义重则轻王公;内省而外物轻矣。""身劳而心安,为之;利少而义多,为之。事乱君而通,不如事穷君而顺焉。……士君子不为贫穷怠乎道。"道义高于富贵,宁为道义而忍贫困,不为权贵而折腰。《劝学》说:"是故权利不能倾也,群众不能移也,天下不能荡也。生乎由是,死乎由是,夫是之谓德操。"《儒效》说:"彼大儒者,虽隐于穷阎(巷)漏屋,无置锥之地,而王公不能与之争名。"只有具备道义的君子才是至尊、至富、至重、至严。把道义看得比富贵更神圣,在理论上很有价值,它使人变得更富有理性。

道义是最高法官,一切人都要站在它的面前接受审判。君主的权势高于一切,一般人不敢分析,君主也不让人分析。荀子却高举道义的旗帜,命令所有的君主在道义面前排队入座,并依据道义,把他们分为"贪主"、"暗主"、"明主"、"霸主"、"王"以及以尧舜为代表的圣主。在荀子眼里,只有历史上有过明君、圣主,现实的君主多半是暗、贪之辈,最好者也不过平庸之属。

第三章　儒家以伦理为中心的政治思想

对于臣,荀子也用道义进行了分析,把他们分为谄、顺、贼、篡、忠、谏、争、辅、拂、圣等十余类。

对于一般人,荀子也按道义分为小人、君子、顺民、奸民等。同属士,也有各式各样,如"公士"、"通士"、"直士"、"悫士"、"法士"、"处士"、"小人"等等。同是儒,还要分为"俗儒"、"小儒"、"贼儒"、"散儒"、"雅儒"、"大儒"等等。依荀子之见,人的社会地位应由道义之高低决定,庶人积礼义可以升为大夫、官吏;天子诸侯缺德则应贬为庶人。人之道义高低在于自己的修养和学习,血缘、门第不能给人以道义。《荣辱》说:"可以为尧、舜,可以为桀、跖,可以为工匠,可以为农贾,在势注错习俗之所积耳。"

那么,是否可以打倒缺德的君主呢?在理论上,荀子也敞开了这条路。《臣道》说:"夺然后义,杀然后仁,上下易位然后贞,功参天地,泽被生民,夫是之谓权险之平,汤、武是也。"这种理论对君主显然带有威胁性,对他人来说也有一定危险。从理论上考察,这与他一再宣扬的贵贱等级之分有抵牾之处,于是他在《正论》中反复说明,汤、武杀桀、纣不算臣弑君,只不过是杀了一个独夫,是天下归顺汤、武,不是他们夺取天下。

荀子提出了在道义面前人人平等的思想。这种平等表现在:第一,人的本性相同,通向道义之路在理论上对每个人都是敞开的;第二,道义高于一切,人人都应遵从道义。人之所以有不同,是道义修行的高低不同所形成的;第三,从理论上说,应该以道义为标准分配权力和财产,实现不了,只能说明权力、财产的占有者是窃夺者,拥有道义者在精神上是高人一筹的。

但是,我们应该看到,荀子所说的道义判断,其本身就是不平等的。他把贵贱等级之分视为道义,同时还视为"天数"。在这种道义面前的平等,是以不平等为前提的,即他所谓的"维齐非齐"。因此,人人遵从道义,不是打破等级制度,而是恰恰使这种制度获得了普遍的保证。在这里,荀子看到了君主的个性与他所维护的制度之间有较大的差距,甚至相背离,这就促使他改变办法,不是维护个别君主的地位,而是用维护制度一般规定性的方式来维护他所需要的制度。看起来没有突出君主,其实由于加强了等级制度,反而使君主的地位更加巩固。这是荀子高明的地方,也是一个阶级的统治理论成熟的表现。

四、富国与富民

1. 君主的职责

荀子对君主的职责作了别有见地的论述。《王制》说:"君者,善群也。

群道当则万物皆得其宜,六畜皆得其长,群生皆得其命。""群"是人类的特点和存在的条件,君主的职责就在于维护这种特点和条件。这在先秦诸子中,可以说是最深刻的认识之一。"群道"包括哪些内容呢?荀子在《君道》篇中概括为如下四项:"善生养人者也,善班(同"辨")治人者也,善显设(任用)人者也,善藩饰人者也。"君主的职责在于养人、治人、用人和教育人。

群道的中心又可称之为"分",分而后能群。所以又讲:"人君者,所以管分之枢要也。"(《富国》)人君的尊贵、华容是施行分的必要条件。"分"又通礼,"以礼分施,均偏而不偏"(《君道》)。君主的职责,最后又落实在礼上,"隆礼至法则国有常"(《君道》)。

2. 君与臣的关系

君主有臣的佐助才能成事。如何对待臣子,荀子提出了"好独"与"好同"、妒贤与用贤两大问题。与慎道、申不害等法家倡导的贵"独断"的精神相反,荀子反对"好独",而提倡"好同"。这个"同"相当于西周伯阳父"和同"论之"和"。《臣道》说:"故正义之臣设,则朝廷不颇;谏争辅拂之人信,则君过不远;爪牙之士施,则仇雠不作;边境之臣处,则疆垂不丧。故明主好同而暗主好独。明主尚贤使能而飨其盛,暗主妒贤畏能而灭其功。""好同"、"使能"强调由一个集团协力进行统治,不能只靠君主一个人。荀子分析和总结了历史上帝王君主成败的经验教训,认为"好同"还是"好独",用贤还是妒贤是问题的关键。

君主对臣下一定要"兼听"(《正名》)。"兼听齐明则天下归之","兼听齐明而百事不留"(《君道》)。《不苟》还指出:"公生明,偏生暗。"君主在决断时要仔细分析事物的两种可能性:"见其可欲也,则必前后虑其可恶也者;见其可利也,则必前后虑其可害也者;而兼权之,孰计之,然后定其欲恶取舍,如是则常不失陷矣。"(《不苟》)历史上败亡的君主多半是由于拒谏饰非造成的。

别有意味的是,荀子讨论了奸臣产生的原因。他认为奸臣之产生固然有其自身的因素,但更重要的还在于君主本人。"凡奸人之所以起者,以上之不贵义,不敬义也。"(《强国》)

3. 君民关系

这是一个老问题。荀子在老问题上有他的新认识。君与民究竟谁为谁呢?春秋以来明显形成两种见解:一是民为君;一是君为民。荀子持后一种看法。《大略》说:"天之生民,非为君也。天之立君,以为民也。"在君民关系上,荀子提出的新思想是君民舟水论。《王制》说:"马骇舆,则君子不安舆；庶人骇政，则君子不安位。马骇舆，则莫若静之；庶人骇政，则莫若惠之。……庶人安政，然后君子安位。《传》曰：'君者，舟也；庶人者，水也。水则载舟。水则覆舟。'此之谓也。"

基于上述看法，荀子认为必须处理好爱民与使民的关系。他与其他儒家相同，主张先爱利而后使之。《君道》说："有社稷者而不能爱民，不能利民，而求民之亲爱己，不可得也。民不亲不爱，而求其为己用，为己死，不可得也。"在《富国》中又分析了爱利与使民的三种情况和三种不同的后果："不利而利之（不利于民而取民之利），不如利而后利之之利也。不爱而用之，不如爱而后用之之功也。利而后利之，不如利而不利者之利也。爱而后用之，不如爱而不用者之功也。利而不利也、爱而不用也者，取天下者也。利而后利之、爱而后用之者，保社稷者也。不利而利之、不爱而用之者，危国家者也。"总之，君主越爱利民，自己越强；反之则亡。所以《君道》又说："君人者，爱民而安，好士而荣，两者无一焉而亡。"

4. 富国富民

荀子认为君臣都应该以富国富民为己任，国富、民富而后国强。为了富国富民，他认为应该处理好如下几方面的关系。

首先要正确认识自然与生产的关系。当时有些人把人类的贫困归咎于自然，认为自然界的财富有限，人越来越多，于是出现财源匮乏。荀子批评墨子的这种见解（按：墨子讲节用，并无此主张）为"私忧过计"，认为自然界的财富固然有一定限量，不过只要生产好，在财富的占有与分配上又能"明分"，那么丰衣足食是不成问题的。

为了达到富国、富民的目标，还必须处理好分配、消费与生产的关系。《富国》说："足国之道，节用裕民，而善臧（藏）其余。节用以礼，裕民以政。彼裕民故多余。裕民则民富，民富则田肥以易（易，治理），田肥以易则出实百倍。上以法取焉，而下以礼节用之，余若丘山，不时焚烧，无所臧（藏）之。"最后一句是吹牛皮，其他的论述很有见地。荀子认识到分配、消费、生产是一个统一的过程，生产是基础，分配和消费又直接影响生产。民不富就不可能扩大再生产和提高生产效率，而民富则又取决于分配与消费。

荀子还论述了国家财政与经济的关系。《富国》说："田野县鄙者，财之本也……等赋府库者，货之流也。"经济生产是财政的基础，据此，他提出"节其流，开其源"的主张。荀子认为："下贫则上贫，下富则上富。"如果不顾下面的实际情况，一味搜刮，这叫"伐其本，竭其源"，结果"将以求富而丧其国，将以求利而危其身"（《富国》）。财政经济问题将转化为政治危机。

对发展经济问题，荀子主张以农为主，农、工、商协调并进。对当时把农业视为本业,把工商视为末业的观点,荀子是赞同的。他以粮食作为衡量生产者与消费者的标准,于是只有农民才是生产者,除了士大夫外,工商也被划入食之者之列。这种看法显然是不全面的。如果从价值观点看,工也是价值的创造者,是生产者,商也创造一部分价值。

如何发展农业,他提出了一些引人注意的措施。第一,"众农夫"(《君道》),即增加农业生产人数,减少食之者人数。除了减少工商业者外,他认为必须减少士大夫以及官僚冗员。《富国》说:"士大夫众则国贫。"这种看法显然受了《商君书》的影响。第二,"罕举力役,无夺农时"(《王霸》)。当时力役繁多,荀子的说法是有针对性的。第三,"掩地表亩"(《富国》)。"掩地"指在播种前要翻耕土地,"表亩"指表明田亩界限,以防土地纠纷。第四,"相高下,视肥硗,序五种"(《王制》)。种植五谷要因地制宜。第五,"修堤梁,通沟浍,行水潦,安水藏,以时决塞;岁虽凶败水旱,使民有所耘艾(读如"刈")"(《王制》)。第六,"多粪肥田","刺屮(草)殖谷"(《富国》),提倡精耕细作。荀子特别强调耕作要在"善"字上下工夫。"善"与"不善"大不相同,"今是土之生五谷也,人善治之,则亩数盆,一岁而再获之……"(《富国》)第七,税收要有定制,提出"相地而衰政(政读为"征")"和"田野什一"(《王制》)。

对工商业既要保护,又要限制。首先要控制工商人数,《君道》提出"省工贾"。另一方面要限制工商的欺诈投机行为。

荀子比其他儒家认识深刻之处在于,他更深切地认识到经济问题是政治的基础,又是政治好坏的标志。

5. 王、霸以及强、安、危、亡

王、霸、强、安、危、亡诸命题,讨论的是关于国家的基本政策形势和前途问题。

孟子首先从理论上把王、霸对立起来,主王道而斥霸道。荀子关于王、霸的分野与孟子有同有异。孟子以仁和力分王霸,荀子认为霸不单是恃力,而且还讲信。单纯恃力者称之为"强"。在荀子看来,王与霸虽有原则的差别,但不是截然对立的。他所鄙薄的是强、安、存、亡之道。王、霸、强、亡的区分可从对外对内两方面考察。对外,"王夺之人,霸夺之与,强夺之地,夺之人者臣诸侯,夺之与者友诸侯,夺之地者敌诸侯。臣诸侯者王,友诸侯者霸,敌诸侯者危"(《王制》)。"夺之人",指争取人心。"夺之与",指同其他国结好,讲信用。"夺之地",指占领他国土地。实行"强道",一心想侵占别国土地,势必招致他国的反抗,从而反招其祸。所以,"强道"是向危亡转化的契机。荀子说的"强道"与孟子所说的"霸道"相类。在荀子看来,

"霸道"是"王道"的候补者,王、霸可以相通,"上可以王,下可以霸"(《王霸》)。但要想统一天下,就必须实行王道,争取天下归心。

王、霸、强、亡之道的分野,在内以对人民的态度作区分。《王制》说:"王者富民,霸者富士,仅存之国富大夫。亡国富筐箧、实府库。筐箧已富,府库已实,而百姓贫,夫是之谓上溢而下漏;入不可以守,出不可以战,则倾覆灭亡可立而待也。故我聚之以亡,敌得之以强。聚敛者,召寇、肥敌、亡国、危身之道也,故明君不蹈也。"

对外与对内政策相互联系,相互作用,其中以对内政策为基础。

王、霸、强、亡摆在每个君主面前,任自己选择。每个国家内部都有两种因素,两种力量,"无国而不有治法,无国而不有乱法;无国而不有贤士,无国而不有罢士;无国而不有愿民,无国而不有悍民;无国而不有美俗,无国而不有恶俗。"(《王霸》)没有必胜之国,也没有必败之国;每国都有强盛的因素,也都有衰败的因素,问题在于君主作何种选择。"两者并行而国在,上偏而国安。"(《王霸》)

荀子有关王、霸、强、亡问题的提出,对统治者来说无疑是敲了警钟。他告诉当权者,自己的宝座并不是放置在坚不可摧的磐石上,时刻有倾倒的危险。而朝代的更替、君主的递代为荀子的理论提供了无可辩驳的铁证。荀子希望君主们分析一下形势,看清楚一边是万丈深渊,一边是伸向顶峰的大道,切莫一失足而悔恨千古。

从历史事实考察,王道似乎只可称之为理想,而霸、强、亡,却活生生存在于历史之中。荀子等人为什么热衷于这种无法实现的理想国呢?对此可以从两方面分析。理想国虽然无法实现,但也并非虚无,它概括了占统治地位阶级的最一般的和最本质的要求。理想国理论把这种一般的本质的要求置于当权者个人之上,向当权者提出了行为准则,以便对君主起某种制约作用。一种制度要保证它的存在,就必须不断地实行自我批评和检查,否则必定僵化。只要走向僵化,势必失去应变能力。理想国的提出为自我批评提供了理论依据,也为应变和自我改革提供了模式。另一方面,对人民来说,理想国理论又可以起一定的欺骗与安慰作用。理想国告诉人们,一切苦难的现实并不是这个制度必然造成的,只要君主改变政策,或更换一个君主,王道乐土就会到来的。等着吧,一切都会好的,会有王道乐土的!这种王道乐土理论也确实给农民以希望、安慰和精神满足,盼望有个好皇帝就是这种理想国理论在农民身上起作用的表现。

人性恶和人性改造是荀子政治思想的理论基础。外来的改造与自我修身是进行改造的两条途径,缺一不可。不过外来的改造占主要地位,外来改造的武器是礼,礼既是道德规范,又是政治制度。礼这个东西不是从天上掉下来的,是由圣人、君子制造出来的,并肩负在圣人、君子身上。于是圣人、君子构成了治之源、治之本。在思想逻辑上,荀子与孔、孟不同之处在于:孔、孟强调由己及人,荀子则强调由圣人君子进行改造。圣人君子即统治者,从而论证了统治和压迫秩序是不可侵犯的。荀子虽讲了许多为民、富民的美言,但最终目的都是为统治者着想。

荀子的政治思想重在勾勒封建等级结构,而不是着眼于改革,当然也有改革的成分。因为到荀子的时代,封建主的改革高潮已经过去了。

第五节 《易传》以应变为核心的政治思想

《易传》是解释《易经》的,写作于战国。《传》有七种共十篇,又称"十翼"。七种为:

(1)《彖传(辞)》:分上下篇,解释六十四卦卦名及卦辞。"彖"者,断也,断一卦之义。

(2)《象传》:分上下篇,释卦义,因主要解释卦象,故称象传。

(3)《文言》:是乾、坤两卦的解说。

(4)《系辞》:分上下篇,是《易经》的通论,以论述经义于功用为主,兼及筮法、宇宙起源等问题。

(5)《说卦》:主要记述八经卦所象之事物。

(6)《序卦》:解说六十四卦顺序排列关系。

(7)《杂卦》:错杂解说六十四卦之义,故名杂卦。

《易》为卜筮之书,归根结底是一种神学。任何神学都标志着认识的终结和僵化,《易》所提供给人们的最终教训也是如此。但神学也并非一个模式,不同的神学在认识中的地位也不尽一样。原始的和以偶像崇拜为特征的神学所给予人们的主要是安慰。还有另一种神学,比如像"易"这样的神学,在到达神的启示终点之前,有一个漫长的世俗认识过程。这个世俗过程越长,所容纳的有价值的内容就越多。

《易传》是儒家的经典,经历了秦火,保存的内容最完整。从政治思想角度看,《易传》的认识深刻而富于哲理,是中国传统政治哲学的代表作。

一、《易传》的理论特点

《易》的论述与吉凶相连接,无疑是一种模式化的认识。但是模式化的认识也有不同情况。一种是直观性的模式,一种是理性的模式。直观性的模式只能给人以类比,理性的模式却蕴藏着对事物的抽象,有时深刻地揭露了事物的本质,给人以智慧。《易经》与《易传》两种模式都有。《经》中直观模式较多,如"枯杨生华,老妇得其士夫","枯杨生稊,老夫得其女妻"(《易经·大过》),"见龙在田"、"飞龙在天"(《易经·乾卦》)等等。《传》中多理性模式。理性模式是从具体事物中抽象出来的。抽象越具有科学性,那么与具体事物的联系就越广。由于《经》与《传》所概括的模式有很多极为深刻,长期以来,不只在迷信上人们需要它,在认识上也需要它。

《易经》与《易传》主要是帮助人们选吉避凶。在阶级社会吉凶无不具有阶级的规定性,而且首先表现在政治上。因此"易"在政治思想史上有它的独特地位。"易"不是直接论述现实的政治与政策。"易"的政治思想有如下两个特点:

其一,它从总体上论证了政治关系,规定了人事吉凶的标准;

其二,"易"重点在言变,它从变的角度和事物的关系上提出了处理政治问题的方法与原则。

"易"的最终目的还在于政治,正如《系辞上》所说:"夫《易》,圣人之所以极深而研几也。唯深也,故能通天下之志。唯几也,故能成天下之务。唯神也,故不疾而速,不行而至。"又说:"夫《易》何为者也?夫《易》开物成务,冒天下之道,如斯而已者也。"开物成务即揭开事物的真象,确定事物之办法。冒,覆也,犹包也。"冒天下之道",意即包括天下事物之道理。由于"易"有这样的作用,圣人用之,"以通天下之志,以定天下之业,以断天下之疑"。"易"是打开所有奥秘之门的钥匙,只有掌握它,才能统治天下。

二、社会结构本于自然说

从大自然观看,人类社会无疑是自然的一部分,是自然发展到一定阶段的产物。人类社会与自然界虽有质的不同与差异,但两者之间又存在着内在的统一性。先秦诸子的最大的优点之一,是对这种统一性进行了探讨。"易"的最明显的长处就在于对这种统一性进行了更广泛深入的描述,有许多精到的见解。比如对矛盾统一的规律作了更为深刻的揭露,《彖传》讲:"天地睽而其事同也。男女睽而其志通也。万物睽而其事类也"。"睽",指事物的矛盾,"同"、"通"、"类"指事物的"合"。事物通过矛盾的形式连结在一起。除了哲学抽象之外,《易传》还运用比附和人造结构的办法生硬制造了自然与人事的统一。

作者认为自然与人类是一种父子生成结构,把人类社会说成是天地的子孙。《序卦》说:"有天地然后有万物。有万物然后有男女。有男女然后有夫妇。有夫妇然后有父子。有父子然后有君臣。有君臣然后有上下。有上下然后礼义有所错。"这种子孙生成关系无疑包含了统一性的认识,但是这种关系显然是人为结构的产物,是极其粗糙的。这种父子生成关系把君臣关系与礼义制度自然化了,使之成为自然演进中的一环。既然是自然演进中的一环,君臣与礼义制度不仅是必然的,也是绝对合理的和不可动摇的。

天地自然与认识相对应是另一个特点。《系辞上》说:"天尊地卑,乾坤定矣。卑高以(同'已')陈,贵贱位矣。"乾是天,坤是地。天高,地卑。这种"高"、"卑"不仅表示势位的不同,而且代表着"贵"与"贱"。《说卦》在以卦比物时,认为乾代表着"天"、"父"、"君"、"金"、"玉"等;"坤"代表着"地"、"母"、"众"(臣民)、"布"等。很明显,前者贵,后者贱。《文言》在讲到"地道"时,认为"地道"、"妻道"、"臣道"均属阴。地道的特征之一是顺天从阳。《象传》在解释"泰"卦时提出"内阳而外阴,内健而外顺,内君子而外小人"。诸如此类的层次相对应关系,把君臣、父子之间的主从、上下依附关系说成是自然的,从而把人间的关系绝对化、固定化,赋予不可抗拒的超人的性质。

作者认为人事的典章制度以及权力也是由自然中引申出来的。《系辞上》说:"圣人有以见天下之动,而观其会通,以行其典礼。"圣人见天下事物运动变化,观察其会合贯通之处,从而推行社会之典章制度。作者把天地之"动"与"会通"作为行典礼的根据,典礼则是人的行为规范及其相互关系的准则。《象传》在解释"履"卦时也说:"君子以辩上下,安民志。"人们的志趣不能自由,要用上下的地位加以限制和固定。《说卦》对人君南面的礼俗也从卦义与卦位上进行了论证:"离也者,明也,万物皆相见,南方之卦也。圣人南面而听天下,向明而治,盖取诸此也。"《象》认为王公的武备也取之于卦象。文中说:"天险,不可升也。地险,山川丘陵也。王公设险,以守其国。险之时,用大矣哉。"如果"易"是神圣的,那么制度、典礼、武备也都有神圣的根据。

作者还把八卦与道德连结为一体。先赋予八卦以道德性质,再反过来神化人间道德。《系辞上》说,阳阴相交,"显诸仁,藏诸用"。阴阳之道,其显明易见者是其生育事物之仁,其隐藏难知者是其所以能生育万物之作用。《说卦》说,圣人"立人之道曰仁与义"。天地阴阳之性与人道是一致的,人道本于阴阳八卦。

《易传》用哲学抽象寻求自然与人事的统一性,在认识方向上有它的意义,不过在粗糙的人为的结构中表现的统一性多半是一些混话。这些混话之所以能使一些人相信,主要是因为问题本身在当时比较深奥;另一方面,哲学的抽象也帮了不少忙。这种人为结构的统一性在认识上虽无多大意义,但在政治上却有极为重要的作用,因为它论证了统治者与被统治者、君臣上下之间的关系是自然生就的,是不可违反和改动的。

三、应变政治

易在思想上最显著的特点是研究变。《系辞上》说:"阖户谓之坤。辟户谓之乾。一阖一辟谓之变。往来不穷谓之通。"坤象征着地、阴、秋、冬。乾象征着天、阳、春、夏。秋冬之时,宇宙之门闭,万物入藏。春夏之时,宇宙之门开,万物开放。宇宙之门一闭一开,万物一入一出,叫做变。闭开入出,往来不穷,叫做通。天地自然在变,人事也在变。"日中则昃(昗),月盈则食,天地盈虚,与时消息(蕃息),而况于人乎,况于鬼神乎。"(《易传·彖传》)《系辞下》还说历史之变,由包牺而神农,由神农而黄帝、尧、舜。作者把历史划为三个阶段,人类的经济生活由田猎而农耕,再由农耕而到商业与文明的全面发展。由结绳记事到有文字书契;由无礼制而创制礼制等等。变化中有一个基本的规律叫做"穷则变,变则通,通则久"。这里所说的"久"并不是永久不再变更,而是一个循环的结束,继"久"而来的又是"穷",又进入新的循环周。"穷则变,变则通,通则久"是一个极其光辉的命题。由此可以看到一个基本事实:尽管"易"在总体上是封闭的,归结点又是僵化的,但在具体的事物范围之内,总是以"变"的观点考察一切,把变化的思想运用于政治,可称之应变政治。

应变首先表现在顺时。前边提到的"天地盈虚,与时消息",与《象传》讲的"君子以治历明时",就是要求人们与自然之变相一致。历即历法。自古以来人们对历法特别重视,把它作为政治生活的主要内容之一。以时令规定时政是政治的一项基本原则。《易传》常说"与时偕行"(《易传·文言》、《易传·彖辞》)、"时止"、"时行"(《彖传》)。时间本身无所谓行与止的问题,这里所言的时止、时行指与时间相关的客观条件的相对稳定与变化。人的行动应随时间与条件的变化而动。如《彖传》所说:"时止则止,时行则行。动静不失其时,其道光明。"《系辞下》也说:"变通者,趣时者也。"《易传》认为时间运动是一个伟大的自然力量。这种力量会带来巨大的后果。《系辞下》说:"日往则月来,月往则日来,日月相推而明生焉。寒往则暑来,暑往则寒来,寒暑相推而岁成焉。往者屈也,来者信(同'伸')也,屈信相感而利生焉。"时间对一个人来说有个机遇问题。时机不当,祸从天降,如《象传》说:"不出门庭,凶,失时极也。"时遇得当,代价小而收获大,"既济"卦说:"东邻杀牛,不如西邻之禴祭,实受其福。"杀牛是盛祭,禴是薄祭;盛祭不如薄祭得福,因后者得时之助。时间及其条件确是一种伟大的自然力,单单是时间的不可转性就足以使人庆幸一世,或抱恨终身。时间的作用是不可胜数的。

基于上述的认识,作者们特别强调要善于选择时机,善观时变而后动。《系辞下》说:"君子藏器于身,待时而动,何不利之有。"《象传》中讲:"大'亨贞无?',而天下随时,随时之义大矣哉。"随时之意义重大,不可错过,失时则无可挽回。《系辞下》告诫人们要善于捕捉时机而后行:"君子安其身而后动,易其心而后语,定其交而后求。君子修此三者,故全也。危以动,则民不与也。惧以语,则民不应也。无交而求,则民不与也。莫之与,则伤之者至矣。"行动不行险以侥幸,说话要平心静气,向人求助必是有交谊的人。有了这三条就能保证平安无事。应时而动要特别注意微彰、安危、名实、盈虚、进退、静动。

微与彰是讲事物变化的阶段性。几、微即通常所说隐蔽和萌发状态,彰指显赫状态。作者告诫人们要善于观察几、微、彰,"君子知微知彰,知柔知刚,万夫之望"。尤其要注重苗头,见微而知著,"几者,动之微,吉凶之先见者也。君子见几而作,不俟终日"(《易传·系辞下》)。

安危讲的是事物的两种前途。《系辞下》说:"君子安而不忘危,存而不忘亡,治而不忘乱,是以身安而国家可保也。"居安思危,防乱,安才可保。《象传》说:"君子以思患而预防之。"如果明知险在前,切不可冒险,《象传》说:"不犯难行也。"《象传》说:"见险而能止,知矣哉。"

名实一般指主客观关系。其实名实问题也是个运动变化问题。在变化中会引起名实之间的背离现象。作者认为名实相符是吉,名实相悖是凶。《系辞下》说:"德薄而位尊,知小而谋大,力少而任重,鲜不及矣。"《易传》特别强调言语的作用,认为乱由言生,《系辞上》说:"乱之所生也,则言语以为阶。君不密则失臣,臣不密则失身,几(机)事不密则害成。是以君子慎密而不出也。"君主说话于内室,作用于千里之外,尤其应慎重。《系辞上》说:"君子居其室,出其言善,则千里之外应之,况其迩者乎;居其室,出其言不善,则千里之外违之,况其迩者乎。言出乎身,加乎民。行发乎迩,见乎远。言行,君子之枢机。枢机之发,荣辱之主也。言行,君子之所以动天地也,可不慎乎!"这种情况,只有在君主高度专制的情况下才能发生。

盈虚是讲事物变化的程度。作者认为盈虚在不断变化:"损刚益柔有时,损益盈虚,与时偕行。"(《易传·彖传》)"盈不可久也。"(《易传·象传》)虚增益,所以"君子以虚受人"(《易传·象传》)。盈标志事物到了极端,虚尚在发展阶段,作者认为物极必反,《序卦》说:"'泰者',通也。物不可以终通,故受之以'复'。"为了防止物极,最好的办法是持虚。作者不是把虚作为目的本身,而是作为自我保存的条件。《系辞下》在讲到屈伸关系时说:"尺蠖之屈,以求信(伸)也;龙蛇之蛰,以存身也。"把问题交待得十分清楚。

《易传》还反复讲到进退。进退表示事物在空间的移动,正如时间是一种伟大的自然力量一样,空间同样也是一种伟大的自然力量。《系辞上》说:"变化者,进退之象也。"把变化说成是进退,不尽确切,但进退的确是变化的一个特征。所以对事物要特别注重进退和往来。

动静讲事物运动的两种形式。乾代表着动,坤则代表着静。动中有静,静中有动,以动为主,动静又互相转化,《系辞上》说:"夫乾,其静也专,其动也直,是以大生焉。"乾的动中有静,坤的静中有动,动静又可转化。"坤至柔而动也刚,至静而德方"(《易传·文言》),坤为至柔可以转化为刚,至静也可以转化为动,这叫"刚柔相易"(《易传·系辞下》)。

在运动的各种形式中,《易传》的总原则似乎不是偏执一方,而是主张持"中"。《易传》中讲到"中"的地方不下百处,其中最主要的意思是指中正不偏。"中"在政治上体现为"制度",《象传》说:"天地节,而四时成。节以制度,不伤财,不害民。"《象传》云:"君子以制数度,议德行。"

《易传》虽强调应时,应变,顺乎自然,但不是消极的,相反应该发挥主观能动性。《系辞上》说:"化而裁之谓之变。推而行之谓之通。"这里的"变"、"通"不同于自然本身的过程,而有人的因素,"化而裁之"的"化"指自然,"裁"指人为,指顺自然而用人力制裁。《易传》认为自然有变革才分出四时,循环不已。人事到了一定程度也必须变革,才有出路,正像《彖辞》在解释"革"卦时所说:"天地革而四时成。汤武革命,顺乎天而应乎人。'革'之时,大矣哉。"《易传》从事物变革的观点论述了社会朝代更替的必然性。作者所说的"革命"无疑有神秘主义的含义,但应乎人则完全是现实主义的。在中国历史上是《易传》第一次提出了"革命"这一概念。这一点对以后的政治思想有过深广的影响。

四、圣人治道

《易传》没有直接论述过时政,但对君主以及政治的一般原则也有一定的论述。

《易传》对君主的品德与条件有一些别开生面的论述。作者认为,君主的基本条件应该是有道德的人,能为人表率,并能服众。《文言》说:"君子体仁足以长人。"《彖辞》说:"'师',众也。'贞',正也。能以众正,可以王矣。"能使众人皆正,便可以成就王业。除为人表率之外,君主还必须通变化之道,《文言》说:"夫'大人'者与天地合其德,与日月合其明,与四时合其序,与鬼神合其吉凶,先天而天弗违,后天而奉天时。天且弗违,而况于人乎,况于鬼神乎。"能通天地、日月、四时、鬼神,自然远在凡人之上。这样的人当然应为君主。《象传》也讲了类似的看法:"刚柔交错,天文也。文明以止,人文也。观乎天文,以察时变,观乎人文,以化成天下。"天文指阴阳交错,天地变化;人文指社会制度教化。上知天文,下知人文,并且知道如何"化"之,这种人无疑是可以"成天下"的。不过,要想上知天,下知人,作者认为必须通"易"。掌握"易"是走向君主的阶梯。前边引证过的一段文字很能说明问题:"夫易,圣人之所以极深而研几也。唯深也,故能通天下之志;唯几也,故能成天下之务。"通天文人文者为圣人,圣人又以法天为其本职。《系辞上》说:"天生神物,圣人则之;天地变化,圣人效之;天垂象,见吉凶,圣人象之;河出图,洛出书,圣人则之。"圣人不同于凡人之处就在于知"道"。所以又说:"一阴一阳之谓道。继之者善也。成之者性也。仁者见之谓之仁,知者见之谓之知,百姓日用而不知,故君子之道鲜矣。"只有君子才能全面认识"道"。能认识"道"的君子无疑具有无限的能力,会使万人折服,《文言》说:"云从龙,风从虎。圣人作而万物睹。""物"犹"人"也,"睹"通"箸",附也。意思为,圣人作起,万人亲附。英雄指挥一切,万人都拜倒在英雄脚下。

《易传》认为,通道的君主应该像天地养万物那样,养育万民。《象传》说:"天地养万物。圣人养贤以及万民。"《象传》说:"地势坤。君子以厚德载物。"地顺天势,其体厚,能载万物,君子法地,以厚德养臣民。对这种思想,我们应作两面观。一方面,它对君主提出极高的要求,君主应承担养育万民的责任,如同天地于万物一样,否则就不配做君主;另一方面,在这种养育与被养育的关系背后,万民都是君主的附属物,仰赖圣人而生。作者向君主提出了极高的要求,在这种呼声中,把君主置于绝对的地位;万民应受到君主的养育,在这种养育声中,万民被降到了奴隶式所有物的地位,然而乍然一看,却又是用温情的面纱掩盖着。

君主养育万民,养育则要合天地之道。《象传》说:"天地交,'泰'。后(君主)以财(同裁)成天地之道,辅相天地之宜,以左右民。"国君观"泰"卦,裁天地之规律,辅相天地之所宜,支配万民从事生产和生活。《象传》说:"天地以顺动,故日月不过,而四时不忒。圣人以顺动,则刑罚清而民服。""顺动"即顺从自然社会规律之意。作者认为圣人顺动和养育相结合才能使天下服。《彖传》说:"日月得天而能久照。四时变化而能久成。圣人久于其道,而天下化成。"又说:"天地感,而万物化生。圣人感人心,而天下和平。"

圣人之政治还必须明察事物。如何明察,作者有许多论述,要之有二。一是从矛盾的观点即对立统一的观点考察事物,知道事物的两个方面。《彖传》讲:"天地睽(矛盾)而其事同也。男女睽而其志通也。万物睽而其事类也。""睽"讲的是事物的矛盾性;"同"、"通"、"类"讲的是矛盾双方的统一性,又称之为"合"。矛盾的双方既有"睽",又有"合"。天地以时睽,以时合,故万物育。男女以时睽,以时合,故家室成,子女生。万物以时睽,以时合,故相需相养。《象传》把问题概括得更清晰:"君子以同而异。"即君子认识事物,综合事物之同又分析事物之异。《文言》中也讲了类似的认识道路:"知进而不知退,知存而不知亡,知得而不知丧,其唯圣(王肃本作'愚',是也)人乎?知进退存亡而不失其正者,其唯圣人乎?"事物向对立面的转化有一个过程,圣人必须明察苗头,《文言》中说:"臣弑其君,子弑其父,非一朝一夕之故,其所由来者渐矣,由辩(同辨,察也)之不早辩也。"

明察事物的另一方法是类分。类分包括分析总合两个方面。《象传》曰:"天与火,'同人'。君子以类族辨物。"《系辞上》:"方以类聚,物以群分,吉凶生矣。"万物分为"类"、"群"。"类"、"群"包含了一类事物的共同性,同时又与他物相区分。君子之所以明知"天"、亮如"火",就在于他善于分析事物之种类以辨别事物之不同。

圣人养育万民具体表现在经济与政治两方面。在经济上作者主张取民有度。《彖传》曰:"损上益下,民说无疆,自上下下,其道大光。"《象传》:"地中有水,'师'。君子以容民畜众。"又说:"地中有山,'谦',君子以裒(借为采,取也)多益寡,称物平施。"又说君子"不独富"。《文言》说:"积善之家必有余庆,积不善之家必有余殃。"统治者要想使民,民悦而后民可用。"说以先民,民忘其劳。说以犯难,民忘其死。'说'之大,民劝矣哉。"(《易传·彖传》)《易传》的作者反复强调要施德于民,德施而民顺。

在政治上主张明礼慎罚,居上位者对下的态度要谦虚,"以贵下贱,大得民也"(《易传·象传》)。上下顺是国家的保障。《象传》说:"利用'御寇',上下顺也。"《系辞上》说:"二人同心,其利断金。同心之言,其臭如兰。"

在用人上,《易传》作者主张"尚贤"、"养贤"(《易传·象传》)。《文言》说:"贵而无位,高而无民,贤人在下位而无辅,是以动而有悔也。"尚贤的对应面是"远小人"(《易传·象传》)。

《易传》也主张治家为正天下之本,因此特别强调父父、子子、兄兄、夫夫、妇妇之道(《易传·象传》)。

为了统治人民,《易传》作者明确提出神道设教。《彖传》云:"观天之神道,而四时不忒。圣人以神道设教,而天下服矣。"

关于道德观念,《易传》属于儒家体系。但其侧重点不是讲具体规范,而是教导人在行动中如何掌握儒家道德的关节点。

《易传》认为君子之德要在自强不息,持之以恒。《象传》说:"天行健,君子以自强不息。"又说:"君子以言有物,而行有恒。"《彖传》说:"天施地生,其益无方。凡益之道,与时偕行。"《文言》在解释"君子终日乾乾,夕惕若,厉无咎"卦辞时说:"君子进德修业。忠信所以进德也。修辞立其诚,所以居业也。知至至之,可与言几也。知终终之,可与存义也。是故居上位而不骄,在下位而不忧。故乾乾因其时而惕,虽危无咎矣。"上述种种议论,告诫人们要勤勉而小心,以忠信立身,以诚待人。言要中肯,行要有恒。遇事要细心估量事物会走到哪一步,得出什么样的结果,慎之又慎。处安而不懈,处危境也不会有大害。这些都是由自强不息的精神换取的。

与自强不息相伴的是刚健果行。刚健是乾卦的本性,人应效法行刚健。《彖传》说:"其德刚健而文明,应乎天而时行。"刚健说的是内心意志,表现在行动上则是果行,《象传》说:"君子以果行育德。"即是说:君子持道要果决而不回,以增大自己的德行。《文言》也讲:君子"贞固足以干事。"贞,正也,贞固即正而坚。干,主办、主持。君子要坚定地以正道主办事务。

当生命与志向发生矛盾时,要舍性命而遂志。《象传》说:"君子以致命遂志。"志向与君主发生矛盾,从志不从君,《象传》说:"不事王侯,志可则也。"功名与志向发生矛盾,遂志而弃功名,"不可荣以禄"(《易传·象传》)。《文言》说:"初九曰:'潜龙勿用。'何谓也?子曰:'龙,德而隐者也。不易(易犹移也,不为时人所移)乎世,不成乎名,遁世无闷,不见是而无闷,乐则行之,忧则违之,确乎其不可拔,潜龙也。'"有德持志者,不为世俗所移,不图功名,避世不烦闷,不为世人所知也不烦闷。符合己志者则行,违反者则避之,志向是绝对不可拔的。

君子之德的另一个表现是,要以谦待人。《彖传》说:"人道恶盈而好谦。"《象传》说:"谦谦君子,卑以自牧也。""劳谦君子,万民服也。"又说:"君子以虚受人。"谦虚,一方面表现为尊重人,《系辞上》说:"劳而不伐,有功而不德,厚之至也。"另一方面要求人们思不越位。"君子以思不出其

位。""君子以惩忿窒欲。"(《易传·象传》)

  在处理人与人关系时,君子要积善。《象传》说:"君子以遏恶扬善。顺天休命。"又说:"君子以见善则迁,有过则改。"行善固然很好,不过行善背后还有另一套打算,《系辞下》说:"善不积,不足以成名。恶不积,不足以灭身。"积善是为了成名。

第四章 法家以法、势、术为中心的政治思想

"法家"作为一个学派的概念是司马谈在《论六家要旨》中提出来的。先秦法家不大讲师承关系,但他们在思想上有着共同的特点,归纳起来主要有如下几点:

第一,他们特别强调法的作用,认为法是治国的不二法门,概括言之,即以法治国,一切由法裁断。

第二,倡导耕战。法家特别注重实力,认为实力是解决社会矛盾的基本手段。在社会诸因素中,他们认为农与战是力的源泉,与之相应,都有一套加强耕战的政策。

第三,强化君主专制和独裁。法家是君主专制的讴歌者,事事处处都为君主打算,从而把君主专制主义思想推到了顶峰。

第四,法家关于社会的基本理论是历史进化说和人性好利说。

第五,法家在政治上使用的最基本的概念和范畴,主要有法、势、术、刑、罚、赏、利、公、私、耕、战等等。这些概念和范畴是法家思想的支柱,使法家独具特色。

第一节 慎到的以势行法思想

《史记·孟荀列传》载:慎到,赵人。曾游齐稷下学宫。慎到生卒年代已不可确考。班固在《汉书·艺文志》慎子条下自注说:"名到,先申、韩,申、韩称之。"申不害相韩昭侯,卒于公元前337年。慎到如比申子早,也要长孟子若干岁。可是《盐铁论》又载,慎到在齐宣王和齐湣王时游稷下,比

前一说晚了几十年。这里我们从《汉志》说。慎到曾有系统的著作,《史记·孟荀列传》中云:"慎到著十二论。"《汉志》中说:"慎子四十二篇。"原书已散失,目前通行的《慎子》仅有七篇及诸书引用的佚文。慎到在先秦颇有影响,《荀子》、《庄子》、《韩非子》、《吕氏春秋》都称引过他。关于他的思想历来有不同的看法。从哲学上看,慎子属于道家。从政治思想看则为法家的重要代表人物。如果把《慎子》与《申子》、《商君书》、《管子》以及《韩非子》等法家派的著作加以比较,其明显的特点就是贵势而不尚独断,尚法而不苛严,任术而不贵阴谋。整个思想显得庄重、深沉。慎到又是法家中最先把道法结合起来的人物,所以在法家学派中占有特别重要的地位。

一、贵势与天子为天下说

在权、法、礼、政策等等政治诸因素中,慎到把权力即势放在了首要地位。掌握权势是从事政治活动的前提条件。慎到从历史与现实的经验中意识到,在政治中谁服从谁,不是以才能、是非和道德为标准,而是要看权势的大小。"贤而屈于不肖者,权轻也;不肖而服于贤者,位尊也。尧为匹夫,不能使其邻家;至南面而王,则令行禁止。由此观之,贤不足以服不肖,而势位足以屈贤矣。"(《慎子·威德》,下引《慎子》只注篇名)慎到的说法显然是在反驳儒、墨等派崇尚圣贤说教。慎到把权力看成高于一切,把道德、才能、是非看成不过是权力的仆从,在理论上无疑是荒谬的,但又是符合当时历史实际的。

为了确保权势的威力,最忌讳一种权力有"两",即二元化或多元化,"两则争,杂则相伤"(《德立》)。一国之内只能有一个君主,"多贤不可以多君,无贤不可以无君"(《佚文》)。慎到主张一元化的独头政治。

君主要实现独头政治,最紧要的是权势一定要超过一切臣属。"君臣之间,犹权衡也。权左轻则右重,右重则左轻。轻重迭相橛,天地之理也。"(《佚文》)谁权力大谁就有指挥权。君主怎样才能使自己的权势大于臣子?慎到提出,要在"得助于众"(《威德》)。他还用生活中的事例对得助的重要性进行了说明,"爱赤子者,不慢于保。绝险历远者,不慢于御"。意思是:喜爱儿子的人,不要怠慢保傅;历险远游者,不要怠慢赶车的。从历史上看,三王五伯之所以能成大功,都因为得到了天地之助,鬼神之助,万物之助。一句话,"得助则成,释助则废"(《威德》)。"得助于众"的关键在于"兼畜下者"。他说:"民杂处而各有所能。所能者不同,此民之情也。""下之所能不同,而皆上之用也。是以大君因民之能为资,尽包而畜之,无能去取焉。是故不设一方以求于人,故所求者无不足也。大君不择其下故足。不择其下则易为下矣。易为下,则莫不容。莫不容,故多下。多下之谓太上。"(《民杂》)从这段论述可以看到,慎到在政治上颇通辩证法。这里他提出了两个关系及其处理办法:一是"民能"与"君用"的关系。民各有其长,各有其短,君主不要求备于民,要善用其长,兼畜而择能用之。二是"上"与"下"的关系。君主不要挑剔,不管什么样的"下"都要兼容,这样"下"就多。拥有的臣民越多,"上"的地位就越稳固,权势就越大,故"多下之谓太上"。

慎到这种思想的产生与当时的社会背景是相适应的。由于当时国与国之间的斗争和各国内部争权的斗争,都与争民紧密相关,谁能争取群众支持自己,谁胜利的可能性就大。慎到的主张正是反映了这种历史潮流。

从政治体制与权力结构看,慎到主张君主主操大权。但他又提出君主应该掌权为天下,而不应借权吞天下。他从君主的产生论述了这个问题,"古者立天子而贵之者,非以利一人也。曰:天下无一贵,则理无由通。通理以为天下也"(《威德》)。慎到这里提出了贵、利、理、天子、天下五者的关系。天子是基于社会的需要为通天下之理而产生的。贵天子是为了通理平天下,而不是为了利一人。因此,"立天子以为天下,非立天下以为天子也。立国君以为国,非立国以为君也"(《威德》)。慎到的认识可谓亘古之新论,启迪后人之烛光,给君主占有天下说以有力的一击。

在春秋以前宗族分封制下,国事与家事是一回事,国家机构与职能很大一部分寓于血缘宗族关系之中。到了战国,情况有了很大变化。国家机构与职能的大部分与君主的宗族关系相分离,国事与君主的私事明显地区分开来。从春秋中后期开始,一些思想家逐渐把君主个人与社稷、国家区分开来。慎到在这里把两者作了更明确的区分。这种区分在理论上有重要意义,是国家观念发展的重大突破。国家不仅与君主分拆为二,而且提出国家的利益高于君主个人的私利,君主应该为国家和天下服务。

慎到提倡君主权力一元化是现实的,而君主为天下则不过是一种空想。君主们对权力一元化理论无疑感兴趣,而为天下的旗帜多半被踏在了脚底下,不过有时也会举起来招摇一番,以示自己无私,颇能欺骗一些老实人。

二、尚法贵公论

1. 实行法制反对人治

慎到主势,同时也很注重法。法治与人治是儒、法在政治思想上的一个重要分野。儒家主张人治,《中庸》明确提出反对法治。慎到与之相对立,鲜明地提出实行法治,反对"身治",即人治。慎到指出"身治"有两大弊端:

第一,"身治"无一定标准,随心而定。"君人者,舍法而以身治,则诛赏予夺,从君心出矣。"只要一转念,对事情的处理便会差之千里。"君舍法而以心裁轻重,则同功殊赏,同罪殊罚矣。"赏罚不公,"怨之所由生也"(《君人》)。第二,人治使"国家之政要在一人之心矣"(《威德》)。事情千头万绪,一个人无论多么高明,他的认识能力也是有限的。"一人之识识天下,谁子之识能足焉?"(《佚文》)慎到从个人知识的有限性论证了把国家政要系于一人之心是危险的,实在是超群卓识。

人治不足以治国。治国之道在于实行法治(也称法制),"唯法所在","事断于法,是国之大道也"(《佚文》)。慎到对立法的原则、法的目的、法的职能、执法原则以及如何处理守法、变法等问题,都作了简要而明确的论述。

慎到从两方面论述了立法原则。从哲学上看,法是本体"道"的人事化、社会化的表现。"道"与具体事物的关系具有两个特点,一是包容万物,二是对万物一视同仁。慎到认为法与"道"相对应,法也有两个特点。法犹如"权衡"、"尺寸"一样,是衡量人事的标准。由于法无所不包,又一视同仁,所以,法能起"一人心"的作用(参见《威德》)。因而法又称之为"道术"、"常道"、"法度"。

法要因"道",但同时又要面向现实。慎到指出:"法非从天下,非从地出,发于人间,合乎人心而已。"(《佚文》)所谓"合乎人心",就像《荀子·非十二子》中所说:"上则取听于上,下则取从于俗。"合人心、从俗,也就是因人情。人情的具体表现是"自为",他说"人莫不自为也"(《因循》)。关于"自为",慎到没有作进一步解释,从《慎子》看,"自为"就是为自己、为利。"家富则疏族聚,家贫则兄弟离,非不相爱,利不足相容也"(《佚文》),兄弟之间尚且计利,亲族之外更不待言了。所以他又说:"匠人成相棺,不憎人死;利之所在,忘其丑也。"慎到所说的立法因人情、合人心的实际内容,便是从人情好利出发,把法的关系建立在利害关系上。

法要遵"道"与因人情的理论,奠定了法家立法理论的基础。先秦后起的法家关于立法原则的种种理论,都是以这两条为基础而展开的。

立法要因人情好利之性,但是法又不是简单直接地保障一切个人私利,而是要在相互利害关系中找出一个共同的准则,从而使人们好利的本性获得普遍的保证。这个共同的准则叫"立公去私",立法就是实现这一目的的手段。《威德》说:"法制礼籍,所以立公义也。凡立公所以弃私也。"什么是"公"和"私"呢? 慎到没有明确地论述。大凡"公"指的是有关事物的一般规定。他说:"蓍龟所以立公识也,权衡所以立公正也,书契所以立公信也,度量所以立公审也。"权衡、度量是从具体的重量和长度中抽出来的公共标准。法制如同权衡、度量一样,是从人事中概括出来的共同"准则"。这种准则便是"公"。慎到所说的"私",不是指自私的私,而是指与法相违背的或破坏法制规定的行为。"立法而行私,是私与法争,其乱甚于无法。"(《佚文》)这个道理讲得极为深刻。因为"私与法争"会造成政治分裂。一方面有法而行私,使法丧失了应有的权威;另一方面,既然有了法,法便不以制定法律者个人意志为转移而成为一种标准,起着衡量每个人的作用,包括君主在内,所以有法而不行法,必然造成法与统治者两败俱伤。

2. 法与"分"、"公"

法的目的是要求奉公弃私,那么通过什么具体办法实现呢?这个办法就是"分"。所谓"分",就是分清每个人的职守,分清每种行为的界限。慎到举了如下例子,说明"分"的重要作用。"一兔走街,百人追之,贪人具存,人莫之非者,以兔为未定分也。积兔满市,过而不顾,非不欲兔也,分定之后,虽鄙不争。"(《佚文》)《吕氏春秋·慎势》引述过这段话,字句略有不同.《慎势》中有一个重要的结论是《佚文》中所没有的,这个结论是"故治天下及国,在乎定分而已矣"。具体而论,有君臣之分,天子、诸侯、大夫各有其位,不得逾越;有职守之分,如"士不得兼官,工不得兼事"(《威德》);有权限之分,如"职不得过官"(《知忠》);有赏罚之分,赏罚要与功罪相当,"定赏分财必由法"(《威德》);在家庭有父子、嫡庶、正妻婢妾之分,等等。

慎到不愧为一个政治设计家。在他的设计图中,所有臣民都被法"分"为特定的个体,法作为纽带把每个个体连结起来,使之成为整个国家体系中的一个部件,君主把握着法,掌握着全体。因此慎到的法制也叫分而治之。

有了法就要依法办事,执法的关键人物是君主。"为人君者,不多听,据法倚数以观得失。无法之言,不听于耳;无法之劳,不图于功;无劳之亲,不任于官;官不私亲,法不遗爱。上下无事。唯法所在。"(《君臣》)把法作为察言、观行、任事的准绳。

慎到还提出了守法与变法的问题:"治国无其法则乱,守法而不变则衰。有法而行私谓之不法。以力役法者,百姓也;以死守法者,有司也;以道变法者,君长也。"(《佚文》)寥寥数语,提出了有法与无法、守法与变法的关系,以及君、吏、民在法中各占什么地位。就有无相比,有胜于无,"法虽不善犹愈于无法"(《威德》)。有法必须执行,有法不执法,如同无法;严于守法又要善于变法,守法而不知变法亦不能治国。君主、臣民在法中的地位是迥然不同的,君主掌握制法与变法之权,官吏只能充当执法的工具,而百姓只能充当法的奴仆。

慎到的尚法贵公思想要求把国家职能规范化,通过规范的形式体现和保证统治阶级的普遍利益。

三、驭臣之术

1. 尚法不尚贤

儒家倡导君臣关系应建立在礼义忠信基础上,慎到则认为君臣之间是权力与利害的较量。为防止君轻臣重的现象发生,慎到提出"尚法而不尚贤"。战国时期尚贤之风吹得很盛,尤其以儒、墨为最。慎到迎面泼了一瓢冷水。他告诫君主尚贤是最危险的,"立君而尊贤,是贤与君争,其乱甚于无君"(《佚文》)。慎到反对尚贤有两个理由,其一是尚贤影响了一元化政治。君主一元化政治需要的是"民一于君"(《佚文》),"臣下闭口,左右结舌"(《佚文》)。可是,尚贤、尊贤降低了君主的地位,或者是给君主树立了一个对手,使民慕贤而不尊君。所以尚贤是万万使不得的。其二,尚贤与尚法相矛盾。如果提倡尚贤势必降低法的地位,把政治命运系于贤者的身上。慎到反对尚贤的第一个理由显然是从君主着想,没有什么值得称道的价值。但第二点则很有见地。法作为制度在政治中表现为一般的规定性,反映的是普遍的东西。而人,即使是圣贤,只是历史进程中的偶然因素。把政治命运寄于偶然因素之上,无疑是危险的。

慎到反对"尚贤",但在用人上他非但不反对使能任贤,而且是极力倡导。他要求"臣尽智力以善其事"(《民杂》)。慎到还指出,每个人"各有所长,各有所短",君主应"不设一方以求于人"(《民杂》)。君主把每个人之所能、所长集合起来,自己就无所不能了。"廊庙之材,盖非一木之枝也;粹白之裘,盖非一狐之皮也。"(《知忠》)君主要想居廊庙,衣白裘,就不能弃一枝之木,一狐之腋。

2. 君无事臣有事

为了充分发挥臣子的智能与作用,慎到还提出了"臣事事而君无事,君逸乐而臣任劳"的主张。慎到说的"君无事",并非指君主两袖清风,不作事,当摆设,而是指君主要善于发挥臣子的才智,让他们把事情干完、干好。最美妙的状况是臣子尽力,君收其利,即所谓"仰成而已"。做到这一步,不一定需要有超众的才能,妙道在于有相当的驭臣之术。这种术即前面讲到的贵势、尚法、兼畜、用长等等。依慎到之见,君主的职责是用臣,而不是代臣行事。代臣办事"是君臣易位也,谓之倒逆,倒逆则乱矣"(《民杂》)。

慎到把事情看得很透彻,认为君主不要指望臣子无条件地忠于自己,无条件地为自己献身。君主应该"用人之自为,不用人之为我",因为"人莫不自为也,化而使之为我,则莫可得而用矣"(《因循》)。所谓"为我",就是指臣子牺牲个人利益献身于君主。依慎到之见,如果臣子抛弃"自为",那么君主就没有可"因"的了。一个连自己都不为的人,对君主难道是可靠的吗?显然是靠不住的。君臣之间是权衡利害的关系,而一切为了君主的人失去了与君主交换的价值,君主即无可"因",自然就失去了可用的基础。

与上述思想一脉相承,慎到也不赞成用忠臣。他说:"将治乱,在乎贤使任职,而不在于忠也。故智盈天下,泽及其君;忠盈天下,害及其国。"(《知忠》)在先秦诸子中这真是一曲绝唱。当时人们普遍地呼喊要忠臣,认为忠臣不见用是亡国的重要原因。慎到与这种论调恰恰相反,乍然看去,使人感到有些蹊跷,其实慎到还颇有些道理。首先,慎到认为忠与法是对立的,按照法的规定,臣只能在规定的职守范围内尽其智力,"忠不得过职,而职不得过官"。通常所说的忠臣总是超出法的范围,不在其位而谋其政。这样,忠臣的行为便破坏了法。在慎到看来这是断断不能容忍的。他提出:"忠臣不生圣君之下。"其次,从历史上看,忠与治乱兴亡没有必然的因果关系。"乱世之中,亡国之臣,非独无忠臣也。治国之中,显君之臣,非独能尽忠也。"既然有忠臣也可以亡国,显君之臣又未必都是赤忠,那么有什么理由把忠臣作为治国的依托呢?再次,忠臣常有,而国未必常安。"世有忠道之人,臣之欲忠者不绝世",但君主并没有因此而常得安宁。最后,忠与智是两回事。有些忠臣成事不足,败事有余,因为并不是所有的忠臣都象比干、子胥那样有才能。有些忠臣忠则忠矣,主意并不高明,结果,"毁瘁主君于暗墨之中,遂染溺灭名而死"。遇到这样的忠臣,非但不能救乱世,而"适足以重非"(《知忠》)。应该说,慎到的看法是有见地的。

慎到的上述理论是符合当时实际的,在历史上第一次比较深刻地揭开了君臣关系的帷幕。君臣之间是互相利用关系,君主不必寄希望于臣子尽忠,需要的是有实效的智能。

综上所述,慎到的势、法、术是互相制约、互相补充的关系。势是法、术的前提,但又不能离开法、术独立实施。势要通过法来实现,通过术驾驭臣并处理与臣的关系。

在君主专制制度下,实际上很难区分国家与君主的权限。然而基于统治阶级整体利益的要求,又需要把两者加以区分。君主作为国家的主脑,在最基本的问题上不会背离本阶级的利益,但他的行为又不一定反映本阶级最普遍的利益和要求,甚至会损害这种利益和要求。特别是随着统治地区的扩大,臣民的增多,政治情况必然复杂化,这就需要找出一条政治上的中轴线,找出内在的规定性。但君主有权不受这种规定的约束,于是君主个人行为和决断背离本阶级一般要求的情况就不断发生。如何解决这个矛盾?这就是慎到所呼喊的:提倡国家观念,国家政治要规范化,建立法制,君主应该遵从法,国家利益高于君主个人私利等等。

第二节　申不害的术治思想

申不害,生年不可确考,死于公元前337年。《史记·老子韩非列传》载:"申不害者,京人也,故郑之贱臣。学术以干韩昭侯,昭侯用为相。内修政教,外应诸侯,十五年。终申子之身,国治兵强,无侵韩者。"

申不害有专门论著,《史记·老子韩非列传》载:"著书二篇,号曰《申子》。"《汉书·艺文志》云《申子》计有六篇。均亡佚,只有《大体》篇保留在《群书治要》中。申不害的著作在先秦曾广泛流传,《韩非子》、《吕氏春秋》等书都称引过其中的一些论说。《玉函山房辑佚书》有《申子》的辑本。

一、申子在法家中的地位

申不害在政治思想史上具有重要的地位,与商鞅一起为后世并称为申、商。势、法、术是法家政治思想的三足。慎到侧重于势,申不害侧重于术,商鞅侧重于法,形成战国中期法家的三大巨擘。

申不害主术,但对势、法也很重视。行术首先必须握住势与法,申不害为此告诫君主:"君之所以尊者,令。令之不行是无君也,故明君慎之。"他所讲的"号"、"令"、"本"、"要"、"柄"与慎到"势"的内容基本相同。君主除了把握权势以外,还必须奉行法治,"君必有明法正义,若悬权衡以称轻重,所以一群臣也"(《艺文类聚》卷五四引)。

申不害重视势、法,但他更讲究术,什么是术呢?现存申不害的言论中未见论述。韩非子对术有过明确的说明:"术者,因任而授官,循名而责实,操杀生之柄,课群臣之能者也,此人主之所执也。"(《韩非子·定法》)术不同于法,法的对像是全体臣民,术的对象是官吏臣属;法要君臣共守,术由君主独操;法要公开,术则藏于胸中;法是一种明确的规定,术则存于心中,翻手为云,覆手为雨。

申不害特别注重术,同他如下的认识有重大关系。他认为威胁君主地位的主要危险来自左右大臣。常人总把民众视为最危险的敌人,筑高城大墙,严加防备。申不害一反常人之见,认为对君主来说最可怕的,还是左右大臣,"今人君之所以高为城郭而谨门闾之闭者,为寇戎盗贼之至也。今夫弑君而取国者,非必逾城郭之险而犯门闾之闭也"。"妒妻不难破家也,乱臣不难破国也。"(《大体》)申不害还告诫君主,对君臣关系要有个清醒的估计,那就是所有的大臣都靠不住。君主如果寄希望臣子对己忠贞,到头来必定为臣子捉弄,"失之数而求之信,则疑矣"(《韩非子·难三》)。君主只靠势、法是远远不够的,没有术,势、法就会变得威严而不受用,刻板而不通达;如果注之以术,势、法就会虎虎有生气,无论是动是静,都会使臣子慑服。申不害关于帝王统治术的认识对于先秦法家学派政治思想体系的形成,有着极为重要的理论意义。

二、术治思想

申不害所说的术基本属于君主用来驾驭群臣的手段,可以称之为驭臣术,大致归纳为如下数种:

1. 正名责实之术

君主对一切都要有明确的规定。事情千头万绪,难于一一应付,关键在于给事物以规定性。规定要明确具体,凡事有章可循。"昔者尧之治天下也以名,其名正则天下治;桀之治天下也亦以名,其名倚而天下乱。是以圣人贵名之正也。主处其大,臣处其细,以其名听之,以其名视之,以其名命之。"(《大体》)君主要善于抓大事,抓住了大事,就能控制细小,控制住臣下。申不害认为,君主不应该把精力放在论人忠奸上,重要的是应该抓住一般的规定,并按规定进行检查、考察和评论得失。"为人君者,操契以责其名。名者,天地之纲,圣人之符。张天地之纲,用圣人之符,则万物之情无所逃之矣。"(《大体》)对官吏不要求他们如何表示忠诚,而要他们按规定办事,按规定办事即是好官,只有遵从规定才是真正遵从君主。君主不准臣下有超出规定的能动性,即使这种能动性符合君主的利益,也要禁绝。因为这种能动性破坏了君主的绝对权威,它与不执行君令在本质上并无差别。申不害主张严格实行"治不逾官,虽知不言"(《韩非子·难三》)。

由于要求一切官吏都必须按君的规定办事,因此君主的规定便显得格外神圣,失之毫厘,谬之千里。在申不害看来,君主"一言正而天下定,一言倚而天下靡"(《太平御览》卷六二四引)。这句话旨在强调君主发号施令要慎之又慎,但话中也透露了申子所主张的君主专制达到了何种程度。只有在绝对的君主专制的条件下,才可能出现一言治天下,一言乱天下的局面。因此他又说:"明君治国,三寸之机运而天下定,方寸之谋正而天下治。"(《太平御览》卷三九〇引)申不害的主观意图或许并不坏,但到了这般田地,与其说是历史的幸运,不如说是历史的苦难,至少苦难会多于幸运!

2. 静因无为之术

这是申不害术治的另一个基本点,最明显地表现出受了老子的影响。申不害的静因之术基于对自然与人事规律的认识,"因冬为寒,因夏为暑,君奚事哉!"(《吕氏春秋·任数》)冬、夏是不依人的主观意志为转移的客观规律,在这种规律面前,只能因循,不可违抗。申不害认为天地自然规律的特点是静,"地道不作,是以常静。常静是以正方举事为之,乃有恒常之静者"(《北堂书钞》卷一五七引)。申不害并不否认动,但他认为动静之间以静为本。《大体》说:"刚者折,危者履,动者摇,静者安,名自正也,事自定也。"基于上述认识,申不害认为对待一切事情要贵因、贵静。贵因则要"随事而定之",善于顺水推舟;贵静就要"示天下无为"(《大体》)。

"无为"之术最关紧要的一点是把自己深藏起来,对任何事情都不要在未决断之前表示自己的好和恶、是和非、知和不知。因为只要有任何倾向性的表示,臣下都会钻空子或乘机捉弄。无为之术还要求君主不可全依靠个人的知觉办事,因个人的知觉总带有极大的局限性和片面性。偌大的天下,辽阔的地域,怎么能只靠个人的耳、目、心去认识,去掌握呢?如果只凭借自己的耳、目、心去处理天下芸芸众事,那就不可避免地会出现漏洞,出现片面性。由此得出结论,治理国家不要只依赖自己的知觉,而要设法把握住事物的必然性和全局,而且只有抛弃个人感情上的好恶,才能明察事物,办事公道,才是真正的聪明。故曰:"去听无以闻则聪,去视无以见则明,去智无以知则公。去三者不任(用)则治,三者任则乱。以此言耳目心智之不足恃也。"又说:"至智弃智,至仁忘仁,至德不德。"(《吕氏春秋·任数》)对于矛盾的事物如不得不有所选择的话,那么无为之术要求选择的就是有发展或有活动余地的一方。《大体》说:"善为主者,倚于愚,立于不盈,设于不敢,藏于无事。"因为"示人有余者,人夺之;示人不足者,人与之"。无为只是君主工作的一种过程,并不是事物的终结,需要见分晓时,君主要独揽一切,决断一切。所以申不害又说:"独视者谓明,独听者谓聪。能独断者故可以为天下主。"(《韩非子·外储说右上》)由此可以看到,无为以君主的独断为前提,同时又是为独断服务的。如果没有君主独断权力这个前提,无为就一文不值。试想,一个普通人的无为究竟有什么价值呢?所以,无为之术只能是君主专制的一种特殊方式。离开君主专制制度,无为之术是不会有什么意义的。

掌握用人之道是申不害无为之术的另一项内容。《大体》说："鼓不与于五音，而为五音主。有道者不为五官之事，而为治主。君知其道也，官人知其事也。十言十当，百为百当者，人臣之事，非君人之道也。"又说："因者，君术也；为者，臣道也。为则扰矣，因则静矣。"（《吕氏春秋·任数》）君主要巧于用人，而不要与臣争事，陷入事务主义的圈子；要使群臣围着君主转，君主稳居中心。

申不害的术还有很大一部分属于耍手腕、弄权术、搞诡计之类的东西。有关韩昭侯的一些行事记载，活龙活现地体现了这些术的具体运用。《韩非子·内储说上》就记载了这样一个故事："韩昭侯使骑于县，使者报，昭侯问曰：'何见也？'对曰：'无所见也'。昭侯曰：'虽然何见？'曰：'南门之外，有黄犊食苗道左者'。昭侯谓使者，'毋敢泄吾所问于女'。乃下令曰：'当苗时禁牛马入人田中，固有令，而吏不以为事，牛马甚多入人田中，亟举其数上之，不（之）得，将重其罪'。于是三乡举而上之。昭侯曰：'未尽也'。复往审之，乃得南门之外黄犊。吏以昭侯为明察，皆悚惧其所而不敢为非。"韩非把这种术叫作"挟知而问"。韩昭侯的行事未必都是申不害教的，但与他有密切关系，当无疑义。

术这种东西是官场尔虞我诈、你争我斗的理论表现，随着战国官僚制的推广而得到迅速的发展。术是以利害为中轴考虑问题的，因此，在理论上是与仁义道德互相排斥的。其表现形式有二，一为君驾驭臣属之术，二是臣子欺君弄君之术。申不害的术是为专制君主着想的。术的运用必须以有权作为前提条件，虽然它有时对控制臣属能起很大作用，但由于它不是一种政策，因此过分玩弄权术有时也会走到自己的反面，从而助长勾心斗角的发展，使统治集团趋于涣散。正如韩非所批评的："申不害不擅其法，不一其宪令，则奸多。"（《韩非子·定法》）

第三节 《商君书》的以法强国思想

商鞅，生年不可考，卒于公元前 338 年。卫国人，因是卫公的同族，故称之为公孙鞅或卫鞅。卫鞅初仕于魏，因不得志，持李悝《法经》赴秦，受到秦孝公的重用。初被任命为左庶长，主持变法。变法取得了明显的成效，后来晋升为大良造。由于功绩卓著，被封于商，因此而号商君，又称商鞅。商鞅有《商君书》传世。《汉书·艺文志》云："《商君》二十九篇。"班固自注为商鞅所撰。《商君书》现存只有二十四篇，在内容上大体首尾一贯。但细加分析,大部分篇章并非出自商鞅之手,应该说是商鞅及其后学的论文总集。《商君书》在先秦时就已经广为流传,《韩非子·五蠹》称"藏商、管之法者家有之"。

一、政治思想的理论基础

耕战政策与以法治国,是《商君书》政治思想的两大支柱。政治上追求的目的是"治"、"富"、"强"、"王"。作者们提出的耕战与法治两大政策,不是凭空想出来的,而是通过对历史、现状的总和分析所得的结论。这就涉及到政治思想的理论基础问题,通观《商君书》,有三个最基本的理论值得注意。

1. 历史进化思想

《商君书》的作者们最为重要的贡献之一,就是提出了历史进化理论。在中国思想史上第一次用分期的方法分析了历史的过程,并得出了今胜于昔的结论。作者们认为,自从生人以后,人类的发展经历了四个阶段。生民之始及其以后一个相当时期叫做"上世"。"上世"的特点是"民知其母,而不知其父"(《商君书·开塞》,下引《商君书》仅注篇名)。这种说法类似今天所说的母系社会。这个时期人们的互相关系是"亲亲而爱私"。继"上世"而来的叫"中世"。"中世"是对"上世"的否定,"亲亲废,上贤立矣"。"中世"的特点是"上贤而说仁"。继"中世"的是"下世"。"下世"有了私有、君主、国家、刑法,用今天的说法,人类进入了阶级社会。"下世"的特点是"贵贵而尊官"(《商君书·开塞》)。与下世衔接的是当今。

应该特别引起注意的是,作者们认为历史演进的原因不在社会外部,而是由社会内部的矛盾引起的,即个人与社会及财产的分配、权力斗争等等矛盾引起的。尽管贤者、圣人是一个时代的开创者,但又是社会矛盾发展到一定阶段才出现的,是应运而生的。

《商君书》的历史进化观象一把锐利的宝剑,斩断了一切迂腐守旧、死抱住历史僵尸不放的陈辞滥调,为政治上的变法改制提供了最有力的论据。由这种历史观直接引出了改革的结论,《六法》说:"先王当时而立法,度务而制事。法立其时则治。事适其务教有功。"《更法》说:"三代不同礼而王,五霸不同法而霸。"当今面临的任务就是"更法"、"更礼"。"反古者未必可非,循礼者未足多(肯定)也。"如果说这句话还略嫌委婉,那么《开塞》则喊出了时代的最强音:"不法古,不修(循)今。"改革必须向现实开刀!

2. 人性好利说

慎到持人性好利说,《商君书》的作者继承了这一思想。《算地》说:"民之性,饥而求食,劳而求佚,苦则索乐,辱则求荣,此民之情也。""民之生(性),度而取长,称而取重,权而索利。""民生则计利,死则虑名。"人们的一切社会活动都是为了追逐名利,"名利之所凑,则民道之"。哪里有名利,人们就会向哪里奔跑。《赏刑》将问题讲得更为明确:"民之欲富贵也,共阖(借为盖)棺而后止。"只有死去之后,才会停止对名利的追求。《商君书》的作者还具体分析了人们追求名利的具体内容,泛而言之是爵禄,具体而论便是土地与住宅。《徕民》说:"意民之情,其所欲者田宅也。"这种说法是十分中肯的,切中了战国时期的土地所有制由原来的"公"有向私有迈进的时代脉博。《商君书》的作者教导君主们要懂得政治诀窍,这个诀窍就是利导。

3. 力的原则

社会政治关系在很大程度上是由力量的对比决定的。孔夫子罕言"力",说明"力"已经向他袭来,只不过他采取了鸵鸟政策。墨子明确地提出了"力"这个概念,并论述了它在政治中的作用。《商君书》是"力"的讴歌者,作者们指出,当今这个时代是以"力"的较量为其特征的时代。《慎法》篇说,一个国家有成千上万辆的兵车,这样的国家即使象夏桀那样的君主,也不会向敌人屈服,不会说半句软话。反之,一个国家进不能攻,退不能守,即使有尧那样的贤圣君主,也不能不屈服于强国。"自此观之,国之所以重,主之所以尊者,力也"。作者进而指出,力量是提高国家和君主地位的最根本的凭借,力量决不是从天上掉下来的,而是藏于民中间。《靳令》说:"圣君之治人也,必得其心,故能用力。"《错法》也讲到,君主用赏罚的目的就在于换取民力。

进化、利益、力量三者构成了《商君书》政治理论的基础。由进化观得出的基本结论是改革,不改革就没有出路。但改革必须切中时代脉博,抓住人民的意愿,这就是利益。作者并不是为人民谋利益,而是以利益为诱饵,从人民中钓出巨大的力量。君主掌握这种力量,一方面用来攻打敌人、争王、图霸,另一方面又要施于人民,使人民慑服,接受统治。进化、利益、力量三者是一个有机的结合体,历史进化到当今,而当今是争力与争利的时代,因此,政策要与时代的特点相适应。

二、耕战政策论

《商君书》的作者认为,力量决定着政治关系,而力量来自于耕战。《农战》说:"国待农战而安,主待农战而尊。"他劝告君主,要采取一切办法,把民引到农战轨道上来,办法的中枢就是一个"力"字。正如《慎法》所说:"民之欲利者,非耕不得;避害者,非战不免。"

1. 使农务农之道

《商君书》的作者提倡农,但并不把农吹得多么美好,而是明确地指出农耕是一项苦事。《慎法》说:"农之所苦者无(作"惟"讲)耕。"《外内》说:"民之内事,莫苦于农。"苦与人的好利本性显然是矛盾的。作者认为要正视这种矛盾,而且要从"苦"字上想办法,使民不得不耕,或变被动为主动。

一种办法叫"劫以刑"(《慎法》)。农不是很苦吗? 但如果不务农受到的刑罚比务农还要苦,相形之下,务农又是件乐事了。

另一种办法是"驱以赏"(《慎法》)。把"赏"作为驱使民务农的一条鞭子,又是一种特殊的思维方式。《农战》中提出,对于力耕者要赏以"官爵"。《去强》中提出"粟爵粟任",即用粮食换官爵。《靳令》也提出:"民有余粮,使民以粟出(作"进"解)官爵。官爵必以其力,则农不怠。"

第三种办法是利用价格和税收鼓励农耕。作者认为,粮价便宜,货币就贵,这对商人与手工业者有利。《外内》说:"食贱则农贫,钱重则商富。"因此主张采取抑末政策。一方面限制人们从事工商业活动;另一方面向工商业多征税,"不农之征必多,市利之租必重"(《外内》)。作者认为采取这种办法,粮价就可以提高,农民就会安心农耕。

第四种办法是加强行政管理。《垦令》中提出了二十条重农措施,其中有些条可以归入上边三项内容中。另外还有一些特殊的行政手段,例如,实行愚民政策,民愚则安农;取消技艺人员,也不准农民观看技艺,取消旅店,既限制了社会交往和人员流动,又逼使开店的人去从事生产;不准自由迁徙,不务农则无生路,等等。

以上四个方面是互相关联的,构成了重农抑末政策的整体。《商君书》所以特别重农,还有一个重要的理论根据,作者们把粮食看成财富的主要标志。《去强》说:"国好生粟于境内,则金粟两生,仓府两实,国强。"从当时的情况看,农业是经济的主体,有了粮食就能生存,因此把粮食视为主要财富有其合理性。但这种看法是片面的,完全抹杀了手工业产品的价值。作者们重农还有政治上的考虑,认为农民好统治,工商业者难统治,为此也需抑末。

2. 使民勇战之道

农耕是苦事,比农耕更苦的是战争。作者非常清楚地认识到,人民更厌恶打仗。《慎法》说,民之所"危者无(作"惟"讲)战"。《外内》说:"民之外事,莫难于战。"而政治的妙用就在于使民不得不勇战。其办法如同使民务农一样,一方面鼓励人们去打仗,使人们从打仗中获取利益;另一方面,你不是怕流血,怕死吗?那么就要造成一种环境,让你感到比流血、比死更为难受,相比之下,还不如去流血打仗。这种办法便是重罚和株连。《外内》说:"欲战其民者,必以重法。赏则必多,威则必严。"赏之重、严之酷要达到这种境地:"民见战赏之多则忘死,见不战之辱则苦生。赏使之忘死,而威使之苦生。"重赏之下,必有勇夫;严刑之下,变怯为勇,途殊而同归。

为了加强军备,作者提出要通过赏罚与宣传,造成全国皆兵和闻战则喜的局面。"民之见战也,如饿狼之见肉"。(《画策》)父送子、兄送弟、妻送夫出征时都应该说这样的话:"不得,无返!"意思是:不能杀敌立功,你不要回来!有了这样的战士,如"百石之弩射飘叶也"(《外内》),无往而不胜。

《商君书》还提出了以战养战的主张,《赏刑》说:"善因天下之货,以赏天下之人。故曰:明赏不费。"

战国时代是一个争战的时代,胜败高下只能由战争决断。作者们深切地认识到了这一点,读他们的言论不免使人生畏,然而在当时却是最现实的。

《商君书》耕战并提,从表面看,农民与战争并没有什么联系。可是《商君书》的作者却发现了两者内在联系的奥秘:农民是战争的最好预备兵,农业是培养战士的学校。《商君书》指出农民有三个特点:"朴"、"穷"、"怯"。这三个特点正是培养战士的起点。

朴不仅指纯朴,更主要的是指愚昧无知。分散的、愚昧无知的人最容易役使和受人指挥。《农战》对此说得很清楚:"归心于农,则民朴而可正也,纷纷(当为"纯纯"之误)则易使也,信可以守战也。"穷则易利诱。《算地》说:"夫民之情,朴则生劳而易力;穷则生知而权利。易力则轻死而乐用,权利则畏罚而易苦,易苦则地利尽,乐用则兵力尽。""怯"则害怕刑罚,刑治很容易奏效。

按说"朴"、"穷"、"怯"与战士应具有的品质并不相符,但《商君书》看到了事物相反而相成的一面,利用这些弱点,反而可以造就不怕死的战士。工商业者就作不到这一点,这些人追逐利益而避农,"避农则民轻其居。轻其居则必不为上守战也"(《农战》)。

《商君书》还提出农与战要交替使用,用作者的活,就是要使"生力"与"杀力"互相转化。农叫"生力",战争叫"杀力",农为战作准备,战又促农,使战与农成为国家这辆马车的两轮。

战国时代是一个争高下的时代,如何看待战争,是诸子争论的一个中心论题。有的主张寝兵,如宋钘、尹文;有的主张以德服人,如墨子;有的诅咒一切战争,如庄子。而《商君书》的作者们却直截了当地宣布:战争是解决问题的唯一办法,王冠只有用战争取得。尽管在具体的论述中,有些地方使人有血淋淋的感觉,手段也极为残忍,但从那个时代看,抓住农、战,应该说是握住了链条的中心环节。与其他诸子相比,《商君书》中的有关论述远不如他们娓娓动听,但是从历史进程看,那些大而不当的动听之论,远没有它那明了切实的政策有利于事。

三、以"重罚"为特色的法治思想

《商君书》论"势"、"术"(数)的地方很少,不过论及的地方,把问题讲得很透彻。《修权》说:"权者,君之所独制也。""权制断于君则威。"《禁使》说:"凡知道者,势、数也。故先王不恃其强,而恃其势;不恃其信,而恃其数。今夫飞蓬遇飘风,而行千里,乘风之势也。探渊者知千仞之深,悬绳之数也。"不过从全书看,的确略势、术而详论法。《商君书》法治理论的主要点是:定分尚公,保证利出一孔,胜民弱民和轻罪重罚四项内容。

1. 定分尚公

定分尚公是《商君书》法治理论的主旨,这一点与慎到基本相同。《定分》说:"名分定,则大诈贞信,民皆愿悫(诚实)。""名分定,势(必然)治之道也;名分不定,势乱之道也。"

定分而后有标准,有标准,公私自明。《修权》说:"故立法明分,而不以私害法,则治。"《商君书》中的"公"、"私"有不同的含义,最普遍的一个含义是法律观念。凡是法规定的都属于"公"的范畴,与法相违背的行为则属于"私",私应该服从公。从法的观点看,对君主也有公私之分。《修权》说:历史上的圣君,公私"分明",公高于私,"尧舜之位天下也,非私天下之利也,为天下位天下也。"这一说法显然因袭了慎到。作者接着指出,当今的君主与圣君恰恰相反,多是图私背公之辈。"今乱世之君臣,区区然皆擅一国之利,而管(掌握)一官之重,以便其私,此国之所以危也。故公私之交,存亡之本也。"由于公私关涉存亡,作者们提出,君主应该把法和公置于首位。法不同于势,势由君主独据,而法由君臣"共操"(《修权》)。为此,法要"明",要公诸于众,使"天下之吏民无不知法者"(《定分》)。由于人人知法,"吏不敢以非法遇民,民不敢犯法以干法官也"。不管是谁,虽有聪明口辩,"不能开一言以枉法;虽有千金,不能以用一铢"(《定分》),行贿败法。

"刑无等级"是"尚公"在执法上的应用。《赏刑》说:"壹刑者,刑无等级。自卿相将军以至大夫庶人,有不从王令、犯国禁、乱上制者,罪死不赦。""壹刑"还表现在不能以功折罪,"有功于前,有败于后,不为损刑。有善于前,有过于后,不为亏法。忠臣孝子有过,必以其数断。"这种说法是很有道理的。功与罪是两种不同性质的东西,难于对折。以功抵罪,法将不成其为法。

《商君书》中的"公"、"私"还有另一种含义,"公"指国家和君主,"私"指贵族大家。在这种关系中,作者主张"开公利"、"塞私门"(《壹言》)。《商君书》尚公抑私的主张,一方面旨在突出法的权威;另一方面又是为了解决"政出多门"的问题,打击和削弱了贵族大家的势力,这在当时历史变革中都是很有意义的。从理论上看,尚公抑私强调国家至上,但实际上是由于君主居于国家之巅,所以最后的结果是加强了君主专制。

2. 利出一孔

为了保证耕战,作者提出了"利出一孔"的主张。所谓利出一孔,就是用立法的办法,只留出一条利途,把其他的利途统统堵死。这条利途就是耕战。利出一孔还是利出多孔,关系到国家的兴衰。《靳令》说:"利出一空(通孔)者,其国无敌。利出二空者,〔其〕国半利。利出十空者,其国不守。"《弱民》说:"利出一孔,则国多物;出十孔,则国少物。守一者治,守十者乱。"

为了确保耕战,必须打击一切不利于耕战的人、事与思想。作者把"豪杰"、"商贾"、"游士"、"食客"、"余子"、"技艺者"等列入非农战之人,主张采取政治与经济手段加以限制和制裁。

提倡耕战符合时代的需要,利出一孔却使事情走向了极端。适应需要而又把事情推向极端是《商君书》特点之一。

3. 法胜民

《商君书》的作者认识到法与民是一种对立关系。如何解决这种矛盾呢?只有一条路,就是人民必须服从法。法一经颁布,都必须遵从,不得违反,这叫做"法胜民"。法胜民是《商君书》法制理论的又一重要内容和原则。《说民》说:"民胜法,国乱。法胜民,兵强。"《弱民》说:"民弱国强,国强民弱(此句当作'民强国弱')。故有道之国,务在弱民。"如何使民变弱,《商君书》的作者提出了种种办法。

其一,"政作民之所恶,民弱"(《弱民》)。人民不是怕苦、怕死吗?政令就要用苦与死时时威胁他们,使他们处处如临深渊,人民自然就怯弱而服法了。

其二,奖励告奸,使人们互相监视,造成人人自危的局面。作者断然反对倡导行善,说:"用善则民亲其亲,任奸则民亲其制。""任奸则罪诛"(《说民》)。挑动人们互斗,统治者就能坐收其利。

其三,根据民的不同情况,有针对性地实行赏刑。《说民》说:"民勇,则赏之以其所欲。民怯,则杀之以其所恶。故怯民使之以刑则勇,勇民使之以赏则死。怯民勇,勇民死,国无敌者必王。"你勇敢吗？就要用赏的办法使你更勇敢,直至勇而死;你不是怯懦害怕吗?你害怕什么就用什么治你,迫使你变得勇敢起来。

其四,设法使民在贫富之间不停地转化。《说民》说:"治国之举,贵令贫者富,富者贫。贫者富,富者贫,国强。"民疾恶贫苦,政府要通过耕战之路,使之变富。可是人富了又易生淫乱,那就要设法使他们再变穷,如用粟捐官爵,用刑治罪等等。法的妙用之一就是要使民在贫富之间循环转化,君主坐收转换之利。民在贫富转换之中变得更弱,而君主变得更加强大。

其五,使民变得愚昧无知。《弱民》篇认为,民愚朴是民弱君强的基本因素。《算地》篇提出:"圣人之治也,多禁以止能,任力以穷诈。"

4. 轻罪重罚

在法家诸派中,对刑罚原则的看法颇不一致。《商君书》的作者们是主张轻罪重罚最力的一派。从全书看,作者既讲赏,又讲罚,不过重点在罚。赏也不是绝对不要,但只能作为罚的补充。《算地》说:"夫刑者所以禁邪也,而赏者所以助禁也。"赏固然要施于立功,更要用来鼓励告奸。这就是《开塞》所说的"赏施于告奸"。

由于赏是罚的补充,所以在数量上,罚要多于赏,比数为"赏一而罚九"。《去强》说:"王者刑九赏一,强国刑七赏三,削国刑五赏五。"《开塞》说:"治国刑多而赏少,故王者刑九而赏一,削国赏九而刑一。"与刑九赏一相伴行的是轻罪重罚理论。作者的逻辑是,轻罪重罚使人不敢犯轻罪,自然更不敢犯重罪。《说民》说:"故行刑重其轻(罪)者,轻者不生,则重者无从至矣。此谓治之于其治也。"

轻罪重罚,还不足以奏效,作者又提出要刑于将过,只要有犯罪的征兆就要处于刑罚。《开塞》说:"刑加于罪所终,则奸不去。赏施于民所义,则过不止。刑不能去奸,而赏不能止过者,必乱。故王者刑用于将过,则大邪不生;赏施于告奸,则细过不失。"到了这一步,法已变成了滥刑。因为什么叫"将过"是不可能有规定性的,完全由掌权者随心而定。

轻罪重罚的种种主张明明是向人民横施淫威,作者却振振有词地说,这是"爱民"。所谓"爱民",也有它的逻辑。轻罪重罚,人民都不敢犯罪;都不敢犯罪,自然也无需再用刑,这叫作"以刑去刑,刑去事成"(《靳令》)。《画策》也说:"以战去战,虽战可也。以杀去杀,虽杀可也。以刑去刑,虽重刑可也。"又说:"不刑而民善,刑重也。刑重者,民不敢犯;故无刑也,而民莫敢为非,是一国皆善也。"以刑去刑式的爱民,无非是要把人民变成任人宰割的绵羊。绵羊式的人民的确是够"可爱"的,既可以剪毛,又可以挤奶,还可食肉。多么残忍的"爱"啊!我们的结论是,以刑去刑论是野蛮的屠杀主义。

从变中求得生路,是《商君书》最为珍贵的思想。他们不迷恋过去,也不满足现实,正如《开塞》中所说:"法古则后于时,修今则塞于势。"只有对现状进行改革才有未来。

把主客观有机地统一起来,是《商君书》思想的又一珍品。作者们强调,对客观形势和发展趋势要有深切的了解,这就是《画策》中说的:"圣人知必然之理、必为之时势,故为必治之政,战必勇之民,行必听之令。是以兵出而无敌,令行而天下服从。"作者提出要把客观之"必"与主观之"必"紧密结合起来,从客观之"必"中引出主观之"必",主观之"必"又要以客观之"必"为基础,只有把两者有机地统一起来,才能有效。

《商君书》的政治思想在历史上起过进步的作用,沿着他们的设计,使人们的财产、权力、地位在耕战中发生了迅速的变化,这种变化正是对旧的政治、经济关系的破坏和瓦解,而新的关系便在这种运动中产生了。一般地说,新关系是在痛苦中产生的,有些方式还相当残酷,但痛苦的新生比残忍的陈旧总是一种进步。

《商君书》的内容表明,在当时的历史条件下,进步、改革、狡诈、阴谋、痛苦、残忍等等是溶为一体的,人们可以从理论上对它们进行分析,但在实际的历史运动中却是一个有机体,根本无法分开。

第四节 韩非的绝对专制政治思想

韩非(约公元前 280~前 233 年),韩国人。祖上为韩国贵族,他本人已下降为士。韩非与李斯同为荀卿的学生,但两人的政治思想是相悖的。韩非既是法家的重要代表,又是先秦法家思想的集大成者。

韩非不忍心看着故国走向灭亡,急切地探索救弱致强之道。虽然他着眼于救韩,但他不是一个狭隘的目光短浅的孤立主义者。他从历史的纵横关系中思索盛强衰亡之道,从战国的全局出发为韩国寻求出路。司马迁说韩非的著作是"观往者得失之变"(《史记·韩非列传》)而写成的,这个评价很中肯。在韩非看来,求强之术,不是星星点点的行政措施所能奏效的,根本的办法在于改变韩国的政治路线。《韩非子·外储说左上》中就清楚地说道:"夫慕仁义而弱乱者,三晋也;不慕而治强者,秦也。"

第四章 法家以法、势、术为中心的政治思想

韩非的目的在于拯救故国,可是他讲的道理具有普遍性意义。所以,当秦王政看到他的著作之后,禁不住拍案叫绝,以至发出了"嗟乎,寡人得见此人与之游,死不恨矣"(《史记·韩非列传》)的感叹。秦王政用武力把韩非拖到秦国。韩非书生气太浓,念念不忘故国,后在李斯、姚贾的挑唆下,冤死于狱中。韩非死在了秦国,他的思想也留在了秦国,在很大程度上被付诸实践。

韩非口吃,不善于说,但很善于写。《汉书·艺文志》著录"《韩子》五十五篇",现有的《韩非子》也是五十五篇。从内容上看,除个别篇互相有抵牾之处,全书的思想是一贯的。韩非政治思想的最主要特征是提倡君主专制。

一、政治思想的理论基础

与其他法家一样,韩非的政治思想也是以对现实和历史冷静的分析作为依据的,同时又把具体的政治主张系在了宏观的总体认识之下。因此,他的政治主张背后,有深刻的理论作靠山。这些理论承继了他的先辈,但又有新的发展或说明,下面分别加以介绍和论述。

1. 历史进化说

韩非的历史进化说大体是从《商君书》中承继而来的。韩非也用分期的观点分析了历史的进程,他把人类的历史从远古到当今分作四个时期,即"上古"、"中古"、"近古"和"当今"。

韩非对历史进化的原因作了新的探讨。他认为人口增长的速度超过了生产增长的速度,人们为了争夺生活空间引起了社会矛盾与斗争。《五蠹》说:最初人口少,自然财富有余,人们和平相处。随着人口的快速增长,打破了世态的平衡。他说:"今人有五子不为多,子又有五子,大父未死而有二十五孙。"于是造成"人民众而货财寡"的局面,人们之间的矛盾斗争便是为争财与争夺生存空间而引起的。从今天的认识看,韩非的看法无疑离真理太远了,但如果回到那个时代,它应该说是有关历史进化原因最深刻的认识之一。他的这种说法完全排除了超社会的力量,力图从人自身寻求事变的原因。

在韩非的历史观中,还有一点特别值得重视。他认为随着生产的发展,人口的增加,不仅人类与自然的关系在变化,人与人之间的关系和人们的观念也在变化。他说:"上古竞于道德,中世逐于智谋,当今争于气力"(《韩非子·五蠹》,下引《韩非于》只注篇名)。韩非断然反对人伦道德退化的理论,认为一个时代应有一个时代的道德标准。上古竞于道德,并

不是人人都好,而是当时物多人少;今天人们互相争夺,并不是人的退化,而是财少人多造成的。韩非这种理论的本身虽然没有触及事物的本质,但他的思想令人赞叹,他是沿着物质生活条件决定着人们道德精神面貌这一条路来观察问题的。

时代在变,政治应随时代而变。历史上的伟大创举只是在它那个时代才具有意义,把它原封不动地拿到后世,决不是对历史的尊重,而只能说是一种愚蠢行为。如果历史进入"中古",还有人提倡"构木为巢",必然为鲧、禹所笑;同样,现在赞扬尧、舜、汤、武,守成不变,必定为新圣所笑。韩非的结论是:"是以圣人不期修古,不法常可,论世之事,因为之备。""事因于世,而备适于事。"(《五蠹》)这些思想在韩非之前的法家论著中虽然已有论及,但韩非也决不是多余的,他的认识丰富了前人之论,仍然起着发聋振聩的作用。

2. 人性好利论

韩非虽然没有明确地使用过"人性"这个概念,但在文中到处充塞了有关人的本性的论述,并构成了他的政治理论的基础。他认为,人性好利首先基于人的本能需要,《解老》说:"以肠胃为根本,不食则不能活,是以不免于欲利之心。"人们都说父母与子女之间最亲近,恩恩爱爱,血肉之情,不可言以利。然而在韩非看来,父母与子女之间也是计利而行的。你看,"父母之于子也,产男则相贺,产女则杀之。"同出父母之怀,为什么一杀一贺呢?原因就在于"虑其后便,计之长利也"(《六反》)。父母子女之间"皆挟自为心也"(《外储说左上》),"犹用计算之心以相待也,而况无父子之泽乎!"(《六反》)韩非的这种说法太过刻薄,刺伤了人们的感情,于是常被斥为伤害了人的伦理尊严的谬论。其实,从那个时代看,韩非的论述是相当客观的,被温情包裹的父子之间的利害关系,由韩非彻底揭露出来了,没有极大的勇气是做不到这一点的。

既然在最亲密的关系中都是以利为纽结的,其他的关系自然就不言而喻了。儒家说,君臣之间以礼义忠信相待,韩非告诫人们,切莫相信。他在中国历史上第一次提出君臣之间是买卖关系,就如《难一》所说:"臣尽死力以与君市,君垂爵禄以与臣市。君臣之际,非父子之亲也,计数之所出也。"有时说的更深切,那就是虎狼关系。

利可以使人变成懦夫,但更能驱使人变成猛士。"鳝似蛇,蚕似蠋,人见蛇则惊骇,见蠋则毛起。然而妇人拾蚕,渔者握鳝,利之所在,则忘其所恶,皆为孟贲。"(《内储说上》)

既然人的本性是"自为"、"好利",政治就应从这个实际出发,把全部政策自觉地建立在"利"的基础上。人们的利互相排斥,但又可以结合在一起。为了"利",人们可以相互为用,也可以相互争斗。政治的妙诀就在于搞好利的排列组合,并为君主所用。

3."君""道"同体说

司马迁说韩非"喜刑名法术之学,而其归本于黄老"(《史记·韩非列传》)。韩非把法术思想结合起来的最显著的特点之一,是鼓吹"道""君"同体。道起着左右和支配一切的作用,是独一无二的。所以《扬权》说:"道不同于万物……道无双,故曰一。"君主与道的关系,从理论上看,君主也必须服从"道"。"有术之君,不随适然之善,而行必然之道。"(《显学》)但是,在人世间,君主的地位与"道"相对应,臣民与万物相对应。根据"道不同于万物"的原理,"君不同于群臣","明君贵独道之容"。这样一来,君主与道变成相应和同体的关系。君主固然受道的制约,但在人世间君主又是道的体现者,群臣受君的制约。这里我们可以看到一个极为值得注意的现象,自然唯物主义思想同样可以变成圣化君主、强化君主专制的辩护词。

4."誓不两立"的矛盾观

韩非接受了老子对立统一的思想,又比老子更深刻地揭示了对立统一,同时还具体论述了对立而转化的条件。韩非矛盾观的特点是强调矛盾双方的对立与排斥。《显学》有一段话颇具典型性:"夫冰炭不同器而久,寒暑不兼时而至,杂反之学不两立而治。"在韩非看来,矛盾的双方都是"势不两立"的。"害者,利之反也。""乱者,治之反也。"(《六反》)"背私谓之公,公私之相背也。"(《五蠹》)基于这种认识,对待矛盾双方要强调两者之"异",不可着眼其"同"。君臣之间充满了对立,君臣上下之间是"一日百战"的关系(《扬权》)。所有的臣都如同阳虎一样,时时刻刻觊觎着君主的权位(《难四》)。他在《备内》篇说:"夫以妻之近与子之亲而犹不可信,则其余无可信者矣。"《八经》说:"知臣主之异利者王,以为同者劫,与共事者杀。"既然矛盾双方"势不两立",那么要在"势不两立"中求得和协,必须一方面打倒另一方面,把矛盾的双方分个上下,下服从上,才能"上下和调"(《扬权》)。矛盾双方不分上下是引起祸乱之源,"万物皆盛,而不与其宁"(《扬权》)。"一栖两雄"、"一家二贵"、"夫妻持政",永不得安宁(《扬权》)。韩非主张要迎着矛盾上,要毫不犹豫地站在一方。能吃掉对方,要不惜一切代价吃掉;不能吃掉的,就要绝对压倒对方。断断不可采取折中或平衡的立场。《外储说右上》有一段文字形象生动、淋漓尽致地把这种思想亮了出来,文中说:"明主之牧臣也,说在畜乌。""驯乌者断其下翎焉。断其下翎,则必恃人而食,焉得不驯乎?夫明主畜臣亦然,令臣不得不利君之禄,不得无服上之名。夫利君之禄,服上之名,焉得不服?"吃掉对方,或者绝对压倒对方,是韩非对待矛盾的基本思想。这一思想贯穿于他的全部政治理论之中,使他的政治思想独具特色。

5. 实力原则

在社会矛盾关系中,要想吃掉一方或绝对压倒一方,最有效、最可靠的手段就是"力"。"力"是定乾坤的不二法宝。《外储说左上》说:"先王所期者利也,所用者力也。"《显学》说:"力多则人朝,力寡则朝于人,故明君务力。"当今时代的特色是角力,正如《八说》中所说:"古人亟于德,中世逐于智,当今争于力。""力"究竟在哪里呢？韩非的头脑十分清醒,他不认为君主有拔山盖世之力,真正的力量在臣民之中。《制分》讲道:"死力者,民之所有者也。"韩非所说的"力",既包括劳力,又包括智力,还包括经济、军事等方面的力量以及主观能动性等等。政治艺术在于把臣民之力全部调动、集中起来,并为君主所用。

以上诸点不是孤立的,也不是对立的,在韩非那里是一个有机的整体,凝成混然一体的理论体系。

二、君利中心论

先秦诸子讨论君主之利时,普遍提出了君主与国家、社稷的关系问题。许多思想家从不同角度论述了国家之利应高于君主之利。慎到、《管子》法家等强调国家的利益,而韩非直接了当地提出君主之利高于国家之利。《外储说右下》说:"国者,君之车也。"韩非没有简单要求臣民取消或克制私利,以服从君主之利。他认为不必改变臣民的"自为"之心,也不要否定追求私利之行,而应该用利导的办法,使臣民"自为"行为产生的效果最后为君主服务,有利于君。在这个问题上,韩非不只是个现实主义者,而且相当谙熟政治辩证法。他说:"凡治天下,必因人情。"又说:"善用人者,必循天顺人而明赏罚。"(《用人》)政治之妙术就在于善于因顺。《安危》说:"先王寄理于竹帛,其道顺,故后世服。今使人去饥寒,虽贲、育不能行,废自然,虽顺道而不立。"《大体》说:"古之全大体者……不逆天理,不伤情性。"《外储说左上》说,"以利之为心"则人和,"以害之为心"则父子离。据此,政治的枢要在于"议多少,论薄厚"(《五蠹》)。无论对臣,还是对民,都要用利去调动。

韩非很清醒地认识到,没有臣僚辅佐的光杆君主,必将一事无成。《观行》说:"虽有尧之智,而无众人之助,大功不立。"《难二》说:"凡五霸所以能成功名于天下者,必君臣俱有力焉。"君与臣的关系是一种交换买卖关系,关键在于君主要善于作买卖。君卖给臣的爵禄是实惠的,臣卖给君的智力必须是有用的,这就是"法术"、"智术"。韩非认为"法术之士"是霸王之具,那些既无法术又无智术而身居重位的"贵重之臣",以及那些善说会道而不切实用的"文学之士",是一帮无用于君、多余而有害的人,君主应该用铁手腕罢免或削除。

光有臣不行,还必须把民也动员起来,动员的办法也是一个"利"字。《外储说左上》讲:"利之所在民归之,名之所彰士死之。"《显学》说:"夫上所以陈良田大宅,设爵禄,所以易民死命也。"韩非认为民之所以有存在的价值,就在于对君主有用。《六反》说:"君上之于民也,有难则用其死,安平则尽其力。"以下六种民是有用之民,即:"赴险殉诚,死节之民";"寡闻从令,全法之民";"力作而食,生利之民";"嘉厚纯粹,整谷之民";"重命畏事,尊上之民";"挫贼遏奸,明上之民"。这六种民概括起来有两个特点:(1)唯命是听,(2)卖力效死。除了这六种民之外,全都要给以惩罚。对那些视君命如草芥,不愿为君主供职者,要格杀勿论(参见《说疑》《经说》《难一》)。总之,臣民只有对君主有用、有利,才有存在价值,否则,均应加以扫除。所以利民既不是怜悯,也不是欺骗,而是用利民的办法要民众付出生命。

从当时的实际情况看,韩非为了把人们都引到利君的道路上,有些主张,如谋求实效,提倡耕战等,是有一定意义的。但他走得实在太远了,比之"民为贵","天下者非一人之天下"等思想,无疑是一种反动。这种君利高于一切的主张,是封建专制主义的核心。政治上关于法、势、术等各种极端专制的主张都是为了保证君利不受侵犯。

三、势、法、术理论与君主专制主义的绝对化

在势、法、术方面,韩非无疑是集大成者。他明确地宣布,势、法、术三者都是帝王手中的工具,"人主之大物,非法则术也"(《难三》)。"势者,胜众之资也"(《八经》)。"势重者,人主之爪牙也"(《人主》)。三者缺一不可。韩非除把三者集为一体外,在内容上也多有发挥,与法家先辈相比,势、法、术均有新的特点。

1. 势治以及自然之势与人为之势

在势、法、术三者当中,韩非更注重势。帝王之所以为帝王,首先在于有势,"凡明主之治国也,任其势"(《难三》)。势又是实行法、术的前提条件,君主失去权势就不成其为君主,"主失势而臣得国"(《孤愤》)。这样,法、术亦就无从说起了。韩非论势不同于过去的地方在于,他把势分为"自

然之势"与"所得而设之势",即人为之势。自然之势指在客观的既成条件下掌权和对权力的运用;人为之势是指在可能条件下能动地运用权力。对于君主而言,自然之势不是主要的,因为它是既成事实。真正的势应是人为之势。《难势》说:"势必于自然,则无为言于势矣。……今日尧、舜得势而治,桀、纣得势而乱,吾非以尧、舜为不然也。虽然,非一人之所得设也。夫尧、舜生而在上位,虽有十桀、纣不能乱者,则势治也;桀、纣亦生而在上位,虽有十尧、舜而亦不能治者,则势乱也。故曰:'势治者则不可乱,而势乱者则不可治也'。此自然之势也,非人之所得设也。若吾所言,谓人之所得势(陶鸿庆云,'势'当为'设'。)也而已矣。"

韩非所讲的人为之势包括两方面的含义:其一为"聪明之势"。《奸劫弑臣》说:"明主者,使天下不得不为己视,天下不得不为己听。故身在深宫之中而明照四海之内。"君主不必有超人的智慧,只要善于化天下之聪明为己之聪明,使天下人之耳目成为己之耳目。其二为"威严之势"。《显学》说:"严家无悍虏,而慈母有败子,吾以此知威势之可以禁暴,而德厚之不足以止乱也。"《人主》说:"威势者,人主之筋力也。"

依韩非之见,只要掌握了"聪明之势"与"威严之势",君主不必是圣贤,只要有中人之才便可治天下。

"势"这种东西要牢牢把握在君主手中,《备内》说:"人臣之于其君,非有骨肉之亲也,缚于势而不得不事也。"君主一定要明白,臣子们时时都在觊觎着自己的权力,特别要注意阿谀奉承者。人之所以阿谀奉承,目的就是想攫取权势,正如《奸劫弑臣》所说:"凡奸臣皆欲顺人主之心以取亲幸之势者也。"拍马是为了骑马,这一点早被韩非揭破了。然而只要是君主专制,亲幸之势几乎又都被阿谀之臣窃去。在君主专制下,这是不可避免的。

韩非特别强调人为之势,意在鼓动君主把全部权力都握在自己手中,成为真正的最高绝对权威。

2. 法治与以法防奸

韩非以主张"法治"著称。什么是法呢?"法者,事最适者也"(《问辩》)。所谓"事最适者",就是适合时代、符合事理、利于君主之用,也即《八说》所说的"治事"。"治事"的中心是尊公废私。《诡使》说:"夫立法令者以废私也,法令行而私道废矣。私者所以乱法也。""道私者乱,道法者治。"

为了使所有的人都能遵法、守法,以法为路,法要详细具体。《八说》曰:"书约而弟子辩,法省而民讼简。是以圣人之书必著论,明主之法必详事。"法还要明,要公诸于众。这样,举国上下,事无巨细,一切决断于法。国君也应该依法令行事。《问辩》说:"明主之国,令者,言最贵者也;法者,事最适者也。言无二贵,法不两适,故言行而不轨于法令者必禁。"韩非还一再批评了君主不按法令行事的弊政,指出这是亡国之政。

君主颁布了法令,人人要遵从。那么臣属的作用是什么呢?臣的使命是贯彻法令。韩非借孔子之口说道:"吏者,平法者也。"(《外储说左下》)《说疑》又说:"法也者,官之所以师也。"官吏的任务是固守法,不得越雷池一步。违法固然要重罚;法之外立功也要罚。所罚的不是立功本身,而是因为与人主争名。

韩非主张以法治国,反对贤人政治。针对贤人政治,他提出:"上法而不上贤。"(《忠孝》)对君主而言,无须待贤君而后治。《守道》说:"立法,非所以备曾、史也,所以使庸主能止盗跖也。"他认为历史上的贤君和暴君都是千世不一出,绝大多数的君主是"中人"。中人只要"抱法处势",也可以治天下。甚至暴如桀、纣者,只要"抱法处势"亦可治天下,这无疑是绝顶的荒谬了。韩非的不尚贤,主要出于戒备的心理,尚贤将被贤者所篡,"信人则制于人"(《备内》)。假若一个亲信也没有,事情也难办,不过越少越保险,《五蠹》说:"贞信之士不盈于十。"韩非尚法不尚贤,甚至认为庸人、暴君也可以依法治理国家的观念,实际上为扩大君主政治的消极因素开辟了道路。

韩非的法制虽有强调政治规范化的内容,但更主要的表现了君主对所有的人都不信任。一方面信法而不信人,另一方面又要使所有的臣民都要变成法的工具和奴仆,君主则要稳坐在法之巅。所以法如同势一样,是君主实行绝对专制统治的工具。

术有君驭臣之术,也有臣弄君之术。韩非是君主的讴歌者,他所讲的术都是维护君主专制的驭臣之术。由于韩非把君臣关系视为虎狼与买卖关系,所以除了讲考课监察之外,更多的是讲阴谋诡计。《难三》说:"术者,藏之于胸中,以偶众端而潜御群臣者也。"术与法不同,法是臣之所师,术为主之所执,法要公开,术要暗藏,所以又说:"法莫如显而术不欲见。""用术,则亲爱近习莫之得闻也。"韩非在论术时着重指出近亲与近臣是最危险的人物,《说疑》指出:"难之从内起,与从外作者相半也。"

韩非之所以强调驾驭臣属,是因为他看到臣在政权中具有特别重要的作用。君主最终的统治对象是民,然而君主却不能直接面对民,必须通过官吏这一中间环节实现统治。《外储说右下》讲:"闻有吏虽乱而有独善之民,不闻有乱民而有独治之吏。"大意是说:官吏叛乱,仍有守法的善民;如果民起来作乱,就决不会有好的官吏,民作乱是由官吏逼出来的。依据上述认识,文中接着讲道,"明主治吏不治民"。在整个统治结构中,官吏为

"本",民为"末",官吏如网之纲,民如网之目。君主治吏比治民更重要,术的作用则在于治吏。

韩非的术中,有些属于积极的考课监察方法,主要有如下四点:第一,任能而授官。第二,赏罚严明。第三,形名参验。主要指:官任其职,以其职课其功;臣不兼官,事不越位;言行一致,"听其言必责其用,观其行必求其功"(《六反》)。第四,众端参观,听无门户。《内储说上》说:"观听不参则诚不闻,听有门户则臣壅塞。"即是说,听谏不以私故,而看是否有利于事。《外储说左上》云:"忠言拂于耳,而明主听之,知其可以致功也。"听无门户,十分重要,但还要善于抉择。

但是,韩非的术更多的是阴谋诡计,主要有以下十项:

第一,深藏不露。君主在决断以前,要保持绝对的"无为"状态,去好去恶,绝不让臣摸到自己的意向。为了防止泄漏机密。他特别提出要备内,以防备夫人、后妃、太子、左右之人等等。他还深怕说梦话泄露机密,劝君主要"独寝"。真是地道的孤家寡人!

第二,国之利器不可以示人。

第三,"用人如鬼"。

第四,深一以警众心。什么是深一以警众心呢?不妨举一例说明:"周主下令索曲杖,吏求之数日不能得。周主私使人求之,不移日而得之,乃谓吏曰:'吾知吏不事事也。曲杖甚易也,而吏不能得,我令人求之,不移日而得之,岂可谓忠哉?'吏乃皆悚惧其所,以君为神明。"(《内储说上》)这纯粹是一种小权术、小诡计。

第五,装聋作哑,以阇见疵。《主道》讲:"道在不可见,用在不可知。虚静无事,以阇见疵。见而不见,闻而不闻,知而不知。"故意装聋作哑,实在有些下流。

第六,倒言反事。即故意说错话,作错事,以检验臣下是否忠诚。"子之相燕,坐而佯言曰:'走出门者何白马也?'左右皆言不见。有一人走追之,报曰:'有'。子之以此知左右之不诚信。"(《外储说上》)这种方法未尝不是对付那些贪官污吏的一种办法,但毕竟是一种阴谋。

第七,事后抓辫子。凡遇事,君必须设法让臣发表意见。《南面》说:"主道者,使人臣必有言之责,又有不言之责。""人臣言者必知其端以责其实,不言者必问其取舍以为之责。"这一招实在太厉害了,而更厉害的是言必有记录。《八经》说:"言陈之日,必有策籍。"仅作记录还无关紧要,问题在于,韩非要求事情的结果必须与陈言相合,符合者受赏,不合者则受罚。人非神人,哪能言必有中!韩非的主观设想是为了防止臣下危言巧语,但实际上却使人根本不敢讲话,然而韩非又设法使人非讲话不成,讲了又抓辫子,令人毛骨悚然!

第八,防臣如防虎。时时有戒心,如"不食非常之食"(《备内》)。

第九,设置暗探。《八经》说:"设谏(同"间","间谍")以纲(纠正)独为","阴使时循以省衰(当为衷)"。

第十,暗杀。对于可疑者或任重势大之人,要设法加以控制,不易控制的便应借故处死。如果明罚不便,"生害事,死伤名,则行饮食"(《八经》)。一句话,设法暗杀。

上面我们叙述了韩非术中的积极部分和消极部分。在理论上这两种术可以并存,实际上前者被后者冲淡,或者被否定了。照韩非所主张的去做,将不是君把臣制服,而是被臣所制,秦二世不是被赵高玩弄了吗!靠术驾驭群臣可以奏一时之效,但难于治理国家。然而在君主专制情况下,玩弄阴谋权术又是不可避免的。

韩非认为,君主要集权于一人,首要的任务是抑制左右大臣。君臣之间决不是忠义关系,而是虎狼关系、利害关系。君主对所有臣属,甚至自己的妻子儿女都必须时刻警惕戒备,切不可以"亲"、"爱"、"信"相待。因为篡位窃权者首先是这些人。《爱臣》说:"爱臣太亲,必危其身;人臣太重,必易主位。"《孤愤》说:"万乘之患,大臣太重;千乘之患,左右太信。此人主之所公患也。"《备内》说:"人主之患在于信人,信人则制于人。"亲属也不例外,"后妃、夫人、适子为太子者,或有欲其君之蚤死者",从人情上说,这些人未必憎君,但利害之争会超过情感,当"君不死则势不重",影响到自己权益时,利欲就会压倒人情,不仅欲君早死,甚至还会下毒手。为了防止大臣左右势侵君主,韩非提出了如下一些措施:

第一,严格控制分封。《爱臣》说:"大臣之禄虽大,不得藉威城市。"《扬权》说:"有国之君,不大其都。"

第二,臣不得擅专兵权。《爱臣》说,臣子"党与虽众,不得臣士卒"。

第三,臣不得专财权。《主道》说:"臣制财利则主失德。"

第四,臣不得专人权。《主道》提出,任免臣吏之权,只能由君主专擅,臣下不得"树人","臣得树人则主失党"。

第五,臣不得有刑赏之权。《二柄》说:"明主之所导制其臣者,二柄而已矣。二柄者,刑、德也。"刑、德二柄落入臣下之手,"则一国之人皆畏其臣而易其君,归其臣而去其君矣,此人主失刑德之患也"。

第六,禁止臣下结交私党。《扬权》说:"大臣之门,唯恐多人。"一旦发现臣下结党,就要下决心"散其党,收其余,闭其门,夺其辅"(《主道》)。

第七,取缔私朝。春秋时期,大夫效法国君设立家朝。在家朝内,大夫形同国君,家臣以君相奉。这种家朝制到战国时还仍然存在。韩非在《爱臣》中指出,私朝是一种奸邪行为,应加以取缔,提出"人臣处国无私朝"。

韩非追求的是如下一种格局:"事在四方,要在中央。圣人执要,四方来效。"(《扬权》)君主"独制四海之内,聪智不得用其诈"。"远在千里外,不敢易其辞"。"臣毋或作威,毋或作利,从王之指;无或作恶,从王之路。"(《有度》)韩非把君臣之间的较量视为能否实现君主集权的关键,应该说,他十分准确地抓住了要害。从中国历史实际过程看,君主的高度专制是在君臣之间的较量中形成的。在没有民主制度的情况下,君臣之间的每一次较量,不管是哪方胜利,所产生的合力必然是推动君主集权的发展。因此,我们可以说,统治阶级内部争权夺利的斗争,是推动君主专制的主要动力。

四、思想与文化专制论

从表面看,战国时期的思想领域是诸子并存,百家争鸣。但是,如果仔细考察一下各种学说的政治思想脉络,就会发现,争鸣的每一家都不把对方的存在当作自己存在的条件,从而给予应有的尊重,每一家几乎都要求独尊己见,禁绝他说。由于争鸣与争霸是一个过程的两个方面,因此争鸣形成的合力是朝着文化专制主义方向迈进。法家是这方面跑得最快的一家。韩非提出言轨于法、以吏为师,就在理论与实践的结合上把文化专制主义落实了。

韩非提出,必须把全国人的思想统一到法令上来,他认为不仅要颁布法令,还要宣传法令,使妇孺皆知。《难三》说:"明主言法,则境内卑贱莫不闻知也。"所有人的思想方式和全部生活的出发点,都必须"以法为本"(参见《饰邪》)。《有度》说:"一民之轨,莫如法。"《五蠹》说:"境内之民,其言谈者必轨于法。"韩非所说的法令,无疑体现了当时统治者的意志,特别是君主的意志。人人服从法,自然是维护当时统治秩序最有效的办法。把法作为人们的行动规范,从法律的观点看,无疑是合乎逻辑的,是先秦法家的共同主张。但把法作为人们的思想规范,则是韩非提出的新主张。这个主张的意义不在于要求人们都必须遵法,而在于取消人们进行思考的权利,明确规定了思想罪。《问辩》中提出:"言行而不轨于法令者必禁。"《说疑》提出:"禁奸之法,太上禁其心,其次禁其言,其次禁其事。"用法禁心禁言,从根本上扼杀了人们的精神生产活动,这无疑是非常严酷的专制主义的表现。

法是为君主专制服务的,而官吏则是君主的爪牙和法律的执行者。为了把人们遵法守令与学习结合为一体,韩非提出了"以吏为师"(《五蠹》)。儒、墨等流派从不同角度出发,基本上都是倡导以圣为师,以贤为师。在形式上圣贤与当权者不完全一致,教育与政治也不完全是一回事,教育有它的相对独立性。以吏为师的提出,一笔勾销了教育的相对独立的性质,使教育完全变成政治的从属品,同时也取消了教育的认识价值。教育的职能只有一个,这就是政治驯化作用。

韩非把法术之学与诸子之学,特别是儒、墨之学,视为不可两立、不可并存的两种思想体系,对儒、墨进行了猛烈的抨击。他把一些国家衰败的原因归诸儒学的影响,《五蠹》指责儒学为"邦之蠹",只要有儒学存在,那么"海内虽有破亡之国,削灭之朝,亦勿怪矣"。他把六国衰败与秦强盛的原因归结为一点:六国受儒家影响太重,秦则一直奉行法术。

韩非抨击儒、墨与诸子,并不是简单地委罪,他还讲了一些道理。最根本的一点,他认为仁爱之道与人的好利本性相悖。其次,仁爱慈惠与法相对立。就实而论,韩非这种见解是相当有道理的。因为舍法而从心,失去了政治标准,在无标准的情况下,与其把仁义与残暴视为对立,不如视为一个问题的两方面。

除了儒、墨之外,韩非对其他学派也多有批评。批评的主要点也是这些学派的不近实际。如公孙龙的白马非马说,辩则辩矣,然而白马过关并不能以此为据而免税。他还用画马与画鬼为喻,斥责诸子的宏阔辩说如同画鬼一样,不过是不近实际的鬼论。

韩非为了打击诸子百家,还使用了陷害手法。他认为凡属称颂古圣者,都是借古讽今,借先贤而刺今主。《忠孝》说:"为人臣常誉先王之德厚而愿之,是诽谤其君者也。"为了加害于人,他甚至认为诸子百家称颂尧舜是鼓动人臣造反篡主。因为在韩非看来,尧、舜、汤、武都是人臣篡主之辈,"尧为人君而君其臣,舜为人臣而臣其君,汤、武为人臣而弑其主,刑其尸"。这些人都不是什么圣人,而是奸劫弑臣。儒、墨等等倍加称颂,这分明是鼓动人臣篡主,"此天下所以至今不治者也"。如果说前面那些批评还有一定道理,这种说法显然是诬陷了。

"以法教心"(《用人》)、"以吏为师"和禁绝百家是韩非文化专制理论的主要内容,这与政治上的极端君主专制主张是一致的。

韩非的全部政治思想,是以加强君主独裁和维护君主利益而展开的,这是韩非观察问题和处理问题的出发点和归结点。加强君主集权和维护君主利益会涉及社会生活的各方面。按照利导、利诱、利用、利禁的方式去调动臣民为君主服务时,不可避免地要引起社会经济、政治关系的变动。在这种变动中,有一部分内容表现了对旧秩序的破坏,如取消无功受禄者的特权等,这些变动有益于社会的进步。但在韩非看来,严刑高压又是利导、利用、利禁的一种特殊方式,而且这种方式更简便、更有效,所以利导、利用一反手又引向了高压政策。

　　韩非的主张无疑符合君主的口味,但是,由于他把君主公开置于与一切人对立的地位,从而又使君主陷于孤立。韩非最真实地揭开了君臣、君民之间关系的帷幕,不揭开这个帷幕,双方都缺乏自觉性,遭了殃都不知原因在哪里;可是一旦揭开了这个帷幕,又使双方处在了恐怖之中,从而对维护君主的统治带来了副作用。韩非的著作不能说不明、不智、不圣,但他却没有捞到圣人的牌位,主要的原因恐怕是他太忠于事实了。在封建时代,虚伪比诚实更有用,更能赢得帝王的欢心。

第五章 道家以法自然为中心的政治思想

先秦没有"道家"之称。"道家"之称是从司马谈《论六家要旨》开始的,称之为"道德家"或"道家"。道家在理论上的特点主要有二:一是讲道;二是讲"因道"或法自然。

道家之所以被称为道家,最主要的根据就是他们都讲"道"。"道"是他们整个理论的核心范畴,也是整个理论体系赖以存在的基础。抽去了道,道家就失去了脊梁。

法自然(或因道)是道家思想的另一个特点。在这一点上,道家有共同之处,但对自然过程和规律具体内容的认识,以及用什么方式法自然,又有不同的认识。所以在法自然的大同下,又有许多差异。

道家是一个大派别,情况极为复杂,因此很难说它代表哪一个阶级。总体而言,道家既为统治者提供了丰富的政治哲学,又对统治者进行了尖锐的批评,前者为统治者所必需,后者则是统治者所不喜欢的。这种状况决定了多数统治者对它不即不离的态度,既需要它,但又不能把它置于尊位。

第一节 《老子》法自然的无为政治思想

老子与《老子》一书,是学术界争讼不决的疑难问题。早在战国就已说不清楚。司马迁作《史记》,虽给老子作传,但从内容上看是含混不清的。

近代以来,有人认为历史上根本没有老子这个人。更多的人认为历史上有其人,但具体看法又大相径庭。有的认为老子即东周后期的老聃,又名李耳,为东周的守藏史,孔子曾向他学过礼。有人认为是战国时期东周的太史儋。还有的认为是楚国的李耳。另外又有人认为上述三人本为一人,流传中分为三。

关于《老子》一书的分歧比对老子本人的认识分歧还要多。有的说是上述人的作品;有的说书中的思想是春秋末老聃的,但成书于后;有的说书与人无关。对于成书的时间,有春秋末期说、战国初期说、战国中期说、战国末期说等。

上述这些问题将会长期争论下去。我们同意如下看法:《老子》一书应是老子一派的共同创作,书中的思想大约是老聃提出来的,成书于战国前期。

《老子》以哲理著称,同时也长于政治。《老子》思想最重要的一个贡献,是把人和社会从神那里夺回来还给自然。人和社会是自然的产物,其生活准则应从自然那里获得。在中国思想史上,《老子》首倡政治法自然和无为政治理论,影响极大。

一、道与法自然

1.《老子》的道

《老子》的思想博大而精深,它把具有丰富哲学内容和政治内容的思想归之于一个最高的范畴下,这个最高范畴就是"道"。当"道"作为一种宇宙自然观出现时,它表达了老子对宇宙本体的认识;当"道"作为一种社会人生观出现时,它又向我们展现了老子对于社会规律的总看法。因此,我们只有弄清作为宇宙自然观的"道"的思想内容,才能识别其作为社会人生观的"道"的基本精神,并进而了解"道"与政治的内在关系。

老子的宇宙自然之"道"是一个十分模糊的概念,"道之为物,惟恍惟惚"(《老子》二十一章)。因此,作者给道以混沌难识的定义,即所谓:"道可道,非常道;名可名,非恒名。"(《老子》一章)只能"强为之名","字之曰道"(《老子》二十五章)。"有物混成,先天地生。寂兮寥兮。独立而不改,周行而不殆。可以为天下母。"(《老子》二十五章)于此可见,"道"是一个自然的、独立的、不可名状的存在,是"天地之母",万物之根。从它的宏观状态来说,是一个鸿蒙未辟,混沌未分,无像无物,弥漫于浩浩宇宙之间,以无生无有为特征的宇宙本质;就其微观状态来说,又包含着物质因子,"其中有物","其中有精","其中有信"(《老子》二十一章)。"朴散则为器"(《老子》二十八章)。但是,老子并不注重"道"的这些非物又近似于物的宇宙本性,他注重的是"道"的原则及其运动形式,以及如何运用之。老子认为,

"道"的法则及运动形式是宇宙间最理想、最完善的存在模式。这个法则就是"自然",这个运动形式就是一种封闭式的往复循环。"夫物芸芸,各复归其根。归根曰静。静曰复命。复命曰常。"(《老子》十六章)又说,道"周行而不殆"。

然而道的循环不仅有它的本态,还有变态,道的运动会走向歧路。在老子看来,这就叫作"不道"或"违道"。"物壮则老,谓之不道,不道早已。"(《老子》五十五章)因而老子认为,一切所谓"有生"之物,都违背了自然之道,他主张复归于"静",复归于"无"。其实我们不难反诘老子,既然承认自然之道是有无相生、生死自然、强弱转替的,那么,为什么要人们屈从于一方而远离另一方呢?可见,违背自然之道的并不是有生有死的宇宙万物,而恰恰是老子这一套以求生养命、背离自然界生灭规律的形而上学理论。老子企图在"有"、"无"、"生"、"死"这些对立的矛盾中,分离出一种便于自己控制的力量。因而,他对矛盾的另一方面施以人为的压制,不承认矛盾双方都有存在和发展的合理性,而是企求操握一方,抑制另一方。老子的宇宙自然观正是把自生自灭的宇宙之"道"扭曲为以"无"和"静"为极致的世界,这显然是谬误的。

老子认为人道与天道是相背的,七十七章说:"天之道损有余而补不足,人之道则不然,损不足以奉有余。孰能有余以奉天下?唯有道者。"又说:"大道甚夷而民好径。"(《老子》五十三章)大道是以暧昧不明、清静无为为宗旨,即所谓"明道若昧,进道若退"(《老子》四十一章)。而人总是有所欲求,以进取为满足,以有为为能事,他们"不足知"、"可欲"、"欲得"、好声色走马之乐,结果,破坏了大道,导致了祸咎及身、"多藏"而"厚亡"的悲剧。老子显然是用被自己歪曲了的宇宙自然观来衡量一切社会现象的,把人们对物质生活和精神生活的追求都看作是非"常"和反"道"的行为。其实,不是别人,正是老子违反了"人之道"。

老子还认为,社会历史的每一进步都是"道"的式微、"德"的颓废。三十八章说:"故失道而后德。失德而后仁。失仁而后义。失义而后礼。夫礼者,忠信之薄,而乱之首。"全盘否定历史,显然是悖谬的。不过,老子也揭露了一个事实,在当时的历史条件下,人类社会的进步,使人同外在自然以及自身的自然本性在某种程度上形成了一种对立,当时的社会生活把人的自然本性异化为一种畸形,有人无衣无食,有的人却花天酒地。而且,在老子看来,这种异化过程又是在不断被破坏的那些淳朴性中进行的。老子认为,人背离了无知无欲的天性原则,结果,愈是"有为"、愈是"争本"、愈是贪欲,离"道"也就愈远。所以,老子对有为的政治提出了挑战,他把"道"的原则扩大到社会政治生活中来,试想按照"道"的原则对政治进行改造。

2."道"的政治特点

老子的宇宙自然观既是其政治思想的基础和出发点,又是其政治思想的最终归宿。因而,"道"也是一个融哲学、伦理、政治为一体的概念,这是道的第一个政治特点。我们看到,《老子》的作者们并不是出世的思想家,相反,他们从不同角度对国家政治进行了积极地干预,通过对宇宙自然与社会现实的大范围的类比观察,用"正题反做"的方式,嘻笑怒骂地奉上权谋和治术,而不像一般人那样正面陈言规劝。这种貌似消极,而实际是积极进行干预的迂回之术,不仅从理论上丰富了道家一派的政治哲学,而且也丰富了统治阶级的统治思想。

道的第二个政治特点就是混沌。这种混沌和"忠"、"孝"、"仁"、"义"、"法令"以及各种规范形式形成鲜明的对立。《老子》的作者在讽刺国家时说:"大道废,有仁义。智慧出,有大伪。六亲不和,有孝慈。国家昏乱,有忠臣。"(《老子》十八章)"天下多忌讳而民弥贫。民多利器,国家滋昏。人多伎巧,奇物滋起。法令滋章,盗贼多有。"(《老子》五十七章)这确实是一幅当时社会的纷纭变幻图。然而从历史的发展看,"变"总是好的,应该肯定的,因为这是人类进步的必然,即使这种变化在一定范围内表现得极为残酷无情,我们也应从中看到与它相伴随的历史进步。然而老子却力求消除一切变的因素,提倡一种没有历史内容的静态社会。这个理想是要人们复归于宇宙初始的那个虚无世界中去,取消人类智慧对社会的干预,使其永远保持混沌状态。

第三个特点就是政治与自然的一体化,这是《老子》政治思想的中心议题。《老子》认为,治国的圣人应该是"道"的化身,这些圣人的突出特点是因自然、因道。原因是:"天之道不争而善胜,不言而善应,不招而自来,𫍯然而善谋"(《老子》七十三章),"天道无亲,常与善人"(《老子》七十九章),"生而不有,为而不恃,长而不宰"(《老子》五十一章)等等。根据这些原则,圣人也应该是"为而不争","为而不恃","以辅万物之自然而不敢为"(《老子》六十四章)。

由此我们看到,老子坚持了"王法地,地法天,天法道,道法自然"(《老子》二十五章)这一原则。我们不妨将这个递进关系的公式予以简化,于是我们看到它的结果只能是"王法自然"。因而,当人最终以自然模式为依据来造就自己时,一切就要遵循一部默默的自然法典了,而这部法典的主体精神就是无为政治。

二、无为政治

《老子》的政治指导思想可称之为"无为政治"。书中讲的很多,如"爱民治国,能无为乎"(《老子》十章)。"圣人处无为之事,行不言之教"(《老子》二章)。又一再说"无为无不为"(《老子》三十七、三十八、四十八章)。

1. 无为的提出

无为是怎样提出来的呢?从《老子》一书看,既有哲学根据,又有对社会现象的深入分析。

从哲学上讲,《老子》认为"无"是万物的本原和本性,"有"生于"无"。"有"是暂时的,"天地尚不能长久",何况区区人事。不知事理的人常常沾沾自喜于"有",其实到头来两手空空,"为者败之,执者失之"(《老子》二十九章)。因此,应守住"无"而反对"有"。"无"表现为人事便是无为。

从社会现象来看,《老子》提出,社会生活中存在着大量的伪、善、丑现象。一般人只限于鄙弃这些伪、善、丑,《老子》却要揪出造成伪善丑的罪魁祸首。在《老子》看来,罪魁祸首正是人们的聪明、才智和欲望,即"有为"。分析如下一些经典式的言论就可以看出《老子》的用心了。

"不贵难得之货,使民不为盗。"(《老子》三章)这个说法有没有道理呢?不能说绝对没有。"难得之货"无疑是盗贼最理想的掠取对象,但如果细加分析,"不贵难得之货"与"使民不为盗"之间的关系,绝不是如《老子》说的这么简单。难得之货的贵与不贵不是由人们的主观意志决定的,而是一定的社会经济水平和关系的产物。另一方面,产生盗的原因绝不在于贵难得之货,这是显而易见的。《老子》还讲过巧和利是产生盗贼的根源,因此提出"绝巧弃利,盗贼无有"(《老子》十九章)。这个说法也不尽妥当。巧是技术和技能,去巧怎么能杜绝盗贼呢?利和盗贼有一定关系,如果所有的人都不贪利,从逻辑上推理,自然就不会有盗贼。但如何"去利"呢?《老子》把它看成是思想问题,很明显,这是不切实际的空想。

"不争,故无尤。"(《老子》八章)这句话的正面论述应是"争必尤"。争是不是产生过失的原因呢?不能说绝无关系。但如果从本质上考察,争与尤之间并没有必然的联系,不争与无尤之间也一样。争的结果至少有两种可能,一是因争而产生过失,另一是因争而证明了合理。应该说,后者的可能性比前者或许要大些,机会也多些;不争在某种情况下可以无尤,但也可以导致尤,两者相较,后者的可能性更多些。与争和尤的论述相似的还有"咎莫大于欲得"(《老子》四十六章)。在《老子》看来,欲望是产生灾难的根源,避免灾难的发生莫过于无欲。欲与灾祸的确有一定的关联,然而欲又何尝不是福的原因呢?把欲望宣布为灾难的原因,没有抓住事物的本质联系,由此得出取消人的欲望的结论,就更为荒谬了。

"五色令人目盲,五音令人耳聋,五味令人口爽。"(《老子》十二章)乍然看去,这种说法不能不说别具眼光。但究其实际,此说显然有失片面和表面,因为,引起目盲、耳聋、口爽的主要原因绝不是五色、五音和五味,这是无庸论证的。

"智慧出,有大伪。"(《老子》十八章)智慧和大伪是相比较而存在的两种现象。在历史上常可以看到,这两者犹如天平两端上的平衡物,有多大的智慧,也就会有多大的伪诈.两者在相较中都向前发展。但从因果关系上看,智慧不是大伪的根本原因,正如大伪不是智慧的根本原因一样。其实,智慧和大伪出于一源,即人的认识能力和主观能动性.其源虽同,但其流有别,在历史的发展中有顺逆之分。《老子》把大伪归罪于智慧,为了消除大伪竟要抛弃智慧,实在是大谬。

《老子》书中这一类的论题比比皆是。这些论题中暗藏着一个主旨,即对有为的指控。要想去掉伪、恶、丑么?首先必须去掉一切有为之举,无为而后无伪、恶、丑。

2. 无为政治的内容和实现无为的手段

《老子》的无为绝不是纯因自然或消极的观望,而是一种政策,用作实际叫做"为无为"。在《老子》看来,当时人们都是沿着"有为"的道路行事,这就是"有争"、"有欲"、"有知"、有"身"、"熙熙"、"昭昭"、"察察"等等,这些正是产生祸乱的根源,"为无为"首先要把这一切铲除。为了把人们从有为的道路上拉到无为的道路上来,《老子》想了许多主意,要之有二:一是劝统治者减少活动,二是使民失去有为的条件。

对统治者,《老子》要求他们减少政治活动,总的原则是"三去",即"去甚,去奢,去泰"(《老子》二十九章)。具体而言,主要指薄税敛、轻刑罚、慎用兵、尚节俭。《老子》没有从正面提出过薄税敛的主张,但对当时的赋税征敛进行了猛烈抨击,斥责当政者如同大盗。"民之饥,以其上食税之多,是以饥。"(《老子》七十五章)"朝甚除,田甚芜,仓甚虚,服文采,带利剑,厌饮食,财货有余,是为盗竽。"(《老子》五十三章)从这种入骨三分的批判中,我们有理由认为《老子》是主张薄税敛的。《老子》也没从正面提出轻刑的主张,但对统治者的刑杀进行过尖锐的控诉。"法令滋章,盗贼多有。"这在因果关系上虽是不正确的,但其中却包含了对统治者严令苛刑的批评成分。"民不畏死,奈何以死惧之。"(《老子》七十四章)这虽是一种规劝,但也有批评的含义。因此,我们有理由认为《老子》是主张轻刑的。《老子》对统治者的"求生之厚"(《老子》七十五章)进行过猛烈鞭挞,殷切地希望他们从俭。

《老子》所讲的"治大国若烹小鲜"(《老子》六十章)这句话,应该说是无为政治最形象的说明和概括。这句话包含两层意思,一是要吃鱼,而不是不吃,在政治上就是要治,而不是不治;二是要谨慎小心,莫乱挑乱动,否则鱼就会烂。

过去的一些文章在评价《老子》无为政治时,较多地强调了要统治者清静无为这一面。其实,还有更重要的一面,即使民陷入无为之地,使之不能为或想有为而不敢为,这就是要把引起有为的社会条件用行政、政治等办法加以消除。在《老子》看来,"有欲"、"有智"是产生有为最根本原因。因此,要实现无为,关键是消除智和欲,消除对物质生活和精神生活的追求。

经济上人们好争财夺利,为使人们不再争夺财货,就应该毁掉一切巧利之器,不贵难得之货,视黄金如粪土。

政治上人们都想捞取官爵,特别是统治者的尚贤,更引起了人们争风斗智,《老子》劝统治者"不尚贤",这样便可以"使民不争"(《老子》三章)。

在精神上要去掉一切知识,"绝圣弃智,民利百倍"(《老子》十九章)。

为了彻底消除欲、智,当政者要制造一个禁区,使人不敢为欲求利。《老子》宣布:"罪莫大于可(当为"多"之误)欲。"(《老子》四十六章)谁有欲望和智慧,就给谁以惩罚。"为奇者吾得执而杀之"(《老子》七十四章)。"为奇"就是犯罪,就应处死。这哪里是无为,简直是残忍!

下面几段话最能说明《老子》无为政治的内容和要求:

> 圣人之治,虚其心,实其腹,弱其智,强其骨,常使民无知无欲,使夫智者不敢为也,为无为,则无不治。(《老子》三章)
> 见素抱朴,少私寡欲,绝学无忧。(《老子》九章)
> 百姓皆注其耳目,圣人皆孩之。(《老子》四十九章)

可见,《老子》的无为政治是要把人的社会性减少到最低限度,以突出人的生物性。有些人比牛马还要称主人之心,但要使所有人甘为牛马是办不到的。在《老子》看来,不是培养少数比牛马还听使唤的奴才,而是使人类都接近牛马。如果真的到了这一步,自然是无为无不为了。

三、弱用之术

"反者道之动,弱者道之用。"(《老子》四十章)这句话是《老子》书中的一个基本思想。关于"反",人们有不同的解释,有的认为是对立面的转化,有的认为是反旋、循环之意,还有的认为是对立面的斗争。

确切地把握"反"的含义,对理解"弱"有重要意义。如果认为反是对立面的转化,那么对立的双方都有向对面转化的可能性。《老子》确实有这样的思想,如福祸对转。但从全书思想基本倾向上看,其意不在相互转化,而是强调向一个方向转化。即向"无"转化,向弱的一方转化。"反"也有对立面斗争的含义,但同样不是主流,对立面斗争的观点一般总是引出发展观,这同《老子》恰恰是相背的。所以我们认为把"反"的主要含义说成是反旋、循环比较切合《老子》的思想。正如书中所讲,道"独立而不改,周行而不殆"(《老子》二十五章)。"周行"即"大曰逝,逝曰远,远曰反"(《老子》十六章)。周行的起点是道,是无。这样与"弱用之道"便可一贯了。

《尚书·洪范》篇提出"刚克"和"柔克",指出柔的作用是不可忽视的,但没有充分论述。《老子》充分阐述了"弱"在矛盾中的地位和作用。作者认为"弱"是"道"的最根本的属性,而刚强、进取与"道"是对立的。强、刚、壮等在发展中会突破道的规定性,柔弱则是保持事物符合于道的最妙手段。"弱者道之用"这句话最充分地说明了作者对弱的重视。人们常说《老子》中有系统的人君南面之术,这种南面之术主要表现在弱用之术上。《老子》中的弱用之术计有以下几种:

(1)静观。《老子》虽然很注重动、变和转化,不过这一切都是派生的、暂时的,最终都要返回到"无"。《老子》教导人们不应该羡慕动和变,也不要为动和变所迷惑。面对着动变,要持静观态度,坐待其复归于本。书中言到:"致虚极,守静笃。万物并作,吾以观其复。夫物芸芸,各复归其根。归根曰静。静曰复命。复命曰常。知常曰明,不知常,妄作,凶。知常容,容乃公,公乃王,王乃天,天乃道,道乃久,没身不殆。"(《老子》十六章)这样才符合道,才能长久,终身不会出乱子。

《老子》把静视为事物的本态,把动视为变态。用于人事便主张"静为躁君"(《老子》二十六章),以安静主宰动躁。在实际的政治生活与人们的交往中,确实可以看到临事不惧、镇静自若,常常可以胜人一筹。但又必须指出,仅靠静绝不可能获得一切。

提出静观待变思想是《老子》的重要贡献,但把静观绝对化又是《老子》的致命弱点。因为动比静观更为重要,置身于事物的运动之中,才能更深刻地把握事物。

(2)守弱用柔。一般人总认为强胜弱,刚胜柔,所以爱争强、持刚。《老子》一反常人之见,指出,刚强是迅速走向死亡的道路。"人之生也柔弱,其死也坚强。万物草木之生也柔脆,其死也枯槁。故坚强者死之徒(借为

"途"),柔弱者生之徒。是以兵强则灭,木强则折。强大处下,柔弱处上。"(《老子》七十六章)又说:"物壮则老,是谓不道,不道早已。"(《老子》三十章)又说:"强梁者不得其死。"(《老子》四十二章)与刚强相对的柔弱则是最有生命力的,是不可战胜的。"天下之至柔,驰骋天下之至坚。"(《老子》四十三章)"天下莫柔弱于水,而攻坚者莫之能胜。"(《老子》七十八章)《老子》的这些论述不无道理,甚至可以说是一种卓见。但是所得的结论,如柔弱必胜、坚强必死、柔弱必胜刚强等等,显然是片面的,其中的谬论绝不比包含的真理更少。因为事物的生与死不是以柔弱和坚强为原因的,《老子》把某些现象上的联系视为本质的联系,结论似是而非。另外,坚强向自己的反面转化是有条件的,反之,柔弱也不一定要转化为坚强。同时,坚强与死亡是两回事,等待坚强的不一定都是死亡。柔弱有时是生的象征,但也不都是如此。赞美婴儿无疑是生命的赞歌,但如果想永远停留在婴儿阶段,则只能表明自己的愚蠢和无知。"柔弱胜刚强"(《老子》三十六章)是可能的,但不是规律。

(3)知盈处虚。《老子》对盈而溢有过精细的观察。"揣而锐之,不可常保。金玉满堂,莫之能守。富贵而骄,自遗其咎。"(《老子》九章)"多藏必厚亡"(《老子》四十四章)。在大千世界里,上述现象是常见的,《老子》的概括可谓深刻简练。面对这种现象应该如何办?作者开了许多处方。

《老子》所欣赏的办法之一是"持而盈之,不如其已"(《老子》九章)。意思是:与其多占,不如干脆罢手。两手空空,似乎没有任何负担。可是,《老子》忘掉了一个基本事实,即这会饿肚子的!

一切罢手并不是《老子》教给人们的唯一办法,作者还教导人们如何持盈。圣人"以其终不自为大,故能成其大"(《老子》三十四章)。圣人多么聪明,以不自大维持大,既让人们看得好看,又可安居大之位。

如果事物过了量,面临倾覆之险又该如何处理呢?《老子》的回答是损有余而益不足。"天之道损有余而补不足,人之道则不然,损不足以奉有余。孰能有余以奉天下?唯有道者"(《老子》七十七章)。

在处理事物的量的关系上,《老子》有两条原则:第一叫不盈,第二叫去余,这样就可以保证事物的稳定和安全。《老子》相当重视量在变中的地位,不过研究的重点不是变,而是如何控制量的限度,以防量变引起质变。这是保守之术,非进取之道。

(4)居上谦下。《老子》对上下、贵贱、胜败之间的关系进行了惟妙惟肖的分析和考察。作者不像儒家那样主张居上示尊,维护上的神圣性。他们采取的方式比较迂回,主张居上谦下,以下安上。如"江海所以能为百谷王者,以其善下之,故能为百谷王。是以欲上民必以言下之,欲先民必以身后之。是以圣人处上而民不重,处前而民不害。"(《老子》六十六章)"善用人者为下。"(《老子》六十八章)"贵以贱为本,高以下为基,是以侯王自谓'孤'、'寡'、'不谷'。此非以贱为本邪?非乎?"(《老子》三十九章)上述种种,可谓是《老子》正题反作的绝笔。这些并不都是必然规律,但确实是较为常见的现象。就上下关系而言,居上而不顾下,就把自己赤裸裸的置于下的对立面,这对自己是极为不利的。如果处上而又能谦下,这样就可以抓住上下两面,使下成为自己居上的补充,从而以下安上。

(5)不争之争。《老子》的不争并非绝对不争,而是以不争为争。"以其不争,故天下莫能与之争"(《老子》六十六章)。这是最高的境界,也是绝妙的手段。不过这只能停留在理论上,在实际上是难以做到的。在矛盾的世界里,除非有坐以待毙的精神,才有可能接近不争的境界。

争众人之不争,是不争的另一种形式。"处众人之所恶,故几于道。居善地,心善渊,与善仁,言善信,正善治,事善能,动善时。夫唯不争,故无尤。"(《老子》八章)《老子》多次赞扬水,认为水最具不争的性格。其实水绝不是不争,它的特点是争下流。争众人之不争,使自己离开矛盾的漩涡,一般地说,这是比较安全的。楚国叔孙敖不受膏腴之封,宁愿选择薄瘠之地,其意就是争众人之不争,从而得以长保。

不争之争的再一种方式可称之为曲线之争。"不自见,故明;不自是,故彰。不自伐,故有功;不自矜,故长。"(《老子》二十二章)这种方式不是迎着目标直接上,而是通过迂回的道路达到目的。

不争之争更为特殊的方式是设法使对方不争。"善者吾善之,不善者吾亦善之,德善。信者吾信之,不信者吾亦信之,德信。"(《老子》四十九章)"报怨以德"(《老子》六十三章)。争不是单方面的事,我不争,对方可能还争,为此还要设法使对方不争。《老子》认为最根本的办法是满足对方的要求,即使不合理,也要迁就、宽容。

(6)知微、治于未乱。《老子》正面主张用弱,其反面则主张治弱,提出要把可能引起祸患的事物扼杀在摇篮中。"其安易持;其未兆易谋;其脆易泮(借为判,分也);其微易散。为之于未有,治之于未乱。"(《老子》六十四章)在这里用弱改为治弱、治微。

(7)创造条件使对方失败。《老子》从物极必反的观点观察事物,提出要善于等待,同时还要创造条件使某种事物走向自己的反面。"将欲歙之,必固张之。将欲弱之,必固强之。将欲废之,必固兴之。将欲夺之,必固与之。是谓微明。"(《老子》三十六章)这段话被人们视为辩证法的绝唱。的确,这种深谋远虑,为一般人所不及,又为一般人所不为。但事物也并非完全像《老子》所论那样,因为歙、张、弱、强、废、兴、夺、与等等并不是自己掌中之物。如果掌握了主动权,这些办法是可行的;如果没有相应的条件,事情未必如此。《老子》的说法只能是一计,而不是全谋;有可能,而非必然。言之为"必",实属谬误。但从弱用看,又不失为高招之一。

(8)以曲求全。"曲则全,枉则直;洼则盈,敝则新;少则得,多则惑。"(《老子》二十二章)这就是说,用弱用到极至,委屈反而能够保全。

(9)深藏不露。"国之利器,不可以示人"是《老子》的名言。还有一句话是"被褐怀玉"(《老子》七十章)。《老子》教导人们要把锋芒藏起来,不要让人知道自己的实力和底细。以虚掩实是很有用的一种谋略,是用弱的又一妙术。

以上从九个方面分析了《老子》的弱用之术。作者对"弱"在矛盾中的地位与作用作了充分的阐发,在认识上是一个极大的贡献。作者的致命弱点是把问题说过了头。在充满矛盾斗争的社会生活中,单靠"弱"是很难立足的。只有"弱"是强的一种补充手段时,才可能显示出它的真正力量,也才可以化保守为进取。把用弱作为解决矛盾的主要方法,在政治生活中多半要流于权术,也很少有进取精神。

四、小国寡民说

小国寡民是《老子》的理想国。作者认为,人们的生活应该是这样的:"使民有什伯之器而不用。使民重死而不远徙。虽有舟舆,无所乘之。虽有甲兵,无所陈之。使民复结绳而用之。甘其食,美其服。安其居,乐其俗。邻国相望,鸡犬之声相闻,民至老死不相往来。"(《老子》八十章)这就是说,要消灭一切技术,消灭一切文化,把人们的社会关系和交往减少到最低限度,使人更多地变成生物人。

许多人认为,《老子》的小国寡民说是幻想回到原始社会农村公社时代。我们认为,这种说法并没有多少根据,与其说是历史观的复古,不如说是对现实的反动。小国寡民说不是从历史的回顾中得出来的结论,而是从逻辑中演绎出来的。《老子》把奇巧利器视为祸患之源,把文化视为争权夺利的工具,为了避免祸患和争名夺利,须将利器与文化毁掉,小国寡民的生活正是如此。《老子》对仁、义、礼、忠、信等进行过猛烈抨击,因为这些东西是对道的破坏,也是乱之本,因此主张将其抛弃。《老子》的杰出之处在于,作者们深刻地揭穿了神圣礼义下的卑鄙行为,对礼进行了鞭挞。但是作者完全忽视了这样一个基本事实,礼义又是人类文明进化的重要标志之一。批判礼义的肮脏面是对的,但连礼义本身也抛弃,就走向了另一端。

小国寡民说主要不是反对压迫与剥削,而是反对文明与技术进步。

《老子》是一部奇书,它把真、善、美、伪、恶、丑溶为一体。在许多格言式的论断中,既有深邃的思想,又有浅薄的空论;乍然看去,充满了辨证思维,揭开另一面,又露出了形而上学;看起来是荒唐,细细琢磨又包蕴着真理的成分。作者对许多丑恶的现象进行了尖锐的批判,使人感到痛快,可是借助批判又把人引向歧途。这部书给人以智慧,更教人以权诈。如果你相信它,那一定会上当;如果把它弃置一边,则又抛掉了智慧之花。所有这一切,都同政治思想连接在一起。最后,我们要说一句,《老子》没有引导人们向前看。

第二节 《庄子》的自然主义政治思想

庄子(约公元前369～前286年),名周,宋人,是战国时期著名的隐士。他作过"漆园吏",有时又以打草鞋为业。大约因庄子善文,又善辩,在知识阶层颇有名望。楚国曾出资五千金聘他为相,但他视官禄如粪土,不仅不受聘,反而把使者奚落了一番。庄子一生不入仕,但他对炎凉世态的观察却独具眼光。庄子的主观目的是想出世,为此他极细致地研究了世态,相应地提出了一整套理论,在先秦思想界开辟了一个新领域。

《庄子》共三十三篇,分内篇、外篇、杂篇。关于《庄子》的作者,学术界众说纷纭,莫衷一是。有的说内篇为庄子之作,外、杂篇为其后学之作。有的则认为外、杂篇多数属庄子本人之作,内篇为后学之作。还有的认为,庄子本人之作分散在内外篇中,应具体分析。至于写作的时间,多数人认为书成于战国时期;有的则认为一些篇是汉初的作品。我们认为,《庄子》一书是庄子和战国时期庄子后学的论文汇编。由于书成众手,在具体看法上多有抵牾之处,不过主体思想大体相近,故而这里一并论述。《庄子》一书的主要思想可概括为一句话,即人性自然说和自然主义政治观。《庄子》一书中很难找到积极的治世方案,相反,看到的多是冷嘲热讽,然而嘲讽之中却包含着独到的见解,从而从另一角度开辟了认识社会的道路。《庄子》对许多问题的结论是荒谬的,但在认识的过程中却有许多光彩夺目的思想火花。

一、人性自然说

人是从哪里来的？这是探讨人性时不可避免要遇到的一个问题。从中国先民的有关认识来看,殷周时期占统治地位的看法是"天生蒸民"。从春秋开始,关于天的认识发生了变化,有些人把天说成是自然的原体,从而"天生人"这个命题也就具有了自然主义的色彩。在中国政治思想史上,全面论述人是属于自然的一部分,是自然界的一种存在形式,当首推《庄子》。《庄子》中有关这方面的论述很多,这里只抄录两段:

> 夫大块载我以形,劳我以生,佚我以老,息我以死。(《大宗师》)
> 人之生,气之聚也。聚则为生,散则为死。(《知北游》)

这里没有一点神秘主义味道,人的形体、生死、繁衍等等,都是自然赋予的,是自然的过程。

1. 人性自然

人既然是自然的一种存在形式,那么人的本性也如同自然界的其他事物一样,应该从自然中去寻找。人性如同鸭子腿短、仙鹤脖长一样,都是自然生就的。因此,自然的原生性是《庄子》人性论的最主要的论点。

《庚桑楚》云:"性者,生之质也。性之动,谓之为;为之伪,谓之失。"寥寥数语,提出了"性"、"质"、"为"、"伪"四个概念。成玄英《疏》云:"质,本也。自然之性者,是禀生之本也。"《在宥》篇所说的"物之质",也是指物之本。关于"为",郭象《注》(下称《注》)云:"以性自动,故称为耳;此乃真为,非有为也。""为"是指本能行动,不是指受意识支配的行为。关于"伪",《疏》云:"感物而动,性之欲也。矫性伪情,分外有为,谓之丧道也。"所以,"伪"的概念与荀子讲的"化性而起伪"(《荀子·性恶》)之"伪"相同,指人的主观能动性。不过在《庚桑楚》中,"伪"是对"性"的破坏,故称之为"失"。所以,人的能动性与性是对立的,性指的是生就的本质本能。

这种本质本能是人的主观意识不能支配和改变的。《山木》篇云:"有人,天也;有天,亦天也。人之不能有天,性也。"《注》云:"凡所谓天,皆明不为而自然。""言自然则自然矣,人安能故有此自然哉?自然耳,故曰性。"文中前后两个"人"字含义不同,"有人"之"人",指自然形态的人。"人之不能有天"之"人",指人的主观能动性。在作者看来,人的主观能动性不能支配和改变的自然本质和本能便是"性"。

在《庄子》许多篇中,都把人的意识视为性的对立物。这种对立集中表现在"心"与"性"的对立上。《缮性》说:唐虞以下,兴治化之流,浇淳散朴,人心开始动摇,结果离道行险,"去性而从于心"。心既是破坏性之源,由心计而产生的机巧便是破坏性的工具。《骈拇》篇说,诸如绳、墨、规、矩等等机巧,对人来说,都起着"削其性"、"侵其德"、毁其"常然"的作用。

心与情欲相通,所以情欲也是人性的对立物。《天地》篇说:"且夫失性有五:一曰五色乱目,使目不明;二曰五声乱耳,使耳不聪;三曰五臭熏鼻,困惾中颡;四曰五味浊口,使口厉爽;五曰趣舍滑心,使性飞扬。此五者,皆生之害也。"

《庄子》中的许多篇反复论述了社会的经济、政治、人伦道德等关系都是人性的桎梏。认为全部人伦道德可以归结为美、恶两类。《天地》篇说,美、恶虽有区别,"其于失性一也"。《应帝王》认为,只要还有一丝一毫的仁义爱人之心,就是"未始出于非人"。只有"其卧徐徐,其觉于于;一以己为马,一以己为牛;其知情信,其德甚真",才算"未始入于非人"。

《庄子》认为,只有取消心计,禁绝一切欲望,摆脱一切社会关系,使人保持纯自然状态,如同日月、星辰、禽兽、树木一样,任其自然生活,把人类完全融化在自然之中,才是最完整地保存了人性。

2. 反性归朴

《庄子》所讲的人性真谛是自然性,人类只有摆脱一切社会关系,与自然融为一体,如牛马悠然漫步在原野,才谈得上真正的人性。但是,人的自然性与现实社会处处相矛盾,那么,怎样改变这种状况,使人们回到自然呢?《庄子》提出了"反性"、"修性"、"循德"、"反情性"等一系列命题。

《庄子》认为,弃知绝欲,耕而食,织而衣,无目的的纯自然的生活,就能使"性"得到满足。《马蹄》篇说:"民居不知所为,行不知所之,含哺而熙,鼓腹而游,民能以此矣。"("以此"不通,据刘文典《补正》:"以"当作"止")《让王》篇对这种生活进行了具体的描述,其标志就是"同与禽兽居,族与万物并,恶乎知君子小人哉!"(《马蹄》)也就是说,自然化到与禽兽为伍,排除全部社会关系,一任自然,才算性的恢复。

《庄子》一书中有"活身"、"全形"、"卫生"、"尊生"、"养生"、"达生"等命题,对这些问题的论述,各篇不尽一致,但有一个共同点,即对生、形的重视。为了"全形养生",必须处理好与如下诸方面的关系:第一,与社会的关系。《庚桑楚》篇说:"夫全其形生之人,藏其身也,不厌深眇而已矣。"《疏》云:"全形养生者,故当远迹尘俗,深就山泉,若婴于利禄,则粗而浅也。"远世藏身是一种消极的方式。更积极的方法则应像庖丁解牛游刃于骨肉之间那样,要善于在社会的空隙中游泳。第二,与思想的关系。《庄子》认为心计思虑对生形有损,因此不要以思虑伤害形生。《庚桑楚》篇云:

"全汝形,抱汝生,无使汝思虑营营。"《德充符》说:"道与之貌,天与之形,无以好恶内伤其身。"第三,与用养的关系。人的形生要靠物质营养,须有物质之用。但用养不当也会有损于形生。《让王》篇提出:"不以所用养害所养。"又说:"虽贵富不以养伤身,虽贫贱不以利累形。今世之人居高官尊爵者,皆重失之,见利轻亡其身,岂不惑哉!"善养生者,应把自己的生命看得比一切都重要。第四,与无为和有为的关系。《庄子》认为,一切有为之举都伤害形生,无为是保全形生的要道妙术。《应帝王》提出:"无为名尸,无为谋府;无为事任,无为知主。"浑沌术是保障生命的不二法门,开窍、有为是通向死亡之路。第五,与有用和无用的关系。《人世间》说:"夫柤梨橘柚,果蓏之属,实熟则剥,剥则辱;大枝折,小枝泄。此以其能苦其生者也。故不终其天年而中道夭,自掊击于世俗者也。"人也是如此,只要对于人和社会有用,均会招来伤形害生之祸。只有无用之物,才能保其生、全其形,这叫无用之用。

由上可以看出《庄子》对形生的重视。需要稍加说明的是,《庄子》所说的养生全形,与那些延年益寿之术不同,后者屡屡受到《庄子》的抨击。在《庄子》看来,那些"引导"、"吐故纳新"以求延年益寿者的致命伤在于怕死。而《庄子》的养生全形之旨在于遵从自然之道,不可搅乱形生的天然进程。

忘己、无己、与天合一是反性归朴的更高级阶段。所谓"与天为一"就是要把己完全溶化于自然之中,不应因为自己是"人"而沾沾自喜,不应有任何高于其他物的情感。像《大宗师》中所说:"今之大冶铸金,金踊跃曰:'我且必为莫邪。'大冶必以为不祥之金。今一犯人之形,而曰:'人耳人耳',夫造化者必以为不祥之人。今一以天地为大炉,以造化为大冶,恶乎往而不可哉!"在作者看来,人与万物一样,都是天地造化的产物,应等量齐观。怎样才能与天地为一呢?《庄子》作者开的妙方之一是"忘己"。《天地》篇说:"有治在人,忘乎物,忘乎天,其名为忘己。忘己之人,是之谓入于天。"作者认为,天下最难忘却的是自己,如果连自己也忘掉了,自然就能进入与天为一的境地。比"忘己"更妙的是"无己",这并不是简单地消灭自己,而是己与自然为一。《则阳》篇说:"夫圣人未始有天,未始有人,未始有始,未始有物,与世偕行而不替,所行之备而不洫。"《庄子》许多篇讲无己,以至宣颖得出结论,认为抓住"无己"二字,一部《庄子》尽矣。宣颖的说法显然有失偏颇,因为《庄子》书中有许多地方特别强调有己。但"无己"确实是《庄子》中反性的重要理论之一。

综上所述,人性自然和回到自然中去是《庄子》对人的最基本的认识。

这种认识的致命弱点在于排斥人的社会性。然而就其强调人的自然性这一点而论,在人类的认识史上又有划时代的意义。在《庄子》的时代,社会扼杀了多数人的自然要求和生的权力。《庄子》的作者把被扼杀的自然性揭示出来,开辟了人类自我认识的新途径。《庄子》强调人的自然本质,又为批判和揭露当时被人们认为神圣不可侵犯的许多社会准则与传统提供了理论依据。

二、对桎梏人自然性的社会关系与社会观念的批判

《庄子》各篇对人性与反性方式的论点虽然不尽相同,但在排斥社会性这一点上大体是一致的。庄子及其后学认为,当时的各种社会关系是对人性的束缚。整个社会就是一个大牢笼、大屠宰场。无论是"善"的,还是"恶"的,都是对本性的破坏。越是被人们称为美妙的东西,在《庄子》看来就越坏。如果说作者看待社会的心理是阴暗的,那么他所披露的被掩盖着的那一面社会现实确实有许多肮脏之处,这在剥削阶级占统治地位的历史上常可以看到。在启发人们深刻地认识事物方面,一本正经的教训远不及辛辣的讽刺有效。《庄子》便属于后者。

1. 对治人治世与权力的批判

人们习惯于歌颂治世、治人,而谴责乱世、乱人。《庄子》却一反常人之见,认为一切祸乱的根源恰恰在这个"治"字上。人类的自然性与统治者的关系,如同陶土与陶冶者、树木与工匠、马与伯乐的关系一样,都是后者对前者的破坏。这种破坏表现在两个方面:一是"乱世之性"(《天道》),引起性情"烂漫",使人类自身每况愈下,不可收拾;二是"治人"也破坏了自然界的和谐,"乱天之经,逆物之情,玄天弗成;解兽之群,而鸟皆夜鸣;灾及草木,祸及止虫"(《在宥》)。

人们都称道黄帝、尧、舜是"治天下"的"圣人",然而《庄子》中的某些篇认为,历史上一切混乱正是他们的"治"开始的。故云:"治,乱之率也,北面之祸也,南面之贼也。"(《天地》)《庄子》许多篇还讲到,救一世者,其后果殃及万世。

《在宥》篇曾经以这种思想为指导,具体叙述了黄帝倡义乱世的历史。人们都希望"治人"、贤圣出来治世,而《庄子》却认为:"其存人之国也,无万分之一;而丧人之国也,一不成而万有余丧矣。悲夫!有土者之不知也。"(《在宥》)这就是《庄子》对那些希望"治者"出来拯救人类的人们的回答。《庄子》的回答,未免太苛刻、太不通情理了,但在庄子的时代,这却是最深刻、最有价值的见解。在战国时代,希望圣明君主出世拯救世界的呼声四

起,弥漫了整个思想界,儒、墨、名、法无不如此。《庄子》却背道而行,对那些被想入非非弄得头脑发昏的人大泼其冷水。这些冷水,不管其中包含着多少恶意或悲观情绪,都不失为一副清凉剂。

在那个时代,有了权就有了一切,一般人都把权视为宝物。人们为了追逐权力而不顾一切,《庄子》却一反常态,对权力投以蔑视的眼光,视权为脏物,认为权力是约束人性的桎梏。《庄子》中有一个寓言讲明了这番道理:

> 庄子钓于濮水,楚王使大夫二人往先焉,曰:"愿以境内累矣。"庄子执竿不顾,曰:"吾闻楚有神龟,死已三千岁矣,王巾笥而藏之庙堂之上。此龟者,宁其死为留骨而贵乎?宁其生而曳尾于涂中乎?"二大夫曰:"宁生而曳尾涂中。"庄子曰:"往矣,吾将曳尾于涂中。"

历史上有无其事,无关紧要。故事的用意深刻地表达了庄子一派对权力的看法,理论通过文学的形式表达出来。

以上是斯文的说理,在《庄子》中更多的是怒骂。《庄子》对那些被人们公骂的不肖之主不置一词,而专骂那些被人们称颂为神圣的帝王君主,认为黄帝、尧、舜、禹、汤、王季、文王、武王、周公是真正的伤天害理的罪魁,君主是真正的大盗大贼。"大盗者为诸侯","窃国者为诸侯"。君主的所作所为都是自私的,是违反自然规律的。"天地之养也一,登高不可以为长,居下不可以为短。君独为万乘之主,以苦一国之民,以养耳目鼻口。"(《徐无鬼》)这虽是在痛斥魏武侯,但作者的真正意图是通过魏武侯这个典型来鞭挞所有的君主。

浅薄之辈总是谴责士民的伪诈欺盗,而《庄子》却用力去捕捉引起士民伪诈欺盗行为的罪魁,这个罪魁就是君主。君主的强民所难,"重为任而罚不胜,远其塗而诛不至。民知力竭,则以伪继之,日出多伪,士民安取不伪!夫力不足则伪,知不足则欺,财不足则盗。盗窃之行,于谁责而可乎?"(《则阳》)对此,郭象注四个字:"当责上也。"其实,这里不注也是自明的。

从历史的进程看,在剥削阶级占统治地位的社会中,凌驾于社会之上的权力是不会消失的。任何想把这种权力从社会上一笔勾销,都只能是幻想。《庄子》对权力的批判与揭露不能说都是科学的,也不都是积极的,但却是深刻的。最光辉之点是它第一次指出了由剥削者掌握的权力是对人性的破坏,是人的异己力量,是社会罪恶的制造者。

2. 对心计与知识的批判

人类不同于其他动物的一个最主要的标志是人有能动的思想意识。

这在先秦诸子中，被称为"心"、"知"、"思"等等。《庄子》诸篇对"心"、"知"、"思"等的看法不完全一样。有的篇有限地承认"心"、"知"的作用，"心"应该用在顺"性"上，"知"应该用在知"道"上，从而使"性"、"心"、"知"统一起来。因此《庄子》有"养心"、"知道"之论。而另一些篇则认为"心"、"知"与人性是相背离的。心计、知识、智慧的活跃与发展会给人性带来破坏，是社会的祸乱之源，从而把"心"、"知"放到了被告席上。下面我们着重分析后一种理论。

《庄子》认为，人类的原始状态是无心计、无知识的，因而过着无忧无虑的和平生活。自从黄帝、尧、舜等来到人间，这种生活环境就被破坏了。他们搅动了人心，挑起了情欲，把"心计"这个魔鬼放出来，从而酿出了历史的大祸。"心"、"知"使人们争名夺利，结果破坏了自然界的秩序，造成了思想混乱，使日月、天地、四时、万物都失去了本性。心知一出现，人们都竞相追逐聪明，施计斗巧，其结果不仅使个人损性，而且造成"亡国戮民无已"之祸（参见《徐无鬼》）。人们都说盗贼可恶，而盗贼又是从哪里来的呢？如果没有盗心贼知，又哪里来的盗贼！所以在《庄子》看来，智慧、知识既是盗贼行为的发动机，又是盗贼行盗的工具。"举贤则民相轧，任知则民相盗。"（《庚桑楚》）《庄子》的这种看法毫无疑问是谬论，然而它却又反映了一个事实，即政治上的奸诈、阴谋、猜忌及对人民的巧取豪夺，总是与聪明才智相伴行的。尔虞我诈、欺世盗名就是心智在邪恶方面最令人注目的表现。毫无疑问，争名夺利，贼盗寇攘，不用心计是不行的，但产生这些现象的本质原因绝不是聪明才智，这里显然是《庄子》错了。

3. 对名利的批判

名利是当时社会，也是整个私有制社会里人与人相互关系中最普遍的一种。就实而论，任何人也无法摆脱这种关系。《庄子》却认为，人们只有从名利中解脱出来，才能回到自然，因此，对名利欲望大加鞭挞。

《庄子》认为，名利欲望同人的本性是对立的。《庚桑楚》曾把名利欲望概括为四个方面，二十四种表现，简称为"四六"。即："贵、富、显、严、名、利，六者勃志也；容、动、色、理、气、意，六者谬心也；恶、欲、喜、怒、哀、乐，六者累德也；去、就、取、与、知、能，六者塞道也。"《庄子》认为"四六"不去，人性难复。去掉"四六"便能使心归于正。"正"就是人性的恢复。故又说："此四者，不荡胸中则正。正则静，静则明，明则虚，虚则无为而无不为也。"这种连锁反应的最终结果，就是《庄子》理想中的"有人之形，无人之情"之人了（参见《德充符》）。

《庄子》认为，名利之类都属于性外之物，而"外物不可必"（《外物》）。

第五章 道家以法自然为中心的政治思想

如果一定要追求名利,就必然招祸。比如关龙逄、比干、箕子、恶来、桀、纣、伍员、苌弘、孝己、曾参等等,都是因为追求外物——名或利,招来了伤害。这些见物忘本之举,是庄子学派最禁忌的。例如父母与子女的关系称为"天属"。如果千金与子女不可兼得,去卖儿弃儿,破坏"天属"关系,那一定是贪利之辈。所以利是"天属"的破坏者。再者,名利之所以不可取,还因为名利必定要向灾祸转化。占有名利的人往往为他人所觊觎,结果常常是占有名利者倒霉。"荣辱立,然后睹所病;货财聚,然后睹所争。今立人之所病,聚人之所争,穷困人之身使无休时,欲无至此,得乎!"(《则阳》)

《庄子》关于名利招祸的观点,如果不以个别人物为限,而是从总的趋势看,不无道理。因为只有"有者"才能有所失,一无所有者是不会失掉什么的。然而《庄子》完全忘掉了一个简单的事实,一个人如果不能得到起码的"有",连生命也是无法维持的,人类社会又将如何延续呢?《庄子》把名利说得如此消极,与那个时代是不相符的。

《庄子》抨击名利,还有这样一个理由:一个人得到的名利越多,他的尊严丧失的越多。《列御寇》中讲了一个故事:曹商为宋偃王使秦,因应对得当,秦王赐车百乘。曹商回到宋国,向庄子夸耀了一番。庄子有感于此,说:"秦王有病招医,破痈溃痤者得车一乘。舐痔者得车五乘,所治愈下,得车愈多,子岂治其痔邪?何得车之多邪?子行矣!"在作者看来,名利获得多少与人格下降程度成正比。这种说法失之于尖刻和偏颇,但确实刺中了当时官场的流行病。作者认为,为了保持自身人格的价值和尊严,最好不要让名利来玷污自己。

《庄子》如此猛烈地抨击和卑弃名利的思想,在当时是消极的,但他所论述的名利与人性相矛盾的观点为人们打开了一个认识社会的窗口。

4. 对忠孝仁义的批判

人伦关系是社会关系的重要方面之一。在先秦诸子中以儒家倡导最力,有一整套以忠孝仁义礼乐为主要内容的理论体系与实践准则。法家中的《商君书》派与韩非子,从法与利的观点批判过仁义,但并未全盘否定仁义。《庄子》中的某些篇也没有对仁义礼乐采取全盘否定的态度,而是按照道家的思想进行了改造。但是《庄子》的多数篇章对仁义进行了猛烈的抨击,认为仁义、人伦一类关系应根本摒除。

在《庄子》看来,仁义与道家之"道德"是根本对立的。大道废而后有仁义这一说法,是《老子》一书首先提出来的,但未加说明论证。《庄子》继承和发挥了这一观点,认为"道"、"德"是自然的本性,仁义则是人的有意志的行为。"道不可致,德不可至。仁可为也,义可亏也,礼相伪也。"(《知北游》)又说：孝悌仁义、忠信贞廉，"此皆自勉以役其德者也"(《天运》)。因此道德与仁义的对立是自然与人为的对立。道、德是自然的"全"，而仁义总是偏执一方。偏执一方就必然会走向另一端，《庄子》所说的"合则离，成则毁，廉则挫，尊则议，有为则亏，贤则谋，不肖则欺"(《山木》)，讲的就是这个意思。在《庄子》看来，偏执一方是对道、德的破坏，并且构成了恶性循环。

《庄子》认为，仁义这类东西不属于自然本性，是那些好事的"圣人"(非道家所称之圣人)制造出来的。"毁道德以为仁义，圣人之过也"(《马蹄》)。仁义的兴起，引起了一系列恶果。

其一，引起了"分"。民原本是无"分"的，自从有了礼乐，民就有了贵贱之分。因此，礼乐制度对人的自由是一种束缚和桎梏，起着"匡天下之形"的作用(参见《马蹄》)。

其二，仁义的倡导和流行动摇了"天下之心"，从而引起了"疑"。人们互相猜疑勾斗，万事皆乱(《马蹄》)。

其三，好知而争利，利的危害如前所述，乃是万恶之源。

《庄子》认为，人只要为仁义、礼乐、知、利之念缠绕，势必颠三倒四，坐卧不安。"不知乎？人谓我朱愚；知乎？反愁我躯。不仁则害人，仁则反愁我身；不义则伤彼，义则反愁我己。"(《庚桑楚》)总之，只要与仁义沾边，便如同播糠眯目，四方不辨；如蚊虻叮肤，通宵不寐；如敲锣打鼓，觅求亡子，无一时安宁。

许多思想家总是把仁义与爱人连在一起，儒、墨两家在这方面表现得最为突出。众多的人睁大眼睛望着爱人者出世，以便受其惠。《庄子》的作者却冷眼以待，仔细观察，他们得出的结论是："捐仁义者寡，利仁义者众。"(《徐无鬼》)因此越提倡仁义，假仁义以利己者就越多，甚至仁义其外，禽兽其内，仁义变成了兽行者的工具，于是进而提出"虎狼，仁也"(《天运》)，"夫兼爱，不亦迂乎！无私焉，乃私也"(《天道》)等彻底否定仁爱的警句。《庄子》的这种说法不免有失刻薄、武断，但又无疑是一针见血地揭露了当时社会的现实。在那个时代，可以有仁爱的呼声和笃信者，但没有付诸实现的社会条件。仁爱之论可以是改造社会的美好愿望，但又被吸吮人民血汗的刽子手当作包裹屠刀之用。仁爱温情脉脉的外表所掩盖着的这种虚伪性和残忍性，是由庄子首先揭露出来的。仅就这一点而论，《庄子》的看法就有划时代的意义。

5. 对喜生恶死观念的批判

生与死，既是生理过程，又是一个普遍的心理和社会问题。且不说厚生的社会影响,只要看看厚葬给社会带来的灾难,就会明白问题的严重性。因此,生死问题就成为各派思想家重要的研究对象。有的思想家把生死视为人的本性,并据此引出一系列政治原则。《庄子》却认为,被生死问题所纠缠实在是自寻烦恼。他提出了外生死的主张,以求彻底摆脱生死的束缚。如何做到外生死呢?《庄子》从各方面作了说明。其中最有价值的一点是它反复说明了生死是自然的过程。作者再三指出,生死的自然过程是人的主观意识不能改变的。"死生,命也,其有夜旦之常,天也。人之有所不得与,皆物之情也。"(《大宗师》)又说:"圣人之生也天行,其死也物化。"(《刻意》)用今天的观点来看,这些认识并不完全科学,但它沿着自然的过程来认识生死,在思路上是合理的。

基于这种认识,《庄子》极其藐视厚葬思想和风气。"庄子将死,弟子欲厚葬之。庄子曰:'吾以天地为棺椁,以日月为连璧,星辰为珠玑,万物为齎送。吾葬具岂不备邪?何以加此!'弟子曰:'吾恐乌鸢之食夫子也。'庄子曰:'在上为乌鸢食,在下为蝼蚁食,夺彼于此,何其偏也!'"(《列御寇》)这真是大彻大悟之论、发聋振聩之言。在厚葬成风的时代,庄子心胸坦荡,又有如此高的认识,实在是难能可贵。相形之下,那些孜孜以求厚葬的人显得多么渺小!

《庄子》的生死观从根本上说是关于人生观的问题。《庄子》的人生观彻底否定了人生的价值,而任何否定人生价值的观念都是消极的。但是在产生《庄子》的那个时代,下层人们的价值虽然已被一些人呼唤了很久,但依然停留在游说家的口头上和笔头上,贵族们依然故我,高贵者继续高贵,卑贱者照样卑贱。面对这种现实,《庄子》走到了另一个极端,与其肯定点什么,倒不如全部否定更觉痛快。《庄子》在这里有精神超脱的自我安慰,更有藐视一切的高傲。这里有沙子,也有黄金。

《庄子》对人类社会关系和一切文明成果进行了全面批判,把人的自然性与社会性完全对立起来,这无疑是谬误。因为即使在对抗的阶级社会中,人的自然性与社会性也有统一和互相补益的方面;同时也无可否认,双方还有对立的一面。社会关系的不平等性,其间剥削与被剥削、压迫与被压迫的本质,使多数人陷于被奴役的地位;文明的果实被少数人垄断、吞噬,多数人反受其害。《庄子》作者的杰出贡献就在于他们最先把这种对立关系揭示出来,使人们大开眼界。

三、政治主张与理想社会

《庄子》主张人类从社会关系的束缚中解脱出来。但实际上就像一个人不能提着自己的头发离开地球那样,任何人也无法离开社会。所以《庄子》的作者们不得不回到社会中来,并以他们的人性认识为依据,提出了相应的社会改造方案,编造了相应的理想社会。

1. 顺从自然

顺从自然是《庄子》社会政治思想的主要特点。为了顺从自然,《庄子》着重分析了天人关系。什么是天?《庄子》中的说法颇多,概括言之,即自然物和自然变化的过程。在探讨事物的本原时,事物的本原也被称之为天。

在处理天人关系上,《庄子》提出了如下一些主张:

"天而不人"(《列御寇》)。意思是说顺从自然,不要对天有任何的违抑行动,因为"物不胜天久矣"(《大宗师》),又何必去苦神伤形呢!这与"人定胜天"的思想形成了鲜明的对立。

"天在内,人在外","天人之行本乎天"(《秋水》)。《疏》云:"天然之性,韫之内心;人事所顺,涉乎外迹;皆非为也。任之自然。""恒以自然为本。"这就是说,人的行为要以天然之性为根本。这里虽不像"天而不人"那样绝对化,但仍然是以顺从自然为中心来谈人的主观能动性的。

以"知"养天。《大宗师》说:"知天之所为,知人之所为者,至矣。"意思是说:分清了天人所为,就是达到了认识事物的最高境界。这本是个很有价值的命题,但作者把"知"引向了自然主义的方向,分清天、人所为是为了养天。因此作者说:"知天之所为者,天而生也;知人之所为者,以其知之所知以养其知之所不知。终其天年而不中道夭者,是知之盛也。"这里所说的"知之盛"并不是指深入研究天人"所为"的关系,发挥人之"所为",利用、改造和顺乎天之"所为",而是封闭有限的"知",杜绝对天之"所为"进行深入的探讨,并且用这有限的"知"去护养"所不知"的天。

"工乎天而拙乎人"(《庚桑楚》)。这是《庄子》给圣人提出的处理天人关系的又一准则,即圣人善于契合自然而拙于人为。这里所强调的仍然是用尽全力去顺天。

根据以上天人关系的理论,"治"属于"人"的范畴。《庄子》认为,照理讲最好不要提出"治"的问题,最好"不治天下",如果"君子不得已而临莅天下,莫若无为"(《在宥》)。无为就是顺从自然。"天有六极五常,帝王顺之则治,逆之则凶"(《天运》)。"六极"、"五常"之所指,注家不尽一致,大凡"六极"即"六合","无常"即"五行"之说比较切合《庄子》的思想。

2. 顺民情

顺民情是《庄子》政治思想的另一个基本内容。《山木》以尧、舜为托,认为治民之要在顺形率情。"形莫若缘,情莫若率。缘则不离,率则不劳。"缘、率皆是顺从、遵循之意,缘形率情即任其自然。《则阳》篇的作者具体形象地说明了治民的顺形率情之术:"君为政焉勿卤莽,治民焉勿灭裂。昔予为禾,耕而卤莽之,则其实亦卤莽而报予;芸而灭裂之,其灾亦灭裂而报予。予来年变齐,深其耕而熟耰之,其禾蘩以滋,予终年厌飧。"治民如同种庄稼,要顺其性而深耕细芸,否则带来的只能是报复。《则阳》的作者借庄子对上述这段话的评论,批判了当时治民中的离情灭性之举。"今人之治其形,理其心,多有似封人之所谓,遁其天,离其性,灭其情,亡其神,以众为。"

《庄子》认为,为了使民"安性命之情",至关紧要的是"无擢其聪明"(《在宥》)。否则会使民心动荡,而民心动荡是一切变乱之因。为了不惊动民心,关键是把握一个"静"字。他们提出了绝圣弃知的主张,"掊击圣人,纵舍盗贼,而天下始治矣"。"圣人已死,则大盗不起,天下平而无故矣"(《胠箧》)。更有甚者,《胠箧》的作者对人类已经达到的科学技术文化成就进行了攻击,认为只有毁弃这些成就才能使天下恢复本性。

3. 君主无为

帝王问题是当时被政治思想界广泛论述的重要问题。这个问题在《庄子》中也占有一定的地位。

《庄子》对君主进行了正面的抨击,但《庄子》并不是彻底的无君论者,在它描绘的理想社会的蓝图中,有的有君主,有的无君主。有的篇则把历史上所有的君主都涂成黑色。《庄子》认为取得君位的方式不应是争或盗,而应该是通过修行道德而来,所谓"君原于德而成于天"(《天地》)。《天道》篇说,修道达到了"无天怨,无人非,无物累,无鬼责"的境地,就能"一心定而王天下","万物服"。《让王》篇云:"唯无以天下为者,可以托天下也。"这就是说,只有无权力欲望的人,才可以委托以天下;那些争权力、争天下的人是不配作帝王的。《庄子》告诉人们,凡属想要权者,那一定是自私自利的人。把天下交给这样的人,天下就会变成他的囊中私物。只有把天下托给"无以天下为者"之人,天下才不会变成私有之物,因为这样的人根本就不把天下放在眼里。

《庄子》关于君主理论最耐人寻味的一点,是关于君主不能有超越社会之上的特权的主张。这种主张的理论依据是:一切人在自然面前是平等的。"天地之养也一,登高不可以为长,居下不可以为短。"根据这一原则,作者批判了君主"苦一国之民"以自乐的行为。认为这种行为不仅伤民,而且伤己之神。圣人之治如同天地化育万物而不占有,应该是"为而不恃"。

如《应帝王》云:"明王之治,功盖天下而似不自己,化贷万物而民弗不恃"。

与"为而不有"相续的是无欲而天下足。《天地》篇说:"古之畜天下者,无欲而天下足,无为而万物化,渊静而百姓定。"这种说法显然是针对当时统治者的贪得无厌造成天下的贫困而发的。这种"无欲"论在经济关系上表现为薄税敛论。《列御寇》中以卖浆者薄利广销、生意兴隆为例,劝说"万乘之王"也要薄收,这样其统治才能长久。

根据在自然面前平等的原则,《庄子》认为帝王应具备有势而不骄的品质。"势为天子而不以贵骄人,富有天下而不以财戏人。计其患,虑其反,以为害于性,故辞而不受也。"(《盗跖》)这种思想无疑是针对那些依势骄人者而发的。这是《庄子》的作者以其人性论为中心,对权势者提出的限制措施。

《天道》、《在宥》等篇认为,君道无为与臣道有为是一个问题的两个方面。"无为"讲的是人君南面之术,帝王可以"不自虑","不自说","不自为"。但臣不能如此,为臣者必须"有为"。"上必无为而用天下,下必有为为天下用,此不易之道也。"(《天道》)帝王无为无责,臣下有为有责。"无为而尊者,天道也;有为而累者,人道也。""主者,天道也;臣者,人道也。"(《在宥》)这种无为理论应该说也是从《庄子》顺自然的人性论蜕变出来的,而且蜕变得相当符合某些帝王的胃口。

《庄子》还认为,君主应承担责任,"古之君人者,以得为在民,以失为在己;以正为在民,以枉为在己。故一形有失其形者,退而自责"(《则阳》)。这里,《庄子》对君主提出了极高的要求,强调君主必须承担社会所失,这是极有价值的思想。

4. 平均思想

在《庄子》的政治思想中,"平均"思想具有特殊的地位。针对社会贵贱、贫富悬殊的现象,在《庄子》之前已有人提出了"平"和"均"的主张。但把"平均"连在一起的要首推《庄子》。在中国政治思想史上,《庄子》首先提出了在自然面前人人平等的思想。《人间世》说:"与天为徒者,知天子之与己皆天之所子。"这种思想在实际上只能是自我安慰,但在理论上却有划时代的意义。过去说,只有君主才配称"天子",或虽都是天生,但天生有等。《庄子》却提出了"天子"与"己"都是"天之所子"。这个天不是神,而是自然。既然"天子"与"己"同出于自然,因此便无贵贱之分。那种贵贱之分是应当受到藐视的。《庄子》这种天赋平等思想,在当时是对等级制的最有力的批判,是"己"的自我解放。

《庄子》认为,"平均"是从无情中引申出来的。《达生》篇说:"复仇者不折莫干,虽有忮心者不怨飘瓦,是以天下平均。"意思是说,名剑干将、莫邪是无情之物,落瓦是无心之物,它们不是有意伤人,故而不为人所怨恨。而人间一切不平等的事情都是由情造成的,因此要消除不平,首先要根除人们的情欲。把人们的情欲视为"不平"的原因,从今天看无疑是肤浅的。但从历史上看,这是人类探讨不平根源的最早学说,也是当时对社会的最深刻的认识之一,因为它探讨了现象背后的原因。《庄子》上述观点的理论价值在于:"不平"的原因不能从自然中寻找,而只能从人们的社会性中来寻求。

《盗跖》篇还从福、害的转化关系上论述了"平"与"有余"的不同后果。"平为福,有余为害者,物莫不然,而财其甚者也。"接下去列举了"富人"因财物有余而带来的六种灾害。"此六者,天下之至害也,皆遗忘而不知察,及其患至,求尽性竭财,单以反一日之无故而不可得也。故观之名则不见,求之利则不得,缭意绝体而争此,不亦惑乎!"在作者看来,处于有余地位者,一旦大祸降临,身家性命不可保,欲"平"而不可得。反之,如果能保持与他人均"平",就不会招来嫉妒,因此便可以保福而不败。

《庄子》还对"维齐非齐"的观点进行了反驳,指出:"以不平平,其平也不平。"(《列御寇》)这就是说,以不平求平,焉有平之理。

《庄子》的平均思想是对不平现实的批判与谴责,从历史的角度看是不现实的。不过,为了铲除不平的灾难而产生的平均思想,这首幻想曲反映了苦难人们的心声。心声是衡量历史的尺度之一,我们不能否认它的历史价值。平均思想在当时乃至在整个中国古代都是反对特权思想最有力、最革命的武器之一。

5. **理想社会**

《庄子》的作者还描绘了他们的理想世界,这就是"至德之世"、"建德之国"、"至治之世"、"无何有之乡"等等。《庄子》理想国最主要的特征是人完全回到了自然,人与"万物群生,连属其乡"(《马蹄》),"民如野鹿"(《天地》)。在《庄子》看来,一切社会关系都是人性的异化,应当全部抛弃。所以,《庄子》的理想世界也是以它的人性为基础,从批判现实中引申出来的。如何抛弃这些社会桎梏,历史没有给《庄子》的作者们提供可以利用的条件和进行推理的依据,在他们看来,惟一的道路就是将社会这个大"粪坑"毁掉,使人们回到自然。

人类回到自然后的生活状况是怎样的呢?《庄子》是这样叙述的:人们的知识、心计减少到了最低限度,"民愚而朴,少私而寡欲"(《山木》)。人类完全靠自然生活,无技巧之用,"山无蹊隧,泽无舟梁"(《马蹄》)。人们尽力劳作,只求一饱,"知作而不知藏,与而不求其报"(《山木》)。人们不知仁义礼乐,但却生活得很谐调,"不知义之所适,不知礼之所将"(《山木》)。"端正而不知以为义,相爱而不知以为仁,实而不知以为忠,当而不知以为信,蠢动而相使,不以为赐"(《天地》)。人们的行为既无一定的目的,也无特定的方向,"其行填填、其视颠颠"(《马蹄》)。填填,安详满足貌;颠颠,无外求专一貌。"其生可乐,其死可葬。"(《山木》)自然出世,自然生活,自然消逝。除了自然过程之外,自己既无需要,也不应该给后世留下什么值得回味的东西,一切随自然而消失,这叫作"行而无迹,事而无传"(《天地》)。在这样的社会中,没有君子、小人之分,更不会有"尚贤""使能"之举,阶级与国家都是不存在的。

《庄子》的理想社会是建立在人性自然的理论之上的,而不是从历史的论证中得出来的。至于某些地方与原始社会相似,这是因为原始社会人类的自然性较之文明时代更突出的缘故。人具有自然性,又具有社会性,社会性是随着文明时代的到来而突飞猛进地发展起来的。所以历史越古,人的纯自然性成分就越多。《庄子》把人还原给自然的理论正好与这种历史发展的过程有某些吻合。

由于《庄子》的理想社会是理论逻辑推理的产物,所以具有突出的理论性质和现实批判主义性质。对《庄子》中的历史不能当作信史看待,而应视为理论的一种表达方式。对《庄子》的政治思想加以复古倒退之类的批驳之词,恐未能击中要害。

《庄子》一书中,既有颓废没落者的奇谈怪论,又有对吃人制度最无情的批判;作者们讲了一整套不与当权者合作的理论,但有时也给当权者出一些治民的要道妙术;作者把被统治者的苦难当作抨击统治者的佐证,喊出了人们的心声,可是他们又要把被统治者好不容易争来的一点点物质与精神文明毁掉。在《庄子》思想中,有不少是弱者的精神安慰剂,然而在当时的条件下,这种安慰剂又是维护强者占据物质优势的特殊堤防。

第三节 马王堆《老子》乙本卷前古佚书的黄老政治思想

西汉时期,人们又把"道家"称为"黄老","道家"与"黄老"是同义的。其实这种说法并不确切。"黄老"属于道家,但道家并不都是黄老,黄老只是道家中的一个派别。"黄老"具备如下两个特点:第一,称颂黄帝;第二,思想上承继老子。也就是说,要把老子和黄帝的思想结合在一起才能称为

"黄老"。从现有的资料来看,《庄子》中有些篇向这个方向迈出了第一步,马王堆《老子》乙本卷前古佚书则是实现两者结合的代表作。这些古佚书包括四篇:《十六经》、《经法》、《道原》和《称》。这四篇虽非一人所作,但思想相近,故予以一并讨论。

一、顺天合人与循理用当原则

1. 顺天合人

古佚书政治思想最主要的特点是主张把天、地、人统一起来,作为政治的立足点,只有兼顾三点,才能治国。《十六经·前道》说:"故王者不以幸(侥幸)治国,治国固有前道,上知天时,下知地利,中知人事。"《经法·六分》说:"王天下者之道,有天焉,有人焉,又(有)地焉。参(三)者参用之,〔故王〕而有天下矣。"

四篇古佚书中所说的"天"、"天道"、"天极"、"道"、"虚无形"、"一"、"虚"等等,细分析起来小有差别,但基本上指的是一个东西。道的本质究竟是唯物的,抑或唯心的,这里不论。要之,最常见的自然现象和运动规律都包括在道的范畴之中。

关于人之道,最主要指社会的基本秩序,即君主上下贵贱的区分。《经法·道法》说:"万民之恒事:男农、女工。贵贱之恒位:贤不肖不相放。畜臣之恒道:任能毋过其所长。使民之恒度:去私而立公。"在社会中,君、佐、臣、民各有其处,《经法·四度》说:"君臣不失其立(位),士不失其处,任能毋过其所长,去私而立公,人之稽也。"《经法·六分》中提出要"主主、臣臣"。《君正》提出"贵贱有别"。上述这些是人道的根本。另外,大家共同使用的器用标准,如度、量、衡之类,也属人之道。还有动静参于天地,生杀得当也都属于人道。

天道、人道既有区分,又可为一体。《经法·四度》说:"极而反,盛而衰,天地之道也。人之李(理)也。"由于天人同理,人们的行为应该保持两者的统一与谐和关系,这就可以形成天人之间的良性循环。《十六经·前道》说:"圣〔人〕举事也,阖(合)于天地,顺于民,羊(祥)于鬼神,使民同利,万夫赖之,所胃(谓)义也。"《经法·君正》说:"人之本在地,地之本在宜(指宜种之作物),宜之生在时,时之用在民,民之用在力,力之用在节。知地宜,须时而树,节民力以使,则财生。赋敛有度则民富,民富则有佴(耻);有佴则号令成俗而刑伐(罚)不犯。号令成俗而刑伐不犯则守固单(战)朕(胜)之道也。"这两段话把天、人关系良性循环的条件论述得十分清楚,关键是人要"因天"(《经法·君正》)、"顺天"(《十六经·姓争》)。

就天、人的基本关系而论,天地制约着人,天是人的主人。如果人顺天而行,人就掌握了主动权,反客为主。《十六经·姓争》说:"天道环(还)于人,反(返)为之客。"人能掌握天道之时机,顺从天道,天道就成了人的客人。

作者一再劝告人主说:政治的总方针是要天、地、人结合起来,顺天合人。《十六经·姓争》说:"顺天者昌,逆天者亡。毋逆天道,则不失所守。"《称》中讲:"毋先天成,毋非时而荣,先天成则毁,非时而荣则不果。"《十六经·观》说:"圣人不巧,时反是守。"顺天则"五谷溜孰(熟),民〔乃〕蕃兹(滋)。君臣上下,交得其志"。作者把天道视为一国之命脉。顺天道则兴,违天道则败。《经法·论》更明确地提出,一切人事只有"与天地总",即综合在一起,才能平安和兴旺。

古佚书把天、地、人作为统一体来考察,强调三者和谐一致,是很有见地的。作者虽然强调顺从自然,但他们并没有窒息人们的能动作用。人的能动作用可概括为四个字,即循理用当。

2. 循理用当

什么是理呢?《经法·论》说:"七法各当其名,胃(谓)之物。物各合于道,胃(谓)之理。理之所在,胃之(顺)。物有不合于道者,胃(谓)之失理。失理之所在,胃(谓)之逆。逆顺各自命也,则存亡兴坏可知〔也〕。"这里把问题讲得很清楚,物合于道者即谓理,这是关于理的基本规定。细加分析,理又有不同的含义。有的地方把理同自然客观的规律性视为一体。如《经法·论约》中所说:"四时有度,天地之李(理)也。"有的地方则把人们遵守客观规律的行为叫做理。《论约》中说:"〔人〕事之理也,逆顺是守。"有的地方则把人世间的相互关系和规范,称之为"人理"。《经法·四度》中说:"其(当为"失"之误)主道,离人理,处狂惑之立(位)处不吾(悟),身必有瘳(戮)。"无论哪一种理,都不是显露在外一望可知的,而要通过人的考察思索才能把握。《经法·名理》说:"审察名理名(此"名"疑为衍文)冬(终)始,是胃(谓)厩(究)理。"考察事物之理不能抱有成见,必须"虚静公正",才能"得名理之诚"。古佚书中的理既是客观的,又必须见诸于人的主观认识,循理把遵从客观规律与人的主观能动性结合在一起。

用当与循理相近,侧重讲人的行为与客观规律协调、平衡。《经法·道法》所讲的以平衡应变化,是"当"的核心。文中说:"应化之道,平衡而止。轻重不称,是胃(谓)失道。"抓住事物的平衡点就抓住了"当"。作者又把"当"分为"天当"和"人当"。"天当"指人遵从自然规律;"人当"指顺从社会规定和常习。作者认为,"过极失当"是人之大忌。违反"天当",必定要受到惩罚,违反人当也必定遭殃。"诛禁不当,反受其央(殃)"(《经法·国次》)。"当"还表现在要善于抓住事情变化的关节点。"静作得时,天地与之"(《十六经·姓争》)。是"当"的最佳状况。如果事物还不到成熟之时,过早采取行动,那就会事与愿违。《十六经·姓争》说:"时静不静,国家不定。"《称》中说:"先天成则毁。"《经法·国次》说:"不尽天极,衰者复昌。"反之,事情已经成熟,就应采取断然措施,否则也会招致祸患,"当断不断,反受其乱"。依作者之论,只要符合当,便无德、怨可言。《经法·君正》说:"受赏无德,受罪无怨,当也。"意思是说:当赏,无须感恩戴德;当罪,也不会产生怨恨。总之,循理用当,无事不通。反之,"过极失〔当〕,天将降央(殃)"。

顺天合人,循理用当,较为合理地解决了天人关系问题,既继承了《老子》因自然的思想,又纠正了老庄,主要是庄子的自然主义的消极倾向。

二、法断与审形名

顺天、循理、用当落实在政治上,集中表现为实行法治、法断与审名实。

1. 法理与法断

古佚书作者认为法源于道。《经法·道法》在提出了"道生法"的观点后,紧接着又论述了法的本质和作用,"法者,引得失以绳,而明曲直者(也)。"法犹如绳墨区分曲直一样,决定着事情的成败得失。

作者认为,法的基本精神是合民心、公正和无私。《经法·君正》说:"号令阂(合)于民心,则民听令。"所谓民心,首先表现在衣食男女关系上。《十六经·观》说:"夫民之生也,规规(细小貌)生食与继(生育)。"从高谈阔论的道德观念看,这种说法相当鄙薄,考其实则颇为中肯。因为吃饭和男女关系是当时人们生活的首要问题。《经法·君正》又说:"国无盗贼,诈伪不生,民无邪心,衣食足而刑伐(罚)必也。"古佚书的作者再三提倡爱民,认为爱民是从天地本性中引申出来的结论。《十六经·立命》借黄帝之口说:"吾畏天爱地亲〔民〕。"《经法·君正》说:"兼爱无私,则民亲上。"文中还提出了这样一个论点,民富是实行法的前提条件。"民富则有佴(耻)",有耻民听法令。如何才能爱民和富民呢?基本方法是"苟事("苟事"上疑脱一字,应与下文之"节"为对文),节赋敛,毋夺民时。"另外还要有一颗父母之心。作者把合于民心作为法的立足点,应该说是抓住了事情的根本点。

立法要合于民心,执法要公正无私。《经法·道法》中说:"使民之恒度,去私而立公。"《经法·君正》说:"精公无私而赏罚信,所以治也。"公正无私是道的本性,圣人因之。《六分》说:圣人"参之于天地,而兼复(覆)载而无私也,故王天(下)。"公正无私又是通向聪明之路。《经法·名理》说:"唯公无私,见知不惑,乃知奋起。"《道法》说:"公者明,至明者有功。至正者静,至静者圣。无私者知(智),至知(智)者为天下稽。"于是执法、无私与聪明三者构成一个良性循环。

作者认为,立法和执法是为政的根本,为此法一定要统一。《十六经·成法》记载黄帝向其臣力黑:"请问天下有成法可以正民者?"力黑答道:"吾闻天下成法,故曰不多,一言而止。循名复一,民无乱纪。"《经法·名理》说:"是非有分,以法断之。虚静谨听,以法为符。"《称》中说:"有义(仪)而义(仪)则不过,侍(恃)表而望则不惑,案法而治则不乱。"

为了有效推行法,法的制定者必须从自身作起。《经法·道法》说:"故执道者生法而弗敢犯殹(也),法立而弗敢废也,□能自引以绳,然后见知天下而不惑矣。"在那个时代,没有任何力量制约立法者必须执法,而立法者不执法又使法处于瘫痪或混乱状况。于是思想家们呼吁立法者应该首先从自身作起,然而由于没有相应的法律保证或法律制约,又只能流于宣传和说教。

2. 审核形名

与法制相接近的还有审形名。古佚书很重视形名之学。先秦有一派专门研究形名关系的,称为名家。除名家外,儒、墨、法也很重视形名之学。古佚书的作者从道家的立场出发,兼蓄并收了有关形名理论。在作者看来,形名如同法一样,都是道在人事上的体现。《经法·名理》说:"故执道者之观于天下□见正道循理,能与(举)曲直,能与(举)冬(终)始。故能循名厩(究)理。"对形名关系的看法,古佚书的基本思路是先形而后名,循名以责实,君主通过审核形名以控制臣下。

古佚书的作者认为形先于名,名应与实相符。《称》说:"有物将来,其刑(形)先之。建以其刑(形),名以其名。"这是唯物主义的认识。作者反对名实不符,更反对名过于实,认为名过于实是"失道"的表现,必招灾祸。"声洫(溢)于实,是胃(谓)灭名。"这句话讲得十分深刻,无其实的虚名终将被揭破。

形决定名,但是形又必须通过名才能反映出自身规律性和事物相互间的差别与关系。《经法·道法》说:"刑(形)名立,则黑白之分已。"《道原》说:"分之以其分,而万民不争。授之以其名,而万物自定。"作者认为,确定形名是从事政治的一项根本手段。确定形名可以使每个人知道自己的职守和行为准则,正如《经法·论约》中所说:"刑(形)名已定,逆顺有立(位),死生有分,存亡兴坏有处。"君主掌握形名,便掌握了事物的准绳,就会变的聪明,臣下的好坏,一目了然。《经法·名理》说:"刑(形)名出声,声实调合,祸材(灾)废立,如景(影)之隋(随)刑(形),如向(响)之隋(随)声,如衡之不臧(藏)重与轻。"作者告戒统治者,只有名正才能责实,因此要"正名",反对"倚名"。因为"倚名"会导致"法而乱",只有名实相符,才能治平。

3. 君主集权

古佚书主张君主集权,集权的凭依主要是法和审形名。君主只能有一个,不能两,更不能杂,这一点显然受了慎到的影响。君主是唯一能够发布命令的人。《经法·论》中说:"人主者,天地之□也,号令之所出也,□□之命也。"君臣之间的关系,只能是君重臣轻,不可颠倒。《经法·六分》说:"凡观国,有大(六)顺:主不失其位则国(有本;臣)失其处则下无根,国忧而存;主惠臣忠者,其国安;主主臣臣,上下不赸者,其国强;主执度,臣循理者,其国朝(霸)昌;主得□臣楅(辐)属者,王。"与上述情况相对,称之六逆。明白这六顺与六逆之别的称为明"六分"。"主上者执六分以生杀,以赏〔信〕,以必伐(罚)。"

古佚书一方面主张君主集权,另一方面又主张无为政治。古佚书的无为是建立在顺天行法和审核形名的基础之上。《十六经》的结论部分说:"刑(形)恒自定,是我俞(愈)静,事恒自食(施),是我无为。"《道原》说:"分之以其分,而万民不争。授之以其名,而万物自定。"由此可见,作者把顺天、行法和审形名作为一个过程来看待,三者互相制约补充。在这个基础上,才有无为政治,所以,无为决不是无所事事,而是顺天、行法和审核形名的结果,是一种政策形式,无为政治强调按规定办事,在规定之外不要另增其他活动。

三、文武、德刑、刚柔并用之术

古佚书的作者主张顺天、行法、审核形名,但他们没有把这些绝对化和僵化,同时又提出文武、德刑、刚柔并用。文武、德刑、刚柔相类而又有差别,从不同角度论述了政治中的两手政策。

古佚书作者从自然规律的不同运动形式和人与人之间相应的关系上,对文武作了新颖的解释。细加比较,各篇的说法又不尽相同。《经法·论约》认为自然规律分文武,"始于文而卒于武,天地之道也。"这里文指生长,武指肃杀。《经法·君正》从天人关系对文武作了进一步说明,"因天之生也以养生,胃(谓)之文;因天之杀也以伐死,胃(谓)之武。"作者把养视为文,把伐视为武,但养和伐都不是随心所欲的,必须与客观规律相适应。《经法·四度》所说的"动静参于天地胃(谓)之文,诛□时当胃(谓)之武。"与前两种说法又略有不同,作者把符合天地自然规律的行动叫做文;把时机成熟,适时而伐叫做武。不论从哪一种意义上看,古佚书的作者都把客观规律与人的主观能动性统一起来,以确定文、武的内涵。这样文、武就不只是人的主观行为,而有其客观的标准。作者一再强调,统治者必须文武兼备,"审于行文武之道,则天下宾矣。"(《君正》)除文武并用之外,作者还提出要"二文一武"(《四度》),就是始于文,中间以武断,武之后再施以文,其公式是:文一武一文。二文一武的思想要更深刻一些,它指出马上可以得天下,然而不可以治天下,只有"武刃而以文随其后",才能治天下。

与文武相类的另一种形式是德刑。古佚书的作者认为德刑也本于自然。《十六经·观》说:"春夏为德,秋冬为刑。"基于此,德刑都不可废。在实际运用上,作者主张先德而后刑,德为主,刑为辅,阳德而阴刑。从事情的过程看,要以德为前导,"先德后刑以养生","先德后刑,顺于天"(《观》)。从主辅关系上看,要以德为主,《十六经·雌雄节》说:"德积者昌,(殃)积者亡。观其所积,乃知(祸福)之乡(向)。"

刚柔比德刑更为抽象化。古佚书与《老子》的贵柔思想有明显的不同,《老子》排斥刚,古佚书虽然以柔为主,但主张刚柔并用。《十六经·三禁》说:"人道刚柔,刚不足以(以,用也),柔不足寺(恃)。"意思是:人道刚柔兼备,只靠刚不足以为用,只用柔也靠不住。作者主张刚柔并用。不过根据物极必反的原则,在刚柔两者之间,作者更注重柔。古佚书所说的柔,并非绝对的柔,而是"以刚为柔"(《名理》)。也不是绝对的不争,而是认为"不争〔者〕亦无成功"(《十六经·五政》)。所以柔又是一种谋略,"柔身以寺(待)其时"。只要时机成熟,必须争。《十六经·观》说:"当天时,与之皆断。当断不断,反受其乱。"

古佚书关于文武、德刑、刚柔的论述,把天、人结合在一起,并从事物的两个方面观察、处理问题,表明作者比较深入地总结了统治经验;同时,这些论述又为统治者自觉地运用两手政治提供了理论依据。

由上所述,我们可以看到,古佚书以道家为主,吸取了法、儒、阴阳、墨、名、兵等家的思想,溶各种思想于一炉。司马谈《论六家要旨》说:"道家,使人精神专一,动合无形,赡足万物。其为术也,因阴阳之大顺,采儒墨之善,撮名法之要,与时迁移,应物变化,立俗施事,无所不宜。指约而易操,事少而功多。"(《史记·自序》)司马谈所说的道家,显然不是指先秦所有的道家,只能说与古佚书的思想相当。

战国的诸子百家绝大部分都是为了给统治者献计献策。就一隅而论,都不免有一定的局限性和片面性。不过犹如百衲衣一样,每一块又都是不可缺少的。统治者在实际政治中也有固守一隅的情况,但更喜欢百衲衣,只要对实际政治有利,都会拿出来使用。思想家们不务实,常有门户之见,但实际的政治运动也推动他们不得不把理论对手有用的东西明抢暗拿过来,以适应实际政治的需要。古佚书的作者在这方面走得较快。如果把古佚书与《老子》相比较,就会发现道家的思想发生了多么大的变化。一种思想和学派在它发展的过程中,吸取其他思想越多,它的生命力就越强。

第六章 墨子的兼爱论与绝对尚同的专制主义

墨子(约公元前468~前376年),名翟,鲁国人(一说宋国人)。出身于下层,会制造木器,技艺很高。曾作过宋国的大夫,又经常到各国游学,很有名气。

墨子起初"学儒者之业,受孔子之术"(《淮南子·要略训》)。后来走到儒家的对立面,自成学派,对儒学进行了猛烈的批评。墨子及其弟子形成了一个有严密纪律的团体,称为"墨者",墨子自任首领。墨子死后,首领称为"钜子"。墨者有一套严格的纪律,称为墨者之法。墨者出仕,要由钜子派出。墨者不仅学文,也须习武。墨子曾派他的弟子禽滑釐(音厘)率众墨者为宋守城。

墨子死后,墨家分为三派。《墨子》一书是墨子及其后学的著作总汇,全书可分为五部分:第一部分从第一篇到第七篇,为墨子思想的概述;第二部分从《尚贤》至《非儒》,共二十四篇,是墨子的讲学录;第三部分有《经》上下、《经说》上下、《大取》、《小取》六篇,主要讨论认识论和逻辑问题;第四部分有《耕柱》、《贵义》、《公孟》、《鲁问》、《公输》五篇,记载了墨子的言行;第五部分从《备城门》至《杂守》,共十一篇,是讲城防问题的军事著作。第一、第二、第四部分是研究墨子本人思想的主要材料,第三、第五部分属墨子后学之作。

第一节 刑政、政长的起源和社会政治的基本矛盾

一、一人一义的混乱时代

墨子认为刑政、政长,即国家机器和官吏,不是从来就有的。在人类历史上曾有过"未有刑政"(《墨子·尚同上》),"未有正(政)长"(《尚同下》)的时期。在那时,每个人都是平等的,都有自己的"义"。最初人比较少,相应"义"也较少。到了后来,"逮至人之众,不可胜计也。则其所谓义者,亦不可胜计。"(《尚同下》)

依墨子之见,原生形态的一人一义之义,有着强烈的排他性,与他人格格不入。每个人"皆是其义,而非人之义"(《尚同下》)。人与人之间根本无法和睦相处,一接触就闹矛盾,"故交相非也"(《尚同上》)。一人一义之争不只是思想之争,同时还有物质内容。"厚者有斗,而薄者有争"(《尚同下》)。斗的结果是天下乱作一团。《尚同上》说:"是以内者父子兄弟作怨恶,离散不能相和合。天下之百姓,皆以水火毒药相亏害,至有余力不能以相劳,腐朽余财不以相分,隐匿良道不以相教,天下之乱,若禽兽然。"人类是以混乱交争为其开篇的,一人一义则是祸乱之首。

二、刑政、政长的产生

墨子认为,一人一义是祸乱之源,如果有了同一之义,祸乱就会消弭。因此,首先应建立"刑政",设立"政长",政长之首便是天子。

天子是怎样产生的呢?《尚同上》说:"选天下之贤可者,立以为天子。"《尚同中》说:"选择天下贤良圣知辩慧之人,立以为天子,使从事乎一同天下之义。"但墨子没有说明天子应由谁选择的问题。有研究者认为墨子的意思是由民选举天子,因而把墨子视为中国历史上最早的民主主义者。究其实际,这种说法并不符合墨子的本意。《尚同下》把问题交代得相当清楚,其文曰:"是故天下(孙诒让认为"下"字为衍文)之欲同一天下之义也,是故选择贤者,立为天子。"墨子崇尚鬼神,认为天神主宰一切,并一再宣扬天子也要受天的指挥。所以从墨子的思想体系看,天子不是由民选举的,而是由天选举的。天子的基本职责是一同天下之义,但仅靠天子一人不能完成这一任务,于是由天子置三公,封建诸侯,诸侯之下立大夫,再下又设乡长、里长。这就是"政长"系统。与"政长"系统相配合,还有"刑政"

制度,犹如今天说的国家机构。在"政长"和"刑政"的领导和强制下,天下走向大治和太平。在墨子看来,"刑政"、"政长"是为了调和控制人与人之间的矛盾斗争而产生的,旨在防止社会在这种无情的斗争中走向自我毁灭。墨子的这种看法离科学的历史观虽然遥远,但其中包含了科学的萌芽,其贡献在于沿着人类社会自身的矛盾运动对国家的产生进行探索。

三代是墨子眼中的盛世,禹、汤、文、武、周公是光照日月的圣人。然而在一片光明中也出现了桀、纣统治的黑暗时代。桀纣起而大乱,汤武兴而大治,于是墨子说,治乱之因"存乎上之为政也"(《非命下》)。"政"指政策,其中最重要的是指导思想和态度问题。墨子认为事分两途,一种是持命论,一种是持力论。

"命"就是命运,持命论者认为:"命富则富,命贫则贫,命众则众,命寡则寡,命治则治,命乱则乱,命寿则寿,命夭则夭。"一切都是命中注定,在命面前,人的主观能动性毫无作用。正如"穷民"不知其穷是因为"贪于饮食,惰于从事",而说:"我命固且贫。""暴王"不知亡国在于"为政不善",而曰:"吾命固失之。"(《非命上》)墨子的杰出之处不止是揭露和批判了排除人的主观能动性的命定论,更为有意义的是,他指出命定论是一种"暴人之道",是为坏人坏事作辩护。

与命定论相对的是信奉"力"和"强劲"。孔子罕言"力",墨子却把"力"作为一个十分重要的历史范畴和政治范畴来看待。在墨子那里,"力"首先指劳动。墨子最有价值的贡献之一,是用"力"作为区分人与动物的标志。《非乐上》说:"今之禽兽麋鹿、蜚鸟、贞虫,因其羽毛以为衣裘,因其蹄蚤(爪之假借)以为绔屦,因其水草以为饮食,故唯使雄不耕稼树艺,雌亦不纺绩织纴,衣食之财固已具矣。今人与此异者也,赖其力者生,不赖其力者不生。"禽兽靠自然生活,人靠劳动生活,多么精彩的论述。

把"力"移入政治叫做"强"、"强劲"、"疾"。墨子认为,"强听治"则治,"不强听治"则刑政乱。(《非乐上》)圣王所创造的盛世决不是依赖风调雨顺,天之恩赐;圣王有时也会遭到天灾,但由于"其力时急,而自养俭"(《七患》),困难被一个一个克服,化险为夷。

第二节 兼相爱、交相利说

尧舜和三代圣王时期是墨子的理想国,这个时期虽有桀纣之暴,但从总的形势看是大治而小乱。到了墨子生活的时代全然不同了,天下是一片水火。《兼爱中》说:"今若国之与国之相攻,家之与家之相篡,人之与人之相贼,君臣不惠忠,父子不慈孝,兄弟不和调,此则天下之害也。"造成这种状况的原因是人与人之间"不相爱",不相爱又根源于"自爱"。"今诸侯独知爱其国,不爱人之国,是以不惮举其国以攻人之国。今家主独知爱其家,而不爱人之家,是以不惮举其家以篡人之家。今人独知爱其身,不爱人之身,是以不惮举其身以贼人之身。"社会上一切祸乱的罪魁祸首都根源于"自爱"。"自爱"的实际内容是"自利"(《兼爱上》)。

那么用什么来代替"自爱"、"自利"呢?墨子提出,"以兼相爱交相利之法易之"(《兼爱中》)。即"视人之国若视其国,视人之家若视其家,视人之身若视其身"(《兼爱中》)。天下人若都能够按照这种精神行事,万祸皆消。

从逻辑推理上,墨子的说法是可以成立的。每个人爱他人都象爱自己那样,毫无疑问会相安无事的。可是当时的历史现实没有给人们提供互相爱的客观条件。墨子的兼相爱、交相利终不免流于空论。

"兼相爱"、"交相利"尽管在实践上行不通,但在理论上却是一个巨大贡献。最有价值的地方在于提出了人的平等性,人与人之间应平等相待。墨子提倡的"兼"是为了取代"别","别"指差别和等级,与"自爱"、"自利"相通;"别"不仅分你我彼此,而且要分上下,损人以利己。"兼"则不同,"兼"贵平等相待。从墨子的全部言论看,他从来没有主张过政治上和财产的平等。因此,"兼"的平等性只限于思想和态度。兼相爱是一种精神,落实在实际上则是交相利。交相利包括哪些内容呢?概括言之,有如下几点:

交相利的起点是要保证每个人的"生利"。《节葬下》说:"衣食者,人之生利也。"在中国思想史上把衣食视为人的生利,墨子是最早的倡导者之一。人生下来就应有生活的权利。然而那个时代使众多的人丧失了起码的衣食之利。墨子提出:"饥者不得食,寒者不得衣,劳者不得息"(《非乐上》),是人民的三大巨患。他大声疾呼,应该给人民以食、衣、息的条件。针对"民生为甚欲,死为甚憎;所欲不得,而所憎屡至"的情况,强烈要求统治者保障人民的生命。思想家的历史任务就是要把人民的要求用理论的形式集中起来。在衣食生息问题上,墨子尽到了一个思想家的责任。

珍惜财物是交相利的基础。墨子认为凡是财物都应尽其功用,不可糟蹋和浪费。他认为每个人都有惜财求用之心,比如"今王公大人,有一牛羊之财不能杀,必索良宰;有一衣裳之财不能制,必索良工。"(《尚贤下》)这种惜财求用之心应称为一种普遍的原则,人人共同遵守,而后才可能交相利。

交相利还要从实际效用出发,用财、用物都应获得实际利益,收益应超过支出。《非乐上》说:"古者圣王亦尝厚措敛乎万民,以为舟车,既以成矣,曰:'吾将恶许用之?曰:舟用之水,车用之陆,君子息其足焉,小人休其肩背焉。'故万民出财齎而予之,不敢以为戚恨者,何也?以其反中民之利也。"墨子指出的"反中民之利"是一个很有价值的思想。取之于民,用之于民,一切支出都必须考虑到效果和对民有利,否则,就是有害的,应加以制止。

交相利还包括某些精神活动,例如敬事鬼神。墨子认为神鬼如同工匠的规矩一样,是维系整个社会生活不可缺少的工具。天是最高主宰,又是他理想政治的主谋。事鬼能和亲,和亲则生利。他说如果有神鬼,祭祀算不上浪费,供品敬奉给神和祖先,那是应该的;如果没有神鬼,祭品也不会丢掉,大家在一块吃喝一顿,热闹一场,能起"合欢聚众"的作用。

兼相爱、交相利能否行得通呢?墨子认为完全可以,根据有三。其一,古代实行过。"先圣六王"之时,天下兼相爱,交相利,相安无忌。古代能作到,今天也能作到。其二,"君说之,故臣为之也。"(《兼爱中》)楚灵王好细腰,许多人每天只吃一顿饭。勾践好勇士,士卒不畏死。君好臣行,君主只要提倡兼相爱,交相利,天下之人必然会响应。其三,人我之间投桃报李,相互酬报。"无言而不雠,无德而不报,投我以桃,报之以李,即此言爱人者必见爱也。而恶人者必见恶也。"(《兼爱下》)据此,人们实行兼相爱,交相利,必有相应的酬报,天下乐融融。就实而论,这三项与其说是根据,不如说是假设。把假设当作真凭实据,是无济于事的。

兼相爱,交相利是一种美好的愿望。用历史的眼光衡量,美好的愿望未必现实,也未必合理,但常常给人以精神安慰,有时也给人以启迪。

第三节 尚同说与君主专制主义

墨子认为天下之乱在于"异义",尚同说便是为了解决异义而提出来的办法。

一、立统一之义

墨子生活的时代正值天下大乱,他认为大乱的原因在于没有圣主和统一之义。尚同的主要内容之一,便是要取消"异义"而同于一"义"。

"义"的内容是什么呢?墨子的论述很多,我们可以归纳为如下几点:
第一,在经济上维护私有制,反对"民"对富人私有权的任何侵犯,认定富人对"民"的剥削是合理的;墨子也提出了"富民"主张,但目的是让"民"更多地为富人出力。

第二,在政治上主张打破旧的"亲戚"等级制和贵族专权,建立新的上下尊卑等级;坚决反对民造反;主张尚贤,反对攻国等。

第三,人伦道德就是兼爱。人的伦理关系即"君臣上下惠忠,父子弟兄慈孝"(《天志中》)。

第四,敬奉神鬼。

"义"的本质既然是这样,自然不会获得举国上下的一致同意。因此墨子提出由上立"义",并通过由上而下的强制手段来实现:"义不从愚且贱者出,必自贵且知(智)者出。"(《天志中》)"贵智者"是天子诸侯大人,"贱愚者"是民,民只能俯首从命。

统一之义具体表现在刑法政令上。那么,刑法政令由谁来制定呢?墨子提出由"家君"和天子来制定。家君发政令于其家,各家之义不同,则总其家之义以尚同于国君,国君尚同于"天子",天子尚同于"天",天子依天的旨意发布政令于天下。墨子这种层层"选其义"、"总其义"似乎是由下而上的集中,是民主的,不少研究者即持有此论。其实不然,在墨子的言论中,根本没有从人民中"选其义"一说。相反,他讲的都是要"下"绝对服从"上",依天子的旨意来立义。"里长顺天子政,而一同其里之义"(《尚同中》)。天子是宪令刑法的制定者,下一级绝对听命于上一级。

二、推行"义"的手段

"上"立了"义",怎样实现呢?墨子提出了两个基本方针:"富贵以道其前,明罚以率其后。"(《尚同下》)怎样才能使民富起来呢?首先使民能够安心从事生产。因此,他对劳师征战,徭役不断,使民无法生产的种种作为进行了严厉的抨击(参见《非攻》等篇)。墨子虽然讲了许多利民、富民的话,但他并不反对剥削和役使人民,只是反对"过甚"而已。他曾明确议论道:"贱人不强从事,即财用不足。"(《非乐上》)这里说的"财用"乃是指王公大人的财用。他又讲:"百姓不利,必离散不可得用也。"(《非命下》)

在人剥削人的社会中,改善一下被剥削者的生活条件,可能会使阶级矛盾在一定程度上暂时有所缓和,但阶级对抗绝不会因此而得到根本解决,被剥削者不会放弃反抗斗争。对人民的反抗怎么办?墨子主张施以刑罚,这就是"明罚以率其后",并且认为是最主要的手段。他说:"古者圣王为五刑,请以治其民。譬若丝缕之有纪,罔罟之有纲,所(以)连收天下之百姓不尚同其上者也。"(《尚同上》)

墨子认为刑罚不是消极的防范,而有两个方面的作用,这就是所谓的"赏善"与"罚恶"。合乎"义"者为善,违反者为恶。赏是为了培植"顺民",罚是用强制手段镇压人民的反抗。两个方法,目的一致。"赏善"不仅赏行善者,扬善者亦赏,"若见爱利家者以告,亦犹爱利家者也";"若见爱利国者以告,亦犹爱利国者也"(《尚同下》)。罚恶不限于指作恶者,同谋、包庇或见恶不告者亦罚,"若见恶贼国不以告者,亦犹恶贼国者也"(《尚同下》)。这不正是告密连坐的先导么?

墨子又提出,最高统治者要有一批"贤良"的"羽翼",遍布全国,进行侦察暗探和监视活动。通过"亲信羽翼"集团,一方面可以了解民情,另一方面可借以实行权术政治。他讲:"上之为政,得下之情则治,不得下之情则乱。"(《尚同下》)"耳"、"目"遍布全国,探听细微向上报告,"数千万里之外,有为善者,其室人未徧(音遍)知,乡里未徧(音遍)闻,天子得而赏之。数千万里之外,有为不善者,其室人未徧(音遍)知,乡里未徧(音遍)闻,天子得而罚之"。与人处事就能"先人得之"、"先人成之"、"先人发之"。墨子这种主张在实践上会流于权术,正如他自己讲的:"是以举天下之人皆恐惧振动惕慄,不敢为淫暴,曰天子之视听也神。"(《尚同中》)因此我们也可以说,墨子是权术政治的先导。

三、专制主义政治体系

实现尚同还必须有一定的"政长"体系来保证。墨子所设想的政治体系,由天子、三公、诸侯、将军、大夫及乡长、里长等行政序列组成。从理论上讲,每一级的政长都应是贤者。但下必须绝对服从上。"上之所是,必亦是之。上之所非,必亦非之。"每一级都要向顶头上司保持统一,层层如此,"里长顺天子政,而一同其里之义。"里长直接对乡长负责,乡长要尚同于国君,国君又尚同于天子,"天子之所是,必亦是之。天子之所非,必亦非之"。天子再上同于天(参见《尚同中》)。这种体系只能说是一个专制主义体系。

专制主义并不绝对排斥下对上进行规谏,相反,墨子还提倡"上有过,规谏之"。但是绝对不准有"下比之心",更不准有下比结党之行。因此,这种进谏对专制主义决构不成任何威胁,反倒可以成为专制主义的一种补充。

墨子尚同思想中具有法术的性质,但这并不意味墨子就是法术家,或法术家本源于墨子,只能说墨子思想中有法术的成分,是法术家思想的一个来源。墨家后学具有明显的形名性质,而形名又是后期法术家的一个主要来源之一。墨子有法术的倾向,可以找出它们的源流关系。

第四节 尚贤说、节用说、非攻说

一、尚贤说

战国初期的下层封建主,特别是士,要求参与政事。但是政权为大贵族主垄断,在用人上还继承西周以来的传统,与社会经济发展是不相适应的。因此,要求开放政路,任人唯贤就成了社会的呼声。针对这种状况,墨子提出"使能以治之"的用人原则,打破"富贵"、"亲戚"为用人范围的旧框框。用人应当"不党父兄,不偏贵富,不嬖颜色"(《尚贤中》);"虽在农与工肆之人,有能则举之"(《尚贤上》)。更进而提出:"官无常贵而民无常贱"的口号,对那些"不肖者",要"抑而废之,贫而贱之,以为徒役"(《尚贤中》)。这些言论确有叱咤风云的味道。墨子的"尚贤"论较之其他人的举贤才主张有更多的进步性,可谓难能可贵。

墨子的贤能标准是他的十项主张,简而言之,即能实现"上下调和"的人。这些人对于其上的王公大人是"竭四肢之力以任君之事,终身不倦"(《尚贤中》);对"下"则"有力者疾以助人,有财者勉以分人,有道者劝以教人。若此则饥者得食,寒者得衣,乱者得治"(《尚贤下》)。墨子所称赞的贤人就是"奉公守法"、"廉洁尽职"的清官。

尚贤必有术,墨子之术即"置三本"。何谓"三本"?曰:"爵位不高则民不敬也,蓄禄不厚则民不信也,政令不断则民不畏也。"(《尚贤中》)"三本"的实质可归纳为下列三点:第一,为士打通进入政界之路,提高士的经济地位与社会地位;第二,造就一个新的官僚集团,实行官僚政治;第三,这也是一种高级文化政策。

墨子的尚贤主张有其进步意义,在一定程度上也符合人民的需求。他把社会改革的希望寄托在几个贤人身上,显然是一种改良主义思想。

二、节用说

春秋时期不少政治家提出过用俭政解决经济、政治危机的主张。孔子明确提出了"节用"。墨子继承并发挥了"俭政"、"节用"的思想,把"节用"作为他整个政治思想的一个基本命题。

墨子的节用说不是单纯地从消费方面去解决经济财政问题,他还十分重视生产,认为生产是生财之本,是用之前提。墨子的高明之处在于把物质生产与人的生产结合在一起考察问题。

物质生产是用的基础,《七患》指出:"凡五谷者,民之所仰也,君之所以为养也。故民无仰则君无养,民无食则不可事,故食不可不务也,地不可不力也,用不可不节也。"要发展物质生产,就要鼓励增加人口。当时的生产力主要来自人力本身,只有人多,才能提高生产力。春秋战国时期的统治者把争夺人口当作一个很突出的问题。墨子反对用武力去掠夺他国人口,主张各国鼓励人口生产,人口多了,同时又能保证从事生产,财富就会增多。

生产发展了,但消费还要节约,这包含两方面的含义。其一,消费具有一定的水平,以满足生活的基本需求为宜。《节用中》对此作了具体的说明。其二,消费要有利于再生产,《节用上》说:"圣王为政,其发令兴事,使民用财也,无不加用而为者。"《节用中》说:"诸加费不加于民利者,圣王弗为也。"

更有深意的是,墨子提出节用是积财之道。《节用上》说:"圣人为政一国,一国可倍也;大之为政天下,天下可倍也。其倍之非外取地也,因其国家,去其无用之费,足以倍之。"

墨子对浪费进行了猛烈的抨击,专门写了《非乐》和《节葬》。墨子的非乐不是反对正常的文化娱乐,而是鞭挞统治者以歌舞声色为特征的奢靡生活。当时的统治者盛行厚葬之风,为他们死后的享乐,剥夺了成千上万人的生活条件。墨子深刻地指出,统治者的奢侈浪费极大地破坏了物质的再生产和人的再生产,还造成了政治败坏。奢靡无度,"国家必贫,人民必寡,刑政必乱"(《节葬下》)。

在当时的历史条件下,统治者对生产的破坏主要不是直接干预生产和瞎指挥造成的,而是由无度的奢侈和厚敛造成的。因此节用说具有十分明显的针对性和现实性。墨子把问题提出来了,怎样才能实现呢?他把全部希望都寄托在圣人身上,认为如果没有圣人事情就只能落空。

三、非攻说

"非攻"是墨子学说中的一个主要内容。首先需要指出的是,关于"攻"这一概念,有许多人认为是特指战争而言,这是不全面的。"攻"包括的内容极广,凡是不合墨子所谓的义或利的任何行动,他皆称之为"攻"。因此,"攻"包括经济、政治、伦理道德等方面的事。那么,"攻"的概念中有否战争这一内容呢?有,但攻又不是指一切战争,它只是指不合他所谓义、利的那种战争。所以"非攻"不是反对一切战争。

　　墨子把战争分为"诛"和"攻"两种，他的态度是是"诛"而非"攻"。用什么区分"攻"与"诛"呢？总结墨子所述种种理由，可归结为利义二字。不利反义者为"攻"，有利合义者为"诛"。

　　墨子不主张用"攻"的方式争夺土地、民众和王天下，他认为要用"义"，根据义而采取"诛"的手段以达到上述目则是必要的。他说："今若有能以义名立于天下，以德求诸侯者，天下之服可立而待也。"(《非攻下》)这种方法的特点就是退一步，进两步，照老子的说法就是"将欲夺之，必固与之"。为此，在与他国相交时必须"先利天下诸侯"，"大国之不义也，则同忧；大国之攻小国也，则同救；小国城郭之不全也，必使修之；布粟之绝，则委之；币帛不足，则共(供)之。以此效(交)大国，则小国之君说。"(《非攻下》)这种政策可以收到一箭双雕的效果：与大国可以保持平衡局面，又可以争取小国倾向自己方面，壮大自己、孤立对手。对民要实行"宽慧"政策，即"必务宽吾众"。"宽以惠，缓易急，民必移"。在军事上要实行"易攻伐以治我国"，实际上并不是真正的"易攻伐"，而是指不要打无把握之仗，应保存自己的实力，养精蓄锐，作好士兵训练，"信吾师"，然后对准敌人的弱点一攻而下之。这就是他所说的"人劳我逸，则我甲兵强"，"量我师举之费，以争(征)诸侯之毙(敝)，则必可得而序(俞樾云，'序'应为'享'字之误)利焉"。实行如上诸术，就可以内有人民支持，兵强马壮，外有盟国，举师又有义名，"以此授(孙贻让云，'授'疑为'援'之误，'援'作'引'、'取'讲)诸侯之师则天下无敌矣"。

　　墨子政治思想的社会倾向是什么？目前学术界有各种不同的看法：有的说是站在奴隶主阶级立场，有的则说是劳动人民、手工业者的代表。就墨子政治思想与时代的关系而言，有的认为是激进的，有的认为是妥协的，有的认为是保守的，甚至是反动的。我们认为墨子的政治倾向应该说主要反映了士的要求，这表现在他反对贵族政治上的专权，经济上的兼并，提出要士参加政权，发展他们的经济，以及对下层人民的利益也比较关切等方面。有人认为墨子是民主主义者，是空想社会主义者，其实不然。因为他既不反对私有制和剥削，又不反对政治压迫，相反，他还认定这些是合理的。如果有这两个基本思想，就不能称他为空想社会主义者。

第七章 《管子·轻重篇》的商业治国理论

《管子》中有一部分专门论述"轻重"问题的篇章,俗称轻重篇,共计十九篇,亡佚三篇,现存十六篇。其中《轻重己》是阴阳家的作品,除去此篇,还有十五篇。这十五篇为:《巨乘马》、《乘马数》、《事语》、《海王》、《国蓄》、《山国轨》、《山权数》、《山至数》、《地数》、《揆度》、《国准》、《轻重甲》、《轻重乙》、《轻重丁》、《轻重戊》。这一派可称之为"轻重派",他们的主要政治理论是商业治国,在先秦诸子中独具一格。

第一节 以"轻重"治国说

一、"轻重"一词的含义

《管子》轻重诸篇广泛地使用了"轻重"这一概念。这一个词在不同篇和不同地方,具有不同的含义。归纳起来,主要有以下三方面的意义。

第一,轻重指观察事物的一种方法。这种方法的基本特点是,对任何事情都不抱成见,一切事情都像市场商品价格那样变幻不定。在一切变动的世界中,要善于区分事物的轻重缓急,找出中心环节和决定性的因素。根据这种方法,对待事情要伺机应变,灵活机动。用上述方法考察历史时,则表现为一种进化的历史观。历史条件是不断变化的,因此,采取的措施和政策也应有所不同。《轻重戊》载:"桓公问于管子曰:'轻重安施?'管子对曰:'自理国虙戏(即伏羲)以来,未有不以轻重而能成其王者也。'"接着作者假借管子之口历数了伏羲、神农、黄帝、有虞、夏、商、周各代面临的主要问题和相应采取的措施。《揆度》篇也从不同的历史时期采取不同措施以治国的事实,论述了轻重之术。由这两篇可以看到,"轻重"的观点运用于历史,旨在说明历史的发展和变化,不同时代应有不同政策,不应拘于一策,抱残守缺。由于轻重是一种方法,因此可以用于各个领域。作者们广泛讨论了经济、政治、军事、文化、道德、历史等各方面的问题。

第二,轻重还表现为一种制度或法令的规定。《揆度》:"轻重之法曰:自言能为司马不能为司马者,杀其身以衅(衅)其鼓。自言能治田土不能治田土者,杀其身以衅其社。自言能为官不能为官者,劓以为门父。故无敢奸能诬禄至于君者矣。"这里所说的轻重之法指赏罚规定和以实责名。《轻重甲》说:"士非好战而轻死,轻重之分使然也。"这里所说的轻重指厚赏。

第三,"轻重"一词除上述两种含义外,主要的是指有关市场、商品流通、货币、财政、物价方面的理论以及有关的政策和措施,这是轻重诸篇特点之所在。

二、以"轻重"治国

轻重诸篇在先秦诸子中独树一帜的地方在于,作者们认为治国之道的关键是掌握轻重之术。从方法论上说,治国之术不应守成和循规蹈矩,而且不应成为既有经验的奴仆,正如《国准》所说:"时至则为,过则去,王数不可豫致。"统治者的政策不能事先作出规定而不变,所以又说:"国准者,视时而立仪。"从具体方面考察,轻重之术把政治的重点移到市场、财政和经济方面。《国蓄》说:"凡将为国,不通于轻重,不可为笼以守民,不能调通民利,不可以语制为大治。"《山至数》说:"财终则有始,与四时废起。圣人理之以徐疾,守之以决塞,夺之以轻重,行之以仁义,故与天壤同数,此王者之大辔也。"《山权数》说:"今欲为大国,大国欲为天下,不通权策,其无能者矣。"这里所说的权策是轻重之术的另一种说法。轻重治国的中心就是国家要通过掌握市场和物价,把社会的财富集中到国家和君主手中。君主只有掌握了丰厚的资财,才能通理天下。

作者认为,人与人之间的关系,以及君臣、君民之间的关系,都是由一个"利"字相连结的。《国蓄》说:"夫民者信亲而死利,海内皆然。"《轻重乙》说:"民,夺则则怒,予则则喜,民情固然。"既然"利"是中轴,那么君主就要把利柄牢牢掌握在手中,君主只有能左右人民的生计,才能治理人民,据此就要把政治的重点移到财政和经济上来。

儒家宣传要通过仁孝忠义等道德媒介使智士、勇士为君主效命。轻重诸篇的作者认为这是不可能的,君主要想使智士"尽谋"、谋士"尽智"、勇士"轻死",只有一条路,那就是君主要把利柄掌握在手中,使之离开君主就不能生活,这样,他们就不得不尽力于君主。《事语》说得最为清楚:"非有积蓄,不可以用人;非有积财,无以劝下。"

法家、儒家从不同立场出发,都把强本抑末、强本节用、发展农业作为治国的基本国策之一。轻重篇的作者们虽然也赞成发展农业生产,但他们认为停留在这一步,非但不能治国,反而会有害。《轻重乙》载:"桓公曰:'强本节用,可以为存乎?'管子对曰:'可以为益愈,而未足以为存也。昔者纪氏之国强本节用者,其五谷丰满而不能理也,四流而归于天下。若是,则纪氏其强本节用而不能理,适足以使其民谷尽而为天下虏。是以其国亡而身无所处。故可以益愈而不足以为存。'故善为国者,天下下,我高;天下轻,我重;天下多,我寡。然后可以朝天下。"文中"益愈"颇为难解,马非百《管子轻重篇新诠》:益,多也。愈,读为"偷",意为苟且偷安。大意是说:只顾强本节用,而不善于理财,虽然可获丰收,其结果却是走到自己的反面,一是造成人民苟且偷安;二是谷物外流,为他人所用。作者认为治国之道的要害在掌握轻重之术,即"天下下,我高;天下轻,我重;天下多,我寡"。通过这种办法就可拥有最雄厚的经济实力,并以此治服天下。《轻重甲》说:"人君不能散积聚,调高下,分并财,君虽强本趋耕,发草立币而无止,民犹若不足也。"《地数》也讲,只顾生产而不善于理财,财物反为他人所用,有害而无益。

法家主张以法治国,轻重诸篇虽然也主张立法,但与法家有很大的不同。他们清醒地看到,经济力量比法的威力要大得多,法令能否生效不在法本身,而是由经济条件决定的。《国蓄》说:"民富则不可以禄使也,贫则不可以威罚也。法令之不行,万民之不治,贫富之不齐也。"由此得出结论,单靠法治国是行不通的。作者认为,治国之道在于轻重之术,只有掌握了经济命脉,操纵了人民的生计,才能治国治民。可见轻重派与法家有着明显的不同,把轻重篇归入法家之列是不适宜的。

儒家把仁义看得高于一切,轻重诸篇则与此相反。他们认为经济利益是仁义的基础,仁义是经济利益的派生物。《轻重甲》说:"国多财则远者来,地辟举则民留处,仓廪实则知礼节,衣食足则知荣辱。"《揆度》说,人民经济生活安定,"故民高辞让,无为奇怪者"。作者还明确提出,仁义并不是以道德原则为内容,而是某种物质利益的实现,《山至数》说:"散振不资者,仁义也。"

在国与国关系问题上,轻重诸篇很少讲兵战,他们的立足点是商战,认为只要拥有经济实力便可制服对方,而经济实力来源于轻重之术。《事语》讲:"不定内不可以持天下。""定内"的关键在于储存粮食,"国有十年之蓄"即可以有"十胜",其结论是"富胜贫"。

可见,轻重诸篇与儒、法、兵等家在基本思路上有着原则的不同,这种不同是它独立为一派的重要根据。

第二节 关于市场规律的认识

通过市场和操纵物价获取资财是轻重之术的核心。作者们仔细考察了商品的交换过程和市场情况,对商品价格起伏的种种因素和条件作了相当深入的分析,提出了一些具有规律意义的认识。

一、谷物、货币、万物的比价问题

货币又称"通货"、"通施"。作者对货币的流通职能的认识相当精辟和深刻。《国蓄》说:"黄金刀币,民之通施也。"《轻重乙》说:"黄金刀币者,民之通货也。"《揆度》说:"刀币者,沟渎也。"作者们不只天才般地认识到货币是商品的一般等价物,而且对货币的储藏职能也有明确的认识。《山权数》说:"万乘之国,不可以无万金之蓄余。千乘之国,不可以无千金之蓄余。百乘之国,不可以无百金之蓄余。"另外,他们还揭示了货币的支付职能等。关于"万物",作者泛指一切商品,但其中有一个与谷物的关系问题。在货币前面,谷物为万物之一;在万物之中,谷物又有其特殊地位与意义。作者常常把谷物从万物中抽出来,使之成为一种特殊的东西,成为一种等价物。所以谷物具有两重性质,一是作为一种商品,二是作为商品的等价物,即具有货币的性质。由于谷物具有两重性,所以才出现了谷物、货币、万物三者的比价关系。

货币与万物的比价关系,作者概括为"币重而万物轻,币轻而万物重"(《山至数》)。这里所说的"币重"指货币的购买力高,相形之下,万物则显得便宜,故称之为"轻"。情形反过来,便称为"币轻而万物重"。货币购买力的高下与万物价格的高下成反比。作者所说的货币与万物的比价关系并不是指两者之间的价值量的比例关系,而仅指市场上的价格现象。造成两者之间比价上下起伏的原因,除内在的价值量的作用外,还有许多人为的因素。作者们看重的是后者,轻重之术即在其中。

谷物与万物也有一定的比价关系,这种关系如同货币与万物一样。

《轻重乙》说:"粟轻而万物重,两者不衡立。"《山至数》说:"谷重而物轻。"这里所说的轻重也是指价格现象。作者之所以要把谷物从万物中抽出来,并且专门研究两者之间的比价关系,这与当时的经济条件和谷物的特殊性质、作用有紧密的关系。正像《国蓄》说:"凡五谷者,万物之主也"。《轻重乙》也说:"五谷粟米者,民之司命也。"在农业为主的经济条件下,粮食是人类赖以生存的最主要条件,当时社会上流行的"民以食为天"的说法,就深刻地说明了五谷的重要意义。由于粮食是万物之主和民之司命,所以它在市场上占有特殊的地位,正如《乘马数》所说:"谷独贵独贱。"

关于货币与谷物的比价关系,作者认为两者是互相影响、相互作用的。《轻重甲》说:"粟重黄金轻,黄金重而粟轻,两者不衡立。"在货币与谷物之间,作者有时强调这个,有时强调那个,没有肯定性的高下之分。但在某种情况下,作者似乎更看重谷物。货币虽然能作为"通货",可以换取一切商品,但它不像谷物那样具有直接的实用价值,"握之则非有补于暖也,食之则非有补于饱也"(《国蓄》)。因此在货币与谷物的关系上,更重视谷物,"故善者重粟之贾(价)"(《轻重甲》)。

二、关于物价

轻重篇的作者们对市场物价受供求的影响有准确的观察。《国蓄》说:"物多则贱,寡则贵。"《乘马数》说:"物轻,则见泄,重则见射。"《山权数》也说物"重则见射,轻则见泄"。《揆度》说:"物重则至,轻则去。"这里所说的物轻、物重,指价格下跌或上涨。泄,指流散、抛售、推销。射,指抢购。以上所论述的是一个事情的两方面,不过观察的角度不同。从商品数量看,供应的多少与价格成反比;从价格上看,价格的上下波动与购买的趋势成正比。

在论述物价的起落时,作者还深入地考察了物价与成本的关系。他们认识到,在正常情况下,成本与物价成正比,成本高,物价也高;成本低,物价也相应下跌。但事情并不全然如此,他们还明确指出,物价的涨落常常与成本形成背向关系。《国蓄》说:"物适贱,则半力而无予,民事不偿其本。物适贵,则什倍而不可得,民失其用。"

自然环境、气候、时令等对农业生产有直接的影响,因此,也直接影响到物价。比如,劳动力相同,但土地的肥瘠不同,就会造成产量悬殊,进而影响到粮价,造成膏腴地区粮价偏低,贫瘠地区粮价偏高的状况。《山权数》在分析这个问题时,是对整个地区来考察的。同一个地区中,交叉间错分布的肥瘠土地对谷价不会有直接的影响。

年成好坏对物价也有直接的影响。《国蓄》说:"岁有凶穰,故谷有贵贱"。谷物之贵贱又会影响万物之贵贱,所以又说:"岁适美,则市粜无予,而狗彘食人食。岁适凶,则市粜釜十缗,而道有饿民。"丰欠之年相比,谷价相差不啻十倍。

季节对物价也有明显的影响。秋后谷价下跌,春天青黄不接之时,谷价上涨。书中关于这种现象的论述很多,在此不予征引。

政府的政令对物价的起伏有着直接的作用。政令对物价的影响是由征收赋税徭役等引起的。《地数》说:"令有徐疾,物有轻重。"《揆度》说:"君朝令而夕求具,民肆其财物与其五谷为仇。"

由于上述种种因素,市场物价总处于波动之中,不会稳定不变。《轻重乙》说:"衡,无数也。衡者,使物一高一下,不得常固。"衡即指轻重。市场物价虽然变化无常,但有规律可循,也是可以把握的。作者建议国家要掌握并利用市场物价的起伏规律以谋大利。《轻重丁》提出:"可因者因之,乘者乘之,此因天下以制天下,此之谓国准。"《轻重甲》说:"轻重无数:物发而应之,闻声而乘之。"市场上的活动要敏锐、疾捷、果断,拖泥带水是不可能有收益的。作者还指出,要把在市场上的活动看作是一场战斗,因此有些地方把商业活动径称为"用兵"。

第三节 国家垄断以牟利论

市场是商品的舞台,这里盛行的是平等、自由的原则。轻重诸篇的作者站在封建国家和君主的立场,对这种状况是不满意的。他们要把市场也转变成专制君主施展权威的场所,成为君主获取财利的渊薮。为了达到这一目的,他们建议专制国家要垄断、控制货币及主要商品,并以此取利。

一、垄断货币的铸造与发行

货币是"通货",可以换取一切商品。然而货币之用并不仅限于经济,同时还有直接的政治效果。《国蓄》对货币的作用概括为如下三项,即"以守财物,以御民事,而平天下也。"货币既然是一种超级武器,作者认为只能控制在君主手中,其关键就是要垄断铸币权。《国蓄》说:"人君铸钱立币。"又说君主"自为铸币"。掌握铸币权也就掌握了发行权,《山至数》说:"布币于国。"掌握了货币,就能控制住利途,正如《国蓄》所说:"黄金刀币,民之通施也,故善者执其通施以御其司命,故民力可得而尽也。"《轻重乙》

说:"五谷粟米者,民之司命也。黄金刀布者,民之通货也。先王善制其通货以御其司命,故民力可尽也。"作者还提出,国家在垄断货币过程中,关键是要把握币值,《揆度》说:"币重则民死利,币轻则决而不用。故轻重调于数而止。"币重指货币购买力高。币轻指购买力低。过高或过低都有弊病,所以要善于掌握和调剂货币的轻重。

二、掌握充足的谷物

由于谷物是民之"司命",是"万物之主",因此国家应把大部分谷物掌握和控制在自己手中。《山至数》把掌握谷物提到这样的高度:"彼守国者,守谷而已矣。"民以食为天,君主掌握了五谷,自然就处于天的地位了。正如《国蓄》所说:"人君挟其食,守其用,据有余而制不足,故民无不累(犹系也)于上也。"备粮不仅是内政的基本条件,同时又是备战的基本保证。《轻重乙》说:"天下有兵,则积藏之粟足以备其粮。"掌握了货币和粮食,就掌握了政治主动权。《山至数》说:"人君操谷币金衡而天下可定也。"积谷的方法主要是租税、借机强征、以币放贷、以谷收贷等。

三、控制盐铁

盐为民食所不可缺,铁为民用所不可无。轻重诸篇对盐铁是否全部要由国家垄断,看法并不完全一致。有些篇认为盐铁不一定全部由国家垄断。如《地数》和《轻重甲》论述了对民间经营盐业的限制措施,《轻重乙》论述了对民间经营铁的限制措施。其他诸篇虽未明确表示一切归国家垄断,但从论述看,这种倾向是十分明显的。《海王》篇主张"官山海"。《地数》篇主张国家独占矿山,"山上有赭者其下有铁,上有铅者其下有银……上有丹砂者其下有鈢金,上有慈石者其下有铜金。此山之见荣者,苟山之见荣者,谨封而为禁"。作者认为这些是"天财地利之所在",应由国家控制。

四、垄断山林及特产

《地数》、《轻重甲》、《山权数》、《山国轨》诸篇从不同角度论述了山林池泽以及山林特产等应由国家垄断和控制。《轻重甲》说:"人君不能谨守其山林菹泽草莱,不可以立为天下王。"《地数》从历史上论述了周文王、周武王等有名的圣主都是"以天财、地利立功成名于天下者"。总之,一切自然财富都应收归国有。

五、操纵市场,从中取利

财政收入是否充裕,是国家强盛与否和君主实力大小的重要依据之一。君主专制国家财政的传统方式是横征暴敛和直接的剥夺。征收赋税和摊派徭役在常人看来是天经地义之事,但它毕竟是一种明夺,所以常常招致被夺者的不满,乃至反抗。轻重诸篇作者把征收赋税的掠夺性质公开揭露出来,指出各种不同名目的赋税,如田租、租籍、户口税、人头税、房产税、牲畜税等等,都属于明夺之列。明夺招人怨,他们认为应该改变这种方式,由明夺变为暗取。所谓暗取,就是通过市场方式来获取资财。市场上通行的原则是平等和自由,在外观上不带有强迫的性质。可是轻重家们并不是交易平等自由原则的歌颂者和倡导者,相反,他们极力主张加强政治干预,主张把政治权力贯彻到经济过程中,贯彻到市场交易过程中去。

与那些赤裸裸用暴力掠夺财富者不同的地方在于,轻重诸篇作者主张把政治暴力掩藏在市场平等自由交易这块遮掩布下。为了用暗夺的方式从市场获取资财,轻重家提出了各式各样的办法和措施。其中最基本的是把政治权力、货币、谷物等方面的垄断与市场结合起来,制造物价起伏,从中取利。通观之,办法有五:

第一,通过垄断价格以取利。轻重家主张国家垄断盐、铁和一些土特产品,并利用垄断价格大发横财。《海王》篇就铁器垄断算了一笔账,文中说到,每个妇女"必有一针、一刀",每个耕者"必有一耒、一耜、一铫",每个木工"必有一斤(斧)、一锯、一锥、一凿"。每种物品价格适当加减,其数量就蔚然可观。比如一针加一钱,三十针就加三十钱,三十钱就相当于一个人的人头税。一刀加价六钱,五把刀就增加三十钱,即相当一个人的人头税。其他铁器都适当提价,收益不可胜数。盐是人们生活所必须,只要每升适当提高一点价钱,累计起来就成千上万。垄断某些土特产,同样也可大发横财。物品的垄断价格的实现虽然要靠市场,但由于没有竞争对手,所以垄断价格具有明显的随意性。在当时,这种垄断价格又是以权力为后盾的。

第二,用行政手段制造物价起伏,从中获利。《国蓄》在谈到政令与物价的关系时说:"令有缓急,故物有轻重。"并对政令影响物价的程度作了如下的描述:"今人君籍求于民,令曰十日而具,则财物之贾什去一。令曰八日而具,则财物之贾什去二。令曰五日而具,则财物之贾什去半。朝令而夕具,则财物之贾什去九。先王知其然,故不求于万民而籍于号令也。"《地数》也说:"令疾则黄金重,令徐则黄金轻。先王权度其号令之徐疾,高下其中币而制下上之用,则文武是也。"这就是说,国家征收赋税时要收货币,由于人民手中缺少货币,只好出卖谷物等农产品。大量谷物投入市场,供过于求,物价必然大幅度下跌,此时国家要乘机收购。等到物价回升之时,国家再把货物投放市场。这种方式可以达到十分酷烈的程度,因此作者提出只能在一定限度内使用,否则,人民就会因无法生活而逃亡。

第三,强令货币谷物互相折代,从中取利。《巨乘马》说:"彼善为国者,使农夫寒耕暑耘,力归于上,女勤于纤微而织归于府者,非怨民心伤民意,高下之策不得不然之理也。""高下之策"也就是"轻重之策"。具体办法是:春天借贷时用货币,秋天收获之时,粮价下跌,让借贷者用粮还债,这样大批粮食就集中于国家手中。国家掌握了大量的粮食之后,等粮价上涨之时,再去征购各种实物,如手工业品等,但这时国家并不付给货币,而以粮食代货币。乍然看去,一切都按市场的原则进行,只是交替用货币和粮食折代,但农民的血汗却因此而不知不觉地流入了国府。《山至数》从另一个角度提出了使用谷物、货币两件武器的办法。作者建议,在秋收粮贱之时,政府用货币大量收购粮食;同时,秋税不收粮,而收币,人民手中无币,则可用谷代币,这样又可多收谷。采用这种办法,"国谷叁分,则二分在上矣。"等到春夏之交,粮价上涨之时,国家再售谷物,从而又赚回大量的货币。如此反复,国家坐收大利。由于上述过程是从屯积谷物开始的,所以称之为守谷之术。轻重诸篇在这方面的具体办法不尽相同,但基本精神是一致的,这就是把强令征收或征购、市场价格的起伏、货币与谷物互相折代三者结合起来,从中取利。在三者中,强权居于主导地位,而这个主要角色又蒙在商品交换的外衣里面,狡猾透顶!

第四,利用市场规律取利。这方面最主要的一条便是根据"物多则贱,寡则贵。散则轻,聚则重"的规律,进行商业投机。作者认为,国家要善于屯积并及时进行吞吐。《国蓄》说:"人君知其然,故视国之羡不足而御其财物,谷贱则以币予食,布帛贱则以币予衣,视物之轻重而御之以准。故贵贱可调而君得其利。"进行这种活动的最重要的一点,就是手中要有充足的货物屯积。物价便宜时要大量收购,物价上涨时投放市场。并且还要特别注意观察四时以及年成对物价的影响,从中找出可乘之机。

第五,放贷以取利。作者最重视国家放贷的作用。放贷既可以扶植生产,又可坐收大利。《山国轨》提出,春天谷价上涨时以币放贷。为保证秋后能收回本息,贷款时要根据土地的好坏发放。秋收谷贱之时收本息,在收本息时不收货币,而收谷物,以谷代币。等谷价上涨时,再出售谷物。放贷不限于货币,还有器用、工具、衣物等,秋后以谷折价偿还。值得注意的是,作者还建议,对富裕之家要强行放贷。

上述诸种取利之法,从不同角度把政治权力与经济方法结合为一体。在实行过程中,政治支配着经济,经济原则变成了政治的婢女和政治掠夺的工具。在这里,我们看到了统治者如何把绝顶的聪明与阴险毒辣之谋巧妙结合在一起,令人敬畏,又令人毛骨悚然!

第四节 以经济实力为基础的治国方略

轻重家认为,财政是国家的实力基础,国家握有的经济实力越大,处理各种社会问题和矛盾的能力就越大,因而治国方略要以经济实力为基础。

一、经济控制与经济鼓励

君主能否控制所有的臣民,是政治统治稳固与否的一个根本问题。轻重家不同于诸派的地方是,他们把重点移到了经济上来。轻重家认为,君主对人民的统治与支配能力取决于经济的支配能力,为此他们提出如下一些主张:

第一,君主要操纵和支配人民的生产活动,要像《国蓄》篇所说,使人民"春以奉耕,夏以奉芸。耒耜械器、锺馕(种饟)粮食毕取赡于君"。做到这一步叫做"君养其本谨也"。人民从事生产的基本条件既然是由君主提供的,君主自然也就控制了人民的生活之路。

第二,要控制住谷物。"谷者,民之司命也。"如果国家把谷物控制在自己手中,那就等于掌握了人民的生命之机。

第三,人民的贫富之机要掌握在君主之手,要做到"予之在君,夺之在君,贫之在君,富之在君"。能做到这一步,"民之戴上如日月,视君若父母"(《国蓄》)。轻重家也讲"利出一孔",不过,他们所说的利出一孔与法家有所不同。法家讲的一孔指耕战,轻重家所说的一孔指君主。《揆度》说得更为彻底:"夫富能夺,贫能予,乃可以为天下。"

第四,对人民富贫的程度要掌握适当。那么究竟是民富好治,还是民贫好治呢?轻重家认为民富难治,《巨乘马》说:"五谷兴丰,则士轻禄,民简赏"。《山权数》说:"民富则不如贫。"《揆度》说:"善为天下者,毋曰使之,使不得不使。毋曰用之,使不得不用也。"意思是说:不应该主动去使用人民,而要造成一种条件,使人民主动找上门来,求君主使之,这个条件就是民贫,所以《轻重乙》又说:"国有十岁之蓄,而民食不足者皆以其事业望君之禄也"。轻重家虽然主张民贫,但他们又认为,也不能使民过于贫苦,否则民会铤而走险,如果政府派军队镇压,势必引起"内战",从而走向事情的反面。使民贫又不至于暴乱,这实在是一种政治艺术!

轻重家除主张经济控制外,还主张经济鼓励,认为只有奖赏才能使臣民尽力。《轻重甲》说:"爵禄不随,臣不为忠。"重赏之下必有猛士。《山权数》详细开列了奖励的对象,凡属在农业、畜牧、技艺、种瓜、种果木、养蚕、治病以及通诗、时(历法)、春秋、易、卜者,都要给予物质鼓励。

二、以经济实力解决矛盾

轻重家们认为,在瓜分农民的劳动成果上,国家与大夫之家、大商人称贷之家存在着矛盾。在市场上能与国家抗衡的也只有这些人,而这些人经济势力增大又会转为政治上的对抗力量。为了抑制这些人的势力,轻重家提出,首先要从经济上对这些人进行限制、控制,乃至剥夺。其办法有强征、强购、查封、利用各种借口摊派、取缔他们的债务关系等。作者认为,只要在经济上能控制住这些人,他们也就失去了政治抗衡力量。

在处理国与国的关系上,轻重家也着眼于经济。他们认为,依靠重赐、商业战争以及赈贫等方式,便可使诸侯宾服或置对方于死地。对边远的四夷之国,《轻重甲》提出实行重赐,重赐必然来朝。对于四邻之国则要实行商业战争。只要在经济上打了胜仗,便可不战而胜,即所谓"请战衡、战准、战流、战权、战势。此所谓五战而至于兵者也"。这里所说的"五战",都属于轻重之术,即商业计谋。

为了准确地把握经济,做到心中有数,轻重家特别注重对与经济相关的基本数字的统计和计算。《山国轨》专门论述了要准确了解和掌握土地、人口、货币、物产、行政区划等情况与数字,并以此作为制定政策的依据。主张把统计作为政治的基本依据,这在先秦诸子中是少有的,是当时难得的卓见。

战国时期商业有了迅猛的发展,商业利润远远高于其他行业。轻重家站在君主政治的立场上,主张垄断当时主要的商业活动,并且把垄断与政令结合起来,人为地扩大商品交换范围,制造价格大起大落,从中攫取高额利润。这种利润远远超过了当时商业的平均利润,是一种以商业为掩盖的强盗式的掠夺。商业在这里充当了政治暴力的工具,商品自由平等的交易从市场中被强力驱赶出去,变成为刀剑逼迫下的交易。在这里,商品交换已被扭曲,成为一种畸形的怪物。

轻重家所推行的商业交易不能促进生产的发展和商品交换的繁荣,因为他们用权力摧毁了价值规律,把价值规律置于了无用之地,不遵循价值规律的商业交易在当时除了具有掠夺性和破坏生产的作用外,是不会有什么进步作用可言的。

　　乍然看去,轻重家格外注重经济关系,究其实,他们更看重政治暴力的作用。他们的这一套理论把君主专制主义贯彻到了经济生活过程,极大地促进了君主专制主义思想的发展。

　　从认识上看,轻重家是一批天才人物,他们对经济生活的考察和认识在当时是最深刻的。但他们破坏了商品生产与交换的自然过程,使它变成了专制君主手中的弄物。因此,这一套主张在中国的历史上又起过很恶劣的作用。

第八章 阴阳家以天人配合为特征的程式化政治思想

第一节 阴阳、五行说概述

一、阴阳五行的缘起

阴阳、五行作为两个哲学概念,至晚在春秋时期已经形成了。对于发生的具体时间,学者多有歧义,早者至商,晚者至春秋,上下相差近千年。从春秋时期的有关记载看,阴阳和五行尚未形成一体。把两者结合起来构成一种体系,当是春秋以后的事。阴阳五行家作为一个学派,学界多数人认为是战国时期才出现的。

阴阳最初指日光的向背,向日为阳,背日为阴,后来被思想家们借用来表示两种对立和互相消长的物质力量及相应的现象,进而认为一切事物都是由阴阳两面构成的,并由阴阳的对立斗争而形成事物的运动变化。五行,指的是水、火、木、金、土。古代的思想家把这五种东西看成构成万物的元素。史伯曾说:"先王以土与金、木、水、火杂,以成百物。"(《国语·郑语》)所以"五行"又称为"五材"。初期,人们只把这五者视为生活中不可须臾或离的必备物品,就像乐喜所说的:"天生五材,民并用之。"(《左传》襄公二十七年)但在进一步发展中,人们已不满足停留在简单的元素说上,越来越把注意力转向五行与万物的关系以及五行之间的相互关系上。于是五行脱离它的个体对象越来越远,越来越抽象化,研究事物间的关系遂成为它的最主要的特征。

五行与万物的关系,主要表现在类分。五行中的某一个元素便是某一类事物的代表。史墨在占梦时曾预言吴在六年之后侵楚,他说:"入郢,必以庚辰。日月在辰尾。庚午之日,日始有谪。火胜金,故弗克。"(《左传》昭公三十一年)这里面涉及的问题颇多,有些难以说清楚,但有一点是很明白的,即火、金都是一些事物的代表。当时以干支配五行,根据杜预注,午为火,庚为金,午又代表南方,南方又为楚之位,所以才有上述之论。

五行本身之间还有一定的制约关系,一种是相生说,即木生火,火生土,土生金,金生水,水生木;另一种为相胜(或相克)说,即木克土,金克木,火克金,水克火,土克水。据研究,相生及相克说在春秋时已初步形成。

关于五行代表事物的类和五行之间互相制约关系的理论,我们应作两方面评价:一方面,它促进了对事物关系的研究,而研究事物的关系,是认识发展的标志;另一方面,这种把复杂的事物都装进五行结构中的企图,不仅牵强附会,而且为怪诞神秘主义开了方便之门。

二、阴阳五行学派

由于阴阳五行理论重在研究事物的联系,而关于事物联系的认识又是人们所最关切和最需要的,于是对当时各个思想流派都有着程度不同的影响,各派都或多或少借用了阴阳五行观念去说明事物的关系。谈论阴阳五行成为当时思想和学术界的一种风气,阴阳五行派就是在这样的环境中形成和发展起来的。

据《汉书·艺文志》记载,战国时期阴阳五行派的著作有十余种,可惜都亡佚了。幸运的是,在《管子》、《吕氏春秋》、《礼记》等书中还保留了几篇阴阳家的著作。另外,阴阳家主将邹衍的言论也还有一些零星的记载,可以起到窥豹的效果。

司马谈在《论六家要旨》中对阴阳家作了提要和评价:"尝窃观阴阳之术,大祥而众忌讳,使人拘而多所畏,然其序四时之大顺,不可失也。"(《史记·太史公自序》)《汉书·艺文志》也有类似的评论:"阴阳家者流……敬顺昊天,历象日月星辰,敬授民时,此其所长也。及拘者为之,则牵于禁忌,泥于小数,舍人事而任鬼神。"上述评论是相当中肯的。阴阳家以天人关系为中心研究各种事物的关系,他们有些论说确实具有一定的科学性,但同时又夹杂着相当多的神秘主义的东西。在那个时代,科学和迷信是难分难解的。沿着科学思维探索事物原理的种种理论,都难免包藏着一些胡说和神秘主义的内容;反之,迷信之类的东西又常常借助科学作为它的掩护和开道夫。阴阳家海阔天空讨论自然界的种种问题,而其落脚点却是人事和政治。阴阳五行派政治思想的特点是,以天人配合、天人感应为基础,企图从中找出政治方程式。

第二节 邹衍五德终始下的政治循环理论

邹衍,齐人,是阴阳家最著名的人物,生活在战国后期,生卒年已不可确考。关于邹衍的活动情况,史载牴牾之处甚多,要之,在齐、燕、赵均有他的足迹,曾显赫一时。《汉书·艺文志》阴阳家类云:"《邹子》四十九篇,《邹子终始》五十六篇。"《史记·孟子荀卿列传》又载,邹衍"作《主运》"。《索隐》云:"按:刘向《别录》云:邹子书有《主运》篇。"据此,《主运》当是《邹子》中的一篇。可惜这些书都亡佚了,现在只能根据残存的零星材料和有关评述,对其理论勾勒一个大概。

《史记·孟子荀卿列传》有一段关于邹衍思想的评述:"邹衍睹有国者益淫侈,不能尚德,若《大雅》整之于身,施及黎庶矣。乃深观阴阳消息而作怪迂之变,《终始》、《大圣》之篇,十余万言。"由此可见,邹衍诸论的出发点是针对当时的统治者淫侈无德、不顾黎民疾苦、只顾眼前享乐而不计后果的现象。为了解决这些问题,邹衍不是局限于对具体问题的针砭,而是从宇宙自然变化的必然过程来指出具体事物的命运。由于他宏论天地,漫无边际,所以时人称他为"谈天衍"。现有的资料主要反映了他对历史和地理的看法。

邹衍在论述历史时,把描述和寻求内在的必然性结合在一起,由近及远,上推到洪荒时代。这就是《史记》所说的:"先序今以上至黄帝,学者所共术(述),大并世盛衰,因载其礼祥度制,推而远之,至天地未生,窈冥不可考而原也"。关于"大并"之"并",《索隐》云:"言其大体随代盛衰,观时而说事。"对于历史,他不限于描绘,而是力求探讨其盛衰的原因并给以评价;他不以人们已论述的最古的历史为限,而要把历史推向更远的时代,把人类的历史同自然的历史连接起来。邹衍认为历史是一个变化发展的过程,在发展变化中,有一个所谓的必然规律起着支配作用,这个所谓的规律便是"五德转移,治各有宜,而符应若兹"(《史记·孟子荀卿列传》)。关于五德的变化情况,其他书有一些零星的记载:"邹子有终始五德,从所不胜,木德继之,金德次之,火德次之,水德次之。"(《文选》,左思《魏都赋》,李善注引《七略》)又:"五德从所不胜,虞土、夏木、殷金、周火。"(《文选》,沈休文《故安陆昭王碑》,李善注引《邹子》)前一段话的开头应是土,后一段续火的应是水。邹衍认为,每一德支配着一个朝代,每个朝代有特定的制度和政治,即"治各有宜"。可惜记载有阙,无从知道邹衍是怎样论述各朝代政治了。在某一德被另一德取代之时,邹衍认为必定会发生某种奇异的自然现象,作为换代的信息,这就是"符应"。《吕氏春秋》中有一篇叫《应同》,详细记述了五德转运过程和相应的符瑞。这篇可能是邹衍传人的作品,可资参考。

邹衍的历史观具有多种因素。从描述天地未开到人世繁荣看,显然具有进化论的成分;五德周而复始,则又是一种循环论;所谓的符应无疑是一种神秘主义。这样,邹衍便把先秦时期几种主要的历史观都吸收进来了。在科学尚未昌盛的时代,杂拌理论常常能满足各方面的要求。这里还应说明一点,在当时,五德终始的循环论一方面比较合理地说明了朝代的更替,特别是其中关于周代之火德已衰,必将为体现水德者取而代之的理论,太符合战国诸侯的口味了,它在理论上论证了周必亡,新圣必兴,给那些想摘取王冠的诸侯以极大的鼓舞;另一方面,五德除顺序更替外,还有政治分类的含义,即把政治分为五种类型。在今天看来,这种分类是形式主义的、机械的,但在当时却是一种高度的概括,把过去的政治活动都收纳进去了。一个朝代之所以走向灭亡,必定有它的政治缺陷,继起者只有救偏补敝,实行更化,以表现新旧朝代政治上的差别,才有立足的可能。五德政治分类虽不是这种政治差别的准确反映,但也说明或反映了部分事实。

五德终始说尽管有许多混话,但它指明了一个朝代不是永恒不变的,必定有它的终数,这在当时还是颇能新人耳目的。

邹衍论述问题的方法是"先验小物,推而大之,至于无垠"(《史记·孟子荀卿列传》)。也就是把经验、推测和想象结合在一起,以经验作为推测和幻想的依据。这种方法可谓别开生面,使人们疑而不能否其据,信而不能得其证。于是出现了下述情况:"王公大人初见其术,惧然顾化,其后不能行之。"(《史记·孟子荀卿列传》)

邹衍在政治哲学上多有阐发,在具体政治主张上主要受儒家的影响。司马迁是这样评论的:"然要其归,必止乎仁义节俭,君臣上下六亲之施,始也滥耳。"又说他"尚德",这显然也属于儒家的思想。另外,他说的"整之于身,施及黎庶",同儒家的修身齐家治国平天下也相类。

第三节 《月令》天人相应的政治程式化理论

《月令》是战国阴阳家的一篇重要著作。吕不韦编《吕氏春秋》时,将其全文收录,作为全书之纲。汉初儒家又将它收入《礼记》中,其后遂成为儒家经典。

一、天人相应

《月令》把科学、神学、五行、政令和社会生活糅在一起。文中所描述的事物关系有两种情况:一种情况是,确实揭示了某些事物之间的内在联系;另一种情况,作者搞了许多虚构,把一些毫不相干的事情连接在一起,其中还有一些生造的根本不存在的东西。这两种情况杂糅在一起,使科学充当了神学的伴侣,蒙上了非世俗的外衣。

在《月令》中,世界被描绘为一个多层次的结构。在这个多层次结构中,太阳是最高的,具有决定的意义。作者认为太阳在运转,每个月住在一个地方。太阳的运转形成了四时,每时又分为三个月。四时各有气候特征,每个月又有各自的征候。与四时相对应,每时都有一班帝神,比如春天,"其帝太皞,其神句芒"。与时、月、神的变化相对,每个月各有相应的祭祠规定和礼制。五行与四时的运转相配合,春为木,夏为火,秋为金,冬为水,土被放在夏秋之交,居中央。四时的变化不仅受太阳的制约,还受五行的制约。再下一个层次是各种人事活动,如生产、政令等等。上述结构基本是同向制约,特别是人事,要受到太阳、四时、月、神、五行各种力量的制约。因此在作者看来,人,包括帝王在内,不能是绝对自由的。人的自由不仅表现在利用自然,而且首先表现在遵循自然。当然,在遵循自然中还夹杂的许多神秘主义的规定。

二、时政论

在人事活动中,《月令》的作者对生产与政治的关系又作了分析。作者认为政令应以生产规律为依据,应有益于生产的发展和正常的进行,不能站在它的对立面破坏它。

《月令》比较系统地总结了当时农业生产的规律。概括言之,即春种、夏长、秋收、冬藏。根据四时运转、五德性质和生产的规律,《月令》开列了一个政治月程表。政治活动总的指导原则是,"凡举大事,毋逆大数,必顺其时,慎因其类"。所谓天数,用今天的话讲,即基本规律,这里指阴阳之交、日月之变、五行之德等。所谓"必顺其时",指的是顺从四季的变化。所谓"慎因其类",在作者看来,万物以类分,自然现象与社会现象有类同之处,比如庆赏与阳气同类,刑罚与阴气同类。春夏属阳,秋冬属阴,所以春夏用庆赏,秋冬用刑罚。诸如此类,比附极多。作者是按月开列政令的,由于同季的政令有重复之处,这里按四时作一简要介绍。

春季:春季为木德,万物开始生长。春天政令的基本精神是"布德和令,行庆施惠,下及兆民。庆赐遂行,毋有不当"。根据这一原则,在生产上要修封疆、分配土地、兴建水利、定产量、开道路、禁止伐木和杀生、保护山林地泽;对人民,要救济孤贫、赦罪犯、禁止征发徭役和用兵,多用赏赐,少用刑罚,招聘贤士等。这一切都以助生为特征。

夏季:夏季为火德,是万物繁荣季节。统治者的政治原则是佐助万物生长。为此要讲求礼乐、选拔人才,做到"行爵出禄,必当其位"。夏季严禁兴土木。为了鼓励生产,要命令臣属"劳农劝民,毋或失时","命民勉作"。

秋季:秋季为金德,有肃杀之意,万物开始凋零。与此相适应,在政治上应注重武和刑。要选练武士,征讨不义;修订刑罚,决狱讼,戮有罪,但要做到"端平","斩杀必当,毋或枉挠"。秋天可以动土功,修建城廓。税收亦在此时进行。另外,还要加强商品交流,活跃市场等。

冬季:冬为水德,万物闭藏。与此相适应,要加强治安管理,惩治罪犯。"罢官之无事者,去器之无用者。"山林开禁,但要掌握分寸,不得乱砍乱伐。对诸项事业进行年终检查和统计,如检查百工产品,计统人民、土田之数。为来年农耕作好各种准备。

土德不配四时,而居于夏秋之交。与土德相应的,只有一些礼仪规定,没有具体政令。土虽曰"中央",实处虚位。

《月令》的作者认为,上述程式化的政令不可更改,必须按时执行,周而复始。作者特别警告当政者,如果违背上述程式,必将受到惩罚,不有天灾,必有人祸。"孟春行夏令,则风雨不时,草木早落,国时有恐。行秋令,则其民大疫,猋风暴雨總至,藜莠蓬蒿并兴。行冬令,则水潦为败,霜雪大挚,首种不入。"作者的说法不无牵强的地方,也有耸人听闻之处,但主旨是有道理的。在以农业为主的经济条件下,每年的生产条件与过程基本相同,从而为政治程式化提供了客观依据。《月令》的作者把科学、神学、规劝、警告、恫吓统统摆在帝王的面前,企图给帝王以制约,用心可谓良苦。

阴阳五行派认为天人和谐是人类生存的基本保证和先决条件,一切政治活动只能保证天人和谐的实现,而不能破坏它。这反映了农业经济的要求。他们努力探求事物的联系,并企图通过类分的方式把事物贯穿起来,借以掌握事物联系的链条。在这种探求中,既有许多精湛的见解,又有荒诞之论,这是那个时代难以避免的。他们关于政治方程化的见解,虽有失机械,但其想为君主立法,以制约君主的基本思想则是相当可贵的,当然也神化了君主。

第九章 秦朝皇权专制思想

秦始皇以所向披靡的武力扫灭了山东六国,南平百越,北遏匈奴,建立了空前统一的封建帝国。然而,巍巍浩大,令人瞠目的秦帝国仅生存了十五个年头,就被民众反抗的烈火烧焦了。秦朝的大起大落给后人留下了无尽的思考课题,政治思想也是其中的问题之一。

秦始皇是在法家思想指导下取得胜利的。那么秦的灭亡是不是也应归咎于法家呢?后来的儒家大多持此论,其实,事情并不是这样简单。从历史的联系看,秦朝许多号为法家的东西,有不少被后来崇儒的帝王,乃至儒家所继承,因此对秦朝的政治思想要作具体分析。

第一节 皇帝至上理论的极度发展

先秦法家,特别是韩非,极力倡导绝对的君权主义。秦帝国的建立在实践上为强化君权提供了历史条件,同时,皇帝至上的理论也获得了全面的进展。

在秦始皇之前有"皇"和"帝"的称号,如"三皇"、"五帝",战国时期的秦昭王、齐缗王分别称为"西帝"和"东帝"。《管子·兵法》说:"明一者皇,察道者帝。通德者王,谋得兵胜者霸。"秦始皇是中国历史上第一个把皇和帝连起来,称"皇帝"的帝王。这不是一个简单的称谓问题,而是帝王观念的实现,它把帝王的尊贵推向了顶峰。

功盖一切,这是皇帝至上理论的基础。丞相王绾和李斯等上书称颂秦始皇为千古一帝,"今陛下兴义兵,诛残贼,平定天下。海内为郡县,法令由一统,自上古以来未尝有,五帝所不及。"(《史记·秦始皇本纪》)泰山刻石颂扬秦始皇"建设长利","化及无穷"。(《史记·秦始皇本纪》)琅邪刻石中说:"皇帝之德,存定四极。诛乱除害,兴利致福。节事以时,诸产繁殖。黔首安宁,不用兵革。六亲相保,终无寇贼。""功盖五帝,泽及牛马,莫不受德,各安其宇。"(《史记·秦始皇本纪》)碣石刻石中说:"黎庶无繇,天下咸抚。男乐其畴,女修其业,事各有序。惠被诸产,久并来田,莫不安所。"总之,秦始皇把整个天下带入了和平与安乐的境界。应该说,这类的颂扬是言过其实的,但它在政治思想上却有极端重要的意义。既然秦始皇给天下带来了无限的美好,那么他就有权支配一切,拥有一切。事实上,他正是这样宣传和这样做的。

秦始皇在刻石中一再宣称他是天下的主宰,在琅玡刻石宣布:"六合之内,皇帝之土。""人迹所至,无不臣者。"(《史记·秦始皇本纪》)周青臣在进颂中也讲:"他时秦地不过千里,赖陛下神灵明圣,平定海内,放逐蛮夷,日月所照,莫不宾服。"(《史记·秦始皇本纪》)天上地下所有一切都属皇帝所有,至高无上的权力就是占有、支配一切的最主要的根据。

皇帝权力还表现在为民立极,即对全国臣民的行为准则和道德规范作了详尽、具体的规定。所有的臣民都必须按照皇帝的意志和命令行事。刻石中如下一些词句很可说明问题:

  皇帝临位,作别明法,臣下修饬。
  皇帝躬圣,既平天下,不懈于治。凤兴夜寐,建设长利,专隆教诲,训经宣达,远近毕理,咸承圣志。
  皇帝作始,端平法度,万物之纪。
  普施明法,经纬天下,永为仪则。大矣哉!宇县之中,承顺圣意。
  秦圣临国,始定刑名,显陈旧章。初平法式,审别职任,以立恒常。
  贵贱分明,男女顺礼,慎尊职事。昭隔内外,靡不清净,施于后嗣。
  尊卑贵贱,不逾次行。奸邪不容,皆务贞良。(《史记·秦始皇本纪》)

这类词句不是官样文章,而是为臣民划定行为准则,并宣布皇帝的意志就是命令,所有的人必须遵从,从而把皇权至上的思想推到前所未有的高度。

在先秦诸子那里,除先王之外,在现实生活中圣与君主是二分的。到了秦始皇时情况发生了新的变化,皇帝与圣合二为一了。刻石以及当时大臣的上疏中,把"圣"冠戴到了皇帝的头上。皇帝既然是圣人,是最聪慧、最高明的人,自然又为皇帝裁断一切提供了一个有力的理论根据。

秦始皇的皇帝至上观念,还可以从他取消谥法表现出来。且看他的议论:"朕闻太古有号毋谥,中古有号,死而以行为谥。如此,则子议父,臣议君也,甚无谓,朕弗取焉。自今以来,除谥法,朕为始皇帝,后世以计数,二世三世至于万世,传之无穷。"(《史记·秦始皇本纪》)在秦始皇的观念中,皇帝生前臣下不能批评,死后也不能议论和评价得失。皇帝是何等的神圣,又是何等的专横!秦始皇建立了一套完整的礼仪制度,而其中心是尊君抑臣。《史记·礼书》说:"至秦有天下。悉内六国礼仪。采择其善,虽不合圣制,其尊君抑臣,朝廷济济,依古以来。"

秦王朝虽然很快灭亡了,但秦始皇时期所发展的皇权至上观念却成为一个无价之宝,被后世帝王所承继。

第二节 皇帝极欲与重罚主义

秦始皇与秦二世是把极欲与重罚主义付诸实践并发展到极致的人物,为后世留下了反思的资料。

一、皇帝极欲

秦始皇统一天下,诏令一统,至尊至贵,"以为自古莫及已",是有史以来最伟大的圣主。他的权力是无限的,欲望是无穷的。概而言之,他的欲望主要表现在如下两方面。

其一是权力欲。这又表现在横纵两个方面。所谓横指空间,凡是人迹所至,日月所照的地方,他都要君临其上。先秦诸子张扬的王天下论,他都要付诸实践。为此他对四夷发动了一系列战争,不惜任何代价。所谓纵,指上下级关系,他不仅要高居于所有臣民之上,深居禁中,诡秘不可测;而且还要独揽一切权力,独断各种事务。"天下之事,无大小皆决于上。上至以衡石量书,日夜有呈(程),不中呈,不得休息";"丞相诸大臣皆受成事,倚办于上"(《史记·秦始皇本纪》)。看起来很勤奋,但不免陷入事务主义,而他的事务主义是独裁的表现。

先秦诸子反复讨论过得天下与失天下的道理。从秦始皇接受邹衍五德终始说看,似乎他承认了秦德有朝一日会被另一德取代。但实际上,他只想为自己取代别人寻找理论根据。至于有谁会出来取代秦朝,他似乎从未想过,他只想皇帝之位到了他手中,就会万世一系传下去,以至无穷。他的意志和命令也应世世顺承,如泰山刻石中所说:"大义休明,垂于后世,顺承勿革"。为万世立极固然不乏英雄的气概,但又何尝不是企图永远役使人的狂妄表现。

其二是穷奢极欲。天下的臣民、土地都属皇帝所有,他自然就有权使用一切,进行享乐。秦始皇是不是历史上最奢侈的帝王,这里不去论断,但他的挥霍使整个帝国无法继续存在,也实在堪称典型了。先秦思想家早已看到君王的欲望可能给整个社会造成灾难,一再呼吁节用,并视为政治思想中的一个重要问题。但是秦始皇父子对这一点全然不顾。秦二世更是借助韩非的理论,把极欲合理化。他的生活哲学是"彼贤人之有天下也,欲悉耳目之所好,穷心志之所乐"。深明世理,但无节无耻的李斯竟顺应二世之论,说什么"是故主独制于天下而无所制也。能穷乐之极矣"。甚至提出"以人殉己"的主张。秦二世、李斯搬出申不害、韩非为自己辩护,申不害说过,"有天下而不恣睢,命之曰以天下为桎梏"。韩非似乎没有明说过君主要穷奢极欲,但绝对的君权与极欲两者有内在相通之处,因此,他的君权绝对至上理论无疑为君主的穷奢极欲提供了前提。

二、"督责之术"

至高无上的权力加极欲,必然导致重罚主义。秦始皇父子的刀光剑影笼罩了全国,无耻的李斯从理论上对实现极欲必须动用极刑的观点进行了论证,他向秦二世进的"督责之术"便是铁证。李斯痛骂节俭敢谏之士,指斥这些人是妨碍实现君欲的绊脚石,应该除掉。他说:

> 夫俭节仁义之士立于朝,则荒肆之乐辍矣;谏说论理之臣间于侧,则流漫之志诎矣;烈士死节之行显于世,则淫康之虞废矣。故明主能外此三者,而独操主术以制听从之臣,而修其明法,故身尊而势重也。……然后能灭仁义之涂,掩驰说之口,困烈士之行,塞聪掩明,内独视听,故外不可倾以仁义烈士之行,而内不可夺以谏说忿争之辩,故能荦然独行恣睢之心而莫之敢逆。
>
> 明主圣王之所以能久处尊位,长执重势,而独擅天下之利者,非有异道也,能独断而审督责,必深罚,故天下不敢犯也。(《史记·李斯列传》)

秦二世把这一套理论付之实践,造成"刑者相半于道,而死人日成积于市,杀人众者为忠臣"的局面。

秦始皇父子的重罚政治是君主专制政治本质的典型表现,十分可恶,而明知这种行为荒谬却又给予理论论证的李斯除了可恶之外,还十分卑鄙。秦氏父子的极欲与重罚主义形成了一个恶性循环,这是秦帝国迅速崩溃的重要原因之一,也给后人留下了一个反复思考的课题。

第三节 以法为教,以吏为师

一、以法为主,兼蓄其他的文化政策

秦始皇在思想文化上,开始采用以法家为主、兼蓄并用其他学派思想学说的作法,阴阳家、儒家、道家、宗教神学都有一定的地位。

邹衍的五德终始说被尊为官方思想。按五德终始说,周为火德,代周而起的应为水德。秦始皇于是尚水德,并依水德更改礼仪制度,把河(黄河)改为德水。水德与法家重罚思想胶合在一起,水主阴,阴主杀,于是"刚毅戾深,事皆决于法,刻削毋仁恩和义,然后合五德之数。于是急法,久者不赦"(《史记·秦始皇本纪》)。邹衍的政治思想原本更接近于儒,但在秦始皇手里显然被修改了。

秦始皇对儒家开始也不排斥,博士官主要由儒生充任。他到泰山巡游时曾召集儒生,听取他们的治国方略。他在各地的刻石中,也有明显的儒家思想成分,诸如忠、孝、仁、义、礼、智、信这些儒家的基本原则都得到了肯定,并要求臣民像遵法一样地遵行。这种情况同《商君书》不大一样,《商君书》的作者把这些比作虱子、臭虫,主张消灭之。

秦始皇对神鬼、宗教表现出两重性:有时他藐视鬼神,甚至有几分憎恶,敢与鬼神决斗;但他又相信和崇敬鬼神,他特别热衷于自己变成神仙,长生不死。到了晚年自称"真人",俨然如神仙。

二、文化专制主义

多种思想的并存对于维护秦帝国的统治,应该说是有利的,但又必然会与秦始皇的极度专权欲望发生矛盾。焚书坑儒这一惨绝人寰的千古悲剧的发生,就充分地说明了这一点。

焚书是为了打击思想自由。当时各种流派,特别是儒家对秦始皇的政治行为总是不断的品头论足,"今诸生不师今而学古,以非当世,惑乱黔首"。各种私学"相与非法教,人闻令下,则各以其学议之,入则心非,出则巷议"。"夸主以为名,异取以为高,率群下以造谤"。这种舆论上的批评同

秦始皇的政治专制无疑是冲突的。如果是一位高明的政治家,应该从品头论足中获得反思的机会,但自以为圣明而又独操权柄的秦始皇对此却极为反感。绝顶聪明的李斯最能领会秦始皇的心意,他一方面指责这些"愚儒"根本不理解秦始皇的"创大业,建万世之功";另一方面又制造紧张空气,声称如允许诸生议论,就会"主势降乎上,党与成乎下",从而对秦始皇的绝对权威构成威胁。于是他建议"史官非秦记皆烧之。非博士官所职,天下敢有藏《诗》、《书》、百家语者,悉诣守、尉杂烧之。有敢偶语《诗》、《书》者弃市。以古非今者族。吏见知不举者与同罪。令下三十日不烧,黥为城旦。所不去者,医药卜筮种树之书。"(《史记·秦始皇本纪》)秦始皇立即同意,令行全国。烧书并不是李斯与秦始皇的发明,但如此大规模的烧书运动实在是空前的。秦始皇烧掉的不只是书,而是历史积累的知识,是人们思维的自由。因焚书没有达到预期的目的,于是第二年又借故搞了一次坑儒。

焚书坑儒是对文化的一次浩劫,是文化专制主义的空前强化。用暴力和行政手段来禁锢人们的思维,是对历史创造力最野蛮的打击。

秦王朝是窒息了理论思维的时代,蔑视理论思维,就会为野蛮的横行提供机会。秦朝整个官僚系统的野蛮化是其灭亡的原因之一。秦始皇父子在思想上是信奉法家的,但是他们的个人专断使严肃的法家也失去了再思考的余地。秦朝的速亡为法家招来了恶名,不过法家对君主政治的设计理论并没有随秦王朝的灭亡而被抛弃。汉承秦制的事实说明法家政治理论在实际政治中仍然是有效的。

第十章 西汉前期黄老政治理论与儒法的新发展

赫赫的秦帝国是一个短命儿,它的速亡给人们留下了诸多令人反思的课题。

汉初(从刘邦建汉到景帝时期)的朝野各方从不同的角度出发,对秦朝这场恶梦不断进行思索,从而在思想上又出现了一个相对活跃的时期。秦朝许多政策与实践走到了极端,是悖谬的,但它所建立的一整套以皇权为中心的政治制度却是所有做皇帝的人都不会抛弃的。汉初,在基本的政治制度上承继了秦制,"循而未改"。因此法家的理论并没有随着秦王朝的灭亡而被否定。但鉴于秦的教训和社会面临的新情况,统治思想也必须作适当调整。汉初政治思想的格局大致是:一方面统治者明倡黄老,辅以儒家,暗用法家;另一方面,道、儒、法之间又互相攻讦和斗争。

第一节 道家黄老政治思想的实践与理论

黄老思想在汉初居于显赫的地位,几位皇帝和一大批大臣都曾予以提倡,在政治实践上也有重大影响,但是却没有明令规定为国家的统治思想。

一、黄老思想与汉初政治

鉴于秦朝的教训,早在刘邦刚进咸阳之时,张良就建议"宜缟素为资。今始入秦,即安其乐,此所谓'助桀为虐'"(《史记·留侯世家》)。刘邦接受张良的建议,比较注意节俭,这为后来实行无为政治埋下了伏笔。

在政治上最早以黄老之术治民的是曹参。曹参任齐相时,曾集合了数百名儒生讨论治民之道,结果"言人人殊,参未知所定"。后请教于治黄老之学的盖公,盖公言简意赅:"治道贵清静而民自定。"曹参用黄老术治齐九年,齐国大治。惠帝二年,曹参继萧何为相国,把"清净无为"的治国方针推行于全国。惠帝和吕氏掌权时,"君臣俱欲休息乎无为"。据史家记载,这一时期"政不出房户,天下晏然。刑罚罕用,罪人是希。民务稼穑,衣食滋殖"(《史记·吕后本纪》),政治局面相对稳定。继曹参为相的陈平"本好黄帝、老子之术"。陈平为政多谋略,任相时以黄老之术为主,他说:"宰相者,上佐天子理阴阳,顺四时,下育万物之宜,外镇抚四夷诸侯,内亲附百姓,使卿大夫各得任其职焉。"(《史记·陈丞相世家》)

　　汉初的几代帝王,如文帝、景帝以及掌握朝政的窦太后都程度不同地尊崇黄老之学。应劭在《风俗通·正矢》中说:"文帝本修黄老之言,不甚好儒术,其治尚清静无为。"窦太后在景帝、武帝初左右朝廷,她对黄老之学崇信更笃,"好黄帝、老子言,帝(景帝)及太子、诸窦,不得不读《黄帝》、《老子》,尊其术"(《史记·外戚世家》)。景帝本人也推崇黄老思想,重用黄老之士。"王生者,善为黄老言,处士。尝召居庭中"(《汉书·张释之传》)。直不疑"学《老子》言",被升为御史大夫(《汉书·直不疑传》)。信奉黄老的汲黯,郑当时等均曾居要位。

　　黄老政治最主要的特点是清净无为,主要内容是劝课农桑、轻徭薄赋、减免苛刑、节约皇室与国家开支、少修土木工程等。这些措施无疑对恢复社会经济和安定人民生活有极为重要的作用。

　　黄老思想是道家中的一个特定的派别,参照马王堆《老子》乙本卷前古佚书所表达的思想,以及司马谈对道家的评论来观察汉初的黄老政治,可以说不无契合。汉初统治者崇尚黄老,但在思想上并未实行黄老思想专制。不仅黄老之术本身吸收了儒、法、阴阳家的一些观点,而且在政治实践中,儒家和法家仍然十分活跃,对汉初政治有着相当大的影响,并对王朝制度的建设有着重大贡献。

二、《淮南子》的无为政治思想

　　《淮南子》又称《淮南鸿烈》(鸿,大也。烈,明也。即大明道之言的意思),是西汉景帝、武帝时期淮南王刘安召集宾客集体写作的。全书二十一篇,最后一篇名《要略》,可谓全书的序言。从《要略》看,全书写作有统一的安排,但内容上并未统一,《汉书·艺文志》把它列入"杂家"是有道理的。书中除道家思想外,在部分章节中还兼收了儒家、阴阳家、法家之说。如

《谬称训》、《齐俗训》有浓厚的儒家气息。《主术训》、《氾论训》等篇中吸收了不少法家的思想。《天文训》、《时则训》明显地因袭了阴阳家的作品和思想。全书内容尽管驳杂,但相当宏富,占主导地位的是道家思想,诚如高诱注序中所云:"……共讲论道德,总统仁义,而著此书。……然其大较归之于道。"

刘安主持写这部书,目的是论述帝王之道,为图举大业作理论准备。《淮南子》成书后曾献给汉武帝,"上爱秘之"(《汉书·淮南王传》)。后来汉武帝实行独尊儒术,结束了汉初崇尚黄老思想的政治局面,加之刘安的垮台,所以这部书在实际政治生活中没有发生重大影响。但作为汉初黄老政治思想的最后一响,这部书还是有其历史意义的。

《淮南子》的政治思想比较驳杂,但占主导地位的是无为政治思想。各篇几乎都讲无为,但细加比较,又多有牴牾之处。就其主旨而言,应该说继承了《管子》中的道家派和马王堆《老子》乙本卷前古佚书中积极主治的无为政治思想。

《淮南子》在主流上反对纯任自然、无所作为的无为论。作者所理解的无为是客观与主观的契合与统一,在契合中发挥主观能动性。《原道训》说:"所谓无为者,不先物为也;所谓无不为者,因物之所为。所谓无治者,不易自然也;所谓无不治者,因物之相然也。"《淮南子》无为论的要旨可归纳为如下三方面:

1. 法自然与无私

道、天、自然是表现客观世界不同层次的概念。道是天地万物的本原和存在的基础,天地、自然万物是道的外化形式。道又称为"太一"和"气"。道生就了天地万物。"道始于一,一而不生,故分而为阴阳,阴阳合而万物生"。人本身也是由道演化出来的,"烦气为虫,精气为人"(《精神训》)。由于天地万物是道生就的,反过来说,天地万物内在的统一性也就是"道","夫道有经纪条贯,得一之道,连千枝万叶"(《俶真训》)。

人既然是道和天地、阴阳的产物,是演进中的一种形式,那么,人的活动首先要面对何对待道的问题。从本质上看,如何对待道就是如何适应自然以及在自然中如何生活的问题,即人用什么方式取得与自然的平衡。

作者提出了一条总的原则,叫做"体道"。《原道训》说:"体道者逸而不穷。"《本经训》说:"帝者体太一,王者法阴阳,霸者则四时,君者用六律。"《泰族训》说:"故大人者,与天地合德……故圣人怀天气,抱天心。执中含和,不下庙堂而衍四海,变习易俗。"《精神训》说:"圣人法天顺情,不拘于俗,不诱于人,以天为父,以地为母,阴阳为纲,四时为纪。"上述说法乍看有点玄妙,静心思之,颇有道理。人是自然发展的产物,从根本上必然要受自然的制约,但是人们常常忘掉了这一点,把自然置于自己的对立面,任意而为,自以为得计,但到头来不能不受到自然的惩罚。作者总结了人们成败的经验教训,告戒人们必须回到遵从自然的轨道上来,与自然取得统一。

在如何取得与自然统一的问题上,书中又有不同的观点。主张积极法自然的一派认为,体道首先应该像道那样包容一切,公而无私,君主无私而后其道行焉。《修务训》说,古之立天子"非以奉养其欲也",而是为了消除强欺弱,智欺愚,勇侵怯,富欺贫等矛盾,"立天子以齐一之",实现平均和平等。《主术训》说:"尧之有天下也,非贪万民之富"以自私,而是为了实现社会的"和",他本人"身服节俭之行,而明相爱之仁"。《兵略训》说:"所为立君者,以禁暴讨乱也。"《淮南子》认为君主应该把无私作为自己的天职,作者反复说明,帝王把天下当作私有物还是为社会服务,是能否治理好天下的前提。"无以天下为者,必能治天下者"(《诠言训》)。落实在行动上,作者提出了顺自然、遵必然、贵因与物化等原则。

《淮南子》认为,天地万物的相互关系皆本于自然,"天致其高,地致其厚,月照其夜,日照其昼,列星朗,阴阳化,非有为焉,正其道而物自然(依王念孙校改)"(《泰族训》)。天地万物的本性是自然生就的,相互关系是自然形成的,其间没有超自然的力量来支配。"夫萍树根于水,木树根于土,鸟排虚而飞,兽蹠实而走。蛟龙水居,虎豹山处,天地之性也。"(《原道训》)自然界如此,人也是这样,"陆处宜牛马,舟行宜多水。匈奴出秽裘,于越生葛絺。各生所急,以备燥湿,各因所处,以御寒暑。并得其宜,物便其所"。由此观之,"万物固以自然,圣人又何事焉"(《原道训》)。万物的自然性及其自然关系不能任意更改,而应顺其自然。由此在政治上得出的一个基本原则就是"所谓无治者,不易自然也"(《原道训》)。

在分析事物的关系时,作者还特别指出有一种必然关系,称之为"必然之道"、"自然之势"和"相然"等。"禹决江疏河,以为天下兴利,而不能使水西流;稷辟土垦草,以为百姓力农,然不能使禾冬生。岂其人事不至哉,其势不可也。夫推而不可为之势,而不修道理之数,虽神圣人不能以成其功,而况当世之主乎?"(《主术训》)依据上述认识,在政治上不能任意而行,也不要投机取巧,而应该"行必然之道"(《主术训》),"因物之相然也"(《原道训》),道理讲得明白透彻。《淮南子》广泛讨论了事物的必然关系和必然之理,从今天的观点看,所论或有不当之处,但作者的认知方向是有见地的

第十章 西汉前期黄老政治理论与儒法的新发展

在与自然和社会的交往中,作者特别强调要善于"因",就是要把客观规律与人的认知主体性结合起来。"物有以自然,而后人事有治也"(《泰族训》)。主观要以客观为师,一切都像治水那样,"因水以为师"(《原道训》)。作者指出,大禹治水,后稷教稼,"因地之势也"。汤武革命,"因民之欲也"。"故能因则无敌于天下矣"(《泰族训》)。作者总结了三代盛事的基本经验,归结为一个"因"字,"三代之所道者,因也"(《诠言训》)。

在法自然上,还有消极的"物化"论和真假参半的天人感应论,在政治上也有相应的反映。这里不复赘言。

2. 顺时变法与礼法

《淮南子》把认识历史当作认识现实和未来的一种基本方式。《谬称训》说:"圣人察其所以往,则知其所以来者。"作者对历史的看法受法家的影响比较明显,但又夹杂着道家的情感。作者认为历史既是一个进化过程,又是一个退化过程。从道德的角度看,历史是退化的,最初的历史处于"混冥之中",那时无礼义之设,"逮至衰世,人众财寡,事力劳而养不足,于是忿争生,是以贵仁"(《本经训》)。"上世体道而不德,中世守德而弗坏也,末世绳绳乎惟恐失仁义"(《谬称训》)。尽管基本估价如此,但作者并不主张回到遥远的古代,相反,他们对孔、墨的复古之论进行了尖锐的批评。同时,他们还批评了政治上的经验主义,指出企图"以一世之度制治天下"如同刻舟求剑一样愚蠢(参见《说林训》),认为随时代变化而改革制度礼法才是符合于自然的。《泰族训》说:"圣人事穷而更为,法弊而改制,非乐变古易常也,将以救败扶衰,黜淫济非,以调天地之气,顺万物之宜也。"随时而变制与无为之治非但不矛盾,反而正是无为所要求的。

根据历史进化的原则,他们认为人为的礼义制度只能收一时之效,不可能永远适用。《氾论训》说:"五帝异道而德覆天下,三王殊事而名施后世,此皆因时变而制礼乐者。……是故礼乐未始有常也。故圣人制礼乐,而不制于礼乐。"也就是说,圣人是礼乐的主人,而不是礼乐的奴隶。有的篇认为仁义为治国之本。《齐俗训》说,礼义是"风俗一世之迹",而不是普遍真理,如果视为普遍真理,必然陷入谬误。而风俗是随时代而变迁的,"世异则事变,时移则俗易","故不法其已成之法,而法其所以为法,所以为法者,与化推移者也"。"与化推移"是一个极为光辉的命题,明了这一点,就能从历史的羁绊中解脱出来,获得创造历史的自由。人虽然都在从事历史的创造,然而人们常常把自己的创造从意识上让渡给别人或先贤圣哲。丢掉了主体精神的历史活动多半属于重复型的,反之,如果把自己看作创造的主体,他就会变成积极的斗士。在这里,由于作者认识到了自己是创造历史的主体,他们便把传统的法度礼乐的神圣性抛到了一边,于是礼乐制度就变成了手中的工具。正如《氾论训》说的"法制礼义者,治人之具也,而非所以为治也";"天下岂有常法哉?当于世事,得于人理,顺于天地,祥于鬼神,则可以正治矣"。

《淮南子》认为法也是历史的产物。作者们对礼法起因的看法大体上本于法家。《齐俗训》说:"衣服礼俗者,非人之性也,所受于外也。"《主术训》说:"古之置有司也,所以禁民,使不得自恣也";"法者非天堕,非地生,发于人间,而反以自正"。在作者看来,法起源人类自我控制的需要,同时也是为了维持公众的利益,谓之"众适":"法生于义,义生于众适,众适合于人心,此治之要也。"另外,法的起源还有一层意义,即给君主以限定,使君主不能擅自妄为。"法籍礼义者,所以禁君,使无擅断也。人莫得自恣则道胜,道胜而理达矣,故反于无为。"(《主术训》)作者在这里强调了法的社会性,与法家以法作为君主的工具有所不同。

在论述历史之变时,作者提出"是非"也是一个历史范畴。《齐俗训》说:"天下是非无所定,世各是其所是而非其所非。"细加考究,这种说法未尽妥当,但它确实提出了一个无可争辩的事实,即"是非"随时代而不同。此外,作者还指出理论框架和个人特点对是非的判断也会造成差异。《氾论训》在评价诸子争鸣时说:"故是非有处,得其处则无非,失其处则无是。"《齐俗训》说:"所谓是与非各异,皆自是而非人。"作者所提出的历史是非的相对性观点是有见地的,他们的错误在于最终走到了不分是非的相对主义。

《淮南子》作者在有关历史变迁的论述中,特别指出了形势与个人的关系。虽然《淮南子》中有不少地方夸大了圣人的作用,但值得珍重的是,作者也明确指出了形势胜于个人,其中包括圣人。《俶真训》说:"故世治则愚者不能独乱;世乱则智者不能独治。""虽贤王,必待遇,遇者能遭于时而得之也,非智能所求而成也。"(《诠言训》)因为世之乱世"不专在于我,亦有系于世矣"。根据这种认识,作者提出"处便而势利也"的观点。《本经训》说:"有贤圣之名者,必遭乱世之患也。"汤武之圣是由桀纣之暴虐作为条件的。这种认识不是《淮南子》所独有的,在《吕氏春秋》以及《战国策》中均有类似的看法,《淮南子》继承和发展了这种看法,其精辟之处在于指出个人不能改变历史形势而"独治"、"独乱",只有与特定的形势相结合才能充分显示出个人的作用。

《淮南子》除了注重整个历史的变迁,对于每一年中的四时与政治的关系也十分关注。《天文训》中几乎抄录了整部《月令》。

基于上述认识,《淮南子》在政治上特别强调时机的选择。《原道训》指出,贤智之人不在于先,不在于后,而"贵其周于数而合于时也"。"时"在政治活动中是一种伟大的力量,时过境迁,时不可失,失不再来,"故圣人不贵尺之璧,而重寸之阴,时难得而易失也"。时不是空洞的,它与客观存在交融在一起,构成一种综合的力量,古人所论的"时"一般总是指充满内容的历史过程,因此能否"趋时"就成为智愚的标志。"圣人知时之难得,务可趣也"(《修务训》)。《淮南子》作者认识到人们把握"时"的能动力量,却又常常教人以消极等待,提出"得在于时,不在争"(《原道训》),"穷达在时"(《齐俗训》)。

3. 顺人情与以民为本

《淮南子》中的人性论杂而不一,但都认为人性是政治的基本依据。简要论之,可分为如下三种:

第一,人性本善。《泰族训》说:"人之性有仁义之资。"不过这种性善不同于孟子,作者强调必须把"仁义之资"与后天教育结合起来才能完美。人伦虽然是人的本性中固有的,但要使之成为一种品质,还必须有圣人的教育。"故无其性,不可教训;有其性无其养,不能遵道。……人之性有仁义之资,非圣人为之法度而教导之,则不可以使向方。"善质是内在的根据,教育是条件,只有两者结合才能把可能变为现实。这种看法显然受了孟子的影响,但与孟子强调的"反心求性"又有所不同。

与人性善相对应,在政治上就是以仁义治国。《泰族训》说:"所谓仁者,爱人也;所谓知者,知人也,爱人则无虐刑矣。知人则无乱政矣。治由文理,则无悖谬之事矣。刑不侵滥,则无暴虐之行矣。"又说:"治之所以为本者,仁义也。"《主术训》说:"国之所以存者,仁义是也。"《人间训》说:"义者,人之大本也。虽有战胜存亡之功,不如行义之隆。"以上这些论述显然是属于儒家的。

第二,人性清净。《人间训》说:"清净恬愉,人之性也。"《俶真训》说:"人性安静。"《齐俗训》讲:"人性欲平。"以这种认识对应政治,必然把人的欲望看作政治的天敌,政治的首要任务就是把人们的欲望、知识抛到垃圾坑里。《原道训》说:"至人之治也,掩其聪明,灭其文章,依道废智,与民同出于公,约其所守,寡其所求,去其诱慕,除其嗜欲,损其思虑。"这叫"还反于朴",是老庄政治哲学的再现。

第三,人性混合说。《修务训》把性品说、好利说与积俗成性说结合在一起。所谓性品,就是性有等差。作者认为:"不待学问而合于道者,尧、舜、文王是也。"这是最上等的;"沈湎耽荒,不可教以道,不可喻以德,严父弗能正,贤师不能化者,丹朱、商均是也。"这是最坏的;居中者"上不及尧、舜,下不及商均……此教训之所谕也。"第一类和第二类人都是少数,第三类是多数。

就多数人的本性而论,作者又认为好利避害是其共性。"天之所覆,地之所载,包于六合之内,托于宇宙之间,阴阳之所生,血气之精,含牙戴角,前爪后距,奋翼攫肆,蚑行蛲动之虫,喜而合,怒而斗,见利而就,避害而去,其情一也。虽所好恶,其与人无以异。"但是人的本性又不是一成不变的,作者批评了性自然不可损益的观点,举例说:"其形之为马,马不可化。其可驾御,教之所为也。马,聋虫也,而可以通气志,犹待教而成,又况人乎?"

《齐俗训》以为人的本性无所谓善恶,它是环境影响的结果。作者指出,羌、氐燹、翟诸族的婴儿刚出世之时,"皆同声",待长大成人,用几道翻译仍然不能"通其言",其原因并不是先天的,而是后天"教俗殊也"。作者认为白帛染之赤则赤,染之黑则黑,而人性亦正如此。"人之性无邪,久湛于俗则易,易而忘本,合于若性。""合于若性"是说外界环境的影响可以转化为性的组成部分。《诠言训》也指出,人的本性是变化的,"凡人之性,少则猖狂,壮则暴强,老则好利。一人之身既数变矣"。

由于好"利"是多数人的本性,因此,治国要以此为出发点。《汜论训》说:"治国有常,而利民为本。"《主术训》说:"食者,民之本也;民者,国之本也;国者,君之本也。"因此治国要先考虑民食问题,此中的关键是征敛。作者提出"必先计岁收,量民积聚,知饥馑有余不足之数",然后征敛。又说:治民"非能目见而足行之也,欲利之也。欲利之也,不忘于心,则官自备矣。"《修务训》也提出政治的基本原则是"不忘于欲利人也"。《泰族训》指出成败的关键在于"得民之与失民也"。又说:"欲成霸王之业者,必得胜者也。能得胜者,必强者也。能强者,必用人力者也。能用人力者,必得人心者也。"这些论述受法家的影响比较明显,同时也兼有儒家的气味,可说是两者的合流。

上述三种人性论及其相应的治国指导原则在理论上是矛盾的,它们同存于一部书,甚至同一篇文章中,足以说明《淮南子》的驳杂。有的研究者把《淮南子》的人性论系为一说,是不符合实际情况的。

第二节 儒家政治思想面向实际的新发展

儒家在秦朝遭到了血洗,秦朝的灭亡又为儒家的再兴提供了根据。早在农民起义之时,就有一批儒生加入了起义的行列。汉朝建立之后,儒家立即走到前台,为汉帝国的建立与巩固进行规划和出谋划策。尽管汉初几位帝王对儒家并不那么看重,但儒生的用心可谓良苦。他们孜孜以求,奉献治策,并在一定程度上得到了汉朝统治者的理解。朝野上下有一大批儒生为自己的理论而奋斗,这里只评价陆贾和贾谊。

一、陆贾的仁义与无为相结合的政治思想

陆贾(约公元前 240～前 170 年)曾目睹了秦王朝的统一,秦败亡后投奔刘邦,参加过楚汉之争和刘邦的创业活动,是刘邦的重要谋臣之一。陆贾是一位能言善辩的说士,思想基本归儒,经常向刘邦称道《诗》、《书》。刘邦起于草莽,以武功为上,对儒生的迂论颇有反感。一次骂陆贾"乃公居马上而得之,安事《诗》、《书》!"陆贾反驳道:"居马上得之,宁可以马上治之乎?且汤、武逆取而以顺守之,文武并用,长久之术也。"刘邦哑口无言,自识见短,随即请陆贾"试为我著秦所以失天下,吾所以得之者何,及古成败之国"(《史记·陆贾列传》)的道理。陆贾写一篇奏一篇,共写十二篇,总称《新语》。

1. 统物通变

陆贾提出,治国的圣人高明之处就在于能"统物通变"(《新语·道基》,下引《新语》只注篇名)。所谓统物,就是悉察天文、地理、人事,做到"天人合策";通变,就是根据情况的变化,应时举措,不墨守成规。

"天人合策"之本在天,用之在人。《道基》说:"先圣乃仰观天文,俯察地理,图画乾坤,以定人道。"《明诫》说:圣人"观天之化,推演万物之类"。这里尽管强调的是圣人的作用,但毕竟突出了人的能动性。在天决定的大范围内,人还是有活动余地的。

通变可视为人的创造活动的集中表现。陆贾的历史观是进化的,认为人最初同于自然,既无"人道",也无"悟"性。后来相继出现了圣人,制定出"人道","民始开悟,知有父子之亲,君臣之义";创造了文明,知道"种桑麻","铄金镂木";又"立狱制罪","定五经,明六艺"(《道基》);人类一步一步向前发展和完善。因此,他主张人的眼光应转向现实和未来,反对食古

不化。他说:"善言古者,合之于今;能述远者,考之于近。"回顾历史不是为了装潢门面,而是从中引出借鉴,用之于今,"戒之于己"(《术事》)。治国治民之道不必拘泥于三王,要从实际情况出发,"因世而权行"(《术事》)。"圣人不必同道","万端异路,千法异形,圣人因其势而调之"(《思务》)。在变通时要估计到困难,"夫进取者不可不顾难"(《术事》)。要权衡利弊,不要"见一利而丧万机,求一福而致万祸"(《思务》)。

"统物通变"不囿于成法、从实际出发的思想,对汉初统治者有十分重要的影响。

2. 以仁义为治之本

陆贾对刘邦讲《诗》、《书》,也就是讲儒家的以仁义为治之本的道理。他从历史上兴败的经验中得出这样的结论:"握道而治,据德而行,席仁而坐,杖义而强。……夫谋事不并仁义者后必败,殖不固本而立高基者后必崩"(《道基》);"国以道德为上,行以仁义为本"(《本行》)。面对秦弊与汉初社会凋敝的现实,所谓的仁义怎样具体化呢?陆贾着重提出了要处理好如下三个关系:

第一是德与刑的关系。治国以什么为"巢"呢?陆贾认为历来有两个类型。一个是以德即仁义为巢,一个以刑、力、暴为巢。他认为一切亡国之君都是尚刑恃力行暴而自招垮台的,"秦二世尚刑而亡"(《道基》)。"秦以刑罚为巢,故有覆巢破卵之患"(《辅政》)。与尚刑恃暴相对的是仁义。"是以圣人居高处上,则以仁义为巢"(《辅政》)。暴政的现实正是仁义的前提条件,"桀纣不暴,则汤武不仁"(《思务》)。行仁义并不排斥法令,不过法令的作用在于"除恶",它不能起到"劝善"的作用,劝善要通过教化来达到,"尧舜之民,可比屋而封,……化使其然也"(《无为》)。

第二是仁义与利的关系,这是针对统治者而提出的。陆贾指出,当政者贪利刻薄就是无德,必招民怨。"夫酒池可以运舟,糟丘可以望远,岂贫于财哉?统四海之权,主九州之众,岂弱于武力哉?然功不能自存,而威不能自守,非贫弱也,乃道德不存乎身,仁义不加于下也。故察于利而惛于道者,众之所谋也;果于力而寡于义者,兵之所图也。"(《本行》)无道而积财,寡义而恃力,必然招致多数人的反对。因此,他提出"据土子民,治国治众者,不可以图利";如果贪图产业,恣意享受,"则教化不行,而政令不从"(《怀虑》)。从秦亡的教训看,这是切中肯綮的意见。

第三是统治者的政策与民心的关系。陆贾认为当权者实行的政策要合于民心,而且应明了简要。"夫欲富国强威,辟地服远者,必得之于民"(《至德》)。"设道者易见晓,所以通凡人之心,而达不能之行。道者,人之所行也"(《慎微》)。

秦朝尚刑恃暴而亡的历史事实,从另一方面为儒家的仁义之论提供了充分的依据。儒家的仁义有多方面的内容,在政治上表现为调和统治者与被统治者的关系。陆贾的仁义之论符合当时的情况,有利于矫正秦弊。

3. 以无为为用

黄老思想吸收了儒家的仁义与礼,儒家从孔子开始也吸收了道家的无为思想。陆贾同他的先辈所不同的是,他把无为作为仁义的具体体现,在思想上倡导仁义,在政治上则要贯彻无为。陆贾说:"夫道,莫大于无为"(《无为》),认为无为是治国的不二法门。历史上的虞舜"弹五弦之琴,歌《南风》之诗,寂若无治国之意,漠若无忧天下之心,然而天下大治";周公也是无为而国治的典范。与此相反的是秦始皇,法滋、刑严、事烦、穷兵、骄奢,结果"事逾烦天下逾乱,法逾滋而天下逾炽。兵马益设而敌人逾多。秦非不欲为治也,然失之者,乃举措太众、刑罚太极故也"(《无为》)。鉴于秦亡的教训,他主张实行无为政治,他理想的无为政治是这样的:

> 是以君子之为治也,块然若无事,寂然若无声,官府若无吏,亭落若无民,……邮无夜行之卒,乡无夜召之征。……耆老甘味于堂,丁男耕耘于野。在朝者忠于君,在家者孝于亲,于是赏善罚恶而润色之,兴辟雍庠序而教诲之。然后贤愚异议,廉鄙异科,长幼异节,上下有差,强弱相扶,大小相怀,尊卑相承,雁行相随,不言而信,不怒而威,岂待坚甲利兵、深牢刻令、朝夕切切而后行哉?(《至德》)

陆贾无为政治的核心是要求政府减少对社会的行政干预,减少徭赋,减轻刑罚。但他描绘的社会关系与道家思想迥然不同,完全是儒家思想的妙境。臣忠子孝、尊尊亲亲、上下有序、老安少怀,皆遵从礼义。因此他说的无为不是绝对的无为,而是另一种形式的有为,"故无为者,乃有为也"(《无为》)。

能否实现上述要求与目标,决定于君主,"上明而下清,君圣而臣忠"(《术事》)。"上之化下,犹风之靡草也"(《无为》)。"故君子之御下也,民奢应之以俭,骄淫者统之以理;未有上仁而下贼,让行而争路者也"(《无为》)。在权力支配社会和君主专权的情况下,君主的作为是会影响到整个社会的。

二、贾谊尊仁义与强化中央集权的政治思想

贾谊(公元前200~前168年),洛阳(今属河南)人,二十岁为文帝博

士,每有诏下,其对答多合帝意。文帝欲任之为公卿,但遭老臣周勃等的反对,遂任长沙王、梁怀王太傅,三十三岁去世。贾谊为著名的政治家,留下传颂千古的《过秦论》、《治安策》(即《论政事疏》)以及《论积贮疏》。所传《新书》前五卷与前述诸文基本相同,后五卷收其他著作。

1. 实行仁义,以民为本

贾谊在《过秦论》一文中集中讨论了秦亡的经验教训,主要提出了如下三个问题:

第一,秦六世有胜,山东六国有智之士均遭失败,为什么却被"瓮牖绳枢之子,氓隶之人,而迁徙之徒也。材能不及中人"的陈涉所败?

第二,秦统一之始,"天下之士,斐然向风",元元之民"莫不虚心而仰上"。为什么不过十年,天下大叛?

第三,秦始皇弄得民不聊生,"天下嚣嚣,新主之资也"。秦始皇的继承者本应改弦更张,为什么知迷不返?

贾谊认为秦的错误在于没有随形势的转变而改变指导思想。争夺天下时"强凌弱"、"众暴寡"、"高诈力"是不可避免的,但统一之后需要的是"守威定功"与"安定"。既然"攻守之势异",就应该随世变而易术,这就是"取与守不同数也"。秦没有认识到攻、守之势的变化,把攻术用于守术,"其道不易,其政不改,是其所以取之守之者异也;孤独而有之,故其亡可立而待也"。如果仅是秦始皇暴虐,秦也不至于速亡,问题在于秦二世和继二世的子婴不知更张,"三主之惑,终身不悟,亡不亦宜乎!"

君主昏愦,并不是臣下也都昏庸,"世非无深谋远虑知化之士也,然所以不敢尽忠拂过者,秦俗多忌讳之禁也,忠言未卒于口,而身靡没矣"。结果发展到所有的人"钳口而不语","智士不敢谋"的地步,除了灭亡之外,再也无路可走了。

贾谊因此得出结论说:"君子为国,观之上古,验之当世,参之人事,察盛衰之理,审权势之宜,去就有序,变化因时,故旷日长久而社稷安矣。"(《过秦论》)作为最高统治者,理应"相时而立仪,度务而制事"(《新书·立后义》,下引《新书》只注篇名)。于是他根据汉初的情况,认为在统治思想上应倡导仁义和德政。

贾谊认为仁义、德政的中心是爱人和利人。《修政语》说:"帝喾曰:'德莫高于博爱人,而政莫高于博利人。'故政莫大于信,治莫大于仁。"又说:"仁行而义立,德博而化富。故不赏而民劝,不罚而民治,先恕而后行,是以德音远也。"贾谊反复指出,民是政治之本,说:"闻之于政也,民无不为本也。国以为本,君以为本,吏以为本。故国以民为安危,君以民为威侮,吏以民为贵贱。此之谓民无不为本也。"又说："灾与福也,非粹在天也,必在士民也。"(《大政上》)为此,他指出民是政治中最重要的条件。"故夫民者,至贱而不可简也,至愚而不可欺也。故自古至于今,与民为仇者,有迟有速,而民必胜之。"(《大政上》)这一认识是中国传统重民思想的顶峰。正是在这样的认识基础上,贾谊针对当时的情况着重提出了如下几个问题。

在经济上要重农贵粟,使民安心农业生产。

在用刑上,他主张宁失之于轻,勿失之于严。"诛赏之慎焉,故与其杀不辜也,宁失于有罪也。"(《大政上》)

倡四维,抑逐制。四维就是礼、义、廉、耻。在贾谊看来,秦的风尚仍然流行于汉,"今世以侈靡相竞,而上无制度,弃礼义,捐廉丑";人们不知礼法,行为乖张,"今其甚者,到大父矣,贼大母矣,踝妪矣,刺兄矣"(《俗激》)。这种情况必须改变,因为"进取之时去矣,并兼之势过矣"(《时变》)。故而要提倡新的风尚,用四维"移风易俗,使天下移心而向道"(《俗激》);提倡"孝弟"、"义礼",行四维之教。

在思想上贾谊提出以六艺,即以《诗》、《书》、《易》、《春秋》、《礼》、《乐》之术"为大义"(《六术》),对人民进行教化。民只有经过教化才能成为顺民。《大政下》说："夫民者,诸侯之本也;教者,政之本也;道者,教之本也。有道,然后教也;有教,然后政治也;政治,然后民劝之;民劝之,然后国丰富也。"

这一些都必须由政府加以干预,因此,贾谊对当时无为政治所流行的"无动为大"方针提出了严厉批评。"俗至不敬也,至无等也,至冒其上也,进计者犹曰：'无为'。可为长太息者,此也。"(《孽产子》)陆贾的仁义与无为结合起来,贾谊的仁义却断然反对无为。陆贾与黄老有结合之势,贾谊则吸收了法家的许多东西,这是两人异趣之处。

2. 行礼法、定名号

刘邦当政时期,叔孙通定朝仪,明君臣尊卑,对强化皇帝的权威起了重要作用。但从整个社会上看还疏于礼,名号混乱,上下尊卑之分还不严密,例如一些诸侯王竟然使用朝廷礼仪。在贾谊看来,这是对皇权的威胁,也不利于稳定社会秩序。因此,他从治国、安邦、理民的高度提出了全面加强礼治的主张。

贾谊认为,礼是治国之本,"礼者,所以固国家,定社稷,使君无失其民者也。主主臣臣,礼之正也;威德在君,礼之分也;尊卑大小,强弱有位,礼之数也"。礼又体着事物之理,"故仁人行其礼,则天下安而万理得矣"。同时,礼又是道德、风俗和日常行为的标准与规范。"道德仁义,非礼不成;教训正俗,非礼不备;分争辨讼,非礼不决;君臣、上下、父子、兄弟,非礼不定"(《礼》)。礼的核心是"别贵贱,明尊卑"。贵贱、尊卑要通过"名号"、"等级"、"势力"、"衣服"、"号令"等具体规定来体现和保证。

名号就是孔子讲的正名,即贵贱上下各有规定,不得混淆。"高下异,则名号异"(《服疑》),于是在权力、事势、旗章、符瑞、礼宠、秩序、冠履、衣带、环佩、车马、妻妾、宫室、床席、器皿、饮食、祭祀、死丧等方面均有差异。强调差异的主旨是为了达到尊尊,敬上,尊天子,"主之与臣,若日之与星"(《服疑》)。"天子如堂,群臣如陛,众庶如地"(《阶级》)。"礼者,臣下所以承其上也"(《礼》)。

礼的主旨分明是尊尊,但贾谊却又说礼的另一精神是天子爱民,上爱下。"礼,天子爱天下,诸侯爱境内,大夫爱官属";"礼者,所以恤下也"(《礼》)。礼之所以会导向爱民,在贾谊看来,就在于礼对上、对天子也有一定的制约作用。比如,按礼规定,"国有饥人,人主不飧;国有冻人,人主不裘"。礼对君主的约束,就是爱民,"故礼者,自行之义,养民之道也"(《礼》)。

除了实行礼之外,贾谊也注重法。他认为礼与法各有不同的作用,"夫礼者禁于将然之前,而法者禁于已然之后"(《治安策》)。在某种意义上,法制权势比礼义更为重要。"仁义恩厚,此人主之芒刃也;权势法制,此人主之斤斧也。势已定,权已足矣,乃以仁义恩厚因而泽之,故德布而天下有慕志"(《制不定》)。只有掌握了"权势法制",才能谈行仁义的问题。这就是说,权力是实行政策的前提,没有权势,仁义只能流于空谈。在这里,我们可以看到法家对贾谊的影响,这正是司马迁说他"明申商"的根据。

3. 以加强皇权为中心的治安策

欲治平天下必须有相应政策,"人主有欲治安之心而无治安之政者,虽欲治显荣也,弗得矣"(《修政语上》)。当时危及治安的是什么呢?贾谊在《治安策》中提出可痛哭者一,流涕者二,长太息者六。痛哭者一指诸侯坐大危及皇权。流涕者二:其一是匈奴侵边,内地不安;其二是农背本趋末,国家无积贮。长太息者六,《汉书》中仅录其二,其一是多靡失礼,商贾违制;其二是官吏不知礼义等级之分。综合《治安策》与其他诸文,贾谊认为如下几项为治安之急:

其一是削藩,加强皇权。贾谊认为当时的诸侯王均已坐大成势,尾大不掉,威胁皇权。他断然反对当时流行的"已安"、"已治"之论。在他看来,当时的形势是"抱火措之积薪之下,而寝其上,火未及燃,因谓之安,偷安者也"(《数宁》)。他提出了著名的"众建诸侯而少其力"(《汉书·贾谊传》)

的建议,化大为小,权力分散,使之不能形成与朝廷对抗的力量。使诸侯王"势不足以专制,力不足以行逆"(《权重》)。一切大权归朝廷,"海内之势,如身之使臂,臂之使指,莫不从制"。应该说,当时诸侯王同朝廷的矛盾还没有明显暴露出来,而贾谊能够洞察这一潜在的危险,真可谓独具慧眼。贾谊死后,朝廷与诸侯王的斗争越来越炽烈,终于引出了一片战火。

其二是崇本抑末。这里指农业与工商业的关系问题。从刘邦开始就对工商业采取了轻视与抑制政策。在贾谊看来,问题并没有解决。崇本抑末包括如下几项内容:第一,重农抑商。"驱民而归之农,皆著于本,则天下各食于力。"(《瑰玮》)第二,崇俭抑奢。"去淫侈之俗,行节俭之术,使车舆有度,衣服器械各有制数。"(《瑰玮》)用强去掉刻缕、文绣、奇巧、淫侈,使民尚俭。第三,公私贮粟。他提出国家和私人都应有足够的贮粟,粟贮而后安,如公私无积贮,随时可能发生动乱。他提出:"王者之法,国无九年之蓄谓之不足,无六年之蓄谓之急,无三年之蓄曰国非其国也。"(《忧民》)他为汉三十年来公私无积而流涕叹息。

其三,国家垄断铸币权。当时铸币权未统一,各诸侯与私人也可以铸币。贾谊认为这是威胁朝廷的大害之一。他在《铜布》一文中详细论述了币归国家的好处,如减少了犯罪,稳定物价,官富而民困等等。

其四,轻徭役。

其五,解除匈奴威胁。贾谊认为汉廷北边有一个强大的匈奴,实为心腹之患。另外,从传统的王天下的思想看,匈奴的存在也是不合法的。他在《威不信》中说:"今称号(指汉称皇帝)甚美,而实不出长城,彼(指匈奴)非特不服也,又大不敬。"为了制服匈奴,他还在《匈奴》一文中提出了一些迂腐而不实的方法,企图用点小谋小计小恩小惠使匈奴归心。

贾谊是汉初一位杰出的政论家,宏论高妙,文辞锋利,是一位通达时变具有法家气息的儒生。他提出的问题有些超前,相当一部分不能为人理解,但历史的发展证明了贾谊的先见之明。

第三节 晁错的尚法与重农战思想

秦朝的灭亡,把法家也推到了被批判席上。不过实际的政治一点也离不开法家,汉朝的基本政治制度继承秦制,说明了法家的政治实用价值依然有效。汉初法家思想虽然遇到了危机,但仍有人在坚持,在思考,晁错是其中最著名的一位。

晁错(公元前 200～前 154 年),颖川(今河南禹县)人,曾在轵从张恢生学申商刑名之学,后又学《尚书》。晁错兼通法、儒,文帝、景帝时参与朝政。他为人聪明峭直,号称"智囊",因为力主削藩,作了宫廷斗争的牺牲品。《汉志》法家类有《晁错》三十一篇,《隋书·经籍志》载,南朝梁时尚有《朝(晁)氏新书》三卷,但均已亡佚,现只能根据《史记》与《汉书》本传及一些佚言略作评述。

汉文帝在策治中提出了"明于国家之大体,通于人事之终始"两个问题,寻求策对。晁错的策对获得文帝的赏识。晁错认为治国之大体和通人事在于配天地,顺人情。

配天地是思想理论界的一个共同认识,中心是要求君主正确处理天、地、人三者的关系,这样才能保持人类与自然的平衡,才能保证人的自身生存条件不被干扰。

通人事则在于本人情,晁错把人情归结为"四欲":欲寿、欲富、欲安、欲逸,这一看法与法家是完全一致的。晁错主张一切法令和政事都要以人情为依据,"其为法令也,合于人情而后行之;其动众使民也,本于人事然后为之"。为政之忌是违反人情,如能顺人情,君主与天下之民就能取得和谐。"天下乐其政,归其德,望之若父母,从之若流水;百姓和亲,国家安宁,名位不失,施及后世。"在顺人情上,特别要注意民众的衣食和赏罚。

衣食是人生之本,应成为政治之首。"人情,一日不再食则饥,岁终不制衣则寒,夫腹饥不得食,肤寒不得衣,虽慈母不能保其子,君安能以有其民哉!明主知其然也,故务民于农桑,薄赋敛,广蓄积,以实仓廪,备水旱,故民可得而有也。"(《汉书·食货志》)为了保证衣食之源,他提出了重农贵粟和抑末的主张,在著名的《论贵粟疏》中批评了汉初重农抑商政策流于形式和口号,指出:"今法律贱商人,商人已富贵矣;尊农夫,农夫已贫贱矣。"为了改变这种状况,不能只靠法令,而是必须从利着眼,实行贵粟政策。他建议实行以粟赎罪和输粟为官,以使粟贵而使民趋农,国家贮粟,既可以备荒,又可备战,所以他说:"粟者,王者之大用,政之本务。""明君贵五谷而贱金玉。"

法律也是与民利最为紧密的一大问题。晁错认为立法的目的不是为了使民慑服和畏惧,置民于死地,而是"以是兴利除害,尊主安民,而救暴乱也"。法制的主要手段是赏和刑,晁错提出,行赏不是妄予和表示恩惠,而是为了"劝天下之忠孝而明其功也;故功多者赏厚,功少者赏薄"。行罚决不是肆意示威,而是"以禁天下不忠不孝,而害国者也,故罪大者罚重,罪小者罚轻"。这里,晁错摒弃了韩非等人的重罚主义。

晁错对秦政也进行了批判。他在总结秦成败的历史经验与教训时指出，秦败于"任不肖而信谗贼"，从而造成奢侈无度、妄赏罚、轻人命及奸吏侵夺的局面。他建议"绝秦之迹，除其乱法"。晁错对秦政的批判，表明他所持的法家理论是趋于平和的。

晁错主张君主集权并切实掌握权力，对汉初君主无为少事进行了批评。他在《贤良对策》中就直言批评文帝"未之躬亲，而待群臣"。结果造成国政不顺，"民不益富，盗贼不衰，边境未安"。为了把权力集中于君主之手，他向文帝进呈了《言太子知术数疏》，文中写道："人主所以尊显功名扬于万世之后者，以知术数也。"晁错所说的术数有如下四点："知所以临治臣下而治其众"，"知所以听言受事"，"知所以安利万民"，"知所以忠孝事上"。晁错明言教太子，实际也是对文帝的建议。

晁错继贾谊之后，再一次上书建议削藩。他在《削藩策》中指出，藩王与皇权的决斗是不可避免的，"今削亦反，不削亦反，削之，其反亟，祸小；不削，其反迟，祸大"（《汉书·晁错传》）。不削藩"天子不尊，宗庙不安"。忠心于皇帝的晁错，反而遭到效忠对象的惩处：被景帝处死，悲夫！

在时政上，他对抗击匈奴也发表了有见地的意见，批评秦在匈奴问题上的知攻而不知守。他分析比较了匈奴与汉的长短，提出了"以蛮夷攻蛮夷"、迁民实边和择良将守边等建议。

从总体上看，晁错的法治思想与先秦法家有了很大区别，主要是在政治实践上吸取了秦朝的教训，又杂以儒家之学，因而其思想的主要趋向是运用法治，以强化中央集权，巩固汉家天下。

第十一章 西汉中、后期政治指导思想的争论与发展

西汉中期,国力渐强。汉武帝意欲有所作为,要寻求较之黄老"清静无为"更适宜的政治指导思想。于是董氏公羊学应运而兴,儒学被定为一尊。其后虽然出现过一些争论和反复,但经过汉元帝进一步崇儒,终于巩固了儒学在政治思想领域的主导地位。

第一节 "独崇儒术"与汉武帝的统治思想

一、西汉统治者关于政治指导思想的争论

西汉王朝经过近六十年的发展,到公元前140年左右,进入全面繁荣时期。此时的西汉帝国已经一改初年百业凋敝的景况,在黄老"清静无为"思想指导下,文帝、景帝推行与民休息政策,轻徭薄赋,出现了前所未有的"治世"。

可是,随着社会经济的恢复发展,一些新产生的矛盾日渐加深,成为帝国发展的障碍。其中,地方分封势力与皇权的冲突已成为极其严重的政治问题。汉初,刘邦总结了亡秦的教训,试图依靠刘姓宗亲势力维护汉家天下,遂大封同姓子弟做诸侯王,又遗下祖训:"非刘氏而王,天下共击之"(《史记·吕后本纪》)。可是事情的发展却违背了刘邦的初衷。几十年后,诸侯王逐渐养成强大的地方势力,对中央政府和国家的统一形成了巨大的威胁。一些有识之士早已指出了这一问题的严重性,但没能真正解决问题,景帝三年的"七国之乱"就是这一矛盾的总爆发。叛乱虽然平息了,却

第十一章 西汉中、后期政治指导思想的争论与发展

给当权者们留下一个难题:怎样才能有效地巩固中央集权,防范帝国分裂?

在意识形态领域,思想的多元发展与帝国集权之间的矛盾也日趋突出。惠帝四年除"挟书令",百家之学复兴,阴阳五行、申、商、韩非以及纵横家之学皆广为流传。思想文化的多元化与帝国集权的矛盾主要表现在两个方面:其一,知识分子的社会道路呈多元倾向,他们通过多种途径参与政治。许多文人游士被诸侯王罗致,如河间献王刘德"修学好古",广求图书,"其学举六艺,立《毛氏诗》、《左氏春秋》博士",一时"山东诸儒多从而游"。淮南厉王刘长、刘安父子,衡山王刘赐,也"修文学,招四方游士,山东儒墨咸聚于江淮之间"(《盐铁论·晁错》)。这些文人游士归附于地方分封势力,极不利于帝国的统一和君权的安全,因而对国家政治指导思想进行适当调整已成当务之急。

其二,在帝国政治指导思想上出现了激烈的争论。汉初统治者在政治指导思想上重用简而易行的黄老之学,或用讲求实效的刑名之学,不喜儒术。如"孝文(帝)本好刑名之言",孝景帝"不任儒",文帝窦后"又好黄老术"(《汉书·儒林传》),其中尤以窦后为甚。在她的强行约束之下,"景帝及诸窦不得不读《老子》尊其术"(《汉书·外戚传》)。

汉初儒生在社会和朝廷均有一定的势力,他们不甘心受冷遇,一有机会就要与黄老派争个高下。景帝时,双方曾有过一次尖锐的对抗。儒学博士辕固生与黄老派黄生争论"汤武受命",黄生诋毁"汤武受命"是臣弑君之举,辕固生反诘道:"必若所云,是高帝代秦即天子之位,非邪?"争论直接涉及汉王朝的合法性问题,事关重大。景帝只好折中,不论是非,禁止再辩,说:"言学者无言汤武受命。"此后学者"莫敢明受命放杀者"(《史记·儒林传》)。窦太后不信儒学,她召问辕固对《老子》一书的看法。辕固说:"此是家人言耳。"示以不屑一顾。太后大怒,令辕固生入豕圈与豕斗,欲置之于死地。亏得景帝认为辕固生直言无罪,给了他一把利刃,方得保全性命。辕固终因得罪了太后,博士被免,调任清河王太傅。这次儒学与黄老派的对抗以儒学失败而告终。

汉初士人的多元发展与帝国的中央集权显然是有矛盾的。统治者总是要根据本阶级的利益和实际政治需要来选择政治理论。在当时条件下,各种政治学说的政治命运最终要由专制统治者来决定,这个任务是由汉武帝完成的。

二、独崇儒术

公元前140年,汉武帝刘彻即位,时年仅十七岁。武帝虽然年少,却有胆有识,雄才大略,一心要振兴朝纲,加强集权,巩固汉家天下。他认为儒家思想比黄老思想更适于他的需要,即位伊始,就采取了两项措施:(1)启用儒生。建元元年(公元前140年)冬十月,诏丞相、御史、列侯及地方官吏推举贤良方正直言极谏之士(参见《汉书·武帝纪》),这些人主要是儒生。(2)任用"俱好儒术"的窦婴为丞相、田蚡作太尉,主持政府的要害部门。又派人束帛加璧,安车驷马迎取著名儒生申培公入朝。申公是《诗》学大师,又是御史大夫赵绾、郎中令王臧的老师,名重当时。武帝迎取申公,"欲议古立明堂城南,以朝诸侯",以及草拟巡狩、封禅、改历、服色等改革事项。

武帝的措施引起了黄老派的不满。建元二年(公元前139年),赵绾建议"请毋奏事东宫",终于引发了武帝和太后之间的矛盾。窦太后逮捕了赵绾、王臧,令他们自裁。窦婴、田蚡免职。在以窦太后为代表的黄老派强力反击下,武帝只得暂作让步,将申公送回家乡,"诸所兴为者皆废"(《史记·孝武本纪》)。

武帝在挫折面前并没有打消"崇儒"的信念。建元元年武帝诏举贤良方正时,丞相卫绾建议:"所举贤良,或治申商韩非苏秦张仪之言,乱国政,请皆罢。"(《汉书·武帝纪》)这个建议深合武帝之意,从此成为选用人才的重要政策。武帝"绌黄老刑名百家之言",广泛招揽儒学之士,"延文学儒者数百人",封以官职。最为引起朝野震动的是,武帝将布衣出身的公孙弘拜为丞相,封平津侯,食户六百五十。这件事使儒学的政治地位急剧提高,学习儒术成为士人们寻求政治出路、谋取利益的最佳途径,致使"天下之学士靡然乡风矣"(《史记·儒林列传》)。武帝通过大量征用儒学之士,在政治上基本促成了崇儒的局面。

实现政治指导思想的转换,还必须有理论论证。武帝多次下诏策问,"欲闻大道之要,至论之极"(《汉书·董仲舒传》)。他曾满怀希望询问申公。申公说:"为治者不在多言,顾力行何如耳。"这显然不符合武帝的要求,武帝很失望。后来,公羊学大师董仲舒解决了这个疑难问题。他在对策中提出:"《春秋》大一统者,天地之常经,古今之通谊也。今师异道,人异论,百家殊方,指意不同。是以上亡(无)以持一统,法制数变,下不知所守。臣愚以为诸不在六艺之科、孔子之术者,皆绝其道,勿使并进。邪辟之说灭息,然后统纪可一,而法度可明,民知所从矣。"(《汉书·董仲舒传》)在董仲舒看来,思想混乱必然导致动乱,百家"邪辟之说"不利于汉家一统天下的稳固,必须断绝其政治出路,"勿使并进"。惟有儒学讲求"大一统",宜定为一尊。武帝采纳了这个建议。建元五年,"置五经博士",儒学代替黄老之学成为官方政治学说,儒学典籍成了国家教科书。汉武帝终于举起了"独崇儒术"的旗帜,初步实行了政治指导思想的转换。

建元六年(公元前135年),窦太后病卒,武帝崇儒的最大障碍去掉了,从此即逐步实现其崇儒的目标。翌年初,令郡、国荐举孝、廉各一人。元朔五年(公元前124年),为五经博士置弟子员。元封元年(公元前110年),"登封泰山"。五年(公元前106年),"始拜明堂如郊礼"(《汉书·郊祀志下》)。太初元年(公元前104年),修正历法,"以正月为岁首。色上黄,数用五,定官名,协音律",终于实现了当年"立明堂封禅改历服色"的初衷。

汉武帝经过几十年的努力,为封建帝国找到较之黄老之学更为适用的政治理论。他看到,儒学的尊君、礼制等级和忠孝思想有助于维护君主的权威,儒家的德治教化则是束缚人们思想的重要手段。对于专制统治者来说,严密控制人的思想意志与约束人的行为同等重要。儒家的德治仁政学说又能为君为政治进行某种修饰和补充,特别是儒家的各种仪制典章,可以将专制主义暴力统治装点得温情脉脉。因而,武帝之崇儒,并非以儒学政治学说作为全部政策的出发点,而是注重儒术的"文饰"的功能。正如司马光所说,武帝"虽好儒,好其名而不知其实,慕其华而废其质"(《温国文正司马公文集》卷十二)。不过,经过汉武帝的擢升,儒学终于有了官方身份,走上了与政权相结合的道路。以后经过历代君主一再确认,儒学始终占据政治指导思想的宝座,成为中国传统政治思想的主流,对于中国传统社会的政治、经济、文化等方面的发展均有极大的影响。

三、汉武帝的杂霸政治术

汉武帝通过罢黜百家,表彰《六经》,尊崇儒学,实现了政治指导思想的转换。然而,这并不说明他一味笃奉儒学。作为一个拥有无限权力的独裁者和封建政治家,他不会拒绝任何一种有利于巩固政权的政治理论。只要有益于君主政治,什么样的思想、主张都会纳入武帝的彀中,这正是政治家与学者的区别所在。再者,汉初诸子之学有别于秦,亦不同于汉中期以后,各个流派之间的交融合流成为时尚。许多著名思想家和政治家都是杂学之士,如陆贾兼学儒道,贾谊兼及儒法,董仲舒以阴阳五行融入公羊《春秋》,主父偃"学长短纵横术,晚乃学《易》、《春秋》、百家之言"(《汉书·主父偃传》)。公孙弘"少时为狱吏",后来"乃学《春秋》杂说"。汉武帝在这样的学风熏陶下,自然不会固守一说。他明倡儒学,实际兼采百家,杂用王霸之术。

武帝的政治思想有四个特点：

(1)求变。武帝登上政治舞台之际，西汉王朝正处于发展的转折关头。武帝对形势的认识十分清楚，他反对墨守成规，多次提出要"变"。他说："朕闻天地不变，不成施化，阴阳不变，物不畅茂。"(《汉书·武帝纪》元朔三年诏)变是事物发展的必要条件，同样，对国家政策原则作适度调整，也是成就丰功伟绩的重要前提，所以"五帝不相复礼，三代不同法"(《汉书·武帝纪》元朔六年诏)。武帝所说的变主要是指从实际政治要求出发，根据不同情况作灵活的调整。他对儒家的权变思想理会颇深，曾评论说："盖孔子对定公(《论语》作叶公)以徕远，哀公以论臣，景公以节用，非期不同，所急异务也。"(《汉书·武帝纪》元朔六年诏)"所急异务"就是讲政策的灵活性。武帝认为在调整政策时，还要注意历史联系，于是提出"据旧以鉴新"，"稽诸往古，制宜于今"(《汉书·武帝纪》元狩六年诏)。在变的过程中，手段、方法要服务于目标，即所谓"所由殊路而建德一也"。"求变"是武帝变更一系列重要政策的思想基础。

(2)求治之本。武帝有着强烈的使命感，自知"任大而守重"(《汉书·董仲舒传》)。为了汉家天下长治久安，他"夙夜不遑康宁，永惟万事之统，犹惧有阙"。曾几次下诏策问，渴望寻找到长治久安的方略。长期困扰武帝，使其夜不成寐的问题主要有三：第一，政权得失兴亡的根本原因是天命还是人为？他说，五帝三王时代，天下洽和。而今圣王已没，大道微缺，后世"守文之君，当涂之士，欲则先王之法以戴翼其世者甚重，然犹不能反，日以仆灭……岂其所持操或悖谬而失其统与？固降天命不可复反，必推之于大衰而后息欤？"第二，治平天下的根本方略是什么？他说："三王之教所祖不同，而皆有失。或谓久而不易者道也，意岂异哉"？例如虞舜之时，"垂拱无为而天下太平，周文王至于日昃不暇食，而宇内亦治。夫帝王之道，岂不同条共贯与？何逸劳之殊也"？他急切地想知道"何修何饬而膏露降，百谷登，德润四海，泽臻草木"，达到天下大治。第三，自然灾变与社会政治的治乱究竟是什么关系？他问道："天人之道，何所本始？"(《汉书·公孙弘传》)"三代受命，其符安在？灾异之变，何缘而起？"(《汉书·董仲舒传》)"吉凶之效，安所期焉？禹汤水旱，厥咎何由？"汉武帝的政治视野相当宽广，其目光遍及自然与社会，往古和今世。他的思考是君主政治统治集团的阶级统治意识的聚集点，代表整个统治阶级提出了关乎本阶级根本利益的重大政治问题。

正是在求治之本思想指导下，汉武帝接受了董仲舒的建议，屏退百家,独擢儒学为国家政治学说,杜绝意识形态领域的混乱现象,加强了思想专制。同时,又力行文、景以来的削藩政策,加强了中央集权和个人专制统治。在武帝看来,强化君权就是对统治阶级根本利益的最大维护。

(3)德刑兼用。汉武帝汲取了汉代儒学的德主刑辅思想,把德治教化和刑暴惩恶作为维护君权不可或缺的两手。他说:"夫本仁祖义,襃德禄贤,劝善刑暴,五帝三王所由昌也。"(《汉书·武帝纪》元朔元年诏)他特别注重德治的功能,说"扶世导民,莫善于德"(《汉书·武帝纪》建元元年诏)。德治的主旨是"事天以礼,立身以义,事亲以孝,育民以仁"《汉书·武帝纪》元封元年应劭注)。德治是引导人民安分守己、服从统治的良方。武帝深感当今世道礼崩乐坏,设想通过宣化仁义道德,"导民以礼,风之以乐",使民"仁行而从善,义立而俗易"(《汉书·武帝纪》元狩六年诏),建立稳定的统治秩序。

武帝又通过征辟选用儒学之士,设立太学,立五经博士和博士弟子,在中央政府形成仁义道德宣化中心。然后,设置专职礼官,"讲议洽闻,举遗兴礼,以为天下先"(《汉书·武帝纪》元朔五年诏)。中央和地方各级政府官员均负有教化民众的责任,他曾告诫臣属:"公卿大夫,所使总方略,壹统类,广教化,美风俗也"(《汉书·武帝纪》元朔元年诏)。就这样,从中央到地方形成了一个宣明教化的官吏系统。

在社会基层则利用乡、县三老,孝悌、力田等地方基层官吏宣扬教化。据《后汉书·明帝纪》章怀注:"三老,高帝置;孝悌、力田高后置,所以劝导乡里,助成风化也。"《续汉书·百官志》"乡置有秩三老"条下注说:"三老掌教化。"汉武帝极为重视这些地方基层官吏在推行教化方面的作用。曾在元狩六年下诏,"谕三老、孝弟以为民师",希望通过自上而下的教育宣化,敦促民众自觉遵行礼法,致力农亩,安分守己作顺民,实现百姓和乐,政事宣昭。

武帝在宣传上重教化,在实际上则更重刑罚。他密织法网,亲信法术之士,强化暴力统治。班固说,武帝即位以后,"征发烦数,百姓贫耗,穷民犯法,酷吏击断,奸轨不胜。于是招进张汤,赵禹之属,条定法令,作'见知故纵,监临部主'之法"(《汉书·刑法志》)。又作"沉命法",对于不能揭举罪犯者,以及镇压"盗贼"不力的地方官都要施以重刑。以刑罚督责吏民是武帝治国的特点之一。

在武帝重刑酷法思想指导下,西汉时期"禁网浸密。律令凡三百五十九章,大辟四百九条,千八百八十二事,死罪决事比万三千四百七十二事";而且律令繁杂,前后舛错,执法标准不统一。在这种情况下,武帝用强制手段督责官吏严格法治,必然会形成法治混乱,吏治败坏,出现"或罪同而论异"的现象。

武帝说:"夫刑罚所以防奸也。"(《汉书·武帝纪》元朔三年诏)刑暴和劝善一样,同为帝王之道,都是用来巩固汉家天下的重要政策原则。唐令狐德棻说:"王道任德,霸道任刑。……汉则杂而行之。"(《旧唐书·令狐德棻传》)武帝这种兼及德刑,内重刑暴,外饰德化的治术便是"汉家制度"的精髓。

(4)任贤。武帝颇有自知之明,他十分清楚"盖有非常之功,必待非常之人"(《汉书·武帝纪》元封五年诏)的道理,认为若想成就帝王大业,为汉家天下筑起万世不朽的根基,必须将天下英才全都罗致自己麾下。在武帝当政的几十年里,他"畴咨海内,举其俊茂"(《汉书·武帝纪》),"求之如弗及"。任贤乃是武帝的一项基本政策。

武帝认为,任贤的诀窍在于知人善任。他曾感慨地说:"知人则哲,惟帝(指尧)难之。"(《汉书·武帝纪》元狩元年诏)为了确保能选得有用之才,武帝采取了两项措施。一是扩大征选人才的数额,使地方举荐人才制度化和经常化。他"深诏执事,兴廉举孝"(《汉书·武帝纪》元朔元年诏),三番五次责令郡国地方官员推举才德之士。他说:"夫十室之邑,必有忠信,三人并行,厥有我师。今或至阖郡而不荐一人,是化不下究,而积行之君子雍于上闻也。"为此,武帝特别严明奖惩制度,"进贤受上赏,蔽贤蒙显戮"。如果地方官员"不举孝,不奉诏,当以不敬论。不察廉,不胜任也,当免。"(《汉书·武帝纪》有司奏议)武帝运用行政手段广招人才,给予任贤以制度保障。二是放宽选贤的标准,对于"茂才异等"不计其出身或其他小节。武帝说:"马或奔踶而致千里,士或有负俗之累而立功名"。才能优异之人往往行为怪异,不同于世俗,或者出身低微。武帝认为这些都不足为虑。他说:"夫泛驾之马,跅弛之士,亦在御之而已。"(《汉书·武帝纪》元封五年诏)只要驾驭得法,行为超常之士同样能为君主所用,至于出身高低更可存而不论。

武帝的任贤之道收效显著,一时"群士慕向,异人并出"(《汉书·公孙弘卜式儿宽传》),"天下布衣各励志竭精以赴阙廷自炫鬻者不可胜数"(《汉书·梅福传》)。武帝时代的名臣中出身不高者大有人在,如"卜式拔于刍牧,(桑)弘羊擢于贾竖,卫青奋于奴仆,(金)日磾出于降虏"(《汉书·公孙弘卜式儿宽传赞》)。正是在这样的用人思想指导下,武帝才能将各种类型的优秀人才汇聚于中央,形成以他为中心的高智能统治集团。正如班固列举的那样,"汉之得人,于兹(指武帝时代)为盛。儒雅则公孙弘、董仲舒、兒宽；笃行则石建、石庆；质直则汲黯、卜式；推贤则韩安国、郑当时；定令则赵禹、张汤；文章则司马迁、相如；滑稽则东方朔、枚皋；应对则严助、朱买臣；历数则唐都、洛下闳；协律则李延年；运筹则桑弘羊；奉使则张骞、苏武；将率则卫青、霍去病；受遗则霍光、金日䃅；其余不可胜纪。是以兴造功业，制度遗文，后世莫及"。

汉武帝的杂用王霸政治成为中国古代君主政治的基本模式之一。

武帝在政治上十分精明，在生活中却是个十足的平庸之辈。史载武帝"初即位，尤敬鬼神之祀"（《史记·孝武本纪》）。他迷信鬼神，信任方士，相信"望气"和长生。他曾经这样慨叹："嗟乎！吾诚得如黄帝，吾视去妻子如脱屣耳。"他像许多独裁者一样，既拥有最高权力，又渴望生命的永恒。武帝的迷信甚至达到丧失理智的程度，"巫蛊"之狱便是一例，连太子也被牵连而死。他的迷信给政治带来混乱，同时在一定程度上也为汉代经学走向神秘化和庸俗化开了方便之门。

四、汉元帝尊儒

1. 昭、宣时期儒学的政治地位

汉武帝崇儒之后，认定儒家经典是国家教科书，儒家的政治理论是士人的必修科目，连帝王也要学习儒经。如汉昭帝自称通习《保傅传》、《孝经》、《论语》、《尚书》，汉宣帝也曾"师受《诗》、《论语》、《孝经》"。研习儒学成了时尚，读经是士人谋官的捷径。正如汉博士夏侯胜所说："士病不明经术。经术苟明，其取青紫（卿大夫官服）如俛拾地芥耳。"（《汉书·夏侯胜传》。）当时邹鲁民谚："遗子黄金满籯，不如一经。"（《汉书·韦贤传》）朝野上下皆以习儒为务，与汉初比较，昭、宣时期儒学身价倍增。

在政治生活中，儒经是"王教之典籍"，被统治者奉为"致至治之成法"（《汉书·儒林传》），是其制定法令政策，审理刑狱的政策理论依据。例如地节四年（公元前 66 年）宣帝诏令"自今诸有大父母，父母丧者勿徭事"（《汉书·宣帝纪》），就是以儒学的孝道为依据而制定的律条。儒学经典在当时具有法典意义。昭帝还特别诏令"公卿大臣当用经术明于大谊（义）"（《汉书·隽不疑传》）。甘露三年（公元前 51 年），宣帝为解决儒学内部的理论纷争，亲自召开了石渠阁会议，钦定儒学经典的标准本。儒学的法典化和标准化对于提高儒学的政治地位是有力的促进。

儒学在思想上得到了尊崇，但在政治运行过程中，统治者们实行的仍是杂霸政治。廷史路温舒批评时政说："秦有十失，其一尚存，治狱之吏是也。"（《汉书·路温舒传》）司录校尉盖宽饶也说："方今圣道浸废，儒术不

行,以刑余为周、召,以法律为《诗》、《书》。"(《汉书·盖宽饶传》)他认为时政之弊有二:一是以刑罚代替教化;二是亲信宦官法吏,不用儒生。盖宽饶的认识有一定的概括性。昭帝和宣帝基本继承了武帝的杂霸政治方略,其中尤以宣帝为甚。宣帝不喜儒生,"所用多文法吏,以刑名绳下"(《汉书·元帝纪》),行政以严酷为特色。他认为,刑杀是最根本的统治手段,"狱者,万民之命,所以禁暴止邪,养育群生也"。执法则必须严格,"今吏或以不禁奸邪为宽大,纵释有罪为不苛,或以酷恶为贤,皆失其中"(《汉书·宣帝纪》黄龙元年诏)。在这种重刑法不重德治的思想指导下,昭、宣时期吏治苛酷,"败法乱政,离亲塞道"。涿郡太守郑昌针对律令繁乱、法网浸密之弊,奏请删定律令,但"宣帝未及修正"(《汉书·刑法志》)。班固说:"孝宣之治,信赏必罚,综核名实。政事、文学、法理之士咸精其能。"(《汉书·宣帝纪赞》)确是说出了这一时期的政治特点。

2. 汉元帝尊儒

汉元帝刘奭作太子时即"柔仁好儒"。他对宣帝的严刑酷法统治政策颇为不满,曾劝宣帝:"陛下执刑太深,宜用儒生。"(《汉书·元帝纪》)结果引出宣帝关于"汉家制度"的著名训戒。元帝即位后,积极倡导儒学,"颇改宣帝之政"(《汉书·匡衡传》),在政治上进行了一系列政策调整。

第一,蠲减酷刑。元帝初即位就下诏说:"夫法令者,所以抑暴扶弱,欲其难犯而易避也。今律令烦多而不约,自典文者,不能分明,而欲罗元元之不逮,斯岂刑中之意哉!其议律令可蠲除轻减者,条奏,唯在便安万姓而已。"(《汉书·刑法志》)虽然这项措施没能认真执行,大臣们"徒钩摭微细,毛举数事,以塞诏而已",但元帝反对严刑酷法的政治倾向是十分明显的。

第二,奖用儒生。元帝为了表示崇敬儒学,大力表彰孔子后裔。诏封孔子十三世孙孔霸为关内侯,食邑八百户,号褒成君,又赐予黄金、宅第。孔霸病卒,元帝两次素服亲吊,"至赐东园秘器钱帛,策赠以列侯礼,谥曰烈君"(《汉书·孔光传》)。对一般儒生也给予特别优遇,凡通一经者,即免除徭役。又在中央增设博士弟子千人,在郡国地方设置五经百石卒史,以推广儒学,倡兴教化。永光二年(公元前43年),又提出以儒学的道德准则,如质朴、敦厚、逊让等作为考选人才的标准。元帝重用的大多是儒学之士,如相继拜相的贡禹、薛广德、韦玄成、匡衡等都是著名儒生。元帝重用儒生极大地提高了儒学的实际政治地位。

第三,缓和社会矛盾。元帝即位不久,就遇上连年水旱,社会矛盾趋于尖锐。一些在位儒生本着德治仁政原则,建议"盐铁官及北假田官,常平仓可罢"(《汉书·食货志》)。元帝接受建议,"皆罢之"。随后又"省禁苑以予贫民,减诸侯王庙卫卒半"。这些措施有的没能坚持下去,例如由于取消盐铁官营,国库收入锐减,不得不恢复官营形式。但总的来看,汉元帝努力改变昭、宣时期的政策方针,政治上依靠儒生,积极推行德治仁政。在汉元帝的积极倡导下,儒学的政治主导地位得到了进一步巩固。

需要说明的是,伴随着儒学政治地位日渐巩固的是神秘主义思潮愈演愈烈。天谴论、阴阳五行思想不仅被儒生和思想家们普遍接受,而且得到当权者的认可,被广泛而直接地用于政治生活的指导和政策的制定。宣帝时的丞相魏相说:"阴阳者,王事之本,群生之命,自古贤圣未有不由者也。"(《汉书·魏相传》)这一认识颇具代表性,大臣们几乎人人言灾异,皇帝诏令也常以阴阳灾异作立论之本。神秘主义思想已经融入国家政治指导思想中,这就不可避免地将儒学导向神秘化和庸俗化,使西汉晚期政治出现严重的迷信化倾向,儒学本身也逐渐走向保守和僵化。

第二节 《春秋·公羊传》的"大一统"政治思想

一、《公羊传》和"公羊学"

今本《春秋》是先秦鲁国的编年史,记载从鲁隐公到鲁哀公共十二君二百四十二年的历史(《左传》为二百四十四年)。书分经、传两部分。"经"是记史正文,非常简略;"传"是后学者对经的注释和说明,详略不一。由于传经者对于"经"的解释角度和传授侧重各异,逐渐形成了不同学派,皆自成体系,各有传本。今存三种:《左氏传》、《公羊传》、《谷梁传》。最初,经和传是分开流传的。在流传过程中,传与经逐渐合为一体。《左氏传》与经合并始于晋杜预。《公羊》、《谷梁》何时与经合并难以确考。有人认为《公羊》经传合并始于唐代徐彦,对此尚有争议。《左传》的记述基本是对经文所记史实的诠释,称为"史传"。"公"、"谷"二传则详于阐发经文"义理"。

《汉书·艺文志》"春秋类"著录:"《公羊传》十一卷。"自注:"公羊子,齐人。"师古注:"名高。"关于公羊高的身世,史传阙载。研究者提出各种猜测,但至今无法弄清。据徐彦《公羊注疏》引戴宏《序》,公羊高是子夏门人。如果此说可信,公羊高当为战国时人。公羊高以后,经公羊平、公羊地、公羊敢、公羊寿以及子沈子、子司马子、子女子、子北宫子、高子、鲁子等口耳相传,"至汉景帝时,(公羊)寿乃与齐人胡母子都著于竹帛",著录成文。可知汉以前《公羊传》已经形成具有完整师承系统的学说流派。

西汉时期,传习《公羊传》的儒士形成公羊学派,最为兴盛,大师辈出。据《史记》、《汉书》中的《儒林传》记载,西汉公羊学大师主要有两位,一是胡母生,字子都,为景帝博士,"年老,归教于齐。齐之言《春秋》者宗事之"(《汉书·儒林传》)。二是董仲舒,赵人,授徒甚广,其后学有严(彭祖)、颜(安乐)二派。

西汉以后,著名的公羊学者有:东汉何休,著《公羊解诂》,广为流传,是现今研习《公羊传》的主要底本。唐代徐彦,作《公羊注疏》。宋代学者也有治《春秋》者,但宋学已非汉学原貌,学者多以弃传谈经为特色。如胡安国撰《春秋传》,借经以论时政。至清代,今文经学一度大兴,治公羊学的大师首推庄存舆和刘逢禄,其后有宋翔凤、魏源、龚自珍、戴望、皮锡瑞、崔适等大师,直到康有为,仍可视为公羊学的传延。

汉代公羊大师们固然讲求师法和家法,但他们在研习传授过程中,多有独到发展,而自成一系。例如被班固誉为"儒者宗"的董仲舒,将阴阳五行、天人感应之学融入《公羊传》,成为董氏公羊学的基本特点。而在《公羊传》里,天人感应仅见二例,不成体系。另外有些关于灾异的记载只是说明了记录的缘由,以及"书法"上的区分,如"外异不书","记灾不记异"等,与后世的神秘性发挥并不相干。因而研究者须将《公羊传》与汉代公羊学区分开来,这是准确把握《公羊传》政治思想的重要前提。

二、《公羊传》的"大一统"政治学说

"大一统"是《公羊传》政治思想的主旨,传文开篇伊始就举出了这一旗帜。《春秋》隐公元年:"元年春,王正月。"传文说:"何言乎王正月,大一统也。"大作动词解,是"张大"的意思。"大一统"高度概括了传文作者的政治理想,他们向往实现高度统一的君主政治,天子是全国最高主宰,所谓"王者无外",即无可争辩地拥有统治国家的最高政治权力和对全国土地的最高占有权。传文说:"王者以天下为家";"有天子存,则诸侯不得专地也"(《公羊传》桓公元年),以天子为中心,在全国形成最高权力一元化的君主政治体制。传文作者围绕着这一政治设想提出许多政治原则和观点,概括言之,有如下几个方面:

1. 等级理论

传文通过辨析"长"与"贵"的关系,论述了等级理论。公元前723年,鲁惠公卒,庶出长子息继承君位,是为鲁隐公。《公羊传》作者对这次权力

第十一章 西汉中、后期政治指导思想的争论与发展

更替的合理性表示异议,认为不如由隐公之弟桓公即位更为名正言顺。传文说:"隐长又贤,何以不宜立?立嫡以长不以贤,立子以贵不以长。桓何以贵?母贵也。"(《公羊传》隐公元年)原来,隐公之母是"贱妾",桓公乃宋君之女所生。隐公年长于桓公,但桓公却贵于隐公。长是以血缘关系为基线的自然长幼序列,不包含什么政治意义。贵则不然,贵是一种政治现象,贵贱之分是以权力占有和分配为特征的政治性等级序列,表现为各种等级的政治身份。《公羊传》作者崇贵而抑长,认为贵高于长。大一统政治需要严格的等级制度来维系,君主的至上权位更需要尊卑等级作根基。因而,传文作者把体现着君臣高下尊卑的等级原则作为第一要义和基本的政治原则。

等级原则在政治实践中具体表现为各种礼制仪节。《公羊传》极为重视维护礼制仪节,他们毫不留情的抨击违背礼制的行为,尤其痛恨臣下僭越。例如《春秋》隐公五年记载,鲁君"初献六羽(佾)"。传文认为按照礼制规定,"天子八(佾),诸公六,诸侯四"。鲁隐公身为诸侯而僭越天子之三公(指周公、召公和天子之相)礼,乱了君臣之间的等级名分,所以《春秋》记录在案,意在贬斥。对于能尊行礼制者,传文则尽力褒颂。比如,宋楚泓之战,宋襄公在生死关头迂腐地坚持礼义,不击不成阵,不擒二毛,不重创,以至战败身亡,成了千古笑柄。传文作者却认为襄公"临大事而不忘大礼",虽死犹荣,以为"虽文王之战,亦不过此也"(《公羊传》僖公二十二年)。

需要特别注意的是,《公羊传》并非泛泛地强调遵行礼制,而是在一般性要求中突出了两个原则。其一,礼制的形式和内容要协调一致。也就是说,礼制仪节要恰如其分地体现礼的内在精神和尊卑等级,不可流于形式。譬如,当时统治者很重视祭祀,所谓"国之大事在祀与戎"。传文认为祭祀之礼不可过于频繁,"亟则黩,黩则不敬"。也不能过少,"疏则怠,怠则忘"(《公羊传》桓公八年)。其二,礼所体现的等级原则是一般政治原则,有绝对的权威性,不为现实政治中权力的更迭所影响或削弱。自三代以降,权力更迭的事实已被人们普遍接受,春秋时人已把"高岸为谷,深谷为陵,三后之姓,于今为庶"(《左传》昭公三十二年,晋史墨语)的现象视为正常。那么,怎样在承认权力交替或转移的事实基础上,维护君权一统天下?《公羊传》作者提出一个有趣的命题,叫做"器从名,地从主人"(《公羊传》桓公二年)。这里说的器不是普通器物,而是指礼器,即鼎。传说"昔夏之方有德也,远方图物,贡金九牧,铸鼎象物"(《左传》宣公三年,王孙满语)。鼎遂成为帝王权力的象征。"器从名"的意思是说,权力与等级具有同一性。

此二者的同一正是等级原则的体现。传文承认权力频频易手的事实,但在作者看来,占有国土并不意味着权力本身具有合理性。传文说:"器之与人,非有即尔……至乎地之与人则不然,俄而可以为其有矣。"(《公羊传》桓公二年)问题的关键是要使权力与等级名分沟通。"器从名"强调了等级原则的权威性和重要性。"器从名,地从主人"的命题把等级原则与现实中的权力更迭分开来认识,使得等级原则超出了现实政治生活中的权力之争,上升为一般性的政治原则。它意味着,不论谁占有最高权力都必须把维护"器与名"放在第一位,这就在理论上为君权一统天下建立了一条永恒的原则。统治阶级无论经过怎样的争夺和厮杀,最后总是能依照等级原则重建帝王的殿堂,回到君权一统的秩序中来。等级原则成为君主政治的理论砥柱。由此可知,汉代统治者选中"公羊学",正适应了他们的政治需要。

2. 君臣理论

将等级原则纳入具体的政治关系之中,首先是对君臣关系的确定。《公羊传》对君臣关系提出了一个总原则,叫做"大夫不敌(敌,匹也)君"(《公羊传》桓公二年),肯定了君臣之间的主从隶属关系,臣必须遵照君主的命令行事,否则就是反叛。例如,鲁定公十三年,大夫赵鞅"取晋阳之甲以逐荀寅与士吉射"。《公羊传》虽然认为赵鞅之举是"逐君侧之恶人",但仍然斥之曰:"此叛也。""曷为以叛言之,无君命也。"传文还斩钉截铁地宣布:"君亲无将(对抗),将而诛焉。"(《公羊传》庄公三十二年》)臣对君不能怀有丝毫违逆之心,否则要处以极刑。

为进一步申明君对臣的主宰地位,传文又举出了一个参照物——父命。《公羊传》讲求亲亲之道,维护父家长的权威,即所谓"父有子,子不得有父也"(《公羊传》哀公二年)。但是,倘若父与君不期而遇,父就得让位于君主。传曰:"不以父命辞王父命……不以家事辞王事。"(《公羊传》哀公二年)强调君命高于父命,王事重于家事。传文又说:"大夫以君命出,闻丧徐行而不反。"(《公羊传》宣公八年)儒家本重孝道,尤重亲丧之礼,《公羊传》则认为,只要君命在身,就义无反顾,即使"闻丧"也不能废弃君命,只能"徐行"以示哀痛。传文运用对比手法,通过"父命"反衬出君主的权威高不可攀,突出了君命的绝对性。

《公羊传》对春秋时代君权衰落的现象痛心疾首。为了防范臣的势力膨胀,避免"君若赘旒然"(《公羊传》襄公十六年),他们本着"大夫不敌君"的原则,又给臣规定了种种职责和禁规。其一,臣对君要忠贞不二,坚决维护君的利益。传文对受宋穆公遗命辅佐殇公的宋大夫孔父嘉进行了称颂。

据说"孔父正色而立于朝,则人莫敢过而致难于其君者"(《公羊传》桓公二年)。传文赞曰:"孔父可谓义形于色矣",是典型的忠臣。其二,假如君的生命安全受到威胁,臣要挺身而出,替君受难。鲁国的季孙行父曾两次作为鲁成公的替身被晋国扣押,传文作者认为季孙氏可谓尽到了忠君的职责,誉之为"仁"(《公羊传》成公十六年)。其三,如果君主遇难而亡,臣要敢于舍生忘死,为君复仇。鲁庄公十二年,南宫万弑宋闵公。南宫万是春秋时著名的大力士,大夫仇牧明不敌,仍然敢于"手剑而叱之",虽被南宫万"臂搬"而死,但精神可嘉。《公羊传》特别大书一笔:"仇牧可谓不畏强御矣",誉之以"贤"。

臣的禁规包括"大夫之义,不得专执也"(《公羊传》定公元年),"不得专废置君也"(《公羊传》文公十四年);"诸侯之义不得专讨也"(《公羊传》宣公十一年),"不与诸侯专封也"(《公羊传》昭公十三年)等等。这些规定都是从诸侯相对天子,或大夫相对诸侯的角度提出的,其核心是要抑制臣的权势。

总之,传文从强化君的权威和抑制臣的权势两方面入手,为维护君权一统天下提供了一整套富有实践意义的具体政治原则。《公羊传》严格君臣主属关系的主张,显然合乎汉代帝王们的口味,无怪乎汉武帝要为《公羊传》设置学官,用以教化士人和万民。

3. 君统传延

所谓"君统"指的是君权延顺原则。维护"君统"是巩固"一统"君主政治的基本条件之一。《公羊传》维护君权世袭,从正反两个方面阐明他们的主张。

首先,提出了"国君一体"说,认定君主是国家权力的当然执有者,谓之"国君以国为体"(《公羊传》庄公四年)。君主与国家权力不可分割,"国灭,君死之正(征)也"(《公羊传》襄公六年)。君主的权位必须世代传延下去,而保障君权传延的重要手段是世袭制。《公羊传》认为君位世袭要严格依照血缘准则和等级原则,保证君权具有无可争辩的合法性。他们极其痛恨篡夺君位的"乱臣贼子",尽力袒护合法继承人。例如鲁桓公十一年,郑庄公卒,公子突争夺君位,赶跑合法继承人世子忽。四年后,世子忽在大夫祭仲支持下夺回君位。《公羊传》针对这场宫廷权力之争进行褒贬,以为公子突是"夺正也",世子忽复位乃"复正也"。

其次,《公羊传》反对卿大世袭爵位,提出"世卿,非礼也"(《公羊传》隐公三年)的观点。春秋战国时代,卿大夫是国君们最有威胁性的挑战者,他们往往经过几代人扩张权势,形成强大的政治实力集团,一俟羽翼丰满,就纷纷与国君争权。政治思想家们就此提出了各种对策,倡导"尚贤"以反对"世卿"就是其中之一。

《公羊传》维护君统传延,防范地方分封势力尾大不掉、危及君权的主张,对西汉的君主来说当然是十分宝贵的理论武器。

4. 华夷之辨

这是构成《公羊传》"大一统"主旨的又一个理论支柱。华者,华夏,指周王室及中原地区文明程度较高的诸侯国。夷者,夷狄,泛指文明较低的少数民族,包括秦、楚、吴等地处边远的诸侯国。春秋战国是我国古代民族大融合时期,一些文明落后的民族和部族纷纷崛起,进入中原。史载"南夷与北狄交,中国不绝若线"(《公羊传》僖公四年)。古代民族互相接触和交往是不同文化的碰撞和交锋,但在形式上常会采用战争的方式。战争和异族文化的流入对于"一统"君权政治不无威胁,《公羊传》作者清醒地看到了这一点,他们疾呼"夷狄也,而亟病中国"(《公羊传》僖公四年),为此提出了一个重要命题——"华夷外内之别"。传曰:"《春秋》内其国而外诸夏,内诸夏而外夷狄。"(《公羊传》成公十五年)传文认为,诸夏是夷狄的主人,华与夷是主从关系。他们首先在总体上确立了华夏在和异族交往中的主导地位,然后在政治战略上,又提出了"尊王攘夷"的主旨。

"尊王攘夷"包含二层内容:一是要维护统一的中央政府,即王权,维护以天子为核心的统治秩序。由内及外,建立等级分明的"一统"君主政治。传文说:"王者欲一乎天下,曷为以外内之辞言之?言自近者始也。"(《公羊传》成公十五年)二是要维护华夏文明。传文认为华夏文明的核心是礼义。孔子曾说:"夷狄之有君,不如诸夏之亡(无)也。"(《论语·八佾》)意思是:夷狄之邦文明落后,虽有君主却无礼义,尚不如诸夏无君而礼义存焉。《公羊传》也以礼义作为评判华夷之界说。凡夷狄之邦能遵行礼义,就当与诸夏同等对待;反之,如果诸夏背弃礼义,就要降为夷狄,称作"新夷狄"(《公羊传》昭公二十三年)。总而言之,不论何种何族,凡能入我礼义之门者,均可纳入华夏文明系统之中。

《公羊传》作者强调华夏文明——礼义对落后民族的征服作用。这种认识一旦上升为理论,进而融进中国传统政治文化之中,必然对中华民族的历史、政治、文化等产生极大影响。比如,重视文明征服的认识为中华民族吸收多民族文化的历史进程提供了必要的心理机制,有利于促进民族融合,使中国传统文化具有某种兼容性和开放性特征。再如,"尊王攘夷"既促成人们崇拜王权,也培育了民族自尊,对于异族入侵往往易于激发起爱国主义的抗争。从总体上看,《公羊传》的"华夷之辨"对于保存和发展华夏文明有着不容抹煞的历史功绩。正如近人章太炎所说:"自秦氏以迄今兹,四夷交侵,王道中绝者数矣。然而揩者不敢毁弃旧章,反正又易。……故今国性不堕,民自知贵于戎狄,非《春秋》,孰维纲是。"(《国故论衡·原经》)当然,这种认识也会走向极端,华夏高于夷狄的民族心理又是封建王朝妄自尊大,闭关锁国的社会——文化基础。

综上所述,"大一统"是《公羊传》的理论核心,等级理论、君臣从属、君统传延和华夷之辨乃是"大一统"向着不同侧面的深入和展开,实质上是解决了国家形式,统治阶级的权力占有和分配,以及怎样处理民族关系等问题。《公羊传》政治思想是以维护中央集权政治为基本特点的专制主义政治理论。据此则不难理解,为什么在西汉时期,《公羊传》的命运会优于《谷梁传》和《左氏传》。

第三节 董仲舒的天人合一政治论

董仲舒(公元前179~前104年),广川(今河北枣强)人,主要活动于景、武之世。景帝时任博士,武帝继位后,以对策得体,擢升江都王相,后改任胶西王相。晚年家居。董仲舒是西汉初期著名的公羊学大师,官位不高,但在政界和学界均有极大的影响。他的《举贤良对策》为汉武帝崇儒提供了理论依据。

董仲舒创立的公羊学独具特色,他一改《公羊传》经师们章句注经方式,使公羊学理论更加完善和条理化。他的著作近百篇,对《春秋》经、传作了精心的梳理、归纳,总括出《春秋》的理论主旨,规定了学习和解释《春秋》的科条,如"六科"、"十指"、"三统"、"三正"等等,成为后学者问津公羊学必须遵守的格式。晚清刘逢禄说:"无三科九旨,则无《公羊》。"(《刘礼部集·春秋论下》)

董仲舒还对《公羊传》进行了神秘主义改造。天人感应、五德终始思想在《公羊传》里并非主流,董仲舒却将阴阳五行学说融贯于整个理论,班固说他"始推阴阳",盖非虚言。董氏公羊学将政治、历史、哲学融为一体,著有《春秋决事比》、《春秋决疑》、《春秋繁露》和《公羊董仲舒治狱十六篇》。由于汉统治者把《春秋》法典化,董仲舒遂成为权威理论家。他晚年居家时,"朝廷如有大议,使使者及廷尉张汤就其家而问之,其对皆有明法"(《汉书·董仲舒传》)。董仲舒以儒为主,揉以阴阳五行、法、墨等思想,形成了系统的天人政治论,对于传统政治思想的形成和发展有重大影响,可谓前承孔、孟，后启朱、王。

董仲舒的著作今存《春秋繁露》、《举贤良对策》和《董仲舒公羊治狱》（辑本），是研究董仲舒政治思想的主要史料。

一、天的体系与天人合一

董仲舒创建政治学说有两个认识前提，一是对西汉时代政治弊害的基本估计，另一是对整个社会的总体认识。

董仲舒认为，西汉帝国是在亡秦废墟上建立起来的，但是几十年来并没有找到医治亡秦之弊的良方。他说："昔秦受亡周之弊，而亡（无）以化之；汉受亡秦之弊，又亡（无）以化之。夫继二敝之后，承其下流，兼受其猥，难治甚矣。"（《汉书·五行志》）这是他对当时政治形势的基本认识。如何"化亡秦之弊"，以谋长治久安，成为董仲舒政治理论和政策的出发点。

基于这样的愿望，董仲舒进一步从宏观上对整个社会进行分析，试图找到解决问题的出发点。他认为，构造人类社会有三个基本要素："何谓本？曰天、地、人，万物之本也。"（《春秋繁露·立元神》，下引《春秋繁露》只注篇名）为什么这样说呢？他认为，"天生之以孝悌"，人若"无孝悌则亡其所以生"；"地养之以衣食"，人"无衣食则亡其所以养"；"人成之以礼乐"，"无礼乐则亡其所以成"（《立元神》）。这三方面是构成人类社会不可或缺的内容，倘若"三者皆亡"，人类社会将不复存在，"民如麋鹿，各从其欲，家自为俗"。国家政治行将覆灭，"父不能使子，君不能使臣，虽有城郭，名曰虚邑。如此者，其君枕块而僵"（《立元神》）。董仲舒把人类社会与天地宇宙视为一个整体，人的物质和精神生活都离不开天，如何调节天人关系遂成为他创建政治理论的基本出发点，由此而形成了独具特色的天人政治论。

董仲舒从《春秋》中总括出一条基本原则："《春秋》之道，奉天而法古"（《楚庄王》）。在他看来，天涵容着整个宇宙和社会，由十项内容组合而成，叫做"天端"或"天之数"，即"天地阴阳木火土金水，与人而十者，天之数毕也"（《天地阴阳》）。"十端"有着内在的生成关系。董仲舒认为，天的运动形态是气，"天地之气，合而为一，分为阴阳，判为四时，列为五行"。人则涵容在天地之中，"天气上，地气下，人气在其间"（《五行相生》）。天通过阴阳五行的环节与人沟通，于是天不再是单纯的自然物，而是具有人一样的意志感情，"天亦有喜怒之气，哀乐之心"，如"春，爱志也；夏，乐志也；秋，严志也；冬，哀志也"（《天辨在人》）。天的运行规律也含有道德意义，"天道之常，一阴一阳。阳者天之德也，阴者天之刑也"（《阴阳义》）。天还"与人相副",人的形体和内在的道德、情感、意志都是从天那里演化而来的。董仲舒说:"为生不能为人,为人者天也……天亦人之曾祖父也,此人之所以上类天也。"比如"人之形体,化天数而成;人之血气,化天志而仁;人之德行,化天理而义;人之好恶,化天之暖清;人之喜怒,化天之寒暑;人之受命,化天之四时"(《为人者天》)。天和人外在相同,内在相通,小而为人,大而为天,"以类合之,天人一也。"(《阴阳义》)

董仲舒的"天人合一"思想将天视为某种神秘主义的人格化,他说:"天者,百神之大君。"(《郊语》)"王者之所最尊也。"(《郊议》)这种认识既不同于原始神秘主义的神灵崇拜,更不同于自然天道,而是融自然规律、伦理原则和神秘性权威为一体,成为一种理性与神秘主义的混合物,从而使儒学本身具有了类似宗教的束缚力。"天人合一"理论标志着先秦儒学向着神秘主义转化的完成。

董仲舒认为人是天的派生,从抽象意义上讲,这种认识并没有贬低人的地位,反而使人远离禽兽世界,与天等同。不过,人是天的"十端"之一,又必须遵从天道的指引和约束。"天人合一"论为调节天人关系规定了基本前提,一切有关人间社会政治问题的解答都可以从中找到立论依据。

二、君权至上和天谴说

维护君权至上是董仲舒的基本政治主张之一。他把君主看作国家政治的核心,说:"君人者,国之本也。""夫为国,其化莫大于崇本。"(《立元神》)为了给君权至上提供合理依据,董仲舒提出了"君权天予"说。他说:"《春秋》之法,以人随君,以君随天。"(《玉杯》)又说:"圣人何其贵者,起于天,至于人而毕。"(《天地阴阳》)"古之造文者,三画而连其中谓之王。三画者,天、地与人也。……取天、地与人之中以为贯而参通之,非王者孰能当是。"(《王道通三》)在他看来,人们不能直接与天联系,其间必须由帝王或圣人作中介。这里的圣人是理想的王。对天来说,王是芸芸众生的总代表,"下至公侯伯子男,海内之心悬于天子"(《奉本》),王代表人类与天对话;对民而言,"王者承天意以从事"(《汉书·董仲舒传》),代表天治理人间。因而,"王者天之所予也"(《尧舜不擅移汤武不专杀》)。"唯天子受命于天,天下受命于天子"(《为人者天》)。君主的权力来自天。

正是根据这样的认识,董仲舒断言君主能"立于生杀之位,与天共持变化之势"(《王道通三》)。天之常道是"一而不二"(《天道不二》),君主则必须在政治上保持"大一统"局面,实行专制统治。全国臣民都要无条件服从君主。董仲舒说,民之从君,如同体之从心,"心之所好,体必安之;君之所好,民必从之"(《为人者天》)。臣之于君,好比地之事天,"臣之义比于地。故为人臣者,视地之事天也"(《阳尊阴卑》)。君主是社会政治生活中惟一的最高权威。董仲舒的论证直接为汉武帝及封建统治者强化君主专制与集权提供了理论依据。

可是,君主个人权力过于强大,也会走向反面,君主随心所欲运用权力,有时会造成政治混乱,甚至政权倾覆,这是有违于统治阶级整体利益的。鉴于此,董仲舒又试图利用天的权威给君主以一定的约束。他认为,君主治理天下必须遵循天的法则,"圣人副天之所行以为政"(《四时之副》)。"天有四时,王有四政"。"庆赏罚刑,当其处不可不发,若暖暑清寒,当其时不可不出也"(《四时之副》)。假如君主滥用权力,有背天道,天就会给予责罚,这就是所谓"天谴"说。

天谴说并非始于董仲舒,但真正发扬光大,并在实际政治生活中具体施用的,以董氏公羊学为典型。董仲舒说:"灾者,天之谴也;异者,天之威也。"(《必仁且智》)当君主个人行为导致政治动乱,引发某种危机时,天就"先出灾异以谴告之。谴告之而不知变,乃见怪异以惊骇之。惊骇之尚不知畏恐,其殃咎乃至"(《必仁且智》)。君主见到"五行变至,当救之以德,施之天下,则咎除"(《五行变救》)。否则会出大乱子。

天谴说在当时条件下不无一定的合理之处。封建时代的天灾总与人祸相伴行,政治越黑暗,压榨越残酷,自然灾祸的危害程度就越大,而且,有些天灾是直接由"人祸"引发出来的。同时,在君权至上条件下,人们批评君主常常招来杀身之祸,董仲舒以天作为批评君主的工具,利用天的权威给君主以一定的制约,在当时不失为一种明智之举。

然而,董仲舒企图在不损害君主绝对权威的前提下约束君权,所利用的权威没有任何法律效力。人类文明史早已证明,只有权力才能约束权力。因而,天谴说至多能对君主形成某种心理威慑,却不能改变或阻止君主独断专行的事实。更多的情况是,君主一方面下罪己诏,以取得舆论上的缓解,另一方面反而由于对过失作出了某种姿态而变得心安理得。天谴说是统治阶级自我政治调节的理论之一。

三、阴阳合分论与德治主张

董仲舒的天是一个具有内在秩序的运动体系,"天道之常,一阴一阳"(《阴阳义》)。阴阳之道作为天的运行规律,直接规范着人们的社会政治关系和统治者的政策原则。

第十一章 西汉中、后期政治指导思想的争论与发展

董仲舒运用阴阳之道概括人们的社会政治关系,提出"阴阳合分论"。他说:"凡物必有合",世间任何事物或现象都不是孤立存在的,必有与其相对的方面,形成一系列对应关系。如上下、左右、寒暑、昼夜、君臣、父子、夫妻等等。这些关系都受阴阳之道的支配,所谓"物莫无合,而合各有阴阳"(《基义》)。例如,"君为阳,臣为阴;父为阳,子为阴;夫为阳,妻为阴"。阴阳之道的内在秩序为"阴兼于阳",阳制约阴。在具体的社会政治关系中,"妻者夫之合,子者父之合,臣者君之合。""君臣父子夫妇之义,皆与诸阴阳之道"(《基义》)。"阴阳合分论"将整个社会一分为二,又合二为一,形成了相互区别又相关联的二方:一方是君、父、夫,为天生的主宰;另一方是臣、子、妻,是天生的从属。这三对关系是最基本的社会政治关系,又称为"三纲","君为臣纲,父为子纲,夫为妻纲"(《汉书·董仲舒传》)。"王道之三纲,可求于天"(《基义》)。人类社会就由无数这样的主从关系叠垒而成,君主则居于顶端。

合分关系还体现在等级关系上。董仲舒说:"未有贵贱无差,能全其位者。"(《王道》)因而圣人之治国,首先须"立尊卑之制,以等贵贱之差"(《保位权》)。"阴阳合分论"使儒家传统的礼成为阴阳之道的体现,"礼者,继天地,体阴阳,而慎主客,序尊卑、贵贱、大小之位,而差外内、远近、新旧之级者也"(《奉本》)。等级制是君主政治赖以生存的保障,董仲舒则为强化等级制度提供了更为精巧的理论。

董仲舒运用阴阳之道规范封建统治者的政策原则,提倡德刑兼备,以"德治"为主。他说:"天道之大者在阴阳。阳为德,阴为刑;刑主杀而德主生。"(《汉书·董仲舒传》)天道的特点是"任德不任刑",君主遵循天道治国,就必须推行德治。德治主要有两个方面:其一,行教化。董仲舒说:"圣人之道,不能独以威势成政,必有教化。"(《为人者天》)又说:"天生民性,有善质而未能善"(《深察名号》),必待"王教之化也"。他否定了孟子的"人皆可以为尧舜"说,提出性有三品,其中"圣人之性"已臻至善之境,无须教化;"斗筲之性"溺于贪恶,不可教化;惟有"中人之性"才是教化的对象。这显然是孔子"上智下愚"说的发展。"性三品"说认为"善过性,圣人过善"(《深察名号》),圣人及君主的本性完美。一般民众"受未能善之性于天",畏作斗筲小人,只有"退受成性之教于王"(《深察名号》)。教化成为君主的政治特权。董仲舒将教化喻为堤防。认为假若堤防毁坏,必然奸邪雍溃,"刑罚不能胜"。因此,聪明的君主"南面而治天下,莫不以教化为大务"(《汉书·董仲舒传》)。实行教化的主要方法是"立大学以教于国,设庠序以化于邑"(《汉书·董仲舒传》)。通过广泛的教育宣传,使得人人都能"贵

· 215 ·

孝弟而好礼义,重仁廉而轻财利"(《为人者天》),成为君主的忠臣和顺民。"教化"能取得刑杀手段难以取得的统治效果。其二,施仁政。董仲舒认为,政治弊害莫大于贫富对立,"大富则骄,大贫则忧,忧则为盗,骄则为暴"(《度制》)。统治者为防范"盗"、"暴"现象,务必"使富者足以示贵而不至于骄;贫者足以养生而不至于忧。以此为度,而调均之,是以财不匮而上下相安,故易治也。"(《度制》)他要求统治者把握住使贫富矛盾不激化的度,推行仁政,勿与民争利,惟有如此方能符合天道。他说"夫天亦有分予。予其齿者去其角,傅其翼者两其足。"圣明君主依天施政,"使诸有大奉禄亦皆不得兼小利,与民争利业,乃天理也。"(《度制》)具体的规定有:"限民名田,以赡不足,塞并兼之路;"(《汉书·食货志》)"薄赋敛,省徭役,以宽民力";"盐铁皆归于民";"去奴婢";"除专杀之威"(《汉书·食货志》)等等。董仲舒深知民是君的统治对象和财利之源,希望通过某种限制,使"民财内足以养老尽孝,外足以事上共税,下足以畜妻子极爱"(《汉书·食货志》),以此保障民的基本生活需求,这是对君主政治的社会与物质基础的最大维护。

  董仲舒主张"德治",并不排斥刑罚,只是认为不可专任刑罚。他说:"刑之不可任以成世也,犹阴不可任以成岁也。"否则谓之"逆天,非王道也"(《阳尊阴卑》)。德与刑的施用比例是百与一,恰如天之"暖暑居百,而清寒居一。德教之与刑罚,犹此也"(《基义》)。既然天不废阴,君亦不可废刑。董仲舒特别提醒君主行"德治"的同时必须牢牢把握住权力。他说:"国之所以为国者德也,君之所以为君者威也。故德不可共,威不可分。德共则失恩,威分则失权。"因此君主要"固守其德以附其民,固执其权以正其臣"(《保位权》)。

  从总体上看,董仲舒政策主张的立足点是调和。他一方面严格等级规范,另一方面又力求缓和社会冲突。他认为理想的政治局面是"中"与"和"。中、和本是天道运行的最佳状态,"阴阳之道不同,至于盛而皆止于中"。"中者,天地之所始终也,而和者天地之所生成也"(《循天之道》)。天道作用于人类社会,也要实现融洽与和谐,"是故能以中和理天下者,其德大盛"(《循天之道》)。"中和论"为董仲舒缓和社会对立的德治思想提供了理论依据。

四、道的永恒与经、权、更化

  董仲舒将他所崇尚的政治原则称为"道","道者,所由适于治之路也,仁义礼乐皆其具也"(《汉书·董仲舒传》)。认为道是万世不易的永恒法则。他的名言是:"道之大原出于天,天不变,道亦不变。"(《汉书·董仲舒传》)然而,政治运行本身千变万化,三代以来,改朝换代已是不容否认的事实。怎样才能解决原则与变化着的现实的矛盾呢?董仲舒提出了经、权、更化等命题。

他说:"《春秋》之道,固有常有变。"(《竹林》)"天之道,有伦,有经,有权。"(《阴阳终始》)常或经指事物的根本法则,变或权指对事物运行发展的应变和调节,"变用于变,常用于常,各止其科,非相妨也"(《竹林》)。其中,经是根本,权是补充,应变的范围和程度是有限制的。董仲舒说:"夫权虽反经,亦必在可以然之域。不在可以然之域,故虽死亡,终弗为也。"(《玉英》)经和权要求统治者能在坚持道的前提下,根据政治运行的实际状况进行适当的局部调节。调节有多种形式,最重要的有两种,一是"更化",二是"有道伐无道"。

"更化"是指某种制度形式上的调节。董仲舒认为君权是天的赐予,为彰明天志,受命之君"必徙居处,更称号,改正朔,易服色者,无他焉,不敢不顺天志而明自显也。若夫大纲、人伦、道理、政治、教化、习俗、文义尽如故,亦何改哉?故王者有改制之名,无易道之实"(《楚庄王》)。在他看来,人类社会是一部道的演进史,王朝更迭不过是道的外在形式的循环转换。是"三正"(夏正建寅,商正建丑,周正建子)、"三统"(夏为黑统,商为白统,周为赤统)的依次交替,如此往复无穷。道的内核即君主政治基本原则和君主制度万世一系,永世长存。

"有道伐无道"指的是易姓更王,君权交替。董仲舒认为,"道者万世亡(无)弊"(《汉书·董仲舒传》),治乱得失的根本原因在于君主是否遵道而行。假如君主违道,又不知更化,反而"举其偏者以补其弊"(《汉书·董仲舒传》),就会导致"有道伐无道",改朝换代。董仲舒把道和行道者分开来认识,成功地解释了政治原则与政权更迭的内在联系,为中国封建时代频繁的王朝交替找到了合理依据。他还说:"秦无道而汉代之"(《尧舜不擅移汤武不专杀》),汉家天下得之于"有道伐无道",其合理性毋庸置疑。

董仲舒的经、权、更化思想是汉代统治阶级政治成熟的体现。儒家政治理论经过董仲舒的一番加工,更具坚定的原则性和灵活的调节性,增强了统治阶级的政治应变能力。

第四节 《盐铁论》中的王、霸道之争

一、盐铁之议与《盐铁论》

汉昭帝始元六年（公元前 81 年）二月，西汉中央政府就盐、铁、酒官营专卖问题召开了一次会议。这次会议的召开源于杜延年的建议，他"见国家承武帝奢侈师旅之后"，多次向执政大将军霍光进言："宜修孝文时政，示以俭约宽和。"霍光采纳了他的意见，"举贤良，议罢酒榷盐铁"（《汉书·杜周传》）。其实，"盐铁之议"是汉武帝晚年政策调整方针的继续。武帝晚年对他的好大喜功所造成的社会危机有所觉悟，曾"深陈既往之悔"，提出要对基本国策进行调整，说："当今务在禁苛暴，止擅赋，力本农。"又诏封丞相车千秋为富民侯，"以明休息，思富养民也"（《汉书·西域传》）。大将军霍光受遗诏辅政，继行武帝的政策调整方针。然而，问题为什么会集中到盐铁专卖上呢？原因有二：其一、盐铁酒官营专卖是汉武帝的一项重要经济政策。汉初，盐铁产销主要由一些富商大贾经营，武帝为了增加财政收入，将盐、铁、酒收归官营。这一政策限制了大商贾的发财之路，引起了富商大贾有产阶层与汉政府的矛盾。其二、盐铁官营的方式为"募民，自给费"，实为一种无偿徭役，加之官营"铁器苦恶，贾（价）贵，或强令民卖买之"（《史记·平准书》），盐铁专卖成为剥削和勒索人民的一个重要手段，加剧了社会矛盾的激化。因此，这一政策在一定程度上已成为社会矛盾的焦点。霍光欲行政策调整，就不能不涉及到盐铁专卖。

此外，霍光之所以采纳杜延年的建议，除了缓和社会矛盾的考虑，还有其个人因素。昭帝即位时年仅八岁，霍光与车千秋、桑弘羊共领遗诏辅佐少主。车千秋虽官居相位，但无实权，在霍光迅速膨胀的权力欲面前，不足为虑，真正的障碍是桑弘羊。桑弘羊《汉书》无传，本为洛阳大贾之子，十三岁入朝为"侍中"，凭着杰出的财政管理才能，颇得重用，资望不在霍光之下。桑弘羊于天凤元年（公元前 110 年）继孔仅总领盐铁官营专卖，实际掌有财政大权，盐铁政策是他的立足之本。杜延年的建议恰好迎合了霍光欲搬倒桑弘羊，独揽全权的需要，"于是盐铁之议起焉"（《汉书·车千秋传》）。霍光虽有意调整政策，却非真心议罢盐铁专卖。会议的最后结论是"罢榷酤而盐铁如旧"。霍光趁机任用亲信杨敞、田延年等，削弱桑弘羊的实权。霍光虽未出席会议，却是幕后操纵者。

参加"盐铁会议"有两方面代表：一方是御史大夫桑弘羊和御史、丞相史，主张继续执行盐铁官营专卖政策；另一方是霍光征选的贤良文学唐生、鲁万生、刘子雍、祝生等六十余人，对盐铁政策持否定态度。与会双方相互诘难，"颇有其议文"。汉宣帝时，庐江太守桓宽即根据这些"议文"，"推衍盐铁之议，增广条目，极其论难，著数万言。亦欲以究治乱，成一家之法焉"（《汉书·公孙刘田王扬蔡陈郑传赞》）。《盐铁论》为研究西汉政治思想保存了重要的史料。今常见的注本有王利器的《盐铁论校注》，马非百的《盐铁论简注》。

二、王道仁义与霸道利权之争

霍光是"盐铁之议"的发起者，却非论争的主角。真正的主角是桑弘羊和贤良文学。"贤良"、"文学"是汉代察举取士的科目。参加会议的贤良选于皇帝陵园所在诸县的豪富之民，文学来自郡国地方，是些专习儒学的士人。他们在论争中虽广泛征引老、管、墨诸家之言，但学术归属基本是儒家。桑弘羊在辩论中曾大量援引儒典，但其要旨归于法家。桓宽说："余睹盐铁之义，观乎公卿、文学、贤良之论，意指殊路，各有所出，或上仁义，或务权利。"（《盐铁论·杂论》，下引《盐铁论》只注篇名）以仁义为根本的王道政治与以谋求利权为目的的霸道政治之争，是"盐铁之议"的核心内容。

桑弘羊从西汉政府的利益出发，注重政策的实际效用，极力为盐铁政策辩护。就经济方面看，他的宗旨是"富国何必本农，足民何必井田也"（《力耕》）。"富在术数，不在劳身"（《通有》）。实行盐铁官营专卖即可以"蕃货长财，以佐助边费"（《本议》）；又有利于货财流通，"所以通委财而调缓急"，"所以佐百姓之急"（《非鞅》）。从政治方面看，盐铁政策有利于加强中央集权。他说："令意总一盐铁，非独为利入也"，更重要的是"将以建本抑末，离朋党，禁淫侈，绝并兼之路也"（《复古》）。因为，盐铁生产的特殊性使之"必在深山穷泽之中，非豪民不能通其利"（《禁耕》）。这些豪强大家"得管山海之利，采铁石鼓铸，煮海为盐，一家聚众，或至千余人"，他们"成奸伪之业，遂朋党之权，其轻为非亦大矣"（《复古》）。豪民垄断盐铁产销，势力日益强大，官府则对之束手无策，"禄使"、"威罚"均没能奏效。桑弘羊说："夫理国之道，除秽锄豪，然后百姓均平，各安其宇。"（《轻重》）实行盐铁专卖政策既非法家的"上农除末"，也非儒家的"崇本抑末"，而是属于《管子》中轻重家的理论，即变私人工商业为国家垄断，增强国家的财力，打击和限制豪强势力，巩固中央集权。

盐铁政策的实质是封建国家运用行政手段干预和控制社会经济，具有明显的强制性。这一政策的实施保障是封建国家的法制。桑弘羊坚持以刑罚作为治国基本手段,说:"执法者国之辔衔,刑罚者国之维楫也。"(《刑德》)刑罚的功能在于"止暴",君主据之可以"长制群下,而久守其国也"(《诏圣》),否则,"虽贤人不能以为治"(《申韩》)。桑弘羊还主张用重刑密法,认为汉初法制疏阔乃权宜之计,"非拨乱反正之常也"。他说:"少目之网不可以得鱼,三章之法不可以为治。故令不得不加,法不得不多。……时世不同,轻重之务异也。"(《诏圣》)这种认识基本上是法家思想的沿用。

贤良文学们从长治久安的愿望出发,对盐铁政策执否定态度。他们虽然对工商业不是一概否定,承认"商所以通郁滞,工所以备器械"(《本议》),是人们生活所必须的。但与农业相比,工商属于"末业","非治国之本务也"。他们对桑弘羊以工商为治国之本的主张进行了猛烈抨击,认为治国之本不是谋利,而是"德治"。他们说:"礼义者,国之基也;而权利者,政之残也。"《轻重》)"圣王之治世,不离仁义。故有改制之名,无变道之实。上自黄帝,下及三王,莫不明德教,谨庠序,崇仁义,立教化。此百世不易之道也。"(《遵道》)本着这一原则,他们提出,对匈奴应采取"畜仁义以风之,广德行以怀之"的政策。不可"废道德而任兵革",只要推行仁政,即可无敌于天下,"恶用费哉?"(《本议》)对民众要立足于"防淫佚之原,广道德之端"(《本议》),"导民以德则民归厚"(《本议》)。具体方法是:"设庠序,明教化,以防道其民"(《授时》);"进本退末","节用尚本","分土井田"(《力耕》),这叫做"抑末利而开仁义","然后教化可兴而风俗可移也"(《本议》)。统治者要以推行仁政为己务,"当今之务,在除饥寒之患,罢盐铁,退权利,分土地,趣本业,养桑麻,尽地力也"(《水旱》)。对民众须"易其田畴,薄其税敛"(《授时》),"寡功节用,则民自富"(《水旱》),社会矛盾自然会得到缓解。

贤良文学力主德治却也不排斥刑罚,而是主张以刑罚作为辅助手段,说:"圣人假法以成教,教成而刑不施。"(《后刑》)

从双方争论的问题来看,桑弘羊一派主张加强中央集权,严格法治;贤良文学们力主德治教化,先德后刑。前者显然与武帝的杂霸政治术一脉相承,后者是典型的汉儒理想政治。汉武帝理论上"崇儒",实则"设谋垂意于四夷",醉心于开拓疆土,强化个人集权。贤良文学认为武帝推行的是霸政,与王道政治相距颇远。他们慷慨陈辞,抨击桑弘羊,是对武帝杂霸政治的否定。他们指斥当权者"守小节而遗大体,抱小利而忘大利"(《复古》),忘记了统治阶级的长远利益和根本利益。

"盐铁之议"所反映的王道与霸道之争,是汉中期以来统治阶级关于政治指导思想争论的延续,是理论与现实的矛盾在思想领域的体现。政治指导思想的确立需要通过实践的环节予以检验,论争双方的交锋就是理论与实践的互检过程。君主专制主义的基本政治原则正是通过这样的过程而得以不断调整和补充,以臻完善。

西汉建国以来,就基本国策作如此大规模的讨论,尚属首次,与会双方各抒己见,基本能做到畅所欲言,这在中国古代史上是不多见的。

三、贤良文学对社会政治弊端的揭露批判

贤良文学的身份地位使之比较容易接近社会现实,能对各种社会政治弊端具有较深刻的认识。他们反对盐铁政策的原因之一就是较多地看到了政治弊端,预感到王朝的底层潜藏着深刻的社会政治危机。他们对社会政治弊害的揭露和批判贯穿整个论争过程。

他们指出,当前存在着两大弊端:一是严重的贫富分化,"富者愈富,贫者愈贫"(《轻重》),"公卿积亿万,大夫积千金,士积百金"(《地广》),百姓们则"不足于糟糠","流离于路"(《地广》)。二是社会生产受到极大破坏,"六畜不育于家,五谷不殖于野"(《未通》),"秉耒抱臿躬耕身织者寡,娶(聚)要敛从(从:衍文)容,傅白黛青者众"(《国疾》)。桑弘羊一派认为贫富不均或是由于人的智愚不同,"此其所以或储百年之余,或不厌糟糠也"(《错币》);或是由于勤惰和俭侈之别,"共其地,居是世也,非有灾害疾疫,独以贫穷,非惰则奢也"(《授时》)。总之,人之贫穷乃咎由自取。贤良文学们则尖锐指出,造成贫富不均和生产受破坏的原因有四:

第一,国家赋役过重。"往者军阵数起,用度不足,以訾征赋,常取给见民。田家又被其劳,故不齐出于南亩也"(《未通》)。再加上盐铁官营,役使百姓,"百姓痛苦之"。第二,官吏盘剥苛酷,吏治贪坏,强征暴敛。"百官尚有残贼之政,而强宰尚有强夺之心,大臣擅权而击断,豪猾多党而侵陵"(《国疾》)。"吏不奉法以存抚,倍公任私,各以其权充其嗜欲"(《执务》),致使"百姓贱卖货物以便上求……农民重苦,女工再税"(《本议》)。第三,统治者骄奢过度,加重人民困苦。"今富者积土成山,列树成林,台榭连阁,集观增楼"。"百姓或短褐不完,而犬马衣文绣;黎民或糟糠不接,而禽兽食粱肉"(《散(聚)不足》)。第四,豪强交通官府,沆瀣一气,向农民转嫁负担。"富者买爵贩官,免刑除罪,公用弥多而为者徇私"(《刺复》)。豪强匿隐人口,逃避赋役,"吏正畏惮,不敢笃责",反而"刻急细民。细民不堪,流亡远去",形成"后亡者为先亡者服事"(《未通》),生产破坏日甚,田地荒芜,城廓空虚。

贤良文学对当时贫富对立的揭示可谓一针见血,十分深刻。严重的贫富对立使社会上下阻隔,对抗加剧。他们据此而指出,西汉王朝面临危机,"其乱必矣"(《除狭》)。贤良文学以儒家理想政治为准则,衡量时政,针砭时弊,这种方式成为后世儒家社会政治批判的基本模式。

第五节 西汉晚期的政治调整思潮

汉元帝之后,儒学随着独尊地位的加强而逐渐走向了神秘化和庸俗化。由于西汉后期土地高度集中,农业人口大量流散,吏治败坏,再加上连年自然灾害,致使社会矛盾及统治集团内部矛盾日益激化,社会政治出现了深刻的危机。在这种情势下,出现了一股反危机思潮,一些官员和士人就怎样摆脱危机发表种种政见,进行政治调整成为这一时期政治思想发展的主流。

一、西汉后期社会危机与政治调整思想

西汉后期,统治者横征暴敛,普遍的土地兼并和沉重的赋役负担造成大批农民流亡或沦为奴婢,社会冲突十分尖锐。在统治集团内部,外戚专权,宠臣跋扈,"群臣幸得居尊官,食重禄……志但在营私家,称宾客,为奸利而已"(《汉书·鲍宣传》)。统治阶级内部的政治和利益矛盾也很尖锐。这两对矛盾的交织作用,使整个社会处于行将崩溃状态。"死人之血流漓于市,被刑之徒比肩而立,大辟之计岁以万数"(《汉书·路舒温传》);"民有七亡而无一得","民有七死而无一生"(《汉书·鲍宣传》);"成形之祸,月以迫切;不救之患,日浸屡深"(《汉书·外戚传》)。那么怎样才能走出危机呢?政论家与思想家们议论纷纷,主要有三方面的认识。

第一,统治集团自身的政治调整。

鉴于统治阶级内部矛盾日益激化,议政者们提出了种种措施和调整方略。首先要抑制外戚和佞臣对朝政的干扰破坏。西汉后期外戚专权很严重,霍氏、丁氏、傅氏、王氏等先后操纵了政权枢要。他们的贪婪霸道,不仅给民众带来无穷的灾难,而且在统治集团内部也造成了极大的混乱。于是一些大臣、方士纷纷上书,要求抑制外戚和佞幸。进谏者大多假借天谴来规劝皇帝抑制外戚,例如杨兴以京师黄雾为由,在《黄雾对》中批评说:"今太后诸弟皆以无功为侯,非高祖之约,外戚未曾有也,故天为见异。"(《汉书·元后传》)李寻以洪水泛滥和地震为借口,说二者是由于外戚专

第十一章　西汉中、后期政治指导思想的争论与发展

权造成的:"水为准平,王道公正修明则百川理,络脉通;偏党失纲,则踊溢为败,唯陛下留意诗人之言,稍抑外戚大臣。"(《汉书·李寻传》)刘向是汉室宗亲,尤为敏感激切,他"数言公族者,国之枝叶,枝叶落则本根无所庇荫,方今同姓疏远,母党专政,禄去公室,权在外家"(《汉书·楚元王传》)等弊害,认为这对于汉家社稷和刘姓宗室而言,其后果是不堪设想的。同时他对王氏集团也极为警惕,曾以王氏在济南祖坟的梓柱上长出了枝叶作为王氏崛起的征兆,警告皇帝说:"陛下为人子孙,守持宗庙,而令国祚移于外亲,降为皂隶,纵不为身,奈宗庙何?"建议尽早消灭王氏。

西汉末年的佞臣之害也非常严重,椐《汉书·佞幸传》记载,主要有石显、淳于长、董贤等人,其中董贤最为典型。皇帝对他的赏赐动辄以万数,又曾经一次便赏了二千顷土地,致使"均田之制,从此堕坏"(《汉书·王嘉传》)。皇帝的宠幸和董贤的挥霍荒淫引起了统治集团内部很多人的不满,他们纷纷发表议论,说日食、地震都是由于董贤受宠造成的。如王嘉因日食而上封事,指责哀帝宠幸董贤造成"奢僭放纵,变乱阴阳,灾异众多,百姓讹言"(《汉书·王嘉传》),劝诫皇帝采取措施,抑制宠臣,缓和冲突。

其次,要铲除奸邪,以正国家法度。西汉末年,吏治一片混乱,正如当时的俗语所讲:"何以孝悌为?财多而光荣;何以礼义为?史书而仕宦;何以谨慎为?勇猛而临官。"(《汉书·贡禹传》)"居官而置富者为雄杰,处奸而得利者为壮士。"汉宣帝时已经感到了问题的严重,曾在诏书中指责这种"用法或持巧心,析律贰端,深浅不平,增辞饰非,以成其罪"的政风(《汉书·宣帝纪》元康二年五月诏),并指出:"狱者,万民之命,所以禁暴止邪,养育群生也。"昭令官吏执法严正,改善吏治。

到了西汉后期,一些政论家不再局限于对吏治的批判,而是开始探讨解决的办法。例如,刘向针对当时群小日进现象,通过以今日的灾异与春秋时期相比较,指出"彼月而微,此日而微,今此下民,亦孔之哀"。而究其原因,"谗邪并进也"(《汉书·楚元王传》)。于是他建议"放远佞邪之党,坏散险陂之聚,杜闭群枉之门"。薛宣认为,吏治不清的主要根源在部刺史监察不力,致使官吏多奸。他指出:部刺史"或不循守条职,举措各以其意,多与郡县事,至开私门,听谗佞";"谴呵及细微,责义不量力,郡县相迫促,亦内相刻"。造成了"乡党缺于嘉宾之观,九族忘其亲亲之恩"(《汉书·薛宣传》)的弊病。所以他要求罢除这些苛吏,以安定局面。谷永也提出:"夫违天害德,为上取怨于下,莫甚乎残贼之吏,诚放退残贼酷暴之吏,锢废勿用。"(《汉书·谷永传》)另外,贡禹针对"赎罪之法"、"入谷补吏"等旧制之弊指出,孝文帝时没有赎罪之法,而令行禁止,海内大化;汉武帝行"壹切

之变"(《汉书·贡禹传》),使犯法者赎罪,入谷者补吏,结果搞得官贪民贫,盗贼并起。这些制度本来是为了弥补王朝财政用度的不足,结果却使得富者介入政治体制,凭借政治权力而聚敛财富,财富有了权力撑腰,愈加肆无忌惮,致使吏治愈坏。为此他提出:"欲兴至治,致太平,宜除赎罪之法",加强法度,对贪官污吏要"辄行其诛"。

此外,还有人就考课官吏的标准问题,提出要"进真贤"、"举实廉"和"以功擢吏"等等。以上这些主张的提出,表明统治阶级已清醒地认识到,造成危机的不只是天灾和盗贼,其中相当重要的原因在于自身内部,因此希望通过整顿和完善自身以解决危机。然而在当时封建统治病入膏肓的情况下,这些主张是不可能起太大的作用的。

再次,要求君主思过、求谏举贤。自汉文帝开始,就有了缘于政治危机而下诏罪己,以求思过纳谏的做法。到了西汉中期以后,随着社会政治危机的日渐加深,最高统治者频繁地下诏思过,要求臣下总结教训和进谏,借此缓和冲突。在这种背景下,一些大臣也纷纷上书,敦促君主求谏举贤,"位有德,禄有智"(《开元占经》六,转引自《全汉文·京房》),以解救危机。汉成帝永始二年,有黑龙见于东莱,谷永发表议论说:"王天下有国家者,患在上有危亡之事,而危亡之言不得上闻,如使危亡之言辄上闻,则商周不易姓而迭兴,三正不变改而更用。"(《汉书·谷永传》)而能使危亡之言得以上闻的唯一办法就是君主能虚心听谏和选拔直言极谏之士。萧望之在《上疏请选谏官》一文中说:"朝无争臣则不知过;国无达士则不闻善。"他要求皇帝"选明经术,温故知新,通于机微谋虑之士以为内臣,与参政事"(《汉书·萧望之传》)。这样就能使朝廷消息灵通,应变有方,使君主"纳谏忧政,亡有阙遗"。

用贤与纳谏是一个问题的两个方面,这一时期政论家们也从不同角度对用贤问题进行了讨论。许多人指出,帝王的最大作用就在于用贤。如王嘉说:"圣王之功在于得人……惟陛下留神于择贤。此方今急务,国家之利也。"(《汉书·王嘉传》)帝王"宣德"也必须用贤,如王吉提出:"圣王宣德流化,必自近始,朝廷不备,难以言治,左右不正,难以化远。故谨选左右,审择所使。左右所以正身也,所使所以宣德也。"还有人从"近臣不可杖"的角度提出必须用贤。一些政论家攻击"母后与政乱朝,阴阳俱伤",指出"近臣已不足杖矣。屋大柱小,可为寒心,唯陛下亲求贤士,无强所恶,以崇社稷,尊强本朝"(《汉书·李寻传》)。谷永以历史经验为据提出:"未有功赏得于前,众贤布于官而不治者也。"(《汉书·谷永传》)他分析了尧时遭到连年的洪水,不得已把天下划为十二州,由于"众贤布于官","德厚恩

第十一章 西汉中、后期政治指导思想的争论与发展

深",而终于没有发生混乱现象。反之,秦朝没有发生大的水旱之灾,却是一夫大呼而海内崩析,主要原因是由于"吏行残贼",从而认为用贤是解救危机最主要的手段。刘向提出"众贤和于朝,则万物和于野"的观点,他也从历史的角度进行分析,认为文武盛世是由于群贤在朝,而社会分崩离析,"高岸为谷,深谷为陵"是由于群小日进而造成的。

在君主政治时代,纳谏和用贤是两个极其重要的施政原则,西汉后期的政论家们抓住了这两个问题,进行了广泛的探讨,这是很有价值的。然而,专制统治者的本性就是要争权夺利,他们不可能通过自查、自律来解决自身的问题,人们的议论也难以挽救汉末的政治危机。

第二,统治者与被统治者之间的政治调整。

西汉晚期的政论家们深切地认识到了社会矛盾的严重性,他们一般是从儒家传统的仁政思想中寻找解救之方。谷永继承了儒家传统的重民思想,提出:"王者以民为基,民以财为本,财竭则下畔,下畔则上亡。"在他看来,农民造反是由于当权者不知重民造成的:"诸夏举兵,萌在民饥馑而吏不恤,兴于百姓困而赋敛重,发于下怨离而上不知。"(《汉书·谷永传》)刘向更是倡言"罪于民不赦",他借麦丘人之口说,如果儿子得罪了父亲,可以得到父家长和君主的宽恕。可是如果君主得罪了民众,那就不同了,桀得罪了汤,纣得罪了武王,结果后者起来把前者推翻了,"莫为谢,至今不赦"(《说苑·新序杂事》)。

那么怎样才能做到"明王爱养基本"以缓和矛盾呢?政论家们从各个方面进行了呼吁。例如有人提出要遵循孔子"使民如承大祭"的教诲,统治者们在役使百姓时一定要像举行祭祀大礼那样小心谨慎,不可滥用民力。也有人认为君主应厉行节俭,减少土木兴建。贡禹、匡衡等提出了"大自减损"论。他们揭示了当时的社会状况是,一方面百姓饥寒而死,人至相食,另一方面则是官家奢侈无度;他们劝谏君主"深察古道,从其俭者",削减服舆器物并审查后宫,裁撤"甘泉、建章宫卫","罢珠崖"(《汉书·匡衡传》)等,以免除百姓负担。在这些议论之中,通过教化以致治得到了人们的广泛关注。

自从汉元帝全面尊儒,"纯任德教"以后,教化致治成了人们感兴趣的问题。有的从总结历史经验的角度出发,得出教化可以致治。如贾捐之在《弃珠崖议》中指出:汤武重文教尽统天下而德扬民服;秦皇汉武重武功,虽地大而不久衰败。由此得出"欲与声教则治之,不欲与者,不强治也"(《汉书·贾捐之传》)的结论。有的人从人性的角度出发,提出教化致治不仅是可能的,而且是必要的。如萧望之指出:"民函阴阳之气,有好义欲利

之义,在教化之所助。"他举例子说,就是尧在位,也不能去掉人们的欲利之心,而只能做到让他们的好义之心胜过欲利之心;就是桀在位,也不能去掉人们的好义之心,而只能做到让他们的欲利之心大于好义之心(参见《汉书·萧望之传》)。在他看来,义与利是人固有的天性。如果用德化,那么好义之心便占了上风,便可达到大治;如果用恶化,那么好利之心便占了上风,就会酿成祸乱。欲治而弗乱,就要用德教。也有人从上行下效的习性出发,得出上可以化下的观点。匡衡指出:"治天下者,审所上而已。""朝有变色之言,则下有争斗之患。""上有好利之臣,则下有盗窃之民。"反过来,如果公卿大夫都循礼恭让则民不争,都好仁乐施则民不暴(参见《汉书·匡衡传》)。由此得出结论,如果在上者尚义高节,宽柔和惠,那么天下百姓必然效法,一定会实现大治。

  如何进行教化?要之,即崇礼、尚贤、推行孝治。以孝治天下是汉朝政治的一大特色。汉朝皇帝的谥号除了刘邦以外,都在其号前加一个"孝"字,如孝惠、孝文、孝景等。《孝经》在西汉受到特别重视。到了危机时期,统治者就更加宣扬孝治。元帝时有个叫平当的人,向元帝陈述:"人之行莫大于孝","圣人之德亡以加于孝也",劝元帝复太上皇庙,企图用这种孝的活动来感化天下人,达到治的目的。

  教化主要属于意识形态的范畴。当社会到了崩溃边缘,试图靠强化意识形态方面的控制来解决危机无疑是梦想。

  在解决经济矛盾方面,有人提出要限田、限奴婢和加强抑商政策等。西汉统治集团内部也不乏识时务者,有些人确实看到了社会问题的症结所在,如西汉末年的师丹、孔光、贡禹等人。他们清楚地认识到土地高度集中是祸害之源,因而要求限田、限奴婢。如师丹在上书中叙述了历史上的大治时期,土地都有一定的限度,文景时期情况特殊是由于当时是战乱之后的缘故。现在贫富不均愈演愈烈。孔光更是搞了一个限田方案,给王、侯、公主、官吏等的占田数作了硬性规定,"诸名田、蓄奴婢过品皆没入县官"(《汉书·哀帝纪》)。但这个没有后盾的方案显然不可能付诸实施。

  重农抑商是儒家一贯的经济政策,然而这一时期,有关的认识却走上了极端。例如很多人把社会动乱的原因归咎于货币,要求消灭货币,回到"抱布贸丝"的时代去。这种观点在盐铁会议上就萌芽了,当时就有人说:"古者市朝而无刀币,各以其所有易所无,抱布贸丝而已,后世即有龟贝金钱交施之也,币数变而民滋伪。"(《盐铁论·错币第四》)此时贡禹更是明确提出了除币主张,认为攻山取铜以铸销了"阴阳之气",使地藏空虚,不能含气出云,造成水旱灾害。大量钱币的流通,使民心动摇,富贾求利各用淫巧,而老百姓则"父子暴露中野,不避寒暑,挎(草)杷土,手足胼胝,已奉谷租,又出稿税",造成了老百姓弃本逐末的恶性循环,因而要求"罢采珠玉金银铸钱之官,亡复以为币,市井勿得贩卖"(《汉书·贡禹传》)。这是一种彻底的抑商主义观点,由于它从本质上违背了经济规律,因而根本无法实行,只能在思想史上留下了荒谬的一页。

第三,社会的出路问题。

面对着深刻的社会危机,人们将何去何从,社会将如何发展?人们提出了种种认识。

其一,政事顺动观。何谓顺动?一种意见认为顺动是顺阴阳而动;另一种意见则认为是顺天人之心而动。前一种意见的代表人物是魏相,他把阴阳提到了相当重要的位置,认为"阴阳者,王事之本,群生之命"。他说:"天地以顺动故日月不过,四时不忒,圣王以顺动故刑罚清而民服。"在魏相看来,当时的天灾人祸是由于君主做事不顺阴阳造成的,君主只有顺应天道,奉顺阴阳,依照一定的规律来安排活动,才能"日月光明,风雨时节,寒暑调和","五谷熟,丝麻遂,草木茂"(《汉书·魏相传》)。王嘉提出"顺天人之心而动"的观点,他在谏哀帝封董贤时讲:"陛下寝疾久不平,继嗣未立,宜思正万事,顺天人之心,以求福佑。"(《汉书·王嘉传》)王嘉认为君主不仅要顺天,而且要顺人,这种认识较之一味顺天更有价值。

其二,循古而治。循古就是效法以往圣贤的治国之道,不过,他们效法的对象不同。魏相主张奉行"故事",他认为"古今异制,方今务在奉行故事而已"(《汉书·魏相传》)。梅福则主张循高帝之法、伯(霸)者之道。他分析了汉兴以来的盛衰之势,认为"循高祖之法则治,不循则乱"(《汉书·梅福传》)。他又分析了春秋战国时期的用人政策,针对当时的情况提出了"循伯者之道"的主张,即主张强化官吏甄选,以加强统治。

其三,自新以更始。这种认识的主要表现是,统治者通过帝王纪年的改元来表示他们的政治期盼。西汉初年的董仲舒就提出这种方式,到了西汉晚期,表现得异常明显。从元帝即位的"初元"元年,到王莽的"新",先后出现了"永光"、"建昭"、"建始"、"永始"、"太初"、"元始"等表示改新意义的年号,这当然不是偶然的,而是统治者借改变年号来消除灾异,以表达年丰物阜的政治期盼。这当然是一种荒谬的政治迷信的产物,然而恰恰就在这种荒谬的自我欺骗的举动中,表现出统治者社会更始和政治自新的思想。例如成帝在改元为"建始"的诏书中提到:"其大赦天下,使得自新"(《汉书·成帝纪》)。哀帝在建平二年所下的诏书中讲:"夫基事之元命,必与天下自新。"(《汉书·哀帝纪》)元寿二年平帝初即位的诏书也说:"夫赦令者,将与天下更始,诚欲令百姓改行洁己,全其性命也。"(《汉书·平帝纪》)这些诏书的颁行有的是专门为了改元,有的还附有蠲免赦令,但其最终目的都是为了政治自新。

这一时期的政论家们也就这个问题对君主进行规劝,例如翼奉、李寻等就上疏要君主更始和自改。翼奉是治《齐诗》的儒者,他发挥了《齐诗》中"汤武革命"的理论,但很委婉。他对汉元帝说,天道是终而复始的,何况汉高祖起身微贱,并无德行,如今汉兴以来已有八九世了,如果不与民更始,重新做起,那就一定会亡国的。

其四,改朝换代说。这种认识在诸多理论中是最为激烈的。其思想的源头是先秦的孟子。孟子认为,如果君主丧失了做君主的资格,就要下台,为此他提出了"易位"、"放(逐)"、"诛一夫"等思想,这种认识很尖锐,却被西汉后期的政论家和思想家们所继承。例如,盖宽饶对当时"以刑余为周召,以法律为诗书"的社会政治状况大加谴责,然后提出:"五帝官天下,三王家天下。家以传子,官以传贤,若四时之运,功成者去,不得其人则不居其位。"(《汉书·盖宽饶传》)在他看来,把社会搞得一片混乱的人在位是"不得其人",因而应当使之"不居其位",即暗示要刘氏退位而更以有德。刘向也上书说:"王者必通三统,明天命所授者博,非独一姓也。"(《汉书·楚元王传》)这种认识与董仲舒的"三统"观不同。董仲舒讲论"三统"证明了以汉代秦是必然的,刘向的"三统"却说明汉的灭亡是正常的。他还叙道:"虽有尧舜之圣,不能化丹朱之子,虽有禹汤之德,不能训末孙之桀纣,自古及今,未有不亡之国也。"(《后汉书·楚元王传》)因而现在君主易位也并不是什么惊奇的事。鲍宣说:"天下乃皇天之天下",认为天子并不是天下万物的所有者,而只是上天的一个代理人而已。谷永也说:"天下乃天下之天下,非一人之天下也。"这比鲍宣的思想更进了一步,不再把天下归为君主一人的所有物,认为君主只是天下人的代理人而已。如果这个代理人"躬行道德,承顺天地,博爱仁恕",便可以长期代理;如果"失道妄行,逆天暴物,穷奢极欲",那么就要"更命有德"。并且认为"去恶夺弱,迁命贤圣"是一种法则或规律,即所谓"天地之常经,百王之所同也"(《汉书·谷永传》)。虽然这些人碍于种种原因而未敢公开提出刘氏退位的要求,但他们的理论逻辑已经清楚地指向了这一点。

明确提出改朝换代的是眭弘。据史载:"元凤三年,泰山有大石自起立,上林有柳树枯僵自起生"(《汉书·昭帝纪》);"有虫食树叶成文字曰'公孙病已立'"(《汉书·眭弘传》)。如果联想二百年前的吴广都会使用"鱼腹丹书"、"篝火孤鸣"的把戏,那么这几条材料的真伪便可想而知了。

眭弘却加以穿凿,认为石柳皆阴类,是下民的象征,泰山是王者易姓告代之处,这两种现象的同时出现,预兆着可能有匹夫上为天子。汉家是尧的后代,有传国之运,由此得出结论说:"汉帝宜谁差天下,求索贤人,禅以帝位,而退自封百里,如殷周二王后,以承顺天命。"(《汉书·眭弘传》)这里有一个值得注意的问题,"汉为尧后"本来是统治者利用谶纬光耀门庭,并作为刘家受命的根据的,眭弘却把"汉为尧后"解释成"有禅国之运",作为迫使刘氏退位的根据。另外,有齐人甘忠可,造了一本《天官历包元太平经》,陈说汉历中衰,当更受命。

解救危机和政治调整是这一时期政治思想的最大特点。当时的政治认识大多是假借"天谴"的形式来表达的。秦汉时代的君主专制政治不准人们批评帝王,于是政论家们被迫绕一个圈子,借天的权威来表达他们的意志。这一时期的思想家基本上既是儒者又是官僚。由于他们是儒者,因而他们大多讲究师承家法,一般都固守自己所治的经典,思想和议论也有所不同。治古文者讲改革,治今文者论天谴,思想形式呈多样化趋向。由于他们是官僚,决定了他们的政治思想无论如何也不会触及自己的利益。由于人们把注意力都集中在解救危机上,因而这一时期的思想支离破碎,没有系统。

然而,恰恰是这些不成系统的反危机思想,敲响了西汉王朝覆灭的丧钟,为王莽的复古改制政治思想奠定了认识的基础。

二、扬雄对汉代经学的反思与改造

扬雄(公元前53年~公元18年)字子云,蜀郡成都人。曾师事《道德指归》的作者严遵,在西汉、新朝都做过没有实权的官。他一生主要从事学术活动,是当时著名的思想家、文学家。

扬雄在理论上具有批判精神、创新精神,以对当时经学的反思和改造而闻名于世。他的政治思想可以概括为以下几个方面的内容。

其一,抨击异端,复兴孔学。

扬雄以当代孟子自居,立志弘扬正宗儒学,摒弃一切异端。他对各种与孔孟之道相悖的异端学说,包括当时神秘化、谶纬化的经传之学,进行了猛烈的抨击。他认为,只有孔子之说堪为大经大法,而道家的许多思想"荡而不法",墨家的许多思想"俭而废礼",法家的许多思想"险而无化",阴阳家的许多思想"迂而不信"(《法言·五百》)。在他看来,不仅诸子之学皆非大道,就连当代的许多儒家学者也有异端之嫌。

扬雄对当时粗俗、繁琐、神秘、僵化的经学多有非议。他指出,经传之学宗派林立,"一卷之书,不胜异说"(《法言·学行》)。各种解释经义的传书不仅不实,把本来并不繁琐的《五经》经义复杂化,而且荒诞不经,"不果(不实)则不果矣,又以巫鼓"(《法言·君子》)。扬雄还对当时大多数儒者所信奉的灾异、图谶、星相、神仙等进行了批判。他指出,《黄帝终始》一类的谶纬图书纯系伪托;"象龙之致雨"((《法言·先知》),难以应验;"在德不在星"(《法言·五百》),以星相预示吉凶不可取。扬雄还指出,"有生者必有死,有始者必有终,自然之道也"(《法言·君子》),况且历史上的圣人都死去了,无论自然规律,还是历史事实,都证明神仙之事是无稽之谈。在他看来,"神怪茫茫,若存若亡,圣人曼云"(《法言·重黎》),圣人并不过分关注灾异,"故常修德者,本也;见异而修德者,末也"(《法言·孝至》)。神秘化的经传之学显然与孔子的思路是不相符合的。在《法言·吾子》中,扬雄抨击许多经学家标榜孔学而偷换其精神实质,甚至与《五经》的本意相悖,这种行为实属"羊质而虎皮"。

其二,融合儒道,改造经学。

扬雄认为:"夫道有因有循,有革有化。"(《太玄·玄莹》)在他看来,"新故更代,阴阳迭循,清浊相废"(《太玄·玄文》)是一种普遍规律。因此,圣人之道是可以有所因革损益和创新的。

扬雄认为,人类社会的文明是不断进化的,固守圣王之制、圣人之道而不思变革是造成"圣君少而庸君多"的重要原因(《法言·先知》)。既然道"可则因,否则革",那么对待各种事物的正确态度是"新则袭之,弊则损益之"。体现在政治上,就应适时地革新政治,调整政策,如此才能"法度彰,礼乐著,垂拱而视天下,民之阜也无为矣"(《法言·问道》)。

不仅具体的制度、政策有因有革,而且经典著作也可以修订。扬雄指出,"经可损益",历史上周文王、孔夫子都曾有增删经书之举,因而一切根据一定时势而人为创造的事物都是可以改动的。圣人之法、儒家经典也是通过不断更新而长盛不衰的。基于这个认识,扬雄模仿《易经》做《太玄》,模仿《论语》做《法言》。他不仅强调《周易》、《论语》的崇高价值,而且以一种超越的态度对待这些圣人之作,力图有所发展。这种态度在神化经典、迷信圣人、固守师说的学风极为盛行的汉代是难能可贵的。

扬雄对儒学的改造集中体现在政治哲学方面。具体做法是试图兼融儒道,汲取道家的哲学思想,充实、改造儒家的哲学。扬雄反对天人感应论,他认为天的特点是自然无为,天生化万物是"无为之为"。他说:"老子之言道德,吾有取焉耳,及槌提仁义,绝灭礼学,吾无取焉耳。"又说:"夫道以导之,德以得之,仁以人之,义以宜之,礼以体之,天也。合则浑,离则散。"(《法言·问道》)天道自然无为,而天道的社会内容是仁义礼智信,道、德、仁、义、礼缺一不可。这个思路把道家的大道为本思想与儒家的伦理为本思想嫁接在一起,使自然化的道(玄、天)与伦理化的德(仁、义、礼)融合为有所分别又同实异名的范畴。

扬雄服膺孔孟,主张以仲尼之道作为论学修身、判定是非、治国兴邦的最高标准。他抬高《论语》、《孟子》的地位,认为它们与《五经》具有同等的价值。他认为,人道本于天道,天道又本于人道,天道与人道互为因果、互相印证、浑然一体,总而称之为"玄"。他说:"夫玄也者,天道也,地道也,人道也,兼三道而天名之,君臣父子夫妻之道。"(《太玄·玄图》)作为最高范畴,"玄"具有"道"的属性、"天"的特点。一玄三分而为天、地、人,总括天地人之道。"玄"、"道"、"天"是同类概念,它们又是天、地、人共同遵循的法则。而人世间的君主制度、等级制度及相应的人际关系和道德规范等,都是"玄"所规定的。因此,大道的核心是仁义,"或曰:'《玄》何为?'曰:'为仁义'"(《法言·问神》);行为的准则是礼义,"礼,体也。人而无礼,焉以为德"(《法言·问道》);礼教的根本是孝悌,"孝,至矣乎!一言而该,圣人不加焉!"(《法言·孝至》)。扬雄的"太玄"体系晦涩难懂,然而这套哲学推理的最终结论却明白易晓:"三纲之永,其道长也"(《法言·先知》),"阴以知臣,阳以知辟,君臣之道,万世不易"(《太玄·常》)。这表明,扬雄对儒学的改造,不仅不触动纲常的根本,而且强化了对儒学的哲学论证。

其三,性善恶混。

扬雄认为:"人之性也善恶混,修其善则为善人,修其恶则为恶人。"人的本性之中有善、恶两种因素,且善不足而恶有余。因而人性是可以改变的,立志为善,坚持修习圣人之道,便可成为君子、圣人;反之,则"由于情欲,入自禽门"(《法言·修身》),便会成为恶人、禽兽。因此,扬雄强调道德修养的重要性,认为只有加强"修性",通过"强学"、"力行",向圣人看齐,才能成为具有仁义礼智信的善人。

其四,抨击暴政。

扬雄抨击"虐政虐世"(《法言·吾子》),认为"政(国家政治或君主)善而吏恶"、"吏善而政恶"和"政吏并恶"(《法言·先知》)是给民众造成"勤"的三种政治因素。他针对当时愚民政策、严刑酷罚、横征暴敛、土地兼并所造成的严重社会危机,反对"涂民耳目"(《法言·问道》),主张以礼乐教化引导民众;反对重赋,主张恢复"什一"税制;反对土地兼并,主张恢复井田制。他说:"什一,天下之中正也。多则桀,过则貊。"又说:"井田之田,田也;肉刑之刑,刑也。田也者与众田之;刑也者与众弃之。"(《法言·先知》)

扬雄是君为政本论者。他认为治国之本在于"立政",而"立政"之本在于君主正身、正心,"政之本身也,身立则政立矣"。君主必须修身、惠民,"思"而不"斁","老人老,孤人孤,病者养,死者葬,男子亩,妇人桑,之谓思";反之,"污人老,屈人孤,病者独,死者逋,田亩荒,杼轴空,之谓斁"(《法言·先知》)。扬雄的社会理想是:"农不辍耰,工不下机,婚姻以时,男女莫违。出恺悌,行简易,矜劬劳,休力役。见百年,存孤弱,帅与之,同苦乐。"(《长杨赋》)

扬雄的《法言》切中时弊,言简意赅,富有现实性和批判性,因而受到当时人们的重视。而他的《太玄》,则由于哲理过于玄奥,言辞晦涩,而被许多人束之高阁。玄妙的哲理如何以简明易懂的语言表达,这也是困扰古今中外许多思想家的难题之一。然而《太玄》的产生在儒学发展史和政治思想史上都具有重大的意义。"圣人贵名教,老庄用自然",由来尚矣。通观中国古代思想史,自秦汉迄唐宋,"自然"与"名教"渐趋合流则是思想发展的某种趋势。扬雄的《太玄》是第一部成功地兼综《易》、《老》的儒学著作,标志着儒学思辨能力的一次飞跃。扬雄极力抬高《论语》、《孟子》在儒家典籍中的作用,这也是符合儒学发展的大趋势的。仅此就足以奠定扬雄在思想史上的地位。

三、王莽受命改制的政治思想

王莽(公元前 45~公元 23 年),字巨君,汉元帝皇后侄,于公元 8 年"和平代汉",建立新朝,在位 15 年。王莽代汉固然有赖他的身世和他特殊的政治才能,但只要回顾一下西汉末年的反危机思潮,就不难看出王莽实际上是时代推出的一个理想人物。汉末统治者中的多数丧失了对刘氏王朝的信心,王莽则信誓旦旦地要把整个社会带向光明,于是成了汉统治集团政治期盼的唯一寄托。在这种情况下,王莽政权的建立已是历史的趋势,实是水到渠成。然而,从王莽的政治思想来看,无疑是极为荒谬的,统治阶级的反危机尝试不可避免地陷于失败。

1. **政治迷信化的权力合法性论证**

汉末以来,人们面对日益深重的社会政治危机纷纷提出更始自新,王莽则不遗余力地要把这一设想付诸实践,同时实现其夺得最高权力的政治目标。在理论上,他利用西汉中期以来的谶纬神秘主义思想,为其取代汉室,建立自家王朝的权力合法性做论证。主要表现在以下几个方面:

其一,利用符命、祥瑞和天命论证新室代汉的合理性。王莽利用谶纬符命的典型表述见于居摄三年(公元 8 年,即初始元年)即"真天子"位之前的下书中。其文曰:"皇天上帝隆显大佑,成命统序,符契图文,金匮策书,……予甚祗畏,敢不钦受!以戊辰直定,御王冠,即真天子位,定有天下之号曰新。"(《汉书·王莽传上》)王莽自任大司马执掌朝政以来,经历了封安汉公、加封宰衡、居"摄皇帝"、"假皇帝"等几个阶段,一步步向着最高权力逼进。符命祥瑞则是他每逼进一步的上马石。如塞外蛮夷献白雉,武功县孟通浚井得白石丹书,广饶侯刘京言新井,车骑将军千人扈云献石牛,哀章献铜匮等。符命假借神意,昭告天下,既能明白道出王莽的政治目的,如"告安汉公莽为皇帝","摄皇帝当为真"等,为促成政权更迭作好舆论准备;同时又能使王莽的个人政治欲求隐匿在神秘权威的背后,给人以某种"公正"的假象,使其代汉之举具有合法性。在他即位之后颁行"符命"的诏书中,更为明确地表达了这一论证。符命本是天命的传达或暗示,王莽通过符命强调了天命的绝对权威和不可抗拒性。他总结出德祥五事,符命二十五,福应十二,凡四十二篇,以此说明天命所归属。他说:"皇帝深惟上天之威不可不畏","十二符应迫著,命不可辞。"他曾亲执小皇帝孺子婴之手,流涕歔欷,说:"昔周公摄位,终得复子明辟,今予独迫皇天威命,不得如意!"哀叹良久,百官"莫不感动"(《汉书·王莽传中》)。王莽凭借天命权威向天下表明心迹:取代汉室绝不存在什么个人动机,而是顺天应人之举。在符命招牌之下,王莽装扮出一副公正无私的面孔,期望新兴王朝能得到全社会的认同、拥护和服从。

其二,利用五德终始历史循环论为权力更迭作论证。严格而论,符命只是暗示了王莽即将代汉的先兆,却没能解释为什么刘氏天下必然要被王氏所取代。于是,王莽乞助于五德终始说,强调了权力更迭的逻辑必然性。他说:"自孔子作《春秋》以为后王法,至于哀之十四而一代毕,协之于今,亦哀之十四也。赤世计尽,终不可强济。皇天明威,黄德当兴,隆显大命,属予以天下。"王莽认为,五行之循环往复是历史运行的必然规律,当一代王朝行将衰败,其所当之德气数将尽,必然有相应的五行之德取而代之,一代新王朝藉此兴起。汉家天下乃火德当道,其色尚赤。如今"汉氏三七之陨(厄),赤德气尽","火德销尽,土德当代"。新朝乃黄德当道,取代汉室是历史的必然,其合理性不言而喻。王莽为了强调新朝上应土德,即位后立刻着手更化改元,"改正朔,易服色,变牺牲,殊徽帜,异器制。……服色配德上黄,牺牲应正用白,使节之旄幡皆纯黄"(《汉书·王莽传上》)。五德终始循环论在王莽手中成了改朝换代的最佳理论武器。

其三,举出圣人和儒家经典为其夺取最高权力的行为依据作论证。王莽少时即研习儒学,"被服如儒生",颇通儒学经典。于是儒经和圣人便成了他手中的一张王牌,随时用来为他的政治行为辩护。例如,他曾为居摄称王作辩护说:"《尚书·康诰》:'王若曰:孟侯,朕其弟,小子封。'此周公居摄称王之文也。《春秋》隐公不言即位,摄也。此二经周公、孔子所定,盖为后法。孔子曰:'畏天命,畏大人,畏圣人之言。'臣莽敢不承用!"(《汉书·王莽传上》)王莽广泛引征《尚书》、《周礼》、《论语》、《春秋·公羊传》和《诗经》等儒典,又模仿圣人故事,意欲利用尊为一统的儒学权威,使之言行有据。在君主专制条件下,学术本就是权力的婢女,王莽刻意从传统经典中为"去汉与新"立据,所谓复古和政治迷信显然是其有意提倡的。

其四,续祖考,为新兴王朝的正统地位作论证。西汉的刘家天下已经建国数百年,在人们的政治观念中已经树立了牢固的"正统"形象。王莽出身外戚,代汉则有篡逆之嫌。为此他竭力为王家的祖先树立圣人牌匾,申明元城王氏乃圣人之后。他要具体解决两个问题。其一,确立新兴王朝的正统地位。王莽自称"惟王氏,虞帝之后也,出自帝喾"(《汉书·王莽传中》),王氏本为黄帝苗裔,具体的祖考谱系是:"黄帝二十五子,分赐厥姓十有二氏。虞帝之先,受姓曰姚,其在陶唐曰妫,在周曰陈,在齐曰田,在济南曰王。"于是,黄帝成了他的"皇初祖考",虞帝(即舜)为"皇始祖考",姚、妫、陈田姓成为"予之同族也"。在君主政治时代,血缘关系是君权延传的必要条件,王莽与黄帝、虞帝攀上亲缘,变外戚为"正统",为登上君位准备了充分的条件。其二,利用古代圣王禅让故事,遮掩篡逆之嫌。王莽说:"刘氏,尧之后也,出自颛顼。"传说尧(唐帝)曾禅帝位于舜。于是王莽说:"予之皇始祖考虞帝受嬗(禅)于唐,汉氏初祖唐帝,世有传国之象,予复亲受金策于汉高皇帝之灵。"既然刘氏祖考唐尧,那么将君位让与虞舜之后,不是理所当然吗?王莽企图通过续祖考的方式,将其以外戚而擅权"篡逆"之实轻轻掩过。

王莽继承西汉以来的神秘主义思潮,利用符命、天命等大造政治迷信,作为夺取政权的手段,可谓不失精明之举。然而,王莽在观念上把政治迷信视为万能,将其贯穿到治国政策之中,例如,他依据"玄龙石文"建"洛阳之都",又大封符命臣(参见《汉书·王莽传中》),不免显露其思想的愚昧和政治上的无能。因此,当新朝末年天下大乱之际,王莽虽"自知败",但除了"率群臣至南郊,陈其符命本末"(《汉书·王莽传下》)而外,竟然别无良策。政治思想的荒谬是王莽在政治上失败的重要原因之一。

2. 复古改制思想

王莽夺得汉家天下后,为了消除西汉末年以来的种种积弊,巩固新朝,在政治和经济领域推行了一系列调整政策。由于他主要以周礼作为改制的蓝本,利用传统政治理论和模式解决现实问题,因而表现了强烈的复古倾向。王莽改制分为政治和经济两个方面。

在政治方面，王莽主张复周礼，实行分封制。他说："秦为亡道，残灭诸侯以为郡县，欲擅天下之利，故二世而亡"（《汉书·王莽传上》），实有违圣王之道。他引证孔子"吾从周"等语，认为分封制可以"广封功德以劝善，兴灭继绝以永世"，考之上古"明圣之世"，如唐尧、夏禹、武王、周公等都曾封建诸侯。王莽说："予以不德，袭于圣祖，为万国主。思安黎元，在于建侯，分州正域，以美风俗。"分封的模式则模仿周礼，"州从《禹贡》为九，爵从周氏有五"。王莽还就各级封爵的封地食邑作了详细规定：公"有众万户，土方百里"；侯、伯"众户五千，土方七十里"；子、男"众户二千有五百，土方五十里"（《汉书·王莽传中》）。王莽试想通过分封制重整政治秩序，为此他在理论上作了充分的准备，"考之经艺，合之传记，通于义理，论之思之，至于再三"（《汉书·王莽传下》）。可是在实践中却没能真正贯彻，"讬以地理未定，故且先赋茅土，用慰喜封者"，即流于"虚封"。

王莽又依据《周官》、《王制》屡次调整官制和郡县建制，频繁更改官名和郡县名。由于他是凭着"颛（专）权以得汉政"，当然深知加强集权的重要性，于是下令取消诸王称号，代之以公或侯。他说："天无二日，土无二王，百王不易之道也。汉氏诸侯或称王，至于四夷亦如之，违于古典，缪于一统。"（《汉书·王莽传下》）结果加剧了统治集团内部的矛盾。

王莽秉政之后，急于巩固权力，稳定秩序，于是从改革官爵建制入手，醉心于"制礼作乐"，"以为制定则天下自平"。然而，汉末以来政治与社会危机是君主政治自身痼疾的必然表现，诸如政事腐败，官吏贪残等皆为专制统治的本性使然，远非改换官爵建制或更换官名就可以救治的，王莽却信之不疑。这种思维方式注定了他的政治改革必然失败。推行分封和屡变官名不但无济于事，反而由于政令烦多，朝令夕改而使得政治混乱日益严重。

在经济方面，王莽推行王田制，五均六管，又禁止买卖奴婢，试图加强对经济生产和流通的直接控制，形成这一改革设想的认识前提是对秦汉经济政策的批判。王莽认为："秦为无道，厚赋税以自供奉，罢民力以极欲，坏圣制，废井田，是以兼并起，贪鄙生，强者规田以千数，弱者曾无立锥之居。又置奴婢之市，与牛马同栏，制于民臣，颛断其命。奸虐之人因缘为利，至略卖人妻子，逆天心，悖人伦，缪于'天地之性人为贵'之义。"（《汉书·王莽传中》）其后汉承秦制，虽有所更改，如"减轻田租，三十而税一"，但"豪民侵陵，分田劫假。厥名三十税一，实什税五也。父子夫妇终年耕芸，所得不足以自存"。针对这些情况，王莽认为土地私有和买卖奴婢是造成贫富分化和社会秩序混乱的重要根源,解决的方法是恢复上古三代的井田制和禁止买卖奴婢。他下令说:"今更名天下田曰'王田',奴婢曰'私属',皆不得卖买。其男口不盈八,而田过一井者,分余田予九族邻里乡党。故无田,今当受田者,如制度。"(《汉书·王莽传中》)

此外,王莽为加强对盐、铁、酒的专卖权,控制流通,又颁行五均六管之令。"命县官酤酒,卖盐、铁器,铸钱,诸采取名山大泽众物者税之。又令市官收贱卖贵,赊贷予民,收息百月三。"

王莽作为封建帝王,对于秦汉以来社会贫富冲突的认识可谓深刻,颇为难得。他力求有所调节缓和,本无可厚非。然而,他一心要从三代之法中抄写药方,显然难以对症。正如中郎区博所说:"井田虽圣王法,其废久矣。周道既衰,而民不从。……今欲违民心,追复千载绝迹,虽尧舜复起,而无百年之渐,弗能行也。"王莽的经济改制思想的实质是以政治权力干预经济,不论其动机如何,这种认识本身已经违背了经济的运行规律,其失败只是时间问题。再者,王莽代表的是专制王权,依赖的是封建官僚,在这样的条件下,土地国有政策或五均六管只会给最大的私有者——君臣当政集团谋取更大的私利提供方便。

王莽作为君主政治时代的政治家,是擅长倾轧争权的官场老手,他顺应时代的呼唤进行改制,在他身上凝聚着统治阶级进行自我政治调节的殷切期盼。然而,王莽在政治思想上受到多方面的束缚。其一,王莽"好空言,慕古法",总是要难免不合时宜;第二,王莽以外戚秉权而开启一代王朝,深知权力重要,因而迷信权力万能。他以权力作为经济改革的第一推动力,结果处处碰壁;其三,王莽深受汉中期以来神秘主义思潮影响,堕入政治迷信的思维陷阱中而难以自拔。以上种种原因使王莽的政治思想显得十分凌乱,不成体系。王莽以这样的认识指导政治实践,在古代中国的政治舞台上演出了一场复古改制的闹剧。

第十二章 东汉谶纬化的经学政治观与名教思潮

经学的谶纬化是东汉时期政治思想的主流。自光武帝刘秀"宣布图谶于天下",神秘主义的谶纬经说正式获得了官方身份,流传愈发广泛。谶纬之学是西汉以来阴阳五行、天人感应、天人合一思维方法的极端表现形式,它的核心是神化王权,通过将神、自然和人糅为一体,造出了逻辑荒谬却言之凿凿的政治神话。在这种情况下,谶纬之学与今、古文经学的冲突不可避免,经由皇帝御前裁定,谶纬后来居上,几居经学正统之位。臆造的政治神话经过政治权力的认可,荒谬变成了真理。正当人们对天神地祇、圣人鬼怪的崇拜和迷信铺天盖地,弥漫了整个东汉社会之际,王充走出来作当头棒喝,为东汉末期的政治反思及魏晋玄学的兴起开启了怀疑与批判之先河。

第一节 东汉初期统治集团的崇儒与集权思想

刘秀(公元前6~公元57年),字文叔,南阳蔡阳(今湖北枣阳西南)人,为汉高祖刘邦九世孙。九岁而孤,由叔父刘良抚养成人。新莽末年,"天下连岁灾蝗,寇盗锋(一作蜂)起",刘秀与长兄刘縯分别起兵,加入绿林起义军,依附于更始帝刘玄。更始三年(25年)六月,刘秀在鄗(今河北高邑)即帝位,年号建武。刘秀在位三十余年,庙号世祖,谥光武。作为东汉王朝的开国之君,刘秀成功地运用"柔道"治平天下,创出了载誉于史的"中兴盛世"。南宋陈亮曰:"自古中兴之盛,无出于光武矣。"(《龙川文集·酌古论一》)

一、刘秀君臣的崇儒思想

清人赵翼《廿二史札记》卷四《东汉功臣多近儒》条云:"西汉开国,功臣多出于亡命无赖,至东汉中兴,则诸将帅皆有儒者气象,亦一时风会不同也。"这段话确是说出了刘秀君臣的一大特色。自西汉中期,儒学尊为一统,研习儒学成为谋求官禄的敲门砖,习儒亦成为时代的风尚。王莽和平代汉,雅用儒经,以《周礼》作为改制的范本。因此自汉武帝到王莽,儒学非但不衰,反而流传愈广,习者愈盛。在这样的文化背景和时代风尚的熏陶下,刘秀君臣有"儒者气象"亦是情理之中的事。

刘秀本人研习过儒学,早年曾到长安,"受《尚书》,略通大义"(《后汉书·光武帝纪》)。他手下的重要将领也大多在青少年时学习过儒家经典。如邓禹"年十三,能诵《诗》,受业长安"(《后汉书·邓禹传》)。贾复"少好学,习《尚书》"(《后汉书·贾复传》)。冯异"好读书,通《左氏春秋》、《孙子兵法》"(《后汉书·冯异传》)。朱祐"为人质直,尚儒学"(《后汉书·朱祐传》)。此外如寇恂、祭遵、李忠、景丹、耿纯、王霸等人均好儒学。这些人作为东汉王朝的开国功臣,毕生驰骋疆场,虽戎马倥偬,但儒学的根基使他们有别于纯粹武人。他们与刘秀在礼敬士人,推行"柔道"方面形成共识,为刘秀集团形成富于特色的治国思想提供了条件。

刘秀集团之崇儒,主要表现在奖用儒士和兴学教化两个方面。据《后汉书·儒林列传》载:王莽之世,天下散乱,礼乐分崩,典文残落。"及光武中兴,爱好经术,未及下车,而先访儒雅,采求阙文。补缀漏逸。先是四方学士多怀协图书,遁逃林薮。自是莫不抱负坟策,云会京师。"在争夺政权的战争中,刘秀奖用儒生带有鲜明的功利性,在他看来,选用儒生和褒奖有德之士除了表明对汉以来统治思想独尊地位的认同,以及对西汉察举故事的延续而外,还具有为东汉政权取代新莽制造舆论的功效。卓茂是西汉末年著名的儒士。他早年就学长安,"习《诗》、《礼》及历算,究极师法,称为通儒"(《后汉书·卓茂传》),成、哀之时"以儒术举为侍郎,给事黄门",后"迁密(县)令"。王莽秉政时,卓茂调任京部丞,等到王莽居摄,向着最高权力步步紧逼之时,卓茂便称病还乡,不肯为吏。对于这样一位对新莽政权采取不合作态度的当世通儒,刘秀自然特别垂青,他刚一即位,天下草创未就,便访求卓茂,拜为太傅,封褒德侯,食邑二千户,赐几伏车马,衣一袭,絮五百斤。刘秀在诏令中说:"前密令卓茂,束身自修,执节淳固,诚能为人所不能为。夫名冠天下,当受天下重赏,故武王诛纣,封比干之墓,表商容之闾。"(《后汉书·卓茂传》)显而易见,刘秀把卓茂比作反对暴君的贤臣,自比圣王,王莽则沦为桀纣,天下可共诛之。这样一则在舆论上表明了东汉政权取代新莽的合理性,合乎"圣王革命"的古训。二则以实际行动争得天下儒士归心于汉,使大批儒士归顺到自己麾下,为重建官僚队伍创造了条件。在刘秀的带动下,手下将帅也纷纷招纳儒士。如祭遵"少好经书",投笔从戎之后,"取士皆用儒术"(《后汉书·祭遵传》)。

刘秀像前朝历代帝王一样,礼敬孔子,兴学教化。建武五年(29年)十月,"使大司空祠孔子"。建武十四年(38年)四月,诏封孔子之后孔志为褒成侯(《后汉书·光武帝纪》)。又兴建太学,立五经博士凡十四家,使其"各以家法教授"(《后汉书·儒林列传》)。刘秀还亲往太学,"会诸博士论难于前","又诏诸生雅吹击磬,尽日乃罢"(《后汉书·桓荣传》)。

刘秀还常常对群臣讲论经书,以儒道教化部下。在战争期间,"东西诛战,不遑启处,然犹投戈讲艺,息马论道"(《后汉书·樊宏传附樊准传》)。即帝位之后,天下少安,又曾"数引公卿、郎、将讲论经理,夜分乃寐"(《后汉书·光武帝纪》)。刘秀以兴学教化作为重整统治秩序的重要手段,将帅们亦心领神会,纷纷效法。寇恂任颍川太守时,"乃修乡校,教生徒,聘能为《左氏春秋》者,亲受学焉"(《后汉书·寇恂传》)。李忠任丹阳太守时,"以丹阳越俗不好学,嫁娶礼仪,衰于中国,乃为起学校,习礼容,春秋乡饮,选用明经,郡中向慕之"(《后汉书·李忠传》)。

教化是儒家传统的治民之方,东汉初的统治集团则倚之为立国之本。如果说社会伦理道德的普遍沦丧会直接影响到政治秩序的稳定,那么,通过奖用儒士和兴学教化以重建伦理秩序则是稳定统治秩序的基本保障。刘秀君臣对于这一点有着充分的认识,实施的结果也颇近初衷。据《后汉书·儒林列传》载,"自光武中年以后,干戈稍戢,专事经学,自是其风世笃焉。其服儒衣,称先王,游庠序,聚横塾者,盖布之于邦域矣"。在东汉统治者政策导向的作用下,西汉以来的儒家孝治之风愈益浓郁,推动了东汉中期以后名教思潮的兴起。

二、以"柔道"治国

刘秀将他以儒为主的治国思想概括为"柔道",曾自言"吾理天下,亦欲以柔道行之"(《后汉书·光武帝纪》)。然而,刘秀标榜的"柔道"并非纯儒,而是以儒家德治仁政为主,杂以道家。他曾经对此作过比较详细的说明:"《黄石公记》曰:'柔能制刚,弱能制强'。柔者德也,刚者贼也,弱者仁之助也,强者怨之归也。故曰有德之君,以所乐乐人;无德之君,以所乐乐身。乐人者其乐长,乐身者不久而亡。……逸政多忠臣,劳政多乱人。故曰务广地者荒,务广德者强。有其有者安,贪人有者残。残灭之政,虽成必败。"(《后汉书·臧宫传》)据《后汉书》注解,《黄石公记》"即张良于下邳圯所见老父出一编书者"(《后汉书·臧宫传》)。而"柔弱胜刚强"则是《老子》道家之论。因之,所谓"柔道"包含两个层次:一是用柔,二是行德政。

刘秀"用柔"主要表现在两个方面。

其一,以柔保身。刘秀早年起兵,力孤势弱,最初与王凤、陈牧的新市、平林军联合。由于"军中分财物不均,众恚恨,欲反攻诸刘"。刘秀急忙"敛宗人所得物,悉以与之,众乃悦"(《后汉书·光武帝纪》)。避免了一场血光之灾。后依附于更始政权。昆阳一战,以寡克众,威名大振,刘玄却忌恨刘氏兄弟,借故杀死刘縯。刘秀闻讯"驰诣宛谢","深引过而已。未尝自伐昆阳之功,又不敢为伯升(刘縯)服丧,饮食言笑如平常"(《后汉书·光武帝纪》)。终于逃过了杀身之祸。这种做法与其说是涵养、肚量,不如说是外示柔弱,内以自保的韬晦之术。

其二,以柔驭臣。刘秀赴河北"镇慰州郡"时并无军事实力,但他运用"柔道",体恤将士,以德化众,终能从弱变强,统一天下。王郎是河北的强大割据势力,刘秀浴血奋战,终于攻破邯郸,诛杀王郎,在收缴的文件中,发现自己部下与王郎"交关谤毁"的书信"数千章"。刘秀将这些书信查封"不省,会诸将军烧之,曰:'令反侧子自安'"。此举深为明智,赢得了众将士的敬佩和忠心。在战争期间,刘秀用人不疑,对手下将帅"开心见诚,无所隐伏,阔达多大节"(《后汉书·马援传》)。统一天下之后,刘秀"虽制御功臣,而每能回容,宥其小失"(《后汉书·马武传》)。在古代中国,专制帝王无不视天下为己有,功臣权高震主或武将拥兵自重均乃帝王之大忌。杀戮功臣成为开国之君巩固"家天下"的惯用手段。所谓"飞鸟尽,良弓藏,狡兔死,走狗烹"便是针对这种专制时代所特有的政治悲剧的哀叹。然而,刘秀是一个例外。作为专制帝王,刘秀对于开国将帅并非没有防范之心,但是他的做法与众不同。他没有因猜忌而杀戮,而是以柔术"制御",防患于未然。具体做法有二:一是限制功臣的封地规模,如寇恂、邓禹、贾复等开国元勋,"分土不过大县数四"(《后汉书·马武传》)。一般功臣或仅一县,使他们的经济和政治实力受封地规模的限制而难以扩张。二是对立功之臣,除个别例外,均不委以实权,只封赏一些虚职,"所加特进、朝请而已"(《后汉书·马武传》)。刘秀通过这种方式"退功臣而进文吏",使开国将帅实际脱离了王朝的政治中心,再也不能对君权构成威胁,故而东汉的开国功臣皆能"保其福禄,终无诛谴者"(《后汉书·马武传》)。

新莽末世,天下散乱,人心向背是决定势力消长和决定胜负的重要条件。刘秀深谙此道,他以柔驭臣,常常示臣以宽宏和容让,不仅能招纳四方豪杰,壮大了军事实力,而且能有效地化解可能发生的内部冲突。使得君臣一心,共谋大业。统一天下之后,刘秀继续采用柔术驭臣,成功地实现了"退功臣而进文吏"的人事调整,有效地防范了因忌杀功臣而可能引发的内部分裂与人心涣散,为东汉二百年的天下建立了良好开端。因之,用柔的背后是更高层次的刚强和深谋远虑。

德政是儒家传统的治道之一,刘秀对此有着深刻的认识,"有德之君,以所乐乐人"即是对这一政策原则的概括。刘秀以行德政作为治平天下的主要政策,包括以下两项内容:

其一,在战争期间体恤百姓,不滥杀无辜。刘秀初至河北,邓禹就向他建议:"方今海内殽乱,人思明君,犹赤子之慕慈母。古之兴者,在德薄厚,不以大小。"(《后汉书·邓禹传》)刘秀闻言大悦,遂以体恤百姓约束部下。他们"师行有纪","持军整齐,秋毫无犯"(《后汉书·邓禹传》),故而深得民心。王常说:"夫民所怨者,天所去也;民所思者,天所兴也。举大事必当下顺民心,上合天意,功乃可成。"(《后汉书·王常传》)从某种意义而言,这一认识实为刘秀君臣的共识。邓禹曾自言:"吾将百万之众,未尝妄杀一人。"(《后汉书·和熹邓后传》)。能"吊死问疾",不滥杀百姓是刘秀集团挫败群雄,成就帝业的主要原因之一。

其二,建立政权之后,能推行轻徭薄赋、释奴婢、轻刑罚等恤民政策。刘秀"长于民间,颇达情伪,见稼穑艰难,百姓病害,至天下已定,务用安静,解王莽之繁密,还汉世之轻法"(《后汉书·循吏传》)。他在建国之初,因"师旅未解,用度不足",实行什一之税,于建武六年(30年)下诏"其令郡国收见田租三十税一"(《后汉书·光武帝纪》),恢复景帝旧制。他曾先后七次颁行轻刑和赦罪诏令,对于革除前朝苛法,缓和社会冲突具有一定的积极意义。在新朝末年的战乱中,有许多良民百姓被掠卖为奴,成为一大社会问题,刘秀多次诏令释免。他说,"天地之性人为贵",对于违抗诏令"敢拘执"者,要受到刑律惩治。如建武七年(31年)五月诏令释奴,"敢拘制不还,以卖人法从事"(《后汉书·武帝纪》)。刘秀还颁布了一些提高奴婢地位的诏令。如建武十一年(35年)二月诏:"其杀奴婢,不得减罪。"六月诏:"敢炙灼奴婢,论如律,免所炙灼者为庶人。"十月,"诏除奴婢射伤人弃市律"(《后汉书·武帝纪》)。这些恤民政策有利于恢复生产和减缓社会对立,对于稳定局面和巩固政权有一定的促进作用。关于这一点,刘秀说得很清楚:"乐人者其乐长,乐身者不久而亡。"这也正是刘秀推行德政的根本目的。

三、并官政策与集权思想

  封建官僚是君主政治的权力基础和统治工具,然而新莽时期拟古改制,造成官爵冗滥,品秩混乱,权力分散。刘秀建立政权之后,一方面进用文官以防范武臣拥兵自重,另一方面又采取一系列措施,整顿官僚队伍。建武六年(30年)六月,刘秀下诏并县,其文曰:"夫张官置吏,所以为人也。今百姓遭难,户口耗少,而县官吏职所置尚繁,其令司隶、州牧各实所部,省减吏员。县国不足置长吏可并合者,上大司徒、大司空二府。"(《后汉书·光武帝纪》)据《后汉书·郡国志》注引《帝王世纪》:"及王莽篡位,续以更始、赤眉之乱,至光武中兴,百姓虚耗,十有二存。"在这种情势下,冗县冗员不仅造成行政效率低下,而且庞大的官俸开支也成为百姓的沉重负担。刘秀断然诏令并省,结果是全国"并省四百余县,吏职减损,十置其一"。刘秀还陆续裁撤了一些官职。这些措施既提高了行政效率,便于中央统辖地方,又节省了大量财政支出,在一定程度上减轻了社会的负担。如范晔所言,"世祖中兴,务从节约,并官省职,费减亿计"(《后汉书·百官志》)。

  汉末仲长统说:"光武皇帝愠数世之失权,忿强臣之窃命,矫枉过直,政不任下,虽置三公,事归台阁。"(《后汉书·仲长统传》)刘秀像所有专制帝王一样,把权力视为囊中之私物,为了加强集权,他逐步削减了丞相的权力。东汉初,承续新莽旧制,丞相称大司徒。建武二十七年(51年),五月诏:"昔契作司徒,禹作司空,皆无'大'名,其令二府去'大'。"(《后汉书·光武帝纪》)丞相本为百官之长,"掌丞天子助理万机"(《汉书·百官公卿表》),改作司徒则实已降为"掌人民事",行教化和助祭的官员。刘秀将尚书台列为行政机要部门。尚书台隶属少府,吏员品秩在千石以下,与三公重臣相较,更便于君主指挥。刘秀通过降三公,升尚书台,将行政大权集中在自己手上。

  刘秀还加强了对官吏的选用和考课。在任官标准上提出了"四科取士",即:"一曰德行高妙,志节清白;二曰学通行修,经中博士;三曰明达法令,足以决疑,能案章复问,文中御史;四曰刚毅多略,遭事不惑,明足以决,才任三辅令,皆有孝悌廉公之行。"(《后汉书·百官志》注引应劭《汉官仪》世祖诏)。在考课制度上,刘秀采用中央和地方双重考绩方法。尚书台属下三公曹专司"天下岁尽集课事",即"主岁尽考课诸州郡事"(《晋书·职官志》)。又改州牧为刺史,"常以八月巡行所部郡国,录囚徒,考殿最。初岁尽诣京都奏事"(《后汉书·百官志》)。总之,刘秀通过加强官吏的选任与考课,将战乱以来陷于散乱的官吏系统整顿成为一架统治机器,为君权的有效行使提供了保障。

刘秀的治国思想重在调整,他的思路大体上可分为两部分,除了以"柔道"治民和调处君臣关系而外,还注重以法制刑名治驭臣僚百官。例如建武十五年(39年)诏令度田,命各州郡"检核垦田顷亩及户口年纪",同时又诏令"考实二千石长吏阿枉不平者"(《后汉书·光武帝纪》)。翌年以"度田不实"逮捕"河南尹张伋及诸郡守十余人……皆下狱死"(《后汉书·光武帝纪》)。范晔说,刘秀"峻文深宪,责成吏职","观其治平临政,课职责咎,将所谓'导之以政,齐之以刑'者乎!"(《后汉书·马武传》)可以看出,这种集"柔道"、集权和法治刑名于一体的"刚柔相济"治国思路与武帝以来杂用王霸的汉家制度一脉相承。

此外,在西汉后期以来谶纬思想广泛流行的文化背景下,刘秀有如王莽,也利用谶纬为夺取政权大造舆论。建武元年(25年)的即位祝文中就引"谶记曰:'刘秀发兵捕不道,卯金修德为天子'"(《后汉书·光武帝纪》)。又于中元元年(56年)"宣布图谶于天下"。刘秀的这种认识导向形成强有力的政治推力,为东汉时代谶纬思想进一步泛滥和走向"国宪化"起到了推波助澜的作用。

第二节 《白虎通义》名教与神学相结合的政治思想

儒术被尊为政治指导思想,作为君主政治的政治意识形态,要求定于一,在思想文化领域具有绝对的权威性。然而,儒术又是一种知识体系,它不可避免地会发生分化和要求发展。东汉前期,儒术内部分化形成三种既有交叉又有区别的思潮,即经今文学、古文学与谶纬之学,三派都极力乞求王权的支持。他们之间互相争论,对王权又形成众星拱月之势。儒术内部的不断分化与政治上要求统一之间的矛盾运动,使之更富有理论色彩和容量,在一定程度上为知识分子提供了再认识的空隙。东汉章帝建初四年(79年)白虎观会议,以及会议的成果《白虎通义》就是这种矛盾运动的产物。

出席会议的名儒如李育、魏应、杨终、丁鸿、贾逵、班固等,既有今文学家,又有古文学家,也有兼通者。可是会议的目的又是求统一。所以《白虎通义》便有非常明显的折中性和综述性。从某种意义上说,它基本上仍是一个政治文献,经师们"讲议《五经》同异",最后由"帝亲称制临决",以行政裁决的方式"共正经义"(《后汉书·章帝纪》)。在实际政治中,《白虎通义》虽说不上是必须遵守的"国宪",不过在思想观念上确实具有相当的权威性。《白虎通义》的中心思想,是神化帝王为中轴的社会等级体系以及维护这种体制的三纲五常观念。

一、帝王的神圣性与至上性

关于帝王的神圣性与至上性问题,应该说在此次会议之前早已有详尽的论述。当时在经学中存在的问题是,由于章句之学走向繁琐,冲淡了经学的"大体"。这就是杨终在《上章帝疏》中所说的"章句之徒,破坏大体"(《后汉书·杨终传》)。所谓的"大体"、"大义",也就是《五经》的精神实质,其主旨是君臣纲常之道,其核心是尊王。白虎观会议欲伸大义,自然首先是论尊王之道。

西汉以来,结合为一体的天地、阴阳、五行,既是万物的本原,又是万物的支配力量和运动法则。儒生们为了神化帝王,或把帝王与天地、阴阳、五行一体化,或把帝王说成是其职能的实现者,《白虎通义》则相兼相通。

> 爵所以称天子何?王者父天母地,为天之子也。
>
> 帝王之德有优劣,所以俱称天子者何?以其俱命于天。……何以皇亦称天子也?以言其天覆地载俱王天下也。(《白虎通义·爵》,以下所引《白虎通义》仅注篇名。)
>
> 日为君,月为臣也。(《日月》)
>
> 天子立明堂者,所以通神灵,感天地,正四时,出教化,宗有德,重有道,显有能,褒有行者也。(《辟雍》)
>
> 帝王始起,先质后文者,顺天地之道,本末之义,先后之序也。(《三正》)

类似的论述还有许多,要之,帝王是天的代理人和天德的实现者,是天地功能实现的中介,又是惟一的通天者,同时又是一系列关系链中的主环,如居日月星辰中的"日"位,金、木、水、火、土中的"土"位,阴阳中的"阳"。因此天子是天下的大"一",或独一无二的"一"。天子自称"一人"。"臣下谓之一人何?亦所以尊王者也。以天下之大,四海之内,所共尊者一人耳。"(《号》)这个"一",是绝对的、至上的,他拥有对天下的最高的占有权与最后的支配权,一切最高权力都归于他一人。"普天之下,莫非王土。率土之滨,莫非王臣。海内之众,已尽得使之。"(《封公侯》)这虽是老调,然必须重申,目的在于强化。东汉仍实行分封,但"有分土,无分民"。其实分

第十二章 东汉谶纬化的经学政治观与名教思潮

土,仅仅是以土代禄,最后的所有权仍属独一的皇帝。对"土"与"民",《白虎通义》更强调君主对民的占有,"君有众民,何法?法天有众星也"(《五行》)。所有的人都是皇帝的奴仆。

在汉代,乃至整个古代,国家主权与所有权、行政权在一定条件下虽不无区分,然而一旦发生矛盾或君主需要,那么,国家主权和最高行政权就可以把所有权、支配权、使用权等一口吞掉。在这一过程中,是不讲任何价值法则的。权高于一切,可以占有一切!

至于军、政、刑、赏、礼、乐等最高权力,自然也全归皇帝一人。

《白虎通义》从天地、阴阳、五行与帝王一体化论证了帝王的绝对性与至上性。同时,又以民之代表的名义论证了君主的合理性。"王者往也,天下所归往。"(《号》)"君,群也,群下之所归心也。"(《三纲六纪》)在许多地方还论述了帝王要为民谋利,恩惠无私,"烦一夫,扰一士,以劳天下,不为皇也"(《号》)。甚至"张官设府,非为卿大夫,皆为民也"(《封公侯》)。"归往"、"归心"无疑是政治中一个非常重要的问题,也是帝王合理与否的重要标准。但是在那个时代,这些认识的真实含义是:王,天下即"归往";君,天下即"归心"。君王本身就是天下的代表,反对君王便是大逆不道。

在先秦诸子与汉儒中,有许多人虽主张君主专制,但同时又把君主与社稷、国家分开,强调社稷之利高于君主。《白虎通义》把《公羊传》中提出的"国、君一体"论(《公羊传》庄公四年)作了进一步的发挥,强调"君统"不可须臾有缺。先王去世,新君即位,叫做"继体","王者既殡而即继体之位何?缘臣民之心,不可一日无君也,故先君不可得见,则后君继体矣"(《论天子即位改元》)。朕即国家,国家即朕,国家是君主的私产和囊中物!

二、三纲五常的绝对化思想

三纲早在《韩非子·忠孝》中已提出,至汉代董仲舒进一步论证之后,遂成为一种普遍的政治意识。

封建时代的社会关系网千头万绪,但最根本的是君臣、父子、夫妇。君臣关系是政治关系的核心,父子关系是血缘关系的核心,夫妇关系是男女关系的核心。在这三类关系中,君为臣纲,父为子纲,夫为妻纲。三纲不是并列关系,其中君这一纲最高贵,最为重要。社会关系犹如一个大网,纲举而目张。《白虎通义》对三纲的论述可谓集汉儒之大成。它的论述特点是把三纲进一步与天人合一连为一体,使三纲更加神圣化与绝对化。

"子顺父,妻顺夫,臣顺君,何法?法地顺天也。"(《五行》)

在《白虎通义》中,天、地、日、月的关系被君臣化,反过来又成为现实君臣关系的依据。"天道所以左旋,地道右周何?以为天地动而不别,行而不离,所以左旋右周者,犹君臣阴阳相对之义也。"(《天地》)

阴阳五行也同样成为三纲的证明与依据。"五行者何谓也?谓金、木、水、火、土也。言行者,欲言为天行气之义也。地之承天,犹妻之事夫,臣之事君也。其位卑,卑者亲视事,故自同于一,行尊于天也。"(《五行》)

三纲的延伸和扩大是六纪。"六纪者,谓诸父、兄弟、族人、诸舅、师长、朋友也。"(《总论纲纪》)。三纲、六纪既是天地的内在结构,又是它们的派生物。《纲纪之所法》云:"三纲法天、地、人。六纪法六合。君臣法天,取象日月屈信,归功天也。父子法地,取象五行转相生也。夫妇法人,取象人合阴阳,有施化端也。"

仁、义、礼、智、信这五常,源于天地自然之伦,早在先秦诸子中已多有论述,董仲舒以及纬书作了更系统的论述,《白虎通义》则进一步把五常与《五经》、人情组成对应关系,用理性与人的本性证明五常之神圣。《五经》中说:"经所以有五何?经,常也。有五常之道,故曰《五经》。《乐》仁,《书》义,《礼》礼,《易》智,《诗》信也。"把《五经》与五常相应,每一经体现一常,不免有使《五经》狭隘化之嫌。但另一方面,这样确实抬高了五常的地位。

五常是三纲得以实现的道德保证和外在规定。仁、义、智、信,主要是讲精神信仰;礼,除精神外更多的是外在的规定。礼是必须执行的,所以又说"礼之为言履也"(《礼乐》)。《白虎通义》对爵禄、朝聘、宗庙、祭礼、婚丧嫁娶、服饰等等,从朝堂、庙堂到日常行为与意义都进行了讨论和规定。从这个意义上说,三纲与五常是统一的。

五常不仅本于《五经》之理,而且源于人之本性。"人含五常而生。"(《姓名》)人之所以为人,就在于人性有五常。这样,便把纲常视为人的本质。人的本性属仁,"怀五常"。这五常,又是"五性"。但五常并不能自成,还需要经过圣人的教化,才能发扬出来(《五经》),为了使人具五常,其正面是行教化,其反面是施刑罚。"圣人治天下必有刑罚何?所以佐德助治,顺天之度也。……五刑者,五常之鞭策也。"(《五刑》)教化与刑罚都是为保证五常的实现。

三纲、五常相为表里,三纲又属骨架。君为臣纲,是为了"尊君卑臣,强干弱枝",臣要尽心尽力,为君扬善隐恶,有功归于君,有过归于己。当然,《白虎通义》也提倡进谏,并专列《谏诤》、《五谏》两节,以论述进谏的态度与方式等。

父为子纲,实际上把父权、族权置于国家法律地位。家庭、宗族,既是血缘共同体,又是社会经济细胞。突出父权、族权,也就是把血缘共同体转化为政治组织,成为君主专制控制社会的一种重要组织形式。

君权与父权的基点不尽相同,君权依靠天命和权势等,父权主要依据血亲恩养。臣对君尽忠,子对父尽孝,忠、孝有时难两全,故君权、父权之间存在一定矛盾。不过从根本上看,两者是一致的。其一,无论忠与孝,都强调一个"顺"字。"顺"是君权、父权、夫权的基础,在"顺"上,三权有统一性;其二,把君主父亲化,君主就是天下之父母,因此,"臣子之于君父,其义一也"(《诛伐》)。"夫臣之事君,犹子之事父。"(《朝聘》)其三,如果两者发生矛盾,君权高于父权,"不以父命废王父命"(《五行》),子女固然是父母所生,但社会性的教化、养育则属于王,"故父不得专也"(《诛伐》)。

夫为妻纲,不仅仅讲夫妻关系,而是把男人置于女人的头上,女人的地位是"未嫁从父,既嫁从夫,夫死从子"(《爵》)。妇女"三从"不仅是为了维护父家长制,同时也是社会普遍等级化所不可缺少的,等级制则是君主专制赖以存在的社会支柱之一。

三纲是封建时代社会控制系统的核心和枢纽,三纲举而万目张。三纲的神圣化与绝对化,正是君主专制制度的保证。

第三节　王充的经学批判思想

王充(27～?),字仲任,会稽上虞(今浙江上虞)人,享年七十余岁。他早年游学洛阳,师事班彪,又做过县、郡功曹和州从事,后辞官,乡居,以教书为业。著有《讥俗节义》、《政务》、《养性》、《论衡》。除《论衡》外,皆亡佚。

《论衡》八十五篇,实存八十四篇。东汉是一个各种迷信大肆泛滥的时代,对天神、地祇、圣人、经书、鬼怪、谶纬的崇拜迷漫整个社会。《论衡》对此进行了全面、深刻的批判。这种批判必然触及汉代统治思想的理论形态及各种社会弊端。王充破中立论,形成独树一帜的思想体系。这使他成为一代思想伟人。

一、对谶纬神学的批判

天人感应论是汉代统治思想的理论基础。董仲舒以神化的"天"为最高范畴,以天人感应、天谴论为基本逻辑结构,以儒家思想为内核,构筑起驳杂庞大的思想体系。谶纬之学则把这种政治哲学的神秘因素发挥到极致。天谴论和谶纬之说又是泛滥有汉一代的社会思潮。而这套谬论正是

《论衡》摧陷廓清的主要目标。

王充认为天不是神。首先,天是物质实体,是自然物。"天地,含气之自然也。"(《论衡·谈天》)它和人不一样,因此无意识、无欲望,更谈不上制作、喜怒、赏罚。其次,天地化生万物是自然过程。"天地合气,万物自生。"(《论衡·自然》)万物并非天有意安排。再次,天道自然无为。"夫天地,自然也,无为。"(《论衡·谴告》)自然无为的天不会干扰万物和人类的活动。最后,人不能干预天道。"天道当然,人事不能却也"(《论衡·变虚》),凡是天道必然的现象,人是不能阻止的,有时人事和天象会有巧合,这纯属"天道偶会"。这就从根本上否定了天神的存在,使天人感应成为无稽之谈。

王充一针见血指出:"谴告之言,衰乱之语也。"(《论衡·自然》)政治败坏、社会动乱是天谴论产生的社会原因。天谴论又是统治者"神道设教",愚弄民众的工具。"六经之文,圣人之语,动言天者,欲化无道,惧愚者,之言非独吾心",天神是圣人手中的的招牌,"上天之心,在圣人之胸;及其谴告,在圣人之口"(《论衡·谴告》)。天谴论自欺欺人,乱世悖理。这就在一定程度上揭示了天人感应的认识论根源和社会根源。

王充公开批判君权神授说,将矛头指向有关汉家皇帝及许多政治程式的神话。据说符瑞是天神授命帝王的征兆,帝王皆是"奇吉之物"授精的产儿,是神物的体胤。对此,王充指出:"人,物也。虽贵为王侯,性不异于物。"(《论衡·道虚》)他根据"物生自类本种"的自然常识,指出帝王也是人生的,并对尧母感赤龙、禹母吞薏苡、契母食燕卵、后稷母履大人迹、高祖母与神龙遇等神话,一一加以批驳。王充认为麒麟、凤凰之类祥瑞之物,都是愚不及人的动物,不可能自觉执行天授符命的任务。他还对各种鬼怪神仙迷信进行了揭露。

在王充的思想体系中,天道自然无为论并没有流为自然主义的社会观。王充认为"有为"是人道的基本特征,"人之行,求有为也。人道有为,故行求"(《论衡·说日》)。人有自然欲求和社会需要,必然有意识有目的地有所作为。"人道所重,莫如食急,故八政一曰食、二曰货。"(《论衡·讥日》)求食是人生头等大事,仅仅为了生存,人类就必然有经济行为和政治行为。如果说衣食住行是人的自然欲求,那么礼义赏罚则是组成社会所必须的人事原则。"人道善善恶恶,施善以赏,加恶以罪。"(《论衡·谴告》)在这里,所谓人道就是人类的社会规范和政治原则。

天道自然、人道有为体现在政治原则上就是以德治国。王充认为,"道德仁义,天之道也"((《论衡·辨祟》),"治国不能废德,治物不能去春",故

"治国之道当任德"(《论衡·非韩》)。德治既是对天道自然的顺应和效法，又是人道有为的必然结果。德治的具体方略有三：其一，与民休息，无为而治。王充主张"不治之治"(《论衡·自然》)，先富后教。他认为，"仓廪实，知礼节；衣食足，知荣辱。让生于有余，争生于不足"(《论衡·问孔》)。治国之要首先是解决民生问题。其二，推行礼乐教化。王充认为礼义属于德治范围，"国之所以存者，礼义也。民无礼义，倾国危主"(《论衡·非韩》)。其三，养德任贤。王充说："治国之道，所养有二：一曰养德，二曰养力。养德者，养名高之人，以示能敬贤；养力者，养气力之士，以明能用兵。此所谓文武张设，德力具足者也。"(《论衡·非韩》)王充的德治论，兼顾礼义、衣食、文武，主张贤人政治，比较切合当时的政治实际。

二、对神化圣人和经学崇拜的批判

神化圣人以神化官方学说，是汉代统治思想的一个显著特征。王充推崇孔子，他称颂孔子作《春秋》是"素王之业"(《论衡·超奇》)，称其为"百世之圣"(《论衡·别通》)，认为"可效放者，莫过孔子"(《论衡·自纪》)。但他反对神化和盲目崇拜圣人，不仅对孔子多有批评，而且针对神化圣人的的论据逐条批驳，把被神化的圣人还原为人。

论据之一："圣人之生，不因人气，更禀精于天"(《论衡·奇怪》)。对此，王充结合各种实例，一一予以批驳。在《刺孟》中，他对孟子所谓"天故生圣人"，"五百年必有王者兴"的观点提出了质问。在王充看来，圣人也是人，是天地、父母合气而自生的人，且耳听目视与常人无异。

论据之二：圣人"前知千岁，后知万世……不学自知，不问自晓，故称圣则神矣"。王充的基本观点是："所谓圣者，须学以圣。以圣人学，知其非神。天地之间，含血之类，无性知者。"(《论衡·实知》)这就从认识论的角度否定了神化圣人的谬论。在《实知》中，王充指出：无论凡圣，认识事物必须借助感官，圣人是学而知之。他说："圣贤不能知性，须耳目以定情实"。"可知之事者，思虑所能见也；不可知之事，不学不问不能知也。不学自知，不问自晓，古今行事，未之有也"。人皆有先见之明，这并不神秘。圣人只是比常人知识更渊博，思想更敏锐。在《知实》篇中，王充一连列举了十六个"圣人不能先知"的论据，其中大都涉及孔子。他以大量事实证明，先圣们多有荒谬之论、不实之词，他们"耳目闻见与人无别，遭事睹物与人无异"。因此，"圣者不神，神者不圣"，"贤圣者，道德智能之号"，把圣人描绘成"与妖同气"的巫师，反而是对圣的厚诬。

论据之三：圣人之道尽善尽美，孔子之言是最高权威和终极真理。王充对此不以为然。他以《论语》为靶子,以无可辩驳的事实证明:"贤圣之言,上下多相违,其文,前后多相伐。"孔子的人格并不高尚,是一个"贪官好仕"、"言无定趋"之人。他大胆地提出:"苟有不晓解之问,追难孔子,何伤于义?诚有传圣业之知,伐孔子之说,何逆于理?"(《论衡·问孔》)

孔子是经学的最高权威,非议孔子有离经叛道、"非圣无法"之嫌。在当时的历史条件下,王充否定神化圣人的学说,破除对孔子的迷信,将被神化的孔子还原为历史人物,具有重大的现实意义。

经传崇拜是汉代又一种泛滥一时的迷信。经学与王权的结合,使儒家经传神秘化、法典化,成为不得触犯的神圣教条和国家大法,桎梏着人们的精神世界。而王充却对当时的经传文学提出了质疑。

王充认为,首先,《五经》多夸张不实之词。王充一一列举了《尚书》、《诗经》、《易经》、《春秋》中的不实之词,认为这些经典"称美过其善,进恶没其罪",显然"失实离本"(《艺增》)这就否定了儒家经典的神圣性。其次,诸子之书的价值并不比经书低。王充充分肯定诸子的价值,他认为"书亦为本,经亦为末,末失事实,本得道质","知经误者,在诸子。诸子尺书,文明实是"(《论衡·书解》)。学者不博通百家之学会成为"死人之徒"(《论衡·别通》)。将经学与诸子相提并论,甚至以经为末,这就否定了汉朝罢黜百家的文化政策的正确性。再次,经学繁琐、守旧、荒诞。王充对经学的治学方法和思维方式进行了批判,他认为当时的经学一是诡异荒诞,二是复古守旧,故"经之传不可从"(《论衡·正说》)。针对固守经传、信师好古、是古非今的经学思维方式,王充提出"古今不异"论。他认为,"夫上世治者,圣人也;下世治者,亦圣人也。圣人之德,前后不殊,则其治世,古今不异。"至于社会风俗、政治状况,"一质一文,一衰一盛,古而有之",因时而变,并无优劣之分(《论衡·齐世》)。若论古今的政治、经济、文化、疆域,"周时仅治五千里内,汉氏廓土,牧荒服之外"。如今华夷一家,汉"在百代之上"(《论衡·须颂》),怎能说上古德厚今世德薄呢?

王充歌颂汉代帝王与政治,或有溢美之嫌。但有一点勿庸置疑:"古今不异"论在当时具有破除迷信,解放思想的积极意义,它是对经学思维方式的批判和否定。

王充批判、否定经学的思维方式,也就是批判、否定汉代统治思想的理论形式。王充的批判触及了统治思想理论形态的各个方面,冲击着统治思想的哲学基础,为汉以来统治思想的重新调整开拓了道路。在一定意义上可以说,《论衡》为两汉经学敲响了丧钟。

三、时命论与思想的矛盾性

王充对当时的社会现实并不满意,时时透露出愤世嫉俗的情绪。他对世族政治和吏治腐败更有切肤之痛,曾给予无情的揭露和抨击。王充指出"处尊居显,未必贤","位卑在下,未必愚"(《论衡·逢遇》),造成这种社会不平的原因之一是"庸庸之君,不能知贤;不能知贤,不能知佞"(《论衡·答佞》)。

然而,为什么国家有治乱兴亡、人性有善恶贤愚、人间有贵贱贫富、人事有吉凶祸福?汉代经学的回答是:有天生注定的"正命",有善恶有报的"随命",有意外遇到的"遭命",归根到底,命运是天有目的的安排。王充持天道自然论,重新诠释性、命、时、数等哲学范畴,提出时命论,试图从另一个角度在整体上把握社会和人生的必然性和偶然性。

王充认为,性与命取决于人之初的自然禀赋,父母构精之时的禀气,注定了人的性与命。他说:"凡人受命,在父母施气时,已得吉凶矣。"性与命具有偶然性和自发性,取决于某一时刻偶然禀气的属性。"性所禀之气,得众星之精。众星在天,天有其象。得富贵象则富贵,得贫贱象则贫贱。"(《论衡·命义》)在这里,"时"是偶然,却又注定了必然。性与命,决定着人的一生,是定数。性与命有所区别。"夫性与命异,或性善而命凶,或性恶而命吉。操行善恶者,性也;祸福吉凶者,命也。""性自有善恶,命自有吉凶。"(《命义》)性与命的不同搭配,注定了形形色色的人生之旅。一般说来,命不能违逆,贵贱贫富如同"日朝出而暮入,非能求之也,天道自然"(《命禄》)。人命如此,国命亦然。"世之治乱,在时不在政;国之安危,在数不在教。贤不贤之君,明不明之政,无能损益。"(《治期》)命数来源于偶然的气禀,又注定了人生和社会的必然,这就从天神意志命定论走向了元气自然命定论。时命论否定天有意志论,但不否定天命论,是天命论的又一种理论形态。

时命论集中反映了王充思想矛盾和局限。人们可以从诸多方面去分析产生这种矛盾的原因。仅从政治思维的角度看,王充批判君权神授,又肯定君主制度;批判经学思维方式,又肯定其社会政治观的基本内核;批判世族门阀政治,又肯定贵贱尊卑等级。总之,他批判统治思想的哲学基础,但肯定统治思想的基本内容。这必然导致思想的局限,即仅仅是以一种更富于思辨色彩的哲学去取代官方哲学中荒诞不经的部分。从一种命定论走向另一种命定论,这正是政治视野的局限在哲学上的体现。这种局限必然使王充的思想正确与谬误交错,珠玉与砂石杂糅。

王充一直被正统派视为异端。其实,《论衡》在君权至上、礼乐刑政、纲纪伦常等基本政治原则上,与正统派并无二致。不过,作为东汉怀疑批判思潮的组成部分,王充是一个开端。他给僵化、禁锢、腐朽的经学以强有力的冲击,为沉闷的思想界吹来一股清新强劲之风,引发了离经叛道的倾向。《论衡》开启了一代学风,异端思潮遂一发而不可止,后来逐渐流为崇尚自然、轻慢名教的政治思潮。

第四节 东汉名教思潮

史家公认"汉以孝治天下",孝道被汉代统治者奉为治理社会和巩固统治秩序的一大法宝。东汉时期,在前朝崇尚孝治的基础上逐渐形成了一股名教思潮,成为东汉政治思想的主要内容之一。

一、汉代的孝治与名教

孝作为儒家学派称许的伦常德目,其基本内涵就是要人们绝对遵从夫父家长,表现出一种"服从权威"的基本精神。儒家学派的理想社会是自下而上层级服从的礼制国家,服从权威无疑是对每一个社会成员的最起码的要求,于是孝道就成了所有伦常道德的根基,所谓"孝悌也者,其为人之本欤"。西汉统治者在亡秦的废墟上重整江山,孝的精神与汉家一统天下的统治秩序最为契合,于是孝治便成为汉代帝王治平天下的一贯方略,表现在各个方面。例如,西汉帝王除高祖刘邦,自惠帝以下皆在谥号之前加"孝"字,其原委或如颜师古所说:"孝子善述父之志,故汉家之谥,自惠帝已下皆称孝也。"(《汉书·惠帝纪》注引)以此表明天子对孝道的崇尚和君统传延的一脉相袭。又如,西汉以孝悌作为乡官之名。《廿二史札记》卷二《三老孝悌力田皆乡官名》条引文帝诏:"孝悌,天下之大顺也。力田,为生之本也。三老,众民之师也。其以户口率置常员。"孝悌从先秦时代的伦常概念演变成乡官之名,充分说明西汉统治者对孝治的重视,为推广孝治提供了制度化的保障。

东汉光武帝扫平群雄,建立政权之后,在治国指导思想上继承了西汉的孝治主义。刘秀本就以倡"柔道"自诩,当年虽"东西诛战,不遑启处,然犹投戈讲艺,息马论道"(《后汉书·樊宏传附樊准传》)。天下一统以后更是尊奉儒学,讲求孝治德化。由于东汉王朝的建立是在经历了新莽、更始等几代短命政权之后,西汉经营了二百多年的统治秩序、君臣纲纪和礼制伦常遭受到了破坏和巨大冲击,特别是东汉建国之初,"时天下未定,士多不修节操"(《后汉书·孔奋传》),因此东汉统治者在继承孝治主义的基础上,尤其注重加强君臣纲纪和礼制规范,在伦常道德中最重孝悌廉正,以此考辨士人。奖励名节、设官分职必以德才名实相称,由此而逐渐演变为所谓名教思潮。

统而言之,纲常名教的核心是一种旨在选才任贤以兴化忠臣顺民的忠孝之道。如光武帝曾对冯勤说:"忠臣孝子,览照前世,以为镜诫。能尽忠于国,事君无二,则爵赏光乎当世,功名列于不朽,可不勉哉!"(《后汉书·冯勤传》)东汉章帝时大鸿胪韦彪说:"夫国以简贤为务,贤以孝行为首。孔子曰:'事亲孝故忠可移于君,是以求忠臣必于孝子之门'。……士宜以才行为先,不可纯以阀阅。"(《后汉书·韦彪传》)东汉桓帝诏:"孝廉、廉吏皆当典城牧民,禁奸举善,兴化之本,恒必由之。"(《后汉书·桓帝纪》)东汉君臣的着眼点集中于人臣移孝作忠,事君无二和贤臣廉吏兴化举善,可知所谓名教的政治功效在于强化君臣尊卑等级;其社会功效则是强化人们服从权威,忠顺长上的社会伦常行为规范,以巩固东汉王朝的统治秩序。

平心而论,东汉统治者的政治思维模式大体上并未越出西汉以来的"文武之道"。第五伦就曾敏锐的指出:"光武承王莽之余,颇以严猛为政,后代因之,遂成风化。"(《后汉书·第五伦传》)这一认识确乎说出了东汉治道在"柔道"、名教文饰之下的另一层内容。然而,倡兴儒学、奖励名节也是东汉政治生活中不容忽视的事实。西汉统治者提倡孝治的要点有二,一是在君统承传上强调父死子继,万世一系;二是在观念和心态上引导全社会形成一种普遍的服从精神。与之相较,东汉的名教则集中于建构君臣统属关系和巩固政治秩序。纲常名教总体上仍然是汉代孝治的组成,但其具体内涵则因时因事而有所调整。从孝治到名教思潮的演变恰恰反映了东汉统治者在新的历史和政治条件下的统治需要。

二、奖励名节与孝廉取士

东汉统治者崇尚名教表现在思想教化及制度等方面,具体言之,主要有以下三点。

第一,奖励名节,表彰孝悌,在全国树立遵行纲常名教的忠孝典范。

这类事例在正史中可谓俯拾即是。大体上分为三种类型。一种是孝道楷模。例如,谏议大夫江革"少失父,独与母居"。在战乱时期,江革"负母逃难,备经阻险,常采拾以为养"。母年老而行动不便,江革"自在辕中挽车,不用牛马,由是乡里称之曰'江巨孝'"。江革致仕还乡之后,汉章帝"思革至行",颁行诏书予以表彰,江革被树为孝道的典范,他的知名度凭借政治权力的媒介而剧增,"由是'巨孝'之称,行于天下"(《后汉书·江革传》)。第二种是忠臣表率。如伏隆是西汉名儒伏胜之后,"少以节操立名"。建武二年(26年),张步兄弟拥兵割据,占有齐地,与汉廷相抗。光武帝拜伏隆为光禄大夫,出使齐地,劝降张步,结果反被张步扣留,旋即罹难。伏隆被拘期间,曾偷偷托人带给光武帝一道上书,请皇上"无以臣隆为念",又祈愿"陛下与皇后、太子永享天国,与天无极",表达了为臣的无限忠诚。光武帝颇为动容,"召父(伏)湛流涕以示之曰:'隆可谓有苏武之节。恨不且许而遽求还也。'"(《后汉书·伏隆传》)对于这样的忠臣当然要大加褒奖。又如"博恰多闻,时称通儒"的杜林,因避乱于河西,为割据势力隗嚣所拘执,但杜林"终不屈节"。光武帝亦予以表彰,赐予官爵财物。杜林病故,光武帝还"亲自临丧送葬,除子乔为郎"。第三种是廉吏榜样。如孔奋任姑藏长,"时天下扰乱,唯河西独安,而姑藏称为富邑,通货羌胡,市日四合"。以往守令"不盈数月辄致丰积"。然而孔奋"在职四年,财产无所增"。又"事母孝谨,虽为俭约,奉养极求珍膳。躬率妻子,同甘菜茹"。其时建武初年,士人名节不立,孔奋"力行清洁",反而受到众人嘲笑,"或以为身处脂膏,不能以自润,徒益苦辛耳"。孔奋廉洁奉职,"治贵仁平",实为廉吏典型。光武帝"下诏褒美,拜为武都太守"(《后汉书·孔奋传》)。

除了以上三种类型,表彰奖励还包括名儒、忠臣之后等。

东汉统治者通过表彰和奖励孝子、忠臣、廉吏等为全社会树立了名教样板。这些样板在伦常道德上符合汉以来儒家文化的一般标准,很容易得到社会各阶层人们的认可与拥护;在政治上则更合乎统治者的利益需要,他们是君臣纲纪、尊卑秩序的人格化,是统治阶级精选出来的学习榜样。东汉名教的典型体现应当是周公、孔子这样的圣人。然而圣人一旦成其为圣,往往远离生活,变得可望而不可及。东汉统治者通过表彰孝悌,把名教的典型形象树立在人们身边,表彰的方式又使被表彰者名利双收,他们希望通过这样的方式,用平凡的名教样板限制人们的自由认识与选择,建立起循规蹈矩的顺民社会。殊不知,影响"榜样效应"的政治和社会因素远比人为因素重要,再多的名教样板也难以抵御普遍的贪官奸佞带来的更为强大的渗透与影响。

第二,以伦常兴教化。

汉代孝治注重以儒学为教,自汉武帝崇儒,立五经博士,儒家经典就成了官方教材,是人们获取知识的必读之书。东汉统治者倡兴名教,遂以加强儒学的伦常教化作为重要手段之一。如同西汉帝王一样,东汉君主也很重视学习儒家经典,光武帝曾"受《尚书》,略通大义"(《后汉书·光武帝纪》)。明帝"十岁能通《春秋》"(《后汉书·明帝纪》)。章帝"少宽容,好儒术"(《后汉书·章帝纪》),"特好《古文尚书》、《左氏传》"(《后汉书·贾逵传》)。在帝王的倡导下,东汉的官私学校较之西汉更为发达。除太学和郡县官学之外,还设有四姓小侯之学。此外如私家书馆、宗族学堂等更多不胜数。正如班固所言:"四海之内,学校如林,庠序盈门。"(《后汉书·班彪传附班固传》)

东汉学校教育的内容无外乎君臣礼制、纲常名教。兹可从《左传》的废立中见其端倪。西汉哀帝时,侍中刘歆推崇《左传》,意欲说服皇帝,立为官学,但遭到今文经派诸儒抵制。东汉章帝建初元年(76年)贾逵上奏说:"凡所以存先王之道者,要在安上理民也。今《左氏》崇君父,卑臣子,强干弱枝,劝善戒恶,至明至切,至直至顺。……又《五经》家皆无以证图谶明刘氏为尧后者,而《左氏》独有明文。《五经》家皆言颛顼代黄帝,而尧不得为火德。《左氏》以为少昊代黄帝,即图谶所谓帝宣也。如令尧不得为火,则汉不得为赤。其所发明,补益实多。"(《后汉书·贾逵传》)贾逵的建议得到章帝首肯。《左传》被正式立为官学,表明了东汉统治者为加强纲常名教,对于凡有利于巩固君臣纲纪,能为东汉王朝政权合理性作论证的儒学经典一概选用的积极态度。

东汉统治者还极其注意加强郡县地方庠序之教的伦常教化。东汉章帝建初元年(76年)春正月丙寅诏书中提出:"'五教在宽',帝《典》所美。"《后汉书》本注:"五教谓父义、母慈、兄友、弟恭、子孝也。"元和三年(86年)春正月乙酉诏:"盖君人者,视民如父母,有憯怛之忧,有忠和之教"(《后汉书·章帝纪》)。明确提出以儒家伦常道德教化百姓。群臣百官则采取各种措施,加强对黎庶百姓的伦常教化。如大司徒伏湛忙于平叛,"虽在仓卒,造次必于文德,以为礼乐政化之首,湎沛犹不可违"。又于建武三年(27年)"奏行乡饮酒礼,遂施行之"(《后汉书·伏湛传》)。李忠镇守丹阳时,"以丹阳越俗不好学,嫁娶礼仪,衰于中国,乃为起学校,习礼容,春秋乡饮,选用明经,郡中向慕之"(《后汉书·李忠传》)。宋枭任凉州刺史,以"凉州寡于学术,故屡致反暴。今欲多写《孝经》,令家家习之,庶或使人知义"(《后汉书·盖勋传》)。

需要注意的是,东汉统治者在施行伦常教化过程中,特别要求地方令长以身作则,遵行礼制,为民表率。汉代"旧制,公卿、二千石、刺史不得行三年丧,由是内外众职并废丧礼"。司徒刘恺认为,丧制三年"盖崇化厉俗,以宏孝道也。今刺史一州之表,二千石千里之师,职在辩章百姓,宜美风俗,尤宜尊重典礼,以身先之";否则"是犹浊其源而望清流,曲其行而欲景直,不可得也"(《后汉书·刘般传附刘恺传》)。郎中荀爽的看法与之相同,也认为"夫仁义之行,自上而始;敦厚之俗,以应乎下"(《后汉书·荀淑传附荀爽传》)。统治者意识到了"榜样效应"在提高教化实际功效中的作用,有意加强政治权威在伦常教化中的引导作用与影响力。

在东汉时人看来,礼制伦常是"所以救世俗,致祯祥,为万姓获福于皇天者也"(《后汉书·曹褒传》)。其实,统治者的真正期盼是通过学校教育和礼俗教化,为帝王驯育出千百万忠臣良民,为东汉王朝建构起不圮之社会根基。

第三,以孝廉作为政治录用的根本标准。

孝廉取士是东汉名教思潮的制度体现。汉代选官实行察举征辟制度,选举科目繁多,如贤良、文学、方正、孝悌、孝廉、能言极谏、茂(秀)才、明经、明法等等。其中,孝廉一科最为重要。自西汉元光元年(公元前134年)董仲舒首开其议,诏郡国举孝、廉各一人,跻身于孝廉便成为入仕者的最佳途径。孝与廉最初分科选举,西汉晚期合而为一。东汉统治者倡行名教,孝廉与其他科目相较,更集中体现了伦常纲纪,所谓孝能移为忠,廉则上能忠君,下可恤民,因而得到东汉统治者异乎寻常的重视。"故汉制使天下诵《孝经》,选吏举孝廉"(《后汉书·荀爽传》)。主要体现在两个方面。

其一,孝廉是东汉诸科征选标准的基础。据《后汉书·和帝纪》注引《汉官仪》:"建初八年十二月己未,诏书辟士四科:一曰德行高妙,志节清白;二曰经明行修,能任博士;三曰明晓法律,足以决疑,能案章覆问,文任御史;四曰刚毅多略,遭事不惑,明足照奸,勇足决断,才任三辅令。皆存孝悌清公之行。"《北堂书钞·设官部》引《汉官仪》"四科取士"文字略同,末句为"皆有孝悌、廉政之行"。可知东汉取士或上德,或上法,或上才,但具备"孝悌"、"清公"、"廉政"等德行乃四科之根本,孝廉成为王朝录用官员的最基本甄选标准。

其二,东汉君主极其重视以孝廉取士,不仅一般的笃行儒生可以参选,在职官吏也可以参选。如顺帝即位伊始,即"令郡国守相视事未满岁者,一切得举孝廉吏"(《后汉书·顺帝纪》)。阳嘉元年(132年)冬十一月辛卯诏令郡国举孝廉"诸生通章句,文吏能笺奏,乃得应选"(《后汉书·顺帝纪》)。本初元年(146年)秋七月丙戌,桓帝诏曰:"其令秩满百石,十岁以上,有殊才异行,乃得参选。"(《后汉书·桓帝纪》)。孝廉取士确实能征选出笃信孝道、"德行高妙"之士。这些孝廉之士入仕之后,多能志励行洁,促进纲常名教的普遍化。

孝廉取士在儒家传统的"学而优则仕"的信条之上,附加了道德条件,只有恪守君臣纲纪及忠孝伦常的士人才有可能得到荐举或征选。一般来说,"政治录用"的标准对于社会成员的政治价值观念和行为选择具有强烈的引导定向作用,东汉统治者强调和重视以伦常道德准则选用官员,必然对全社会的道德行为和价值观念产生巨大的影响。在君主政治时代,权力和利益有着天然的因果关系,士人只有想方设法踏入权力的殿堂,成为君主政治体制内的一员,才能获得特权和利益。东汉统治者倡行名教,表彰和教化固然能产生一定的效力,但远不如以利益为诱饵来得更为直接。孝廉取士给人们的选择作了这样的暗示:只要能遵行纲常名教,奉礼守道,就能平步青云,致位通显,得到功名与富贵。正是在这样的选官制度作用之下,名教愈来愈为世人认可与尊崇,以致出现"争厉志节","道路但闻诵声"的现象,名教思潮蔚然酿成风尚,席卷东汉一代。

三、"浮华交会"与名教的衰落

近人陈寅恪指出,东汉士人"其为学也,则从师受经,或游学京师,受业于太学之博士。其为人也,则以孝友礼法见称于宗族乡里,然后州郡牧守京师公卿加以征辟,终致通显"(《金明馆丛稿初编·书〈世说新语〉文学类钟会撰〈四本论〉始毕条后》)。东汉选官本来就注重社会舆论,所谓"选举良才,为政之本。科别行能,必由乡曲"(《后汉书·和帝纪》)。士人或经地方察举,或由公府征辟,其才学品行需要得到社会"公论"的认可,"乡曲"舆论关乎仕途进退,孝悌廉正、"孝友礼法"等道德声望对于谋仕的士人来说就显得至关重要了。在这种情况下,士人不仅要熟读经书,砥砺名节,更要千方百计博得社会赞誉,扩大自己的知名度。于是至迟到东汉中叶,士人"浮华交会",相互品题标榜之风兴起,种种风谣题目盛行一时。如"乡里之号"、"时人之语"、"学中之语"、"天下之称"等等。名教思潮讲求实学笃行,名实相符,然而士人醉心于浮华交会,标榜品题却造成了名实相悖,察举不实。东汉中叶以后,虽君主"诏书连下,分明恳侧,而在所玩习,遂至怠慢,选举乖错,害及元元"(《后汉书·桓帝纪》)。在"科别行能,必由乡曲"(《后汉书·和帝纪》)的选官制度与重视伦常品行的名教政治文化氛围中,"时俗浅薄,巧伪滋生,《五经》衰缺,不有化导"(《后汉书·和熹邓后纪》)已成必然之势。

到了东汉后期,士人邀名而"浮华交会"愈演愈烈,实已积重难返。如梁太后当朝之时,太学诸生人数已达三万人,虽规模宏大,但其"章句渐疏,而多以浮华相尚,儒者之风盖衰矣"(《后汉书·儒林列传》)。学官人选已不复是所谓硕儒耆旧、名节之士,多为粗疏无学之辈,致使"博士选举多不以实"(《后汉书·杨震传》)。其时一改东汉初期慎选学官,注重家法师法的儒学传统,出现了"博士倚席不讲,儒者竞论浮丽,忘謇謇之忠,习諓諓之辞"(《后汉书·樊宏传》),以至礼法废弛,经义沦替,伦常堕坏的现象。正像稍后董昭指出的那样,士人"不复以学问为本",转而"专更以交游为业"(《三国志·董昭传》)。他们"不依章句,妄生穿凿,以尊师为非义,意说为得理,轻侮道术,寖以成俗"(《后汉书·徐防传》)。东汉统治者清楚的意识到世风日堕,察举取士流弊丛生,屡次明令选用官吏"勿取浮华"(《后汉书·安帝纪》),但却无济于事。凡能网誉邀名,捏造鼓吹、相互援引的虚名之辈往往得以弹冠入朝,致位通显,那些不事交游、鼓吹乏术的直笃之士却只能困顿僻壤,老死丘壑。正如王符指出的那样,汉末士人"志道者少与,逐俗者多畴,是以朋党用私,背实趋华"(《后汉书·王符传》),致使世风日下。

由于东汉后期士人交游邀名之风炽盛不歇,所谓"乡曲"舆论或世人"公论"实已成为趋炎附势之徒谋取功名富贵的主要手段。东汉以来竭力倡导的纲常名教、忠孝名节渐至形同虚设。徐干指斥说:桓灵之世,"自公卿大夫、州牧郡守,王事不恤,宾客为务。冠盖填门,儒服塞道。……下及小司,列城墨绶,莫不相商以得人,自矜以下士"。官员们整日忙于"送往迎来",结果是"文书委于官曹,系囚积于囹圄,而不遑省也。详察其为也,非欲忧国恤民,谋道讲德也,徒营己治私,,求势逐利而已"(《中论·谴交》)。这样的政治状况显然已经严重背离了东汉统治者倡导名教的初衷。由于士人的进身之阶基本上靠名声赞誉,结果是"品藻乖滥。英逸穷滞,饕餮得志,名不准实,贾不本物"(《抱朴子·外篇·名实》)的现象日趋严重,名教之教已沦末途。

东汉后期的一些有识之士看到了此间危机,纷纷对名教之弊提出疑问和批评,他们的意见大多集中在名实关系上。如顺帝时,汝南太守王堂指出,选官之道在于"循名责实,察言观效"(《后汉书·王堂传》)。仲长统指责说:"天下之士有三可贱:慕名而不知实,一可贱。"(《昌言》,《群书治要》卷四五引)王符也提出选用人才必须考察名实,"有号者必称于典,名理者必效于实,则官无废职,位无非人"(《潜夫论·考绩》)。到了汉魏之际,这些认识逐渐促成了集中探讨德才关系和名实关系的名理及名法思潮,并为稍后玄学思潮的兴起开启了先河。

第五节　东汉末年的党锢与清议思潮

一般来说，只要人类社会存在着政治权力与利益，就不可避免地在政治生活中形成各种各样的政治利益集团和政治派别，无论古今中外，概莫能免。在君主专制时代，以君主为首的皇族是最大的利益集团，君主既是国家权力的象征和政治中枢，又是统治阶级的政治代表，其本质不能容许除君主统治集团之外的其他政治利益集团的存在，也不能容忍在君主统治集团内部出现任何具有某种离心倾向的政治势力或派别，故而士人一旦结党，其后果往往不堪。孔子早有先见之明，曰："君子不党。"东汉末年的党锢之祸就是在当时错综复杂的权力与利益之争中，士大夫因"共为部党"（《后汉书·党锢列传》）之名而蒙受的一次政治灾难。与之伴生的清议思潮蕴含着汉末士人的政治价值与要求，这一思潮不仅在东汉政治思想发展上占有一席重要之地，而且对后世政治思想的发展影响深远。

一、"党锢之祸"及其根由

据《后汉书·党锢列传》载，桓帝刘志未即君位时，曾"受学于甘陵周福"，及即帝位，擢周福为尚书。周福同郡人河南尹房植"有名当朝"，于是乡人为之谣曰："天下规矩房伯武，因师获印周仲进。"周、房两家宾客"互相讥揣，遂各树朋徒，渐成尤隙，由是甘陵有南北部，党人之议，由此始矣"。考之《后汉书》，以党人之名用于权力之争却并非始于甘陵。如顺帝在位之时，"诸所除官，多不以次"，太尉李固"奏免百余人"。这些罢官废吏怨望在心，"遂共作飞章虚诬（李）固罪曰：'……太尉李固，因公假私，依正行邪，离间近戚，自隆支党。至于表举荐达，例皆门徒；及所辟召，靡非先旧。或富室财赂，或子婿婚属，其列在官牒者凡四十九人……'"（《后汉书·李固传》）这件事虽然不了了之，但给李固后来死于非命埋下了祸根。

到了桓、灵之世，"主荒政缪，国命委于阉寺，士子羞与为伍，故匹夫抗愤，处士横议，遂乃激扬名声，互相题拂，品核公卿，裁量执政"（《后汉书·党锢列传》）。当时一些著名士大夫如李膺、陈蕃、范滂、贾彪、朱穆、张俭等纷纷抨击时政，针砭弊害，他们"微言深论，不隐豪强"，赢得了朝野士人的支持和响应。这些士大夫之间相互援引标榜，又与太学诸生相呼应，结成一股强大的政治势力，在汉末政治生活中形成了一股巨大的政治舆论。于是"自公卿以下，莫不畏其贬议，屣履到门"（《后汉书·党锢列传》）。在朝的部分士大夫与在野世人构成了某种"政治派别",必然要引起帝王的警惕。

党锢之祸的直接起因是河内人张成"善说风角,推占当赦,遂教子杀人"。李膺当时任河南尹,遂"督促收捕,既而逢宥获免,(李)膺愈怀愤疾,竟案杀之"。张成原本与宦官有交往,桓帝"亦颇讳其占",张成的弟子牢修"因上书诬告膺等养太学游士,交结诸郡生徒,更相驱驰,共为部党,诽讪朝廷,疑乱风俗"。于是天子震怒,诏令收捕,又"布告天下,使同忿疾"。结果李膺等人拘执入狱,受牵连者二百多人。"或有逃遁不获,皆悬金购募。使者四出,相望于道。"后来经尚书霍谞、城门校尉窦武"并表为请",李膺等人"皆赦归田里,禁锢终身。而党人之名,犹书王府"(《后汉书·党锢列传》)。这是第一次党锢之祸。

李膺等人虽然被逐出政治舞台,可是在社会上的影响反而愈炽。"海内希风之流,遂共相标榜,指天下名士,为之称号。上曰'三君',次曰'八俊',次曰'八顾',次曰'八及',次曰'八厨',犹古之'八元'、'八凯'也。"(《后汉书·党锢列传》)灵帝时,在中常侍侯览的授意下,由名列"八及"之首的张俭同乡朱并"上书告(张)俭与同乡二十四人别相署号,共为部党,图危社稷"。汉灵帝诏令逮捕,张俭得以亡命,其他遭禁锢的党人百余锒铛入狱,"皆死狱中"。受牵连而"死徙废禁者,六七百人"。凡党人门生故吏父子兄弟"其在位者,免官禁锢,爰及五属"(《后汉书·党锢列传》)。第二次党锢之祸以党人惨遭屠戮而告终。

关于党锢之祸的根由,主要可归之为汉末固守儒家政治价值和理想的士大夫与宦官代表的当政既得利益集团的冲突。宦官是专制王权的寄生势力,与王权的消长相与共。东汉晚期,宦官势力始终高居不下,与外戚、士大夫形成了错综复杂的权力和利益冲突。李膺、陈蕃等所谓党人作为士族或士大夫的政治精英群体,对于这些凭藉王权而飞扬跋扈的"阉寺"抱有一种根深蒂固的鄙视心态,"羞与为伍";对于他们把持朝政,呼朋引类,为非作歹更是深恶痛绝。所谓"天朝政事,一更其手,权倾海内,宠贵无极,子弟亲戚,并荷荣任,故放滥骄溢,莫能禁御。凶狡无行之徒,媚以求官,恃势怙宠之辈,渔食百姓,穷破天下,空竭小人"(《后汉书·朱穆传》)。党人一派不甘心由这些宦竖阻塞仕途,听凭他们颐指气使,遂纷纷以铲除宦竖奸佞为务。例如,蔡衍任冀州刺史,中常侍具瑗托请为其弟具恭举茂才,蔡衍不允,"乃收赍书者案之"。又"劾奏河间相曹鼎臧罪千万"。曹鼎是中常侍曹腾之弟,"腾使大将军梁冀为书请之,衍不答,鼎竟坐输作左校"(《后汉书·党锢列传》)。刘祐任大司农,"时中常侍苏康、管霸用事于内,遂固天下良田美业,山林湖泽,民庶穷困,州郡累气"。刘祐"移书所在,依科品没入之"(《后汉书·党锢列传》)。李膺任司隶校尉时,宦官张让之弟张朔任野王令,"贪残无道,至乃杀孕妇",惧罪逃到京师,匿于兄弟家里,"藏于合柱中"。李膺"率将吏卒破柱取朔,付洛阳狱。受辞毕,即杀之"(《后汉书·党锢列传》)。

可见,名为党人者,实乃东汉政坛上一股不容忽视的政治力量,他们不惧权势,憎恶"阉寺",又能廉正自守,颇具清官形象。更重要的是,他们操纵舆论,鼓荡民心,已经构成王权一统政治格局中的异己力量。例如冀州刺史朱穆惩治宦官,惹恼了皇上,被捕入狱,"太学书生刘陶等数千人诣阙上书"(《后汉书·朱穆传》),为朱穆申冤。第一次党锢之祸时,李膺免归乡里,"天下士大夫皆高尚其道,而污秽朝廷"(《后汉书·党锢列传》)。这样的舆论倾向无疑是对君主权威的极大威胁。君主政治的实质是权力专制和政治独裁,岂能容得士大夫臧否时政,操纵舆论!党人罹祸,在劫难逃。

二、清议思潮及其政治意义

在政治思想领域,党人们相互标榜,抨击时政,形成了一股强劲的清议思潮。所谓清议,其形式盖源于汉末士人"浮华交会",相互"题拂"。具体形式有人物识鉴、风谣、题目品藻等,多为韵语。如说李膺、陈蕃"天下楷模李元礼,不畏强御陈仲举";说贾彪"贾氏三虎,伟节最怒"(《后汉书·党锢列传》)。说敢于制裁宦官单超之弟单匡的朱震:"车如鸡栖马如狗,疾恶如风朱伯厚。"(《后汉书·陈蕃传》)又讥讽当权宦竖左悺、徐璜、具瑗、唐衡曰:"左回天,具独坐,徐卧虎,唐两堕。"(《后汉书·单超传》)这些"风谣题目"的语句短小精悍,朗朗上口,极易传布,因而一旦闻知,便成"公论"。当时的士大夫正是通过这种方式对人物品性才德进行概括,"品核公卿,裁量时政",表达了人们的政治企盼和政治评估。这一点恰恰是专制统治者最惧怕的,也是士人们除进谏而外,在当时政治和历史条件下所能找到并能够利用的惟一合法方式。因此,说到底,清议是以社会舆论为其基本形式的一种政治评估。

然而,仅仅"风谣题目"并非清议思潮的全部内容,在其背后存在着士大夫与当权宦竖在政治价值和政策选择上的严重分歧。

首先,在政治价值上,党人代表着儒家传统的德治、仁政、忠君、公正、直谏等理想政治价值,拥有宏远的人生志向和救世政治责任意识。

东汉末年,"朝纲日乱,纲纪颓弛"(《后汉书·党锢列传》),天灾与人祸迭起,"弥弥滋甚,百姓空虚,不能自赡"(《后汉书·杨震传》)。汉家天下败亡之兆已萌。在这种形势下,统治集团成员作出了不同的反应,大体有三类。

一是趁乱谋利,如当权宦竖、地方豪右及贪官污吏等。他们"残暴百姓,所为不轨",骄溢逾法,卖弄威福,利用手中的权力肆无忌惮地谋取利益,加剧了政治腐败与动荡。

二是乱中保身,如郭太和袁闳。郭太"博通坟籍","性明知人,好奖训士类",是汉末清议中首屈一指的人物,位列"八顾"之首,"名震京师"。但是,他"虽善人伦,而不为危言核论,故宦官擅政而不能伤也"(《后汉书·郭太传》)。袁闳出生世家,"少励操行,苦身修节",世有高名。他"见时方险乱,而家门富盛",为了避"党事"之祸,"遂散发绝世,欲投迹深林。以母老不宜远遁,乃筑土室,四周于庭,不为户,自牖纳饮食而已"(《后汉书·袁闳传》)。郭太为了保身而莫谈国事,袁闳干脆藏身于土屋之中,"及党事起,知名之士多被其害,唯林宗(郭太字)及汝南袁闳得免焉"(《后汉书·郭太传》)。郭、袁行为选择的背后是儒家"穷则独善其身"的价值准则。

三是乱中求治,这正是党人一派的价值追求。从总体上看,他们在道德上"见善如不及,见恶如探汤",在政治上"忧国"而"忠公"(《后汉书·党锢列传》),颇有"天将降大任于是人也"的救世志向。如范滂受命任清诏使,案察冀州,他"登车揽辔,慨然有澄清天下之志";岑晊"虽在闾里,慨然有董正天下之志"(《后汉书·党锢列传》)。他们在政治实践中做到罚恶扬善,打击宦竖、豪右和贪吏,能体恤民情,执法公正。如杜密说:"知善不荐,闻恶无言,隐情惜己,自同寒蝉,此罪人也。"他的选择是"今志义力行之贤而密达之,违道失节之士而密纠之"(《后汉书·党锢列传》)。司隶校尉应奉对李膺、刘祐等人的评价是:"执法不挠,诛举邪臣,肆之以法,众庶称宜。"(《后汉书·党锢列传》)党人一派不同于郭太、袁闳之徒,他们试图在汉末腐败透顶的官场中作表率,践履儒家的政治道德,实施儒家传统的理想政治,向往着在大乱将至、山崩地裂之际力挽颓势,再振朝纲。惟此,他们奉儒家理想政治价值为信条,表现出一种为了信念而不畏权势、不惧生死的人格形象。范滂入狱前"顾谓其子曰:'吾欲使汝为恶,则恶不可为;使汝为善,则我不为恶。'行路闻之,莫不流涕"(《后汉书·党锢列传》)。正如范晔所论,党人"激素行以耻威权,立廉尚以振贵执,使天下之士奋迅感概,波荡而从之,幽深牢破室族而不顾"(《后汉书·党锢列传》)。如果说当权宦竖惟利、权是逐的行为选择代表了统治者的既得利益,体现了当权集团的实际政治价值,那么,党人一派与之相对,他们的行为选择代表了统

第十二章　东汉谶纬化的经学政治观与名教思潮

治阶级的整体利益,是儒家理想政治价值的体现。

其次,在政策选择上,党人一派秉承儒学传统,主张重民、安民,惩治贪官酷吏。他们认为,君主与庶民休戚相关。"帝非人不立,人非帝不宁。夫天之与帝,帝之与人,犹头之与足,相须而行也。"(《后汉书·刘陶传》)统治者应当视民如赤子,以德化民。例如,零陵、桂阳官逼民反,"山贼危害",当朝公卿"议遣讨之"。陈蕃上疏反驳说:"昔高祖创业,万邦息肩,抚养百姓,同之赤子。今二郡之民,亦陛下赤子也。致令赤子为害,岂非所在贪虐,使其然乎?"他认为百姓造反是贪官酷吏欺压所致,责不在民而在于官,因而反对征讨,主张"宜严敕三府,隐核牧守令长,其有在政失和,侵暴百姓者,即便举奏,更选清贤奉公之人,能班宣法令情在爱惠者,可不劳王师,而群贼弭息矣"(《后汉书·陈蕃传》)。延熹六年(163 年)桓帝"幸广成校猎",陈蕃谏曰:当今有"三空"之厄,"田野空,朝廷空,仓库空,是谓三空。……岂宜扬旗曜武,骋心舆马之观乎!又秋前多雨,民始种麦。今失其劝种之时,而令给驱禽除路之役,非贤圣恤民之意也"(《后汉书·陈蕃传》)。党人一派清楚地认识到当前危机严重,其根源不是经济,而是在于政治弊病已经深入膏肓。例如有人提出改铸大钱以解民贫困。刘陶驳之,说:"盖以为当今之忧,不在于货,在乎民饥。"他深刻指出:"盖民可百年无货,不可一朝有饥,故食为至急也。"如今百姓食不果腹,"就使当今沙砾化为南金,瓦石变为和玉",又怎能解救危机呢?货币既不是解救百姓贫困的手段,也不是造成民贫的原因,民饥的根源在于苛政。他说,"伏念当今地广而不得耕,民众而无所食。群小竞进,秉国之位,鹰扬天下,乌钞求饱,吞肌及骨,并噬无厌"。一旦官逼民反,"虽方尺之钱,何能有救"!因之,"夫欲民殷财阜,要在止役禁夺,则百姓不劳而足"(《后汉书·刘陶传》)。

显而易见,党人一派的政策选择是以恤民、安民为基点,以惩治"群小"和贪官污吏为手段,以恢复理想的王道政治为目的。正是在这样的认识基础上,他们"共同心志,纠罚奸幸"(《后汉书·党锢列传》),范滂曾经一次劾奏"刺史、二千石权豪之党二十余人"。有人怀疑他夹杂了个人恩怨。范滂说:"臣闻农夫去草,嘉谷必茂;忠臣除奸,王道以清。若臣言有贰,甘受显戮。"(《后汉书·党锢列传》)

汉末党人清议历时虽然不长,但在政治思想的发展中影响极大。其风谣题目兼及时人之经学成就、品德行为,论及的核心则直指当政。他们对君主直言敢谏,对当朝秉权的既得利益集团则针锋相对,"奉公不挠,疾恶如仇"(《后汉书·陈蕃传》)。作为士人干政者的代表,他们的志气和胆气体现了儒学传统中最优秀的一面。然而,党人一派奉行的价值准则并未越出儒家的忠孝之道半步,他们不惜肝脑涂地为的是挽救积弊极深而摇摇欲坠的东汉王朝。他们忧心如焚,"诚恐卒有役夫穷匠,起于板筑之间,投斤攘臂,登高远呼,使愁怨之民,响应云合,八方分崩,中夏鱼溃"(《后汉书·刘陶传》)。陈蕃曾将这一心态表达得十分真切。他对桓帝说:"今寇贼在外,四支之疾;内政不理,心腹之患。臣寝不能寐,食不能饱,实忧左右日亲,忠言以疏,内患渐积,外难方深。……小家畜产百万之资,子孙尚耻愧失其先业,况乃产兼天下,受之先帝,而欲懈怠以自轻忽乎?诚不爱己,不当念先帝得之勤苦邪?"(《后汉书·陈蕃传》)

汉末党人有实现"政治清廉"、"社会公正"的伟大抱负与高尚人格,然而,儒家思想的忠君传统使他们不能看到导致腐败、罪恶与暴行的正是君主政治本身。可悲的是,他们自己至为珍视,亦为后世称颂不已的所谓人格非但没有任何独立性可言,而且,正是这种人格使他们无可避免的成了一代王朝覆灭的祭品。党锢之祸将汉末政坛上的士大夫精英珍灭殆尽,"海内涂炭,二十余年",使至汉代统治阶级的精神支柱——传统经学走向衰落,士人干政的势头也由此转向,取代清议而起的是魏晋士人"口不臧否人物"的"清谈"。汉末党人清议标志着汉代统治阶级中的忠诚之士为挽救王朝覆灭而做的最后一次努力,两次党锢宣告了这一努力的破产。"士类歼灭而国随以亡,不亦悲乎!"(《资治通鉴》卷五十六)

第六节 《太平经》的善恶观和太平理想

《太平经》是早期道教经典的代表作之一。关于《太平经》的作者和成书年代,众说纷纭,多数学者认为该书非一人一时之作。从现存材料看,我们可以推断,该书由于吉和宫崇等道士所著,成书于汉顺帝之前。《太平经》原书一百七十卷,残存五十七卷,收在《道藏》中。1960年王明根据《太平经钞》和《太平经圣君秘旨》以及其他二十多种引书校补,编成《太平经合校》一书,大体恢复了《太平经》一百七十卷的原貌,为研究《太平经》提供了方便。

《太平经》的宗旨是用道教的理论和方法,来革除社会弊端,缓和社会矛盾,达到"致太平"的目的。由于该书不是出自一人一时,所以思想内容比较驳杂,基本特点是"其言以阴阳五行为家,而多巫觋杂语"(《后汉书·襄楷传》)。从政治思想的角度看,该书除了具有道家和阴阳家的思想特点外,还融合了大量的儒家思想,把儒家思想道教化。该书在宣扬宗教思想的同时,也提出了一些相对合理的认识,不仅为统治阶级提供了"治世良方",而且在一定程度上也反映了下层民众要求改变社会现状的政治愿望,因而为东汉末年农民起义所利用。

一、"兴善止恶"论

《太平经》的作者不满于当时的社会现实,对社会政治的黑暗进行了揭露和批判。他们将社会上的人和现象分为善与恶两大类,作为衡量社会治乱的一个重要尺度。他们把善奉为最高理念,提出了"兴善止恶"的主张,这是他们的批判思想的出发点。

善与恶是春秋战国以来思想家们不断讨论的问题。人们一般都把善恶归结到人的本性上,从道德属性和自然属性方面来说明人性的善恶,尤其注重人的道德属性。《太平经》说的善恶与前人不尽相同,除了具有伦理道德的特征之外,还包含阴阳五行等宗教的神秘因素,他们的出发点不在人而在天。他们把善恶归结为天性,认为人世间的一切善恶都是由天性所致。"夫地为天使,人为地使,故天悦喜,则使今年地上万物大善。天不喜悦,地虽欲养也,使其物恶。地善,则居地上者人民好善,此其相使明效也。"(《太平经合校》第75页,中华书局1960年版,下引本书只注页数)善恶还与阴阳紧密结合。"大善者,太阳纯行也;大恶者,得太阴煞行也。"(94页)这里我们可以看出,作者所说的善恶已超出了人性的范畴,它不是来自人性,而是源于天性,是由天性决定的,天地阴阳的无穷变化,导致了社会上善与恶的争斗。把人之善恶归结为天的喜怒哀乐,这无疑是一种神秘的天命观,在认识上更是一种倒退。作者把社会问题与天地自然联系在一起进行考察的方式,是道教思想家的重要认识方法之一。

何为善恶?作者解释说:"夫为善者,乃事合天心,不逆人意,名为善";"夫恶者,事逆天心,常伤人意;好反天道,不顺四时,令神祇所憎"(158页)。很明显,善与恶最根本的区别就是看其是否合天心,顺人意。作者紧紧把握天与人这两个中心环节,认为天与人在利害关系上是一致的。"天地人民万物,本共治一事,善则俱乐,凶则俱苦,故同忧也。"(200页)所以,善恶虽然取决于天,最终还是要通过人来表现的,人们应该合天心,避恶而取善。

作者把得天之善性奉为做人的基本准则,指出:"天生人,使人有所知,好善而恶恶也。"(242页)不过,另一方面,他们也指出了天性对人性的制约并不是绝对的,人们后天的努力对人性的形成也起着相当大的作用。首先,学习是获得善性的重要途径,"学之以善,其人善……学之以恶,其人恶"(433页)。这里强调了学习内容对人的意识形成的影响,要成为善人,必须先学善。其次,社会生活环境对人性的形成也有很大影响,"善人之乡者多善人,恶人之乡者多恶人"(650页)。这未免把问题绝对化了,但他们意识到人不是彼此孤立的,而是受其所生活的客观环境的影响。再次,善恶还取决于人的性情爱好,"乐善,善精神至;乐恶,恶精神至"(639页)。人的主观意愿、情趣和喜好等对人的善恶形成都有作用,这里强调了人们主观意识对人性形成的影响。这种重视后天学习、环境影响和精神追求的观点是有其合理性的。

  作者认为善与恶给人们带来的后果是根本不同的,善则利,恶则害,人的品质和行为与其结果在性质上是一致的,所谓"种善得善,种恶得恶"(148页)。由此推出了"为恶报恶"的因果报应说,指出"善者自利其身,恶者自害其躯"(201页),以警告那些为恶之人,不要自食恶果。可是事实上,社会现象并不遵循这种因果关系,对于实际存在的行善得恶,行恶得善的现象,作者提出了"承负"说。"承"是后人承继先人的善恶,"负"是先人把善恶遗传给后人。这就是说,人们的行为会给后人带来难以逆转的影响。由于这个原因,就出现了善恶之行与其后果不一致的现象。"力行善反得恶者,是承负先人之过,流灾前后积来害此人也。其行恶反得善者,是先人深有积畜大功,来流及此人也。"(22页)作者还把这一理论推及到国家,认为国家的治乱也会影响到后人,社会上所有的人都逃脱不了承负这一链环。"承负"说的本义是鼓励人们兴善止恶,不仅要为自身考虑,还要为子孙后代着想,不能因自己行恶而殃及后代,但他们把因果报应说引入到人类的继承关系中是荒谬的。

  作者认为要"兴善止恶",首先要"善恶当分"(573页),辨别善恶。否则"善与恶不分别,天灾合同"(102页)。在《太平经》的作者看来,天是神秘性和自然性的混合体,人的身体是天生的,人的意识也与天相通相合,遥相感应。就天地之性来说,并非全善,也非全恶,而是"半善半恶"(702页),既能给人们带来阳光雨露,也能带来急风暴雨。天降给人间的是善果还是恶运,则取决于人自身。"人为善于地上,天上亦应之为善;人为恶于地上,天上亦应之为恶,乃其气上通也。"(664页)

  根据这一认识,作者对现实政治进行了揭露,指出当时社会是善性不兴,恶性猖獗,致使天灾人祸不断降临,社会生产遭受严重破坏,百姓穷困不堪,财产却被少数人所占有。富者"或积财亿万,不肯救穷周急,使人饥寒而死"(242页)。他们认为要改变这种现状,就要"罚恶赏善",只要行善政,天自当会有善报。如果人人都得到善性,社会就会稳定,天也会赐予安乐。"子贤善,则使父母常安,而得其所置;妻善则使夫无过,得其力;臣善则使国家长安;帝王民臣俱善,则使天无灾变。"(191页)人人皆为善,恶则不除自灭。他们极力劝诫君主要导民以善,认为君主的"第一之道"就是"教天下人为善之法也"(125页)。

"兴善止恶"论的理论根据是天人合一和天人感应学说,它抹煞了社会实际存在的阶级对立的事实,以为人人"乐善"则一切问题就迎刃而解了,这实际上是幻想。不过,虽然他们的出发点在天,但落脚点却在人,把人放到了一个相当重要的地位。作者揭露和批评了社会政治的种种弊端,要求统治者施行善政,这些认识都有一定的合理性。"兴善止恶"论构成《太平经》政治思想的理论基础。

二、君臣民"并力同心"说

《太平经》的作者认为,人类社会的各种关系都是与自然界的现象相对应的,自然界有"天地和",与此相对应,家庭就有父母子,国家则有君臣民。"君为父,象天;臣为母,象地;民为子,象和"(150页)。天父君,地母臣,和子民这三条线构成了一个从自然界到人类社会的和谐结构。在这个结构中,作者把落点放在君臣民的关系上,认为君臣民是社会关系的最集中体现,是构成国家的基本要素。"君臣民相通,并力同心,并成一国"(149页)。

1. 君臣民"相须"

作者认为君臣民是社会的三个组成部分,缺一不可,互为条件,因此君臣民理应并力同心,和衷共济。作者说:

> 君者须臣,臣须民,民须臣,臣须君,乃后成一事,不足一,使三不成也。故君而无民臣,无以名为君;有臣民而无君,亦不成臣民;臣民无君,亦乱,不能自治理,亦不能成善臣民也;此三相须而立,相得乃成,故君臣民当应天法,三合相通,并力同心,共为一家也。(150页)

作者提出君臣民并力同心,无非有两个目的,一是防止人民起来推翻君主的统治,使人们感到君主与他们有着共同的利益;二是要统治者注意调整统治政策,使之与人民的关系保持平衡和协调,以缓和政治冲突。

2. 君臣主辅关系

《太平经》把君臣关系的确立作为调节统治集团内部矛盾的重要内容。他们一方面维护君主的绝对权威,宣扬君尊臣卑;另一方面又要君臣同心携手,以保持统治集团内部的一致性。

首先,作者肯定了君主的地位和作用。他们继承了"君权神授"的观念,认为君主是国家的至尊和天意的代表,"人君,天也"(20页),"帝王者,天之贵子也"(169页)。所以君主的权力至高无上,其意志是不可违抗的,违君即是逆天。

同时,作者也指出并非所有的君主都那么称职,他们把君主品分为明君和愚君,认为君主明愚的关键是能否得"天心",即顺应天道。君主的明愚对治国安邦起着举足轻重的作用,"人君不明,灾害并行"(195页)。作者主张明君治国,他们的目的就是为明君献计献策,所以毫不掩饰地说:"吾乃为太平之君作经。"(445页)

其次,君和臣要在政治中发挥作用,还须同心携手。作者特别强调无论君主怎样圣明,没有贤臣辅佐也难以治理好国家。因此他们主张明君应选用贤臣良吏。"故赐国家千金,不若与其一要言可以治者也;与国家万双璧玉,不若进二大贤也"(128页)。

《太平经》的所谓贤臣,除了具有一般的善德之外,还有两个显著的特点,即忠和直。忠就是对君主没有二心,时刻为君主效力,这是为臣的基本条件,"臣不忠,则不能尽力共敬事其君"(405页)。直主要表现"扶君"和"救君"的义务,就是在忠君的基础上,敢于指出君主在施政上的不当之处,使之避免或减少决策失误。作者认为,天下万物,"各有所长短,因以相补",神圣的天地如此,圣人明君也不例外。"大圣所短,不若贤者所长。人之所短,不若万物之所长。"(102页)所以君臣之间应当相互取长补短。作者指出,在一定条件下,臣也有比君主高明之处,君主不过是一个人而已,他必须听取臣的意见才能进行决策。臣的智慧和道德可以辅助君主,"故能使其君安坐垂拱而无忧"(435页)。君主对臣下善意的劝谏应该采纳,一意孤行就会闭塞言路,致使"六极战乱,天下并凶"(102页)。反之则可以使君主耳聪目明,避免奸邪横行。

此外,臣还应担当"救君"的重任,作者列举了一些具体情况,指出在这些情况下,贤臣应当挺身而出,以救君主于危难之际。如,"臣见君父之衰,救之","臣知其君有失,将睹凶害而救之","臣知其君年少,其贤未能及事而救之"。臣能救君"是为大功",否则"为不顺忠孝之人,罪皆及其后"(685页)。为了说明臣的重要作用,他们把君臣平列起来,比作人的两只手。"君与臣者,主传治理凡事人民诸物之两手也。……两手者,言其齐同并力,无前无却,乃后事可成也。"(518页)这种论点并不否定君臣等级,只是强调君臣并力同心的重要性,这对于限制君主个人的绝对专制还是有积极意义的。

3. 君民相依

《太平经》的作者把人民作为被统治的对象，要人民安服于统治者的摆布。他们所说的君臣民相须，只是说明三者之间的相互制约性，要保持三者关系的平衡，任何一方都不能离开这一平衡线。因此他们强调君臣同心协力是真，而要人民与统治者合作，则难免有愚弄和欺骗之嫌。

不过，作者也看到了民众的力量，认为民众是国家兴衰存亡的基础，一切物质生活资料都来源于民，"民者，职当主为国家王侯治生"（264页）。统治者要依赖民为其提供生活资料，失去了民，就失去了生活源泉，就会出现生存危机。"君少民，乃衣食不足，令常用心愁苦。故治国之道，乃以民为本也。无民，君与臣无可治，无可理也。"（151页）所以民众在国家中的地位是相当重要的，不是可有可无。"治国之大要，以多民为富，少民为大贫困。"（264页）这种以民为本的思想显然与儒家传统的重民思想有某种承继关系。

从以民为本的思想出发，作者指出统治者要给民施些恩惠，以换取民的合作，不可不顾民的死活，逼迫他们铤而走险。作者警告说，君与民的地位不是绝对不变的，而是可以转化的，所谓"盛而为君，衰即为民"（723页）。君主如果忽视民众的力量，不考虑他们的生计，民众就会起来推翻他，今天是君主，明天也许会成为百姓。作者指出这种潜在的威胁，是要统治者采取利民、惠民等政策，以调和社会矛盾。同时，这种君民转化的思想，客观上也给民起来推翻腐朽的统治者提供了理论根据。

三、"尊道重德"的治国思想

《太平经》的作者接受了儒家的德政思想，提出"尊道重德"的治国主张，把道与德作为治国的总纲。他们总结了以往的治世之道，并归纳为十个方面："元气治"、"自然治"、"道治"、"德治"、"仁治"、"义治"、"礼治"、"文治"、"法治"、"武治"（253页）。其中"元气治"和"自然治"，表现了治国先要顺应天道自然这一道教特点，而与治国直接相关的则是从道德开始，所以在另一处，作者又提出治国有"七事"：德、仁、义、礼、文、法、武。而要使这"七事"发挥好，就要把握道，"御此者道也"（730页）。显然，作者是把道治和德治作为治国的最佳方案，而把法治等视为下策。

在道、德与刑罚的关系上，他们主张用道德，去刑罚，"守道与德，思退刑罚"（110页）。作者认为自古以来圣人治国都依靠道德，"古者圣人君子威人以道与德，不以筋力刑罚也"（107页）。以道德治国，可以教化人心，使人心悦诚服。"乃当使有知自重自惜自爱自治"（164页）。而靠刑罚进行统治,则只能治外、治表,使人"外恭谨而内叛,故士众日少也"(106页)。会导致国家混乱,"其国常乱危而毁也"(406页)。

既然道德是治国的根本指导方针,君主就应紧紧抓住这个总纲,把道德视为财富,"以有道德为大富,无道德为大贫困"(373页)。道德何以有如此作用?作者认为,这是由于道德与天地相通,受天地支配,并体现了天地的意愿。尊奉道德就是顺应天地,就会得到天地的佑助。"故无道德者,命不在天地也,与禽兽同禄同命。"(424页)可见,他们所说的道德具有宗教伦理的色彩,包含了神秘的因素,与儒家的仁义道德有所不同。

四、太平盛世的政治理想

对未来社会的憧憬往往在社会危难的时候表现得最明显。《太平经》作者所生活的东汉后期,正是社会危机日益加深的时候,他们提出了一套太平盛世的理想社会模式,虽然不如儒家的"大同"世界那样动人,但也给受尽苦难的人民以极大的精神寄托,使之簇拥在"太平"的旗帜下,为自己的生存而斗争。这也是《太平经》为农民起义所用的一个重要原因。

作者把社会分为三个等次,即太平、中平和不平。认为太平是最完满的社会。"逢其太平,则可安枕而治;逢其中平,则可力而行之;逢其不平,则可以道自辅而备之。"(178页)什么是太平呢?作者解释说:

> 太者,大也,乃言其积大行如天,凡事大也,无复大于天者也。平者,乃言其治太平均,凡事悉理,无复奸私也;平者,比若地居下,主执平也,地之执平也。(148页)

> 太平者,乃无一伤物,为太平气之为言也。凡事无一伤病者,悉得其处,故为平也。(398页)

可见,太平是指天地之间万物都以自己应有的状态生存着,相互间发生联系,彼此和谐发展。人们之间公平相待,和睦相处,每个人都尽自己的社会责任和义务,即所谓"凡事悉理","悉得其处"。这里,太平既不是要求人们的政治平等,也不是要求人们的经济平均,而是要求"万物各得其所"(216页),即满足人们公平合理的要求,使人们各安其位。"调和平均,使各从其愿,不夺其所安。"(616页)就是说,要使处于社会各种不同地位的人们的要求都得到合理的满足,各个阶层的利益互不侵犯,官不扰民,百姓安居乐业,这就是所谓太平的基本精神。

《太平经》设计的理想国有这样几个特点:

第一,财物公有。作者认为,天地不仅生人,而且还生财物以养人,"此财物乃天地中和所有,以共养人也。此家但遇得其聚处,比若仓中之鼠,常独足食,此大仓之粟,本非独鼠有也;少(疑为小)内之钱财,本非独以给一人也;其有不足者,悉当从其取也。"(247 页)人们在财物面前是平等的,人人都有权享用,不许有人像仓中之鼠那样把财物据为己有。只要生活必需,人们便皆可从"大仓"中取而用之,甚至皇家库府(小内)也不例外。他们还认为财物应为国所用,在国家财政困难时,人们应该把财物捐献出来。"夫金银珍物财货作之用,人功积多,诚若(疑为苦)且劳,当为国家之用",而不能"无故埋逃此财物,使国家贫,少财用,不能救全其民命"(248 页)。

第二,人人劳动。作者指出,人们获取社会产品分配权的途径就是劳动,不劳而获者应当受到惩罚,"天地乃生凡财物可以养人者,各当随力聚之,取足而不穷。反休力而不作之自轻,或所求索不和,皆为强取人物,与中和为仇,其罪当死明矣"(243 页)。

第三,相爱互助。作者认为在太平社会中,所有成员都应友好相处,互爱互助,不相侵争。因此天下所有的人都要"爱之慎之念之,慎勿加所不当为而枉人,侵克非有"(576 页)。人人都应得到生存的条件,当有人失去这些条件时,其他人就应该帮助他们。富者应散其余财,"周穷救急";穷者受到周济后,则应感恩报德,不能自以为理所当然。有劳动能力的人应当扶助劳动能力低或丧失劳动能力的人,"智者当苞养愚者","力强当养力弱者","后生者当养老者"(695 页)。这里颇有些所有成员有福同享、有难同当的意思。

第四,免除刑罚。在太平盛世中,刑法如同一纸空文,有而不用,"人民相爱,万物各得其所,自有天法常格在不匿"(216 页)。"常思太平,令刑格而不用也。"(80 页)整个社会"日兴太平,无有刑,无穷物,无冤民"(206 页)。

总之,作者描绘的理想社会,一定程度上反映了普通民众的愿望。但是,他们的理想国并没有摆脱封建等级的束缚,而是在承认贫富等级差别的前提下,要求富助贫,通过人们之间的相爱互助来达到社会的太平,这在存在剥削的阶级社会里是难以实现的。他们所谓的财物公有,并不是财物归大众所有,而是归天地所有,是从天生人和财这个意义上来说明财物面前人人平等的。而且他们所说的财物也只限于钱粮等生活资料,并不包括生产资料如土地等,他们只是想通过解决社会消费品分配领域的不合理状态,来改善社会关系。他们提供给民众的生活标准也是低水平的,只求"衣温饭饱",不致"饥寒而死"。可见,他们的理想并不是民众的"天堂"。

总的说来,他们的太平理想是比较模糊、抽象和充满矛盾的,由于缺乏现实的基础和实现的可能性,所以只能是一种幻想。

第七节 东汉末年的政治批评与反思思潮

东汉末年,随着社会与政治冲突日趋激化,兴起了一股强劲的政治批评与反思思潮,预示着以谶纬神学为内核的东汉统治思想的动摇和走向没落。

一种政治思潮总是一定社会政治的产物。东汉后期,土地兼并加剧,豪强地主势力增强,成为突出的社会问题。在朝廷内部,以君主为核心的封建专制统治出现了畸形发展的趋势,君主、外戚、宦官以及官僚集团之间构成了错综复杂的矛盾,使得统治集团内部极不稳定,外戚和宦官交替掌权成为当时政治上的一大特点。

东汉后期政治非常腐败,社会阶级矛盾日益激化,终于酿成了黄巾大起义。这次起义给东汉政权以致命的一击,使之从此一蹶不振。同时也给了统治阶级一副清凉剂,促使一些政治家和思想家对时政进行反省。主要代表人物有左雄、郎𫖮、王符、崔寔、仲长统和荀悦等,其中王符和仲长统的认识最有深度。这一思潮涉及了很多与政治相关的问题,撮其大要,计有以下五个方面。

一、对昏君奸臣的抨击与反思

东汉后期,政治腐败,统治黑暗,东汉帝国的政治危机越来越深。一些有识之士对于这些现象认识颇深刻,遂纷纷抨击时政,矛头直接指向了统治者自身。

首先,思想家们普遍认为,国家的治乱主要取决于君主之明暗,昏君暗主实际上就是社会政治危机的总根源。王符明确指出:"国之所以治者,君明也;其所以乱者,君暗也。"(《潜夫论·明暗》)崔寔提出,君和臣是政治生活中的决定性因素,而君主是国家治乱的关键所在。他说:"凡天下之所以不治者,常由世主承平日久,俗渐敝而不悟,政浸衰而不改,习乱安危,逸不自睹。"(《政论》)荀悦则针对君主的生活奢侈,贪图享乐进行了批评。他说:"臣窃闻后宫采女五六千人,从官侍使复在其外。冬夏衣服,朝夕禀粮,耗费缣帛,空竭府藏,征调增倍,十而税一,空赋不辜之民,以供无用之女,百姓穷困于外,阴阳隔塞于内。"(《后汉书·荀淑传附荀爽传》)

第十二章 东汉谶纬化的经学政治观与名教思潮

从以上的揭露来看,批评者们的不满主要集中在两点上,一是政治上昏庸无能,不理政务;二是生活上奢侈腐化,贪图享乐。他们认为,贪图享乐的昏庸之主必然加剧政治动荡和危机,如果不采取某种措施予以补救或改除,王朝的前途难以想象。

其次,思想家们指出外戚和宦官专权是国家的祸患。汉末思想家们都是忠君论者,在维护和加强中央集权君主政治方面,他们具有一致性,因而对于擅权乱政的外戚和宦官势力深恶痛绝,其中以仲长统的议论最有代表性。他说:

> 权移外戚之家,宠被近习之竖,亲其党类,用其私人,内充京师,外布列郡,颠倒贤愚,贸易选举,疲弩守境,贪残牧民,挠扰百姓,忿怒四夷,招致乖叛,乱离斯瘼。怨气并作,阴阳失和,三光亏缺,怪异数至,虫螟食稼,水旱为灾,此皆戚宦之臣所致然也。(《后汉书·仲长统传》)

仲长统把社会混乱的原因,甚至自然灾害的出现都推到外戚宦官身上,不免有过激之辞,但反映了他对外戚宦官的痛恨。

仲长统认为,从历史上来看,外戚专权害多利少,宦官更是不值一提。这些人原本是供宫中役使的臣仆,一旦掌握朝廷大权,后果不堪设想。他列举了汉元帝时重用石显,汉桓帝时重用侯览,汉灵帝时重用曹节等,结果造成了五十年之久的社会动乱(《昌言》,《群书治要》卷四五引)。

仲长统认为,外戚宦官所以能够专权,都是由用人惟亲制度造成的。他说:"母后之党,左右之人,有此至亲之执,故其贵任万世。常然之败,无世而无之,莫之斯鉴,亦可痛矣。"(《后汉书·仲长统传》)外戚和宦官大多是些庸碌无能之辈,只因"至亲之势"而"贵任万世"。结果是破坏了中央集权的一体化权力结构,搅乱了君主政治的正常运行,是东汉帝国最严重的政治弊病。

再次,东汉官场极其腐败,人们的揭露和抨击最为激烈。左雄指出,东汉后期整个官僚机构几乎处于瘫痪状态,他对此忧心忡忡,认为这种状况由来已久,从汉朝建立起,政治危机的主要因素就已潜伏着。尽管出现文、景、宣等几个明君,但也无法从根本上改变这种状况。更为严重的是,官僚腐败导致人们的社会价值观念发生了危机,对官吏的品评原则完全颠倒了,能残杀聚敛的人被视为"威风"和"贤能",而能安民奉法的人则被视为"劣弱"和"不化"。在这种价值观念的支配下,贪官污吏视国法而不顾,滥施刑罚,残剥百姓,"车马衣服,一出于民"。他们狼狈为奸,争名求利,枉法行贿。整个官僚机构从上至下,沆瀣一气,根本没有什么清浊之分,廉与贪也不过是程度上的差别,"廉者取足,贪者充家"(《后汉书·左雄传》)。左雄的认识可谓深入底里。

汉末官僚政治之腐败在王符笔下被描绘得淋漓尽致。他指出当今正逢衰世,上至公卿列侯,下至尉令,大小官吏,无不贪残暴虐,鱼肉百姓,"令长守相不思立功,贪残专恣,不奉法令,侵冤小民"(《潜夫论·考绩》)。他得出的结论是:"衰世群臣诚少贤也,其官益大者罪益重,位益高者罪益深尔。"(《潜夫论·本政》)官吏的品级与罪责大小成正比,表明整个官僚机构已经腐败透顶。

最后,郎𫖮、王符等人对东汉末年的奢侈之风和社会道德衰败进行了抨击。郎𫖮说:"数年以来,谷收稍减,家贫户馑,岁不如昔。"(《后汉书·郎𫖮传》)可是,在这种情况下,统治者仍旧穷奢极侈,大兴土木,修造园囿宫殿。郎𫖮并不反对修缮宫殿官府,但他要求统治者遵循"去奢即俭"的原则,节省费用,用于抚恤贫民。当然,他完全是站在统治者的立场来考虑问题,把节俭作为调节统治者与民众矛盾的一个重要方面。郎𫖮认为,去除奢侈之风必须首先从上层统治者做起。"修礼遵约,盖惟上兴,革文变薄,事不在下。"(《后汉书·郎𫖮传》)只要上层统治者能够"修礼遵约",奢侈之风就会得到控制。这种认识显然是不切实际的。

二、关于重整政治关系的反思与设计

君、臣、民是君主政治的基本政治角色,彼此之间的相互协调是形成良好统治秩序的前提条件,重整政治关系便成为挽救危机重重的东汉王朝很关键的一步。

崔寔在抨击时政的认识基础上重新设计了君臣关系,概括言之就是明君掌权,贤臣辅佐,君臣和调,协同一致。明君和贤臣在政治过程中是缺一不可的,因此他强调君臣之间要建立和谐一致的关系,指出:"国有常君,君有定臣,上下相安,政如一家。"(《政论》)这是他的理想的君臣模式。也是他的政治愿望。

王符认为,在政治关系中,君主是核心,重整政治关系必须围绕着君主做文章。他说:"国之所以治者君明也,其所以乱者君暗也。"(《潜夫论·明暗》)"明"是君主的最高美德,"人君之称莫大于明"(《潜夫论·明忠》),君主能"明",臣下就会尽职尽忠。王符指责当时的君主是"时君俗主",昏庸无能,希望有更多的明君出现,以挽救社会的危机。

王符认为,要成为明君必须具备以下几个特点。其一,兼听。王符说:

"君之所以明者兼听也,其所以暗者偏信也。"(《潜夫论·明暗》)其二,纳谏。王符认为,君主和常人一样,也会出现差错,"人君有常过"(《潜夫论·忠贵》)。既然如此,君主就要广开言路,"信忠纳谏",才能避免失误。其三,任贤使能。王符说:"明君莅众,务下言以昭外,敬纳卑贱以诱贤也。"(《潜夫论·明暗》)其四,修身慎行。王符认为"人君身修正,赏罚明者,国治而民安"(《潜夫论·巫列》)。因为君主的个人品行不仅仅是个人的事,它起着上行下效的作用,"民固随君之好"(《潜夫论·务本》)。显然,王符是企图用道德来约束君主。

王符主张明君应兼听纳谏,并不是要削弱君主的权威,恰恰相反,是要巩固君主的权力。他针对汉末外戚和宦官交替专权的局面,特别强调君主治国"要在于明操法术,自握权秉而已矣",一刻也不能放松。在他看来,术要深藏不露,权要紧握不放,这是对法家权术理论的继承。显而易见,王符的明君是杂用王道与霸道的汉家制度的某种体现,其中寄托着王符改除积弊,重振东汉朝纲的希望与期盼。

荀悦则把君臣民视为国家基本政治结构中的三要素,相互制约,不可或缺。他说:"天下国家一体也,君为元首,臣为股肱,民为手足。"(《申鉴·政体》)君臣民协调一致是国家政治稳定的必要条件。

荀悦肯定了君和臣的统治地位,他说:"非天地不生物,非君臣不成治。首之者天地也,统之者君臣也哉!"(《申鉴·杂言上》)这里,他把君臣视为理所当然的统治者,明君忠臣是最理想的君臣模式。他既反对君主操纵一切,也反对臣下违君专权,要求建立一种君为主臣为辅的和谐关系。荀悦斥责了那些一味顺从君主的行为,指出:"人臣有三罪,一曰导非,二曰阿失,三曰尸宠。以非引上谓之导,从上之非谓之阿,见非不言谓之尸。导臣诛,阿臣刑,尸臣绌。"(《申鉴·杂言上》)人臣的这三大罪状,集中到一点,就是对君主的过错采取放任的态度。与此相应,他又为臣下提出了"进忠三术":"一曰防,二曰救,三曰戒。先其未然谓之防,发而止之谓之救,行而责之谓之戒。"(《申鉴·杂言上》)显然,臣并不仅仅是供君主支配的工具,对君主还有监督和约束的作用。

另外,臣还要处理好"道"与君的关系,这是区别忠臣和谀臣的重要标准。在道与君一致的情况下,这一问题比较容易处理;当道与君发生矛盾时,处理起来就不那么容易了。从道不从君会使臣的利益,甚至生命受到威胁;从君不从道,则会背离"臣道"。荀悦的选择是从道不从君,他指出:"违上顺道,谓之忠臣;违道顺上,谓之谀臣。忠所以为上也,谀所以自为也。忠臣安于心,谀臣安于身。"(《申鉴·杂言上》)从道不从君是先秦儒家的一贯思想,荀悦把这一思想继承下来,这在君主专制主义不断发展的条件下是很难得的。当然,"违上顺道"的目的还是为了维护和巩固君主的利益与权威。

荀悦认为,君与民的地位不同。"天作道,皇作极,臣作辅,民作基"(《申鉴·政体》),民众是政治结构中的基本要素,他们与君主各有其职责,同时也有一致性:"自天子达于庶人,好恶哀乐,其修一也。丰约劳佚,各有其制。上足以备礼,下足以备乐,夫是谓大道。"(《申鉴·政体》)因此,君民之间要以诚相待,各自履行自己的义务。"君以至美之道道民,民以至美之物养君。君降其惠,民升其功。此无往不复,相报之义也。"(《申鉴·政体》)这种君民模式充满了幻想,但却道出了民养君这一事实。正因为如此,君主必须对民众采取宽惠政策,以调和君主与民众的关系。荀悦认为民众的生存状况直接影响到君主权位和王朝的稳定。这就要求君主以仁爱之心待民,把重民与重社稷联系起来。他说:"民存则社稷存,民亡则社稷亡,故重民者,所以重社稷而承天命也。"(《申鉴·杂言上》)在荀悦看来,"爱民如子"或"爱民如身"还算不上"仁之至",真正为民众的实际利益着想才算是爱民。他说:"在上者,先丰民财以定其志。"(《申鉴·政体》)否则爱民只是一句空话。

汉末思想家重整政治关系的设计中,包含着传统的谏议思想、杂用王霸之道和重民认识等。虽然没有什么理论上的突破,但在当时政治和思想领域一片混乱的情况下,仍能带来一股政治反思的清新之风,体现着东汉末年统治阶级趋向衰亡之中的一点清醒和成熟。

三、论用人之道

东汉末年的思想家们深感官场腐败、吏治混乱,在选任考课等用人之道方面积弊极深。为此,他们集中讨论了官吏的选任考课等人事管理问题。

首先,思想家们抨击选任官吏的种种弊端,反对任人惟亲,主张选用真才良吏。

左雄指出,任人惟亲是用人制度中的最大弊端,这个问题不解决,用人惟贤只能是一句空话。左雄认为,要杜绝任人惟亲,必须先从君主做起。汉顺帝封其乳母宋娥为山阳君,又封外戚梁冀为襄邑侯。对此,左雄多次上书进谏,明确指出:"王者可私人以财,不可以官。"财与官是两个范畴的问题,财产可以成为君主的私有物,但官职却不能像财产那样随意恩赐。

王符关于选任贤良的认识最为全面。他认为贤能在国家政治活动中具有举足轻重的作用,是治国安民的主要因素,"国以贤兴,以谄衰"(《潜夫论·实贡》),当时社会所以混乱,就是因为庸人在位。是不是因为国家无贤可用呢?并非如此。王符指出:"夫十步之间,必有茂草;十室之邑,必有俊士。贤材之生,日月相属,未尝乏绝。"(《潜夫论·实贡》)显然,问题不在于是否有贤能,而是在于贤能不得其用。于是王符进一步分析了贤能不被选用的原因:第一,君主空有尚贤之名,而无任贤之实;第二,当权的官僚权贵结党营私,"在位者之好蔽贤而务进党也"(《潜夫论·潜叹》)。王符着重分析了"妒贤"的问题。他从人的利己排他性出发,认为人皆有妒人之心。"夫国不乏于妒男也,犹家不乏于妒女也。近古以来,自外及内,其争功名妒过己者岂希也?"(《潜夫论·贤难》)在他看来,贤者见妒,能者见嫉是普遍的社会现象,在这种情况下,即使君主有心任贤,也难以办到。一言以蔽之,"人君内秉伐贤之斧,权噬贤之狗,而外招贤,欲其至也,不亦悲乎!"(《潜夫论·潜叹》)

其次,思想家们就选才标准和怎样选拔真贤各抒己见。

左雄认为,在选用贤能问题上要注重人才的培养,以扩大官僚队伍的来源和提高官吏的素质。他提出的"宜崇经术,缮修太学"的建议,被顺帝采纳。他主张改革选官制度,实行限年试才的措施:"请自今孝廉年不满四十,不得察举,皆先诣公府,诸生试家法,文吏课笺奏,副之端门,练其虚实,以观异能,以美风俗。"(《后汉书·左雄传》)

王符认为当时的社会是鱼目混珠,贤愚不分,人们多把富贵或官位作为划分贤愚的标准,致使真贤不见用,而假贤很猖獗。他说:"所谓贤人君子者,非必高位厚禄富贵荣华之谓也,此则君子之所宜有,而非其所以为君子者也。所谓小人者,非必贫贱冻馁困辱阨穷之谓也,此则小人之所宜处,而非其所以为小人者也。"(《潜夫论·论荣》)根据这一认识,他反对贵族世袭权位和把富贵作为任贤的先决条件,提出了"苟得其人,不患贫贱;苟得其材,不嫌名迹"(《潜夫论·本政》)的用人原则。那么何谓"真贤"呢?王符认为"真贤"的标准是德才兼备,以德为本,具备"四行"和"四德"。"四行"是恕、平、恭、守,"四德"是仁、义、礼、信。他指出:"四者并立,四行乃具,四行具存,是谓真贤。"(《潜夫论·交际》)

仲长统提出的用人原则是"官人无私,唯贤是亲"(《昌言》,《群书治要》卷四十五引)。他也把德与才作为基本标准,反对汉代以来实行的"举孝廉"和以"阀阅"取士等选官制度,对那些靠家族门第而坐食俸禄者,更要剥夺他们的世袭权位。他主张统治者放宽视野,打破以往的种种限制,为有德才的人步入仕途拓宽道路。

最后,思想家们讨论了选贤任能与考课问题。

左雄把建立赏罚分明的考黜制度视为整肃吏治的关键,提出"用贤之道,必存考黜"(《后汉书·左雄传》)。他对汉宣帝亲自考察"刺史守相"非常赞赏,认为用贤必须知贤,知贤必须进行考察。考察之后要赏罚分明,这样一来,"威福之路塞,虚伪之端绝"(《后汉书·左雄传》)。此外,左雄还针对当时"令长月易"的情况提出要延长任期和选用儒生等主张。

郎顗非常推崇贤良治国,他反对叶公好龙式的空谈任贤,要求君主真正做到选贤任能。在具体措施上,他要求君主亲自控制选任权,通过尚书直接掌握,"选举之任,不如还在机密"(《后汉书·郎顗传》)。这种方法难以从根本上解决问题,而且还会增加选官的随意性,造成另一种混乱。

王符关于选贤任能提出了三点认识。一是"明选"。就是"审择其人"(《潜夫论·本政》),这是选贤的基本原则。二是"考功"。就是对被选任者要进行实际的考察,看其是否称职。考察要从言和行两个方面进行,"凡士之所以为贤者,且以其言与行也"(《潜夫论·贤难》)。三是"量才授任"。就是根据才能的大小,委以相应的职位,使"官得其人,人任其职"(《潜夫论·班禄》)。

仲长统在选贤任能问题上的认识与崔寔、王符等人大同小异。他也提出"量才任用"、考课和官俸问题。

吏治混乱是君主政治固有的弊病,愈到王朝末年,愈加严重。东汉末思想家们看到了问题的所在,纷纷出谋划策,试图找到万全良方,整治病疾,使病入膏肓的东汉王朝起死回生。他们提出的选才、考核、增俸等主张不无合理之处,但均属治标不治本,这只能是一种历史的遗憾。

四、论治国之道

东汉末年思想家们在对现实社会政治问题进行反思的基础上,又试图为濒于灭亡的东汉王朝寻找一条生路,他们纷纷推出自己设计的治国之道,认为这就是走出困境的坦途。总括其论,主要有三类方案。

第一种,强化中央集权政体,重整汉家一统天下。持这一认识的代表人物是仲长统。他面对东汉末年外戚宦官专权、军阀混战的政治形势,认为要改变现状,达到天下大治,必须建立起一套完善的中央集权政体,使国家的权力高度集中,加强君主的权威。具体言之,包括以下几层内容。

首先,必须抑制外戚和宦官专权。仲长统通过对历史和现实的考察,深切感到外戚和宦官操纵权力是实现中央集权的最大障碍。他认为,要改变这种状况,就必须加强君主权力,使"政在一人",防范大权旁落。

其次,必须废除分封制。仲长统认为汉初实行分封是政治上的失策,为封主独霸一方、分裂割据埋下了祸根。他主张彻底废弃分封制,"固不可授之以柄,假之以资者也"(《后汉书·仲长统传》)。

再次,强化中央和地方各级官僚机构的集权体制,所谓"夫任一人则政专,任数人则相倚"(《后汉书·仲长统传》)。根据这一思路,他提出在中央机构中恢复丞相制,杜绝权力纷争,防止"政令多门",实现政令制定和贯彻的一体化。

仲长统还指出,中央集权绝不是君主独断专行,君主的重大决策必须建立在众议的基础上。这就要求君主自身有较高的素养和领导才能,首先要树立"公心",不以个人好恶任人处事。君主还应礼贤下士,广采众议,善于纳谏,建立一种和谐的君臣关系。通过这些办法来扩大和巩固君主的统治基础,树立君主的威信,提高君主的统治能力,实现政治稳定。

仲长统的设计思虑周密,有着极强的针对性,然而时代没有给他提供实现的条件,历史的运行常常与人的主观愿望背道而驰,这也是仲长统奈何不得的。

第二种,严刑为主、德化为辅的治国之道。这一治道的思路与儒家德主刑辅的政治格局显然不合,提出这一方案的代表者是崔寔。崔寔认为,治国如同理身一样,"平则致养,疾则攻焉"(《后汉书·崔寔传》),要根据不同情况采取不同的办法。"夫刑罚者,治乱之药石也;德教者,兴平之粱肉也。"二者各有用途,不可用错。崔寔总结了西汉以来的政治发展经验,认为当今危机重重的主要原因是失之于宽。"方今承百王之敝,值厄运之会",必须采取严刑峻法才能解除时弊,转危为安。"严之则理,宽之则乱"(《后汉书·崔寔传》)。

除了总结历史的经验,崔寔又从人性方面为严行法制寻找依据。在他看来,人人都有欲望,这些欲望是无限的,如果不加以限制,就会出现争斗现象。凡政治争斗、权力倾轧等皆源于此。制定法度,就是为了"闭民欲",维护统治秩序。否则人欲放纵失控,就会产生"天下之三患"。其一,僭越奢侈现象泛滥,使得"下僭其上,尊卑无别"(《政论》),使等级秩序遭到破坏。其二,害本伤农,残民损国。其三,败坏风气,激化矛盾。"故在位者则犯王法以聚敛,愚民则冒罪戮以为健。俗之坏败,乃至于斯"(《政论》)。因此,只有加强法治,才能稳定秩序,巩固统治。

崔寔强调了严刑峻法的作用,表明他受法家思想的影响比较大,特别是他对德刑之间关系的理解,明显是对儒家传统的德刑观念进行了改造,以适应现实政治的需要。

第三种,德刑并举,礼法兼用的治国方针。提出这一主张的有王符、仲长统和荀悦等人。

关于德治,王符继承了传统的民本思想,要求对百姓施以"德政"。包括"富民"和"教化"两层内涵。

王符针对当时内地土地集中,而边境土地荒芜的状况,提出"土地人民必相称"的原则,要求统治者处理好边境事务,缓和民族矛盾,鼓励人民赴边地垦殖。同时,王符认为农民进行生产需要一个安定和谐的环境,依照农业生产的规律安排劳动和休息,所以统治者要爱惜民力,注重农时,不要妨碍农业生产的正常进行。他说:"力者乃民之本也,而国之基,故务省役而为民爱日。"(《潜夫论·爱日》)"力"即人的劳动能力,对农民来说主要指体力。他意识到,足够的体力是劳动者进行生产的必要条件,生产过程是体力消耗的过程,而在体力消耗之后,必须尽快地恢复,才能保持旺盛的再生产能力,使生产得以继续。这就需要一个宽松的生活环境,有更多供劳动者个人支配的时间,使他们得到适当的休息,所谓"民闲暇而力有余","民困务而力不足"(《潜夫论·爱日》)。"力有余"和"力不足"的劳动效果是明显不同的。在他看来,"闲暇"也是生产的一个环节,是下一个生产过程的准备,没有"闲暇"生产难以持续发展。王符还分析了"力"和"日"的关系,认为"力"是一个可变量,"日"是一个不变量,但是劳动效率的高低却可以使劳动时间相对延长或缩短,从而使人们在心理上感到"日"变得或长或短了。造成这种现象的主要原因是社会政治环境。他说,太平的国家,君明臣贤,"民安静而力有余,故视日长也";国家混乱,君昏臣奸,"法令鹜而役赋繁,则希民困于吏政……故视日短也"(《潜夫论·爱日》)。他把人的劳动能力、劳动时间和社会政治联系在一起,看成是生产过程中的三个重要因素,并深刻意识到,没有一个安定宽松的政治环境是不可能富民富国的。"富足生于宽暇,贫穷起于无日。"(《潜夫论·爱日》)这一认识是很有见地的。

教化是德政的另一个重要方面,故而"人君之治,莫大于道,莫盛于德,莫美于教,莫神于化"(《潜夫论·德化》)。

王符在德治主张的基础上,又提出要"明法禁"。他说:"国无常治,又无常乱,法令行则国治,法令弛则国乱。"(《潜夫论·述赦》)怎样实行法治呢?王符认为,其一,据人情而立法。其二,法要随社会变化而不断改进调整,"文罪之法,轻重无常,各随时宜"。其三,立法的主要目的是"惩恶除密"和防民作乱。其四,严明执法。"法令赏罚者,诚治乱之枢机也,不可不严行也"(《潜夫论·三式》)。为此他反对赦免。

王符把君主看成实行法治的关键,虽然君主是立法者,但是法令一经制定,君主也应受其限制。因此,他要求君主尊法,"君敬法则法行,君慢法则法弛"(《潜夫论·述赦》)。如果法与君主的利益发生冲突,他要求君主以法为公,不可以私代法。他说:"夫国君之所以致治者公也,公法行则冗乱绝。"(《潜夫论·潜叹》)王符强调了法有相对独立性,他虽然没有明确提出法律面前人人平等,但指出了人人都要受法的制约,君主也不例外。在君权至上的东汉时代,这一认识无疑是有价值的。

王符的法治与德政相辅而行,是在强调德政的前提下倡导法治的,总的关系是以德为主,以法为辅。从思想渊源看,王符没有超出儒家的思想模式。

仲长统和荀悦的德刑兼用治国之道有三点相近之处。

首先,他们都以人性学说作为立论基础。仲长统认为:"情无所止,礼为之俭;欲无所齐,法为之防。越礼宜贬,逾法宜刑,先王之所以纪纲人物也。若不制此二者,人情之纵横驰骋,谁能度其所极者哉!"(《昌言》,《群书治要》卷四十五引)荀悦认为"善治民者,治其性也"(《申鉴·政体》)。统治者要了解民性,善于利用民性,根据民性的特点采取适宜的措施。

其次,在德与刑的关系上,仲长统和荀悦认为德与刑两者不可偏废,相互补充。在一般情况下是德主刑辅,仲长统说:"德教者,人君之常任也,而刑罚为之佐助焉。"但在特殊时期,两者的地位和作用要因时变而发生变化。"至于革命之期运,非征伐用兵,则不能定其业。奸宄之成群,非严刑峻法,则不能破其党。时势不同,所用之数亦宜异也。"(《昌言》,《群书治要》卷四十五引)

再次,在以德刑治国的实施过程中,他们的认识与王符相近,都注重统治者的以身作则。"善禁者,先禁其身而后人;不善禁者,先禁人而后身。"(《申鉴·政体》)

仲长统和荀悦设计的治国之道又各有其特色。仲长统注重强化礼与法的规定性和稳定性,强调礼法的制定要以简明清楚、易用和易知为原则,以免造成混乱。此外,仲长统还特别提出要恢复肉刑,"今五刑有品,轻重有数,科条有序,名实行正"(《后汉书·仲长统传》),使刑律更加完备,以便在执行过程中刑当其罪。仲长统主张完善法律、有法可依,无疑具有一定的合理性,但他主张恢复肉刑则是认识上的退化。

荀悦则在德刑并用的基础上提出了一系列治国之术。主要有:设法教,立政体,摈四患,立五政,"察九风以定国常","慎庶狱以昭人情"以及"以道德治民"等等。其中,荀悦特别提出,统治者要掌握一定的统治技巧。

他说:

> 自上御下,犹夫钓者焉,隐于手,应于钩,则可以得鱼。自近御远,犹夫御马焉,和于手而调于衔,则可以使马。故至道之要,不于身,非道也。睹孺子之驱鸡也而见御民之方。孺子驱鸡者,急则惊,缓则滞;方其北也,遽要之则折而过南;方其南也,遽要之则折而过北。迫则飞,疏则放,志闲则比之,流缓而不安则食之,不驱之驱,驱之至者也,志安则循路而入门。(《申鉴·政体》)

这是多么高明的御民之方!荀悦提醒统治者治理百姓要动静结合,缓急有度,这里内涵着丰富的帝王之术。

东汉末年思想家们提出的治国之道内容丰富,论述多有具体对策,显而易见,这是在对东汉后期的政治状况进行了认真反思的基础上提出的。这些各抒己见的治道虽然难以实施,更不足以挽救东汉王朝的衰亡,但在认识上足以冲出东汉谶纬神秘主义治国思维的桎梏,为三国时代名法思想的兴起和指导政治实践创造了条件。

五、关于经济政策的反思与措施

东汉末年思想家们在认识政治问题的基础上,还就经济问题进行思考,提出一些经济政策调整的思路,为的是增强东汉王朝的经济实力,摆脱危机。

1. 关于土地及农工商关系问题

在中国古代社会,土地问题历来就是重要的社会问题,社会危机往往根源于此;东汉末年,日益严重的土地兼并对国家政治的稳定产生了直接的影响。因而,围绕这一问题,思想家们提出了自己的认识。

王符强烈反对豪强地主和封建国家掠夺土地,要求国家保证农民有一定数量的土地,以维持农业生产的正常发展。王符还对当时一些奢侈性行业的畸形发展进行抨击,指出:"今举世舍农桑,趋商贾,牛马车舆,填塞道路,游手为巧,充盈都邑,治本者少,浮食者众。"(《潜夫论·浮侈》)这就使农业生产遭到极大破坏,加剧了社会经济的危机。王符并不一概反对商业,只是主张在"以农为本"的前提下,限制生产和经营奢侈品的工商业。他的思想的基本点在于把农民与土地紧紧地结合起来,农业生产的稳定就意味着社会秩序的稳定。

崔寔和仲长统都注重发展农业生产,促进社会财富的积累。为了解决土地这一根本问题,他们提出了"限夫田以断并兼"(《后汉书·仲长统传》)的主张,采取的措施是"复五等之爵,立井田之制"(《政论》);认为"今欲张太平之纪纲,立至化之基趾,齐民财之丰寡,正风俗之奢俭,非井田实莫由也"(《后汉书·仲长统传》)。荀悦的看法与他们不同,反对恢复井田制,认为这不符合当今的情况。同时他也反对土地私有和买卖,要求对土地占有量加以限制。他说:"诸侯不专封,富人民田逾限,富过公侯,是自封也;大夫不专地,人买卖由己,是专地也。"(《申鉴·时事》)尽管他们的观点各异,但有两点是共同的,一是主张土地国有,通过国家政权对土地进行分配;二是限制土地占有量,保证生产者有一定量的耕地使用。

他们为了解决土地问题和发展农业生产,在认识上把经济问题与政治问题直接联系起来,试想通过政治手段来解决经济问题,通过经济的发展来稳定社会政治秩序。这一思路并非他们独创,西汉末年师丹等人曾经做过类似的设计。与其说是封建国家的政治调节机制失灵,不如说是君主政治的本质使然,土地兼并问题根本无法得到有效的控制,而由此导致的经济危机日益严重,更加剧了整个社会的政治危机,形成了恶性循环。

2. 关于增强国力的几项措施

提出这个问题的代表人物是仲长统。他认为,挽救东汉王朝的政治危机除了在政治上采取措施,还要在经济方面提高实力。具体有以下三项措施:第一,增加蓄积。仲长统说,"国待蓄积乃无忧患"(《后汉书·仲长统传》),仲长统很清楚,国家财富的积累完全来源于民众,为此要注意处理好国家与民众的关系,不能横征暴敛,应当取之以"道"。他说:"由其道而取之,民不以为劳。"(《后汉书·仲长统传》)第二,提高赋税标准。他认为赋税是国家的重要财源,税率不能过低,否则国力衰弱,后果严重。所以他不赞同汉初的"三十税一"的赋税标准,要求恢复"租税十一,更赋如旧"(《后汉书·仲长统传》)。第三,限制私人田产。仲长统看到了"分田无限"是豪强势力强大的经济原因,所以主张恢复井田制,抑制豪强兼并和私人田产的发展,从经济上铲除豪强势力的根基。

东汉末年政治混乱与危机的主要体现之一就是土地兼并和农民被迫离开土地,对东汉王朝而言,不啻釜底抽薪。思想家们看到了这一点,试图寻求出路。然而,在大厦行将倾覆之时,各种冲突交织在一起,任何措施都将无济于事,何况他们的思路总体上并未超出西汉末年倡言"抑制兼并"诸公,而历史早已证明这些设想是根本行不通的。

第十三章 汉末三国两晋南北朝时期政治思想的多元发展

两汉统治者素以儒家纲常名教治天下,然而,汉末名教的衰落表明以汉代经学为载体的孝治难以继续维持下去。思想混乱与政治动荡交互影响,在这种情况下,政治思想领域呈多元的发展趋势,出现了多种强劲的政治思潮。一是将名实之争和才性之辨交融在一起的名理思潮,重在人才鉴别和管理使用。二是以礼法、君臣、名实为主要论题的名法思潮,汉末的思想家和政治家们重新拾起法制刑名之学,在分裂和战乱中强行恢复统治秩序,实现局部的政治稳定。三是以论析名教与自然关系为主要思路的玄学思潮。玄学家们援道入儒,口谈玄远,实乃从政治哲学的高度对名教的合理性进行再认识。其中,以阮籍、嵇康为首的竹林名士试图越出传统政治认识之雷池,给两汉陈腐的经学思维注入一股"怪诞"的清新之风,却终于被扼杀。玄学的归宿仍然没有逃脱为晋代统治者之名教合理做论证的命运。

第一节 汉末的名理与名法思潮

汉魏之际,社会动荡不安,统一的东汉王朝走向衰败,被三国鼎立的政治局面所取代。旧的秩序被破坏,新的秩序尚未建立。在意识形态领域中,神学经学的统治地位发生了变化,其政治统治的功能弱化了,这样的社会环境为各种思想观念的萌发提供了土壤,汉魏之际的名理与名法思潮就是其中的代表。由于汉末和三国的混战分裂局面,使人们把关注点放到解决社会的实际问题上来,而对创立学派和形成学说并不重视。因此,

第十三章　汉末三国两晋南北朝时期政治思想的多元发展

这一时期的政治理论总体看还不够系统,纯粹的思想家较少,许多思想观点都是政治活动家提出来的,所以这些思想中有着浓厚的务实精神,紧紧扣住了时代的主题,名法家表现得更突出些。

一、东汉末期的名理思潮

关于名理,汉末王符在《潜夫论·考绩》中说:"是故有号者必称于典,名理者必效于实,则官无废职,位无非人。"杨泉的《物理论》说:"国典之坠,犹位丧也;位之不建,名理废也。"(《意林》)这表明,自汉末至魏晋,名理成为人们经常探讨的问题。从其内容看,主要与选才用人有关,所以名理学是以探讨人物鉴品为核心的政治学说。

1. 名法之治与名理思潮

名理与名法都是汉魏之际兴起的政治思潮,由于两者有着相关的内容,因此,有的学者将两者看成是一种思潮,或称之为名法思潮,或称之为名理思潮(名理学)。其实两者是既相互联系、渗透,又相互区分、各有侧重和不同特点的两种政治思潮。刘勰在《文心雕龙·论说》称:"魏之初霸,术兼名法,傅嘏、王粲校练名理。"显然是将其理解为两种学说。

首先,从探讨的核心内容看,名法注重探讨治国的指导思想和方法手段,名理则注重探讨人才的鉴察、品评和任用等。名法思潮涉及的刑礼先后、君臣互补和综核名实等思想,都是为治国安邦直接服务的。而名理思潮是以人为中心,讨论的才性、人物流品和圣人等问题都是直接与人才学说相关,名理思潮实际上是对东汉以来选才用人学说的理论总结。

其次,从其政治作用来看,名法的实践性强,名理的理论色彩浓;或者说名法主要体现为实用价值,名理侧重于理论价值。名法之治的提倡者主要是曹魏政权的一批政治实践家,他们比较注重实用,因而名法之治有较强的功利性特征。名理学则注重对人的理论分析,发掘人的价值,品鉴人的特点,塑造理想人格。从这个意义上讲,名法表现了名家和法家的特点,而名理则反映了名家、道家和儒家的特点。

再次,从思潮形成的过程看,尽管两者都在汉魏之际兴起,但对社会政治的影响有先后之分。名法思潮在汉末表现得较明显,主要与曹操实施的名法政策有关,由于政治的需要,名法成为当时的热点问题。随着曹氏势力的不断削弱,以儒道合流的名理学逐渐取代了以法为主的名法学说,并向玄学过渡。名理学是汉代思想向魏晋玄学转化的中间环节,在这个过程中,社会批判思潮和名法思潮对传统思想向新思想的转换起了催化作用。

当然,由于名法与名理是同一时期兴起的政治思潮,两者之间相互渗透和影响,甚至一个政论家同时兼有名法和名理两种思想,这表明名法和名理不是相互对立的。这两种思潮都是在儒家文化的氛围下形成的。名法虽以法为主,但却是沿着儒法合流的方向发展的,许多名法家是带着浓厚的儒家思想来探讨名法问题的,这样来看,名法思潮的转向是必然的了。而名理思潮一开始就是在儒家思想的指导下展开的,只是对传统的名教观念进行了修正,又与道家合流。所以,儒学的文化背景是名法与名理相互联系的思想条件,两者最终都统一于儒,从这个意义说,名法和名理又同属于一种政治学说领域。

2. 以探讨人物鉴品为核心的名理学

汉魏之际是一个人才辈出的时代,三国鼎立的政治局面为人才的流动提供了现实条件,因而,吸引人才、合理用人就成为维持统治的必要环节。从汉末以来,由于传统的选官用人制度发生危机,如何选拔和考核官吏也就成为人们关注的问题。围绕着品评人物,出现了一股清议之风。虽因两次党锢之祸,清议逐渐转向清谈,但对人才的认识并未终止,反而得到了进一步发展。从制度上讲,曹丕统治时期实行了九品中正制,其后,刘劭作《都官考课》,这些都是统治者在用人制度方面采取的措施。从理论上看,探讨如何选用人才也成为时代课题,政论家们无不对此发表见解,名理学家更是对此进行细致分析,讨论人的才性、流品、理想人格等与人才有关的问题。徐幹、傅嘏、钟会、卢毓等人都在这方面提出了见解,而刘劭的《人物志》可以说是这一时期名理思潮的总结,是名理学的代表作,对魏晋玄学产生了一定影响。总括而论,这一时期主要讨论了以下三个问题。

第一,论才性。才性问题是名理学的理论基础。才性与名实是相互关联的,主张名法之治的政治家和政论家已经开始探讨这一问题,曹操在这个问题上态度很明确,鲜明地表示重才轻德,提出"惟才是举",选官任人只看其才。他认为"有行之士未必能进取,进取之士未必能有行"(《曹操集·敕有司取士毋废偏短令》)。才与德往往是不一致的,在这种情况下,只能以才为主。所以对那些"负污辱之名,见笑之行,或不仁不孝,而有治国用兵之术"的人,要"各举所知,勿有所遗"(《曹操集·举贤勿拘品行令》)。重才轻德的意识贯穿于曹魏政权用人政策的始终,成为统治者的共识。

徐幹在才性问题上基本与曹操一致,这也是出于对曹操"惟才是举"政策进行论证的需要。有人问他:"士或明哲穷理,或志行纯笃,二者不可兼,圣人将何取?"徐幹回答:"其明哲乎。夫明哲之为用也,乃能殷民阜利,使万物无不尽其极者也。圣人之可及,非徒空行也,智也。"这里虽没有明确提出才性,但"明哲"说的是才智,"志行"说的是操行,实际讲的是才性关系。对才和性孰为重的判断尺度就是事功,看其实际功用如何。所谓"志行纯笃"只是"空行也",而明哲却"能殷民阜利,使万物无不尽其极",自然要得到肯定。有人提出疑问:"苟有才智而行不善,则可取乎?"徐幹认为,在这种情况下,就要看其才智多少,才智多就可取,"如愆过多,才智少",则不可取。徐幹的才性观重在功用上,能"立功立事"是最根本的,他的结论是:"圣人贵才智之特能立功立事益于世矣!"(以上引文皆见《中论·智行》)

关于才性关系问题,人们的看法也并非一致,《世说新语·文学》载钟会曾撰《四本论》,刘孝标注云:"《魏志》曰:'会论才性同异,传于世。'四本者,言才性同,才性异,才性合,才性离也。尚书傅嘏论同,中书令李丰论异,传郎钟会论合,屯骑校尉王广论离。"由于材料缺乏,四本论的具体内容难以详考,但从他们对才性关系的四种看法来分析,大体可以分为合同和离异两派。

合同派的具体观点不详,但从卢毓和袁准的认识中可见合同派之一斑。卢毓说:"才所以为善也,故大才成大善,小才成小善。今称之有才而不能为善,是才不中器也。"(《三国志·卢毓传》)这里卢毓把才性视为体用关系,善为本体,才为功用,才的作用在于表现善,才能的高低不同,表现善的程度也就不一样,如果离开了善,才也就不成其为才了。袁准的认识与之大体相同,他说:"君子以此得曲直者,木之性也,曲者中钩,直者中绳,轮桷之材也。贤不肖者,人之性也;贤者为师,不肖者为资,师资之材也。然则性言其质,才名其用,明矣。"(《艺文类聚》卷二十一引)他明确地将才性看成是质与用的关系,性为质,才为用,性之善恶决定才之美朽。由此可见,合同派非常注重才性的统一,并且强调性行的决定作用,所以他们在用人问题上"先举性行,而后言才"。这种观点与曹操的"惟才是举"有分歧。

离异派的代表人物王广和李丰的主张也不详,但从主张异或离来看,他们是把才与性看成是两个范畴的事,两者没有必然的联系,更没有相互决定的问题。

才性四本论的出现与前期才性论有所不同,具有名辨的特征,开始表现出某种脱离现实政治的倾向,对后来空谈才性之风产生了影响。才性问题在汉魏之际并未解决,这种讨论一直延续到南北朝,并成为玄学的内容之一。

第二,人物流品和鉴察。才性讨论的目的在于寻求品鉴人物的价值尺度,这是现实政治的需要。汉末以来,随着用人制度的变化和人才学说的兴起,如何品鉴人物自然成为一个亟待解决的政治课题。刘劭的《人物志》正是在这种情况下产生的。这部著作对汉末以来的人才学说进行了理论总结,有着较高的政治价值和学术价值。

刘劭从人的才能方面将人划分为十二类:"有清节家,有法家,有术家,有国体,有器能,有臧否,有伎俩,有智意,有文章,有儒学,有口辨,有雄杰。"(《人物志·流业》)在这十二材中,清节家是"德行高妙,容止可法",法家能"建法立制,强国富人",术家则"思通道化,策谋奇妙",此三家合称"三材"。国体是"兼有三材,三材皆备",器能是"兼有三材,三材皆微",而臧否、伎俩和智意分别是清节家、法家和术家的支流。文章"能属文著述",儒学"能传圣人之业,而不能干事施政",口辨能"辨不入道而应对资给",雄杰则"胆力绝众,才略过人",这十二材"皆人臣之任也"。刘劭认为这些才能没有大小之分,只有长短之别,"人材各有所宜,非独大小之谓也"。因此应当根据人的不同才能特点,委以相应的职责,使之各得其所。

人从情性上也可划分为十二类,即强毅、柔顺、雄悍、惧慎、凌楷、辨博、弘普、狷介、休动、沉静、朴露和韬谲。这十二类情性都有利有弊。刘劭说:"厉直刚毅,材在矫正,失在激讦;柔顺安恕,每(通"美")在宽容,失在少决;雄悍杰健,任在胆烈,失在多忌;精良畏慎,美在恭谨,失在多疑;强楷坚劲,用在桢干,失在专固;论辨理绎,能在释结,失在流宕;普博周给,弘在覆裕,失在溷浊;清介廉洁,节在俭固,失在拘扃;休动磊落,业在攀跻,失在疏越;沉静机密,精在玄微,失在迟缓;朴露径尽,质在中诚,失在不微;多智韬情,权在谲略,失在依违。"(《人物志·体别》)刘劭对人的情性进行了深入细致的分析,指出了其利弊得失,要求在用人时取长补短。

名理学家所说的监察人物,主要是以名实相符为依据,考察人的实际能力和才智,然后根据其能力和功绩授官任职。鉴察人物的途径,不仅要听其言,更要观其行,看其言行是否一致。徐幹认为对人的考察主要有两个环节,即"己察"和"事考"。"己察"是对任用之人亲自进行考察;"事考"是通过实际工作对其进行考核,看其实际能力和表现如何。考察的关键在于"行","行不积则人不信其事"(《中论·贵验》)。刘劭认为,臣的能力主要体现在三个方面,即"自任"、"能言"、"能行"。其中"能行"即实际行为是最重要的一环。他提出了"五视"说:"故居视其所安,达视其所举,富视其所与,穷视其所为,贫视其所取,然后乃能知贤否。"(《人物志·效难》)根据不同人物特点,考察其实际行为,才能对一个人进行正确的品鉴。

名理学家关于人物流品和鉴察的思想归根结底都是为统治者提供用

人之术。尽管如此,他们在认识上提出了一套关于品鉴人物的政治哲学,这是对前人的超越。

第三,圣人观。汉魏之际,理想君主是人们热烈讨论的问题,曹丕、曹植、丁仪等人都曾对君主的优劣问题进行过探讨,许多政论家从理论方面作了阐述。他们大都继承了儒家"内圣外王"的传统模式,把圣人视为完美人格的最高体现,而"大圣之君"则成为人们的理想君主。圣人与君主的统一,一方面使圣人现实化,另一方面又使君主理想化。人们把治乱的希望寄予"圣君"身上,这种对圣人的崇拜和向往成为一种社会政治意识。

徐幹认为圣人是道德修养、聪明才智和至上权威相统一的化身。其一,圣人是具有高尚情操和品行的人,能够不断地修炼和平衡自己的性情。"疏神达思,怡情理性,圣人之上务也。"(《中论·治学》)其二,圣人具有极高的聪明才智,是一般人无法比拟的。"聪明惟圣人能尽之,大才通人有而不能尽也。"(《中论·智行》)智慧和才能是圣人所具备的突出特点。其三,圣人要实现其社会政治价值,必须借助势位,与权力结合,树立权威。《易》曰:'圣人之大宝曰位。'何以为圣人之大宝曰位?位也者,立德之机也;势也者,行义之杼也。……故圣人以无势位为穷……穷则其道废。"(《中论·爵禄》)这里,徐幹实际上是要求将圣人与君主统一起来,表达了他的政治理想。

刘劭的认识与徐幹相近,也是把理想君主与圣人联系起来,希望君主都能自我完善达到圣人的境界。他认为"俊杰者众人之尤也,圣人者众尤之尤也"(《人物志·七缪》),圣人是人格理想的最高境界,集各种优点为一身。圣人超乎常人的根本原因是其内在本质与常人不同,兼有"中和"与"聪明":"圣人淳耀,能兼二美,知微知章,自非圣人莫能两遂"(《人物志·九征》)。"中和之质"的特点是平淡,也叫无名,平淡和无名是说圣人具有超凡的品格,表现为各种品性相互平衡协调的最佳状态,这是圣人超凡入圣的内在基础。同时,超乎寻常的聪明才智是达到圣的一个标志。这两种素质是一般人所不具备的,这表明圣人具有综合众人和超出众人的德才,即所谓"兼德"的特点。

圣人的素质体现在君主身上就是"主德",刘劭认为人的流品有十二材,这十二材只是一些特别的才能,都不能称为"主德"。"主德者,聪明平淡,达众材,而不以事自任者也。是故主道立,则十二材各得其任也"(《人物志·流业》)。君主如果能"聪明平淡,总达众材",实现"主德",建立"主道",就能与圣人一体化了。

名理学家的圣人观有两个突出特点,一是注重才智,这就使圣人更接近于实际,成为人们可以感受到的东西,增强了人们求圣的愿望。二是强调圣人与君主的统一,赋予圣人以治乱安民的政治任务,增强了圣人政治化。这些都反映了魏晋之际的社会政治特点。同时,他们强调圣人的"怡情理性"、"中和平淡"、"中庸无名"等内在素质,又表现了理想化的特征,这对魏晋时期玄学的圣人观产生了一定的影响。

二、汉魏之际的名法思潮

名法思潮是汉魏之际社会现实的产物,礼法、君臣、名实等成为这一思潮讨论的政治主题。与先秦法家不同的是,名法思潮始终是在儒家传统的文化背景下展开的。因而,许多问题的讨论都是围绕名法和名教的矛盾冲突来进行的。名法思潮的代表人物主要是一些政治活动家,如曹操、诸葛亮,刘廙、桓范和杜恕等人。

1. 刑礼先后之争

刑礼关系或刑德关系是政治思想史上的老问题,几乎每个时代的思想家都毫无例外地对此发表过看法。汉魏之际,这个问题被提到了较高的层次来讨论。

曹操倡导并施行的名法之治,改变了以往的统治方式,使人们的思想观念也发生了变化。傅玄曾说,"魏武好法术,而天下贵刑名"(《晋书·傅玄传》),曹操是以刑名法术之学作为治国指导思想的,这与他对刑礼关系的理解有关。他说:"夫治定之化,以礼为首;拨乱之政,以刑为先。"(《曹操集·以高柔为理曹掾令》)曹操认为礼用于治世,而刑施于乱世。时世不同,采取的方法也就不同,而当时是天下大乱,当"以刑为先"。基于这一认识,曹操把刑名法术贯彻于统治之中。他指出:"夫定国之术,在于强兵足食。"(《曹操集·置屯田令》)而要强兵则必须以法治军。他认为治国要采取赏功罚罪的办法,奖惩分明,鼓励人们立功受奖。"未闻无能之人,不斗之士,并受禄赏,而可以立功兴国者也。故明君不官无功之臣,不赏不战之士;治平尚德行,有事赏功能"(《曹操集·论吏士行能令》)。这些主张有着鲜明的法家特征,目的在于确立其绝对权威,建立中央集权的政治体制。

诸葛亮也主张名法之治,但他在刑礼问题上与曹操有所不同,他主张刑礼并举,两者不可偏废。不过在具体的治国治军等问题上,他还是侧重法治的,说:"吾今威之以法,法行则知恩,限之以爵,爵加则知荣;恩荣并济,上下有节。为治之要,于斯而著。"(《诸葛亮集·答法正书》)在治军上要赏罚严明,军令如山,如果"赏罚不明,法令不信,金之不止,鼓之不进,虽有百万之师,无益于用"(《诸葛亮集·将苑·整师》)。就政治的实施过程来看,诸葛亮是非常注重法治的,也正因为如此,他才积累了与曹魏政权抗争的实力。

曹魏集团的一些人士对刑礼关系的认识不尽相同,但大都围绕着名法之治来思考问题。曹操的谋士刘廙对名法之治是赞同的,《三国志·陆逊传》称"南阳谢景善刘廙之先刑后礼之论",可见刘廙是曹操"以刑为先"主张的拥护者。桓范则认为先刑后礼的观点有其片面性,刑与德应该是并行互补的。他还认为,刑的作用在于其威慑力,使人畏惧,这样人们就不敢触犯了,人们都不犯法,刑罚也就失去了实施的必要。"明刑至于无刑,善杀至于无杀,此之谓也。"(《世要论·详刑》)这是典型的以刑去刑的法家之论。桓范和袁准的认识有着明显的儒法合流的特点,认为"本之以仁,成之以法。使两通而无偏重,则治之至也。"(《袁子正书·礼政》)这种认识与儒家传统的文武之道不同。文武之道以礼为主,以刑为辅。这里的礼是刑的补充,是为了纠补"以刑为先"的偏向。

无论是"以刑为先"还是刑礼并重,都把刑名法术放到重要地位,这一点成为时代的共识,为建构汉魏之际的政治统治模式提供了理论依据,特别是曹魏政权,大体上就是按照这种思想来重建君主专制统治秩序的。

2. 君臣关系

名法之治必须通过君臣的共同努力才能实现,因而,确立什么样的君臣关系,以及君臣在政治生活中的相互地位和作用,自然成为人们议论的重要问题。

君臣关系的讨论是围绕着如何为政而展开的,为政与治世的效应是判断君臣关系优劣的价值尺度。刘廙认为:"明君必须良佐而后致治,非良佐能独治也。"(《政论·备政》)不过,尽管君臣是一体的,但两者的地位不能等同,臣在整个政治运行过程中的价值是通过辅佐君主来实现的。所以君主要处于主导地位,君臣关系的协调在于维护君主自身的利益。刘廙说:"人君所以尊敬人臣者,以其知任人臣委所信,而保治于己也。"(《政论·任臣》)这句话道出了君臣关系的真谛,君主"尊敬人臣"只是君主的权术,不过是达到"保治于己"的手段,并不意味君臣地位的倒置。为了实现"保治于己"的目的,刘廙为君主提出了一套处理与臣下关系的原则,诸如知臣、信臣、用臣等等。刘廙的君臣理论,重点放在君主身上,是为君主提供驭臣之术,这与他的强化君主专制的思想是一致的。

桓范比刘廙又进了一步,从君臣的双向制约来论证君臣的相互关系。他提出了"为君难"和"为臣不易"的背反理论,意在说明君臣关系的协调是政治生活中的难题。

桓范受儒家思想影响很深,他的君臣理论具有道德化特征,强调了道、德、忠、义等因素在调节君臣关系中的作用,所谓"父子以恩亲,君臣以义固"(《世要论·臣不易》)。君与臣除了一致的利益之外,还要具备一定的道德和智能素质。"夫君臣之接,以愚奉知不易,以明事暗为难,惟以贤事圣,以圣事贤为可。"(《世要论·臣不易》)圣与贤是君与臣相互统一的内在要求,也是君与臣应该达到的最高境界。

桓范更多地谈到臣如何成为贤臣,他根据职责的高低将臣分为小臣和大臣,对小臣的要求是尽守职责,"忠上爱主";"思不出其位,虑不过其职,竭力致诚,忠信而已"(《世要论·臣不易》)。对于大臣,仅仅尽职尽责还不够,还要为君主出谋划策,分忧解愁,"以道事君"。据此,臣不能对君主一味地顺从,而要敢于直谏。"贤人君子,不忍观上之危,而不爱身之殆,故蒙危辱之灾,逆人主之鳞,及罪而弗避者,忠也,义也。"(以上皆见《世要论·谏争》)如果臣能以"忠义之道"事君,君以圣明之智待臣,就会"君臣辑穆,上下一心"(《世要论·兵要》),君臣之间建立起和谐的关系。

汉魏之际较为细致地论述君臣关系的是杜恕,他著有《体论》,提出了君臣一体的理论,可以说这是对当时君臣理论的一个总结。杜恕认为君臣是同体相须的关系,两者不可或缺,也不能分离。"君为元首,臣为股肱,期其一体相须而成也"。这一理论的目的在于改善君臣关系,加强统治集团内部的统一。杜恕认为,"君臣离体,而望治化之洽,未之前闻也"。

在君臣这个统一体中,君和臣又各有其体。"君之体"主要表现为设官分职,委任责成,好谋无倦,宽以得众,含垢藏疾,不动如山,难知如渊。"君之体"主要是指君主的权力、威势和御臣之术,这些是君御臣必须紧紧把握的。"君有君人之体,其臣畏而爱之。"(以上引文见《体论》,《群书治要》卷四十八引)

"臣之体"表现在以下几方面:(1)恤下顺上,安民尊君;(2)不贪禄位,施博礼恭;(3)不图虚名,修内让外;(4)推贤让能,广树并进。"臣之体"的中心是阐发"事君之道",为臣提供基本的行为准则。

汉魏之际的君臣理论是现实中君臣矛盾在理论上的反映。一方面,这一理论强调了君权的至上性,主张君尊臣卑;另一方面,论证了臣的价值,提出君臣相须。其政治意义在于对曹魏的"名法之治"进行论证和补充,使之适应社会由乱向治转变的历史进程。政论家们是从不同的角度为建立完善的君主专制政体进行论证,他们的分歧不过是通过什么样的方式和途径来实现君臣之间的和谐,以有效地发挥君臣的政治功能。也正因为这一相同的目的,使儒法思想的合流有了政治基础,这一时期的君臣理论恰好反映了这种思想的合流。

3. 综核名实

东汉以名教进行统治，名教影响着社会的各个领域，尤其是在选官用人制度上，因名取士成为选拔人才的重要途径。汉末，随着经学的衰落，名教也失去了原有的地位，根据名教原则而实行的征辟察举制度受到影响，选举官吏的权利逐渐被世族豪门所垄断，名实不符成为选官用人方面存在的普遍现象。"汉末之世，灵献之时，品藻乖滥，英逸穷滞，饕餮得志，名不准实。"（《抱朴子·外篇·名实》）面对这种局面，汉魏之际的许多政论家提出了批评，要求"循名责实"的社会呼声愈来愈高。

曹操推行名法之治，他对名实的态度是很明确的，即反对虚名，务求实际。在他看来，名对于人来说没有什么实际价值和意义，一个人只要有真才实能并且能发挥实际作用，就应该被重用，所以他提出"惟才是举"。这种认识在割据纷争的战乱时期收到了实效。

曹魏政权的统治者继承了曹操的思想和政策，坚持重实轻名，特别是曹操的孙子明帝曹睿，他曾说："选举莫取有名，名如画地作饼，不可啖也。"（《三国志·卢毓传》）曹氏祖孙竭力反对虚名，主要是基于政治需要。

刘廙认为名与实都很重要，两者是既相互制约又相互统一的关系。他看到现实中存在许多"名实相违"的事实，提醒统治者在用人时要注意正名督实，认清徒有虚名的人，这种人是很危险的。他们具有很大的迷惑性，他们把自己的真实面目隐藏起来，投君主之好，骗取信任。君主如果不督察其实，就会被他们欺骗，结果使"真实之人黜于国，阿欲之人盈于朝矣"（《政论·疑贤》）。据此，刘廙上《论治道表》，主张对官吏的考核要看其实际的功绩和能力。"课之皆当以事，不得依名。……如此行之，则无能之吏，修名无益；有能之人，无名无损。"（《三国志·刘廙传》注引）在实能与名誉发生矛盾时，看实能是主要的。他的主张受到了曹操的赞赏。

建安七子之一的徐干在其所著《中论》中对名实关系进行了探讨，《考伪》篇说：

> 仲尼之殁，于今数百年矣，其间圣人不作，唐虞之法微，三代之教息，大道陵迟，人伦之中不定。于是惑世盗名之徒，因夫民之离圣教日久也，生邪端，造异术，假先王之遗训以缘饰之，文同而实违，貌合而情远。

在他看来，"惑世盗名"和"文同而实违"等名实相背的现象从孔子死后就已出现了，这些人假借圣人之名，行利己之实。不过以前这类现象还不足以成为"人伦之大患"，因为他们"术异乎圣人者易辨"，而当今"为名者之异乎圣人也微,视之难见",不易辨别,所以对世人的影响大。徐幹十分痛恨"伪名",认为"伪名"的最大危害是"乱德",使人们道德观念混乱,是非观念颠倒。"人徒知名之为善,不知伪善者为不善也,惑甚矣。"徐幹认为名实之间,实是主要的,名是由实决定的。他说:"仲尼之所贵者,名实之名也,贵名乃所以贵实也。"如同植物与时令的关系一样,随着节气的不断变化,植物也不断地生长、成熟,这个过程是客观的,是"无为而自成"的,不可按主观意志随意改变它,"若强为之,则伤其性矣"。具体到人也如此,不要为名而求名,而要以实显名,君子只要"独乐其道,则不闻为闻,不显为显"(以上皆见《中论·考伪》),只要务实,名则自然成。徐幹的名实论比起他人来有较强的思辨特征。

汉魏之际的名实论在注重循名责实的基础上,更强调了实的价值,一切惟实,从实出发,求实务实,成为名法思潮的一个特点。这种重实的意识,给予传统的名教意识以极大的冲击。但是,由于传统观念的根深蒂固和新的世族势力形成等原因,随着名法之治的削弱,这股务实之风未能发扬下去,被随之兴起的玄学之风所取代。

第二节 魏晋玄学中的政治思想

魏、晋时期兴起的玄学,可以从哲学、美学、文学等等不同角度去研究。从政治思想史看,玄学决不是远离现实政治和社会的纯抽象之论。应该说,它是一股政治思潮。一般而言,玄学对政治中的具体政策与运作问题讨论得较少,但对政治指导原则和政治思路,可谓作了高屋建瓴之论,别开一路。以何晏、王弼为始的玄学,因推崇"三玄"即《老子》、《庄子》、《周易》,并通过研究"三玄"而阐发"玄理"、言"玄远"(即抽象原理),而有玄学之称。玄学政治论的中心是名教与自然的关系问题。

一、何晏贵自然与用名教

何晏,生年约在193年(初平四年)至202年(建安七年)之间,249年(正始十年)被司马懿杀死。何晏是曹操的养子。齐王曹芳时形成司马懿和曹爽为首的两大政治集团,在角斗中,司马懿击败了曹爽集团,何晏因从曹爽而被杀。

何晏少年有才,学博见深,是魏明帝时期"浮华交会"的首领之一。其时的参与者有夏侯玄、荀粲、邓飏、傅嘏、李丰、王广等,还有更年少的王弼、钟会等。他们追求思想自由,虽然见解各不相同,但在总倾向上,大抵都沿着冲破汉儒的束缚或修正儒学的方向进行思考,程度不同地赞扬老子。在正统的儒家眼中,这是一批叛逆者。

何晏学兼儒、道、法,著作甚丰,主要有《老子道德论》、《周易何氏解》、《论语集解》等十余种,但大都佚失,仅存《论语集解》和《全三国文》辑录的《无名论》、《道论》、《无为论》及一些片言只语。在政治思想上,何晏主张行无为而用名教。

何晏不赞成汉儒的天命现,他皈依老学,主张"天地万物皆以无为本。无也者,开物成务,无往不存者也。阴阳恃以化生,万物恃以成形,贤者恃以成德,不肖恃以免身。故无之为用,无爵而贵矣"(《晋书·王衍传》引)。"无"为万物之本原,又潜藏于万物,还是万物赖以生存的依据。他又说:"有之为有,恃无以生;事而为事,由无以成。"(张湛《列子·天瑞》注引)何晏的"无"并不是纯粹的"无",而是万物之"有"内在的东西。他指出:"而于有所有之中,当与无所有相认。"用今天的话表达,"有所有"是个别,"无所有"是一般,一般寓于个别之中。一般只有在理性中把握。正是这一点,与汉代神性很强的"天"形成对立。何晏的"无"、"道"、"一"、"元"、"无名"等概念细分无不微别,但大体同指,可互代。就实而论,何晏所崇的"无"与汉儒所崇的"天",其内容有许多是相同的,但作为理论的元点则大异。何晏的"无",重在说明万物的自然性,并探讨自然性的一般性,举起"无"的大旗就意味着宣布"天命"死了。在思想史上,我们经常可以看到,理论元点的不同会导致思维方式的不同。何晏崇"无",无疑是对汉儒最猛烈的一击,这也是何晏遭到正统儒家詈骂的重要原因。

何晏对自然与名教的关系虽没有一个较明确的论断,大抵是抑名教而扬自然。他提出政治上应"无为"、"无名"、"返太素",有德者应实行无为之治。"无为而治者,其舜也欤!"这种无为并不是绝对的无为,而是指君主要善用人,臣劳而君佚。"言任官得其人,故无为而治。"(《论语集解·公冶长》注)又引包成的注解:"德者,无为,犹北辰之不移而众星并之。"何晏的无为显然近于黄老的无为之术。他还主张君主默默行事,不赞成要民歌功颂德,提出君主行无名,去有名。他在《无名论》中说:"为民所誉,则有名者也。无誉,无名者也。吉夫圣人,名无名,誉无誉,调无名为道,无誉为大。"儒家十分注重正名和礼仪,也就是说特别注重形式主义。形式主义是将人的贵贱等级分明化所不可缺少的。何晏的无名主张在政治上无疑是对儒家名教的反动。

魏晋时期关于圣人"有情"与"无情"的问题,是政治伦理中的一个重要问题。"有情"则通向名教,讲仁、讲义;"无情"则通向自然。何晏同意夏侯宝的"圣人以自然用"(《无名论》),主张圣人无情,即"何晏以为圣人无喜怒哀乐"(《三国志·钟会传》注引何劭《王弼传》),强调自然必然导致轻蔑名教。可惜,他这方面的论述全佚。但在实际上,何晏并没有把这一命题贯彻到底,他对礼教还是很重视的。这在《论语集解》中表现得十分明显,如:"恭不合礼,非礼也。"(《学而》注)"慎而不以礼节之,则常畏惧。"(《泰伯》注)"民莫不敢不敬,故易使也。"(《宪问》注)"先能事父母,然后仁道可大成。"(《学而》注)他在《与夏侯大初难落济叔嫂无服论》中,十分强调男女之别、正名和礼教:"夫嫂叔宜服,诚自有形。"他也赞成修身治国之论,在《奏请大臣侍从游幸》中讲:"善为国者必先治其身,治其身者慎其所习。"(《三国志·齐王芳纪》)

何晏是玄学的初期人物,思想比较驳杂,道、儒、法兼具,以道为主导。

二、王弼"名教出于自然"的政治哲学

王弼(226~249年)字辅嗣,是玄学的巨擘。他比何晏小二十余岁,在"贵无"这一点上与何晏是同党,深受何晏器重。他们没有师承关系,无法说王弼是青出于蓝,但他是后学,可谓青胜于蓝。王弼出身望族,仕途未达即英年早逝,死时仅二十三岁。王弼不是政治家,也谈不上是政论家,他几乎没有涉及时政,但却是一位政治哲学家,他放言立理,与政治丝丝入扣。他反对逃避现实的隐士,"处于明动尚大之时,而深自幽隐以高其行,大道既济而犹不见,隐不为贤,更为反道,凶其宜也"(《周易注·丰卦》)。学者皆云玄学主张思想解放、个性自由,这位少年玄学家却显得十分霸道,连隐士也容不得,不过,也反映出他是主张积极参与时政的。在思想多元的情况下,王弼建立了自己的政治哲学观。他的著作近十种,尽集于《王弼集》中。

1. 以无为本,崇本举末

王弼在《老子指略》中,对儒、法、名、墨、杂家一一作了分析和评论:

> 法者尚乎齐同,而刑以检之。名者尚乎定真,而言以正之。儒者尚乎全爱,而誉以进之。墨者尚乎俭啬,而矫以立之。杂者尚乎众美,而总以行之。夫刑以检物,巧伪必生;名以定物,理恕必失;誉以进物,争尚必起;矫以立物,乖违必作;杂以行物,秽乱必兴。斯皆用其子而弃其母。物失所载,未足守也。

王弼的气势夺人,对上述五家,他采取了俯视之势。当时儒学尽管衰

落,毕竟尚为官学,在社会中,特别是士大夫中,仍被众多的人视为圣教,王弼却批评法、儒等对客观世界的认识和操作均不得要领,"用其子而弃其母"。那么王弼认定的"母"是什么?与何晏相同,他主张以"无"为本。

王弼的以"无"为本有多层含义,概括而言,"无"为万物之源,是宇宙万物之始祖;又是万物存在的内在依据。天地万物从无中生出后,便进入有形有名阶段,"无"对"有"具有内在的支配作用。从有与无的关系来看,"无"寓于"有",同时又是"有"的本质。

以无为本,那么一切可以感觉到的现象世界都属于"末"。但王弼不同于《庄子》之弃"末"、鄙视"末",而是主张"崇本息(生息)末"。他认为《老子》之书一言以蔽之,"崇本息末而已矣"(《老子指略》)。其实《老子》一书对"末"远没有像王弼这样持积极态度。他又说"守母以存其子,崇本以举其末"(三十八章注)。还说以本"营本"(五十九章注)。"末"不仅不能忽视,还要积极地去认识它。他在《论语释疑》中讲:"欲明本,举本统末,而示物于极者也。"

王弼以"无"为本、以万物为"末"。"崇本息末"之论既是世界观,又是方法论。他的政治哲学都是在此基础上展开的。

2."名教出于自然"与对汉儒"任名以号物"的批评

王弼的"自然"一词不像"无"那么玄,但又同"无"相类。它不仅仅指物的自然存在,又指物的内在支配力量和本质。他说:"'自然'者,无称之言,穷极之辞也。"(二十五章注)"万物以自然为性,故可因而不可为也,可通而不可执也。"(二十九章注)

自然与名教是什么关系呢?何晏未能给予明确的说明,王弼也未直接把自然与名教连在一起构成一个范畴。当代学者把王弼的见解概括为"名教出于自然",大体是准确的。从自然派生出的名教是什么呢?《老子注》中曰:"始制,谓朴散始为官长之时也。始制官长,不可不立名分以定尊卑,故始制有名也。"(三十二章注)概括而言,名教即上下尊卑等级关系。王弼认为"礼"出于自然。他说:"夫喜、惧、哀、乐,民之自然,应感而动,则发乎声歌。所以陈诗采谣,以知民志风。既见其风,则损益基焉。故因俗立制,以达其礼也。"(《论语释疑·泰伯篇》)王弼把民性也作为自然,这种自然同样是礼乐的必然依据。他又认为孝、仁、忠、恕等均出于自然。《论语释疑》曰:"自然亲爱为孝,推爱及物为仁也。"(《学而篇》)"忠者,情之尽也;恕者,反情以同物者也。"(《里仁篇》)王弼的认识与传统的儒家之论大有分别。其区别在于:儒家之论的依据是天命、人性和血亲关系,而王弼是从人与自然的关系给孝、仁、忠、恕定位。虽然他肯定了儒家政治思想的基本概念和范畴,但做了重要的修正。

任自然、用道的基本点是与天地合德,求得天、地、人之间的和谐。所谓"上承天命,下绥百姓,莫过于此"(五十九章注)。其中百姓之心是衡量器。"以天下百姓心,观天下之道也。天下之道,逆顺吉凶,亦皆如人之道也。"(五十四章注)将这种认识用于政治,主要有如下几点:

其一,对统治者,要求节制欲望,实行无为、无欲。《老子注》说:"天地相合,则甘露不求而自降。我守其真性无为,则民不令而自均也。"(三十二章注)过分的"有为",即干涉过多是造成混乱的根源,"愈为之则愈失之矣"(五章注),统治者对下以少干涉、少索取为上策。

其二,对于百姓,要实行愚民政策。在王弼看来,愚与自然是相通的,《老子注》云:"愚,谓无知守真,顺自然也。"(六十五章注)圣、智、巧、仁、义虽不无可取,但有了这些东西,一定会招致更多的祸害。他最终选择了愚民之策,在他看来,用圣、智、仁、义害多于利。当政者的高明不是显示自己的圣、智、仁、义,而是用自己的智慧把民众都变成动物化的人。这就是《老子指略》中讲的:"不攻其为也,使其无心于为也;不害其欲也,使其无心于欲也。"统治者最高妙之术是把百姓变成婴儿化的人。"皆使和而无欲,如婴儿也。"(四十九章注)把百姓婴儿化,可以少很多麻烦,但人们都变成无智无欲的行尸走肉,那才是真正的历史灾难。如何做到这一步,王弼也未开出新药方,大抵还是老子绝圣弃智、知足等老一套。

其三,关于刑罚。王弼认为刑罚是维护统治的基本手段,与自然既有统一的一方面,又有矛盾对立的一面。刑罚的准则应该是"道"。《周易注》曰:"刑人之道,道所恶也。以正法制,故刑人也。"(《蒙卦》)这就是说,执行刑的人应秉"中正"。

王弼肯定"道刑",但又认为刑与自然相对立,他从理论逻辑方面更多的是对刑罚的批判乃至否定。否定刑后如何控制社会呢?他提出以"文明"、"感化"和以"谦"服人。《周易注》:"止物不以威武,而以文明,人之文也。"文明指的是礼仪,这里又显示了王弼对礼仪的重视。他还提出要以谦服人,"不能以谦致物,物则不附"(《困卦》)。这些表明了王弼的理想与善良的愿望,但又不免是虚幻。

其四,有为和无为。在正常的情况下,王弼主张无为;在特殊时期,他又主张有为。《周易注》称:"蛊者(指惑乱之时),有事而待能之时也。可以有为,其在此时矣。"(《蛊卦》)有为的内容很多,主要有四:

一是要敢于适时鼎革改制,《周易注》称:"凡不合然后乃变生,变之所生,生于不合者也。故取不合之象以为革也。"(《革卦》)二是有为要善于用

· 298 ·

谋。《周易注》说:"凡物,穷则思变,困则谋通,处至困之地,用谋之时也。"(《困卦》)这同他反复讲的绝圣弃智显然相悖。三是要处理好刚柔关系。用今日之语,可谓政治中的软硬两手或胡萝卜与大棒。王弼主张刚柔并济、刚尊柔卑。《周易注》云:"刚柔相比而相亲焉,际之谓也。"(《习坎卦》)无论是用刚还是持柔,都要以中正为度,"天德刚而不违中,顺天则说,而以刚为主也"(《萃卦》)。"柔著于中正,乃得通也。"王弼认为历史上一切都在变,惟中正之道不变。因此,只要处中正便可排万难。中正固然不失为处世的艺术,但也可以成为无能和迂腐。历史不是在中正中前进的,而是走的曲折之路。从政治的角度看,有时刚或柔比中正更有利于解决矛盾和促进发展。四是要因时权变。《论语释疑》说:"权者,道之变。变无常体,神而明之,存乎其人,不可豫设,尤至难者也。"(《子罕篇》)掌握时机,是智慧之巅。他在《周易略例·明卦适变通爻》中讲:"犯时之忌,罪不在大;失其所失,过不在深";智者要做到即使"动天下,灭君立而不可危也"。王弼说得极为直快而又不顾当时的道德准则,可谓豪放之论。他没有被牵涉进何晏一案,不知与他的这种"智慧"是否有关。

有为的条件是无患,《周易注》曰:"有事而无竞争之患,故可以有为也。""有为而大亨,非天下治而何也!"(《蛊卦》)就实而论,有为而无竞争之患的情况是不存在的,应该说,无竞争之患也就无所谓有为了。

有为的归结点又是无为。《周易注》说:"改命创制,变道已成。功成则事损,事损则无为。"百姓的惯性是守旧,"可与习常,难与适变;可与乐成,难与虑始"(《革卦》)。改革成功之后,民众便会改变态度,顺而尊上,此时可以无为矣。

任自然、无为是王弼政治思想的主调,但同时又容纳了有限的有为,这种有为大体不离儒、法、刑名。有为的归结点又是无为。从而反映了王弼的道、儒、法、名糅合的思想。

3."执一以统众"的温和的君主专制论

在世界观与方法论上,王弼主张"执一以统众"。"一"为"本"、为"宗主";"万物"、"众"、"多"是"一"的派生物,是"末"。"执一以统众"用于社会,"一"就是君,"众"便是臣民。这种世界观与方法论无疑很有价值,但把君主视为"一"的人格化,便从世界观上肯定了君主制。王弼在《周易注》中讲得很清楚:"万国所以宁,各以有君也。"(《乾卦》)中国古代的思想家几乎都把秩序与君主视为同一体,而且君主的职责之一就是使人民归于"一"。王弼也没有跳出这个圈子。

王弼为君主之道做了一番设计和规定。最根本的是实行无为。《老子注》说,"为[治]者务欲立功生事,而有道者务欲还反无为"(三十章注)。具体而言则有"应天"、"积德"、"公"、"诚"、"利民"、"贵食"等规定。《周易注》还一再讲君主行事要"心存公诚,著信在道"(《随卦》),"用心存公,进不在私"(《乾卦》)。存公去私的标准是利众人。"因民所利而利之焉,惠而不费,惠心者也。"(《益卦》)

为了实施圣人之治,君主要尚贤,要善于发挥臣下的智能并为己所用。为臣的则要尽臣道,臣要自觉地认识到自己的地位是"坤"、是"阴"、是"地",是不能独立的,因此以卑顺为基本原则。王弼告诫臣子,势盛必危,"逼近至尊,履非其位,欲进其盛,以炎其上,命必不终"(《离卦》)。

王弼的君主专制不像法家那么严酷,也不像儒家那么神圣,但又采用了法、儒的基本原则。他的特点是比较温和、大度。

4. 圣人与理想

圣人问题是中国传统政治观念中的核心问题。汉儒的圣人观念虽然并不完全一致,但大体相同。汉末魏初政治之变,对圣人发生了疑问与争论。圣人在玄学中同样是一个突出的问题。何晏认为圣人无喜怒哀乐,王弼驳之,认为"圣人茂于人者神明也,同于人者五情也"(何劭《王弼传》)。圣人同凡人一样有五情,但其神明则又超越凡人。

王弼认为圣人最根本的特征是能与天地合德、通无、应物。"自然"、"道"也就是"无",所以又说"圣人体无"(《王弼传》)。这圣人是"自然"的体现者。但圣人又是现实的人,有喜怒哀乐,要与物相交,以五情"应物"。圣人之情不同于凡人者在于,"圣人之情,应物而无累于物者也"(《王弼传》)。圣人与物的关系最突出的一点是"无私于物"(《周易注·屯卦》)。说穿了,即圣人与物既不要成为自己的桎梏,又不要成为对象的桎梏。这无疑是很豁达的,又不免自由化,难于操作。

圣人的使命与责任是使物返朴归真。《老子注》曰:"朴,真也。真散则百行出,殊类生,若器也。圣人因其分散,故为之立官长。以善为师,不善为资,移风易俗,复使归于一也。"(二十八章注)"百行出,殊类生"本是历史进化中的必然现象,王弼却认为破坏了"本",是祸乱之源,他反对多样性、多元化,要"归于一",实际上就是取消人类的多样性。取消多样性、多元化的基本之术是愚民而归厚。王弼主张取消"探幽",禁绝"先觉",杜塞"勇敢",真可谓以己昭昭而使人昏昏,何其毒也! 除了统治者、圣人之外,所有的人都变为愚昧无知的"浑人",也就可以做到"均天下"(七十七章注)。然而这种"均"实在太残酷了,打着"均"的动人旗号,干的却是愚民之道。民愚,即使不均,也不以为不均也,所以民愚而后"均"!

王弼以"无"为本,学出《老子》。他的入仕精神很浓,与《庄子》相去甚远。在政治上,他力图融合道、儒、法、名诸派。虽然在运用和操作中,这几家是可以兼存的,但在理论体系上是不可能一以贯之的。但他力求把自然与名教统一起来的理论思考,对当时和以后的思想产生了很大的影响。

三、嵇康、阮籍"越名教而任自然"的政治观

嵇康(223~262年)、阮籍(210~263年)是通常所说竹林名士的代表。与何晏、王弼的玄学相比,可谓第二期人物。实际上,他们的年龄相差无多,属同时代的人,思想大体相同。倘若比较而言,嵇康的越名教而任自然的思想比阮籍更典型。嵇康从冠带之年即"不涉经学",称"老子、庄周,吾之师也"(《与山巨源绝交书》)。阮籍的早期儒家思想十分浓重,这在他的《乐论》中表现得十分突出。另外,嵇康执着地追求任自然,活得艰苦,最后被司马氏杀害,而阮籍却比较圆滑。所以这里把嵇康放在阮籍之前。

嵇康、阮籍之作都说不上是典型的政论,更不涉及时政,但他们崇尚的观念却具有更强烈的政治功能。嵇康、阮籍在士林中影响极大,为士人所尊。他们对司马氏政治集团的不合作态度,使司马氏心烦意乱。无耻的钟会看到这一点,便借朋友之头向司马氏进计曰:"嵇康,卧龙也,不可起。公无忧天下,顾以康为虑耳。"(《晋书·嵇康传》)嵇康为学、为人都有巨大的感召力。"康将刑东市,太学生三千人请以为师",临刑又壮奏《广陵散》,表现了一个真正士人所具有的无所畏惧、坦荡、从容和正义气概。对司马氏杀害嵇康,固然有弹冠相庆之徒,但从历史的长河看,嵇康的死赢得了历史! 就实而论,嵇康并不是司马氏的政治反对派,也未参与大的政治活动,他只不过是因思想困惑而好思,发表了一些独特的见解而已。偌大的政治集团却害怕一介书生,何其卑劣! 何其虚弱!

封建时代被屈杀的人不计其数。但杀害嵇康这样的人,却有着特别的意义。嵇康是一代思想家,司马氏错杀一人其罪小,扼杀民族的思考精神其罪大!

嵇康的著作收在《嵇康集》中,阮籍的著作收在《阮籍集》中。中华书局均有校注本。以下引文仅注篇名。

1. 反名教,非周孔,抛弃儒家奉为"太阳"的六经

嵇康反对与批判名教,固然有历史的原因:名教之伪,使众多的士人失去对名教的认同。但嵇康作为一位思想家,他有深刻的理论为依据,这就是崇尚意志自由。《文心雕龙·才略》云:"嵇康师心以遣论。"刘勰的评论是中肯的。嵇康在《答难养生论》中称:"故世之难得者,非财也,非荣也,

患意之不足耳！"嵇康的"意足"，既包含意志自由，即排斥外界对主观意志的束缚；又含有自意为足，即对外界物质生存条件不提出更多的要求。

嵇康之所以特别强调"意足"，还有更深层的依据，即心、身二物论。他承认形神相须，但他又认为"神"、"意"、"志"、"心"是一种独特的存在。在《声无哀乐论》中说："心之与声，明为二物。二物诚然，则求情者不留观于形貌，揆心者不借听于声音也。察者欲因声以知心，不亦外乎？"他这里所说的"声"可以视为客观世界（包括自己之身）的代称。神虽不离形，但他追求的是独立的自我意识和自然之欲。这些与名教的规范是冲突的，于是展开了对名教的批判。

嵇康认为，"心"不应困于是非，而名教是倡导并规定是非的，因此是"心"的牢笼。为了摆脱牢笼，他提出"越名教"而"任心"。"夫称君子者，心无措乎是非，而行不违乎道者也。""越名任心，故是非无措也。"（《释私论》）自从独尊儒术以来，的确在社会上形成了铺天盖地的儒家教条主义，千人一面，万腔一调，思想理论界弥漫着重复复重复的陈辞滥调。"（常人）以多自证，以同自慰，谓天地之理，尽此而已矣。"（《养生论》）要冲破这种"以多自证"，"以同自慰"的认识走势和价值观念，不仅仅是犯众，简直是大逆不道。如果嵇康不把对立面拉出来，悄悄地说自己的话，事情或许不那么尖锐，当他公然与"多数"对抗时，靠平庸为生的"多数"是不会珍惜任何奇才的！

嵇康认为名教与自然人性也是对立的。他在《难自然好学论》中讲：

> 《六经》以抑引为主，人性以从欲为欢。抑引则违其愿，从欲则得自然。然则自然之得，不由抑引之《六经》；全性之本，不须犯情之礼律。固知仁义务于理伪，非养真之要术；廉让生于争夺，非自然之所出也。

在汉儒看来，《六经》不仅与人性相符，而且是人性的理论化和人性的标志。许多儒生一再宣称，违背《六经》即违背人性，也就失去了做人的资格。嵇康反其道而提出抗论，认为《六经》的抑引功能是违背人性的。嵇康所说的人性之"欲"和"愿"并不是纵欲，而是顺自然，以养生为宜。正如在《答难养生论》中所说："古之人知酒肉为甘鸩，弃之如遗；识名位为香饵，逝而不顾。使动足资生，不滥于物，知正其身，不营于外。背其所害，向其所利。此所以用智遂生之道也。"《六经》的牢笼，使人举手犯禁，诚可痛恶！

嵇康对儒家的名教进行了辛辣的抨击。他认为社会之乱在于名利，而其根源正在于名教。《六经》本是祸乱之源，然而众生却不觉悟，不仅"立

《六经》以为准",而且"谓《六经》为太阳,不学为长夜耳",在嵇康看来,实在太可悲了,也太可怜了。他放言,何必为自己带上牢笼,何必在头上挂上这个"太阳",反过来视之,"以《六经》为芜秽,以仁义为臭腐"立刻释然,重压卸地。一句话,"《六经》未必为太阳也",不学《六经》,"未必为长夜"。就实而言,无论是在当时还是以前,都有不少人批评儒家,但像嵇康这样要把皇帝这颗挂在天上的"太阳"摘掉,弃之如敝屣,还是不多见的,没有掉头破家的勇气是难以做到的。他的友人吕安把"明"(即认识)和"胆"(即勇气)视为互补相需的关系。吕安说:"人有胆可乐明,有明便有胆矣。"嵇康认为"明"与"胆"应分为二,两者未必互补相需。他在《明胆论》中说:"明胆异气,不能相生。明以见物,服以决断,专明无胆,则虽见不断;专胆无明,达理失机。"在"明"与"胆"的关系上,嵇康之论至确。在中国历史上决不乏明察聪明之士,然有"胆"者则寥寥尔。嵇康可谓有"明"有"胆"!

儒家的名教、礼乐崇拜与圣人崇拜是交织在一起的。儒家崇拜的圣人主要是唐尧、虞舜、大禹、商汤、武王、周公和孔子。当嵇康的理论再进一步,便不可避免地把矛头指向这批圣人。他在《卜疑》中毫不掩饰地自白:"轻贱唐虞,而笑大禹。"在《与山巨源绝交书》中言:"每非汤、武而薄周、孔。"他明明知道这是"世教所不容"的,但他偏偏要明火执仗进行鞭挞。他的目的在于冲破以周、孔为代表的牢笼。认识被人格化,认识就注定要走向窒息,这可以说是一种必然现象。人类的认识史一再表明,一位哲人的出现常常会把认识推向一个新的阶段,或者可以反过来说,时代的认识大抵都要通过哲人集中起来。但人格化的认识不能作为认识的界定,更不能作为认识的准则和终结。独尊儒术最大的弊病就是把周、孔作为认识的界定、准则和终结。这样便把社会的认识锁入圣人化的牢房,室碍了变通达微。这对于庸人是无所谓的,但对于一个思想家,就是绝对不能容忍的了。再加上嵇康的诗人情感,很容易把这些圣人在认识发展史中的贡献予以否定。嵇康在这一点上不免过激。

阮籍的思想经历比嵇康曲折,他"本有济世志",曾想积极入仕。《乐论》是他早期的作品,可视为他的"济世"之作。阮籍在文中努力寻求名教与自然的统一,并且在统一中十分强调名教的神圣性。魏晋之际,特别是正始十年(249年)以后乱杀士人,给阮籍以极大痛伤,生活态度发生了180度的大转变。"天下多故,名士少有全者,籍由是不与世事,遂酣饮为常。"(《晋书·阮籍传》)阮籍放浪形骸,既有玩世不恭的成分,又有看破名教的原因。他从倡名教转向疑名教、反名教,并把矛头指向了神圣的君主,用重笔抨击冠冕堂皇的名教之虚伪和无耻。

阮籍在《大人先生传》中写道:"君立而虐兴,臣设而贼生,坐制礼法,束缚下民";又指责君主"竭天地万物之至以奉声色无穷之欲","汝君子之礼法,诚天下残贼、乱危、死亡之术耳"。儒家奉为圣典的《六经》是把人分成你一团、我一伙贵贱有别的罪魁。"今汝尊贤以相高,竞能以相尚,争势以相君,宠贵以相加,驱天下以趣之,此所以上下相残也。"愤懑之情不能禁,于是痛斥儒士是一帮伪君子。这些伪君子表面上"束身修行,日慎一日",整日间"诵周、孔之遗训",而真正的目的是"上欲图三公,下不失九州牧"(《大人先生传》),不过是一堆裤裆里的虱子。"汝独不见乎虱之处乎裤中,逃乎深缝,匿乎坏絮,自以为吉宅也;行不敢离缝际,动不敢出裤裆,自以为得绳墨也;饥则啮人,自以为无穷食也",这种比喻可谓调侃到家了。你看这帮儒生虱子沿着礼法的裤缝爬来爬去,藏在破棉絮里冷不防地去啮人!还有比这更刻薄的吗?

嵇康、阮籍几乎不论时政,尤其阮籍"未尝评论时事,臧否人物"(《世说新语·德行》注引李康《家诫》)。尽管如此,他们的上述之论把儒生的筵席都掀翻了。他们的这些话在《庄子》一书中虽然大都说过了,但面临的时代大不相同。《庄子》的作者与当时的儒家是学术之争,在人格和认识上是平等的。嵇康、阮籍时代,儒家作为思想权威已有近三百年的历史。在这期间虽然不断有人向儒家提出疑问,甚至挑战,但却还没有人像嵇康、阮籍这样公开摆出擂台与儒家厮杀,他们要把人家的"太阳"打掉,掀翻筵席,在力量悬殊的情况下,嵇康被杀近于必然,阮籍幸免实属侥幸。

2. 政治理想:君道自然、"自然而足"

嵇康、阮籍否定了名教,否定了当时的整个社会秩序。他们向何处去呢?简言之,即任自然。

圣人治理的基本原则是君道自然,承天理物,天人交泰,天下为公。具体而言有如下几点:

其一,"崇简易之教、御无为之治"。为此君主要"静",其要是顺民情、从民志。"故四民有业,各以得志为乐,唯达者能通之。"(《与山巨源绝交书》)

其二,"以万物为心","以天下为公"。圣人治天下首先要崇公而释私。嵇康多处讲到君主代表着秩序,"民不可无主而存",同时也认为"主不能无尊而立"。但这同世俗流行的"人君资为天子,富有四海"的观念截然不同。"尊君位"是为"天下"而"不为一人"。这种观点早在老、庄那里已提出,在《吕氏春秋》中也有专文论述,不可谓嵇康新创。不过嵇康在当时重新提出这个问题,仍不失为最富有批判精神的言论。

其三,君主要去"我尊"、"我强"。最理想的状况是:"君无文于上"。所谓"无文",即抛弃仁义、礼律之制,去掉一切等级划分与贵贱标志;如果不得已而"建龙旗,服华衮",从观念上也要淡化并取消等级贵贱之别。服华衮"忽若布衣之在身",行朝仪"恬若素士接宾客也"(《答难养生论》)。要之,仅存礼乐而已。

有这样的君主治理天下,人们过着自给自足、自然的生活:"君臣相忘于上,丞民家足于下。""耕而为食,蚕而为衣,衣食周身,则余天下之财。犹渴者饮河,快然以足,不羡洪流。"(《答难养生论》)"饱则安寝,饥则求食;怡然鼓腹,不知为至德之世也;若此,则安知仁义之端,礼律之文?"(《难自然好学论》)

嵇康对名教的批判是深刻的,但他的社会理想只能在冥想中存在。现实的生活依然是那样的残酷,他几乎找不到生存点,所以活得十分痛苦,在《卜疑》中表达了他的内心苦楚和两难的选择。对如何生存,他一口气提出近二十七种方式,没有深切的生活撞击,是不可能提出来的。嵇康最后无路可走,只能寄希望于精神性"养生",乃至追求成神仙;在《家诫》中又教子面向现实,入俗随流,足见其痛苦之状!

阮籍同嵇康的社会理想大致相同,提出无君、无贵贱、达自然、返太素等主张。无君无臣在当时条件下,也就是无政府。无政府之后,只能靠每个成员的自律,"不违其纪"以求社会秩序的稳定。这显然是幻想。政治上无君臣,社会则要取消贵贱、贫富之分。如何取消,他没有设计出任何方案。阮籍认为自然是一个最伟大的、最完美的无所不包的存在。理解它、拥抱它,就拥有一切!究竟拥有什么?除了精神之外,其余什么都没有,现实依然是现实。

嵇康、阮籍是反逆时代的思想家。他们教人以精神胜利,而在当时也没有什么物质力量可以战胜不合理的现实,所以精神胜利是他们的惟一选择。追求精神胜利者与不合理现实相撞时多半是要遭殃的,但是精神胜利又是人类探索和创造所不可缺少的力量。这些人在现实生活中的灾难性际遇和提出的问题,一直启迪着人们不断再思考,他们的伟大正在于此!如果认为一切现实的都是合理的,那么,人类将永远走不出野蛮境界!

四、裴頠的崇有论的政治思想

裴頠(267～300年)字逸民,河东闻喜(今山西闻喜)人。其父裴秀是西晋的开国功臣之一。裴頠通医术,"通博多闻",死于八王之一赵王伦之手,年仅三十四岁。关于裴頠的著作,有材料说他著有《崇有》、《贵无》二论

(《三国志·裴颜传》注引)。《世说新语·文学》注也有"颜著二论"之说。《晋书》本传又说他著有《辨才论》,未成而遇祸。《崇有论》今收在《晋书》本传中,《群书治要》卷二十九引《晋书·百官志》也有裴颜的一段文章。因他讨论"有"、"无"以及"宗极"等玄学基本问题,所以也把他列入玄学之列。

裴颜反对何晏、王弼的贵无论。这里有政治上的原因,《晋书》本传说,"颜深患时俗放荡,不尊儒术,何晏、阮籍素有高名于世,口谈浮虚,不遵礼法,尸禄耽宠,仕不事事;至王衍之徒,声誉太盛,位高势重,不以物务自婴,遂相放效,风教陵迟。乃著《崇有》之论以释其蔽"。可见他不满贵无派的学说,主要是因为他不满于这种学说引起的"风教陵迟"的后果。裴颜遂从哲学本体论的方面构筑自己的哲学,以证明贵无的逻辑谬误。

在裴颜看来,所谓"无"就是"没有",没有怎么能生万物?所以将"无"看成万物之本是不对的。"夫至无者无以能生,故始生者自生也。"万物是自己生自己,"自生而必体有,则有遗而生亏矣"(《晋书·裴颜传》)。如果硬要为自生的事物找一种存在的根据,如王弼等人所说的"无",则不但"有"会受到损失,而且万物的产生也是不完全的了。可见裴颜对"无"的理解与王弼不同,他是将"无"看作"有"不存在时的状态。王弼的"无"虽也有这种因素,但更主要的还是指"自然"或道,指万物的统一性原理。

裴颜的世界观体现在下面这段话中:"夫总混群本,宗极之道也。方以族异,庶类之品也。形象著分,有生之体也。化感错综,理迹之原也。"(《晋书·裴颜传》)这是说,所谓宗极之道,就是万有的总合。万有根据它们不同的特征,可以分为不同的类别;一切有生之物,都是有形有象的;万有的变化、联系,总体现在一定的关系中,因此是有规律可寻的。

关于万有之间的相互关系,裴颜说:"夫品而为族,则所禀者偏,偏无自足,故凭乎外资。"这就是说,万有表现为不同的种类,而每一类都有其不足之处,所以就必须依赖他物。"偏"产生了不足,不足故须"凭资",这样组成的世界图式,是一个相互资助、相互依赖的关系网,这当中谁也无法脱离他物而独立。这就产生了一个"宜"的问题,也即合宜与不合宜、应该与不应该的量度问题。在裴颜看来,圣人就是因为这个缘故才创立了政治的。他说:"众理并而无害,故贵贱形焉。失得由乎所接,故吉凶兆焉。"万物之间相互依赖的关系,就是贵贱高下的关系,圣人顺从这种自然规律,建立起有等级之差的政治制度。另一方面,对这种关系的处理不同,会导致或吉或凶的后果,所以"贤人君子,知欲不可绝,而交物有会。观乎往复,稽中定务"。"故大建厥极,绥理群生,训物垂范,于是乎在"。换言之,自然万物相互依赖,相反而不可相无,这是人类政治生活得以成立的基础。圣人依此而建立标准和原则,又创制垂范,人类的生存才成为可能。政治的目的是"宝生",政治的手段则是"存宜"。"宝生"必须"存宜","存宜"又是为了"宝生",故"人之既生,以保生为全"。这就是名教存在的根据,同时也说明了名教(宜)与自然人性(欲)之间的关系。所以,名教政治的产生是源于众生"不足"、"依他"的本性,圣人不过顺其性而已。"兆庶之情,信于所习;习则心服其业,业服则谓之理然。是以君人必慎所教,班其政刑一切之务,分宅百姓,各授四职。"(以上引文见《晋书·裴𬱟传》)

裴𬱟认为《老子》一书的主旨,在于"表撝秽杂之弊、甄举静一之义",因而"合于《易》之损、谦、艮、节之旨",但损艮之属,不过是君子之一道,并非《易经》主旨就是主张虚无;老子也不过是想通过对本的强调,提醒人不要离本逐末。在裴𬱟看来,他之所以提倡"有"先于"无",乃是事出有因的。接着他还指出了玄学的流行所带来的后果:

遂薄综世之务,贱功烈之用,高浮游之业,埤经实之贤。人情所殉,笃夫名利。于是文者衍其辞,讷者赞其旨,染其众也。是以立言藉于虚无,谓之玄妙;处官不亲所司,谓之雅远;奉身散其廉操,谓之旷达。故砥砺之风,弥以陵迟。放者因斯,或悖吉凶之礼,而忽容止之表;渎弃长幼之序,混漫贵贱之级。其甚者至于裸裎,言笑忘宜,以不惜为弘,士行又亏矣。(《晋书·裴𬱟传》)

以上的批评涉及政事、风俗甚至人的行为举止。

裴𬱟认为,崇有与崇无之争关系到国家、社会的生死、存亡。他认为贵无派之"无"应为"末",崇有之"有"才是"本"。这样便把贵无派的"本"、"末"完全颠倒过来。像贵无派那样:"怀末以忘本,则天理之真灭。故动之所交,存亡之会也。"裴𬱟所说的"天理"即礼教。又说:"贱有则必外形,外形则必遗制,遗制则必忽防,忽防则必忘礼。礼制弗存,则无以为政矣。"(《晋书·裴𬱟传》)裴𬱟把崇无与崇有之争视为政治根本道路之争,应该说是有道理的。

裴𬱟用崇有肯定了设官建职,任官得人。无为而治的政治思想,是两汉以来即已流行的观点,本身并不新颖,但它在汉末曾发生过极大的动摇,正始、元康时期的放达之风又加重了这种怀疑的空气。魏晋以来,不少思想家一直在寻求一种重建这种理论及其实践的思想依据,崇有论的提出,实际上也就是试图从不同于贵无派的角度出发,为同一目的做论证。

裴𬱟生于西晋王权斗争异常激烈的时代,对于君权的衰弱深感痛惜。他提出了一些措施,企图对现实有所补益。他说:"政不可多门";"于今之宜,选士既得其人,但当委责,若有不称,便加显戮";"不当便有干职之臣";"帷幄张子房之谋者,不宜使多"(《群书治要》卷二十九引)。然而,这些建议对现实并未起到多大作用,相反他本人倒是死在八王对君权的争夺战中。

五、郭象"存在即合理"的政治思想

郭象(252～312年),字子玄,河南人。《晋书》本传说他"少有才理,好老庄,能清言"。曾做过东海王越的太傅主簿,据说他"任职当权,熏灼内外",很遭人菲薄。郭象的主要著作是《庄子注》一书,他在此书的序中说:《庄子》一书的宗旨在于"通天地之统,序万物之性,达死生之变,而明内圣外王之道"。其实这也就是他自己思想的总纲。郭象是魏晋玄学的集大成者,他的《庄子注》(以下引文仅注篇名)长期成为庄注的权威,他的"内圣外王"之道长期成为人们讨论的主题和追求的目标,其影响不可谓不大。

1. 论有无、性命与名教合于自然

在有无问题上,郭象的观点既不同于王弼,也与裴頠有别。在王弼看来,"无"是现象后面的本体,是一切存在物的根据。郭象则认为:"夫庄老之所以屡称无者,何哉?明生物者无物而物自生耳。"(《在宥》注)郭象把"无"仅仅看作是一个否定词,即"没有",它既非实体(不同于王弼),也不是"有"不在时的情况(裴頠),从逻辑上的"类型理论"的角度看,郭象在这里实际上是运用了不同层次的语言概念而不加区分。由于将"无"看成是一种概念的概念,因此他的哲学就能够丢开"无"而直接从"有"开始。

郭象也不完全同意裴頠对"有"的解释。虽然他也讲自生,但他认为裴頠的自生有几大缺陷:其一,裴頠的"有"是有偏、有不足,而郭象则认为正因为是自生,所以各存在物是独立的、自足的;其次,裴頠认为由于物有偏、有不足,所以要互相依赖,郭象对这一点最不满意,认为如果物是自生自足的,则所谓依赖就是臆想出来的东西。郭象这两点看法与他对自生这一概念的解释有关。

郭象认为,"上知造物无物,下知有物之自造"是庄子思想的核心。那么这里的"自造"(自生)是什么意思呢?郭象在《大宗师》注中说:"自得耳,道不能使之得也;我之未得,又不能为得也。然则凡得之者,外不资于道,内不由于己,崛然自得而独化也。"可见郭象的自生有两个特点,一是这种自生无外因可寻,这否定了造物的可能性;其次是自生也不指自己生自己,如果是这样的话,那么要生就生,全凭意志的作用,而这是不可能的。这里他又否定了存在的内部根据。所以,所谓自生就是"块然而生"、"崛然

而生",无缘无故地生,无因无果地生,无目的地生。万物的存在就是其存在的根据,这叫做"天然也,非为也"。郭象说,如果要找原因的话,也许可以找到几个,但追问到最后,总不能得到明确的答案,因此应该"任物之自然",不再去追问,这才是正确的态度。

郭象的"有"是自生自足的,这种不知其所以然、又不可改不可变的存在状况,就是"有"的本性。"凡所谓天,皆明不为而自然。言自然则自然矣,人安能故有此自然哉?自然耳,故曰性。"(《山木》注)这种性由于是自然而然的,所以不可变更和解释。"天性所受,各有本分,不可逃,亦不可加。"(《养生主》注)"性各有分,故知者守知以待终,而愚者抱愚以至死,岂有能中易其性者也!"(《齐物论》注)既然各存在物的性都是自足的,所以其间也就没有大小、寿夭、穷达、美丑、高下、短长的区别。"夫以形相对,则太山大于秋毫也。若各据其性分,物冥其极,则形大未为有余,形小不为不足。"(《齐物论》注)而且,由于"理有至分,物有定极,各足称事",所以任何违反这种必然的"理"、"极"的做法都是非分的,不正当的,为天理所不容。

以上的论述,郭象仅是从孤立的、个体的"有"的角度来考虑问题,但世界上并不存在绝对孤立的存在物,任何东西都是处在一定的关系之中的,所以也无法不与他物形成一定的关系。郭象事实上也并未否认这一点,只不过认为这种所谓"关系"是较为特殊的。与常人的看法不同,郭象认为,物与物之间仿佛的确有某种关系,但这种关系是假象,是幻而不实的。能有的只是"自为",而自为造成"相为"的假象。"天下莫不相与为彼我,而彼我皆欲自为,斯东西之相反也"(《秋水》注)。这就是说,存在物总是处在一种彼我的关系中,而彼我实际上只是自己独立存在着,其间并无关系,就像东方自东方,西方自西方,但由此却组成东方与西方一样。郭象又举例子说:"然彼我相与为唇齿,唇齿者未尝相为,而唇亡则齿寒。故彼之自为,济我之功弘矣,斯相反而不可以相无者也。"(《秋水》注)郭象称这种关系为"玄合",即暗合,实际就是否认二者之间有什么实质性的关系。由于不存在什么关系但却又似有了关系,所以这也是不知其所以然而然的,这就是"命"。郭象说:"不知其所以然而然谓之命。""性"是对单个存在物的描述,"命"则是对处于关系之中的存在物的性质的描述。"性"只针对"自生"、"自足"而言,"命"则关涉到存在物之间"相与为彼我"、"相为于无相为"的性质。"性"是一种内在特性,"命"则只是外在的性质。由于"命"有这种特性,所以它不免会引起目的、意志或因果的嫌疑,仿佛有谁规定它具有了这个特性一样。所以郭象又对"命"这个概念的使用加以限制,说:"似若有意也,故又适命之名,以明其自尔,而后命性全也。"就是说,

"命"这个词也应该丢掉,因为它给人以某种人为的印象。

郭象性命观的政治意义是很显见的,其最直接的后果,就是否认存在着怀疑现实政治生活的任何可能性。因为依他之见,人类社会中不存在因果关系,也不存在意志的作用;存在于人们相互间的关系是假象,无法追根溯源,更谈不上追寻其理由,因此任何对现存秩序的怀疑与改变都是无根据的,多余的。在这点上裴頠与郭象不同,他的目的也是要肯定现时存在的政治秩序,但他是通过对物与物之间关系的积极肯定来达到这一结论的。郭象不满意裴頠,在他看来,认为物与物之间存在着相互影响的实在关系,就等于说我们可以追问"为什么"的问题,而这是使人不安分,各起妄想的重要原因,它是政治动荡的根源。惟有使人"各冥其极",才能达到天下太平。

名教与自然的关系是魏晋玄学讨论的中心问题。对于这个问题,郭象有自己的一套解释。按郭象的思想体系,名教相当于上述的"命",而自然则与"性"相当。性与命、名教与自然的区别,仅在于语言的使用。单个存在物的存在状态,就是自然;用语言描述存在物相互之间种种仿佛存在的关系,就产生了名教。所以名教说到底,只是人为的体系,是人对存在的描述。举影与形的例子说,形与影各是一物,各有本性,这是自然;当我们说"形影相随"时,就产生了名教,因为正是在语言中才产生了"原因"、"作用"这些因素。就人体而言,"夫人之一体,非有亲也;而首自在上,足自处下,府藏居内,皮毛在外;外内上下,尊卑贵贱,于其体中各任其极,而未有亲爱于其间也"(《天运》注)。但一置语言于其间,便出现了上下、贵贱之别,人之一体便由自然而变成了名教的内容。就人与人的关系而言,"夫时之所贤者为君,才不应世者为臣。若天之自高,地之自卑,首自在上,足自居下"(《齐物论》注),君臣高下本是自然的事,但一经表达成人类的语言,在其中就包含了价值的高低。

总之,在郭象看来,名教与自然、"性"与"命"本是一致的。这种一致,根源于语言是对现实的表达,而这种表达本身并不重要,重要的是自然本身即具有为名教所表述的东西。君主是天然的贵者,自然当贵;臣民是天生的卑者,自然当贱。贵贱出自然,要"各安其分"(《秋水》注),但仍需有君主,"千人聚,不以一人为主,不乱则散。故多贤不可以多君,无贤不可以无君,此天人之道,必至之宜"(《人间世》注)。仁义,君王是天人之道,必至之宜,属于人的本性,因此是自然的,也是天理,这是性,因此也是命。虽然使用了名教的语言,但并不损害这种天性自然的存在。依郭象的观点,名虽不必然与其所表达者相乖背,但很可能相违,正是这种相违背引起了名教与自然关系的混乱。郭象认为,语言是用来表述实在的,但并不一定必然传达关于实在真相的消息。他说:"夫物有自然,理有至极。循而直往,则冥然自合,非所言也。故言之者孟浪,而闻之者听荧,虽复黄帝,犹不能使万物无怀,而听荧至竟。"(《齐物论》注)世界的存在状态本非语言可以描述,可人却不得不说话,由此而产生迷惑、混乱。郭象对语言的看法就是对名教的看法,即名教虽用以表现自然,却不可避免产生与使用语言同样的后果,因此,最好的办法是不要提倡,而应实行无言无为之治。

2. 论现象、本质与"内圣外王"

性与命、名教与自然的概念转入到政治的范畴之内,就是郭象所说的"迹"与"所以迹"的关系问题。"迹"是现象,"所以迹"是原因和本质;"所以迹"是性和自然,"迹"是命和名教,这两组范畴的地位各不相同。郭象详细地讨论了二者的关系。

其一,"迹"是末,"所以迹"是本。郭象说:"所以迹者,真性也。夫任物之真性者,其迹则《六经》也。"(《天运》注)即圣人所行的政治,是一种以任人之真性为主的政治,而《六经》则是这种政治的外在效果,因此是"迹",是不重要的。

其二,"所以迹"不可避免地要留下"迹",任物之真性的政治必然要转化成名教政治。这就是说,"所以迹"总会留下"迹",自然总会成为名教,使得天下人言响影般地执着于迹,从而使"迹"成为"所以迹"的桎梏。真正的治世圣人,所做的不过是放任万物的天性而已,"夫圣人因物之自行,故无迹"(《让王》注)。所以从圣人的角度说,他是无迹的。但圣人之存在,会导致天下大治,结果却引起人们的狂热,以为这种治绩本身即是所以导致治绩的东西,因而强加给他圣人的名字,鼓吹圣人政治。要避免这种情况,只有搞"绝圣弃智"。

其三,郭象批判了那种颠倒"迹"与"所以迹"关系的做法和观点。他反对提倡仁义,反对学圣人,也反对提倡诗礼的做法。认为"夫迹者,已去之物,非应变之具也"(《胠箧》注)。

"迹"与"所以迹"是一对矛盾,但又不可能去掉任何一方。这种矛盾的产生,根据于天下须治,而治天下又离不了圣人,圣人治天下的关键则是"内圣外王"观点。

郭象说:"物各有性,性各有极……各信其一方,未有足以相倾者也。"(《逍遥游》注)而在万物之上,有一种无待之人,即圣人,他无一定不变之性,也无边端,他不离万物,又超乎万物之上,郭象称之为"无待之人"。圣人的主要特点是:其一,圣人无心。无心则无所分别,不知短长、大小、是非利害；其二，无我，无我则与万物为一，故无所不我，"玄同外内，弥贯古今，与化日新"，万物的聚散、变化、死生、方圆亦即我的诸种变化；其三，无我则"与物冥"，"夫与物冥者，故群物之所不能离也"（《逍遥游》注）。无我者超脱了一小我的局限，与万物无碍，万物之性亦即无我者的性，万物的局限亦即他的局限，这样，小我之间不能相沟通的，无我之人可使之相通；其四，"无心而任乎自化者，应为帝王也"。照郭象说，圣人超脱了一切，成为万物都离不开的宗极，因此他也就是人间的帝王。"故无行而不与百姓共者，亦无往而不为天下之君矣。"惟有这样的圣人，才能治理天下，使"异方同得而我无功名"。天下人各发挥其一己之特性，圣人则使大家"遗彼忘我，冥此群异（消除种种差别）"，最后"同于大通"，达到"玄冥独化"之境，这就叫"内圣外王"。它是从无心起到天下大治的一个过程，在这个过程中，人生与政治中的问题都将得到圆满的解决。

但郭象强调指出，圣人之治天下并非出于有心，从无心到天下大治的过程不能颠倒过来。他说："世以乱故求我，我无心也。我苟无心，亦何为不应世哉！然则体玄而极妙者，其所以会通万物之性，而陶铸天下之化，以成尧舜之名者，常以不为为之耳。"（《逍遥游》注）也就是说，内圣并不妨碍外王，相反，外王倒是要以内圣为前提的。

郭象既认为名教合于自然，但又在自然的名义下主张淡化人为的提倡与推广，说到底又不抛弃它。让名教在淡淡的自然中实现，又在自然中保持名教；违犯了名教，也就违犯了神圣而伟大的自然。

六、玄学政治思想的特点

玄学政治思想与两汉政治思想有很大的不同，主要表现在下述几个方面：

其一，玄学侧重讨论传统政治哲学所忽略的问题，即政治思想的合理性之基础和原则。与两汉不同，它不大讲具体问题，不讲如何设官分职、观人任官、考课责功，而侧重讨论某些在前一阶段被视为自明之理的概念，如圣人、道、名教与道的关系，人为和自然等等。两汉人将圣人、道等作为毋需深究的出发点，并由之引出许多原则。例如，说"圣人设官建制"，接下来便转入讨论官、制的具体设置。又如，说"天不变，道亦不变"，"王者有改制之名，无易道之实"，但并不追究天的不变与制的变之间的关系。魏晋玄学则不然。它问这样的问题：名教、官、制是否具有独立的意义？如果不是，那么其合理性由什么条件来保证？如果道、圣人是这种合理性的保证，那么它（道、圣人）既然是惟一者，为什么可以保证作为杂多的众现象的合理性和一致性?它与作为现象的自然事实和社会政治制度之间是什么关系?玄学家们通过对这些问题的探讨,使传统政治哲学思维得以深化。

其二,在对具体政治问题的观点上,魏晋玄学也有其特殊之处。例如尊君问题,玄学似乎十分尊重君主的地位和作用,将之与道相比拟,认为是人间的宗极、惟一者。但实际上这种宗极成立的理由却来自把君主说成具有"静"、"无为"等特征的理论,这反而具有降低君主在现实政治中之作用的意义。又如名教问题,玄学将传统政治思想讨论的问题,用自然和名教这两个极为抽象的概念来表达,而名教的内容,又主要指整个人类的社会生活方式和制度(如嵇康、阮籍等人的讨论),这在一方面当然是扩大了传统政治所包容的范围,但另一方面也模糊了政治与社会的界限。结果,对名教(包括政治)的讨论代替了对政治的讨论,许多两汉时期广为探讨的政治问题,此时则消融到其他纲常名教问题中去了。

最后是此时期对无为政治的强调。几乎所有的玄学家都主张实行无为政治,主张君主少干涉政治的实际运行;官吏不以事功为能否的标准。这一点与两汉时期也大不相同,显然与这一时期君权衰微,世家大族的兴起有极大关系。

第三节 两晋及南朝儒家政治思想的承传与发展

汉末三国以降,政治分裂和社会动荡猛烈地冲击着汉代经学,在政治思想领域,儒学独尊的一统局面难以为继,出现了儒、玄、释、道诸般学说相争而并存的多元化态势。不过,在这一思想文化多元发展的表象背后,也存在着另一种倾向,从西晋至南朝宋、齐、梁、陈,汉代儒学的政治价值主体和若干政治原则依然承传下来,与两汉政治思想的发展保持着深层次的同质性。这一倾向表明了两汉的周孔之道在政治分裂和文化多元的特殊历史条件下能够依然故我,绵延不息,为隋唐之世儒学振兴及三教合一提供了必要的前提或保障。

一、论王朝更迭与王权合法性

两晋南北朝时期的政局紊乱和国势不稳主要表现为改朝换代极为频繁。与前朝四百年的汉家天下相较,这一时期的统治阶级惑于国祚苦短,他们往往来不及在长治久安的致治之道上深思熟虑,而是困扰于王权更替,在改朝换代的权力合法性问题上大做文章。在中国古代社会,权力合法性的理论模式基本属于传统型,王权合法主要源于祖宗基业,后世之君"嗣我祖宗之洪烈"(《晋书·文帝纪》),守成而已,至于基业的开创,则有赖于开国之君"居马上得之"。然而,自先秦而延及两汉的儒家学说为王权合法问题提供了一套更为圆满的理论,谓之"圣王革命"。这一理论的精确表述见于《易·革卦·彖传》:"天地革而四时成,汤武革命,顺乎天而应乎人。"在认识上,儒家把王权的获得和延续视为"天予人归"的必然结果,王朝的改换、建立、巩固和传延不单是开国者武功强盛,而且还得到了天命的眷顾和黎庶的拥戴。"顺天应人"意味着权力合法性不仅仅植根于权力自身,而且扩展到整个自然与社会,使人与人的外部世界在一代王朝的兴起中寻得了新的平衡和秩序。植根于天人之际的权力合法性较之诉诸武功和先祖列宗而言,无疑是一种更为广泛和深厚的"传统"。在实际政治生活中,"顺天应人"的功效不仅是解释或说明,而且能够创造:被那些王权觊觎者用做谋取权力,实现王朝禅代、和平过渡的理论工具。西汉中期以后,儒学的统治地位逐渐形成,"顺天应人"的权力合法性认知模式成了一般性的论证方式,新莽之兴亡和东汉的崛起都曾在理论上借助于彼。到了两晋及南朝,"顺天应人"就更为普遍地用于改朝换代,为权力交替的双方解决了角色转换及权力合法性的难题。

泰始元年(265年)西晋武帝司马炎将魏元帝曹奂废为陈留王,禅位称制,他在《受禅告类上帝文》中,充分阐明了以晋代魏是上应天命,以顺人心。司马炎首先历数尧禅位于舜,舜禅位于禹,魏"又用受命于汉"的事实。然后指出,魏室"仍世多故,几于颠坠,实赖有晋匡拯之德,用获保厥肆祀,弘济于艰难,此则晋之有大造于魏也"(《晋书·武帝纪》)。晋之代魏,已得到天命和人心的认可。一方面,"祥瑞屡臻,天人协应,无思不服";另一方面,公卿百僚甚至"百蛮君长"咸曰:"皇天鉴下,求人之瘼,既有成命,固非克让所得距违。天序不可以无统,人神不可以旷主。"司马炎只得"虔奉皇运,寅畏天威,敬简元辰,升坛受禅"(《晋书·武帝纪》)。大兴元年(318年),东晋元帝司马睿在即皇帝位的诏令中说:"肆群后三司六事之人,畴咨庶尹,至于华戎,致辑大命于朕躬。予一人畏天之威,用弗敢违。遂登坛南岳,受终文祖,焚柴颁瑞,告类上帝。"(《晋书·元帝纪》)也表明了改元即位是基于天命所归和人心向背。由于这一时期的王权更迭主要采用宫廷政变的方式,权力交替的双方着重强调了圣王禅让的合理性,因之在传统的"顺天应人"认知模式上又有所侧重,主要表现在两个方面:

一是突出了天命与时运的至上权威。如张华说:"臣闻处帝王之位者,必有历运之期,天命之应。"(《晋书·礼志》)干宝曰:"帝王之兴,必俟天命,苟有代谢,非人事也。……各因其运而天下随时。随时之义大矣哉。"《全晋文》干宝)这种认识作为王权禅让的主要依据,集中体现在禅位策命玺书中。例如咸熙二年(265年)十一月,魏元帝给晋王策命中说:"肆予一人,祗承天序,以敬授尔位,历数实在尔躬。……王其钦顺天命。率循训典,底绥四国,用保天休,无替我二皇之弘烈。"(《晋书·武帝纪》)他们在标榜顺应天命时,特别强调了时运流转,所谓"春荣秋落,四时所以迭代;金行水流,五德所以互序"(《全陈文》沈炯),突出了天命对禅位者的特殊眷顾。这种认识糅合了周公的"惟命不于常"、先秦五德终始说和汉代天命观,在观念上强化了王朝更替的必然和不可逆转。

二是在一般意义的"应人"观念上,突出了禅位者的个人条件。"应人"与"顺天"本是一个问题的两个方面,"顺乎天而享其运,应乎人而和其义"(《全晋文》干宝),二者实不可分。可是在现实激烈的权力之争中,人心向背往往不如争权者个人的才智德行重要,尤其是在权力多元、政局动荡的时代,权力的取得常常取决于争权者个人的能力和素质。当时人们已经认识到了这一点。羊祜说,"夫期运虽天所授,而功业必由人而成"(《晋书·羊祜传》)。韩范说:"有其时无其人,则弘济之功或阙;有其人无其时,则英武之志不伸。至于能成王业者,惟人时合也。"(《晋书·慕容德传》)在当时人们看来,王朝更迭的真实内涵就是无道昏君治国乏术,有道明主取而代之。干宝在《晋纪总论》中检讨晋武帝之后天下大乱,"二十余年,而河、洛为墟",主要原因是"树立失权,托付非才,四维不张,而苟且之政多也"(《全晋文》干宝)。责任在君,而不在臣。这种认识的普遍化,逐渐形成了一种废昏立明,昏明迭用的观念。司空刘琨等一百八十人给司马睿所上的《劝进表》中就明确提出:"昏明迭用,否泰相济,天命无改,历数有归。"(《晋书·元帝纪》)东晋恭帝的禅位诏书中说:"大道之行,选贤与能,隆替无常期,禅代非一族,贯之百王,由来尚矣。"(《宋书·武帝纪》)刘宋后废帝无道,皇太后在诏令中则明确宣称:"废昏立明,前代令范,况乃灭义反道,天人所弃,衅深牧野,理绝桐宫。"(《宋书·后废帝纪》)这些认识把君主个人才德视为王朝更迭的关键,为新一代王朝的权力合法性论证提供了一种更为简洁的形式。

两晋及南朝时期在传统的"顺天应人"认知模式上强调天命的权威和君主个人的才德对比,在认识上既继承了汉以来的传统型权力合法性论证方式,又增添了"个人魅力"的内容,从而提高了禅位之君权力基础的时代感和现实性。禅位之君只要在观念上使自身与被取代者处于一明一昏的对立状态,宣称新兴王权是"废昏立明",就可以堂而皇之地临制称尊。

在天命、时运、有德和圣明的名义下,可以不必顾虑夺权手段的鄙劣。较之王莽仅仅宣称"迫皇天威命",取代汉室乃迫不得已,这种突出君主个人条件的论证方式使得禅位之君更加理直气壮。他们不必再像王莽那样"亲执孺子手",流涕唏嘘,"哀叹良久",因为王权交替本身已经说明了禅位者的权力合法性。

两晋及南朝统治者"顺天应人"认知模式的理论特点提高了一般社会成员对禅位之君权力合法性的认同感,同时也在某种意义上鼓励了觊觎王权者的政治野心。王朝更迭的频繁削弱了王权的传统性根基,人们会很快地顺应和臣服新兴王朝,不再出现所谓"人心思汉"的现象。

二、君权至上与君臣关系

儒家思想历来尊君,"天无二日,国无二主"是先秦及汉代儒学共同尊奉的基本价值准则。两晋南北朝时期,统治者们仍然奉儒家的尊君思想为原则,贯穿于有关君权至上和君臣关系的认识之中。

这一时期,人们重复着传统的君权至上,为民父母的认识,"王者象天,后者象地,为兆庶父母。尊莫重焉,厚莫大焉"(《全晋文》黄整)。强调在政治生活中,君主的权威具有单一性和绝对性。自先秦以来,统治者就深知"并后、匹嫡"危害君权,政治中枢的多元化必然会削弱君主的权威,诱发政治紊乱。这一认识在两晋南北朝时期仍在引起当权者的警醒:"二政分权,鲜不及祸。"(《晋书·石虎传》)为了在观念上强化君主的至上权威,统治者及其政论家们着重强调了两个问题。

一是一再认定君主在国家政治生活中的特殊权位。例如,认为君主是社会治乱的本源。"夫千人无君,不散则乱;万乘无主,不危则亡。"(《陈书·沈文阿传》)认为君主处于协调天人,治定天下的特殊地位。"夫古之立君,所以司牧群黎,故必仰协乾坤,覆焘万物。"(《三国志·孙皓传》注)他们特别强调君主的权位具有独一无二的特性,不可替代。这些认识为君权至上建构了政治基础。

二是反复强调在父子、师友等社会姻亲关系中,君主的权威具有特殊性,无可匹敌。有人设问,在"君既殡,又有父母之丧"的情况下,应当如何选择呢?贺循认为:"虽君父两服,当其兼丧,以君缞为主,而不以己私服为重也。"(《全晋文》贺循)显然,君权高于父权。有人问道:群臣侍坐于君前,太子入,群臣应否起身相迎?孙毓说,"礼曰:父在斯为子,君在斯为臣。侍坐于所尊,见同等不起,皆以为尊无二上",因之太子入,群臣"应依同等不起之礼"(《全晋文》孙毓)。君主在实际政治生活中也不可避免要受到一定

第十三章　汉末三国两晋南北朝时期政治思想的多元发展

的社会关系的制约,但是,"既明尊之道,不得复叙亲之本也"(《全晋文》江霦)。与君主的政治权威相比较,所有的社会关系及其权威只能退居次要。这些认识为君权至上奠定了社会基础。

为了进一步明确尊君原则,统治者及其政论家们又集中探讨了君臣关系。

首先,他们认为君臣之间有着深刻的依附性,臣是君主统治国家的爪牙或工具。袁宏说:"夫百姓不能自牧,故立君以治之;明君不能独治,则为臣以佐之。"(《晋书·袁宏传》)纪瞻说:"臣闻皇代之兴,必有爪牙之佐。"(《晋书·纪瞻传》)这类认识不仅出于群臣百官之口,专制帝王在实际政治生活中的切身感受更为深刻。如西晋武帝司马炎说:"能奉宣朕志,令百姓劝事乐业者,其惟郡县长吏乎!"(《晋书·食货志》)怀帝司马炽说:"(朕)临御万邦,所以崇显政道者,亦赖之于元臣庶尹,毕力股肱,以副至望。"(《晋书·刘寔传》)他们的亲身体验证明了臣是王权的实际执行者,构成君主政治的权力基础。因此,理想的政治就是强化君臣依附关系,选用贤能作君主的安邦利器。"君用忠良,则伯王之业隆。"(《三国志·袁绍传》注)

其次,他们认为,虽说君臣之间的依附关系使之构成一体化的权力中枢,但其中君主的权威必须处于绝对主导地位。"夫君者,必量才任以授官,参善恶以毁誉,课功过以赏罚者也。"(《全晋文》袁宏)在这一点上,他们举出父子关系以相对照,突出君对臣的绝对权威。如说:"君为人父母,人于君有子道,尊君之义,臣人一耳。"(《全晋文》阙名)"事君之道,资于事父,委质之日,贰乃辟也。"(《全晋文》周哀)在权力的运行过程中,君主将永远处于执掌权要,御使群臣的核心地位。

再次,臣要绝对忠于君主。王浚说:"臣虽愚蠢,以为事君之道,唯当竭节尽忠,奋不顾身,量力受任,临事制宜。苟利社稷,死生以之。"(《晋书·王浚传》)范弘之说:"臣之事君,惟思尽忠而已,不应复计利钝。"(《晋书·范弘之传》)忠臣要全心全意为君主办事,能"见危受命"、"谠言悟主"、"将死不忘忧社稷"。最终达到忘我的境界。如颜含所言:"大臣之义,本在忘己。"(《晋书·陆晔传》)

君权至上和认可君对臣的绝对权威是儒家传统政治认识,然而两晋及南朝统治者们关于这一问题的议论有着特别的现实意义。自东汉以降,世家大族势力兴起。随着东汉统一王朝的垮台,和政治多元化局面的形成,世族势力与王权常常处于某种对抗的状态,在一定条件下,世族势力还会公然攫取王冠,实现改朝换代,司马氏取代曹魏者即是。东晋时周嵩对于这种现象的分析十分中肯。他认为,以臣的身份而能夺取君权,往往凭藉其"封土之强,假累世之宠,因暗弱之主,资母后之权,树比周之党,阶绝灭之势,然后乃能行其私谋,以成篡夺之祸耳"(《晋书·周嵩传》)。这样的现象在两晋及南朝时期的相对普遍化,引起统治者及其政论家们的关注。他们一方面告诫群臣:"臣子无要君之道。"(《全晋文》元帝)"臣无作威作福。作威作福,则凶于而家,害于而国。"(《三国志·朱桓传》注)凡"有大才,负大功,挟震主之威,自古鲜有全者"(《宋书·南郡王义宣传》)。另一方面,又在观念上极力树立尊君和君权至上原则,以期在认识上和人们的选择准则上压倒族权、父权及一切可能与君权形成对抗的潜在势力,从而为这一时期君主政治的延续和发展提供了思想保障。

三、礼制与教化

礼即等级原则是儒家传统的治国方针,在实际政治生活中,等级原则指导下的政治秩序是君主政治的根基和保障。因此,专制统治者无不把倡行礼制作为治国要务。正如晋人顾和说,"礼所以轨物成教,故有国家者莫不崇正明本,以一其统"(《晋书·顾和传》)。西晋初期,虽天下未安,又玄风靡兴,但礼制的权威尚在,至中期以降,延至东晋南朝,礼制渐颓。戴逵说:"(魏晋之际)竹林诸贤之风虽高,而礼教尚峻。迨元康中,遂至放荡越礼。"(《世说新语·任诞》注引)南朝宋竟陵王诞也说:"晋代东徙,旧法沦落,侯牧典章,稍与事广,名实一差,难以卒变,章服崇滥,多历年所。"(《宋书·武三王传》)这种现象引起了统治者及其政论家们的忧虑,他们纷纷提出要加强礼制,从不同角度承继着汉以来的礼制思想。

首先,他们在观念上强调礼是治国化民的重要法则,也是社会存在的必要条件。晋人荀勖说:"圣人称有君臣然后有上下礼义。是故大必字小,小必事大,然后上下安服,群生获所。"(《三国志·孙皓传》注)谯周说:"人之所以贵者,以其礼节也。人而无礼者,其先猕猴乎!"(《全晋文》谯周)这些认识大体上并未超出前人,是汉代礼制思想的重申。然而,恰恰是这种看似重复,实则继承的一再重申,体现了君主政治在坚持等级原则上的一以贯之,以及两晋及南朝时期的统治者对汉代儒家治国思想的承袭和延传。

其次,两晋及南朝的统治者在坚持等级原则的前提下,最重视服制器物。他们认为,礼的具体规定常常随世事变迁而有所调整。"礼之降杀,因时而寝兴,诚无常矣。"但是,礼所体现的君臣上下尊卑等级却马虎不得:"至于君亲相准,名教之重,莫之改也。"(《晋书·康帝纪》)服制器物是君臣尊卑等级的具体标志,"王法所峻者,惟服物车器有贵贱之差,令不僭拟以乱尊卑耳"(《晋书·李重传》)。可是这一时期,僭乱服制器物的现象却屡见不鲜。针对这类现象,统治者或是诏令禁止,如东晋元帝曾发布《禁居丧婚嫁令》;或是就服制问题论析究竟。今《全晋文》和《全南朝文》中收录有关服制论析的专文不下数十篇。再者就是对车服器物的规格等级详加限定。南朝宋孝建元年(445年),有司奏请就"器服装饰"在原有的"九条之格"上附益二十四条规定,即为例证(见《宋书·武三王传》)。

统治者重视服制器物的礼制价值反映了这一时期的政治特点。魏晋以降,世族门阀势力历久不衰,对王权不无威胁。他们僭越礼制,破坏君主政治的等级秩序基础,极不利于政治稳定。统治者及其政论家们强调服制器物的规范化,是着眼于从整顿尊卑等级规范来遏制门阀势力,实现理想的等级社会。正如晋人伏滔描绘的那样:"正其分位,明其等级,画之封疆,宣之政令,上下有序,无僭差之嫌,四人安业,无并兼之国。"(《晋书·伏滔传》)

为了实现专制统治者世代向往的等级理想社会,两晋及南朝的政治家和政论家们又寄希望于礼义教化。西晋武帝司马炎说:"先王崇尊卑之礼,明贵贱之序,著温克之德,记沈酗之祸,所以光宣道化,示人轨仪也。"(《晋书·武帝纪》)认为建立等级规范的目的就是宣化民众。晋人阮种说:"政刑之宣,故由乎礼乐之用。……所以防遏暴慢,感动心术,制节生灵,而陶化万姓也。"(《晋书·阮种传》)在他看来,礼制有着强大的道德功能,"礼义立,则君子轨道而让于善;廉耻立,则小人谨行而不淫于制度。"于是能"化洽黎元,而勋业长世也"。因之"夫王道之本,经国之务,必先之以礼义"(《晋书·阮种传》)。聪明的帝王要充分施用礼的教化职能,虽说夺取天下的方式不同,或禅让,或攻取,"至于兴礼乐以和人,流清风以宁俗,其归一也"(《晋书·华谭传》)。

在兴儒教化的必要性上,政论家们所见略同,至于采用何种方式或途径兴儒教化,人们提出了多种设想。例如司马彪提出以史立教,自孔子笔削《春秋》,史册便蕴涵着人间政事的是非善恶准则,对于帝王来说,立史可以资治,对于士人和民众而言,史籍又具有教化的功能,是为"教世之要"。再如桓温等人提出旌表教化,通过表彰贤德之士,使"九服知化矣"(《三国志·谯周传》注)。然而,在两晋南北朝时期,人们最为关注,并视为教化的主要途径者,仍然是兴学立教。王导说:"夫治化之本,在于正人伦。人伦之正,存乎设庠序。庠序设而五教明,则德化洽通。"(《宋书·礼志》)谢石说:"立人之道,曰仁与义。翼善辅性,唯礼与学。"(《宋书·礼志》)在他们看来,只有兴学才是改造人性、弃恶向善的最佳方式。

  两晋及南朝的统治者们十分清楚,兴学立教的对象除了"中人之性",还包括当权者自身。大体上有两个方面。一是各级官员。晋武帝说:"当官者能洁身修己,然后在公之节乃全。身善有章,虽贱必赏,此兴化立教之务也。"(《晋书·窦允传》)统治者要率先在道德行为上达到理想的标准,为君主政治奠定牢固的权力基础,然后才谈得上治平天下,实现理想的等级国家。从这个意义上说,官员的教化较之百姓更重要。所以谯周说:"为国者,不患学者之不农,患治民者之不学。"(《全晋文》谯周)二是太子。在君主政治时代,君主个人德行往往影响一代治乱,太子则是即位君主的德行形成时期。因此统治者们极其重视对太子的教育,强调保傅制的重要性和尊师重道。东晋成帝时,庾太后颁布《天子拜敬保傅诏》,说:"尊师重道,帝王之所宜务,况童幼方赖师训之成,宜令一遵先帝崇贤之礼。"(《全晋文》庾后)统治者对保傅之官的人选极为重视,要求"宜必得其人","不可不高尽天下之选"。为的是使太子在德行方面尽可能接近或达到理想标准,从而为实现理想政治提供条件。

  两晋及南朝的统治者及其政论家们对礼义教化的重视,表明了汉以来儒学传统的延续,在当时丧乱已久的政治条件下,这种延续不仅仅是治国方针的惯性发展,而且有着特殊的政治功效。就是通过"表道德之轨,阐忠孝之仪,明仁义之统,弘礼乐之本"(《晋书·熊远传》),增强民众对君主政治的认同感。两晋南北朝政变频繁,间有战乱,但君主政治秩序大体稳定,这种状况或许有其他原因,但其中之一当归之于儒家政治思想与政治原则的相对稳定,"人心所归,唯道与义",源自儒学传统而产生的文化与政治凝聚力不可忽视。

四、九品官人法与贤人政治

  自孔子提出"举贤才",贤人政治遂成为儒家政治理想的一个主要标志。两汉时期,统治者基本遵循着德才兼备的选士标准,可是到了汉末三国时期,曹操奉行"惟才是举",打破了汉代传统。曹魏黄初元年(220年),魏文帝采纳吏部尚书陈群的建议,在州郡地方设中正官,专司选士,依九品类选士人,是为九品官人法。这时的选士标准仍然贯彻曹操的指导思想,九品之设"盖以人才优劣,非谓代族高卑"(《全梁文》沈约)。到了齐王曹芳之时,以司马氏为首的世家大族势力高涨,地方中正之官几为世族把持,家世门第成为甄选士人的惟一标准,自此"士庶之科,较然有辨"(《全梁文》沈约),贤人政治理想一时被门阀政治所吞没。

第十三章 汉末三国两晋南北朝时期政治思想的多元发展

西晋初年,李重、刘毅等人对九品官人法的合理性提出异议。李重说:"九品始于丧乱,军中之政,诚非经国不刊之法也。且其检防转碎,征刑失实。"以九品选士"为弊已甚",应予"因革"(《晋书·李重传》)。刘毅在《罢九品疏》中对九品官人法进行了系统的批评。他认为"魏立九品,权时之制,未见得人,而有八损"。概括言之,主要有两大弊端。一是中正之官执掌权要,在品选士人过程中,常常随心所欲,弊端百出。"所欲兴者,获虚以成誉;所欲下者,吹毛以求疵。高下逐强弱,是非由爱憎。"求进者货赂请托,中正官见"有私于己,必得其欲",对于"无报于身"者,"必见割夺"。结果是"附托者必达,守道者困悴",如此选士"实为乱源"。二是九品类选对人才是一种压制。刘毅认为:"凡官不同事,人不同能,得其能则成,失其能则败。"如今选士"以九等为例",既不考察人的实际才能,也不核实人才的实际功效,结果是选非其人。"以品取人,或非才能之所长;以状取人,则为本品之所限。"这种现象导致"品不料能","虽职之高,还附卑品,无绩于官,而获高叙,是为抑功实而隆虚名也"(《晋书·刘毅传》)。刘毅认为,朝廷对这些弊端失于警觉,对中正之官一味"委以一国之重",却无"赏罚之防",中正官则利用职权与地方上的门阀世家结成"党与",上下其手,纵横州郡,无所忌惮。九品官人法实施多年,造成了"上品无寒门,下品无势族"的局面。他抨击中正之官"上欺明主,下乱人伦","虽职名中正,实为奸府"(《晋书·刘毅传》)。九品之制"毁风败俗,无益于化,古今之失,莫大于此"。他力主罢中正,除九品,"弃魏氏之弊法,立一代之美制"(《晋书·刘毅传》)。

刘毅的认识可谓详尽。其后,卫瓘、潘岳,及南朝梁的沈约、裴子野等人也都对九品官人法提出异议,要求罢除,恢复古时的乡举里选制。然而这些意见并没有得到君主首肯。究其原因,固然是由于两晋及南朝的世族势力历久不衰,九品官人法是门阀贵族维护其权力和利益的制度保障,要求罢除谈何容易。但更重要的是,刘毅等人虽然认识到这一制度的弊害,却提不出取而代之的新制度。历史的发展总是立新以除旧,旧制度的批判者尽管认识深刻,如果拿不出取代旧制的新方案,其批判的实效往往是有限的。

不过,从另一方面看,刘毅等人对九品官人法的抨击是在与现行制度唱对台戏,在认识上具有否定意义。与之相应,希冀贤人政治的呼声日渐高涨起来。山简说:"自古兴替,实在官人;苟得其人,则无物不理。"(《晋书·山简传》)阮种说:"继天理物,宁国安家,非贤无以成也。"因此帝王建功立业"莫先于选建明哲,授方任能。令才当其官而功称其职,则万机咸理,庶僚不旷"(《晋书·阮种传》)。在他们看来,贤者是"乾坤之纪,政教之本也",是治平天下、建立理想秩序、实现理想政治的关键。历史已然验证了"文王以多士基周,桓灵以群阉亡汉。国之兴亡,未有不由于此也"(《晋书·刘聪传》)。因而只要贤者在位,则必然国泰民安。贤者身上寄托着统治阶级的政治期盼与理想,这是典型的贤人政治思想。

两晋南北朝时期的贤人政治理想是儒家传统的"人在政举,人亡政息"思想的延续。从认识的表层看,这些理想似乎突出了人在政治生活中的主体地位,所谓"人能弘政,非政弘人也"(《晋书·郤诜传》)。其实,在君主专制条件下,所谓"贤人"无非是君主的忠臣。"人能弘政"的确切含义是贤能之臣为君主专制的封建王朝尽心竭力,历史上聪明的帝王总是劳于治人,逸于治事。"舍人务政,虽勤何益?"(《晋书·郤诜传》)从这个意义上说,"人能弘政"体现的人之"主体精神"只能是一种虚幻的误解,在实际政治生活中,人与政的关系完全取决于君主,而非人自身。南朝齐的崔祖思说:"夫有贤而不知,知贤而不用,用贤而不委,委贤而不信,此四者,古今之通患也。"(《南齐书·崔祖思传》)两晋及南朝的帝王像其他时代的帝王一样,将知贤、用贤的大权握在自己手中,同时又难以避免"古今之通患"。于是,这一时期的政治状况与其他朝代别无二致:一方面是举贤、用贤的议论盈廷;另一方面则是普遍的争权夺势、官场倾轧和吏治贪腐不清。

五、法治与"议复肉刑"

两晋及南朝的统治者承续汉代儒学传统并不表明他们排斥法治,事实上,在法治问题上他们似乎对汉家制度的"阳儒阴法"精神领会得更为深刻。《汉书·刑法志》中有这样一段论述:"鞭扑不可弛于家,刑罚不可废于国,征伐不可偃于天下;用之有本末,行之有逆顺耳。孔子曰:'工欲善其事,必先利其器。'文德者,帝王之利器;威武者,文德之辅助也。"这段论述实为对汉家"文武之道"即法治与礼制德化关系的基本概括,法治乃君主政治之所必需,不可或缺。《晋书·刑法志》特别记述了东汉江统的一段议论,将这个意思表达得十分明确:

> 君人之道,仁义为主,仁者爱人,义者理务。爱人故当为除害,理务亦当为去乱。是以五帝有流殛放杀之诛,三王有大辟刻肌之刑,所以为除残去乱也。

两晋及南朝的统治者们正是在这样的思想传承下看待法治。在观念上,他们强调"律令者,政事之经,万机之纬"(《全晋文》张斐)。"经国之体,在于崇明典刑。"(《晋书·刘琨传》)"令行禁止,为国之楗(键)。然则天下治者,赏罚而已矣。"(《南齐书·崔祖思传》)在政治实践中,他们纂辑律令,"大明刑宪"(《晋书·刑法志》),以整饬刑律条格作为政治的主要手段之一。

总括两晋及南朝统治者的法治思想,有三个问题比较引人注目,即礼与法的关系、法的公正性及"议复肉刑"。

关于礼和法的关系,先秦儒家已有明论,汉儒承袭前人之说,确立了礼为主、法为辅的政治模式。所谓"庆赏罚刑,异事而同功,皆王者之所以成德也"(《春秋繁露·四时之副》)。因此,我们看到两晋及南朝的统治者尽管在法治问题上争论激烈,举措颇多,但这都不是对汉代儒学传统的背离。晋人杨乂的《刑礼论》代表了这一时期关于礼法关系的基本认识。

杨乂继承了董仲舒以阴阳五行、四时之政比附礼、法的证论方式,认为"盖刑礼之本,经纬阴阳,拟则乾坤,先王所以化民理物,兴国济治也"。礼和法均为阴阳的造物,它们源出一理,只是具体形式不同:"万物本一,变而殊形。"因此,正像阴和阳相互交感,互相发生作用一样,礼和刑也是你中有我,相互涵容。所谓"礼生于让,刑生于争,让者割己以与人,是刑加于己,而礼加于人也。争者夺人以崇己,是刑施于人,而礼施于己也。由此言之,让非纯礼,争非纯刑也"。在具体的刑赏过程中,刑对恶者为刑,对善者则意味着奖赏,反之亦然。从这个意义上说,礼制德化与法治是同一之治道的两个侧面,或是两种表现,二者相互依存,"故亡刑则礼不独施"。杨乂认为刑和礼都是治平天下的必由之途,彼此荣辱与共,任何试图间离二者或偏执一端的选择都是不可想象的。"大道废焉,则刑礼俱错,大道行焉,则刑礼俱兴。不合而成,未之有也。"(以上引文见《艺文类聚》卷五十四)

自汉宣帝自诩"汉家自有制度"以来,礼制德化与法治刑赏实已构成君主政治赖以行进的两只轮子,不论当权者出于何种需要而举出什么样的招牌,这两只轮子却不可偏废,它们必须同时运转,才能保证君权的巩固和秩序稳定。两晋及南朝的统治者们深谙汉家治道之底里,在强调礼制教化的同时,又注重法治。《刑礼论》的出现,表明了这一时期的统治者在政治上的精明。

汉末以来的社会动荡在许多方面造成了混乱,其中之一是法治。熊远说:"自军兴以来,法度陵替,至于处事不用律令,竞作属命,人立异议,曲适物情,亏伤大例。"(《晋书·刑法志》)法治的混乱加重了吏治败坏,引起了统治者的不安。人们纷纷提出要维护法治秩序,提高法的公正性,具体言之,有三个方面。

其一,加强法制的统一与稳定,提高法的权威。针对当时普遍存在的"法渐多门",政令不一现象,刘颂要求统一法制:"夫人君所与天下共者,法也。已令四海,不可以不信以为教,方求天下之不慢,不可绳以不信之法。"怎样才能突出一个"信"字,提高法的权威呢? 关键在于依据法律条格,遵守法制程序:"律法断罪,皆当以法律令正文,若无正文,依附名例断之,其正文名例所不及,皆勿论。"刘颂特别强调:"如律之文,守法之官,唯当奉用律令。"凡属法律规定之内的不同认识,可以争论,超出法规则不可。"今限法曹郎令史,意有不同为驳,唯得论释法律,以正所断,不得援求诸外。"(《晋书·刑法志》)

其二,君臣守法,不可以情乱法。刘颂说:"法欲必奉,故令主者守文。"他承认如果必要,君主应当根据具体情况有所"权断","若汉祖戮丁公之为也"。但这是特殊需要,否则"不得出以意妄议"(《晋书·刑法志》)。汝南王亮认为"若断不断,常轻重随意,则王宪不一,人无所错矣。故观人设教,在上之举;守文直法,臣吏之节也。"其"门下属三公"指出:"执法断事,既以立法,诚不宜复求法外小善也。若常以善夺法,则人逐善而不忌法,其害甚于无法也。"(《晋书·刑法志》)熊远也指出:"不得任情以破成法。"要求制定专门法规,使"诸立议者皆当引律令经传,不得直以情言,无所依准,以亏旧典也"(《晋书·刑法志》)。

其三,执法公正和慎罚轻刑。西晋武帝在诏书中多次指出:"法者,天下取正,不避亲贵,然后行耳。"(《晋书·李憙传》)东晋明帝也下诏说:"王者所用,唯在赏罚。赏贵适理,罚贵得情。"(《隋书·刑法志》)南朝宋何承天提出:"夫明德慎罚,文王所以恤下;议狱缓死,《中孚》所以垂化。"要求君主断案恤之以情,"狱贵情断,疑则从轻"(《宋书·何承天传》)。

以上这些认识在理论上大体未出汉初公羊学"原心论罪"和先秦法家"立法为公"、"信赏必罚"等成说,似无独到之见。但提倡法的统一和公正毕竟是政治理性的体现,与实际存在的因公行私、赏罚随心现象相比较,显然代表了统治集团中头脑清醒或富于理想的一面。他们的认识和主张对于真正改除法治混乱现象能够起到什么样的作用,似难确论,但有两点可以肯定。一是一般说来这些认识符合社会一般成员的基本利益;二是他们真正关心的是王朝的巩固或君权之安危,这正是他们疾呼法治公正的出发点和归结点。

为了提高法治的实际效力,彻底改变因"法渐多门"而导致的"人轻犯法,吏易杀人,吏民俱失,至于不羁"的现象,两晋及南朝的统治者们还就恢复肉刑问题进行了认真而激烈的争论。

第十三章　汉末三国两晋南北朝时期政治思想的多元发展

"议复肉刑"的讨论并非始于两晋。据《汉书·刑法志》载,汉初"作律九章","刑罚用稀",文帝在位时"化行天下","是以刑罚大省,至于断狱四百,有刑错之风"。文帝十三年,下诏"其除肉刑",采纳了丞相张苍、御史大夫冯敬的建议,"当劓者,笞三百;当斩左止者,笞五百"。这样既体现了天子的好生之德,"为民父母",又能惩戒犯罪。然而,由于笞刑过重,受刑者"率多死",变肉刑为杖笞的实际效果是"外有轻刑之名,内实杀人"。是后延及东汉、三国,恢复肉刑的建议时有提出。如东汉末年,"是时天下将乱,百姓有土崩之势,刑罚不足以惩恶,于是名儒大才故辽东太守崔寔、大司农郑玄、大鸿胪陈纪之徒,咸以为宜复行肉刑"。稍后曹操当政时,"尚书令荀彧博访百官,复欲申之"。及曹丕受禅即位和齐王曹芳正始年间,又有钟繇、夏侯玄、李胜、丁谧等人"议复肉刑"。进入两晋时代,关于肉刑的讨论愈发频繁起来。西晋初,廷尉刘颂"频表宜复肉刑"。东晋时,由廷尉卫展首倡,就复肉刑引起了一场激烈的争论。此外桓玄当政时,又曾就肉刑问题进行了讨论(以上引文均见《晋书·刑法志》)。

兹以两晋时期的讨论为据,主张恢复肉刑者主要强调了三点理由。

其一,不复肉刑难以"止暴禁奸"。刘颂指出,当世刑徒家道富者可以靠"输财"而"解日归家",逃避惩罚;贫者"作役山谷,饥寒切身……苟虑不首死,则皆为盗贼"。结果是"徒亡日属,贼盗日烦"(《晋书·刑法志》)。只有复施肉刑,才能提高"生刑"的威慑力,利于"禁奸"。

其二,肉刑可"去其为恶之具",使犯者终身为戒,达到以刑去刑。刘颂认为,亡者刖足,盗者截手,谓之"止奸绝本";况且"残体为戮,终身作诫",使人"畏而不犯"。所以说,"除恶塞源,莫善于此"(《晋书·刑法志》)。王导、贺循、纪瞻等人认为肉刑可使人"朝夕鉴戒,刑者咏为恶之永痛,恶者睹残刖之长废,故足惧也"(《晋书·刑法志》)。曹志也说,肉刑使"见者知禁,彰罪表恶,亦足以畏",以至人人畏惧,不敢以身试法,最终实现"刑以止刑"(《艺文类聚》卷五四)。

其三,肉刑体现了统治者好生之德,又为君主保留了役使对象。王导、贺循、纪瞻等人认为肉刑"肇自古先,以及三代,圣哲明王所未曾改也"。他们反对汉文帝"其除肉刑"之举,也不同意班固"外有轻刑之名,内实杀人"的断语,认为"今大晋中兴,遵复古典,率由旧章,起千载之滞义,拯百残之遗黎",复肉刑如同"生肉枯骨,惠侔造化,岂不休哉!"(《晋书·刑法志》)对于百姓来说,肉刑体现着君主的恩惠:放必死者以生路;对于君主而言,施肉刑"斲肢之后,随刑使役不失民,民不乏用,富国强兵,此之谓也"(《太平御览》卷六四八引王隐《晋书》)。以肉刑代刑杀"诚是圣王之至德"。

反对复肉刑者针锋相对,坚持认为复肉刑弊大于利,并不能真的"止暴禁奸",反而会引起更大的混乱。曹彦、桓彝等人指出,刑罚的形式要随时代特点而变化。如今时逢乱世,"圣化草创",奸恶之徒"为非未已"。对犯奸作恶者"截头绞颈,尚不能禁",如果以肉刑代替诛戮,是"使欲为恶者轻犯宽刑,蹈罪更众,是为轻其刑以诱人于罪,残其身以加楚酷也"。其结果必然是"受刑者转广;而为非者日多,踊贵屦贱,有鼻者丑也"。在这一点上,他们重复了班固的观点,认为复肉刑"徒有轻刑之名,而实开长恶之源"(以上引文见《晋书·刑法志》)。孔琳之说:"汉文发仁恻之意,伤自新之路莫由,革古创制,号称刑厝,然名轻而实重,反更伤民。"他还征引《书》曰:"刑罚世轻世重",主张刑法随时,"此五帝不相循法,肉刑不可悉复者也"(《宋书·孔琳之传》)。此外蔡廓也提出,法制"必随时置制",肉刑只可用于风淳之世,如今"季末浇伪,法网弥密",施用重刑尚且"不足止其奸",何况肉刑,"岂能反其善,徒有酸惨之声,而无济治之益"(《宋书·蔡廓传》)。

　　两晋时代的统治者们在肉刑问题上相互攻讦,其实分歧只在于实施肉刑是否适宜,能否取得预期的法治效果;而不在于肉刑本身是否合理。东汉末年孔融反对复肉刑,斥责"纣斮朝涉之胫,天下谓为无道。夫九牧之地,千八百君,若各刖一人,是天下常有千八百纣也,求世休和,弗可得已"(《晋书·刑法志》)。他把肉刑与暴君暴政联为一体。与孔融的认识相比较,两晋时期关于肉刑的讨论只能是认识上的倒退。这一时期,论辩双方都认可"肉刑之设,肇自哲王"(《宋书·蔡廓传》)。肉刑自身本无可非议。只是反对者认为时世不适,施用肉刑无益于治,反而有害。如果说肉刑以残害人之肢体作为维护统治秩序的手段,使人成为鱼肉,任由专制统治者宰割;那么,尽管论辩双方的主观愿望或如班固所言,"本欲以全民也"(《汉书·刑法志》),却也无从遮掩这一主观背后实际存在的野蛮、残酷和血腥。两晋及南朝统治者的"议复肉刑"给了我们这样一点提示:政治秩序一旦需要强权和暴力相维系,其应有的政治理性就会在实际操作中受到践踏,最终导向政治紊乱。

　　儒家政治思想在两晋及南朝时期的承传还表现在德治、仁政、节俭、华夷之论等方面,总的来看大体未出汉儒之窠臼。儒家思想在这一时期的历史地位远不如玄学或佛、道之学引人注目。但值得注意的是,参与讨论诸如禅让、礼制、君臣、法制等问题的都是统治集团的重要成员或君主本人。这表明,儒家思想及其政治原则仍然被这一时期的统治阶级奉为治平天下的基本方针和政策依据,惟此,方才为汉、唐儒家政治思想的继续发展架设了津梁。

第四节　北魏统治集团治国思想的儒学化

魏晋南北朝时期,北方鲜卑族拓跋部入主中原,在黄河流域建立了封建王朝,渐次统一了北方,与南朝宋、梁形成对峙之势。拓跋部本是游牧民族,生产方式和文化落后于中原,却武功强盛,能征善战。西晋末年永嘉之乱后,引兵扫荡中原地区,定都平城(今山西大同),国号曰魏,史称北魏。拓跋部贵族统治者虽能靠武力"掩有中夏",但缺乏统治经验,为了巩固政权,对中原汉地进行有效的统治,只有利用或依靠富有统治经验与政治知识的汉族士人。自道武帝拓跋珪始,北魏统治者就大规模地招揽汉族士人。据《魏书·太祖纪》载:道武帝"初拓中原,留心慰纳,诸士大夫诣军门者,无少长,皆引入赐见,存问周悉,人得自尽,苟有微能,咸蒙叙用。"在汉族士人或士大夫的悉心协助下,北魏统治集团在完成国家封建化的同时,也完成了统治思想的儒学化。

一、北魏前期统治者对儒家政治思想的认同

在这里,北魏前期指从 386 年拓跋珪继任代王,改国号曰"魏"始,到献文帝拓跋弘皇兴五年(471 年),约八十多年的历史。这一时期,北魏统治者在中原地区刚刚立足,草创帝业,百废待举。他们在统一北方的战争中和王朝纲纪的组建过程中,大量吸取了汉族统治阶级的政治经验。汉代儒学本质上是先秦儒家政治思想与西汉统治阶级政治经验的理性凝聚,因而,北魏统治者对儒学和儒生均有极大的兴趣,他们的统治思想具有鲜明的儒学化倾向,主要表现在四个方面。

1. 广泛征用汉族士人和士大夫

鲜卑拓跋部虽然地处北方边陲,但对中原汉地文化并不陌生,道武帝之前的几代统治者已经对儒学的政治价值有所领悟,对于通晓儒学之士十分敬仰,总是要设法召来为己所用。例如代郡人燕凤"好学,博综经史,明习阴阳谶纬"。昭成帝什翼犍"素闻其名,使人以礼迎致之"。可是燕凤并不应聘,什翼犍"乃命诸军围代城",扬言"燕凤不来,吾将屠汝"。燕凤不得已而应召,"待以宾礼",后拜任左长史,"参决国事"(《魏书·燕凤传》)。道武帝南进中原之后,更感到儒生非比武人,后者在建立政权,扩展疆土时不可或缺,但统治和管理国家则必须要启用大量儒生和士族。他注意征

选名士,如崔玄伯、李孝伯均罗致麾下,委以重任。又广泛征选士人,"尚书郎以下悉用文人"(《魏书·太祖纪》)。此后,重用士人几成定制。如明元帝拓跋嗣于永兴五年(413年)二月"诏分遣使者巡求俊逸,其豪门强族为州闾所推者,及有文武才干、临疑能决,或有先贤世胄、德行清美、学优义博,可为人师者,各令诣京师,当随才叙用,以赞庶政"(《魏书·太宗纪》)。太武帝拓跋焘于神䴥四年(431年)九月诏选范阳卢玄、博陵崔绰、赵郡李灵、河间邢颖、渤海高允、广平游雅、太原张伟等名士入京,"至者数百人,皆差次叙用"(《魏书·世祖纪》)。北魏统治者立足中原之后,对政治形势的变化和统治方法的改换有着清醒的认识。如拓跋焘一再申明,平定北方武装割据势力后"士马无为,方将偃武修文,遵太平之化",需要"理废职,举逸民……昧旦思求,想遇师辅,虽殷宗之梦板筑,罔以加也"。又说:"朕除伪平暴,征讨累年,思得英贤,缉熙治道,故诏州郡搜扬隐逸,进举贤俊。"(《魏书·世祖纪》)他们把汉族士人或士大夫看作治理国家的依仗,特别强调要以礼相待,州郡地方不可强力"逼遣",要"任其进退"。凡应诏者"当待以不次之举,随才文武,任之政事"。因为他们深知实现"太平之化"固非士人莫属。对于确有才能者,北魏统治者更是倚为栋梁。如崔玄伯协助道武帝制国名,裁定仪制律令,"深为太祖所任,势倾朝廷"(《魏书·崔玄伯传》)。其子崔浩为三朝重臣,明元帝时"恒与军国大谋,甚为宠密"。太武帝"乃敕诸尚书曰:'凡军国大计,卿等所不能决,皆先谘(崔)浩,然后施行'"(《魏书·崔浩传》)。李孝伯被太武帝喻为"千里驹","委以军国机密,甚见亲宠。谋谟切秘,时人莫能知也"(《魏书·李孝伯传》)。北魏统治者重用士人不仅意味着其权力基础的拓宽,使得中原士族能全力拥戴北魏王朝;而且还意味着他们的政治经验和知识能够得到迅速的补充,使得他们能在较短的时期内将汉族统治阶级长期积累的治国安邦之道融入自己的政治指导思想之中,从而尽快地适应新的政治局面,提高其政治理性和统治能力,在中原地区站稳脚跟。

2. 仿照汉家制度完善制度仪节

鲜卑拓跋部文化虽然落后,却自有一套本民族的制度仪节。随着与汉文化的接触和交流日渐深入,逐渐吸收了汉家制度中有利于进行统治的内容,正如《魏书·官氏志》所言:"及交好南夏,颇亦改创。"不过,这一时期拓跋部的制度仪节仍然保留了大量的部落制内容,如对于"诸方杂人来附者,总谓之'乌丸',各以多少称酋、庶长,分为南北部,复置二部大人以统摄之……若古之二伯焉"(《魏书·官氏志》)。道武帝拓跋珪改建国号之后,出于统治的需要,开始大规模地改建制度仪节。皇始元年(396年)九月,"初建台省,置百官,封拜公侯、将军、刺史、太守"。天兴元年(398年)秋七月,"迁都平城,始营宫室,建宗庙,立社稷"。八月,"诏有司正封畿,制郊甸,端经术,标道里,平五权,较五量,定五度"。十一月,"诏尚书吏部郎中邓渊典官制,立爵品,定律吕,协音乐;仪曹郎中董谧撰郊庙、社稷、朝觐、飨宴之仪;三公郎中王德定律令,申科禁;太史令晁崇造浑仪,考天象;吏部尚书崔玄伯总而裁之"。北魏统治者不仅在官爵制度方面照搬汉家制度,而且在仪节方面还全面接受了汉儒的五德终始说。"尚书崔玄伯等奏从土德,服色尚黄,数用五,未祖辰腊,牺牲用白,五郊立气,宣赞时令,敬授民时,行夏之正。"天兴二年(399年)春正月甲子,"初祠上帝于南郊"(以上引文见《魏书·太祖纪》)。

汉代的制度仪节作为一种文化现象,其主体精神是儒家文化的凝聚。特别是在宗庙、社稷、封畿、郊甸、律吕音乐、朝觐、飨宴和服色等方面,更是融贯着儒家的政治与伦理价值准则。北魏统治者在全面接受这些制度仪节的同时,也是对儒家政治与伦理价值准则的某种吸收和认同。与思想和观念相比较,制度仪节具有更为明确的规范性和秩序性,在促进北魏统治思想的儒学化过程中,制度文化的影响力显得更为直接和持久。

3. 努力推行儒学教育

汉代儒学是汉统治阶级的政治指导思想,庠序之教则是培养统治人才的主要途径。北魏统治者显然意识到了儒学的政治价值,遂大力提倡和推行儒学教育。道武帝拓跋珪初定中原,"虽日不暇给,始建都邑,便以经术为先,立太学,置五经博士生员千有余人"(《魏书·儒林传》)。天兴二年(399年),"初令《五经》群书各置博士,增国子太学生员三千人"(《魏书·太祖纪》)。短短十几年,北魏的儒学教育已初具规模。其后,明元帝拓跋嗣"改国子为中书学,立教授博士"。太武帝拓跋焘始光三年(426年),"别起太学于城东"(《魏书·儒林传》)。不过,这一时期儒学教育只限于京师,州郡地方学校还没有恢复。献文帝拓跋弘即位伊始,就着手解决这一问题,诏曰:"自顷以来,庠序不建,为日久矣。道肆陵迟,学业遂废,子衿之叹,复见于今。朕既篡统大业,八表晏宁,稽之旧典,欲官于郡国,使进修之业,有所津寄。"并责令中书令高允"宜与中、秘二省参议以闻。"(《魏书·高允传》)拓跋弘意在询问设立乡学的可行性,高允自然心领神会。上表详言"经纶大业,必以教养为先;咸秩九畴,亦由文德成务",历代史籍典纪"靡不敦儒以劝其业,贵学以笃其道",认为"宜如圣旨,崇建学校以厉风俗。使先王之道,光演于明时;郁郁之音,流闻于四海"。高允还提出了具体的建议,"显祖从之。郡国立学,自此始也。"(《魏书·高允传》)

在北魏统治者推行儒学教育过程中,他们首先充当受教育者,率先研习儒学经典。道武帝定都平城之后,问博士李先:"天下何书最善,可以益人神智?"李先答:"惟有经书。三皇五帝治化之典,可以补王者神智。"(《魏书·李先传》)拓跋珪"于是班制天下,经籍稍集",以备御览。又于天兴四年(401年)冬"集博士儒生,比众经文字,义类相从,凡四万余字,号曰《众文经》"(《魏书·太祖纪》)。北魏的皇太子并不入学,但一般专门任命师傅传授儒经。皇帝也经常请名儒"入讲经传",有的还学有所成。如明元帝拓跋嗣"礼爱儒生,好览史传,以刘向所撰《新序》《说苑》于经典正义多有所阙,乃撰《新集》三十篇,采诸经史,该洽古义,兼资文武焉"(《魏书·太宗纪》)。此外,在北魏皇帝的诏令中还经常引经据典,表明儒学的信条已经成为北魏统治者的政策依据与是非标准。

北魏王朝的权力主体是鲜卑族的军事贵族,他们中有相当一部分人惟恐丧失特权和地位而抵制儒学。太武帝为此诏令曰:"今制自王公已下至于卿士,其子息皆诣太学。"(《魏书·世祖纪》)表明了积极倡导和推广儒学教育的决心。在北魏几代帝王和士大夫们的努力下,北魏统治者接受了儒家政治思想与文化的洗礼,加速了其儒学化的进程。

4. 提倡以儒道治国

北魏统治者尊崇儒学的标志之一是尊师孔子。始光三年(426年)二月,太武帝拓跋焘诏"祀孔子于国学,以颜渊配"。皇兴二年(468年)献文帝拓跋弘"遣中书令兼太常高允奉玉币祀于东岳,以太牢祀孔子"(《魏书·礼志》)。北魏统治者频频举出孔子的旗帜,预示着儒家学说已经形成了某种权威,表现在治理国家的指导思想和原则,以及各项政策上。道武帝拓跋珪在天兴三年(400年)十二月的诏书中提出:"道义,治之本;名爵,治之末。"他针对当时追逐名位而轻道德的政风,指出治国要"尚德下名"。道武帝的认识很有代表性,此后几代君主均以"尚德"作为治理国家的基本政治原则。

汉代德治偏重孝道,受其影响,北魏统治者在德治原则基础上突出了两点,一是孝治,二是礼制等级。前者有太武帝拓跋焘神䴥三年(430年)五月诏:"夫士之为行,在家必孝,处朝必忠,然后身荣于时,名扬后世矣。"(《魏书·世祖纪》)文成帝拓跋濬太安元年(455年)六月诏:"其不孝父母,不顺尊长,为吏奸暴,及为盗贼,各具以名上。其容隐者,以所匿之罪罪之。"(《魏书·高宗纪》)后者有文成帝和平四年(463年)十二月诏:

> 名位不同,礼亦异数,所以殊等级,示轨仪。今丧葬嫁娶,大礼未备,贵势豪富,越度奢靡,非所谓式昭典宪者也。有司可为之条格,使

贵贱有章,上下咸序,著之于令。

　　夫婚姻者,人道之始。是以夫妇之义,三纲之首,礼之重者,莫过于斯。尊卑高下,宜令区别。……今制皇族、师傅、王公侯伯及士民之家,不得与百工、伎巧、卑姓为婚,犯者加罪。(《魏书·高宗纪》)

能以儒家传统的忠孝礼制作为治国方针,这无疑是北魏统治者在儒学化过程中迈出的重要一步。

　　在具体政策方面,以儒道治国主要表现在以下两点。其一,宽赋重农。北魏统治者入主中原之后,继承了汉家传统的以农为本的政策原则,采取了一系列措施,以保证和推动农业生产。如永兴三年(411年)二月,明元帝拓跋嗣诏令简出宫人,以示重视"夫耕妇织"的农业生产。他说:"衣食足,知荣辱。夫人饥寒切己,唯恐朝夕不济,所急者温饱而已,何暇及于仁义之事乎?王教之多违,盖由于此也。非夫耕妇织,内外相成,何以家给人足矣。其简宫人非所当御及执作伎巧,自余悉出以配鳏民。"(《魏书·太宗纪》)太武帝拓跋焘延和三年(434年)二月以频年屡征,废失农业,"致使生民贫富不均,未得家给人足,或有寒穷不能自赡者"(《魏书·世祖纪》)为由,诏令减赋。又太平真君四年(443年)诏"复民赀赋三年",并特别责令"牧守之徒,各厉精为治,劝课农桑,不听妄有征发"(《魏书·世祖纪》)。恭宗拓跋晃监国时,曾令无牛农户以人力与牛力互换,以解决畜力不足,又"禁饮酒、杂戏、弃本沽贩者。垦田大为增辟"(《魏书·世祖纪》)。献文帝拓跋弘初即位,就下令"诸有杂调,一以与民"(《魏书·显祖纪》)。这些措施显然有利于发展社会生产和政治稳定,如文成帝拓跋濬所说:"薄赋敛以实其财,轻徭役以纾其力,欲令百姓修业,人不匮乏。"(《魏书·高宗纪》)体现了儒家的"本农"和"恤民"精神。

　　其二,治吏任贤。北魏统治者以儒道治国的目标是"欲令百姓家给人足,兴于礼义"。可是,地方牧守令宰多官非其人,不能宣扬恩化,勤恤民隐,与国同忧,反而肆虐百姓,"至乃侵夺其产"(《魏书·世祖纪》)。于是北魏统治者采取了两方面措施,一要治吏,二要任贤。太武帝拓跋焘太延元年(435年)诏令治吏,加强考课,要求"刺史明考优劣,抑退奸吏,升进贞良,岁尽举课上台"(《魏书·世祖纪》)。文成帝拓跋濬则明令加强赏罚,太安四年(458年)针对牧守不能:"宣扬恩意,求欲无厌,断截官物以入于己"等现象,规定:"自今常调不充,民不安业,宰民之徒,加以死罪。"翌年九月又诏:"夫褒赏必于有功,刑罚审于有罪,此古今之所同,由来之常式。牧守莅民,侵食百姓,以营家业,王赋不充,虽岁满去职,应计前逋,正其刑罪。"(《魏书·高宗纪》)对于牧守"擅有召役,逼雇不程",或因征收赋调而"逼民假贷"以谋暴利者,均处以极刑。

北魏统治者除了严厉惩治害民之吏外,又尽力选用良吏。神䴥元年(428年)太武帝拓跋焘"以天下守令多行非法,精选忠良悉代之"(《魏书·世祖纪》)。又明确宣称:"朕除伪平暴,征讨累年,思得英贤,缉熙治道,故诏州郡搜扬隐逸,进举贤俊。"(《魏书·世祖纪》)文成帝拓跋濬也说:"夫为治者,因宜以设官,举贤以任职,故上下和平,民无怨谤。若官非其人,奸邪在位,则政教陵迟,至于凋薄。"(《魏书·高宗纪》)在他们看来,"牧守荷治民之任,当宣扬恩化,奉顺宪典,与国同忧。直道正身,肃居官次"(《魏书·世祖纪》)。只有这样官吏才够得上一个"贤"字,才真正符合统治的需要。然而,北魏承丧乱之后,官吏"罕能克厉",加之这一时期居官无俸,因而吏治贪坏在所难免。但不论怎样,从北魏统治者对治吏与任贤的态度,可以看出他们认识问题的标准是德义礼制和仁政,治吏与任贤正是其以儒道治国和实现儒道理想政治的重要内容及措施。

北魏统治者深知"有功蒙赏,有罪受诛,国之常典,不可暂废"(《魏书·高宗纪》),因而在以儒道治国的同时,也十分重视刑律。拓跋部本来"礼俗纯朴,刑禁疏简",由于战争的需要,"乃峻刑法",甚至以军法理民事,结果"民乘宽政,多以违命得罪,死者以万计"(《魏书·刑罚志》)。道武帝既定中原,吸取前代刑网峻密的教训,"乃命三公郎王德除其法之酷切于民者,约定科令,大崇简易"。这一措施甚合民心,"罚必从轻,兆庶欣戴焉"(《魏书·刑罚志》)。可到了拓跋珪晚期,"纲纪褫顿,刑罚颇为滥酷"。太武帝拓跋焘即位以后,几次改定律令,"务求厥中,自余有不便于民者,依比增损"(《魏书·世祖纪》)。从发展的趋势来看,自道武帝以后,刑律轻峻交迭,但其主流是趋向轻简,这一特点也可以看作是以儒道治国的某种影响。

总上所述,北魏前期的统治思想、原则和政策已经明显地表现为向着儒家政治思想认同的倾向,从而为孝文帝推行孝治和进行汉化改革作了铺垫。

二、孝文帝的孝治主张

孝文帝元宏在北魏治国思想的儒学化过程中是个十分重要的人物,他所推行的汉化改革对于北魏王朝封建化的完成至关重要。在治国指导思想和具体措施方面,他是个继承者,如宽赋重农、礼制德政等等,他基本继承了前几代君主的思想和政策,并有所推进。例如他极其关注社会等级秩序,不容许出现尊卑混杂现象。太和元年(477年)八月诏:"工商皂隶,各有厥分,而有司纵滥,或染清流。自今户内有工役者,推上本部丞,已下准次而授。"(《魏书·高祖纪》)再如,关于考课吏治,他提出:"三载考绩,自古通经;三考黜陟,以彰能否。今若待三考然后黜陟,可黜者不足为迟,可进者大成赊缓。是以朕令三载一考,考既黜陟,欲令愚滞无妨于贤者,才能不壅于下位。"他还将吏治优劣定为三等,"上上者迁之,下下者黜之,中中者守其本任"(《魏书·高祖纪》)。然而,这些方针和措施基本是前代君主认识的简单重复,或有繁简之别而已。与前代君主相比较,孝文帝治国思想中最富有特色的是尊儒敬孔和孝治。

孝文帝本人对儒学造诣颇深。据《魏书·高祖纪》载,他"雅好读书,手不释卷,《五经》之义,览之便讲,学不师受,探其精奥,史传百家,无不该涉"。他学有所得,便好为人师,经常给群臣讲论儒经,故而史称"钦明稽古,笃好坟典,坐舆据鞍,不忘讲道"(《魏书·儒林传》)。孝文帝既然雅好儒道,对孔子则怀有由衷的崇敬之情,作为治道之一,他频繁祭孔,藉以确立儒学的权威。然而这一时期,在社会上,孔子巫化现象颇严重,正像他描述的那样:"尼父禀达圣之姿,体生知之量,穷理尽性,道光四海。顷者淮徐未宾,庙隔非所,致令祠典寝顿,礼章殄灭,遂使女巫妖觋,淫进非礼,杀生鼓舞,倡优媟狎,岂所以尊明神敬圣道者也。"(《魏书·高祖纪》)针对这种现象,他一方面下令:"自今已后,有祭孔子庙,制用酒脯而已,不听妇女合杂,以祈非望之福。犯者以违制论。"(《魏书·高祖纪》)另一方面又通过各种活动来树立孔子的神圣权威。延兴三年(473年),"诏以孔子二十八世孙鲁郡孔乘为崇圣大夫,给十户以供洒扫。"太和十三年(489年),"立孔子庙于京师"。十六年(492年),"改谥宣尼曰文圣尼父,告谥孔庙"。十九年(495年)四月"行幸鲁城,亲祠孔子庙。……诏拜孔氏四人、颜氏二人为官"。"又诏选诸孔宗子一人,封崇圣侯,邑一百户,以奉孔子之祀。"(《魏书·高祖纪》)如果说孔子的圣帜自道武帝首次挥起,那么到了孝文时期,已经高悬于北魏王朝的殿堂之上,为统治者的治国思想规定了基本框架。

孝文帝在继承前代君主以儒道治国的基础上,尤其看重孝治,他对儒家伦理的政治价值领会颇深,认识到"孝顺之道,天地之经"(《魏书·尉元传》),推行孝治能驯化百姓,稳定社会,于是采取了种种措施。

第一,奖用"孝悌"。孝文帝多次下诏,要州郡地方访查"力田孝悌"、"孝友德义"、"孝悌廉贞"者,"具以名闻",然后分别赐与谷帛或官爵,如延兴三年十一月,太和十七、十八年,二十一年五月等颁有诏令。通过这些活动,既表明了朝廷对孝道的重视和赞许,又向人们传递了这样的信息:遵从孝道会带来利益,从而引导和推动人们崇敬践行孝道。

第二，敬老。儒家孝道的核心是服从权威，敬老则是这一基本精神的泛化和世俗化。孝文帝即位不久，即"宴京邑耆老年七十已上于太华殿，赐以衣服"，"诏会京师耆老，赐锦绨、衣服、几杖、稻米、蜜、面，复家人不徭役。"(《魏书·高祖纪》)他多次巡视地方，所经之地常常诏赐高年以官爵，或"听一子不从役"。为了表示敬老，对于"镇戍流徙之人，年满七十，孤单穷独，虽有妻妾而无子孙，诸如此等，听解名还本"(《魏书·高祖纪》)。太和十六年(492年)，诏"以尉元为三老，游明根为五更，又养国老、庶老"。他在诏书中说："天子父事三老，兄事五更，所以明孝悌于万国，垂教本于天下。"(《魏书·尉元传》)三老尉元奏言："人之所崇，莫重于孝顺。然五孝六顺，天下之所先，愿陛下重之。"五更游明根奏言："孝顺之道，无所不格。愿陛下念之，以济黎庶。"(《魏书·尉元传》)孝文帝通过立三老、五更，向全社会宣明孝顺之道，以使人人皆知孝敬之义，使服从权威成为社会风尚，这一点正是专制统治者的政治目标。

第三，严惩不孝。太和十一年(487年)，孝文帝诏曰："三千之罪，莫大于不孝。而律不逊父母，罪止髡刑，于理未衷，可更详改。"(《魏书·刑罚志》)他认为，违孝而罚轻，势必削弱了孝道的神圣性，因而有碍于树立孝道的权威性，不利于孝治的实行。

孝文帝本人还着力践行孝道。太和十四年(490年)，文明太皇太后崩，葬于永固陵。孝文帝决意"终三年之礼"。百官力谏，"以万机事重，请求听政"。孝文帝只得打消了这个念头，但仍表示"哀慕缠绵，心神迷塞，未堪自力以亲政事"(《魏书·高祖纪》)。身为帝王而执意遵行"三年之丧"，这在中国古代社会实属仅见。

孝文帝的孝治主张较之汉代并没有大的突破，然而，即使仅仅是对"汉以孝治天下"的简单继承，其功效和意义也非同一般。北魏的文化和政治文明是以游牧经济为基础的，风习相对落后，入主中原汉地之后才广泛接触到汉族的礼乐文明。孝文帝提倡孝治主观上为了巩固政权，稳定秩序，客观上则为不同民族的经济、文化及政治的融合起到了巨大的促进作用，同时，也为儒家政治思想在北方的传布和延续提供了条件。

第十四章 魏晋至宋佛教、道教的政治思想

儒、佛、道三教是中国传统文化的三大支柱。三教之间为争夺意识形态领域的支配地位，不断发生冲突和碰撞，这是魏晋以降思想史的显著特点之一。三教的冲突始于汉魏，盛于南北朝，到隋唐遂演成三教并立的局面。在互相排斥、互相渗透中，三教的学说都有突破性的发展，各自的理论形态都发生着深刻的变化。佛、道二教对当时文化生活、社会生活及政治生活的影响，其深远程度不在儒家之下。思想学术上的三教归一，丰富了传统文化的内涵，也推动了政治思想，特别是政治哲学的发展变化。

第一节　佛、道、儒三教的争衡与兼摄

佛、道、儒三教之间相互争衡与兼摄由来已久。"老庄用自然，圣人贵名教"，道家、儒家孰是孰非、孰本孰末之争源远流长。至汉代，依托道家思想而创制的道教加入到这个争论中来。随着佛教的传入并逐渐兴盛，思想之争由双方一变而为三方。据《后汉书·襄楷传》记载，在东汉时期就有把佛教说成是老子所创而有意贬低佛教的说法。三国时期，牟子作《理惑论》反而把老子说成是佛教的门徒。这表明，两大宗教之间的争斗也拉开了序幕。魏晋以来，思想家群体显然划分为崇佛、崇道、崇儒三大阵营。三方之间又有分有合。面对佛教势力的迅猛崛起，道、儒常常结为统一战线，依据华夷之辨、伦理纲常、王权至上，来非议、排斥外来的佛教。这就注定三教之争又是一种政治现象，它不仅涉及到政治理论之争、统治思想地位之争，还涉及到具体的政治、经济、文化政策之争，甚至直接引发政治斗

争。其中历代的反佛思潮具有较高的学术理论性质。北魏太武帝毁佛、北周武帝废佛、唐武宗灭佛等都是重要的政治现象。在这场争论中，佛、道、儒的彼此吸收、融合亦显而易见，甚至可以说三教合一是思想发展演变的大趋势。与此相应，力图消弥争论、调和三教的思想也不断发展。这样一个思想大变局大致到宋代完成，其最终结局是儒学重新振兴，并名副其实地占据了意识形态的王者之位。

三教之争涉及到许多宗教问题、哲学问题。例如，围绕"神不灭"与"神灭"而展开的争论。南朝名僧慧远的《形尽神不灭》、士大夫郑道子的《神不灭论》等都是佛教掀起的"神不灭"思潮中较早的篇章。与此相对，反佛思潮的代表人物也从哲学思维的角度辨析形神关系，明确提出"神灭"论。南朝何承天的《报应论》、刘峻的《辨命论》、范缜的《神灭论》、朱世卿的《性法自然论》等，从哲学思辨的角度否定佛教的因果报应说，都是思想史上的著名篇章。

与政治思想直接相关的是关于佛教徒是否属于正统、是否应当礼敬君父、是否有利于国计民生的争论。佛教的原始教义与中华的纲常名教多有相悖之处，这是佛教最易受到攻击的致命弱点。三教之争常常围绕这个问题展开。自慧远作《沙门不敬王者论》以维护佛教教义，不仅同名论文充斥于南北朝、隋唐的文献中，而且朝堂上经常围绕这个题目争论不休。梁武帝等佞佛的帝王准许僧人不礼敬君父，而更多的帝王则对这种违背华夏传统的做法很反感，乃至有佛教"三被诛除，五令致敬"之事。到唐宋，这场争论以佛教教义向中华礼法的屈服而告终。

自魏晋迄唐宋，反佛的名士、名文很多。其中涉及政治思想的代表作是：西晋道士王浮作《老子化胡经》，将"老子入夷狄为浮屠"说理论化、系统化。宋齐之际的顾欢作《夷夏论》，否认佛教的正统性，贬抑其价值。南齐道士假托张融作《三破论》，指责佛教"入国而破国"、"入家而破家"、"入身而破身"。北魏杨衒之作《洛阳伽蓝记》，批评佛教破费巨资，侵掠百姓，影响国力。唐初傅奕作《请废佛法表》，全面论证佛教对国家民生的危害。中唐的韩愈作《原道》，以儒家道统排斥佛教法统。宋代理学诸子也有系统的反佛主张。这里仅介绍一下傅奕的观点。

隋唐时期，宗教文化政策一直是朝野上下争论不休的政治问题之一。在这场争论中，最高统治者的具体政策不断有所调整，唐武宗甚至曾一度禁佛。但总体来说，隋唐帝王对儒、道、佛三教采取兼收并蓄、严密控制的政策，力图使三教都成为王权的统治工具。这种政策既导致三教彼此争衡，又使得三教共同繁荣，彼此交流。隋唐之际，傅奕的废佛论及由此引发

第十四章　魏晋至宋佛教、道教的政治思想

的政策之争,是一个典型事例。

傅奕(555~639年),相州邺(今河南安阳)人,通晓天文历法,曾任太史令,著有《老子注》、《老子音义》、《高识传》等,均佚失。他是隋唐时期公开主张排佛废佛的典型人物,其基本观点在儒、道两家反佛活动中具有代表性。

傅奕先后七次向唐高祖和唐太宗上疏,提出尊王权、贬华夷的废佛论,请求以行政手段废除佛教。从傅奕的《请废佛法表》和《旧唐书·傅奕传》保存的思想材料看,他的废佛主张主要有以下五个论点:

其一,"佛在西域,言妖路远"。傅奕认为,"佛是胡中桀黠,欺诳夷狄……遵尚其教,皆是邪僻小人"。佛教是夷狄之教、"妖幻之教",它不仅不能造福于中国,而且会谣言惑众。

其二,"帝王无佛,则大治年长;有佛,则虐政祚短"。傅奕认为,汉魏以前,"皆无佛法,君明臣忠,祚久年长",自从佛教传播开来,天下亦随之大乱,"羌胡乱华,主庸臣佞,政虐祚短"。由此可见,无佛的政治要比有佛的政治好得多。梁武帝等尊崇佛教,致使国家灭亡,这个教训"足为明镜"。

其三,佛教"窃人主之权,擅造化之力"。傅奕认为,"生死寿夭,由于自然;刑德威福,关之人主"。而佛教宣扬因果报应,把罪与福的根源归诸佛陀,这不仅是贪天之功,而且有损帝王的尊严。只有铲除佛教,才能使民众把天道、君主奉为最高权威。

其四,佛教"剥削民财,割截国贮"。傅奕认为,佛教供奉佛陀,大建寺院,广招僧人,必然削减户口,侵蚀赋役,影响兵员,糜费民财,从而危害国计民生。

其五,"反先王之道,失忠孝之义"。傅奕认为,佛教教义教唆人们"无君无父"、"不忠不孝",败坏纲常名教。佛教徒"剃发染衣,不谒帝王,违离父母,非忠孝者"。在他看来,"老子至圣,尚谒帝王;孔某圣人,犹跪宰相",而佛教徒"上忽公卿,抗衡天子",这是不可容忍的。

基于上述理由,傅奕认为佛教祸国殃民,"于百姓无补,于国家有害"。他力主兴名教,废佛法,具体做法是:将佛教斥出国门,令众僧还俗归家,把寺院分给贫民,以绝其根,断其流。这样才能"益国"、"足兵","四海免蚕食之殃,百姓知威福所在,则妖惑之风自革,淳朴之化还兴"。

废佛论实际上是政治论,它涉及到统治思想的定位及国家的宗教政策、文化政策和经济政策。排斥佛教的实质是维护华夏的宗法伦理道德和君权至上的政治体制。

傅奕等人的政见并没有被帝王完全采纳,但在思想文化领域产生重

大影响。它引发了朝廷之上关于文化政策的大辩论。这场辩论旷日持久，最高统治者对三教的态度也有微妙曲折的变化，但其结果是奠定了唐代文化政策、宗教政策的基调，即兼收并蓄。这就进一步推动了三教的争鸣、交流和融合。

第二节 佛教的政治观念

佛教以宣扬出世成佛为基本教义，与现实政治有一定的距离，通常属于游离于国家权力之外的社会力量。然而任何宗教都是社会思潮的产物，是以意识形态为纽带的社会集体，不可能完全超然于政治。佛教也不例外。佛教的天国理想、济世主张和宗教道德等都具有很强的社会属性，会不可避免地与政治发生关系。许多佛教徒也曾以各种方式参与政治。从历史过程看，佛教教义及佛教徒的宗教观念、社会观念、政治观念都曾深刻地介入当时的社会思潮，并以直接或曲折的方式对世俗的政治观念产生影响。

一、佛教的中国化及其对政治文化的影响

在三教之中，惟有佛教属于外来文化。自西汉末年佛教介入汉文化圈以后，其演变和传播情况大致可以分为三个阶段：第一个阶段是佛教依附于中国本土文化而扎下根基时期。在两汉魏晋，刚刚传入中国不久的佛教主要依托于社会上盛行的方术、道术、玄学而得以传播，并逐渐形成气候。第二个阶段是佛教摆脱对中国传统文化的依附且获得迅速发展的时期。在晋末及南北朝，许多统治者的信奉、提倡和寺庙经济的繁荣为佛教的蓬勃发展提供了政治、经济保障，佛教的宗教组织不断完善、信徒数量迅速增加。随着佛经翻译质量的提高和对教义理解的深化，佛教开始张扬个性，佛教义学也形成许多的师说流派。佛教势力膨胀、影响扩大，其教义又与中国的纲常名教多有抵牾之处，这就必然招致道、儒的攻击。一些帝王甚至以行政手段介入三教之争，北魏太武帝、北周武帝都曾发动大规模毁佛活动。第三个阶段是佛教中国化时期。在隋唐时期，佛教教义经过长期的选择、改造和重构，逐渐从印度佛教的母体中分离出来，基本上完成了中国化的过程。一批宣扬中国化的佛性说和宗教道德的教派，如天台宗、华严宗、禅宗、净土宗等先后产生，并占据了主流地位。

佛教的传入是中国历史上第一次大规模引进外来文化，它为中国文化注入了新鲜内容。从政治学说的角度看，佛教的影响主要表现在三个方

第十四章 魏晋至宋佛教、道教的政治思想

面：

其一，佛教哲学对统治思想的政治哲学有深刻的影响。

佛教教义主张佛性平等，把佛性归诸心性，认为万物"皆有佛性，同一心体"、"心外无理，理外无心"、"本性是佛，离性无别佛"、"人性本自静，万法在自性"（参见《坛经》等），提倡明心见性、"灭欲存理"。佛教的本体论、方法论、心性论，有其博大精深、细微独到之处。它的哲学思辨提高了人们的理论思维能力，并为隋唐经学的发展和宋明理学的产生提供了必要的思想材料。宋明理学所偏爱的"理一分殊"、"天命之性"、"心即理，理即心"、"灭欲存理"等思想命题显然受到佛教哲学的深刻影响。

其二，经过改造的佛教教义具有为现存秩序培养驯服臣民的作用。

佛教的中国化主要表现为宗教道德的宗法伦理化。佛教传入中土后，不断遭到中国传统道德、王道政治、民族心理习惯的强烈排斥，所谓"五令改敬，三被诛除"。为了自身的生存和发展，佛教迎合王权的需要，对宗教理论作了大幅度的调整和修改。自晋朝以来，一些僧人就开始宣扬佛教"不危其孝"、"不失其敬"、"协契皇极，大庇生民"，不仅与名教、王权没有矛盾，而且其功能和最终效果与儒教无二。他们认为，佛教五戒（去杀、盗、淫、妄言、饮酒）大致与儒家五常（仁、义、礼、智、信）相当，都具有勉励忠孝、辅助王化的作用。许多僧人不仅曲膝于君父之前，而且在佛法中为忠君孝父观念寻找依据。他们竭力抬高各种宣扬报恩父母的佛经，证明佛教教义与中华孝亲观契合无间；大量制造《父母恩重经》、《孝子经》之类的伪经，鼓吹宗法孝道；以各种弘扬佛法的文化形式，向信徒灌输忠君孝亲观念；撰写大量著述论证五戒以孝为先，佛教之孝高于世俗之孝（包括儒家之孝），佛家教义与王道相合。例如，宗密在《盂兰盆经疏序》中写道："始于混沌，塞乎天地，通人神，贯贵贱，释儒皆宗之，其惟孝道矣。"流行于晚唐的《父母恩重经变文》引据曾参思想说："百行之先，无加于孝矣。夫孝者是天之经、地之义，孝感于天地而退于神明，孝至于天则风雨顺序，孝至于地则百谷成熟，孝至于人则重来者，孝至于神则冥灵佑助。"有的僧人甚至把帝王尊为佛，认为世法高于佛法，忠君比礼佛更重要。如唐代高僧玄奘称颂唐太宗"以轮王之尊，布法王之化"（《全唐文》卷九十六《请入少林寺翻译表》），宋代僧人赞宁称宋太宗是"见在佛"，他可以"不拜过去佛"（《归田录》卷一）。许多僧人还自觉地与王权结合在一起，"辅教助化"。例如，北宋高僧契嵩著《原教》、《孝论》等，认为佛教最重视孝道，最有益于王权，佛法是"二帝三皇之本"（《镡津文集·上仁宗皇帝万言书》）。中国化的佛教利用佛经、伪经和各种弘扬佛法的文化形式，认同并宣扬忠君、孝亲观念，

以因果报应等影响广大信徒的社会政治观念,号召人们做忠臣孝子。这就使佛教成为"助王化于治道"的工具。

其三,佛教中弥陀净土、众生平等思想,成为均平文化的一个来源和组成部分。

佛教教义中的西方极乐世界,为世人描述了一个无种族相、无国土相、无强弱相、无男女相,"悉皆平等,无有差别"的理想境界。极乐净土与现实社会的强烈反差,一下子抓住了众生的心灵。这就为人们怀疑、批判、否定、对抗现存秩序提供了思想武器。自南北朝以来,弥勒继承释迦牟尼而成佛、出世救苦救难的信仰就在民间扩散开来。隋唐以来,打着"弥勒出世"的旗号造反的事件不断发生。佛教被作为动员、组织下层民众造反的工具,这是中国古代一种重要的政治现象。

二、佛教学者的尊君思想

早在三教纷争之始,许多佛教信徒就针对佛教"入国破国"之说,把佛教教义与政治联系起来,极力论证佛教有益于政治,可以使帝王"坐致太平"(《弘明集·何令尚之答宋文皇帝赞扬佛教事》)。南北朝、隋唐、两宋大批僧人以佛学为根基,会通儒释,论说佛教与政治的关系,提出较为系统的政治主张。有关的理论日益系统化、理论化。宋代的契嵩集其大成,他的政治思想是佛家政论的典型代表。

契嵩(1007~1072年),字仲灵,自号潜子,俗姓李,藤州镡津(今广西藤县北)人。七岁出家,十四岁受具足戒。他著《正宗》诸书在禅宗内有较大影响,又以《辅教》诸论与士大夫论辩。宋仁宗赐号"明教大师"。契嵩著述颇丰,部分诗文辑为《镡津文集》,或存于释藏。

契嵩针对欧阳修等人的排佛尊儒论,作《辅教》等论,会通儒释。他的《原教》、《劝书》、《广原教》、《孝论》、《皇极论》、《中庸解》、《论原》、《非韩》及《上仁宗皇帝万言书》等,都属政论文章。契嵩将佛教的政治作用定位于"辅教"二字。他认为佛教为王道所不可或缺,帝王应将佛教纳入治体之中,其要点如下:

其一,佛道与王道相合。契嵩认为"王道惟以大中为准","中道"是道的根本,在这一点上"佛之道与王道合"。佛法"善者则善治之,恶者则恶治之。是二者,与夫王法以庆赏进善,以刑罚惩恶,岂远乎哉?"而"佛心大公",在这个意义上二帝三皇是"佛者之变",佛者是"二帝三皇之本"(《镡津文集·上仁宗皇帝万言书》)。

其二,道与教相须,"教必尊僧"(《镡津文集·广原教》)。契嵩认为:帝王有必要"大明夫佛氏教道",将其纳入"治体"。"凡所谓教者,皆古圣人顺天时、适民所宜而为之,以救世治者也。"王者治国"岂局其教之一二乎?"(《镡津文集·上仁宗皇帝万言书》)契嵩在论著中不厌其烦地列举大量历史资料来证明佛教对帝王理国治民的重要性,所谓"自三代其政既衰,而世俗之恶滋甚,礼义将不暇独治,而佛之道法乃播于诸夏,遂与儒并劝,而世亦翕然化之"(《镡津文集·劝书第二》)。在契嵩看来,"方天下不可无儒,不可无老,不可无佛。亏一教则损天下之一善道"(《镡津文集·广原教》)。

其三,华夷之别在于"义",不能把佛教归为夷狄之教。契嵩的政论有一个特点,就是每一论点都必定引儒家经典、孔孟之言。他借用儒家"华夷之辨"的思路,依据圣人、道义判定华夷,把佛祖说成是"西方圣人",与出身东夷的舜、出身西夷的文王一样,都是以大道行于中国的圣人。因此,他认为"佛之所出非夷也"(《镡津文集·原教》),后儒以佛为夷是"不审《洪范》、《春秋》之旨"(《镡津文集·上仁宗皇帝万言书》)。佛、道、儒心同迹异。"古之有圣人焉,曰佛、曰老、曰儒,其心则一,其迹则异。夫一焉者,其皆欲人为善者也;异焉者,分家而各为其教者也。"(《镡津文集·广原教》)怎能硬将三者区分为华、夷呢!

其四,佛教"五戒十善通儒之五常"(《镡津文集·广原教》)。契嵩在列举和分析佛教五戒十善之后,指出:"以儒校之,则与其所谓五常仁义者异号而一体耳。"(《镡津文集·原教》)

其五,佛教最益教化。契嵩认为佛教比儒、道更为博大、高明。他的主要论据有三:一是佛教最能正人心。"佛法者,大要在人正其心"(《镡津文集·上仁宗皇帝万言书》),而"其治三世(前世、今世、来世)"(《镡津文集·原教》)的佛教远胜百家一筹。二是佛家圣人深知明道救世之大端,佛教教义"遍百家之道",可以"治人治天",因此,修佛教可以由"小小圣"达到"大大圣"(《镡津文集·广原教》)。

为了博取君王的崇奉和世俗的信仰,契嵩着力在"孝"字上大做文章。他所作的《孝论》是佛教关于孝的最系统、最全面的理论著作之一。

契嵩声称:"夫孝,三教皆尊之,而佛教殊尊也。"(《镡津文集·孝论·叙》)他着重从三个方面阐发了佛家之孝:

其一,孝、戒、善合一。他说:"夫五戒有孝之蕴。"(《镡津文集·孝论·戒孝章》)又说:"夫孝也者,大戒之所先也。"(《镡津文集·孝论·明孝章》)大戒以孝为先,戒孝合一,孝为善端,所以孝是祈福成佛的根本。

其二,"欲福不若笃孝,笃孝不若修戒。"(《镡津文集·孝论·戒孝章》)修佛家之戒是最大的孝,因为佛教之戒高于儒家孝道,是最高层次的孝。

其三,佛家之孝反经合道。契嵩针对世俗对佛教"废天常"的批评,指出:佛教"圣人不自嗣其嗣,举性本而与天下嗣之,其为嗣不亦大嗣乎哉!"(《镡津文集·广原教》)佛教之孝是基于大本大成的大孝,"然其遗情当绝有阴德乎君亲者也"(《镡津文集·劝书第二》)。

契嵩关于佛教与王权、宗法的关系的具体论点,自魏晋以来就不断有僧人论及。经过隋唐时期不断地自我调整理论形态,改变现实品格,到宋代,中国化的佛教教义进一步化解了它与王权、宗法的抵牾和冲突,从而更加强化了其"辅教助化"的作用。契嵩的思想是对这种变化的理论总结。

第三节 道教神化王权、维护宗法的政治思想

魏晋以降,许多道教学者改造原始道教的教义使之更加符合统治者的需要。道教在统治者的大力扶植下也日益盛行。到唐代,道教逐步走向成熟和鼎盛。道教与王权彼此视同一家。李唐王朝奉道教为国教,以《老子》为"祖业"、"家书",封太上老君为"大圣金阙玄元天皇大帝",视道士为同宗。唐高宗首创道举制,即以道教经典开科取士。唐玄宗亲注《老子》、《庄子》,置之于《六经》之上,并进一步扩大和完善道举制。帝王们还大量招纳道士入朝参政,并予以爵位。道教则迎合王权需要,调整教义,编造老子一气化三清、三清三位一体说,重新恢复太上老君"大道之主宰,万教之宗元"的地位。道教教义的伦理化色彩日益浓重,成为向信徒灌输纲常、孝悌的重要途径之一。道士们还大量编造关于李唐王室的神话、符命。这些做法强化了道教"助化"的政治功能。宋元以来,许多帝王崇尚道教,道教也一直是统治者用来美化王权、教化民众的工具之一。

一、道教中的尊君思想

魏晋以来,有一批道士为了完善道教的政治理论,提高道教的地位和自己的身价,将道教的道论与政治融通,大谈修身治国之道,从理论上论证王权神圣及君主制度的合理性。有的人还提出一套统治方略。其中最著名的有葛洪、寇谦之、陶宏景、成玄英、司马承祯、吴筠、李筌、杜光庭、陈抟等。这里仅简要介绍其中一些有代表性、有特点的论点。

第十四章　魏晋至宋佛教、道教的政治思想

1. 葛洪论君主制度的合理性

葛洪（283～363年）字雅川，丹阳郡句容（今江苏句容）人，自号抱朴子。他出身士族，少壮之时即学神仙之术，虽曾立有战功，并封侯食邑，却以"不仕为荣"，是道教丹鼎派理论体系的奠基人。著有《抱朴子》，分内外篇，内篇论道术，外篇论儒术。这部书集当时神仙道教理论之大成。

葛洪以"玄"、"道"、"一"为最高范畴，构建道教神学理论体系。在《抱朴子》中，他一方面倡导神仙长寿信仰，推崇大道至上，黄老为本，认为"道者，儒之本也；儒者，道之末也"（《抱朴子·明本》），另一方面又把道教的神仙之说与儒家的伦理说教结合起来，鼓吹"佐时治国"，认为"夫道者，内以治身，外以为国"（《抱朴子·明本》），以忠孝为本的修道不仅是为了个人养生求仙，还要关心世事，维护纲常。他在强调道本儒末的前提下，以"推崇儒术"（《抱朴子·明本》）为宗旨，大讲君道、臣节、崇儒、任能、用刑等，提出了系统的政治主张。其政治思想与儒家正宗很接近。其中他对君主制度合理性的论证很有特点，也很有代表性。

据《抱朴子·诘鲍》记载，葛洪与鲍敬言曾就君主制度是否合理的问题相互诘难，前者盛赞"有君"，后者力主"无君"。这是中国古代文献中罕见的关于有君论者与无君论者正面直接交锋的记载。鲍敬言从哲学、历史、政治的角度，系统地阐明了"无君无臣"理想，其论点之明确、论据之完整都堪称古代无君论的典型。针对鲍敬言无君论的主要论点，葛洪一一作答，双方辩难的要点如下：

其一，君主制度是违背自然法则还是符合自然法则的。

鲍敬言指出：阳气上扬为天，阴气下沉为地，都是自然现象，"本无尊卑也"。据此他认为，无差别、无文化、无司牧、无主从、纯任自然的社会秩序是最理想的。既然天地万物，同出自然，本无等差尊卑，那么君主制度、等级制度是违背自然法则的。

葛洪认为："乾坤定位，上下以形。远取诸物，则天尊地卑，以著人伦之体；近取诸身，则元首股肱，以表君臣之序。降杀之轨，有自来矣。"天地有上下之分，五体有主从之义，人伦有尊卑之别，政治有君臣之序，这都是自然法则的体现。"受命自天"的圣人根据天道的意志，创制各种文明，为人类带来福音。等级制度、君主制度符合"天意"，是神道、逻辑的必然，是圣人之制。

其二，君主制度的产生是历史的退化还是历史的进化。

鲍敬言认为，"古者无君，胜于今世"。远古之时，无君无臣，人们自耕自食，无名利之争、夺害之心，因此不需要有干戈、城池、刑罚、赋役，这与

现实社会形成强烈的反差。自从有了君臣制度,人类的境遇越来越糟。

葛洪认为,无君是与人类的原始状态相联系的,"古者生无栋宇,死无殡葬",更没有各种文明的生活方式。"后世圣人"创造了人类文明,才使人们安居乐业。由此可见,君主制度是社会进步的产物。

其三,君主制度是强者凌弱、智者诈愚的产物还是圣人为人类兴利除害的产物。

鲍敬言批驳天为民而立君的说法,指出自然天道不干预人事,君臣之设完全是人为的,没有什么天意主宰的作用。强者、智者强迫弱者、愚者服从他们,于是有了"君臣之道"。君臣关系是压迫、奴役关系,是强者、智者强加于"力寡之民"的。

葛洪认为,君主制度可以为人类"去害兴利",调节人际关系,阻止无序纷争,维护社会安定,因而"百姓欢戴,奉而尊之",这怎么能叫"诈愚凌弱"呢?

其四,君主制度是万恶之源还是万善之源。

鲍敬言认为,君主制度是人间一切祸患的根源。有君有臣,也就有了徭役赋税、兼并掠夺、严刑酷罚、征战讨伐,结果"无道之君,无世不有,肆其虐乱"。他还对君主制度造成的各种不合理不平等的现象以及历史上的暴君暴政进行了猛烈地、系统地抨击。

葛洪认为,人类"人无六亲之尊卑,出无阶级之等威"的无君时代,远不如"明辟莅物,良宰匠世"的时代。他列举历史上的盛世景观,指出正是君主制度为人类带来了文明和秩序,避免了愚民相争、"人人相食"的惨剧。如果没有了君主制度,则"上无治枉之官",人类就可能"私斗过于公战",甚至死亡殆尽。

其五,拯救人类的途径是彻底废除君主制度、等级制度还是完善、巩固这种制度。

鲍敬言针对明君治国则天下安定的说法指出,即使由最开明的君主实施统治,也不如无君。轻徭薄赋,不如不聚不敛。偃武修文,不如无须征伐。许多君主不是不想治平,可天下越治越乱。正本清源的办法是重返无君无臣的理想时代。

葛洪指出:让人类退回到无君时代是不可能的,绝代多数人是不愿再过没有任何文化、简朴无华的生活的。他的政治理想是:圣王在上,官吏贤良。

鲍敬言的无君论的许多论点是精彩的,而其改造社会的方案并不具有合理性、可能性,其反对社会进步的观点也是不可取的。葛洪对国家某些职能的分析具有合理性,他的社会进化思想也有可取之处。然而他为君主制度写的辩护词的基本思路显然与统治思想是相通的。

2. 成玄英论"君统世事"

成玄英,字子实,唐初著名道士,生卒年不详,陕州(今河南陕县)人。曾被唐太宗召至京师,加号"西华法师"。著有《老子注》、《庄子疏》。

成玄英发挥道教"重玄"之旨,以关于"重玄之道"的宗教信仰,全面论证了君主制度的绝对性及君主治理天下的政治原则。其总纲是:"至言虽广,宗之者重玄;世事虽繁,统之者君主。"(《老子注》)其要旨有三:

其一,尊卑等级、伦理纲常皆出自天理,所谓"尊卑先后,天地之行也","二仪生育,有不测之功,万物之中,最为神化,尚有尊卑先后,况人伦之道乎!"(《庄子集释·天道疏》)就连最神圣的天与地都有上下尊卑之别,可见等级与纲常来自"物理自然",是宇宙中普遍法则所决定的。既然"君臣上下,理固必然",那么"臣子事于君父,必须致命尽情"(《庄子集释·人间世疏》)。

其二,君主制度是"圣治"之必然。成玄英认为,人的根性不同,在能力上是有等级之分的,能力强的高贵,能力弱的低贱。圣人"出则天子,处则素王"(《庄子集释·天道疏》),他们"可为君中之君,父中之父",所以"黔首卒隶,其数虽多,主而君者,一人而已"(《庄子集释·天地疏》)。这叫做"圣治天下"。

其三,王者应"宗本于天地"、"主于道德",实行"常自无为"(《庄子集释·天道疏》)。成玄英主张君主以"道德为本",以仁、义、礼、法驾驭天下,还对民本论等有所阐发,主张君主愚民、重民、任贤、纳谏。他的政治思想是道教学说与王权政治相结合的产物。

3. 吴筠论道德、天地、帝王三位一体

吴筠,字贞节,华阴人。吴筠常与皇帝论政,陈述名教世务,唐玄宗甚重之。著有《玄纲论》、《神仙可学论》。

在《玄纲论》中,吴均对道德、天地、帝王的内在一致性做了理论的阐明。他认为,"自然者,道德之常,天地之纲也","天地人物,灵仙鬼神,非道无以生,非德无以成",而自然法则决定人类必须"牧之以君,训之以师"(《玄纲论·明道德》)。君主是道德的化身和代言人,是天、地、人的主宰和最高社会权威。因此,"道德者,天地之祖;天地者,万物之父;帝王者,三才之主。然则,道德、天地、帝王一也"(《玄纲论·化时俗》)。在他看来,这是"古今无变易"的宇宙通则。道与德的宗主性和神圣性,落实到社会和政治就是帝王的至上性和绝对性。他认为"礼智者,制乱之大防也;道德者,抚

乱之纲也。然则,道德为礼之本,礼智为道之末",主张"内道德而外仁义,先素朴而后礼智",只要统治者"以道为心,以德为体,以仁义为车服,以礼智为冠冕,则垂拱而天下化矣"(《玄纲论·明本末》)。

4. 李筌论"道贵制人"

李筌,号达观子,约为玄宗、肃宗时人。早年隐于嵩山之少室山,曾任江陵节度副使、御史中丞。著有《太白阴经》等。

《太白阴经》的宗教色彩比较淡薄。李筌以至道、阴阳论政、论兵,提出了一套治国、任人、用兵的思想。李筌说:"道贵制人,不贵制于人。制人者握权,制于人者遵命也。"(《太白阴经·数有探心》)统治者必须牢牢掌握政治上的主导权。在他看来,"圣人之道不足以理,则用法;法不足以理,则用术;术不足以理,则用权;权不足以理,则用势"(《太白阴经·主有道德》),帝王如果不能兼用道、法、术、权、势,不能知人善任,就不能驾驭天下之才。在这部著作中,李筌向帝王奉献了一套相当精明而又完备的王霸术。

5. 杜光庭论纳儒于道

杜光庭,字圣宾(一说宾至),自号东瀛子,生卒年不详。唐僖宗、前蜀王建都曾任用他。王衍奉之为传真天师、崇真馆大学士。杜光庭是唐代道教理论和道教斋醮仪式的集大成者。著有《道德真经广圣义》、《太上老君说常清静经注》、《道门科范大全集》等。

在政治思想方面,杜光庭称道教为"本朝家教",以老子为至尊,主张道高于儒,儒道合契。他认为,《道德经》讲的是忠孝之道,"非绝仁义圣智,在乎抑浇诈聪明,将使君君臣臣父父子子,见素抱朴,泯合于太和,体道复元,自臻于忠孝"(《全唐文》卷九三一《道德真经元德纂序》)。在他看来,道教高于儒教,道教的方略在实现和维护忠孝、仁义礼智信方面比儒教高明得多。因此,可以纳儒于道,将忠君孝亲的孔孟之道统一于老子之道。

6. 陈抟论济世安民之术

陈抟,字图南,自号扶摇子。生卒年不详。亳州真源(今安徽亳县)人。一说西蜀崇龛(今四川安岳县)人。他博览群书,兼通百家,因举进士不第,归隐山水之间,遂成五代宋初著名道教学者。

据《宋史·隐逸传》等文献记载,陈抟胸怀大志,关心时务。周世宗曾向其请教神仙之术,他认为"四海之主,当以致治为念,奈何留意黄白之事乎?"宋太宗又向他请教成仙之术,他教之以"君臣协心同德,兴化致治",认为对于帝王而言,"勤行修炼,无出于此"。据《太华希夷志》记载,宋太宗又曾向陈抟请教济世安民之术,他索纸笔书写了四个字:远、近、轻、重。他的解释是:"远者远招贤士,近者近去佞臣,轻者轻赋万民,重者重赏三军。"据说,宋太祖杯酒释兵权、宋太宗选立真宗等政治事件都有陈抟的参与。

总的说来,著名道教学者尊崇王权、宣扬纲常的政治学说与儒家等世俗的政论在若干基本点上颇相类似,其区别主要在于哲学方法及侧重点有所不同。道教对中国古代政治学说和政治文化的影响,大体与佛教相类似。

二、道教经戒对大众社会政治观念的影响

道教在社会各阶层拥有大量信徒:许多帝王佛道同尊,奉受经箓戒律;后妃公主多出家入道;大臣贵戚广建浮图,舍宅为观;平民百姓中有大量道教的虔诚信徒。随着道教势力的扩张,道教文化的影响波及哲学、科学及文学艺术,对当时的社会文化以及人们的思想意识都有深刻而又广泛的影响。

经戒,即经典、戒律。经戒是道教接纳、规范和教化信徒的重要手段。据说经戒法箓是道教尊神传授的"道之宗尊"。道教认为,人是自我的主宰,遵守戒律,积善修行,才是成仙之途。道教经戒名目繁多,不同教派的戒律和传授序次也有所不同。由于当时信仰道教的人数众多,道教宗教信仰的一些内容转化为民间习俗和社会意识,对政治文化有一定的影响。道教经戒对政治文化的影响是多层次的,主要有以下几个方面:

其一,神仙崇拜是道教信仰的核心,道教的天神、地祇、人鬼为统治者神道设教提供了重要的工具。道教神仙谱系的构成是多层次的,其中有古代自然崇拜、人为宗教的孑遗,有等级、忠孝观念的产物,也受到儒家天命论和谶纬神学及佛教的影响,还凝结了普通百姓征服自然、驱避邪恶的寄托。道教的天道承负、因果报应、善恶福祸等宗教观念,是在教徒信仰中最普遍、最有渗透力的教义,由此而形成的社会意识,为统治者的神道设教提供了社会心理基础。

其二,道教神仙系统是世俗社会政治系统的翻版,其基本政治价值是封建专制主义的。道教神仙之间等级森严,神有七等,仙分九品,从玉皇到灶神分成等级,排定班次,君臣上下,尊卑分明。神仙体系与人类社会中的君臣体系颇相类似。因此,道教教义在政治文化方面的总体效应,是皈依专制主义政治秩序,认同君权神授的政治说教,服膺等级制度的各种规范。道教方术之士经常扮演制造"受命之符"、宣扬政治谶言的角色,这是由道教的政治取向和现实品格所决定的。

其三，道教的宗教道德是宗法道德的一种特殊形态，其经戒的道德价值取向是纲常名教。道教信仰通常是臣民文化的一个来源。作为中国本土宗教，道教的组织体系、宫观制度、教职体制、师承关系以及财产继承等，其基本原则与宗法制度别无二致。道教的戒律、清规、仪范中充满着纲常伦理说教。善恶的标准基本上类同于世俗道德观念。道教还将伦理纲常与道教信仰紧密结合在一起，让忠孝节义与鬼神联姻。忠孝成了养生、求福、成仙之道。在各种道教经典和历代道教宗师的说教中，这一类的内容很多。如净明道的刘玉以"天理"论证纲常，他说："忠孝，大道之本也。"（《净明忠孝全书》卷二）又说："大忠者一物不欺，大孝者一体皆爱。"（《净明忠孝全书》卷三）在道教各宗派中都有关于忠孝的经戒、信条和说教，并把忠孝置于品行修行的重要地位。道教实质是一种"孝悌之教"，其忠实信徒必然是就范于封建秩序的忠臣、孝子、顺民、贤人。

其四，道教飘逸出世、鄙薄尘俗的神仙思想和无为无欲、不求闻达的经戒，是隐逸意识的一个来源。在道教戒律中充斥着"抱泰守朴，行应自然"，"每事逊让，退身度人"之类的说教。有的戒律更为具体化、社会化、世俗化，诸如勿慕功名、勿求名誉、勿与人争曲直、勿称圣名大人之类。有些道教宗派还大力倡导离俗出世。道教的思维方式、宗教观念、修行方式都为做隐士提供了一条途径。

道教经戒、教义还有另一种社会政治效应。例如道教教义中的某些成分，是社会批判思想的一个来源。道教的社会理想、人生追求和救世方案毕竟与社会现实存在相当大的差距，有时可以为下层民众带来新的精神支柱和社会归属。道教经戒中不乏"太平"、"正真平等之道"的内容。道教的天国理想与现实社会的反差，是古代社会批判思想的一个重要来源。许多农民起义与道教信仰有着千丝万缕的联系。

第十五章 隋唐诸帝的君道理论

581年,隋朝建立。继而灭梁平陈,于589年实现天下一统,结束了自魏晋以来持续四百多年的分裂局面。不久,天下大乱,隋朝覆灭,李唐代之。唐初诸帝励精图治,社会经济文化空前繁荣。中唐以后,各种社会矛盾激化。以755年安史之乱为转折点,唐王朝盛极而衰,由藩镇割据渐次步入五代十国分裂局面。

在隋唐,中国古代社会进入鼎盛时期,皇帝制度及其统治思想也达到了成熟阶段。帝制成熟的主要表现是:在中央确立三省六部制度和集体宰相制度,政治中枢机构一分为三,互相制约,宰相职数少则四五人,多则十数人,这就基本上化解了相权对皇权的威胁;在地方,废除汉魏以来州郡主官自辟僚佐制度,实行各级官员由中央任命制度和轮换制度,这就进一步削弱了地方与中央抗衡的能力;废除九品中正制,建立科举制度,逐步形成以考试任用为主要仕途的铨选制度等等,这些措施强化了中央集权和皇权,有利于国家统一和政治稳定。帝制的成熟与政治理念在政治实践中的制度化密切相关,帝制不断完善本身则是统治思想逐渐成熟的重要标志之一。

统治思想成熟的标志主要有两个:一是指导王权具体运作的君道理论的成熟与完备;二是作为官方学说的儒学的政治哲学有重大发展,在理论上逐步达到巅峰,名副其实地登上意识形态领域的王位。前者是由隋唐帝王基本完成的,后者则是由隋唐名儒初步完成的。

隋唐诸帝不仅在政治上有所作为,而且在统治思想方面多有著述。例如,隋文帝杨坚著有《刑书要制》,并主持修订刑律。唐太宗李世民思想上兼综孔、老,撰有《帝范》及《金镜》、《民可畏论》等论著。则天皇帝武曌著有

《臣轨》。唐玄宗李隆基则注疏《孝经》、《道德经》等。隋唐时期的君道理论是以帝王为核心的君臣群体所共同创造的。每一位帝王身边都聚集着一批辅弼公卿和诤谏之臣。代表人物有隋文帝时的高颎、苏威,唐太宗时的房玄龄、魏徵,武则天时的刘仁轨、狄仁杰,唐玄宗时的姚崇、宋璟等。群臣的政见多被帝王采纳,转化为帝王的认识和政策。隋唐君道正是这个时代、这个群体、这股思潮所共同拥有的政治思维成果。

第一节 民本论与君臣一体论

一、民本论:君权的绝对性与相对性

民本论是关于君民关系的政治理论,其核心论点是:国家为君主之本,庶民为国家之本,所以安定民生为政治之本。它涉及到一批与治民施政有关的治国方略和政策原则。

重民,是中国古代政治思维的重要特征之一。从盘庚的"重民"、周公的"保民"、孔子的"爱民",到孟子的"民贵君轻"、荀子的"君舟民水",再到汉唐以来的形形色色的民本论,民本思想不断被充实和丰富。汉唐以来,民本是历代大儒的重要理论命题之一,重民是历代王朝的基本政治原则之一。许多统治者宣称"以民为本",并将其转化为实际政策。作为统治思想和主流文化的民本论对中国古代政治学说和君主政治的实际运作有深刻的影响。

隋唐诸帝都认同民本论,将其列为君道之要义,并把重民视为安国定邦的重要手段之一。史称隋文帝"躬节俭,平徭赋",体恤民情。隋炀帝亦宣称:"民惟国本,本固邦宁。"又称:"非天下以奉一人,乃一人以主天下。"还说:"百姓足,孰与不足!"(《隋书·炀帝纪》)唐初诸帝有鉴于隋王朝的覆辙,对"君舟民水"之训刻骨铭心,在他们的政论和著作中,民是政治思维的主要关注点之一。其中唐太宗及其辅臣对民本论的理论探讨最有代表性。

民本论的产生和发展都来自对民众在政治中的地位与作用的认识。民本论之所以成为唐太宗及其辅臣议论政治时的主要话题,是因为隋唐之际波澜壮阔的民众起义再一次显示了民在政治生活中的重要作用。对隋亡教训的反思和唐初现实政治的需要,迫使统治者不得不把目光投向君主政治的安危点:对民的态度和对策。国家、君主与民众在政治上究竟

是什么关系？如何处理好君民关系以实现李唐王朝的长治久安？这是他们必须解答的政治课题。

唐太宗说："君依于国,国依于民。"(《资治通鉴》卷一九二)君主的地位系于国之存亡,国家的盛衰系于民之苦乐。他着重从四个角度论证了民本论及贯彻重民政策的重要性：

其一,立君为民。

《尚书》中就有天佑下民而作君师说。立君为民,君为民主,这个思想一直是公认的"设君之道"。唐太宗及其辅臣认同这个思想,认为"天之助民,乃是常道"(《尚书正义·大诰疏》),天立君的目的是让他作民之主,为民之父母,因此爱民养民是为君之第一要义。唐太宗赞同"天下为公,一人有庆","以一人治天下,不以天下奉一人"的观点(《贞观政要·刑法》)。这种思想在充分肯定天下应由君主一人主宰、治理天下的前提下,承认君主必须为天下众生谋福利,必须以安定民生为政治之本,而不能利用权势地位谋取个人利益,更不能横征暴敛,剥夺民众,安享天下的供奉。在依据这个思想评说历史的时候,唐太宗及其辅臣一致认为,君主"不恤民事"属失道之举,严重者将丧失为君的条件。天下为公、立君为民的"设君之道",既是民本论的重要命题之一,又是论证有关的君主规范的主要依据。

其二,民养君。

《论语》中有富民足君之说。其实这种思想有更为古老的渊源。"百姓足,孰与不足!"(《隋书·炀帝纪》)这是隋唐帝王论及重民政策时常讲的一句话。唐太宗及其辅臣深知"日所衣食,皆取诸民者也"(《资治通鉴》卷一九二)。民众是赋役之源,国家财政依赖民众,所以"为君之道,必须先存百姓,若损百姓以奉其身,犹割股以啖腹,腹饱而身毙"(《贞观政要·君道》)。承认民养君这一客观事实,循着君主与国家、国家与财政、财政与社会生产、社会生产与民众的关系链,推及民众在君主政治中的基础作用,这是民本思想的基石之一。

其三,民择君。

民择君,即"天子有道,则人推而为主；无道,则人弃而不用,诚可畏也"(《唐太宗集·民可畏论》)。自先秦以来,这就是获得大众共识的政治理念。唐太宗及其辅臣认为,民众是一支令人敬畏的政治力量。得民心者得天下,失民心者失天下。他们把帝王君临天下比作以腐朽的缰索驭使六驾马车,随时会索绝马逸,车毁人亡,怎不叫人心惊胆战。君主治民必须敬之畏之,谨之慎之,如临深渊,如履薄冰。在中国古代社会,民众暴动、弃君择君是王权再造机制中最重要的主观因素,是促进王朝更替和君主政治自我改造的主要动因。历史一再重现的民众载舟覆舟的经验教训,使得唐太宗及其辅臣深刻地认识到:"但有黎庶怨叛,聚为盗贼,其国无不即灭,人主虽欲改悔,未有重能安全者。"(《贞观政要·奢纵》)治理民众问题事关国家兴亡、君主安危,所以是政治之本。这一认识是促使历代统治者认同民本论的主要原因。

其四,民归于君。

自先秦以来,君民一体就是民本论的主要论点之一。人们普遍认为,君有赖于民,而民归于君,二者之间既存在着明显的等级差别和矛盾,又有和谐统一的必要性和可能性。唐太宗及其辅臣认为,"天下无不可理之民"(《全唐文》卷一四〇《理狱听谏疏》),治乱兴亡之机把握在君主手里。他们根据自己在隋唐之际的亲身体验,发现即使在天下动荡的时期,民众之中"欲背主为乱者"也极少,谋夺天下者更少。尽管天下大乱,民众仍然"思归有道",可见导致动乱的主要原因是"人君不能安之"(《旧唐书·张玄素传》)。民众最终要归顺于某个君主,谁实行王道仁政,谁就可以赢得民心,所谓"林深则鸟栖,水广则鱼游,仁义积则物自归之"(《贞观政要·仁义》)。他们还从历史的教训和亲身的体验中领悟到这样一个经验:"王者之兴,必乘衰乱"(《新唐书·房玄龄传》),"天下嗷嗷,新主之资"(《唐文拾遗》卷十三《论略》)。当此之际,谁实行重民政策,谁就能夺取王位,进而巩固政权。"得民心者得天下",这一千古传诵的名言正是推动许多帝王将相制定并贯彻各种重民政策的精神驱动力之一。

唐太宗及其辅臣深知民是"治乱之本源",君如舟,民如水,民载舟还是覆舟,取决于君主的政治措施。他们认识到:"民可亲近,不可卑贱轻下,令其失分则人怀怨,则事上之心不固矣。民惟邦国之本,本固则邦宁,言在上不可使人怨也。"(《尚书正义·五子之歌疏》)因此,他们不仅确定了"治天下者,以人为本"(《贞观政要·择官》)的政治方略,还提出了系统的重民政策原则。主要有以下几点:

其一,君主无为。唐太宗及其辅臣主张"为政之本,贵在无为"(《旧唐书·后妃传》),把君主无为奉为最高的德治典范。作为治民方略的无为论着重强调一个"静"字。治民犹如防水,"善为水者,引之使平;善化人者,抚之使静","静之则安,动之则乱"(参见《隋书·循吏传序》、《贞观政要·刑法》),千万不要把民众这潭水激成冲决堤防、颠覆舟船的狂涛巨浪。实现"静"的关键是"君能清净"(《贞观政要·政体》),"俭以息人"(《旧唐书·马周传》),即顺应自然规律,节制个人欲望,尽量减少对农事的干扰和对庶民的索取,实行"与民休息"的政策,具体做法有尚节俭,慎用兵,薄赋敛,轻刑罚等。

其二,因顺民心。唐太宗及其辅臣主张君主必须体察民情,顺应民心,关心民瘼,以德政施惠于民。因为民心论落实到政策上主要是注意调整君民之间的利益关系。一是缓和君欲与民欲的矛盾。"帝王所欲者放逸,百姓所不欲者劳弊",二者之间有矛盾。解决矛盾的方法是君主"节己以顺人"(《贞观政要·俭约》),千万不能"损百姓以适其欲"(《贞观政要·政体》)。二是调整国富与民富的矛盾。"百姓不足,君孰与足",因此"贮积者固是有国之常事,要当人有余力而后收之"(《旧唐书·马周传》),横征暴敛,则会激起民怨,导致君富而国亡。

其三,不竭民力。"悦以使人,不竭民力"(《旧唐书·魏徵传》)是重民政策的基石,其核心内容是节制劳役征发和赋税征收。国家征收赋役的数量不能超越民众的承受能力,否则"竭泽取鱼,非不得鱼,明年无鱼。焚林而畋,非不获兽,明年无兽"(《贞观政要·纳谏》)。唐太宗以形象的比喻揭示了这个政策原则的思维逻辑:马"能代人劳苦者也。以时消息,不尽其力,则可以常有马也。"(《唐太宗集·自鉴录》)君民关系犹如人马关系,君重民犹如人重马。民是赋役的人格化。君主不竭民力,才能年年向民众索取源源不绝的赋役。

其四,以农为本。从《贞观政要·务农》、《帝范·务农》的记载看,农为政本论的主要依据有三:一是食乃民天,农业的丰歉会直接影响民生,进而影响政治的盛衰安危。二是农业为国家财政的主要来源,农业的兴衰关系到财政的盈亏和国家的强弱。三是务农与赏罚一样是"制俗之机",民众一心务农则性格纯朴,遵守礼义,否则就会贪残、骄逸。因此,重农不仅是一项重要的经济政策,而且是一项重要的化民之术。正如唐太宗所说:"禁绝浮华,劝课耕织,使民还其本,俗反其真,则竞怀仁义之心,永绝贪残之路。此务农之本也。"(《帝范·务农》)

其五,调整官民关系。唐太宗及其辅臣认为,官吏贪赃枉法、鱼肉百姓是导致隋末民溃民乱的重要原因,因此自觉把限制官僚法外侵民作为施治重点之一。唐太宗在《金镜》等文章中曾发出"民乐则官苦,官乐则民劳"的感慨,清醒地认识到调整官民矛盾是一个十分棘手的问题。作为一项重要的重民政策,唐太宗慎选临民官,并以行政、监察、立法、司法手段整饬吏治,严肃风纪,限制官僚豪强法外侵民。但是,这些措施并不意味着改变官民之间的主从关系。唐太宗及其辅臣明确表示:绝对不容许"百姓强而凌官吏"(《资治通鉴》卷一九五)。

唐太宗及其辅臣通过对传统的民本思想集萃式的理论加工和面向实

际的政治实践,把民本论发展到一个新的高度。他们的重民政策在政治上取得巨大成功,并为开创中国古代社会的鼎盛时代做出了重大贡献。这个历史现象也说明:民本论不是君主政治的对立物,而是统治思想的重要构成之一。

二、君臣一体论:驭群臣与驭天下

君臣一体论的基本论点都形成于先秦。汉魏以来,它是统治思想的重要构成之一。隋唐诸帝都认同君臣一体论,他们博采百家之说,形成了一整套君主御臣之术。许多御臣之道还在很大程度上制度化、政策化。有关的理论内容很丰富,主要有以下几个论点:

其一,君不可以独治说。这种论点的基本思路是:君不可能独自治理国家,他必须依靠臣的协助。君与臣的关系犹如元首与股肱、船夫与舟楫、飞鸟与羽翼、大厦与栋梁,彼此相须一体。隋炀帝称:"天下之重,非独治所安。"(《隋书·炀帝纪》)唐太宗说:"重任不可独居,故与人共守之。"(《帝范·建亲》)武则天说:"九域之至广,岂一人之独化。"(《武则天集·求访贤良诏》)武则天在《臣轨》中把《同体》作为首篇。她认为君主必须以群臣为股肱、耳目、爪牙,使上下同心,各尽其能。君主"非群臣同体,则不能兴其业"。君不可独治论强调臣是君不可或缺的助手,君臣"同功共体"。这就肯定了君臣结成政治统一体的必然性和必要性,从政治结构和政治运作的角度,承认了君对臣的依赖性和臣对君的相对制约。

其二,君臣合道。这一认识的基本思路是:君与臣是依据道或道义结为统一体的。君有君道,臣有臣道,二者又统一于道。君与臣必须以道来规范各自的思想和行为,共同实现"天下有道"的理想政治。唐太宗、武则天的思想最为典型。唐太宗认为君与臣是道义的结合,君应依靠臣"弼成王道",臣应"论道佐时",辅弼君主。"君臣一体"方能"君臣上下,各尽至公,共相切磋,以成治道"(参见《贞观政要·求谏》等)。武则天在《臣轨·守道》中有更为明确、详细的论述。她认为"君臣有道即忠惠","故有道即和同,无道即离贰",君臣皆以道自守,以道相和,便能实现君臣和谐,天下大治。

其三,君臣师友。这是君臣合道说的推论和补充。其基本思路是:"帝者与师处,王者与友处,霸者与臣处"(《唐文拾遗》卷一三《论略》),即君主对臣的态度决定着他的历史地位。君应以有道德、有智慧、有才能的臣下为师为友,以实现君臣相须一体,"和同盐梅","形如鱼水"。师友说是合道说的人格化,它获得许多帝王的认同。如唐太宗曾发布《建三师诏》,他列举历史典故,指出:古代的"明王圣帝"皆有师傅而功业卓著。当今"智不同圣人"的君主若无师傅教诲、辅佐则不可治天下。他把魏徵等忠良之臣比为师友、良工、良冶和镜鉴,留下许多君臣际遇的佳话。

其四,君臣利害攸关说。既然君臣同体合道,那么君臣必然利害攸关。君臣政治统一体的中介不仅有亲情、道义,还有利害。唐太宗认为:"君臣本同治乱,共安危","君失其国,臣亦不能独全其家"(《贞观政要·君臣鉴戒》)。武则天在《臣轨·同体》中也说:"臣以君为心,君以臣为体。心安则体安,君泰则臣泰。未有心瘁于中而体悦于外,君忧于上而臣乐于下。古人所谓共其安危,同其休戚者,岂不信欤!"这个认识对君臣双方都有制约作用。从历史过程看,君与臣是以权与利为中介而结为政治统一体的。君强臣弱、利害一致时,君臣系统会趋于协调和稳定。然而,一旦君弱臣强或利害背反,两者就会化为仇敌。对此,隋唐诸帝也有清醒的认识。唐太宗指出:"子不肖则家亡,臣不忠则国乱。"(《唐太宗集·晋武帝总论》)这就需要君主掌握极其微妙的统治术。

其五,君主臣辅。"君为政本"是君臣一体论诸命题的基本前提。在君臣统一体中,君主居于主导地位,臣居于从属地位。君主臣辅说是中国古代君臣关系论的一般结论。君主臣辅说的主旨可以归结为两条:一是臣不得染指理应属于君主的一切特权。即"杀生威权,帝王之所执,而宪章法律,臣下之所奉"(《全唐文》卷一四七《论薛子文等表》),作威作福是君主的特权,臣下只有听命于君、各尽其职的义务。臣下擅权则国家混乱。这个认识获得广泛的认同。二是君臣共治乱,而君的作用更关键。唐太宗赞成这样的观点:"君治则善恶赏罚当,臣安得而乱之!苟不为治,纵暴愎谏,虽有良臣,将安所施!"(《资治通鉴》卷一九六)他指出:"君,源也;臣,流也。浊其源而求其流之清,不可得矣。"(《资治通鉴》卷一九二)其实,君臣一体论其他命题都从不同角度阐述了在君臣关系中君居于主导地位、臣居于辅助地位的思想。人们普遍认为,"君圣臣贤"、"主明臣直"是君臣统一体的理想模式,君主任贤则天下大治。

君臣一体论诸命题从不同角度论证君臣结为政治统一体的必要性与可能性,它们不仅肯定了臣在君主政治中不可或缺的地位及臣对君的制约作用,又揭示了君臣关系的微妙之处。这就为讨论君主御臣之道提供了理论基础。

争人才与争天下、驭群臣与驭天下,是君道的核心内容。隋唐诸帝非常重视御臣之术的研究,并将其纳入君道。而君臣一体论又是驭臣之术的理论基础。许多帝王主张君主御臣应以无为为纲,定法分职,循名责实,任能使智,尽臣之能,赏罚严明。如《臣轨·同体》说:"冕旒垂拱,无为于上者,人君之任也。忧国恤人,竭力于下者,人臣之职也。"而"天下至广,庶事至繁,非一人之身所能周也"。因此,君主应把主要精力用于"分官列职",切忌君代臣劳。无为之术的核心是善于用人。《帝范·审官》指出,君主用人应大材大用,小材小用,使才当其任,人尽其才,所谓"智者取其谋,愚者取其力,勇者取其威,怯者取其慎,无(无论)智、勇、怯,兼而用之。故良匠无弃材,明君无弃士"。隋唐诸帝还主张君主把光大之"道"与神隐之"术"结合起来,使臣民不可测度。他们善于将御臣之道、御臣之术制度化、法制化,如制定行政法典、确立集体宰相制度、创立科举制度、完善谏议制度等。这就使驭臣之道与驭臣之制都达到相当成熟且完备的程度。

第二节　封建论:家天下与公天下

"封建"与"郡县"是历史上两种不同的国家结构形式。西周的分封制是封建的典型,秦朝是郡县制的典型,它们是在不同的历史条件下形成的。春秋以后,封建与郡县之争主要围绕着中央与地方关系调整所采取的形式以及中央与地方的权力配置等问题展开,涉及到政治领域的许多问题。讨论这类问题的文章往往以"封建论"标题。由于中国古代实行家国一体的政治制度,在政论中,"王者以天下为家"与王者"以天下为公"常常相提并论,所以,无论实行封建,还是实行郡县,都属于"家天下"的范畴,而参与争论的人们又都把何者符合"公天下"原则作为判定是非的价值标准。

自秦汉以来,是否分封诸侯,如何分封诸侯,一直是朝野上下争论不休的问题。每当王朝更替或天下动乱之际,这种争论就会从理论之争转化为政策之争。总的来说,反对分封制的呼声日益高涨。封建问题涉及国家制度、皇位继承、君臣关系和宗法伦理。帝王必须兼顾国与家,处理好中央与地方、集权与放权、君与臣之间的关系,因此这个问题一直是困扰最高统治者的难题。直到唐代,这个问题才在理论上和实践中大体得到解决。

唐太宗即位之初,向群臣提出这样一个问题:"朕欲使子孙长久,社稷永安,其理如何?"(《唐会要·封建杂录》)由此引发一场旷日持久的关于封建问题的大讨论。中唐以后,藩镇割据,天下动荡,国家体制问题再次成为朝野争论的热点。在分封制问题上,大致有三派意见:赞成派、反对派和折中派。三派意见都以维护皇权为根本目的,又都以历史经验为依据,并着眼于君臣关系和吏治提出了自己的主张。

争论之一,是何种体制有利于李姓子孙永居皇位。分封派认为,历史经验表明,封建诸侯,则国家长久,如西周、汉众建亲藩,王朝历数百年;秦行郡县制,不封侯伯,二世而亡。唐太宗也担心,若不分封子弟,一旦天下有变故,就会"社稷亡于异姓"(《帝范·建亲》)。反对派针锋相对地指出:周、汉、魏、晋的历史事实表明,"祚之长短,必在于天时;政或兴衰,有关于人事"(《贞观政要·封建》),治乱兴亡取决于"政",不取决于"制",分封制未必有利于维护家天下。唐太宗也承认反对派的说法有根据,如汉初的诸侯之乱,就是广封诸王,导致"末大则危,尾大难掉"(《帝范·建亲》)。两种意见都能在历史上找到一定的事实依据,很难驳倒对方。

争论之二,是何种体制能有效地维护最高统治者的地位与权力。分封派认为,分封宗亲有利于巩固中央权威,皇帝犹如树干,诸侯犹如枝叶,干与枝是相互扶持的关系,由一家人分控中央与地方权力,他人就不敢叛逆。反对派没有完全否定分封论的意见,却又指出了封建亲族的隐患:数世之后,亲缘疏远,彼此就会化为仇敌,大动干戈。分封使"家殊俗,国异政,强凌弱,众暴寡"(《贞观政要·封建》),不利于国家、政令的统一。从强化皇权和中央权威的角度看,反对派的意见显然占上风。从维护家天下的角度看,分封派的意见也不无道理。"救土崩之难,莫如建诸侯;削尾大之势,莫如置守宰"(《新唐书·宗室传赞》)。从皇帝的角度看,两派的主张都有一定的道理,取舍之间是一种两难的抉择。

争论之三,是何种体制有利于改善地方吏治。分封派认为,建立诸侯,实行终身制、世袭制,诸侯就会像关心私财一样尽职尽责,恰似住持和尚;行郡县制、官僚制,地方官心在升迁,惟上司是从,无长期经营之心,形同游脚僧。反对派认为,世袭制很难保证权力者的素质,若孩童嗣职,骄逸淫虐,则"兆庶被其殃,而国家受其败"(《贞观政要·封建》);而实行郡县制、官僚制,各级地方官均由中央选任指派,既有利于中央制驭地方,又有利于选贤任能,"总而言之,爵非世及,用贤之路斯广;民无定主,附下之情不固"(《贞观政要·封建》)。从中央集权、选拔人才、督导吏治的角度看,反对分封一派的观点较为合理。

争论之四,是何种体制可以使君臣相安。分封派认为,"封建亲戚,以为藩卫",可以以宗法为纽带维系中央王权与地方封君的关系,以血缘亲情沟通君臣关系,使彼此"安危同力,盛衰一心"(《帝范·建亲》)。反对派不以为然,他们认为与其依恃不可靠的亲情,不如与循良之才共治。这样做可使臣下感知遇之恩,忠心为君效力。汉光武帝对于宗室、功臣,既给予优厚的待遇,又不赋予权力,结果君臣相安,功臣终身享福并将爵禄传之子孙。这种做法值得效法。唐太宗兼采两种意见之长,主张"远近相持,亲疏两用"(《帝范·建亲》),准备采取一种混合体制。他任命一批宗室、功臣为世袭州刺史,却遭到受封群臣的抵制。长孙无忌的想法最有代表性。他认为三代实行分封是由于王权力量尚不够强大,实属事出无奈。一旦王权强大,力量足以制驭天下,分封制就失去了存在的依据。他自称接到世袭州刺史的任命后,全家人忧心忡忡,如履薄冰,担心这种赏赐反而会招致杀身灭族之祸(参见《旧唐书·长孙无忌传》)。唐太宗无奈,只好收回成命。实行分封制必然会使君臣彼此猜忌、仇杀,这是秦汉以来的历史事实。君主专制的本质是个人集权,惟有君臣权势悬殊,才能上下相安。反对派的意见更为现实一些。

争论之五,是两种体制孰公孰私。公私之争是最为纠缠不清的。分封派认为单纯实行郡县制,天子独揽权力,违背"公治"原则,是"私"的表现。反对派认为分封宗亲功臣是"赏私其亲",不能体现"公天下"原则,而实行郡县制方为"至公之道"(《唐会要·封建杂录》)。公私之争无法使帝王们彻底从两难抉择中摆脱出来,所以唐太宗还是要寻求"邦家俱泰"(《帝范·建亲》)的政治方案。

分封派高举的理论大旗是礼治与教化。他们认为逐级分封可以安父子,别嫡庶,明教化。人们从亲疏有别、等级有差中认同了礼治,就会"仁义长"、"尊卑别",服从教化而减少祸乱。而郡县之制只从政治上着眼,必然重督责,用刑罚,"可以小宁,不可以久安"。以三代之制为大公无私的楷模和礼治教化的典范,这是历代"醇儒"共同的主张。反对分封派很少对上述论点作正面反驳。他们更强调世易时移,不必拘泥旧制,简单地恢复三代古制,否则便如"锲船求剑"、"胶柱成文"(《唐会要·封建杂录》)。

分封与反对分封,一个承继古老传统,注重"理",即伦理;一个面对政治现实,倡言"变",即变制。前者的政治意识在社会群体中植有深根,后者的政治认识在当政群体中唤起共鸣,彼此各执一词。尽管郡县制从理论到实践都有利于中央集权,但在家国一体、公私不分的政治体制下,帝王很难作出抉择。正是由于这个原因,在分封与郡县两派之间,还有一种折中方案。

颜师古的方案是:分封诸位王子,封地不要太大,使之与州县相杂,互相维持。封国的官僚一律由中央委派。诸侯必须遵守国家法令,此外"不得擅作威刑"(《资治通鉴》卷一九三)。这个方案与以前曾实行的各种体制均有所不同。由于它力求找到一个统筹兼顾的君臣模式,因此得到唐太宗的赞赏。

唐太宗既大讲"君人者,以天下为公,无私于物",又宣称"朕以天下为家,不能私于一物"(《贞观政要·公平》)。他一方面承认封赏太滥是"以天下为私",另一方面又主张适当分封,以"孰穆九族"。在《帝范·建亲》中,他提出的思路可以归纳为三点:一是"封建亲戚,以为藩卫",二是"远近相持,亲疏两用",三是"众建宗亲而少力"。具体做法是:在一些地方任命宗室、勋臣为世袭行政长官。这种方案的特点是:郡县与分封并举,以郡县为主;改相对独立的封国为中央法令控制下的州县,封君为世袭官僚;封君以下皆为国家职官。但是由于大批受封者公然违抗成命,唐太宗虽屡下诏旨却未能使他的设想成为现实。唐代实际实行的是单纯郡县制。诸王有名号而无国邑,有官僚而无莅事,聚居京城,享受租税。

两种体制之争的目的都是为王权的实现寻找恰当的途径、手段和机制。只要家天下存在一天,有关的理论和政策之争就不会停止,在实践上也会有反复。

第三节 法制论与谏议论

一、人治与法治

隋唐诸帝都主张"以法理天下",即"惟奉三尺之律,以绳四海之人"(《贞观政要·公平》)。如唐高祖说:"禁暴惩奸,弘风阐化,安民立政,莫此为先。"(《旧唐书·刑法志》)唐太宗说:"国家纪纲,惟赏与罚。"(《资治通鉴》卷一九四)他们不仅进一步明确法在政治中的重要地位,还以完善法制为己任,中华法系就是经他们加工、改造而达到成熟的。

隋唐诸帝及其辅臣对君与法的关系有系统的论述,从诸多层面提出了系统的以王权为依归的法制理论。他们的主要论点可归纳为以下几点:

其一,法自君出,狱由君断。他们认为,帝王拥有最高立法权,"发施号令,为世作法"(《贞观政要·太子诸王定分》),而君主立法则是秉承天的意旨,即"法者,人君所受于天"(《资治通鉴》卷一九六)。帝王又拥有最高司法权,即"人君处尊高之位,执赏罚之权"(《唐太宗集·金镜》)。不仅帝王的诏旨就是金科玉律,而且惟有帝王有权不必拘泥法典律条而"权断制敕,量情处分"(《唐律疏议·断狱》)。隋唐诸帝重视立法,都曾主持制定法典。完成于唐高宗时期的《唐律疏议》是我国现存最早的完备法典。

其二,沿革随时,务当政要。隋文帝说:"帝王作法,沿革不同,取适于时,故又损益。"(《隋书·刑法志》)他指出"自古哲王,因人作法",都有立法、变法之举,并据此强调法律必须"沿革随时",凡律、令、格、式"有不便于事者",都应及时修改,"务当政要"(《隋书·高祖纪》)。隋炀帝及唐代帝王也有类似言论。隋唐诸帝重视法律制度的改革,历代皆有修律活动。隋文帝的《开皇律》"删削繁苛,务在宽简"。隋炀帝的《大业律》进一步"以轻代重"。经唐代诸帝的不断修订,中国古代法制的基本指导思想及篇目、刑名定型化。

其三,"失礼之禁,著在刑书"。隋唐法典的立法宗旨是"一准乎礼",违礼是确定刑事责任的主要依据。隋唐法律以礼为中心,以君主制度、等级制度和宗法制度为支柱,构筑法律体系。唐太宗主张"失礼之禁,著在刑书"(《唐太宗集·薄葬诏》)。《唐律疏议》还对礼法结合的指导思想作了精确的概括,实现了礼学与法学在法典编纂上的统一与和谐。以礼为法的内容,以律为法的形式,并以儒家经典解释、补充律条,这就使礼教法典化,从而完成了自汉代以来从"引经决狱"、"引礼入法"到礼法合一的历史过程。

其四,德主刑辅,禁暴防奸。《唐律疏议·名例》说:"德礼为政教之本,刑罚为政教之用,犹昏晓阳秋相须而成也。"德本刑用,以刑为德的补充,这种思想在当时获得广泛认同。"刑罚不可弛于国,笞捶不得废于家"(《唐律疏议·名例》),这就必然重视、强调法的镇压职能。隋唐诸帝都强调法的主要功能是"禁暴防奸,弘风阐化"(《旧唐书·刑法志》)。唐太宗把赏罚称为"制俗之机",主张以刑罚震慑臣民,所谓"威可惧也,则中华慑轨,若履刃而戴雷霆"(《帝范·务农》)。隋唐法典继承了以刑法为主的立法传统,把防范、惩处各种刑事犯罪作为立法的重点,对"十恶"、"贼盗"更是处以重典。

其五,"纳之轨度,令行禁止"。隋唐诸帝重视各种行政法规的建设,强化监察机制,要求官民一体奉法。唐太宗接受隋末"官人不以违法为意"而导致社会动乱的教训,强调各级官吏必须遵纪守法,"纳之轨度,令行禁止"(《唐太宗集·禁官人违律诏》)。在唐代法律中,各种重要公事都有法定程序和时限,官员渎职要负刑事责任。在法典中,涉及官吏职务方面犯罪的律条占有相当大的篇幅。唐律还总结出一整套赃罪司法原则并制定相关的律条。唐玄宗制定的《唐六典》是我国历史上第一部独立的、系统的行政法典。它改变刑法、官规合为一体的法典编纂方式,根据"以官统典"原则,采用"官领其属,事归于职"的体例,独成一典,使行政法典从此自成体系。这是法制成熟且完备的重要标志。

其六,"按举不法,震肃权豪"。隋唐诸帝认为,"人主严明,臣下畏法"(《贞观政要·政体》),才能维护政治秩序。他们以各种手段限制官吏法外侵民,并强调法的严肃性、权威性,所谓"刑赏之本,在乎劝善而惩恶,帝王之所以与天下为画一,不以贵贱亲疏而轻重者也"(《贞观政要·刑法》)。据说唐太宗"深恶官吏贪浊,有枉法受财者,必无赦免","制驭王公、妃主之家,大姓豪猾之伍,皆畏威屏迹,无敢侵欺细人"(《贞观政要·政体》)。诸帝多有在执法中六亲不认的事例,几乎历朝皆有以"法不可违"为由被惩处的亲王和外戚。

在这个时期,人们普遍认为,"律者天下之大信"(《隋书·赵绰传》),"法者,国家所以布大信于天下"(《旧唐书·戴胄传》),"法者,国之权衡也,时之准绳也",君主必须"志存公道,人有所犯,一一于法",若"任心弃法",将失信天下,取怨于民,"是则舍准绳以正曲直,弃权衡而定轻重"。唐太宗也宣称"法者非朕一人之法,乃天下之法"(以上参见《贞观政要·公平》),表示要做到"大明无偏照,至公无私亲"(《贞观政要·刑法》)。法制在一定程度上得到贯彻,是造就隋唐盛世的重要原因之一。

二、谏议论:兼听与独断

隋唐诸帝都在理论上重视谏议的政治功能,并把纳谏列为君道的重要内容。隋文帝抨击"斩直言之客,灭无罪之家"的暴政,宣称"开直言之路,披不讳之心",要求群臣"推诚切谏","无或嚜默,退而后言"(《隋书·高祖纪》)。隋炀帝认为:"听采舆颂,谋及庶民,故能审政刑之得失。"他曾下令广开言路,"庶乎四聪以达"(《隋书·炀帝纪》)。唐太宗、武则天等认为,纳谏不仅仅是为了听取批评,下情上达,它还具有综合性的政治功能,是君主招纳谋略、调整政治、支配臣属、掌握政治枢机的重要手段。有的帝王还大体做到了理论与实践统一。唐太宗"恐人不言,导之使谏",号称"从谏如流";魏徵直言敢谏,自称"数犯龙鳞",被史家评为"千古一人"。在中国古代史上,唐代的谏议制度和谏议机制是最完备的。

唐太宗鉴于隋亡教训,重视谏议方面的理论建设和制度建设,他认为纳谏是对一切帝王普遍适用的政治原则,并从以下几个方面论证了纳谏的必要性及政治功能。

其一,闻过补阙,献可替否。唐太宗认为历史上失败的君主有一个共同的特点:不闻己过,或闻过而不能改。隋炀帝"刚愎猜忌"、"拒谏饰非"而"国亡身弑",其教训深刻。因此,君主必须以"明主思短而益善,暗主护短而永愚"为戒,通过纳谏来听取批评,修正错误。"闻过即改,从善如流"(《贞观政要·求谏》),这是帝王治国之常道。唐太宗主张上级要鼓励下级献可替否,提批评、建议,他不仅自己重视纳谏,还要求大臣们虚己受谏。他曾对宰相公卿们说:"公等亦须受人谏语,岂得以人言不同己意,便即护短不纳?若不能受谏,安能谏人?"(《贞观政要·求谏》)唐朝强化门下省的谏议、封驳职能,凡诏旨及百司奏疏由中书宣出者都必须经门下省的给事中的审阅、驳正。又设散骑常侍、谏议大夫、补阙、拾遗等,各分设左右两职,右属中书省,左属门下省,两省谏官形成集体,称为谏院。谏院的谏官专司规谏讽喻、献可替否等。君主纳谏理论的发展与专职谏议机构的产生是互为因果的。

其二,兼听博纳,集思广益。唐太宗认为,帝王独尊却不能"事皆自决",这样做的弊端很多。正确的做法是:"择天下贤才,置之百官,使思天下之事,关由宰相,审熟便安,然后奏闻。"(《资治通鉴》卷一九三)这样就可以博采众长,集思广益,充分发挥臣下的才智,把错误消灭在决策阶段。在唐代的中央决策系统中,除御前会议决策重大军国事务外,还与三省制度相适应,建立了宰相政事堂会议制度,由三省长官、其他宰相、谏官及有关职官共同集议,决策较次要的日常政事,并报请皇帝批准。这种制度的建立与君主纳谏的政治理念有密切的关系。一般说来,唐太宗等是尊重这种工作制度的。

其三,尊师听教,以臣为鉴。《贞观政要·任贤》、《旧唐书·魏徵传》都记载着唐太宗的一句名言:"夫以铜为镜,可以正衣冠;以古为镜,可以知兴替;以人为镜,可以明得失。"他主张君以臣为鉴,借忠谏之臣以明己过。在《金镜》和《建三师诏》中,他反复强调先代圣王都是由于从师于贤良之臣,才名著青史的。尊师听教,以臣为鉴,主要方法是"主纳忠谏,臣进直言"。惟有肯于纳谏,才能借助哲人以正己修德。唐太宗还认为,君主以臣下为师友,有利于调动群臣的积极性,使他们尽心竭力。君主礼敬臣下,才能使"忠者沥其心,智者尽其策"(《帝范·纳谏》)。

其四,通下情,防壅蔽。唐太宗认为亡国之君失败的原因之一是"蔽其耳目"。帝王惟有广开言路,才能体察民情,洞悉幽隐,防止权臣蒙蔽君主,欺下瞒上。魏徵指出:"兼听则明,偏信则暗","是故人君兼听广纳,则贵臣不得拥蔽,而下情得以上通也。"(《资治通鉴》卷一九二)对此唐太宗深表赞同。唐太宗建立"谏官随宰相入阁议事"制度,目的之一就是监控朝廷重臣,防止他们弄权行奸。

其五,辨忠奸,去谗佞。唐太宗在《帝范》中将《纳谏》、《去谗》两篇并列,称之为君主"昏明之本"。奸邪谗佞是"国之蟊贼",而纳谏是辨奸去谗的重要手段,又是避免产生奸谗的根本途径。"猛兽处山林,藜藿为之不采;直臣立朝廷,奸邪为之寝谋"(《贞观政要·杜谗邪》),敢谏之臣可以为朝廷清除奸佞。唐太宗及其辅臣反复指出:主明则臣直。君主鼓励直言,朝廷忠臣必多,佞臣必少。君主纳谏,则可"化佞为忠";君主愎谏,一些忠臣也会变成奸佞。正所谓"塞切直之道,为忠者必少;开谄谀之道,为佞者必多"(《唐太宗集·金镜》)。

其六,正身黜恶,受谏则圣。唐太宗认为君道之本是修身,君主必须"戒骄逸以自防,纳忠謇以自正"(《贞观政要·君臣鉴戒》)。修养德性固然主要靠"自省"、"自防"、"自节",但也有必要借助群臣的帮助。他一再把谏臣比做能工巧匠,把自己比做泥土、金属。泥土、金属经工匠加工才能成为有价值的器物,君主经谏臣的修正才能成为明君。唐太宗引据前人的思想,在《自鉴录》中写道:"木虽曲,得绳则正;为人君虽无道,受谏则圣。"纳谏不仅可以完善君主,而且可以把昏君改造成圣人。

其七,君主虽圣,亦应受谏。唐太宗及其辅臣认为:"人君虽圣哲,犹当虚己以受人。"(《资治通鉴》卷一九二)一切君主都应纳谏,圣王亦不例外。"尧舜之君,自愚而益智;桀纣之主,独智以添愚。"(《唐太宗集·求直言手诏》)圣王纳谏不仅是美德,而且是治术高明的表现。唐太宗及其辅臣反复强调,君主"自谦"、"自愚"才能增益所不能,甚至能"听之于无形,求之于未有"(《全唐文》卷一四〇《理狱听谏疏》),切不可炫耀聪明,以才凌人,拒谏饰非。惟其如此,才能使天下之人都不能与之争能、争功。

其八,拒谏国亡,纳谏邦兴。当时的人们普遍认为君主纳谏与否直接关系到国家兴亡、政治盛衰。唐太宗把隋炀帝等人亡国的教训归结为"拒谏"、"护短"(《贞观政要·求谏》)。正是面对历史的经验教训和自己的切身体验,深深体会到纳谏与兴亡的关系,他才多角度多层次地论证了君主纳谏的必要性和政治功能。由于对君主纳谏理论有深刻的理解、系统的阐发,唐太宗对纳谏的艺术也很重视。为了避免重蹈前代的覆辙,他还提出了系统的君主导谏理论。

"智者不谏,谏或不智。智者进言,国家之利。"(《旧唐书·魏徵传赞》)如何鼓励群臣大胆进言,是为君的一种政治艺术。唐太宗等人明确提出"导谏",即"恐人不言,导之使谏"(《贞观政要·纳谏》)。所谓导谏,即帝王自觉发挥政治主导作用,以各种方式倡导、引导、诱导群臣献策进言,竭忠尽智。唐太宗等人提出的导谏措施可归纳为四大类:容言、赏谏、任人、立制。容言,即容难容之士,纳药石之言,"言之者无罪,闻之者足以戒"(《全唐文》卷一四一《群书治要序》)。赏谏,即重赏敢谏之人,或赐予财物,或加官晋爵,鼓励他们直言极谏。任人,即有意识地培植、选拔和重用敢谏之臣。立制,即广开言路,重点是建立健全言官制度。唐太宗增加专职谏官的种类和职数,赋予谏官特殊权力,并令其随宰相入阁议事。各种言谏类职官位卑而权重,享有"以卑监尊"之权。言官之设,历代皆有,其中隋唐制度最完善。

第四节　孝治及隋唐君道的思想特点

一、以孝治天下

隋唐诸帝都主张"以孝治天下"。隋文帝认为:"惟读《孝经》一卷,足以立身治国,何用多为。"(《资治通鉴》卷一七五)隋炀帝说:"夫孝悌有闻,人伦之本,德行敦厚,立身之基。"(《隋书·炀帝纪》)唐太宗说:"百行之本,要道惟孝。"(《唐太宗集·赐孝义高年粟帛诏》)武则天说:"忠为令德,孝乃天经。义著君亲,道存爱敬。"(《武则天集·许姚元之解职制》)唐玄宗则亲注《孝经》,系统论述以孝治天下。

所谓孝治,即"由孝而治"。唐玄宗的解释是:"以至德要道化人,是为孝理。"(《孝经注·孝治》)简言之,即把被奉为"至德要道"的孝作为政治、教化手段,使全体臣民认同各种等级规范。

唐玄宗认为孝是政治之本,他把孝理、孝治奉为最高政治原则,提出了系统的孝治论。关于孝治,唐玄宗根据《孝经》提出四点基本认识:

其一,教从孝而生,孝治是古代圣王的治国之道。《开宗明义》经文认为孝是"至德要道",是"德之本",因此是"教之所由生也"。注曰:"孝者,德之至,道之要也。言先代盛德之主能顺天下人心,行此至要之化,则上下臣人和睦无怨。"

其二,政治必须因孝施政。《圣治》经文指出,"孝莫大于严父","故亲生之膝下,以养父母曰严。圣人因严以教敬,因亲以教爱。圣人之教不肃而成,其政不肃而治,其所因者本也。"注曰:"孝者,德之本也。……圣人顺群心以行爱敬,制礼则以施政教,亦不待严肃而成理也。"利用亲情教化臣民,通俗易学,自然而然,顺理成章。《广至德》经文说:"子曰:君子之教以孝也,非家至而日见之也。教以孝,所以敬天下之为人父者也。教以悌,所以敬天下之为人兄者也。教以臣,所以敬天下之为人君者也。"注曰:"举孝悌以为教,则天下之为人子弟者无不敬其父兄也。举臣道以为教,则天下之为人臣者无不敬其君也。"孝治的根本目的不在于教人在家孝顺父母,而在于使臣民习得各种社会规范和政治规范。

其三,孝治的关键在于帝王率先行孝。《感应》经文说:"子曰:昔者明王,事父孝,故事天明。事母孝,故事地察。长幼顺,故上下治。天地明察,神明彰矣。"注曰:"君能尊诸父,先诸兄,则长幼之道顺,君人之化理。"天子尊天、敬祖、孝父、顺兄,才能上行下效,天下莫不服从。

其四,刚柔并济,德刑并用。《三才》经文说:"导之以礼乐,而民和睦。示之以好恶,而民知禁。"《五刑》经文说:"子曰:五刑之属三千,而罪莫大于不孝。"唐玄宗对此充分肯定。孝治注重道德感化,但仅靠道德感化是不行的,必须动用法律、刑罚。不孝是大乱之道,属罪大恶极,应刑兹无赦。

隋唐诸帝推行的孝治政策名目繁多,大要有尊经兴儒,开科取士,制礼定法,宣谕教化,彰表孝行这几项。唐代置《孝经》于官学,并诏令天下家庭皆藏《孝经》。科举考试往往加试《孝经》,制举中也有"孝行"一科。孝,又是历代王朝议定礼仪、刑律的重要依据之一。隋唐法典"一准于礼"。法典有"十恶不赦"的重罪,"不孝"是其中之一。历代法典政令都极力维护孝道、名教,对违背君臣、父子、主奴、嫡庶、上下之间的伦理规范的行为开列了刑事责任。诸帝把"教化"列为朝廷"首务"和地方官的考课内容。他们彰表孝子顺孙、贞妇义士,以"移风易俗"、"化民成俗"。孝治论对当时的政治学说、政治方略和政治意识有深刻的影响。

二、隋唐君道的思想特点

从中国古代统治思想发展、演变和继承的角度来看,隋唐君道具有综合性、系统性、实践性和典范性。

所谓综合性,即兼王霸术,采百家言,集帝王思想之大成。君主政治的实际需要犹如一座具有反馈、建构功能的太极炉,混元百家九流,将一切有益于统治的思维成果全部熔炼于君道之中。隋唐时期,君臣论政大多广征博引,不拘一家一派,经史子集,历代文章,无所不及。荟萃精华的君道,紧紧围绕帝王术这个中心,以孔、老为主,兼蓄佛、道,并收诸子,自成体系。这与秦汉宋明有所不同。

所谓系统性,即包罗万象,内容和体系完备。隋唐君道涉及君主政治的各个方面,大凡政治取向、治国方略、决策方式、策略原则和施政技巧,几乎无所不包;从政治体制、政治实施到政治权术,成龙配套。君臣们围绕君与天、君与民、君与臣、君与法、君与谏、君与德等一系列理论问题展开讨论,形成了以君主自我调节理论为重点的思想体系,把君主控制社会的刚性手段同调节政治的柔性手段有机地结合在一起。

所谓实践性,即具有可操作性。隋唐君道来源于政治实践,又面向现实,具有实用性和实效性,因此与许多思想家理想化的,甚至是空泛、迂腐的坐而论道不大相同。分析这种政治学说有助于深刻理解中国古代政治文化的主流和本质。

所谓典范性,即规范政治,垂范后世。隋唐君道行之有效,是开创"贞观之治"、"开元之治"之类的王朝盛世的主观因素,因此备受推崇。一部《贞观政要》被后世帝王奉为圭臬,还深受辽、金等少数民族君主的称赞。这种君道为朝野上下普遍认同,为历代君臣推崇颂扬。唐代帝王纷纷效仿"太宗风"。君道的基本思想和原则,长期制导着君主政治的规模和取向,这比个别思想家的观点和主张更具有典型意义和历史影响。

成熟且完备的君道理论是建立在对现实社会关系和各种政治制约因素的清醒认识之上的,它对君主政治具有重要的指导、规范作用。完全理解、遵循、贯彻君道是困难的,而在重民、任贤、执法、纳谏方面有所作为又是可望可及的。只要大体做到这几项,君主政治几乎可以立即呈现出一定的生机和活力。"贞观之治"、"开元之治"等盛世景观就是在君道理论指导下造就的。唐太宗等也堪称自觉以君道来指导政治运作、规范政治行为的帝王典范。

然而"靡不有初,鲜克有终",在恪守君道方面,隋唐诸帝皆有始而无终。从历史记载看,暴君隋炀帝也有其善始,即位之初曾颇有作为。明主唐太宗则未能慎终如始,贞观后期在许多方面背离了君道规范。唐玄宗在开元年间和天宝年间更是判若两人。正如唐太宗在《帝范后序》中所说:君道大纲,"非知之难,惟行不易;行之可勉,惟终实难。是以暴乱之君,非独明于恶路;圣哲之主,岂独见于善途?良由大道远而难遵,邪径近而易践"。

从隋文帝到唐玄宗,先后有八位执政帝王。他们都深明君道要义,至少在做表面文章时都大讲特讲。但是,他们在位的百余年间,政治几番大起大落,堪为一部中国古代政治史的缩影。从完备的君道、模范的帝王和典型的治世那里,人们不是更能体味到君主专制政治的悲凉之雾吗?

第十六章 隋唐儒家政治哲学与政治批判思想

在隋唐时期,儒学的理论形态发生重大的调整和改造。儒、道、释三教鼎足而立,为儒学的发展创造了最佳的文化氛围。儒学正是在一场生存竞争中,将异端学说转化为思想材料,完成了政治哲学形态的转型。儒家也从此由衰微走向复兴,开始了一个新的发展阶段。

第一节 隋唐儒学的复兴

魏晋以降,儒学的统治地位受到玄学、道教、佛教的猛烈冲击,其对政治、社会、文化的影响也被严重削弱。东晋以来,少数民族入主中原、南北长期分裂,这对儒学的发展也有一定影响。据《南史·儒林传》记载,自曹魏正始年间以后,公卿士庶大多崇尚玄虚之学,"罕通经业"。由于战乱不已,在江南立国的几个王朝无暇顾及教育事业,"国学时或开置,而劝课未博"。

隋唐时期的政治统一和文化繁荣为儒学的复兴创造了条件,统治者的扶植政策更为巩固儒学的思想统治地位提供了可靠的政治保证。总的说来,隋唐帝王是推崇儒学、重视儒术的。隋文帝重用士人,厚赏诸儒,在中央设国子监为主管学校教育的政府机构,并在首都和地方大力建设学校。隋炀帝开科取士,选拔人才,并使之制度化,而科举考试的内容则以儒家经典为主。唐高祖完善各级学校制度,广招生员。唐代的科举考试制度日趋完善,其中明经、进士为常设科目。以儒家经典为主要教学内容和考试科目的学校教育、科举制度的蓬勃发展,本身就是儒学复兴的重要标志之一。

  官方标准读本的五经文字及其注疏的统一,是儒学复兴的又一重要标志。两汉以来,儒家经典有今文、古文之分,经典的注疏更是歧义丛杂,儒家内部也因此而分为众多的流派,东晋以来又产生南学、北学之争。经典文字和经学注解的分歧影响了儒学的统一,进而影响到思想的统一。为了解决这个问题,唐太宗命颜师古等考订五经文字,命孔颖达等编纂《五经正义》,并将考订的五经文本及其注疏颁行全国。这个政治措施在很大程度上将儒家经学统而为一。

  儒家政治哲学的转型是儒学复兴的根本标志,儒学理论的自我改造则是在各种思潮中完成的。在隋唐时期,儒学内部围绕一些重大理论问题展开争论,形成了多种政治思潮,主要有三种。

  (1)天道自然思潮。这一时期,大批著名学者从哲学和历史的角度,对天人感应、谶纬符瑞进行批判乃至否定。这个思潮使儒学逐渐褪去了两汉经学的荒诞神秘色彩。从此作为"自然之理"的"天"取代了作为"百神之大君"的"天",自然化的"道"(天道、天理)成为正统儒学的最高范畴和终极依据。

  (2)兼三教思潮。这一思潮主要是在排佛与容佛的互动中掀起波澜的。但排佛是为了独尊儒术,容佛是为了升华儒学,在复兴儒学、崇奉儒宗这一点上彼此无异。这股思潮使"学穷三教,博涉多能"成为一代学风。儒学正是在排佛中擎起了道统的大旗,又在容佛中发展了道统论。

  (3)心性思潮。这一思潮受佛、道影响尤深,推动着儒学借鉴佛教的佛性论和道教的道性论,重新开掘《孟子》以及《中庸》、《大学》中的某些思想因素,进一步向心性义理方向发展。

  以上三大思潮又可以归纳为道思潮,即对儒家之道的思维和论证。隋唐儒学以兼综自然与伦理的道来概括和展开自己的全部学说,标志着儒学理论形态转型的初步完成。这表明一种新的儒学已经产生。隋唐儒学以天道自然论弱化天人感应论,以道统论强化自我派别意识,以复性论对抗佛教的佛性论和道家的道性论,从而以进一步哲理化的"道"占据理论斗争的制高点。这样,儒家学说在若干重大理论问题上获得了主动。在一定意义上可以说,隋唐儒学是宋明理学的先声。

  儒学的理论发展又是由一批著名思想家在富有个性的深刻思辨中完成的,其中贡献最大的是孔颖达、王通、柳宗元、韩愈等人。

  从孔颖达的道论、王通的中说,到柳宗元的天道自然观和经权论、韩愈的道统论和性品说,儒学进一步哲理化和系统化。宗法伦理、人类本性与宇宙本体合而为一。从政治思维的角度看,这种理论形态的实质,是使宗法道德借助自然天道论、人类本性说异化为普遍的强制性的社会规范和近乎宗教式的文化信仰。宋儒在这个基础上进一步融汇、提炼和升华,终于完成了儒学理论形态转型的历史过程。

第二节 孔颖达的道论与治道

孔颖达(575～648年),字仲达,冀州衡水人,孔子后裔,是隋唐之际著名的经学家。在隋朝,他于大业初年(605年)举明经高第,授河内郡博士。大业四年(608年)隋炀帝令全国学官集会洛阳,讨论经义。孔颖达力挫群儒,荣获第一,补太学助教。在唐朝,他曾任国子监祭酒(相当于政府教育机构首脑和最高学府校长),封曲阜县子,是唐太宗的重要辅臣之一。唐太宗令他编撰《五经正义》,这部著作代表着隋唐之际儒学的主流和最高成果,也是唐代统治思想的代表作。孔颖达作为该书的主编可以引为这种思想的代表人物。

许多思想史著作把孔颖达排在王通之后,或置孔颖达而不论。其实孔颖达与王通属同一时代而年齿略长,其学术思想的发生也应略早一些。《五经正义》由他督率一大批隋唐之际的名儒所著,其历史影响也比王通的《中说》要大得多,而现存本《中说》成书也比《五经正义》为晚。据此,理应把孔颖达及其《五经正义》排在王通之前。

《五经正义》,包括《周易正义》、《尚书正义》、《毛诗正义》、《礼记正义》和《春秋左传正义》。《五经正义》由国家诏令颁行,是唐代学校教育标准教材。这部书博采众说,自成一体,在哲学思想、政治思想及教育思想方面多有建树,在儒学发展史上占有继往开来的重要地位。

《五经》是儒家主要经典,几乎包含着儒家政治思想的基本内容。《五经正义》对这些思想作了解释和阐发,这部书的政治思想涉及政治哲学、治国之道、政治道德的方方面面。这里仅介绍其中几个比较有特色的内容。

一、自然本体与伦理本位相结合的道论

《五经正义》以儒家学说为宗本,充分吸收道家、玄学的哲学思辨成果,这就将"自然"之道与"伦理"之道紧密地结合在一起。在《周易正义序》中,孔颖达声明义疏的一般原则是:"删定考察,其事必以仲尼为宗;义

理可诠,先以辅嗣(王弼)为本。"他以《周易》王弼注为本,以"天即自然"论阐发"大道为本"的思想。他认为道比太初、太始、太极、太素和混元之气更根本。道先天地而生,既是天地万物之母,又是天地万物的法则。"无阴无阳乃谓之道"(《周易正义·系辞上疏》),"道即无也","器即有也"(《周易正义卷首·论易之三名》),道是无体之名,形是有质之称,道是有形万物的抽象,形器是具体事物,因此先道后形,道体器用。道支配着一切有形的事物,"天也者,形之名也"(《周易正义·乾卦疏》),天也要受道的支配。简言之,道是宇宙本体,自然之道("自然之理")是世间一切事物、现象的根源。

孔颖达认为,天道自然而伦、理、道、义同实异名,作为"人之常理"的"君臣父子之义"都是"法天明道为之",也可以称为"道"(参见《尚书正义·泰誓下疏》、《毛诗正义·关雎疏》、《尚书正义·文王世子疏》等)。在《礼记正义序》中,他利用天高地卑、羊羔跪乳、大雁成行等自然现象,证明"礼者,理也",天地未分之前就有礼,天地万物皆有尊卑,这是自然法则所决定的,因此礼可以用来"经天地,理人伦"。"尊卑自然而有,但天地初分之后,即应有君臣治国",等级制度、君主制度与天地共生并存。用"自然"为儒家的政治学说和道德学说提供终极依据,于是形成自然本体与伦理本位紧密结合的道论。

董仲舒和孔颖达分别是汉唐两代官方儒学的代表。如果将二者的学说加以比较,就会发现他们一个以神圣之"天"为一切原则的本源,声称"道之大原出于天,天不变道亦不变",一个以自然之"道"为最高范畴,高举"大道为本"的旗帜。这在政治哲学上是有明显区别的。《五经正义》系统阐述了儒学化的"大道为本",并以官方的名义在政治上予以确认,树为正统,这标志着儒学从此正式步入一个新的发展阶段。

二、以礼仁为中心的治国之道

孔颖达认为等级制度和君主政治的一切法则都是由"道"所决定的。"道"见诸政治就是治国之道,其主旨有六:一曰法天地,二曰重人伦,三曰制礼法,四曰行仁义,五曰用中庸,六曰为无为。概言之,即"断天地,理人伦,而明王道"(《周易正义卷首·论易之三名》)。孔颖达认为,"道犹礼也"(《礼记正义·檀弓上疏》),而"礼从天出"(《礼记正义·礼运疏》),"礼为道德之具"(《礼记正义·曲礼上疏》)。礼源于天,礼就是道,"国家尊卑上下制度存在于礼"(《礼记正义·仲尼燕居疏》)。其中"父子君臣之道,是礼之大者也","父子、君臣、长幼之道,得而国治"(《礼记正义·文王世子疏》)。孔颖达认为,张扬情欲是"灭天理而穷人欲",而"制裁人情以礼义"(《礼记正义·乐记疏》)。礼是政教之本,所以"人君治国须礼如巧匠治物执斤斧之柄"(《礼记正义·礼运疏》)。他还明确指出:"礼由天子所行,既非天子,不得议论礼之是非"(《礼记正义·中庸疏》)。

孔颖达认为,仁义、中庸也是道的特点和属性之一,"道之为体,显见仁功"(《周易正义·系辞上疏》),"中庸先本于道"(《礼记正义·中庸疏》)。因此,君主必须作民之父母,行"大中之道",布仁义之政。由于道支配着阴阳法则,而君道为阳,臣道为阴,阳尊阴卑、阳刚阴柔、阳主阴从决定了君臣之间在地位上的尊卑、贵贱、主从关系和在功能上的无为有为关系。道的"自然无为"属性又为界定君臣关系提供了基本法则。因此,君主必须"以无为统众。无为者,为每事因循,委任臣下,不司其事"(《周易正义·系辞下疏》)。

孔颖达把天地、伦理、礼法、仁义、中庸、无为统统纳入道,以道涵盖政治哲学、制度原理、社会关系、政治原则及各种政治规范和道德规范,从而以道为核心,构成了系统而又完整的政治理论体系。体道德、法天地、制礼法、施仁政、行大中、为无为的主体是圣人、先王、君子,即帝王,所以这套治国之道主要是为君之道。宇宙本体、自然法则、最高道德规范和基本政治原则有机地融合在一体的君道理论,把王权、认识、道德、政治和社会规范合而为一,全面地论证了君主制度的合理性和绝对性。这种道论实质是一种王权至上论。

三、系统的君德论

在《五经正义》中,德与道是一对相辅相成的范畴。如果说道侧重论证王权的绝对性和一般政治原则,那么德则侧重论证调整王权、规范王权的必要性。孔颖达在义疏中明确把《五经》中的许多道德命题归之于君主,专门以君德立论,并从理论上阐明了道与德、德与政、君与德的关系。他认为,道在德上,大德同道,道是德的依据,德是道的实践。"圣人之王天下,道德仁义及礼并蕴于心"(《礼记正义序》),在政治上,德是帝王得以为君,赖以为政,"享大福,保大名"(《尚书正义·大禹谟疏》)的命根子,是"人君立治之本"(《礼记正义·曲礼上疏》)。孔颖达指出,"所谓德者,惟是善于政也"(《尚书正义·大禹谟疏》),因此,君主必须为政以德。孔颖达提出的君德规范名目繁多,主要有大公无私、诚信公平、崇尚节俭、谦恭谨慎、礼敬贤能、虚怀纳谏、居安思危、防微杜渐、慎终如始、切忌妄自尊大、骄奢淫逸、放纵欲望、刻薄民众等。他认为,"人君当兢兢然戒慎,业业然危惧"

《尚书正义·皋陶谟疏》),"夫帝王……若其位居尊极,炫耀聪明,以才凌人,饰非拒谏,则上下情隔,君臣道乖,自古灭亡,莫不由此也"(《旧唐书·孔颖达传》)。这些思想表明,作为唐代统治思想的代表作,《五经正义》对于各种约束、调整君权的理论是相当重视的,并从政治道德的角度,提出了系统的君主行为规范。

《五经正义》的思想特点及历史地位主要体现为以下几点:一是继承并总结汉代以来的经学成果,统一儒家经典的文字和注释,增强了儒学的统一性和凝聚力。二是吸收道家、玄学的思维成果,以道即自然论弱化天人感应论,提出自然本体与伦理本位相结合的道论,初步实现了官方儒学的哲学转型。三是义疏兼具训诂诠释、阐明义理和经世致用的成分,不仅从理论上阐明了以礼仁为中心的治国之道,还在方法上为从汉学向宋学过渡作了准备。四是在政治上再次确认儒家学说作为统治思想的崇高地位。

第三节 《中说》兴王道、正礼乐的政治思想

《中说》又名《文中子》或《文中子中说》,成书于唐贞观末年,是由王通的儿子根据王通弟子程元、薛收等人听课的笔录,"辨类分宗",整理成册的。这本书有明显的篡改历史之处,故被指为伪书。但它可以作为隋唐之际的思想材料使用。为了叙述的方便,下面把《中说》的思想系于王通名下。

王通(约 584~618 年)字仲淹,门人私谥为"文中子",绛州龙门(今山西万荣县境)人,出身于官宦兼儒学世家。王通以著书讲学为业,其书多仿效《六经》,有《礼论》、《乐论》、《续书》、《续诗》、《元经》、《赞易》等,均散佚而无可考。《中说》保留了他的一些言论。王通的政治思想主要有以下几个特点:

一、"三教可一"论

王通认为当时的儒、佛、道三教"各有弊"而又"不可废"(《中说·周公》),只要统治者政策得当,皆可辅政佐治。王通主张三教融合为一,他既坚持周孔之道,又援佛、道入儒。他的哲学思维中有佛学的因素。例如,他以"元气"释天,以"元识"释人,认为"天者,统元气焉";"人者,统元识焉"(《中说·立命》)。元气变化莫测,非人力所及;人的认识能力同样神妙异

常。人在气、形之中,人得之而为理性。这个思路受到佛家唯识论的影响,又是宋明理学理性范畴的先驱。王通的政治思维明显受到道家思想的影响。他认为:"强国战兵,霸国战智,王国战义,帝国战德,皇国战无为。"(《中说·问易》)颇有"先道德后仁义"的意味。他的以清静无为为本的治国方略和"五典潜,五礼措"、"上无为,下自足"、"上如标枝,下如野鹿"(《中说·立命》)式的社会理想与老庄的"无为之治"、"小国寡民"等思想颇相类似。可见吸收佛、道思想以改造儒学在当时已蔚然成风。不过,王通明确提出,"五常,一也"(《中说·述史》)。他认为,仁义为政教之本,徒有仁义而无礼,则"不可行也"(《中说·礼乐》)。仁义礼智信是性之本、道之本;仁义是政教之本;礼则是"道之旨",守礼则"道在其中矣"(《中说·关朗》)。以周孔之道为主干,兼容佛道,形成通变、无弊的统治思想,这是王通思想的主旨。

二、批判谶纬,提倡中道

王通对天人感应论有所批评,他认为那些大讲谶纬、数术的人实属"执小道,乱大经"(《中说·周公》)。在他看来,"人事修,天地之理得"(《中说·魏相》),"命之立,其称人事乎",因此,人事与政教是政治之本,"兴衰资乎人,得失在乎教"(《中说·立命》)。他甚至认为:"周礼其敌于天命乎!"(《中说·魏相》)这表明,王通主张将儒家政治哲学由以天人感应论为宗,调整为以天道自然论为本。这种思路在当时已经汇成一股思潮。

王通非常重视"中"的哲理,"中"是王通道论的精髓。他说:"《书》曰:'惟精惟一,允执其中。'其道之谓?"他认为"礼,其皇极之门乎!圣人所以向明而节天下也,其得中道乎!"(《中说·礼乐》)"中"是周孔之道的精髓,而礼又是中道之本。礼即道,道即礼,"礼得而道存"(《中说·魏相》)。坚持"中",就必须"以三代之法统天下"(《中说·关朗》)。然而"中"又要求"通变"。王通以道器关系论证政治变革。他提出:"通变之谓道,执方之谓器。"又说:"通其变,天下无弊法。执其方,天下无善教。"道的特性是通达变化,器的特点是局限于一定形态。不能通达变化,则"道不足而器有余"(《中说·周公》)。精通道与器的哲理,善于根据情势的变化适时变革政治方略、制度、法规就不会有弊端。拘泥于特定的方略,固执一定的制度、法规、政策,就不能把国家治理好。变化"器"是为了实现"道",即"化至九变,王道其明乎!"(《中说·王道》)进一步突出"中"在政治哲学中的地位,这是隋唐儒学发展的大趋势之一。

三、兴王道，正礼乐

王通的政论以兴王道、正礼乐为本。王通所谓的道，主要指圣人之道、周孔之道，亦即实行王道仁政的基本制度和政治原则。王通认为王道的理想模式是三代之制、圣王之法。他说："不以三代之法统天下，终危邦也。"又说："人不里居，地不井受，终苟道也。"(《中说·关朗》)商周的宗法制、分封制和井田制是王道的典范。在王通看来，君主守道无私是行王道的关键，"夫能遗其身，然后能无私。无私，然后能至公。至公，然后以天下为心矣，道可行矣"(《中说·魏相》)。为此，他主张君主师道、纳谏、修德，以道制欲，以性制情。王通认为，"仁义，其教之本乎！"(《中说·礼乐》)兴王道的主要措施是正礼乐、行仁政，其具体主张有君主修德守道、至公无私、以仁为本、爱民厚生、礼敬贤臣、先德后刑、轻徭薄赋等，大要不出儒家老生常谈的范围。在一些具体问题上，王通的主张又有特色。他既主张治国以清静无为为本，又讲究"王霸之略"(《中说·天地》)。他认为三代之法难行，退而求其次，汉代也可以作为治世的样板，"如不得已，其两汉之制乎？不以两汉之制辅天下者，诚乱也已"(参见《中说·关朗》)。他还认为奉行王道的少数民族出身的帝王也可以纳入正统。在他看来，"天地有奉，生民有庇，即吾君也"(《中说·述史》)，只要具备这个条件，无论华夷皆可以称帝。这些思想都是很有特点的。

从《中说》的记载看，王通以明王道为己任，以"宗周之介子"自居，非议汉代经学，致力于重振儒家之道、孔子之学。他以明王道、正礼乐为最高政治理想，提出一批有价值的思想。这从一个侧面反映了儒学发展演变的大趋势。中唐以后，《中说》开始受到一些学者的重视。唐代著名思想家刘禹锡、皮日休对《中说》很推崇。宋代理学家赞赏《中说》的思想，誉之为"河汾道统"。可见王通的思想在中国古代思想史上是有一定影响和地位的。

第四节　柳宗元的大中之道及国家政体论

柳宗元(773~819年)，字子厚，河东解(今山西运城)人，世称"柳河东"。贞元进士，官至监察御史、礼部员外郎。由于与王伾、王叔文、刘禹锡等进行政治改革，事败被贬谪。柳宗元著述颇丰，诗与文多有脍炙人口之作。其文章编为《柳河东全集》。他的《天说》、《天对》和《封建论》都是中国古代政治思想史上的著名篇章。

第十六章 隋唐儒家政治哲学与政治批判思想

在政治思想方面,柳宗元的理论贡献主要体现在以下几点:

一、天与人不相干预论

"究天人之际"是柳宗元哲学思想、政治思想的中心论题之一。他针对韩愈等人所主张的天有意志、赏善罚恶的天命观,集中批判天人感应论,在哲学上发展了天道自然论。

柳宗元认为,天地、万物都是由元气自然形成的,并非主宰者所为。"天地,大果蓏也;元气,大痈痔也;阴阳,大草木也。"天地虽大却是元气存在的一种形态,天地、元气、阴阳与瓜果、草木并无本质的区别,它们与万物属于同一类。元气的自我矛盾运动推动着世间一切事物的发展变化,天道自然,同人事的"存亡得丧"风马牛不相及。元气、天地、阴阳都是自然物,因而不可能"赏功而罚祸",一切人事都是"功者自功,祸者自祸"(《柳河东集·天说》)。自然现象与社会现象又是两个各不相同的领域,"生殖与灾荒,皆天也;法制与悖乱,皆人也。二之而已,其事各行不相预"(《柳河东集·答刘禹锡〈天论书〉》)。这就从万物本原、元气功能、天体结构的角度论证了天的自然属性,彻底否定了天人感应论。

柳宗元反对把"四时"、"五行"及灾异与政治牵强附会,认为"顺时之得天,不如顺人顺道之得天也"(《柳河东集·断刑论下》)。他在《贞符》等篇中,列举大量事实,批驳天命论、天谴论,指出:"受命不于天,于其人;休符不于祥,于其仁",国家兴亡,吉凶祸福,取决于人事。因此他奉劝统治者重人事、行仁政与其"推天引神",不如"足乎道"(《柳河东集·非国语·神降于莘》)。在当时,天道自然论逐步在儒学内部占据主导地位,许多著名学者抨击阴骘之论,而柳宗元的理论造诣最深,思路也最清晰。在这个意义上,柳宗元的理论是儒学发展史上的一个里程碑。

二、国家政体论

柳宗元从社会矛盾、社会进化和历史趋势的角度,论证了政治是社会矛盾的产物、国家制度随形势的变化而变化及郡县制取代分封制的必然性、合理性。

柳宗元把社会矛盾视为君主制度发生、发展的根本原因。他认为,人类社会是不断进化的,君主与国家产生于武力与争斗。人之初茹毛饮血,巢居穴处,为生存而争斗不已。"近者聚而为群,群之分,其争必大,大而后有兵有德。又有大者,众群之长又就而听命焉,以安其属,于是有诸侯之列,则其争又有大者焉。德又大者,诸侯之列又就而听命焉,以安其封,于是有方伯连帅之类,则其争又有大者焉。德又大者,方伯连帅之类又就而听命焉,以安其人,然后天下会于一。"争斗产生了君主,争斗又推动了君主制度规模的膨胀,最终形成天下一统的政治局面。在争斗所造成的历史趋势下,君主制度也由低级向高级发展。最初,"自天子至于里胥,其德在人者,死必求其嗣而奉之"。当时的人们普遍接受各级君主权位世袭的做法,这就决定商、周圣王只能尊重风俗,实行分封制。然而争并未因此而中止,由于诸侯强盛,形成尾大不掉之势,结果导致西周的衰亡。国家政体历史演变的总趋势是权力日益集中。秦统一中国之后,废"封建",置郡县,是符合这一必然趋势的。这一切均"非圣人意也,势也",圣人也不能违背"势"而设计国家体制。

柳宗元认为分封制并不是最为完善的政治体制,它只是国家政体形式发展长链上的一个环节。商周实行分封制是迫于形势、风俗和实力不得已而为之。后来周朝之所以"威分于陪臣之邦,国殄于后封之秦",是因为分封制不利于加强中央权威。柳宗元认为郡县制是"公之大者也",尽管秦始皇实行郡县制的本意是维护自己的权威,然而"大私"的动机却促成了"公天下"。郡县制有利于选贤任能,是优于分封制的国家政体。柳宗元依据历史事实,批驳了"夏商周汉封建而延,秦郡邑而促"的论点。他指出:汉、晋实行郡县制与分封制并行的制度,由于封君的权力过大引起了政治动乱,而秦末天下动荡却"有叛人而无叛吏",汉初叛乱迭起却"有叛国而无叛郡",唐代藩镇割据却"有叛将而无叛州"。这些事实表明,郡县制有利于国家统一。柳宗元认为,当时的藩镇割据是由于兵骄将悍所致,与实行郡县制无关。当务之急是把兵权和州县官吏的任免权收归中央,通过"善治兵,谨择守",加强中央集权,维护国家统一(以上引文见《柳河东全集·封建论》)。

柳宗元的《封建论》获得后世许多著名思想家的赞赏。宋代的苏轼给予很高评价,他说:"宗元之论出,而诸子之论废矣。虽圣人复起,不能易也。"(《东坡志林·秦废封建》)朱熹也肯定了柳宗元的基本思路。清代的王夫之与柳宗元所见略同。柳宗元的《封建论》代表着郡县说的最高成就。

三、大中之道与仁义之政

柳宗元以儒家的仁义之道为核心,以"大中之道"及道器论、经权论等为哲学方法,全面论证了仁义、礼法、刑罚的政治功能。

柳宗元以儒家的"圣人之道"为内核和主干,兼容佛、道,吐纳百家,论证了以纲常、仁义、礼法、经权等为主要内容的"大中之道"。他认为《五经》是"取道之原"(《东坡志林·秦废封建》),"圣人之所以立天下,曰仁义",而道、德、仁、义、礼、信都是仁义之道的体现,"皆由其所之而异名"(《柳河东全集·四维论》)。因此,他主张"得圣人大中之法以为理"(《柳河东全集·答元饶州论政理书》)。在他看来,治国之道的主旨是"立大中",具体而言,即立三纲,守五常,行仁义,有经权。柳宗元关于"大中之道"的一些思路对后世儒家的政治哲学有深刻影响。

柳宗元把君臣之设、典章文物、礼乐刑法等视为道的体现。"官也者,道之器也",圣人设官以行道,立制以存道,而各种公文"是道之所由",实行赏罚"是道之所行","故自天子至于庶民,咸守其经分,而无有失道者,和之至也"(《柳河东全集·守道论》)。君臣上下皆守其分,尽其责,这本身就是对道的恪守。可是在现实中,"官"并不与"道"统一,所以"择君置臣之事,天下理乱之大本也"(《柳河东全集·六逆论》)。

柳宗元重视礼与法在政治中的作用。他认为礼与法都是治国之利器,"礼之大本,以防乱也",而"刑之大本,以防乱也",此二者"其本则合,其用则异"(《柳河东全集·驳复仇议》)。法体现公,礼体现义,二者又有所区别,因此国法又高于礼法。柳宗元是法治论者,他说:"圣人有制度,有法令,过则为辟。故立大中者,不尚异,教人者欲其诚。"(《柳河东全集·与吕恭论墓中石书》)。他主张"任有功,诛暴慢,明好恶,修法制,养衰老,申严百刑,斩杀必当"(《柳河东全集·时令论上》)。

柳宗元是最先提出经权统一论的思想家之一。唐宋以来,许多思想家更加重视权的实践意义,力图从理论上弥补传统经权论的不足。柳宗元对此做出了重要的理论贡献。他提出:"经也者,常也;权也者,达经者也,皆仁智之事也。离之,滋惑矣。经非权则泥,权非经则悖。是二者,强名也。曰当,斯尽之矣。当也者,大中之道也。"经与权互为存在的条件,实质是一事而二名。经与权都是对道的取准,道是经与权的统一。因此,"知经而不知权,不知经者也;知权而不知经,不知权者也"。经权合一,仁智兼用,才能避免偏离大中之道,故"知经者不以异物害吾道,知权者不以常人拂吾虑"(《柳河东集·断刑论下》)。坚持原则而又不使原则变成僵化的教条,讲究灵活性而又不离经叛道,这就是经权统一论的主旨。改汉儒的"反经合道"论为"权在道中"论,必然从理论上提升"权"的价值和意义,强调变通的必要性、经常性。柳宗元正是依据这样的政治哲学而主张革新政治的。在理论上,他是政治变革的大力倡导者;在实践中,他是变法运动的积极参与者。

四、"吏为民役"论

柳宗元以"生人之道"抨击"苛政猛于虎",指出土地兼并、赋税不均、贿赂公行、官苛吏扰是造成当时严重社会问题的根源。

柳宗元立志行道,关心民众的疾苦。他激烈抨击货贿公行、赋税不均、贫富分化的社会现实。在《捕蛇者说》中,他对"赋敛之毒"的揭露,对"苛政猛于虎"的批评,是相当深刻的。他主张君主实施仁政,推行"均赋",依法治吏。

柳宗元提出"吏为民役"的命题,他认为官吏是"民之役",他们由民众供养,实属民众的雇工、仆役,必须为民众"勤力而劳心",做到"讼者平,赋者均",不可"受若直,怠若事,又盗若货器"(《柳河东全集·送薛存义序》),否则理应被罢免,受处罚。在当时,柳宗元能够提出这种思想的确是难能可贵的。

柳宗元的思想既富于理性思辨色彩,又充满现实主义气息,清新、深刻、脱俗。他的思辨水平、批判精神和文学才华在当时都堪称首屈一指。这一切确立了柳宗元在思想文化史上的崇高地位。

第五节 韩愈的道统论与尊君思想

韩愈(768~824年),字退之,邓州南阳(一说河阳,治所在今之河南孟县左近)人,每以籍系昌黎(今辽宁义县)自称,故世称"韩昌黎"。传世文章大部收入《韩昌黎文集》。韩愈博学多识,性格骨鲠,善于议论为文,敢于为民请命。他的《原道》、《原性》、《原人》、《原鬼》都是思想史上的名篇。韩愈博采众艺,"务使合于孔子之道",他的思想特点可以概括为以下几点:

一、道统论

韩愈是以道统论作为政治思想的理论基础的。道统,即道义传承的统绪。在《原道》一文中,韩愈针对佛教、道教的"法统"论,明确提出了儒家道统的传承统绪。他说:"斯吾所谓道也,非向所谓老与佛之道也。尧以是传之舜,舜以是传之禹,禹以是传之汤,汤以是传之文、武、周公,文、武、周公传之孔子,孔子传之孟轲,轲之死,不得其传焉。荀与扬也,择焉而不精,语焉而不详。由周公而上,上而为君,故其事行;由周公而下,下而为臣,故其说长。"韩愈虚构了从尧、舜、禹、汤、文、武、周公,到孔子、孟子的道统,把儒学的渊源上溯至远古的"圣王",并奉之为中华之魂、文化正统。他以道统的传承者自居,致力于重建儒家道论,并把一切与孔孟之道相违背的学说统统归入异端。尽管道统论的基本思维方式为儒家文化所固有,而它的提出还是有重大的理论意义的。这表明,儒家开始自觉地以"道"来概括、统辖自己的学说体系,并以自家之"道"、"道统"对抗异端之"道"、"道统"。

在政治思想上,韩愈把应天道、顺自然的法天思想与合人道、行仁义的济世思想综合在一起,主张以孔孟之道重整伦理纲常。在《原道》一文中,他认为,人类的一切规范和政治制度都是道的具体体现,"其文,《诗》、《书》、《易》、《春秋》;其法,礼、乐、刑、政;其民,士、农、工、贾;其位,君臣、父子、师友、宾主、昆弟、夫妇;其服,麻丝;其居,宫室;其食,粟米果蔬鱼肉,其为道易明,而其为教易行也"。因此,人们应该身体力行地去行道,"以之为己,则顺而祥;以之为人,则爱而公;以之为心,则和而平;以之为天下国家,无所处而不当"。道,是社会和政治的根本大法,循之而修齐治平则天下大治。他认为"仁与义为定名,道与德为虚位",道即仁义,仁义即道,仁义是大道之本。因此,道即孔孟之道,而佛、道两家之道不以仁义为宗本,"无父无君",从根本上就是错误的,必须以行政手段彻底禁绝之(以上引文见《韩昌黎文集·原道》)。

二、性品说

韩愈发展秦汉以来的的儒家人性论。他认为,佛、道两家的人性论不以仁义言性,属于异端学说,而孟子的性善论、荀子的性恶论和扬雄的性善恶相混论又都有偏颇。他以孔子的"惟上智与下愚不移"说和道即仁义说为基础,继承、改造汉代以来的性品说和性情论,明确提出自己的性品说。

韩愈认为,性有仁、义、礼、智、信五德,而仁是基本的,第一位的;情有喜、怒、哀、惧、爱、恶、欲七种。性与情有所不同,"性也者,与生俱生也;情也者,接于物而生也"。先天本性决定着后天之情,后天之情又是先天本性的外在表现,情与性不是绝对对立的。人类的性与情都是有品级的,"其品则孔子谓'不移'也"。性有三品,于此相应,情也有三品,即上品之人本性善,具备仁、义、礼、智、信,而喜、怒、哀、惧、爱、恶、欲也不偏不激,这种人"就学而易明";中品之人本性善恶相混,一德有偏,其余四德杂而不纯,情也有过与不及,这种人"可导而上下";下品之人本性恶,一德不备,其余四德也多有偏差,且纵情恣意,这种人"畏刑而寡罪"。"是故上者可教,而下者可制也。"(以上引文见《韩昌黎文集·原性》)韩愈的性品说把仁义礼智信说成是人的自然本性,是人之所以为人的根据,这就把儒家道德绝对化。

在韩愈看来,人性生来有品级,上品自然向善,中品需要教化,下品惟可刑治。因此"五常之教,与天地皆生"(《韩昌黎文集·通解》),实行以圣贤治愚者的君主制度,以仁义教化中品之人,以刑政制服下品之人,这是天然合理的。韩愈说:"道莫大乎仁义,教莫正乎礼乐刑政。"(《韩昌黎文集·送浮屠文畅师序》)又说:"礼法二事,皆王教之大端。"(《韩昌黎文集·复仇状》)教以仁义,制以刑政,礼与法都是制驭人性的政治工具。韩愈的性品论不仅论证了修养正心、礼乐教化的必要性,而且论证了严刑酷罚的必要性。

韩愈的性品说使儒家的人性论更加精致细密,在儒家政治哲学发展史上占有比较重要的地位。他的挚友李翱受这种性品论及佛教佛性说的影响,提出"复性说",主张"灭情复性"。这种思想是宋明理学"存理灭欲"说的先导。

三、圣人创制立法、拯救人类说

韩愈为君主专制制度撰写的最有力的辩护词,就是圣人与道同体、为君为师、拯救人类说。在韩愈看来,君主与圣人有时是同义词,"帝之与王,其号名殊,其所以为圣一也"(《韩昌黎文集·原道》)。圣人论的主旨是君主论。宣扬圣人创制立法、拯救人类说的目的,是以此论证尊君的必然性。

韩愈认为是圣人使人类不为禽兽,使中华不为夷狄。他说:"民之初生,固若夷狄禽兽然;圣人者立,然后知宫居而粒食,亲亲而尊尊,生者养而死者藏。"(《韩昌黎文集·送浮屠文畅师序》)在《原道》一文中,他详细陈述了圣人创制立法,给人类带来文化和文明的历史过程。他说:"古之时,人之害多矣。有圣人者立,然后教之以相生养之道。为之君,为之师。"圣人不仅教会了人类衣食住行,工商医药,而且"为之礼以次其先后;为之乐以宣其壹(抑)郁;为之政以率其怠倦;为之刑以除其强梗。相欺也,为之符玺、斗斛、权衡以信之;相夺也,为之城郭、甲兵以守之。害至而为之备,患生而为之防"。总而言之,人类的物质文明、精神文明和社会政治制度,都是圣人发明创造的,"如古之无圣人,人之类灭久矣"。人类之所以有今天,是因为有圣人为君为师,有礼乐刑政,有君主制度。这就从历史的角度论证了君主专制制度的合理性。

韩愈认为圣人创造的君主制度、等级制度是不容置疑的。在这种制度中,君、臣、民分为三个身份和规范完全不同的等级。"君者,出令者也。臣者,行君之令而致之民者也。民者,出粟米麻丝,作器皿、通货财,以事其上者也。"这就是说,君是政治的主宰,臣是执行君命的工具,民众是有政治义务而无政治权利的被统治者。君、臣、民的基本关系是由天道所注定、圣人所规定的,每一等级都应各守其职,各尽其分。不得染指最高权力的官僚和毫无政治权利的庶民只能永远受君主的支配和驱使,否则"臣焉而不君其君,民焉而不事其事",是"灭其天常"(《韩昌黎文集·原道》)。

韩愈是唐代著名思想家、文学家。他与柳宗元齐名,并称"韩柳"。他以卫道士自居,力主独尊孔孟,罢黜佛道,弘扬道统,其思想是汉唐经学向宋明理学发展的重要环节。韩愈的道统论是唐代儒学在理论上取得新进展的重要标志之一,在中国思想史上具有重大意义。

第六节 隋唐、五代政治批判思想的新发展

在隋唐盛世,中国古代社会固有的各种社会矛盾也进一步发展。隋末与晚唐,由于社会矛盾的激化,曾引发了社会和政治的大动荡。政治越黑暗,社会弊端暴露的越充分,社会政治批判思想也就越深刻。不同文化背景和不同阶级、阶层的人们纷纷以反思和批判的态度审视社会和政治,汇聚成一股思潮。反思和批判是为了寻求铲除社会弊端的救世之道,所以又体现了人们对理想社会的憧憬和构思。

隋唐五代时期政治批判思想新发展的主要表现是:

其一,批判的力度增强。如隋末祖君彦为李密起草的讨隋炀帝檄文,历数暴君罄竹难书的罪恶,其怒骂君王的激烈程度超过以往。其他具有批判意识的思想家也动辄把矛头对准君王,甚至斥之为强盗。就连一些帝王也曾对历代的暴君暴政严词痛斥。例如,在《金镜》一文中,唐太宗指斥历史上的昏君虐主,称之为"受于天不善之性"而"悖恶之甚",比之为"猛兽肆毒,蟊螟为害",并认为许多弊政"乃是君之过也,非臣之罪也"。这种言辞激烈的政治批判在君臣论政中并非罕见。例如,唐懿宗时的翰林学士刘允章在上皇帝的《直谏书》重,明确指出"国有九破"、"民有八苦",要求皇帝革新政治,挽救危亡。

其二,批判精神更加深刻。如在唐末农民起义中,民众的均平意识日益凸显。众多起义军都直接以均平为旗帜,号召民众。如裘甫改元曰"罗平",铸印曰"天平"。王仙芝自称"天补平均大将军",黄巢自称"冲天太保均平大将军",标榜代天行道,均而平之。这一类政治意识和政治行为触及

到君主政治的要害。

其三,分别以儒家、道家、道教、佛教等为学术根底的各种类型的政治批判思想在理论上都有所发展。

这里介绍几位著名思想家及其所代表的政治批判思想类型。

一、皮日休的仁政论及其对暴政的批判

皮日休,字逸少,后改袭美,生卒年不详,湖北襄阳人,居鹿门山,自号"闲气布衣"、"醉吟先生"、"鹿门子"。曾任唐朝的毗陵副使。黄巢攻克长安,任命皮日休为翰林学士。著有《皮子文薮》。

皮日休是晚唐著名思想家、文学家。他是儒家学者批判社会现实的典型代表。其思想特点是:推崇孔孟,张扬王道,倡导仁政,志在补天,主张"仕非君"、"治非民"。面对"君为蛇豕,民为淫螆"(《皮子文薮·鹿门隐书》)的政治现实,他忧患在胸,把批判的锋芒直指昏君、奸佞、贪官、苛吏,不仅言辞激烈,而且切中要害。

皮日休深刻揭露"县官待贿,命相取资"(《皮子文薮·忧赋》)、"狡吏不畏刑,贪官不避赃"(《皮子文薮·正乐府十篇·橡媪叹》)的社会现实。他认为,官贪吏污,出于本性,他们"愚者若混沌,毒者如雄虺"(《皮子文薮·正乐府十篇·贪官怨》),专权误国,鱼肉百姓。那些为君聚敛之官,实属"贼臣"(《皮子文薮·鹿门隐书》)。

皮日休又进一步指出,暴政的根源在于暴君。自汉魏以来,统治者"驱赤子于利刃之下,争寸土于百战之内"、"取天下也,以民命",帝王以赏罚兵刑御天下,结果"术愈精而杀人愈多,法益切而害物益甚,呜呼!其亦不仁矣"(《皮子文薮·读司马法》)。许多昏君任用非人,以致奸佞、贪官遍布朝廷,致使"今之置吏也,将以为盗"(《皮子文薮·鹿门隐书》)。皮日休认为,对于这类不仁不义的帝王,"则民扼其吭,捽其首,辱而逐之,折而族之,不为甚矣"(《皮子文薮·原谤》)。

皮日休忧国、忧君、忧民,把希望寄托于帝王施仁政、行教化。在《忧赋》中,他罗列数十条君主政治的明忧隐患,对"王道不宣,皇纲不维,元恶作矣,大盗乘之"极为关切,并列举历史的经验教训,期望帝王正确处理与后妃、储君、亲王、外戚、大臣、内宦、贤才、战将、谏臣、隐士、四夷、庶民的关系。皮日休所主张的王道,简言之,即"仁义"。他指出,"圣人务安民,不先置不仁,以见其仁焉;不先用不德,以见其德焉"(《皮子文薮·秦穆谥谬》),否则"不行道,足以丧身;不举贤,足以亡国"(《皮子文薮·鹿门隐书》)。

皮日休的政论在政治思想史上闪烁着独特的光芒。他属于以积极行动来挽救危亡的士人类型,这是难能可贵的。历史一再证明,儒家的王道仁政理想,不可能从根本上矫治君主政治的弊端,高举仁义大旗的士人注定要在现实中碰得头破血流。正是儒家政治文化本身铸就了这种悲剧。

二、《无能子》否定圣人、帝王和纲常的政治思想

《无能子》是晚唐无名氏的著作,大约成书于887年前后。作者曾登仕籍,后避乱遁世,湮姓埋名,是一个淡泊名利、愤世嫉俗的老庄传人。

《无能子》政治思想的特点是:以老庄自然无为思想为主旨,抨击等级名分、伦理纲常和君主政治,斥之为祸乱本源;主张人类社会返朴归真,废礼教,弃人伦,无贵无贱,无君无臣;从批判和否定纲常礼教、君主制度,走向了否定人类一切社会关系和文化的极端。无能子的社会政治观在当时具有一定的代表性和典型意义。它反映了某些崇尚道家思想的士人的政治意识,在古代思想史上占有相当重要的位置。

无能子认为圣人是人类社会的罪人。圣人的罪过之一是以"强名"区别万物,把不平等强加给自然界和人类社会。圣人硬性区别人与虫,"强名之曰人",将万物置于人的主宰之下,破坏了人与自然的和谐关系。圣人又强行分辨"夫妇之别,父子兄弟之序",破坏了人与人之间的平等关系。接下来,圣人强行破坏"无尊无卑"的社会关系,区分人类的贵贱等差,"强建之,乃君乃臣"。"名一为君,名众为臣",这就设立了"一可役众,众不得凌一"的君主制度。"于是有君臣之分,尊卑之节",进而有了"贵贱之等"、"贫富之差"(以上见《无能子·圣过》)。圣人的罪过之二是宣扬纲常名教,愚弄人心,离间世人。"夫无所孝慈者,孝慈天下;有所孝慈者,孝慈一家。一家之孝慈未弊,则以情相苦,而孝慈反为累矣。弊则伪,伪则父子兄弟将有嫌怨者矣。"(《无能子·质妄》)圣人强调血亲关系和父慈子孝,使人们有亲疏之别,不能平等地对待一切人。这不仅会离间父子兄弟,还会使人变得虚伪。圣人的罪过之三是倡义乱世,开启了人类的物欲和争心。圣人区别贵贱上下,"既而贱慕贵,贫慕富,而人之争心生焉"。"争则夺,夺则乱。"圣人为了抑制争夺,"立仁义忠信之教、礼乐之章以拘之",这又开启了荣辱是非之心,使"人情繁而怠,怠而诈,诈而益乱"(《无能子·老君说》)。圣人的罪过之四是以严酷的统治造成了广大民众的疾苦。圣人为了治乱世,弭纷争,"不得已乃设刑法与兵以制之",从而导致"覆家亡国之祸,绵绵不绝,生民困贫夭折之苦,漫漫不止"。总之,圣人"强分贵贱尊卑以激其争,强为仁义礼乐以倾其真,强行刑法征伐以残其生"(《无能子·

圣过》),给人类社会带来一系列的不合理和无限的苦难。圣人创制度,立纲常,行教化,施刑政,开启祸端,摧残人性,使人类社会离万类天然平等的理想境界越来越远。

无能子认为,君主政治是万恶之源。他蔑视王权,认为所谓的帝王尊严毫无价值可言。帝王称谓是硬性编造的,"夫强名者,众人皆能为之"。人人皆可自为,何贵之有?况且天下之大,四海之内,"十分之中,山岳江海有其半,蛮夷戎狄有其三,中国所有,一二而已"。因此,"夫中国天子之贵,在十分天下一二分中,征伐战争之内,自尊者尔"。更不用说,帝王非神非圣,"嗜欲未厌,老至而死,丰肌委于蝼蚁,腐骨沦于土壤,匹夫匹妇一也,天子之贵何有哉!"许多帝王为争天下,穷嗜欲,"战争杀戮,不知纪极,尽人之性命,得己之所欲,仁者不忍言也"(以上见《无能子·严陵说》)。这种角色悖逆天理,灭裂人性,无可称道。

无能子的治国主张,简言之,即"治大国者若烹小鲜,蹂于刀几则烂矣"(《无能子·老君说》)。这种治国论蕴含两层意思:一是摒弃礼乐典章、伦理纲常、刑法权谋,否则"诱动人情",导致"民之有心",反而越治越乱;二是顺应自然和时势,使人类社会重返无主无从、人兽混同的境界,所谓"夫鱼相忘于江湖,人相忘于自然,各适矣"(《无能子·质妄》)。无能子认为,实现理想境界的最佳途径是将"民之有心者,研之以无,澄之以虚"(《无能子·真修》),一旦把民众的不平之心磨平,使之无欲无心,无知无觉,世道就太平了。而实行这种治术的主体是"为无心"的"圣人"。"圣人虽有心,其用也体乎天地"(《无能子·范蠡说》),圣人无为而无所不为,所以有能力把人类引入理想社会。由此可见,具有无君论倾向的无能子并没有从圣贤主义文化中解脱出来。

无能子的社会批判思想是相当深刻的。人们歌颂制礼作乐的圣人,艳羡穷奢极欲的帝王,敬畏不可侵犯的王权,企盼圣明仁慈的君主。无能子却独排众议,斥之以罪过,投之以轻蔑,将圣人和帝王列为人类社会罪人。人们纷纷把君臣父子名分、忠孝节义观念、贵贱尊卑之别奉为天经地义,视为人类纪纲,从尊君王、明等分、立纲常中去寻求解救乱世的灵丹妙药。无能子却反其道而行之,把君主制度、等级名分、伦理纲常斥为智者愚民、强者凌弱的产物、方术,是人间种种不平的根源。他从万类天然平等观点出发,否定了宗法制、等级制和君主制的合理性,把汉魏以来道家流派中的社会批判思想向前发展了一步。但是,无能子从绝对自然主义的角度去体认人类社会,批判君主制度,把"生命贫困,夭折之苦"归咎于个别智者、圣人,归咎于文明的发展,因此无法找到拯溺救危的切实途径。

三、罗隐的明君论及其对暴君的批判

罗隐(833～909年),字昭谏,余杭新城(今浙江富阳县)人。本名横,三十年间十举进士而不第,穷愁失意,遂改名为隐。垂暮之年投于钱镠幕府为官。著有《甲乙集》、《两同书》、《谗书》等。

罗隐政论多引老子之言,他又大量引证孔子。罗隐不仅积极主治,而且主张社会以人伦、等级为本,君主以仁德为本。其政治思想以儒为本,儒道杂糅,为当时政治批判思潮中另一类型的代表。

罗隐目睹唐王朝日趋腐朽、衰败的世事,再想到自己坎坷的人生,激发了他的批判精神。他的政论,文字简约,笔锋犀利,寓意深刻,上至当朝天子,下至官吏世俗,皆在鞭挞之列。

罗隐是圣贤治国论者。他认为,等级制度和君主制度是天然合理的。"一气所化,阳尊而阴卑;三才肇分,天高而地下。"万类皆有宗、长、标、秀之物,"此乃贵贱之理,著之于自然也"。人类亦然,"人不自理,必有所尊,亦以明圣之才,而居亿兆之上也。是故时之所贤者,则贵之以为君长;才不应代者,则贱之以为黎庶"(《两同书·贵贱》)。这就从自然法则的角度,论证了君主制度的必然性和合理性。罗隐认为,君主是治乱治本,"夫万姓所赖,在乎一人;一人所安,资乎万姓。则万姓为天下之足,一人为天下之首也"。政治失败,"岂失之于足,实在于元首也"(《两同书·损益》)。在他看来,圣人在位,"位胜其道,天下不得不理也",而圣人不在位,"位不胜其道,天下不得不乱也"(《谗书·圣人理乱》)。既然"有道为君,正人在上"是世道兴衰的关键,为了实现天下大治,罗隐对历史上和现实中的君主进行了激烈的批判,提出了批判辨别明君与暴君的标准,树立起一个理想化的明君典范。罗隐的政治思想,一言以蔽之,即明君论。

在《两同书》中,罗隐破立并举,将君德与治术结合在一起,论述了君主政治中贵与贱、强与弱、损与益、敬与慢、厚与薄、理与乱、得与失、真与伪、同与异、爱与憎的辩证关系或利害关系。

罗隐主张君主要明"贵贱之理"。他认为,帝王的尊贵在于德,"虽位力有余,而无德可称,则其贵不足贵也"。尧、舜不求贵而贵荣,桀、纣则恃贵而贱辱,由此可见,"苟以修德,不求其贵,而贵自求之;苟以不仁,欲离其贱,而贱不离之"(《两同书·贵贱》)。仁德即是明君,不仁则为暴君,德是品分君主最根本的标准。

罗隐主张君主要明了"强弱之理"。他认为,强者制弱者是自然之理,而政治中的强"在乎有德,不在乎多力也"。暴君"骄酷天下,舍德而任力",

却受制于天下;明君则"知众心不可以力制,大名不可以暴成。故盛德以自修,柔仁以御下",致使"一邦从服,百姓与能"(《两同书·强弱》)。柔弱任德者为明君,恃强任力者为暴君。

罗隐告诫君主须知"损益之道"。他认为,"益莫大于主俭,损莫大于君奢。奢俭之间,乃损益之本也"。"俭主之理,则天下无为。天下无为,则万姓受其赐",因此"人且共益";"奢主之理,则天下多事。天下多事,则万姓受其毒,其于豺狼亦已甚矣",因此,"人且共损"(《两同书·损益》)。自损者自益,自益者自损。尚节俭则为明君,纵嗜欲则为暴君。

罗隐指出:"夫君者,舟也;臣者,水也。水能浮舟,亦能覆舟;臣能辅君,亦能危君。"(《两同书·得失》)因此君主必须善于驾驭臣下,即识真伪,别异同,辨忠奸,爱憎分明,礼敬贤臣,赏善罚恶,既要充分发挥臣的才干,又要牢牢将臣置于掌握之中。明乎用人之得失者,方可称为圣王,否则则为庸主。

罗隐的明君论,对君主政治弊端的揭露是深刻的。他的批判虽然借古讽今,却有现实意义。但是,罗隐的批判同时又是论证,批判的目的是为君主政治寻求一条光明大道。论证圣君和批判暴君都是为了"教化"在位之君。这种批判无论其言辞多么激烈,无论其对阴暗面的揭露多么深刻,都不具备否定君主专制制度的意图和效应。

四、谭峭的"君盗"论与均食、尚俭论

谭峭(生卒年不详),字景升,泉州(今福建南安县)人。师从嵩山道士,号紫霄真人。他面对风云变幻、民不聊生的社会现实,苦心探究治乱之因和救世之道。谭峭所著的《化书》,揭露和批判了统治者的暴政,是当时以道教思想批判社会现实的一部代表作。

谭峭认为,社会动乱是由于统治者享乐腐化,聚敛不已,刑戮不止而造成的。在《大化》篇中,他列举了一系列由理想境界向混乱、败亡的转化:自从人类社会有了精神文明,"揖让化升降,升降化尊卑,尊卑化分别"。在等级贵贱下,高贵者的穷奢极欲永无止境,"奢荡化聚敛,聚敛化欺罔,欺罔化刑戮,刑戮化悖乱,悖乱化甲兵,甲兵化争夺,争夺化败亡"。统治者为了"保其国家而护其富贵",对民众诱以仁义道德,威以刑罚礼法,实属"教民为奸诈,使民为邪淫,化民为悖逆,驱民为盗贼"。在谭峭看来,统治者的私欲、奢荡、聚敛、刑法、征伐和昏聩是导致社会动乱的主要原因。

谭峭进一步指出,贫富悬殊也是社会动乱的重要原因。他认为,少数富者钟鸣鼎食,广大贫民食不果腹,"战伐由兹而始"(《化书·奢僭》)。食乃人天,而耕者乏食是人间最大的不平。"民事之急,无甚于食。而王者夺其一,卿士夺其一,兵吏夺其一,战伐夺其一,工艺夺其一,商贾夺其一,道释之族夺其一。"层层盘剥,民众所余无几,"所以蚕告终,而缥葛苎之衣;稼云毕,而饭橡栎之食"(《化书·七夺》)。"刻其肌,啖其肉,不得不哭;扼其喉,夺其哺,不得不怒"(《化书·雀鼠》),盘剥成性的君主官僚比鼠雀还不如,而不平则鸣,不义则争,人民揭竿而起实属被逼无奈。谭峭指出,"天子作弓矢以威天下,天下盗弓矢以侮天子",统治者以武力镇压民众,民众必然即以其人知道,还治其人之身,"擅甲兵,据粟帛,以夺其国"(《化书·弓矢》)。

至于如何解救社会危机,谭峭的主张可以归纳为两条:均食和尚俭。他认为:"能均其食者,天下可以治。"(《化书·奢僭》)又指出:"俭者,均食之道也。"(《化书·太平》)君主应以"能均其食"、"能均其衣",来缓和社会矛盾。"食均则仁义生,仁义生则礼乐序,礼乐序则民不怨,民不怨则神不怨,太平之业也"(《化书·太平》)。谭峭将天下的治乱兴亡系于君主,所以他认为均食尚俭须从帝王做起,帝王"能均其衣"、"能让其食",如此方可上行下效。君主要做到这样一种程度:"服布素"、"食葵藿",乃至"我耕我食,我蚕我衣","于己无所与,与民无所取"(《化书·悭号》)。

作为"颇涉经史"的道教信徒,谭峭"弃智"而不"绝圣"。他认为"圣"是最理想的统治者。"天下之主,道德出于人;理国之王,仁义出于人"(《化书·聪明》)。谭峭所企盼的理想政治可以概括为:圣王在上,躬行均食、尚俭之政,君民皆自食其力,臣民则以无智为安、无智为乐。他的基本思路毕竟没有突破前人的窠臼。

各种政治批判思想的正义性是毋庸置疑的。政治批判思想日益激烈、深刻,这是社会矛盾日益激化在观念形态上的反映。隋唐虽说是古代社会的盛世,而大量历史材料证明,当时的社会状况是:尊卑等级分明,贫富差别明显,一方面是"一身万椽家"、"一口千仓粟",另一方面是"贫者无室庐"、"贱者饿无食"。一遇天灾人祸,就会出现哀鸿遍野的现象。广大民众以蓬子为面,槐叶为齑,甚至易子而食,折骨为炊。面对这种不合理的社会现实,"贵贱虽云异,其类同一初"的观念具有极其广泛的影响。到宋代,许多民众公开以"均贫富"为政治口号,进行武装斗争,并把"均贫富,等贵贱"视为"天理"。在士人中,否定秦汉以来的政治制度的思想也日益传播,就连许多统治思想代言人也有类似的思想。这就把政治批判思想推向一个新的高度。

第十七章 北宋政治调整与强化王权的政治思想

宋朝的建立,结束了唐中期以来的分裂局面。宋初君主目睹五代十国纷争割据的混乱状态,深知地方势力拥兵自重的危害,于是采取了一系列削弱地方势力、强化中央集权的政策。

然而,由于北宋统治者滥设机构,增设科举名额,扩大"任子"恩荫范围,以冗增官吏,使之相互牵制,结果造成官员数额猛增。宋初"三班吏员止于三百,或不及之"(《元丰类稿·再议经费》),到仁宗皇祐年间(1049～1054 年),竟增至二万余人。官僚机构庞大臃肿造成行政效率低下,官场腐败和巨额官费负担。此外,为防范贫民造反,北宋统治者实行饥岁募兵政策,使得军队人数急剧增长。宋初兵员只二十二万,到英宗治平年间(1064～1067 年)已逾百万。养官、养兵政策不仅极大地削弱北宋国力,导致长年"积贫、积弱",弊害甚深,而且激化社会矛盾,真宗、仁宗各朝均有大规模农民起义爆发。再加上北方契丹、西夏、女真等少数民族迭相兴起,侵扰中原,北宋时期真可谓内忧外患,危难重重。

面对日益加深的政治危机,一些政治家和思想家纷纷提出改弊之方。其中,力主推行改革的激进派以李觏、王安石为代表;主张延用传统方法进行调整的缓进派有苏洵、司马光等。他们在政治上分属不同朋党,相互攻讦,其实根本目标没有什么不同。总的来看,他们的政治主张大多缺乏理论深度,而偏于政策性和实用性。

第一节 宋初诸帝强化集权的治国方略

宋太祖、太宗及真宗鉴于唐末以来王权衰微,天下分崩的教训,采取

第十七章　北宋政治调整与强化王权的政治思想

一系列措施,改革政治体制,加强中央集权,实现天下一统,奠定了宋代君主政治的规模和取向。他们的基本政治方略是:大幅度调整权力配置,千方百计强君弱臣,主要是削夺各级官僚和地方权力,防范各种威胁王权、分裂国家的政治力量东山再起。具体措施很多,如收夺禁军、节镇的兵权和地方的财权、司法权,分化各级职官的实权等。对于这个政治方略,他们虽有一些提纲挈领的言论和指令,而更多的是见诸行动。经过他们长期的苦心经营,形成了皇帝高度集权,中央严密控制地方的政治体制。

一、强化对兵权的控制

鉴于五代历史的教训和自身经历,宋太祖、太宗等深知"兵"的利与害,故一致认为"驾驭戎臣为要机"(《宋史纪事本末》卷十七)。他们奉行的政策主要有三:第一,调整兵权配置;第二,抑武将,树文臣;第三,大量养兵。

太祖、太宗采取一系列措施把兵权牢牢掌握在皇帝手中。首先,收夺禁军和节镇兵权。宋太祖设宴款待亲信诸将,奉劝他们交出兵权,以实现"君臣之间,两无猜嫌,上下相安"(《涑水记闻》卷一)。这就是所谓的"杯酒释兵权"。太祖、太宗又频繁易置节度使,用他官权知节镇。至真宗时,节度使徒有虚衔,例不莅治本任。其次,分解将帅之权。北宋在中央设枢密院掌军事行政。枢密院有发兵之权而无握兵之重,将帅有握兵之重而无发兵之权。统帅禁军之权亦一分为三,分别由马、步、殿前"三衙"统领。又实行更戍法,使"将不得专其兵,兵不至于骄惰"。这样一来,任何将帅都很难拥兵自重。再次,依强干弱枝原则配置兵力。宋太祖收四方劲兵于中央。禁军在数量上占绝对优势,且一半驻京师,一半驻各地。在兵员素质上,"令天下长吏择本道兵骁勇者,籍其名送都下,以补禁旅之阙"(《续资治通鉴长编》卷六)。这样一来,"诸镇皆自知兵力精锐非京师之敌,莫敢有异心者"(《涑水记闻》卷一)。

抑武右文是宋代一项重要的政策方针。宋太祖宣称:"五代方镇残虐,民受其祸。朕今用儒臣干事者百余人分治大藩,纵皆贪浊,亦未及武臣十之一也。"(《宋史纪事本末》卷二)太宗、真宗则继续奉行兴文教,抑武事的政策,甚至大量以文官代理武职。

宋代奉行养兵政策。宋太祖对这种政策有段论证,他说:"吾家之事,惟养兵可为百代之利。盖凶年饥岁有叛民而无叛兵,不幸乐岁变生,有叛兵而无叛民。"(《邵氏闻见后录》卷一)每逢灾年饥岁,朝廷就大量招募灾民为兵。

上述政策和措施加强了皇帝对军队的支配和控制，消除了唐代以来的藩镇拥兵自重之弊，达到了"内外相维，上下相制"目的。

二、削夺地方权力，限制朝臣权柄

尊君抑臣是指导宋初诸帝调整权力配置的基本原则，其基本做法则是分解、削夺、限制各级官吏的权力，实行君主高度集权。

诸帝矫治藩镇太重之弊，一再削夺地方权力。具体做法主要有三：一是削夺地方财权。太祖诏令诸州"每岁受民租及筦榷之课，除支度给用外，凡缗帛之类，悉辇送京师"，地方税收一律由中央派专人掌握（参见《续资治通鉴长编》卷五、卷六）。二是收回司法大权。太祖说："五代诸侯跋扈，有枉杀人者，朝廷置而不问。"（《宋史纪事本末》卷二）。"自今诸州决大辟，录案闻奏，付刑部覆视之。"（《御选古文渊鉴》卷四二）太宗又置审刑院统管司法大权。三是集中官吏任免权。太祖采纳赵普建议，地方官一律由皇帝指派，用京官权知，三年一换。

诸帝还采取一系列措施分割各级官僚的权力，其中最主要的措施是增设机构，分化事权，官与职分离。在宋代的政治体制中，无论中央、地方，一律实行政、财、军三权分离。太祖钦定的官制是："有官，有职，有差遣。官以寓禄秩，叙位著。职以待文学之选，而别以差遣以治内外之事。""官"与"职"都是虚衔，惟有"差遣"才是实职。由于官与职殊、名与实分，本官不理本职，"居其官不知其职者，十常八九"（《宋史·职官志》）。"差遣"之任调迁频繁，故官僚很难长期执掌某一地方或某一方面的权力。

上述措施使中央集权达到空前的程度。在这种体制下，"一兵之籍，一财之源，一地之守，皆人主自为之"（《叶适集·始议二》）。王权走上极端。

三、养官和不抑兼并

宋初诸帝鉴于五代政治之失，较为注重调整统治集团内部关系。他们在政治上限制士大夫的权力，同时又宠以名位、爵禄和特权，笼络士人、官僚，扩大统治基础。

宋初诸帝重文轻武，尤重科举。太宗称："朕欲博求俊彦于科场中，非敢望拔十得五，止得一二，亦可为致治之具矣。"（《宋史纪事本末》卷十七）科举正途之外，又有恩荫制度。北宋滥设机构，冗增官吏，优给俸禄，仅数十年就造就了一个庞大的食禄阶层。不抑兼并是宋朝又一项重要政策。这种政策对宋代的阶级关系和社会矛盾有深刻影响。

宋初诸帝把主要经历用于调整和维护统治阶级内部关系，相对于历代开国君主而言,他们不太重视调整君与民、官与民的关系。太祖、太宗虽屡颁劝农之诏,表示不以赋敛苛扰民生,但五代的苛弊之法大体沿而不革。大量养官、不抑兼并、役法繁苛是宋代三大弊政。

四、守内虚外

宋朝立国之初就有重内轻外的倾向。太宗两度征辽失利之后,宋的对辽方略转攻为守。宋太宗将其内外政策概括为:"欲理外,先理内;内既理则外自安。"(《续资治通鉴长篇》卷三十)他又说:"国家若无外忧,必有内患。……帝王用心,常须谨此。"(《续资治通鉴长编》卷三十二)宋真宗与辽签订"澶渊之盟",从此安内攘外,以高额岁币换取和平,遂成北宋国策。宋辽和议虽换取了长期的相对和平,却又使宋朝财政背上沉重负担。

宋太祖及其继承者的统治方略,是行之有效的。它重建中央集权,实现天下一统,促进了社会稳定和经济发展。但是这个统治方略造就过度集权的体制,又强化了君主政体固有政治结构的先天性弱点。

宋初诸帝强化中央集权的思想和政策,虽取得一时之效,却又很快向负面转化,致使有宋一代政治弊端百出,国家积弱积贫。面对冗官、冗兵、冗费三大弊政及由此引起的种种连锁反应,帝王、朝臣及士人纷纷思索救弊改制、富国强兵之术,朝野上下兴起一股改革思潮。这股思潮波及面广,历时甚久,对北宋时期的政治和思想都有深刻的影响。

第二节 李觏的富国强兵政治思想

李觏(1009~1059年),字泰伯,建昌军南城(今江西南城)人。生活于北宋中期,历经真宗、仁宗二朝。家世不详。自述"家破贫甚","身不被一命之宠,家不藏担石之谷"(《李觏集·上孙寺丞书》)。十四岁丧父,靠母亲维持生计,勤奋自学成名。时人誉之"博学通识,包括古今,潜心著书,研极治乱,江南儒士,共所师法"(《荐章四首》)。三十四岁赴京师,科举未第。庆历三年(1043年),南城初立学,应郡守之邀办盱江书院。"四方来学尝数百人"。学人尊之"盱江先生"。嘉祐二年(1057年)被举荐到太学供职,"权同管干太学",不久请假回乡,病故。终年五十一岁。

李觏一生主要从事授学和著述。他关心时政,处处以"康国济民为意";著作甚丰,基本都是"愤吊世故,警宪邦国"(《潜书·序》)的政治论著。现存《直讲李先生文集》三十七卷,《外集》三卷。

李觏的政治思想立足于富国强兵,提出了一些具体的改革主张。这些思想的形成在一定程度上受到范仲淹改革主张的影响,同时又成为稍后的王安石新法的思想先驱。

一、礼和王霸道同质论

李觏政治思想的理论基础是关于礼的认识。他总结了前人的理论,扩充了礼的内涵,提出礼乃"虚称也,法制之总名也"(《直讲李先生文集·礼论五》,下引同书只注篇名),涵指全部政治上层建筑。其中包含三层内容。第一,"礼之本",指的是"饮食,衣服,宫室,器皿","夫妇,长幼,君臣,上下,师友,宾客,死丧,祭祀"(《礼论一》)等一系列制度仪则。这些制度仪则是保障人们社会政治生活秩序的基本规定,人类社会正是依据这些规定建构了严格的等级和统属关系,形成融洽和谐的局面。第二,"礼之三枝",指的是"同出于礼而辅于礼"的三个组成部分。李觏认为,人类社会固然和谐,但"人之和必有发也","和久必怠也"(《礼论一》),必须采取相应的措施,"是故节其和者,命之曰乐;行其怠者,命之曰政;威其不从者,命之曰刑"(《礼论一》)。乐、政、刑"三者礼之大用也",是保障制度仪则正常施行的重要手段。第三,礼又包括着道德规范。李觏认为,人们对礼的领会和奉行态度不同,会有不同的道德表现:"在礼之中,有温厚而广爱者,有断决而从宜者,有疏达而能谋者,有固守而不变者。"(《礼论一》)此四者"同出于礼而不可缺者也,于是乎又别而异之",称仁、义、智、信,"此礼之四名也"(《礼论一》)。可见,李觏将等级原则、政令刑杀、道德规范全部纳入礼的体系,而且特别指出,"乐、刑、政各有其物,与礼本分局而治"(《礼论五》),都是统治天下的必要手段。李觏在理论上将政令刑杀与礼统而为一,为王霸道同质论提供了认识基础。

传统儒学以推行德治、仁政为王道,尚法强兵为霸道,又以实现王道为理想政治。李觏则认为,王与霸不过是统治者名位之不同,"皇帝王霸者,其人之号,非其道之目也。自王以上,天子号也","霸,诸侯号也"(《常语下》)。王道与霸道并没有本质的区别,"所谓王道,则有之矣,安天下也。所谓霸道,则有之矣,尊京师也,非粹与驳之谓也"(《常语下》)。他诋斥俗儒奢谈王道,却不知霸道是强国之政。他推崇齐桓公"外攘戎狄,内尊京师"(《寄上范参政书》),商鞅"明法术耕战,国以富而兵以强"(《寄上范参政书》)。以先秦的霸政参照今世,他对北宋政府外输岁币,内养冗兵的软弱腐败现象极为忧虑,渴望大宋王朝也能"外攘戎狄",一扫积弊,实现富国强兵。

二、义利统一说

重义轻利是儒学传统价值观念。自孔子的"君子喻于义,小人喻于利"始,到汉儒董仲舒提出"正其谊(义)不谋其利,明其道不计其功",利字终为儒家之大忌。李觏一反传统,认为孟子反对言利的观点过于偏狭,"孟子谓'何必曰利',激也。焉有仁义而不利者乎?其书数称汤武将以七十里、百里而王天下,利岂小哉?"(《原文》)孔子也不是清心无欲,"孔子七十,所欲不踰矩,非无欲也"(《原文》)。李觏认为,就个人来说,欲乃人之情,利为人生所必需,"曷为不可言?"但是人之利欲要受礼的节制,否则"是贪与淫罪矣"。如果在礼的节制下"不贪不淫而曰不可言,无乃贼人之生,反人之情"(《原文》)。若就整个国家来看,财力是立国的根基。儒生们言必称道德教化,"然《洪范》八政,'一曰食,二曰货'。孔子曰:'足食,足兵,民信之矣'。是则治国之实,必本于财用"(《富国策一》)。他逐一列举了宫室、车服、百官、军旅、郊社、四夷等各种政治设施和活动,非财利不能行其事。"礼以是举,政以是成,爱以是立,威以是行。舍是而克为治者,未之有也。"(《富国策一》)

李觏揭示圣人言必及义,其实孜孜于利,义与利具有内在一致性。并认为在一定范围内个人利欲要求具有合理性。在社会生活中,个人利欲过度膨胀会侵害他人利益,导致冲突,这些认识是无可非议的。作为国家政策原则,李觏旗帜鲜明地倡导追求财利,为他的富国强兵主张提供理论依据。

三、救弊之术

李觏学承儒家的权变思想,提出"救弊之术,莫大乎通变"(《易论一》),主张根据时势变化发展和时代弊端,进行相应的政策调整。他说:"常者,道之纪也。道不以权,弗能济矣。……事变矣,势异矣,而一本于常,犹胶柱而鼓瑟也。"(《易论八》)在他看来,世上不存在绝对的事情,"事有不可不然,亦不可必然,在度宜而行之耳"(《易论二》),问题的关键是要把握时机,"时乎时,智者弗能违矣。先时而动者,妄也;后时而不进者,怠也。妄者过之媒,怠者功之贼也"(《易论六》)。本着"通变"的原则,李觏提出一系列"救弊之术"。在政治方面,须从以下三方面进行调整。

其一,君主广开言路,听取进谏。李觏说:"刚亢不能纳言,自任所处,闻言不信,以欺而行,凶可知矣。"(《易论九》)君主有过而不知,知不能改,"古之亡国败家,未尝不以此也"(《易论九》)。他认为,纳谏好比就医,"闻死而愠,则医不敢斥其疾;言亡而怒,则臣不敢争其失"(《开讳》)。君主能广泛听取不同意见,使下情上达,针对病症所在,开方治救,这是政治调整的第一步。

其二,改进选官用人制度。李觏说:"为人上者,孰不欲进贤？而贤或不进。孰不欲退不肖？而不肖或不退。"(《官人一》)究其原因,则在于官吏言行不一,真伪莫辨。因此,他反对仅凭考试选用官吏,认为科考之法,"不见其人之姓名,不知其身之善恶,才不才,决于数百言,难乎为无失矣"(《官人一》)。他主张通过政治实践考察贤能,久而有功,再授以爵禄,否则难以选出真正的贤能之才。李觏尤其反对凭年资迁升官爵,说:"不求功实,而以日月为限,三年而迁一官,则人而无死,孰不可公卿者乎？"(《官人三》)他提出凡官吏升迁必须经过考核,"有功者升,有过者黜,无功无过者,职其旧"(《精课》),以此而形成干练的官吏队伍,提高统治效率。

其三,加强法制。李觏认为刑罚是必要的统治手段,"积圣累贤未有能去者也"(《刑禁一》)。但如何才能取得最佳统治效果呢？李觏提出三点意见：一是刑法之宽猛要因时因地予以调节。他说:"宪令所加,宽猛或异,苟失权时之制,则致远恐泥矣。"(《刑禁一》)二是执法要公允。"法者,天子所与天下共也"(《刑禁四》)。凡皇亲国戚、高官、显贵在法律面前与庶人同等对待,"王者不辨亲疏,不异贵贱,一致于法"(《刑禁四》),惟有君主是例外。三是对犯上作乱的"盗贼"必须严厉镇压。他说:"狱市不可以不治,奸人不可以不禁。"(《刑禁六》)"至于盗贼,不可不急其刑以除之也。"(《刑禁六》)这样作并不违背儒家仁义原则。反之,"除盗贼,义也",恰恰是仁义的体现。李觏加强法制的思想正是王霸同质论的政策表现。

四、强本节用

强本节用是进行经济改革的总方针。李觏说:"所谓富国者,非曰巧筹算,析毫末,厚取于民以媒怨也。在乎强本节用,下无不足而上则有余也。"(《富国策一》)所谓强本,就是要解决土地和农业生产问题,包含二层内容：

其一,均土田以安百姓。李觏秉承传统重民思想,以安民、得民为立国之本。他说:"愚观《书》至于'天聪明自我民聪明,天明畏自我民明威',未尝不废书而叹也。嗟乎！……立君者,天也;养民者君也。非天命之私一人,为亿万人也……天命不易哉！民心可畏哉！是故古先哲王皆孳孳焉以安民为务也。"(《安民策一》)李觏并非认为民比君主高贵,而是认为"君以有民而贵",统治者如果"倚君之贵而不能爱民,国之丧亡也"(《潜书》)。保持"百姓安堵而不败其业"(《易论一》)是统治者的最大利益。然而,当时的社会状况却是"天下无废田",而人民"耕不免饥,蚕不得衣"(《潜书》),"贫民无立锥之地,而富者田连阡陌"(《富国策二》)。李觏认为,造成这种现象的根本原因是土地集中在少数人手里。因此,只有均平土地,才能解决问题。他说:"井地立则田均,田均则耕者得食,食足则蚕食得衣。"(《潜书》)反之,如若"法制不立,土田不均",必然形成"富者日长,贫者日削",人们"虽有耒耜,谷不可得而食也。……食不足,心不常,虽有礼义,民不可得而教也"(《平土书》)。总之,在李觏看来,"生民之道食为大",人们有了土地,解决了温饱,就能实现国泰民安。

其二,尽地力以足国用。李觏说:"民之大命,谷米也;国之所宝,税租也。"(《富国策二》)租税是国家的财利之源。可是,当时"天下久安",而"谷米不益多,租税不益增",李觏认为这是"地力不尽,田不垦辟"(《富国策二》)之故。接着他又指出,造成"地力不尽"有两个重要原因:一是贫民不堪富人役使,多有弃本从末者,结果富人虽"田广而耕者寡(少)",致使土地"用功必粗"。再加上"天期地泽风雨之急","故地力不可得而尽也"(《富国策二》)。二是无人开垦荒地。本来"山林薮泽原隰之地可垦辟者往往而是",富人专占膏腴,不屑于垦荒;穷人或食不裹腹,或地非己有,"虽欲有力,未由也已"(《富国策二》)。"田不垦辟,则租税不增,理固然也。"(《富国策二》)针对这种"贫者欲耕而或无地,富者有地而或乏人"(《国用四》)的状况,李觏提出三项措施:一要"先行抑末之术,以驱游民"(《富国策二》),增加农业劳动力,使人们"一心于农,则地力可尽矣"。二是广泛授田,"则是人无不耕",地"无不稼,则利岂有遗哉"?(《国用四》)三要鼓励开荒,"不限其数"。国家设置"爵级","有垦田及若干顷者,以次赏之"(《富国策二》),促进农业生产。李觏认为,安百姓不是均平土地和发展农业生产的最终目的,"此知其一,未知其二"(《国用四》)真正目的是要使"一手一足无不耕,一步一亩无不稼,谷出多而民用富,民用富而邦财丰者乎!"(《国用四》)增强国家经济实力。

为了保障国家财政收入,李觏还提出了一系列相应的经济政策。如,均平徭役负担,对"贵者有爵命"者只免除本人徭役,不可全户皆免;徭役期限视年成丰欠作适当调整。又如,主张"设泉府之制",由国家控制市场,"不售之货则敛之,不时而买则与之"(《国用十一》),防范投机商囤积居奇,"蓄贾专行而制民命矣"(《富国策六》)。再如,提出设"义仓",拒民户贫富"各分户等,每于秋成,以次入粟,谓之寄留"(《富国策七》)。遇到灾荒,"下户之乏食者准数给还,其上户则转以给穷民"(《富国策七》),然后根据上户积年转给数额,赐予一定的爵级,这样"则富人乐输,穷民受赐矣"(《富国策七》)。这些主张带有一定的理想色彩,本质上并未超出儒家传统的仁政思想。他满怀希望到"古制"里寻觅解决国家财政收入和缓解贫富分化的良方,但他并不知道经济问题的病根往往是政治原因,因而均田、授田、开荒等措施并不能产生起死回生的效力。

与强本相关,还有节用。李觏提出一项总方针,曰"量入为出"。根据收入有计划地安排财政支出,"凡其一赋之出,则给一事之费,费之多少,一以式法"(《国用一》)。具体言之,(1)对君主的费用要加强管理,"虽天子器用、财贿、燕私之物,受贡献,备赏赐之职,皆属于大府。"大府则详细统计君主的费用收支情况,"职内之人,职岁之出,司书之要,贰司会之,钩考废置,诛赏之典存焉。如此,用安得不节?"(《国用二》)(2)对全社会的消费,也要有计划安排,不能"食之亡节,用之亡度"(《富国策七》)。因此"水旱之忧,圣王所不免",一旦遇灾,强者为盗贼,弱者转死沟壑,"此祸乱之阶"(《富国策七》)。李觏认为只有平时"务多蓄积以为之备","计国用之余,随便蓄积,以须乏困"(《《富国策七》)。

李觏要求统治者自觉限制消费,立意无可厚非。但在当时历史条件下,统治者占有的绝大部分财富不去用于扩大再生产,只能导致巨额消费,骄奢淫逸所难免,结果"节用"主张流于议论,实践的可能微乎其微。

五、"强兵"主张

在军事上,李觏力主"强兵"。他针对宋王朝陷于冗兵、弱兵而积重难反之势,提出了具体的强兵之策。

第一,兵贵勇,将贵贤。他说:"为政者务兵多以强国,而不知其弱国。"(《束士》)如果军队庞大,"兵多则不择",怯弱之兵反会削弱国力。因而他主张精选勇士,"芟其冗,转其资,以厚敢死"(《束士》)。军队勇敢善战,士气高昂,"庶乎强国矣"。李觏又说:"国之所以为国,能择将也。"(《强兵策七》)他反对"以言择将",主张"先事而求,则详以实验也"(《储将》)。通过实战考察,选拔真才。倘使"将才如神,军锋如雷,功业易可成也"(《强兵策六》)。

第二,实行"兵民合一"的军屯制度。军费开支是宋王朝沉重的财政负担。李觏试想通过军屯,解决兵费。他说:军屯能积谷于边,"外足兵食,内免馈运"(《强兵策二》),军队以逸待劳,"利则进战,否则坚守,国不知耗,民不知劳"(《强兵策二》),实为"足食、足兵之良算也"(《强兵策三》)。

第三,设置乡军。李觏认为,乡军是抵御侵略的一支重要武装,大凡

"寇贼之来,将杀我丁强,虏我老弱,蹂躏我田宅,掠取我金帛"(《强兵策三》)。设置乡军可以利用"人之爱亲戚,重财物"的天性,使其"守战至死,非赏罚使之然也"(《强兵策三》)。同时,乡军又可用于维护地方治安。李觏说:郡县地方"自非方镇,多无备豫,客军百十,仅如逆旅……万一有狂夫大呼,则奚以待之? 故乡军之名,不可不察也"(《强兵策三》)。乡军与边防戍兵相配合,"屯军以征戍,乡军以守备"(《强兵策三》),形成遍及全国的军事网,增强宋王朝的军事实力。

李觏曾诋毁陋俗之儒放言道德,意在干禄。"孔子之言满天地,孔子之道未尝行"(《潜书》)。他自己则以孔子之道的继承者自居。李觏尊崇王权,曾明确宣称,天下"无王道可也,不可无天子"(《佚文》)。又一再告诫君主要牢牢把握权力。"权乎权,君所以废兴,国所以存亡。戒之! 戒之! 一失之而不可复也。"(《常语上》)他提出富国强兵主张的根本目的就是重振国威,巩固君权。他的理想政治是"女子在内,男子在外;贵者在上,贱者在下;亲者在先,疏者在后。府史徒胥,工贾牧圉,各有攸居而不相乱也,夫所以谓之一也"(《常语下》)。这是一幅等级森严、秩序井然的大一统政治蓝图。李觏提出的一些政策主张,如均平土地、屯田、设义仓、置乡军等,虽在当时未能实行,却足以启发后人。总体上,李觏立足于通变、救弊,是统治阶级自我调节机制的典型表现。

第三节 王安石"改易更革"政治调节思想

王安石(1021~1086年),字介甫,抚州临川(今江西清江县临江镇)人。父王益祥符八年(1015年)进士,任地方中下级官职多年。家里"内外数十口,无田园以托一日之命"(《王文公文集·上相府书》,下引同书只注篇名),全靠官俸过活,家世可谓寒素。王安石少好读书,胸怀大志,"材疏命贱不自揣,欲与稷契遐相希"(《忆昨诗示诸外弟》)。庆历二年(1042年)中进士甲科,任地方州县官职十几年。神宗即位后,于熙宁二年(1069年)拜安石为参知政事(副相),议行新法。翌年拜相,熙宁七年罢相,知江宁府。八年复职,九年再罢,退居江宁,专心著述。元祐元年卒于江宁。

作为政治家,王安石以推行"新法"闻名,作为思想家,王安石创立了著名的"荆公新学"。嘉祐八年(1063年),安石居母丧,归江宁,聚徒讲学。著《淮南杂说》、《洪范传》,天下震动。"世谓其言与孟轲相上下,于是天下之士,始原道德之意,窥性命之端"(《郡斋读书志·后志二》)。"荆公新学"于此时基本形成。熙宁六年（1073年）王安石亲自主持"经义局"，重新训释《诗经》、《尚书》、《周礼》，目的是"附会经义，以钳儒者之口"（《四库全书总目提要·周官新义》）。"既成，颁之学官，天下号曰'新义'"（《宋史·王安石传》）。又用以作为科举取士的标准读本，"先儒传注，一切废不用"（《宋史·王安石传》）。此外，王安石的著作还有《易义》、《论语解》、《孟子解》、《老子注》、《钟山日录》、《临川先生文集》等。其中，除《文集》百卷今存及《老子注》有佚文外，余皆佚。

一、天、道自然与"性不可善恶言"

王安石像许多思想家一样，从天人关系和人性论中建立他的理论基础。关于天，王安石否定汉儒神秘主义天道观，认为天是万物生成和存在的自然环境，"万物待是而后存者，天也"（《九变而赏罚可言》）。万物春生夏长，秋冬凋落，"非天地之不爱也，物理之常也"（《道德真经集义》卷十，引《老子注》），是自然的过程。关于道，王安石说："莫不由是而之焉者，道也。"（《九变而赏罚可言》）道是天地运行、万物生长的规律。它"自本自根，无所因而自然也"（《道德真经取善集》卷四，引《老子注》）。所以说"地法天之无为，故不长而万物育。天法道之自然，故不产而万物化"（《道德真经取善集》卷四，引《老子注》）。王安石对汉儒的天人感应说提出质疑，说："必如传云，人君行然，天则顺之以然，其固然邪？"（《策问五》）认为阴阳四时与人事没有必然的因果联系。对于自然灾变不可迷信，也不能视而不见，而是持某种客观态度，"不蔽不惹，不固不怠者，亦以天变为己惧，不曰天之有某变，必以我为谋事而至也，亦以天下之正理考吾之失而已矣"（《洪范传》），自然事物是政治生活的一个重要参数。天、道自然观使王安石的视野集中在实际社会政治问题上，形成一种积极的进取态度，为他的政治调节思想奠定了认识基础。

关于人性，王安石说："神生于性，性生于诚，诚生于心，心生于气，气生于形。形者，有生之本。"（《礼乐论》）人性是人之形体固有的属性。他反对孟、荀的人性善、恶说，提出"性不可善恶言也"（《原性》）。他认为人性之中含有善或恶的因素，"喜怒哀乐好恶欲未发于外而存于心，性也"（《性情》）。人性的善恶因素"发于外而见于行"（《性情》），叫做情，"性生乎情，有情然后善恶形焉"（《原性》）。性和情一为本质，另一是表现，"性者情之本，情者性之用"（《性情》），若就人性而言，既无善恶，亦无品级之分。

王安石把人性分为性、情两个层次，为推行政治调整提供理论依据。一方面，制定礼乐法规等基本制度原则，要依据和顺应人性，所谓"体天下之性而为之礼,和天下之性而为之乐"(《礼乐论》),礼乐法规合乎人性,则易于被人们接受,有利于礼乐法规和社会政治实践。另一方面,政治调整要视人情而定,根据时势,人情"变更天下之弊法"。他认为统治人民就是行"教化以善之也"(《洪范传》)。可是,"人之情,不足于财,则贫鄙苟得,无所不至"(《上仁宗皇帝言事书》),因此"徒教化不能使人善",必须通过行政手段,自上而下进行政治调整,"政以善之也"(《洪范传》)。

二、"改易更革"论

王安石深感当时"官乱于上,民贫于下,风俗日以薄,才力日以困穷"(《上时政疏》),政治危机迫在眉睫。为挽救危机,王安石提出要对现行的政策和制度进行"改易更革","变风俗,立法度,最方今之所急也"(《宋史·王安石传》)。他立足于变,对如何"改易"提出四层认识。

就范围言,变其末,不变其本。王安石说:"道有本有末。本者,万物之所以生也;末者,万物之所以成也。"(《老子》)本是自然和自然规律,非人力所得干预。末指具体制度规范,即"礼乐刑政是也,所以成万物者也"(《老子》)。王安石认为,"圣人惟务修其成万物者,不言其生万物者"(《老子》),凡属人间人力可为的制度规范,均在可以"改易更革"的范围之内。

就形式和内容看,当变其形式,存其内容。王安石认为,先王之政的内容虽各有特色,但基本原则是相同的,"其施设之方亦皆殊,而其为天下国家之意,本末先后,未尝不同也"(《上仁宗皇帝言事书》)。因此,"法先王之政","当法其意"(《上仁宗皇帝言事书》),先王之政的本质内容不可更改。可以"改易更革"的只是"施设之方",即具体政策和制度。

"改易更革"要立足于当今政治需要,所谓"贵乎权时之变"。王安石认为,随着时代进程,古人之制未必合于今日之需,"古之人以是为礼,而吾今必由之,是未必合于古之礼也"(《非礼之礼》)。如若一味模仿古人,会出现"迹同而实异"的现象,如此"则其为天下之害莫大矣"(《非礼之礼》)。"改易更革"须根据现实情况和政治需要进行调整,"有变以趣时,而后可治也"(《洪范传》)。

"改易更革"要善于把握时机,"待天下之变而变"。王安石认为,政治调整切不可随意妄行,而要"稍视时势之可否"(《上仁宗皇帝言事书》)。一俟时机成熟,"待天下之变至焉,然后吾因其变而制之法耳"(《夫子贤于尧舜》)。

王安石的"改易更革"思想要求在坚持传统原则的前提下,据时代要求,对政策和制度作局部调整。这种认识基本上未能超出汉儒董仲舒"更化"思想的格局。当时反对"新法"者用"天变"、"祖宗之法"和"人言"攻击变法,王安石遂呼出"天变不足畏,祖宗不足法,人言不足恤"(《宋史·王安石传》),被守旧派视为异端。"三不足"表现了王安石厉行政治调整,推行新法的决心,并不说明"改易更革"具有彻底性。恰恰相反,王安石认为凡属原则性的规定均不可动摇,例如,他认为"以贤治不肖,以贵治贱,古之道也"(《谏官论》)。因为"礼所以定其位,权所以固其政"(《洪范传》),等级原则直接影响君主权位的安危。

三、大明法度,众建贤才

王安石认为,实现"改易更革"要分两步走,一是立法,二是选才。他说:"盖夫天下至大器也,非大明法度,不足以维持,非众建贤才,不足以保守。"(《上时政疏》)王安石认为,立法之臧否是天下治乱的关键,"盖君子之为政,立善法于天下,则天下治;立善法于一国,则一国治"(《周公》)。如果立法不善,必然产生动乱,"日亦不足矣"。他针对北宋积弱积贫的现状,特别强调要完善理财之法。他说:"合天下之众者财,理天下之财者法","法不善,则有财而莫理。"(《度支副使厅壁题名记》)只要通过法制的手段,"使本盛而末衰",促进农业生产,"则天下之财不胜用"(《议茶法》)。本着这样的认识,王安石秉政之始,即奏请建立"置制三司条例司",相继推出青苗、方田水利、市易等一系列"新法",使国家财政状况一度得到改善。

然而,"明法度"只是问题的一个方面,尚不能实现改易更革。他曾对宋仁宗说:"陛下虽欲改易更革天下之事……其势必不能也。"原因就是"方今天下之人才不足故也"(《上仁宗皇帝言事书》)。王安石认为,"守天下之法者,吏也。吏不良,则有法而莫守"(《度支副使厅壁题名记》)。再好的法制,也会由于用人不当而失去效力。"贤才不用,法度不修……旷日持久,则未尝不终于大乱"(《上时政疏》)。那么如何"众建贤才"呢?王安石说关键在于君主,"人之才,未尝不自人主陶冶而成之者也"(《上仁宗皇帝言事书》)。为此,他详细地替君主规划了"教之、养之、取之、任之"之道。"教之之道"即严格"教导之官"的人选和教学内容,"苟不可以为天下国家之用,则不教也"(《上仁宗皇帝言事书》)。"养之之道"有三项要点,计"饶之以财,约之以礼,裁之以法也"(《上仁宗皇帝言事书》)。"取之之道"是先通过具体的言行考察才德,再"试之以事",全都合格,才能授以官爵。"任之之道"要求君主依据才德高下任命职务,"其德厚而才高者以为之长,德薄而才下者以为之佐属"(《上仁宗皇帝言事书》)。同时还要施行"考绩之法",如此方能使贤才"得尽其智以赴功",无能之人"固知辞避而去矣"(《上仁宗皇帝言事书》)。在"众建贤才"思想指导下,王安石改革了教育和科举制度。诋毁新法者斥责王安石"罢黜中外老成人几尽,多用门下儇慧少年"(《宋史·王安石传》)。以此可知他确实起用了一批新进之才,保障了"改易更革"的推行。

王安石极力主张"众建贤才"的目的是要提高封建国家的统治能力。他曾告诫君主说:"盖汉之张角,三十六方同时而起,所在郡国莫能发其谋。唐之黄巢,横行天下,而所至将吏无敢与之抗者。汉、唐之所以亡,祸自此始。"(《上仁宗皇帝言事书》)只有形成以君主为首的高智能政治核心及高效能的官僚系统,方能挽救积重难返的大宋王朝。

四、生财与理财

生财和理财是王安石"改易更革"的主要内容。他的"生财"指导方针是:"富其家者资之国,富其国者资之天下,欲富天下则资之天地。"(《与马运判书》)即增加国家财政收入的根本途径是向大自然索取。他不同意采用提高税收的方法,认为聚敛不过是财富的转移。统治者与民众如同父子,"盖为家者,不为其子生财,有父之严而子富焉,则何求而不得?今阖门而与其子市,而门之外莫入焉。虽尽得子之财,犹不富也"(《与马运判书》)。因此,王安石主张从发展生产入手,提出"因天下之力,以生天下之财,取天下之财,以供天下之费"(《上仁宗皇帝言事书》)的政策原则,要使农民与土地结合起来,促进生产,扩大社会财富。在具体政策方面,他主张"闵仁百姓而无夺其时,无侵其财,无耗其力,使其无憾于衣食,而有以养生丧死"(《诫励诸道转运使经画财利宽恤民力制》)。"去重敛,宽农民"(《乞制置三司条例》)。他指斥贪官竭泽而渔,"务以求利为功,而不知与之为取"(《议茶法》),有损于统治阶级的根本利益。

理财的关键是抑制豪强。北宋豪右势力之盛,胜于前朝。王安石认为,天下士民本为君主守封疆,卫社稷,可是豪强兼并土地,役使细民,与君争利。社会贫富对立日趋严重,君主却无计"使富不能侵贫,强不得凌弱",如此将"何以报天下士民为陛下致死?"(《续资治通鉴长编》卷二四○)问题关乎君权安危,君主必须要在士民和豪强之间作出选择。王安石力主安民、利民,抑制豪强,他提醒君主说:"天付陛下九州四海,固将使陛下抑豪强,伸贫弱,使贫富皆受其利,非当有所畏忌不敢也。"(《续资治通鉴长编》卷二三二)又说:君主"上承天之意,下为民之主,其要在安利之"(《风俗》)。他以平均赋役作为抑制豪强的主要手段,推出募役法和市易法,并申明这样做的目的就是要减轻农民负担,"释天下之农,归之畎亩"(《上五事札子》),"以抑兼并尔"(《宋史·王安石传》)。王安石试图通过抑制豪强势力,"稍收轻重敛散之权归之公上"(《乞制置三司条例》),实现国家对经济、财政的全面控制,藉以增强中央集权,巩固大宋江山。

五、"改易更革"的归宿

王安石"改易更革"的设想和具体措施遭到保守势力和既得利益集团的强烈反对,"一言方下,一谤随之"(《王临川文集序》),终于被迫上疏乞退,苦心经营数年的新法逐一废除。然而,导致改革失败的根本原因在于君主政治。

在当时历史条件下,王安石的政治地位和持有的权力完全是君主赐予,他本人又是坚定的尊君论者,因而将"改易更革"的希望全部寄托于君主身上。他说:"为之者,众臣也。使舜不能用是众臣,则是众臣亦不能成其功矣。故曰非众臣之所能为也。为之者,舜也。"(《夔说》)君主的态度直接关系到改革的成败,王安石一旦失去君主的依托,"改易更革"必然前功尽弃。

再者,王安石虽然深知推行变法"得其人而行之,则为大利;非其人而行之,则为大害"(《上五事札子》),并且确实启用了一批有志之士,可是他毕竟驾驭不了整个封建官僚机器。"新法"的实施远未达到预期的效果。如青苗法意在济民春荒,可是"使者以多散为功,一切抑配"(《宋史·司马光传》),强令民户贫富相保,至期逼迫偿还。"新法"成了统治者巧取豪夺的新手段。王安石"改易更革"的政治主张是君主政治自我调节机制的具体体现。然而,君主政治之痼弊又决定了王安石政治调节的愿望难以实现。

第四节 司马光尊君和反对变法的政治思想

司马光(1019～1086年),字君实,陕州夏县(今属山西)涑水乡人,世称涑水先生。世家出身。景祐五年(1038年)三月中进士甲科,历任地方和中央官职,最高至尚书左仆射兼门下侍郎。政治上以王安石"新法"的反对派而闻名。哲宗初,司马光执掌相权,曾全部废除"新法",史称"元祐更化"。在学术上,司马光一生勤奋,"于物澹然无所好,于学无所不通"(《宋史·司马光传》)。他最光辉的业绩是主持编纂《资治通鉴》二百九十四卷,历时十九年,后人誉为"史家绝作"。他的政治思想以尊君为特色,坚持祖

第十七章 北宋政治调整与强化王权的政治思想

宗之法不可变,受到当时及后世专制统治者尊崇。死后追封太师、温国公,谥文正。宋咸淳中从祀孔庙,明嘉靖中,被尊为"先儒司马子"。著作除《资治通鉴》外,还有《温国文正公文集》(一名《司马文正公传家集》)八十卷、《稽古录》二十卷、《家范》二十卷、《涑水记闻》等。

一、尊君论

司马光是坚定的君权维护论者。他继承前人的尊君思想,进行综合提炼,提出了系统的尊君理论,包括三个层次。

1. 天人理论——**尊君的哲学基础**

司马光认为人间事物分为天、人两个领域,凡人力不及者是为"天"。他说:"天之所不能为而人能之者,人也;人之所不能为而天能之者,天也。"(《温国文正司马公文集》卷七十四《迂书·天人》。下引该文集者只注篇名)他承认人在生活之中具有一定的主体性和能动性,但只限于人之能力所及的范围。例如"稼穑,人也;丰欠,天也。"(《温国文正司马公文集》卷七十四《迂书·天人》)人的命运最终要受天的支配,他说:"人之贵贱贫富寿夭系于天"(《葬论》),"人之成败,必待天命之与夺"(《法言集注》卷七《重黎》)。天是人们难以抗争的绝对权威,只能顺应服从,不可用强。如果"天使汝穷而汝强通之,天使汝愚而汝强智之"(《迂书·士则》),必将受到天的惩罚。但是司马光认为有两种人与众不同:一是圣人。圣人大智大慧,通晓天命,"天道精微,非圣人莫之能知"(《原命》)。另一是王。"王者受天命,临四海,上承天之序,下正人之统"(《策问五道·第五道》),是天命的代言人和人间的主宰。司马光突出圣、王与天的特殊关系,用意很明显,就是要强调君主的身份和地位,为尊君提供认识依据。

2. 礼——**尊君的制度保障**

司马光承袭传统认识,认为礼的精髓就是"分"。他说:"礼莫大于分,分莫大于名。何谓礼?纪纲是也。何谓分?君臣是也。"(《资治通鉴》卷一)"上下粲然有伦,此礼之大经也。"(《资治通鉴》卷一)礼的规定是圣人根据天地法则制定的,所谓"天地设位,圣人则之,以制礼立法"(《资治通鉴》卷二九一),因而礼是天道的再现。礼作用于人间、扎根于上天,本质上属于天的领域,非人力所能更改,具有绝对的神圣性和权威性。

在人们的社会政治生活中,以"贵以临贱,贱以承贵"为原则,形成了系统的等级秩序。下至个人,上至国家政权,礼起着普遍的规范作用。司马光说:"(礼)用之于身,则动静有法而百行备焉;用之于家,则内外有别而九族睦焉;用之于乡,则长幼有伦而俗化美焉;用之于国,则君臣有叙而政治成焉"(《资治通鉴》卷十一)。在这样的社会政治秩序之中,每个人都要遵从礼的规定,少事长,贱事贵,礼成为君权的制度保障。"夫以四海之广,兆民之众,受制于一人,虽有绝伦之力,高世之智,莫不奔走而服役者,岂非以礼为之纪纲哉!"(《资治通鉴》卷一)

3. 绝对尊君

司马光说:"天生蒸民,其势不能自治,必相与戴君以治之。"(《资治通鉴》卷六十九)君主产生于人类社会的需要,君权具有先天的合法性。君主作为全社会最高主宰,拥有绝对的权力,表现在三个方面:其一,巩固和强化等级规范及制度,"故曰天子之职莫大于礼也"(《资治通鉴》卷一)。其二,"禁暴除害","赏善罚恶",维护社会治安。司马光说:"夫三人群居,无所统一,不散则乱"(《上体要疏》),必须由君主"司牧"民众,"行刑赏也"。其三,决断是非,发号施令,治理国家。司马光说:"群臣百姓,势均力敌,不能相治,故从人君决之。"(《上体要疏》)这一条最为重要,因为"国之所以能为国者",就在于君主"执号令御其下"。君主作为国家元首,持有最高统治权。

为了将君主的权威推向绝对,司马光又提出两点补充:一是君主要保持权力的独裁性。司马光认为,人们对国家政事意见纷纭,是人情之常,"自古而然,不足怪也"(《上体要疏》)。问题的关键是必须由君主"审其是非而取舍之",即由君主一人独裁。然而,政策决断正确与否关系到国家兴亡,"取是而舍非,则安荣;取非而舍是,则危辱"(《上体要疏》)。为保险起见,司马光提出"谋之在多,断之在独",君主可以广泛纳谏,听取不同意见,"博谋群臣,下及庶人",但"终决之者,要在人君也"(《上体要疏》)。这样既避免了决策失于偏颇,又保证了君主大权独揽。二是将孝子守则引入君臣政治关系,要求臣民绝对忠君。司马光说:"父之命,子不敢逆,君之言,臣不敢违。父曰前,子不敢不前,父曰止,子不敢不止,臣之于君亦然。"(《迂书·士则》)"臣之事君,有死无贰。"(《资治通鉴》卷二九一)人们在家尊父,在朝忠君,形成全社会对君权的绝对尊从。正是从这样的认识出发,司马光对孟子的"德、齿、爵"论提出质疑。孟子认为"天下有达尊者三",道德、年龄辈份与权位处于同等尊贵地位,君权并非独尊。司马光却说:"岂得云彼(指王)有爵,我有德、齿,可慢彼哉!"(《疑孟·孟子将朝王》)肯定了君主的绝对权威。他坚决反对孟子的"易位"主张,斥曰:"为卿者无贵戚异姓,皆人臣也。人臣之义,谏于君而不听,去之可也,死之可也,若之何以其贵戚之故,敢易位而处也。"(《疑孟·齐宣王问卿》)司马光强调君权神圣不可侵犯,比之先秦孔、孟之说实有所倒退,但却迎合了宋代统治者加强君主专制和中央集权的政治需要。

二、御臣之道

司马光说:"为政之要,在于用人"(《上皇太后疏》)。实现政治稳定,国泰民安的枢要是君主善于驾驭群臣,使天下人才皆能为君主所用。他提出的御臣主张,主要内容有二。

1. 用人和知人

司马光认为,驾驭人才的首要条件是善于识别人才,因此,确立什么样的选才标准至关重要。他对以出身门第甄选人才深表忧虑,说:"选举之法,先门第而后贤才,此魏晋之深弊,而历代相因,莫之能改也。"(《资治通鉴》卷一四〇)他认为衡量人才的标准有两条:一是德,"正直中和之谓德";二是才,"聪察强毅之谓才"(《资治通鉴》卷一)。其中,德处于首位,"才者德之资也,德者才之帅也"(《资治通鉴》卷一)。在当时条件下,统治者提倡的道德是统治阶级普遍利益的体现,才能则往往内涵着人的个性。司马光看到"自古昔以来,国之乱臣,家之败子,才有余而德不足,以至于颠覆者多矣"(《资治通鉴》卷一)。有才之人自恃其才,要施展才能,不免会突出个性,难以循规蹈矩,安分守己,成为君主政治的不稳定因素。司马光将天下之人分成四种类型:"才德全尽谓之圣人,才德兼亡谓之愚人,德胜才谓之君子,才胜德谓之小人。"(《资治通鉴》卷一)根据以德帅才原则,凡道德行为不合统治者的要求,即沦为小人,须弃之如弊履。他说:"凡取人之术,苟不得圣人君子而与之,与其得小人,不若得愚人。"(《资治通鉴》卷一)司马光的"才德论"将富于个性的才能之士排斥于殿堂之外,保持了统治阶级思想道德的一贯性和整体性,他著力于维护统治者的根本利益,是对真正人才的极大桎梏和扼杀。司马光是封建君主政治的坚定卫道士。

在实际选才过程中,司马光要求统治者能"至公至明",善于鉴别和发现人才。他说:"知人之道,圣贤所难也。"(《资治通鉴》卷七十三)通常采用的方式,如荐举或考课,都不够完善。举荐者会凭个人爱憎,混淆善恶,考之功过则难免巧诈横生,真伪难辨。因此,选才全凭君主"至公至明",知人善任。司马光把决定人们政治前途的权力奉给君主,由君主直接控制群臣的政治命运。

在取士方法上,司马光反对拘泥于某种形式,尤其对以文辞科举取士的效果表示怀疑。他说:"文辞者,乃艺能之一端耳,未足以尽天下之士也。"(《论选举状》)有的人才能卓著,"有益于公家之用",却拙于文辞,对之不可摒弃。而且,以文辞"进退天下士,不问其贤不肖",违背了以德为本原则,会出现"虽顽如跖蹻,苟程试合格,不废高第;行如渊骞,程试不合格,不免黜落,老死衡茅"(《起请科场劄子》)的现象。司马光主张为发现人才多辟途径,不无可取之处。然而,在以德帅才的前提下,这一认识的积极意义又被极大地削弱,选出来的不过是合乎君主政治需要的爪牙罢了。

2. 任官和信赏必罚

司马光一生容迹于官场,对北宋吏治败坏状况认识深刻,计有四条:其一,中央政府统辖过于苛细,地方行政部门事事皆须上报请示,"如三司鞭一胥吏,开封府补一厢镇之类,往往皆须奏闻"(《乞简省细务不必尽关圣览上殿劄子》),使得地方行政功能减弱,治理混乱。其二,官吏苟且塞责,不能尽职。士大夫们"或养交饰誉以待迁,或容身免过以待去"(《尽五规状·远谋》),上自公卿,下及小吏,皆"以偷合苟容为智"(《乞开言路状》)。其三,官僚之间党同伐异,争权夺势。爱富贵,畏刑祸是人之常情,"于是缙绅大夫望风承统","务为苟巧,舍是取非"(《乞去新法之病民伤国者疏》)。其四,官吏升迁全凭资历,所谓"累月日以进秩,循资涂而授任",根本不问其人"贤愚"、"能否"(《言御臣上殿劄子》),致使庸官当道,败坏吏治。针对这些现象,司马光提出"致治之道无他,在三而已。一曰任官,二曰信赏,三曰必罚"(《言御臣上殿札子》)。

任官之道是"度材而授任,量能而施职"(《言御臣上殿劄子》)。司马光认为"人之材性"本不相同,"各有所宜",而官职又"各有所守"。任命官吏应不问是否科举或征辟出身,及资历长短,而只依据各人特长授以官职。譬如"使有德行者掌教化,有文学者待顾问,有政术者为守长,有勇略者为将帅,明于礼者典礼,明于法者主法"(《言御臣上殿劄子》)。这样,官吏的才能得以充分施展,行政效力必然提高。

信赏必罚之道为"度功而加赏","审罪而行罚"(《乞简省细务不必尽关圣览上殿劄子》)。君主查核官员功过,分作三等处理:有功者,"增秩加赏";无功者,"降黜废弃,而更求能者";有罪者,"流窜刑诛,而勿加宽贷"(《言御臣上殿劄子》)。君主在执行赏罚过程中,必须作到准确无误。一方面,要实事求是,避免"采名不采实,诛文不诛意"(《言御臣上殿劄子》)。否则就会有人弄虚作假,或"饰名以求功",或"巧文以逃罪",难以作到善必赏,恶必罚。另一方面,君主还要秉公施赏行罚。司马光说:"爵禄者,天下之爵禄,非以厚人君之所喜也;刑罚者,天下之刑罚,非以快人君之所怒也。"(《言为治所先上殿劄子》)君主不能以个人好恶破坏信赏必罚,削弱御臣的效果。司马光认为君主只要把握住对官吏任免升黜之权,就能有效地控制和操纵整个官吏系统,君主的权位必然得到加强。

三、爱民之政

司马光继承儒家重民传统,对农民生活寄以极大同情。他说:"今农夫苦身劳力,恶衣粝食,以殖百谷"(《论劝农上殿劄子》),负担国家赋税徭役。他们丰年"则贱粜以应公上之需,给债家之求"(《论劝农上殿劄子》),遇到灾荒,只得流离异乡,转死沟壑。司马光提醒当权者,"不轨之民"并非不知羞耻,他们之所以冒法犯非,"驱于饥寒故也"(《致知在格物论》)。为了巩固"国之堂基",他力主施行爱民政策,计有:

顺民心。司马光说:"夫为政在顺民心。苟民之所欲者,与之;所恶者,去之。"(《乞去新法之病民伤国者疏》)民心向背应成为制定政策的出发点。

宽政养民。司马光总结了以往圣贤治国的养民之道,不外乎"轻租税,薄赋敛"(《与王介甫书》),减轻剥削,给民众生活以起码的保障。

藏富于民,勿与民争利。司马光认为天下财富有一定限度,"不在民,则在官"(《宋史·司马光传》)。国家参与社会经济活动,名为"理财",实为争利,结果国未富而民先贫。

司马光的爱民主张是儒家仁政思想的老调重弹,理论可通,实际难行。在君主政治时代,统治者重民的真正目的是为了保住统治对象和租赋来源,爱民的逻辑归宿是利君。司马光站在尊君立场上,对于犯上的逆民、乱民毫不留情,他说:"王者之政当善善恶恶,若宽此悖逆之民,以为仁政,臣实愚浅,未之前闻。"(《乞今后有犯恶逆不令长官自劾劄子》)他一手高举刑罚,一手招摇爱民,结果爱民成了尊君的另一种手段。

四、反对王安石变法

司马光的名言是"祖宗之法不可变也"(《宋史·司马光传》)。事实上他并不反对适当的政策调整,也曾提出要"革去久弊,一遵正法"(《言王中正劄子》),对于冗兵、冗官之弊,都有相应的对策。他反对的是原则性变更,说:"治天下譬如居室,敝则修之,非大坏不更造也。"(《宋史·司马光传》)这显然是儒家权变思想的承袭。至于他反对"新法",可归之于两点原因:第一,出于维护"国之堂基"。司马光看到新法"病民伤国"严重,其中尤以"青苗法"为甚。"青苗法"规定由国家施放贷款,春贷秋敛。可是"富者不愿取,使者以多散为功,一切抑配"(《宋史·司马光传》)。结果,贫民虽接受贷款,却无力偿还,于是四散流亡。"富者不能去,必责使代偿数家之负,春算秋计,展转日滋。贫者既尽,富者亦贫。"(《宋史·司马光传》)长此以往,"百姓无复存者矣"。司马光视民为国本,"新法"动摇了君权的社会基础,从而全力予以否定。第二,出于他的思维特点。司马光认为今古一贯,古之天地、万物、性情皆无异于今。既然如此,"道何为而独变哉?"(《迂书·辨庸》)他的尊君、御臣、爱民等思想无一不是传统理论的再现。在他看来,"新法"的"理财"政策乃国家与民争利,违背儒学"重义轻利"传统,有变道之实,是以不能容忍。司马光作为历史家,有着辉煌的功绩;作为政治思想家,则代表着传统政治势力和封建统治阶级的根本利益。他死后配享孔庙,备受封建统治者推崇,不亦宜乎。

第十八章 两宋理学与功利学派的政治思想

两宋时代,理学思潮渐次形成。这一以程、朱之学为标识的学术思潮在思维方式上吸纳了佛、老之学的某些内容,在认知方式上将汉、唐以来的儒学推向了政治哲学化,标志着中国传统政治思想的哲学化转型的完成。理学最初是民间学术,自元代起,程、朱理学被立为官学,成为中国古代社会后期的政治指导思想。理学本质上是一种政治哲学化的儒学思潮,对于宋、元、明政治思想的发展有着重大影响。

南宋时期,与朱、陆理学思潮相伴行,出现了以陈亮、叶适为代表的事功思潮。他们反对性理空谈,讲求功利,带有鲜明的批判精神,给"性理之学"覆盖下的宋代思想界吹来一股清新之风。

第一节 理学基本论题及其政治意义

理学思潮兴起于北宋。唐末至五代的长年动乱,使封建统治阶级赖以生存的伦纪纲常遭到很大的冲击和破坏。特别是五代时期,士风日下,士人多谋官利,不讲名节。五代的权力更迭更是以臣弑君。这些政治行为严重地背离了儒家"君君、臣臣"的训典,重振纲纪就成为大宋王朝谋求长治久安的关键所在。可是,宋初以来,国势羸弱,内外交困。一些有识之士为扭转局面,积极谋求改革和调整,但实践的结果大多是在党争的漩涡里遭到灭顶之灾。在这样的形势下,一些士人关心时政,深为宋王朝的命运担忧。他们从研习学术的角度出发,试图建立一种较之汉唐儒学更为完善的政治学说,用以规范人心,重振纲纪,为君主政治的永久运转建立永恒法则。正如理学家张载所言,要"为天地立志,为生民立道,为去圣继绝学,为万世开太平"(《张子语录中》)。于是乎理学应运而兴。

另外,从学术文化角度看,唐中期以来的疑经惑古之风和佛、道之学的兴盛,为理学的形成提供了条件。汉唐经学长于训诂笺注,学者讲求固守师说,尤重家法,使儒学日益走向繁琐和僵化。唐中期以后,学界"疑古"风起,至宋愈炽。人们由"舍传求经"而至"易经"。王安石秉政时,推行"新法",研讲道德性命之学,天下震动。他用义理解经,作《三经新义》,"颁之学官",用以科考取士,废除"先儒传注",致使义理之学大兴,逐渐取代了训诂笺注之学,从而为理学的兴起创造了条件。再者,唐以来佛、道之学广泛发展,一些士人出入于佛老。他们叹服佛、道理论之精深,对佛学尤为折服,誉之"尽极乎高深"(《河南程氏遗书》卷十五),"皆极精巧"(《朱子语类》卷一二六)。故而对佛、道之学的某些论证方式和思想进行有条件地吸收,融入传统儒学之中,蕴育出"本以儒学,兼融佛、道"的新思潮。

理学在宋代的发展大致可分为北宋、南宋两个时期。北宋时期,一些理学基本概念,如太极、性命、天理、人欲、存理灭欲、理一分殊等相继提出,出现了濂学、关学、洛学等重要学派,理学思想体系初具规模。这一时期的著名理学家有周敦颐、张载、程颢、程颐、邵雍,合称"北宋五子"。

南宋是理学发展的鼎盛时期,理学思想体系趋于完备。这一时期理学的发展有三个特点:一是出现了理学思想的集大成者,以朱熹的闽学为代表。理学经朱子的精心梳理,基本克服了北宋五子各自理论上的矛盾和粗疏之处,为理学上升为统治思想准备了条件。二是理学思潮向着纵深发展,出现了陆九渊的心学派。经明代王守仁继续创建,"心学"成为理学思潮中的一个重要分支。三是这一时期理学大师辈出,学派甚多,各学派间还时有交流和讨论。或书信往还,或当面诘辩,如著名的朱、陆"鹅湖之会"。学术交流促进了理学蓬勃发展。南宋时期著名的理学家有胡安国、胡宏、吕祖谦、张栻、朱熹、陆九渊等。其中以朱、陆的学术地位最重要。

两宋理学家人数众多,学说各有特色,然而讨论的主题基本一致,如"理一分殊"、"穷理尽性"、"存理灭欲"等等。这里仅就有代表性的理学家周敦颐、张载、程颢、程颐、朱熹、陆九渊等人的思想进行分析,以把握理学思潮的发展脉络,清理出其中的政治意义。

一、理即天理

理学又称"性理之学",基本论题是"性与天道",即人与外部世界,或人性与自然的关系问题。早在先秦时代,"性"与"天道"的概念就已相继提

第十八章 两宋理学与功利学派的政治思想

出。从当时的思想发展来看,性和天道往往被用为阐明社会政治问题的论证手段,人们尚没有在本体思维方面进行深入探究。例如儒学创始者孔子就极少论述性和天道,子贡说:"夫子之文章,可得而闻也;夫子之言性与天道,不可得而闻也。"(《论语·公冶长》)

汉唐儒学关于自然和人类社会本源的认识基本囿于"天地父子生成图式",这是一种关于宇宙发生秩序的认识,概要言之,有如下几层含义:其一,万物和人类都是天地的造物;其二,阴阳—五行是沟通自然和人类的中间环节;其三,人类依赖于自然,与之密不可分。儒学思想家们热衷于"究天人之际",寻求自然与人类社会的内在联系,试图把握二者间的均衡和统一。人们参照天道(自然)考察社会政治,又通过自身认识自然。在这种具有某种直观性的循环思维方式的局限之下,人们难以形成对宇宙本体或万物本原的高层次认识。魏晋之际的玄学思潮杂糅儒、道,一度把人们引向本体讨论。可是,玄学家们没能找到更适宜的思维方式,认识基本未能超出"本末有无",即万物之"存在"问题。因之,从总体上看,宋以前的儒学并没有真正展开关于宇宙本体或万物本原的广泛讨论和深入思考,更没能在理论上解决这一问题。

两宋的政治和文化环境为儒学向着政治哲学深化发展提供了条件。宇宙本原成为认识上首先需要解决的问题,理学家们沿着另一条思路开始本体论的探索。

理学开山祖周敦颐尚没有明确"理"的本体地位,他的主要贡献是融合儒道,重新勾画了一个宇宙生成图式。他说:"自无极而为太极,太极动而生阳,动极而静,静而生阴,静极复动",产生出天地万物和人。阴阳五行是万物生成的必然环节,"无极之真,二五之精(二,阴阳;五,五行),妙合而凝。乾道成男,坤道成女。二气交感,化生万物。万物生生,而变化无穷焉"(《周子全书·太极图说》)。天地万物均可经由五行、阴阳的环节,归本于太极。"五行一阴阳也,阴阳一太极也,太极本无极也。"(《周子全书·太极图说》)周子的"太极—无极"说规划出一个先于天地万物的宇宙本原,在认识上冲破了传统的"天地父子生成图式",为后学者开辟了一个新型的思维天地。

张载从另一个角度探索世界本原,提出"太虚"本原说。他认为"太虚者,气之体"(《横渠易说·系辞上》)。气是太虚的具体形态,太虚是气的原初形式,所以说"太虚不能无气,气不能不聚而为万物,万物不能不散而为太虚"(《正蒙·太和》)。世间万物都是某种存在,既是存在,就有具体形态或形状,而具体的形态(状)都是由气凝聚而成,这就叫"凡可状,皆有也;

凡有,皆象也;凡象,皆气也"(《正蒙·乾称》)。"气"与"太虚"的关系有如水之与冰,"气之聚散于太虚,犹冰凝释于水"(《横渠易说·系辞上》)。"太虚即气"遂成为天地万物的本原。张载也曾使用"理"的概念,用以说明事物的规律或某种发展趋势,并不含有本体意义。

程颢和程颐对"太虚即气"说进行调整,使用"理"或"天理"的概念作为世界本原。他们认为"阴阳,气也,形而下也。道,太虚也,形而上也"(《河南程氏粹言·论道篇》)。太虚和气的实质是道和阴阳,道又称作"理"。二程说:"有理而后有象,有象而后有数"(《河南程氏文集·答张闳中书》);"有理则有气,有气则有数……数者气之用也"(《河南程氏粹言·天地篇》)。他们使用"理"或"天理"的概念取代太虚和道,天地万物都是从理派生出来的,象、气、数这些具体事物形态皆归本于天理,"天理云者,这一个道理,更有甚穷已,不为尧存,不为桀亡"(《河南程氏遗书·二上》)。天理成为天地万物的本原。

朱熹继承二程之说,使理论进一步完善。他认为,理是"形而上之道也,生物之本也";气是理的具体形态,属于"形而下之器也,生物之具也"(《朱文公文集·答黄道夫》)。从根本上说,理、气同出一源,不可以言先后,"天下未有无理之气,亦未有无气之理"(《朱子语类》卷一)。但若"以本体言之,则有是理,然后有是气"(《孟子或问》卷三)。理和气的内在逻辑关系是:"自下推上去,五行只是二气,二气又只是一理;自上推而下来,只是此一个理,万物分之以为体。"(《朱子语类》卷九四)因之,在朱熹看来,"未有天地之先,毕竟也只是理。有此理,便有此天地;若无此理,便亦无天地。无人无物,都无该载了!有理,便有气流行,发育万物"(《朱子语类》卷一)。他用"天理"重新解释了周敦颐的"太极说",认为"太极,理也,动静,气也"(《朱子语类》卷九四);"无极而太极,不是说有个物事光辉辉地在那里。只是说这里当初皆无一物,只有此理而已"(《朱子语类》卷九十四)。

自程、朱其始,以理或天理作为宇宙本体遂成为理学最基本的命题。南宋心学派创始人陆九渊也继承了这一认识。他说:"塞宇宙一理耳","此理之大,岂有限量?程明道所谓有憾于天地,则大于天地者矣,谓此理也。"(《陆九渊集·与赵咏道之四》)陆氏心学与程朱之学的主要区别是,程朱把理看作某种相对独立的存在,"不为尧存,不为桀亡";陆九渊则认为"心即理也"(《陆九渊集·与李宰之二》),天理就在人的内心之中。

理学各派使用的术语和具体表述各有特色,但他们无一例外地承认确乎存在某种超乎天地万物的宇宙本体,人间的一切均是这一本体的派生、产生或外化。正是在这样的认识基础上,理学家们系统地回答了有关人性、道德、社会、政治等一系列问题。

二、理一分殊

周敦颐使用宇宙生成图式说明天地万物的生成过程,同时也解释了人性和道德的产生。他说:"天以阳生万物,以阴成万物。生,仁也;成,义也。"(《周子全书·通书·顺化》)在太极——阴阳——五行的运动过程中,同时蕴育着仁义道德。依照儒学传统认识,仁义之德先天地存在人的心中,是人的本质体现,道德与人性是同一事物。周敦颐提出最高道德规范曰"诚",就是太极即"乾元"的派生,"大哉乾元,万物资始,诚之源也"(《周子全书·通书·诚上》)。太极之道的运动变化造就万物,同时也将"诚"德输送给每一件事物,构成其本性,表现为至善,"乾道变化,各正性命,诚斯立焉,纯粹至善者也"(《周子全书·通书·诚上》)。天地万物各自的"性命"都是"乾道"运动的结果,都是"太极"的派生。所以说:"是万为一,一实万分,万一各正,小大有定。"(《周子全书·通书·理性命》,周敦颐并没有提出"理一分殊"的概念,但显然具有了初步的认识,他将人性、道德与宇宙本体同一起来,为后来诸子开通了道路。

张载从"太虚即气"出发,比较明确地阐述了"理一分殊"思想。他说:"万物取足于太虚,人亦出于太虚,太虚者心之实也。"(《张子语录中》)又说:"诚则实也,太虚者天之实也。"(《张子语录中》)他把太虚视作天、诚、心的实际载体,亦即自然、道德和意识的本原。当太虚通过气的流行造就万物和人的时候,也就把道德本性赋予了每件事物和每一个人。此即谓"天授于人则为命,人受于天则为性"(《张子语录中》)。由于人们禀受天性的程度不同,造成人们之间的千差万别。"由通蔽开塞,所以有人物之别,由蔽有厚薄,故有智愚之别。"(《性理拾遗》)如若追根溯源,则万物与人同出于太虚,然就现实世界来看,则人与物的形态又千变万化。所以说:"形得之备,气得之偏,道得之同,理得之异。此非学造至约不能区别。"(《张子中语录》)张载也没有使用"理一分殊"的概念,但表述的思想却明白无误。二程和朱熹从中受益非浅。程颐赞道:"《西铭》明理一而分殊,扩前圣所未发"(《宋史·道学一》)。

二程和朱熹对"理一分殊"的表述已十分明确。二程说:"天下之理一也,塗虽殊而其归则同,虑虽百而其致则一。虽物有万殊,事有万变,统之以一,则无能违也。"(《周易程氏传·咸卦》)又说:"天下物皆可以理照,有物必有则,一物须有一理。"(《河南程氏遗书》卷十八)他们认为,第一,万物和人都有各自之理;第二,物、人各自之理皆源于天理,是天理的具体体现。因之"道之外无物,物之外无道"(《河南程氏遗书》卷四)。朱熹赞曰:"伊川说得好,曰:'理一分殊'。合天地万物而言,只是一个理;及在人,则又各自有一个理。"(《朱子语类》卷一)为了进一步说明天理无处不存在,无物不包容,"放之则弥六合,卷之则退藏于密"(《中庸集注》引程子序),朱熹对周敦颐的"无极——太极"说重新作了诠释。他认为,周子"自无极而为太极"句中的"自"、"为"二字乃史官妄增,反使文意不明。应改作"无极而太极"(《朱文公文集·记濂溪传》),以无极说明太极"无形而但有理"(《朱文公文集·答陆子美》)。在他看来,太极乃"天地万物之理无不在是,故曰无极而太极";又因为太极涵容"天地万物之理而无器与形,故曰太极本无极也"(《朱文公文集·隆兴府学濂溪先生祠记》)。朱熹还借用禅宗"月散江湖"之喻,形象地解释了"一"和"殊"的关系。"释氏云:'一月普现一切水,一切水月一月摄'。这是那释氏也窥见得这些道理。"(《朱子语类》卷十八)理一分殊"如月在天,只一而已,及散在江湖,则随处而见"(《朱子语类》卷九十四)。

"理一分殊"是理学思潮的核心命题,它的根本政治价值是论证了封建伦理道德和等级秩序的合理性。宋以前的论证大多不出汉儒的思维方式。汉儒一般采用比附的方法,典型者如董仲舒的"道之大源出于天,天不变,道亦不变"。这种方式带有某种神秘色彩和原始天神崇拜的痕迹,逻辑简单,论证粗疏。相比之下,宋儒则技高一筹。首先,他们将道德伦常上升到本体地位,天理与道德是同一事物:"人伦者,天理也。"(《河南程氏外书》卷七)"孝悌忠信仁义礼智,皆理也。"(《朱子语类》卷四)天理是宇宙间的绝对真理,"故推至四海而准"(《河南程氏遗书》卷二)。同样,人伦道德也具有绝对的真理性,"父子君臣,天下之定理,无所逃于天地之间"(《河南程氏遗书》卷五)。其次,他们提出天理先于事物而存在。"有是理,方有这物事。如草木有个种子,方生出草木"(《朱子语类》卷十三)。因而,"未有君臣,已先有君臣之理,未有父子,已先有父子之理"(《朱子语书》卷九十五)。这样一来,"则自君臣之大以至事物之微,莫不知其所以然与其所当然,而无纤芥之疑"(《朱文公文集·行宫便殿奏剳二》)。整个封建伦理道德是"所以然",具体道德规范是"所当然"。道德人伦从此具有了不为人的意志所左右,亦非人力所得干预的绝对权威和永恒性质,它的合理性不容置疑。正如朱熹所言,"天理""不为圣贤而有余,不为愚不肖而不足"(《朱子语类》卷十四),"自是亘古亘今常在不灭之物,虽千五百年被人作坏,终殄灭他不得耳"(《朱文公文集·答陈同甫之六》)。再次,"理一分殊"又成功地论证了社会不平等的合理性。由于"理则天下只是一个理"

(《河南程氏遗书》卷二),万物本原同一,所以人自身与天地万物如同一个大家庭,"乾称父,坤称母;予兹藐焉,乃混然中处。故天地之塞,吾其体;天地之帅,吾其性;民吾同胞,物吾与也"(《正蒙·乾称》)。又因为"一物须有一理"(《河南程氏遗书》卷十八),所以事物之间有小大之别,先后之序。张载说:"天之生物也有序,物之既形也有秩。"(《正蒙·动物》)例如"大君者,吾父母宗子;其大臣,宗子之家相也"(《正蒙·乾称》)。二程也说:"夫天之生物也,有长有短,有大有小……天理如此,岂可逆哉。"(《河南程氏遗书》卷十一)等级差别是宇宙必然规律,"尊卑大小,截然不可犯"(《朱子语类》卷六十八)。由此可证,君主拥有主宰天下的绝对权力,亦是理所当然。"公侯上承天子,天子居天下之尊,率土之滨,莫非王臣……凡土地之富,人民之众,皆王者之有也,此理之正也。"(《周易程氏传·大有卦》)如果说伦理道德和等级制度是维护君主政治的两大支柱,那么"理一分殊"则为之筑造了坚固的础石。

理学诸子为维护君主政治提供了精致而又高明的理论依据,这便是"理一分殊"说的根本政治意义之所在。

陆九渊一派主张"心即理"。"道未有外乎其心者"(《陆九渊集·敬斋记》。故而不讲"理一分殊"。不过他显然接受了程朱一派的某些成说。例如:"道塞宇宙,非有所隐遁,在天曰阴阳,在地曰柔刚,在人曰仁义。"(《陆九渊集·与赵监》)也强调天理具有超时空的永恒性,"此理在宇宙间,固不以人之明不明,行不行而加损"(《陆九渊集·与朱元晦之二》),"此心此理,万世一揆也"(《陆九渊集·语录上》)。天理的内涵不外乎"皇极之建,彝伦之叙"(《陆九渊集·杂说》),即伦理道德。心学派的论证方式虽有异于程朱,却同样为封建伦理道德及等级秩序的合理性作了论证。

三、性说

"性"是理学的基本命题。周敦颐认为性源于太极。其中除了人之性,还包括天下万物各自的性。他将天下之性分作五种:刚善、刚恶、柔善、柔恶、中。五种性的表现不一样,惟有中是最佳之性。"惟中也者,和也,中节也,天下之达道也,圣人之事也。"(《周子全书·通书·师》)周子开启了理学思潮性理讨论的序幕,然而,在论证方式上却未能脱出汉唐儒学"性品"说之窠臼。真正把性的讨论推向一个新高度的是张载。

张载提出,性与天、道一样,都源于"太虚即气"。他说:"由太虚,有天之名;由气化,有道之名;合虚与气,有性之名;合性与知觉,有心之名。"(《正蒙·太和》)天下万物本性同一,所谓"性者万物之一源,非有我之得私也"(《正蒙·诚明》)。"天性在人,正犹水性之在冰,凝释虽异,为物一也"(《正蒙·诚明》)。然而,如果认识仅仅停留在万物本性同一,则不免陷于告子"生之为性"和释氏"佛性说"。他认为,学者"当自立说以明性,不可以遗言附会解之"(《张子语录中》)。他将性一分为二,提出"天地之性"和"气质之性"的命题。他说:"形而后有气质之性,善反之则天地之性存焉。故气质之性,君子有弗性者焉。"(《正蒙·诚明》)天地之性是"太虚"的本性,与道相通,是"长在不死之物"(《经学理窟·义理》),"久大而已矣"(《正蒙·诚明》),是永远存在的。气质之性是天下万物各自具体的性。人们禀受的气有多寡清浊薄厚之别,表现为不同的性。"人之刚柔、缓急、有才与不才,气之偏也。"(《正蒙·诚明》)人与万物都有气质之性,"若草木之生亦可言气质"(《经学理窟·学大原上》),"凡物莫不有是性"(《性理拾遗》)。这两种性的重要区别是其道德内涵。张载认为,"天地以虚为德,至善者虚也"(《张子语录中》),因而天地之性是至善至美的圣人之性。气质之性受人们禀气条件的限制,又包含"饮食男女"等自然本性(《正蒙·乾称》),故而有善有恶。

二程承袭张子之说,将气的概念引入性理讨论,认为"论性不论气,不备;论气不论性,不明"(《河南程氏遗书》卷六)。他们仿效张载,提出"天命之性"和"生之谓性"的命题。天命之性"乃极本穷源之性"(《河南程氏遗书》卷三),是"生生之所固有也"(《河南程氏经说·中庸解》),同一于天理。既然"天下之理,原其所自,未有不善"(《河南程氏遗书》卷二十二上),因此天命之性至善无恶。生之谓性是人们"受生之后谓之性尔"(《河南程氏遗书》卷三),经由气的运行而形成,又称作"才"。"才禀于气,气有清浊",所以"禀其清者为贤,禀其浊者为愚"(《河南程氏遗书》卷十八),人们"有自幼而善,有自幼而恶"(《河南程氏遗书》卷一)。

朱熹对张载和二程的性说极为赞赏,认为"气质之说,起于张、程,极有功于圣门。……故张、程之说立,则诸子之说泯矣"(《正蒙·诚明》朱熹注)。他从理气同源论出发,在张、程的认识基础上进一步严密其说。朱熹认为,其一,人性不同于物性。他说:"性者,人之所得于天之理也;争者,人之所得于天之气也。……人、物之生,莫不有是性,亦莫不有是气。"(《孟子集注·告子上》)但是,只有人能够"于其间得形气之正,而能有以全其性"(《孟子集注·离娄下》)。所以人有"仁义礼智之禀"(《孟子集注·告子上》),物则只能得气之偏。人性与物性的区分仅此一点。"虽曰少异,然人物之所以分,实在于此。"(《孟子集注·离娄上》)朱熹区分人物之性突出了人的优越地位,弥补了张、程认识上的疏漏之处。其二,天命之性与气质

第十八章 两宋理学与功利学派的政治思想

之性不可缺一。天命之性是"人生所禀之天理也"(《孟子集注·告子上》),所以"性分之内,万理皆备"(《孟子集注·告子下》),"性即天理,未有不善者也"(《孟子集注·告子上》)。由于"性只是理。然无那天气地质,则此理没安顿处",因之"所谓天命之与气质,亦相衮同。才有天命,便有气质,不能相离。若缺一,便生物不得"(《朱子语类》卷四)。这样,人们禀得天地之气而具其形体之时,就同时具有了天命之性和气质之性。只是由于时有"日月清明,气候和正"、"日月昏暗,寒暑反常"之别,气有清明、清高、精英、浑厚、敦厚、丰厚、长久、衰颓、薄俗、戾气之分,人们禀气不一,得理之全、正、狭、偏不同,所以人们的资质、寿命大相径庭,有圣、贤、英、贵、富、寿、愚、不肖、贫、贱、夭等区分。气质之性有善有恶,世上有"好人"、"不好底人",都是被这"气禀"所害(《朱子语类》卷四)。朱子辨析天命之性和气质之性的关系,进一步完善了张、程的理论。

理学的"性说"既富于思辨,又带有某种神秘色彩,其政治意义主要表现在以下四个方面:

第一,从性命角度论证了人类社会不平等的合理性。既然人们的智愚、强弱、富贫、寿夭、贵贱等都是个人"气禀"所致,生来如此,那么人们便只有安于命定,不可怨天尤人,更不能归咎于社会政治原因。人间的不平等是必然现象,合情合理。

第二,进一步论证了君主权力和君主政治制度的合理性。既然"气禀"不同,绝大多数人就"不能皆有以知其性之所有而全之也"。那么,一旦有了"聪明睿智能尽其性者出于其间,则天必命之以为亿兆之君师,使之治而教之,以复其性。此伏羲、神农、黄帝、尧、舜,所以继天立极,而司徒之职,典乐之官所由设也"(《四书集注·大学章句序》)。君主之拥有权力,作天下主宰是由于天生气质上乘,条件优越,决非一般人可以攀比。这种论证较之汉儒"君权神授"说更具迷惑力。

第三,强调了道德规范的绝对权威。道德规范是天理的再现,所谓"其张之为三纲,其纪之为五常,盖皆此理之流行"(《朱文公文集·读大纪》)。然而伦理道德决非远离人类的外在物,而是汇归于人性,"大则君臣父子,小则事物细微,其当然之理,无一不具于性分之内也"(《孟子集注·尽心上》)。人生伊始即处于伦理道德的规范之下。道德权威直接主宰着人自身。天理即道德与人性直接沟通,使人们"无所逃于天地之间"(《河南程氏遗书》卷五)。

最后,理学家们认为人的"气质之性"是可以改变的。人们只要不"自暴自弃",能日复一日坚持不懈地"用功克治",那么即使"下愚"之性,"亦有可移之理"(《河南程氏遗书》卷十八)。理学家们向陷于愚、弱、贫的人们伸出救援之手,给他们规划出通向至善的道路。人们沿着这条路,将一步步迈向封建伦理道德的囚笼,这正是所有专制统治者的共同愿望。

四、进修之术

理学诸子认为"天人本无二"(《河南程氏遗书》卷六),可是只有圣人才能与天理合而为一。世间芸芸众生都与天理有着或大或小的距离,表现为种种不善。圣人天生至善,无须改造,世人却要以改造本性为天职,以至把善本性的实现作为人生最终目的和作人的义务。为此,理学家们提出了各种各样的进修之术。

张载主张"穷理尽性",说:"尽性穷理而不可变,乃吾则也。"(《正蒙·诚明》)这一认识源于《易传·说卦》"尽性穷理以至于命"。张载认为,尽性是悟解和把握自身本性的过程。人们能努力"穷尽"自身品性,就能进一步"穷尽"他人和万物之性,直至通达"天性",达到道德的最高境界,即"诚"。"人能至诚,则性尽而神可穷矣"(《正蒙·乾称》)。穷理是个学习过程,所谓"穷理即是学也"(《张子语录中》)。天理寓于万物之中,人们通过学习,明了物之性,就能通晓人之性。"见物多,穷理多,从此就约,尽人之性,尽物之性。"(《横渠易说·说卦》)形式上"以穷理为尽物",目的是"盖欲尽心耳"(《张子语录下》)。张载称尽性的过程曰"诚",称穷理过程曰"明"。修习本性可从尽性达于穷理,也可由穷理达于尽性。他说:"自诚明者,先尽性以至于穷理也,谓先自其性理会来,以至穷理;自明诚者,先穷理以至于尽性也,谓先从学问理会,以推达于天性也。"(《张子语录下》)不论采用哪种修习过程,最终都能通达天性,通晓天命。"至于命"是"穷理尽性"的完成。

二程本着"性即理"的原则,简化了张子的"明诚"公式,将穷理、尽性、至命三境界合而为一。说:"理也,性也,命也,三者未尝有异。"(《河南程氏遗书》卷二十一下)"在天为命,在义为理,在人为性。"(《河南程氏遗书》卷十八)这三境界本是同一过程,"才穷理,便尽性;才尽性,便至命"(《河南程氏遗书》卷十八),"三事一时并了,元无次序"(《河南程氏遗书》卷二上)。穷理是尽性、至命的关键环节,因此,他们极为重视穷理的过程,提出了"格物穷理"说(《河南程氏遗书》卷十五)。或问:"进修之术何先?"二程答曰:"莫先于正心诚意。诚意在致知,致知在格物。"(《河南程氏遗书》卷十八)"致知在格物"句源自《大学》。二程发挥说:"格,至也,言穷至物理也。"(《河南程氏遗书》卷二十二)又说:"格犹穷也,物犹理也,若曰穷其理云尔。"(《河南程氏粹言·论学篇》)二程所说的"物",包容甚广,"凡眼前无非是物,物物皆有理。如火之所以热,水之所以寒,至于君臣父子间皆是理"(《河南程氏遗书》卷十九)。人们只要能格得物理,就是通达天性的完成。朱熹学承二程,也讲求"格物致知","即物穷理"。他曾在《大学》第五章后擅自补进一百三十四字,对"格物"要旨作了概括。朱熹认为"理无形而难知,物有迹而易睹"。既然天理蕴藏在一个个的物之中,就必须"因是物以求之"(《朱文公文集·癸未垂拱奏札之一》)。格物是修习本性的必由之路,"便是要就这形而下之器而穷得那形而上之道理而已"(《朱子语类》卷十二)。

二程和朱子都认为"格物穷理"有多种途径,"或读书,讲明义理;或论古今人物,别其是非;或应接事物而处其当,皆穷理也"(《河南程氏遗书》卷十八)。其中以读书学习最重要。二程说:"人之蕴畜,由学而大。"(《周易程氏传·大畜》)朱子说:"穷理之要,必在于读书。"(《朱文公文集·行宫便殿奏札》)"学问思辨四者,所以穷理也。"(《朱文公文集·白鹿洞书院学规》)然而,不论采用哪种途径,由格物而穷理都需要一个循序渐进的过程。既不是"只格一物而万理皆知"(《河南程氏遗书》卷十八),也"非是要穷尽天下之物"(《河南程氏遗书》卷十五),而是"今日格一件,明日又格一件","但于一事上穷尽,其他可以类推"(《河南程氏遗书》卷十八),终于有一天会"豁然贯通",大彻大悟,"则众物之表里精粗无不到,而吾心之全体大用无不明矣"(《四书集注·大学章句》)。程朱认为,在这一循序渐进过程中,至关重要的是要把握住"合内外之道"(《朱子语类》卷十五),就是要借助存于外物中的理来唤醒人们内心中的理。人们由于气质有偏,物欲有蔽,"是以或昧其性以乱其论,败其则而不知反"(《朱文公文集·行宫便殿奏劄》),人的"本心"不明,"一如睡人都昏了"(《朱子语类》卷十二)。通过格物,内外发明,"才明彼,即晓此"(《河南程氏遗书》卷十八)。人们格物之理越多,对自我本性的认识越深刻,如此"方能循循不已,而入于圣贤之域"(《朱子语类》卷十五)。

陆九渊主张"心即理",说:"人皆有是心,心皆具是理,心即理也。"(《陆九渊集·与李宰之二》)他说的"本心"即"理"就是孟子说的"四端",是至善。可是"人之生也,不能皆上智不惑"(《陆九渊集·主忠信》),由于种种原因,人们的至善之心受到蒙蔽。这种现象十分普遍,"愚不肖者之蔽在于物欲,贤者智者之蔽在于意见,高下汙洁虽不同,其为蔽理溺心而不得其正则一也"(《陆九渊集·与邓文范之一》)。若究其原因,不外二途,或是由于"资禀"所致,或者源于后天"渐习"。"资禀"是说人们的"气禀有厚薄,昏明,强弱,利钝之殊"(《陆九渊集·与傅圣谟之三》)。有的人"气质偏弱,则耳目之官不思而蔽于物"(《陆九渊集·主忠信》)。"渐习"是指人们受生活环境"俗习俗见"的影响,耳濡目染,以至"埋没性灵,蒙蔽至理"(《陆九渊集·思则得之》)。基于这样的认识,陆九渊也极力主张通过修习本性,以达至善。

在进修方法上,陆九渊认为"格物"旨在"研究物理"(《陆九渊集·语录》),不失为一种可行途径。但是,"天下万物不胜其烦,如何尽研究得?"(《陆九渊集·语录》)于是提出"简易"进修术,曰:"发明本心"。这一方法导源于孟子的"求放心"。其要点如下:

其一,从日常琐细处入手。陆九渊说:"圣人教人,只是就人日用处开端。"(《陆九渊集·语录》)即发明本心要从小处做起,在日常生活中修习本性。其二,经常作深刻反省和反思。陆九渊认为,"切己自反,改过迁善"(《陆九渊集·语录》)是发明本心的关键之处。他说:"义理所在,人心同然……岂能终泯,患人之不能反求深思耳。"(《陆九渊集·邓文苑求言往中都》)能经常"反而思之",人的本心就会日益趋向完美之境。其三,通过学习求助于圣训。因为"圣哲之言,布在方册"(《陆九渊集·与颜子坚》),通过学习圣哲之言,就能够"开人之蔽,而致其知"(《陆九渊集·送杨通老》)。不过,学习须得其法,他反对读书贪多贪快,主张"以精熟为贵"(《陆九渊集·与胥必先》),读书"须当明物理,揣事情,论事势",如此虽然只读三五卷,其收益胜过读万卷(《陆九渊集·语录》)。其四,"剥落"。陆九渊说:"人心有病,须是剥落"(《陆九渊集·语录》)。也就是有针对性地改除弊端。运用剥落之法,必须请教师友相助。陆九渊说,自古圣人都离不开师友相助,"况非圣人,岂有自任私知而能进学者?"(《陆九渊集·学说》)"不得明师良友剖剥,如何得去其浮伪而归于真实?"(《陆九渊集·学说》)随着剥落——清明——又剥落——又清明,如此反复不已,终能将"心蔽"剥落干净。"发明本心"不同于"穷理尽性",陆九渊认为后者太"支离"。相对一件一件地去格物,"发明本心"是一条捷径。人们只要识得本心至善,就能一下子大彻大悟。所谓"苟此心之存,则此理自明","一蔽即彻,群疑皆亡"(《陆九渊集·语录》)。

理学诸子的进修之术虽有区别,目的却是一致的,都是教人怎样修习本性,完善自我,在道德上达到至善之境。如二程说,格物是为了"求止于至善","自格物而充之,然后可以及于圣人"(《河南程氏粹言》卷一)。朱子说:"致知之要,当知善之所在,如父止于慈,子止于孝之类。"(《大学或问》卷二)他把"物格知至"视作"凡圣之关","物未格,知不至,如何煞也是凡人"(《朱子语类》卷十三);反之就能与圣人比肩。陆九渊也认为,只要"发明本心",就可"明理",就能"自作主宰","大作一个人"(《陆九渊集·语录》)。这显然不是作凡人,而是作道德上的完人和精神上的超人,即圣人。

圣人是天理即至善的人格化,人们达到至善的标志就是在道德和精神上皈依于圣人,实现所谓"内圣外王"。二程说:"治身齐家以至平天下者,治之道也。"又说:"治天下国家,必本诸身。"(《河南程氏粹言》卷一)"内圣外王"既是自我道德完善过程,又是治平天下政治实践的完成过程。完成这一过程的检验标准则是人之个性的泯灭。理学诸子的进修之术都是通向"圣贤之域"的金光大道,而开启圣人殿堂的诀窍就是否定自我,以圣人之心为心。如张载说:"无我而后大,大成性而后圣"(《正蒙·神化》),"合内外,平物我,自见道之大端"(《经学理窟·义理》)。二程说:"若夫至仁,则天地为一身"(《河南程氏遗书》卷四),"大而化,则己与理为一,一则无己"(《河南程氏遗书》卷十五)。朱子也认为"格物穷理"的至高境界是"己与天为一","万物与我为一,自然其乐无涯"(《朱子语类》卷六十)。人们修习本性只有达到了这样的境界,才可谓真正迈进了"圣贤之域",实现"内圣外王"的理想人格。显而易见,理学诸子规划的进修之术与个性解放的自由王国背道而驰。人们沿着这条道路走下去,必将在无穷无尽的格物、尽心、发明本心的过程中,把自身的独立个性和政治自主性消磨殆尽。君主专制主义最惧怕独立意识、自由思维和政治自主精神,最需要俯首帖耳,最欢迎循规蹈矩。理学诸子的进修之术不论在理论上,还是在实践中,都是以泯灭人们的独立个性和创造精神、自主精神为主旨的,驯导人们自觉地遵循封建道德规范,服从君主政治秩序,作君主的驯服百姓。从这个意义上看,南宋以后,理学得到官方认可,上升为统治阶级的政治指导思想,并非历史的偶然。

五、理欲之辨和义利之辨

如果用一句话来概括理学的政治道德学说,这就是"存天理,灭人欲"。正如朱熹所言:"圣贤千言万语,只是教人明天理,灭人欲"(《朱子语类》卷十二)。从理论结构上看,理欲之辨是理、性诸问题的归结之处。这个命题的形成有一个发展过程。

理学开山周敦颐没有明确论述天理、人欲,但提出了"无欲"思想。他说:"圣人定之以中正仁义(圣人之道,仁义中正而已——周自注),而主静(无欲故静——周自注),立人极焉。"(《周子全书·太极图说》)周子的"太极本无极"同时揭示了宇宙本体和道德本原问题,太极的最高道德体现曰:"诚",又称"人极",即"圣人之道",其内容就是"仁义中正"。周子认为,虽说人极只有圣人方能体现,但"圣可学",人们只要能持"静",克制和消除内心种种欲求,就能达到人极。所谓"君子乾乾不息于诚,然必惩忿窒欲,迁善改过而后至"(《周子全书·通书·乾损益动》)。这种修身方法较之孟子又进了一步。孟子只讲"寡欲",周子却说:"养心不止于寡而存耳。盖寡焉以至于无,无则诚立,明通。诚立,贤也;明通,圣也"(《周子全书·养心亭说》)。周敦颐变传统儒学的"寡欲"为"无欲"、"窒欲",为"存天理、灭人欲"主题的形成提供了理论基础。

其后,张载对天理、人欲问题作了进一步阐述。张载所使用的"理"的概念有多种含义。其中之一是"能悦诸心,能通天下之志之理也"(《正蒙·诚明》)。这是一种用于教化人民的普遍道德准则,"君子教人,举天理以示之而已"(《正蒙·诚明》)。可是,人们多有利欲之心,很难达到理想的道德要求。他说:"仁之难成就矣。人人失其所好,盖人人有利欲之心,与学正相背驰。"(《经学理窟·学大原上》)人欲与天理冰炭不同器。虽"古之学者便立天理",可遗憾的是"孔、孟而后,其心不传"(《经学理窟·义理》),人们"灭理穷欲"(《正蒙·诚明》),人欲流行,于是有恐惧、忧患、好乐和种种妄言妄行,道德大坏。张载对这种现象极为忧虑,疾呼要人们"反归其天理"(《经学理窟·学大原上》)。他将天理比作明镜,要人们用来对照查核,以发现"私己"。他认为,人们只要经常查核,就能"鉴己与物皆见,则自然心弘而公平"(《经学理窟·学大原下》),在道德领域逐步上升。

张载辨析理欲启发了后学者,二程和朱熹将天理纳入本体系统,对理欲问题作了详尽发挥。首先,他们进一步辨析了理、欲的内涵。天理是宇宙本体和道德本原,对于人来说,构成人的本质,"人之所以为人者,以有天理也"(《河南程氏粹言·人物篇》)。人欲指的是人们的种种欲求,如"目则欲色,耳则欲声,以至鼻则欲香,口则欲味,体则欲安"(《河南程氏遗书》卷二十五)等皆是。区分人欲要把握两个要点:第一,凡超出维持人之生命所必须的欲求即是人欲。朱熹说:"饮食者,天理也,要求美味,人欲也。"(《朱子语类》卷十三)"葛必欲精细,食必求饱美,这便是欲。"(《朱子语类》卷六十一)第二,凡违背礼义规范的行为也属于人欲。"非礼而视听言动,便是人欲"(《朱子语类》卷四十)。程朱认为,人欲与天理截然相悖。天理使人成其为人,"天理之不存,则与禽兽何异矣"(《河南程氏粹言·人物篇》)。因之,做人的根本意义就在于能"存天理,灭人欲"。

其次,程朱阐述了"灭人欲"之方。人们天理不明,主要是私欲干扰,怎样才能灭得私欲呢?关键是能克己和持敬。程朱所说的克己与孔子微有不同。孔子的"克己复礼"是要求人们能用外在的社会道德规范约束自己的视听言动,程朱则强调内在的道德修养。朱子说:"天理人欲相为消长,故克己者乃所以复礼,而非克己之外别有复礼之功也"(《朱文公文集·克斋记》)。人们不必借助外在条件,只要克得私欲,天理即刻复明,"克之克之而又克之,以至于一旦豁然欲尽而理纯"(《朱文公文集·克斋记》)。持敬更注重人的内心,程颐说:"敬则无己可克"(《河南程氏遗书》卷十五)。朱熹对此深以为然,说:人们"常常存个'敬'在这里,则人欲自然来不得"(《朱子语类》卷十二)。不论克己或持敬,都必须随时注意自己言行举止的细微之处,如同捉贼一般,"有纤毫私欲,便能识破他。自来点检惯了。譬有贼来,便识得,便捉得他"(《朱子语类》卷十五)。总之,灭人欲与明天理是同一个过程,人们通过检索内心私欲,完成人之本性的归复,这便是人生的最高目的。

为了进一步在理论上剖明理欲关系,程朱又提出了"道心——人心"说。道心与人心连用最早见于荀子援引的《道经》:"人心之危,道心之微"(《荀子·解蔽》)。程朱沿用这一概念,赋予其特定的含义。

程颐说,心、性、命都是天理即道的表现。"在天为命,在人为性,论其所主为心,其实只是一个道。"(《河南程氏遗书》卷十八)心是性的有形存在,"自性之有刑者谓之心"(《河南程氏遗书》卷二十五),"于其所主曰心,名其德曰仁"(《河南程氏粹言·论道篇》)。故曰"心本善"。这种与天理同一的至善之心,即"圣人之心",称作"道心"。其特点是"如镜,如止水"(《河南程氏遗书》卷十八)。性的运动和表现叫作情,"自性之有动者谓之情"(《河南程氏遗书》卷二十五),"情者,心之动也"(《河南程氏粹言·心性篇》)。人心有感于外物,就有"七情出焉,曰喜怒哀乐爱恶欲"(《河南程氏文集·颜所好何学论》)。譬如水的本性是"湛然平静如镜",一遇到沙石、地势不平,或风行其上,"便有湍激","便为波涛汹涌"(《河南程氏遗书》卷十八)。因此说:"心本善,发于思虑,则有善有不善"(《河南程氏遗书》卷十八)。这种或善或不善的情,称作"人心"。人心就是私欲,道心即为天理。

朱熹的看法与二程略有差异,认为人心是人的感知器官。"心者,人之知觉,主于身而应事物者也。"(《朱文公文集·答陈同甫之八》)由于人的知觉来源不一,而有不同表现,"夫人自有生而梏于形体之私,则固不能无人心矣;然而必有得乎天地之正,则又不能无道心矣。"(《朱文公文集·答陈同甫之八》)此二者"论,来只有一个心,那得有两样?只就他所主而言,那个便唤作'人心',那个便唤作'道心'"(《朱子语类》卷六十一)。好比船与舵,"人心如船,道心如舵。任船之所在,无所向,若执定舵,则去住在我"(《朱子语类》卷七十八)。他将道心、人心与天命之性、气质之性统一起来,以道心为体,人心为用。道心本自天理,至善无恶;人心则有善有恶。朱熹不同意二程"人心即是私欲"的观点,说"'人心,人欲也',此语有病"(《朱子语类》卷七十八)。他认为,人心只是对声、色、味的"知觉","未是不好,只是危"。只有当人心中潜含的恶表现为"私欲"时,才成其为不善。否则"或是或非不可知"(《朱子语类》卷七十八)。

尽管朱熹与二程对"人心"的具体解释不完全一致,但他们都将道心、人心与天理、人欲相沟通。由此杜撰了所谓圣人十六字心传:"人心惟危,道心惟微;惟精惟一,允执厥中。"此语本于伪《古文尚书·大禹谟》。二程解作:"人心,私欲也,危而不安;道心,天理也,微而难得。惟其如是,所以贵于精一也。精之一之,然后能执其中,中者极至之谓也"(《河南程氏粹言·心性篇》)。朱子释曰:"人心易动而难反,故危而不安;义理则难明而易昧,故微而不显,惟能省察于二者公私之间,以致其精,而不使其有毫厘之杂,持守于道心微妙之本,以致其一,而不使其有顷刻之离,则其日用之间,思虑动作,自无过不及之差,而信能执其中矣。"(《朱文公文集·答陈同甫之八》)程朱视此十六字"心传"为儒学"道统"的精髓,"天下之理,岂有加于此哉?"(《朱文公文集·答陈同甫之八》)这就是说,"存天理、灭人欲"是圣人之学的理论核心和最高宗旨。人人都有人欲,"虽上智不能无人心";人人皆可向善,"虽下愚不能无道心"(《朱文公文集·答陈同甫之八》)。人们只要居敬,克己,"惟精惟一",必能使"道心"常作自身主宰,克服私欲,"而人心每听命焉",如此方能思虑言行无不符合天理的要求,在道德上达到最高境界。"十六字心传"使"存天理、灭人欲"成为理学中最具权威性的普遍道德准则。

心学派不讲理欲之辨,也反对道心、人心之说。陆九渊认为:"《书》云'人心惟危,道心惟微'。解者多指人心为人欲,道心为天理,此说非是。"(《陆九渊集·语录》)他坚持"心即理"的立场,认为人之心不可一分为二,说:"人安有二心?自人而言,则曰惟危;自道而言,则曰惟微。罔念作狂,克念作圣,非危乎?无声无臭,无形无体,非微乎?"(《陆九渊集·语录》)在他看来,"人心惟危"指的是人的心理状态,"道心惟微"指的是"人本心"的特征。人心、道心的区别只在一念之差。他主张绝对的"天人合一",如果认为"天是理,人是欲,则是天人不同矣"。所以"天理人欲之言,亦自不是至论"(《陆九渊集·语录》)。当然,这并不是说心学派否认私欲的存在,恰恰相反,人之本心常常被物欲蒙蔽。陆九渊说:"夫所以害吾心者何也?欲也。欲之多,则心之存者必寡……欲去则心自存矣。"(《陆九渊集·养心莫善于寡欲》)于是他提出"存心去欲"。这个命题与"存理灭欲"只在方法论上有分歧,并没有实质性的矛盾。

"理欲之辨"属于道德领域,却有着极其深远的政治意义。理学诸子以天理作为区分人兽的界线,人欲和天理分别代表着野蛮和文明世界。人的欲求与人的本质截然相对,"人之一心,天理存,则人欲亡;人欲胜,则天理灭,未有天理人欲夹杂者"(《朱子语类》卷十三),非此即彼,没有调和的余地。人生于世为免于堕入欲海,沦为禽兽,必须摒除一切杂念,除了循规蹈矩作圣人之徒,不得有任何欲求。然而,人的欲求虽说不全是独立人格和自主精神的体现,但毫无疑问,人的个性和自主精神往往要通过某种欲望和追求表现出来。理学诸子却宣布了个人欲求的非法性。就某种意义而言,这将有利于防范个人欲望的无限扩张,有助于维护社会人际关系和社会的稳定。但是,另一方面,这又意味着人的个性和独立精神被扼杀。理学家告诉人们,除了追求天理,不要再有其他的希冀。朱子说:"一言一语,一动一作,一坐一立,一饮一食,都有是非。是底便是天理,非底便是人欲。"(《朱子语类》卷三十八)人之独立人格就在这日常生活的举手投足之际荡然无存。人们将依照理学诸子的愿望,在道德上作圣人之徒,在政治上作君主的顺民。"存天理,灭人欲"是对人之个性、独立性和进取精神的极大束缚,对君主政治有百利而无一害。

再者,就广义而言,没有物质欲求便没有人类社会的进步,人类文明亦将不复存在。就狭义而言,在君主专制条件下,追求普遍存在的个人利益是对封建特权和种种社会不平等的有力冲击。理欲之辨否定了人们的欲求和追求个人利益的合法性。"存天理、灭人欲"本质上是一个逆历史和反文明的理论命题,在社会政治实践中,则是对专制统治阶级根本利益的维护和肯定。

此外,我们还必须看到,"存天理、灭人欲"作为最高道德法规,约束的对象是全体社会成员,其中也包括君主。理学诸子都是坚定的君权维护论者,他们认为君主是政治生活的核心。因而,君主个人品行对于国家治乱至关重要,所谓"天下之治乱系于人君仁不仁耳"(《河南程氏外书》卷六)。"存天理、灭人欲"就成为约束君主道德品行的重要手段。程颢说:"治道亦有从本而言,亦有从事而言。从本而言,惟是格君心之非。正心以正朝廷,正朝廷以正百官。"(《近思录》卷八)他们主张治道求本,要求君主"至诚一心,以道自任"(《河南程氏文集·上仁宗皇帝书》),言行举措依天理而行。朱熹指出,如果政治上出现奸臣,原因就在于"天理有所未纯,人欲有所未尽,是以为善不能充其量,除恶不能去其根"(《宋史·道学三》)。鉴于此,君主须时刻检查内心,"此为天理邪?人欲邪?"对天理要"敬以充之",对人欲则"敬以克之",并将这种对照检核"推而至于言语动作之间,用人处事之际",于是"圣心洞然,中外融澈,无一毫之私欲得以介乎其间",天下必然大治(《宋史·道学三》)。理欲之辨为儒生给予君权某种制约提供了理论依据和方法,在当时高度君主集权和专制的政治条件下,未始没有积极意义。当然,这种制约的目的和效果并非削弱君权,反之,约束个别君主的某些欲求,只能更符合统治者的整体利益,君主政治反而会藉此愈加巩固,这也正是理学诸子的本意。

与理欲之辨相关,还有义利之辨。儒家历来重义轻利。理学诸子承袭了传统认识,又各有发挥。张载提出"公利"说,认为利有公、私之分,"利于身利于国皆非利也",只有"利于民则可谓利"(《张子语录中》)。前者是私利,后者为公利,与义相通,"义公天下之利"(《正蒙·大易》)。张载肯定了民的利益,这一认识在他的思想体系中虽然不占主要位置,其中也不包含个人之利,却仍不失其为最光辉的一点。

与张载相对照,二程的认识则大为逊色。他们认为,义和利是区分天下事物的两个根本标准,二者相互对立。"大凡出义则入利,出利则入义。天下之事,惟义利而已"(《河南程氏遗书》卷十一)。其中,利是人们得以生存的基本立足点,"人无利,直是生不得,安得无利?且譬如椅子,人坐此便安,是利也"(《河南程氏遗书》卷十八)。人们生而皆知趋利避害,这是"天下之常情"(《河南程氏遗书》卷十七)。然而,这种利是个人之利,如不加以限制,必成弊害。譬如坐椅子是利,"如求安不已,又要褥子,以求温暖,无所不为。然后夺之于君,夺之于父,此是趋利之弊也"(《河南程氏遗书》卷十八)。为此,他们提出"凡顺理无害处便是利"(《河南程氏遗书》卷十九),对个人之利进行严格的限制。天理是"天下之至公"(《周易程氏传·益卦》),是天下之公利的最高体现,本质上代表着统治者的普遍利益,如"不遗其亲,不后其君,便是利。仁义未尝不利"(《河南程氏遗书》卷十九)。二程的"天理公利"说剥夺了个人之利。朱熹承二程之说,认为义利相通,循天理就是最大的利。他说,"循天理,则不求利而自无不利",反之,如果一味"殉人欲,则求利未得而害己随之"(《孟子集注》卷一)。

义利之辨与理欲之辨一脉相通。理学诸子普遍认可天理即公利,否定私利,因为私利就是人欲。二程说:"不独财利之利,凡有利心便不可"(《河南程氏遗书》卷十六),从根本上否定了人们对个人之利的追求。在"公利"的号召下,人们必须对专制统治者作无偿的奉献,所谓"存斯志,行斯道,躬耕于野,上以奉祀事长,下以慈幼延交游,于身足矣"(《知言·纷华》)。不言而喻,这样的理论当然会得到君主政治的认可。

理学诸子的论点多有歧义,但其基本论题和政治实质没有什么不同。正如黄宗羲所说,程朱陆王(阳明)虽有分歧,但他们"同植纲常,同扶名教,同宗孔孟"(《宋元学案·象山学案》)。这既道出了理学诸子思想上的基本特征,同时也揭示了理学思潮的政治意义不外乎维护君主政治。

第二节 理学诸子的政策思想

理学诸子从政治哲学的高度为君主政治建立了完整的理论体系,同时,又提出了一系列政策原则。撮其大要,有以下几个方面。

一、变革和师古

多数理学家都认识到时代的弊端和潜藏的政治危机。有些认识相当深刻。例如程颐说:当今"坐食之卒,计踰百万,既无以供费,将重敛于民,而民已散矣。强敌乘隙于外,奸雄生心于内,则土崩瓦解之势,深可虞也。"(《河南程氏文集·上仁宗皇帝书》)朱熹也说:"窃观今日天下之势,如人之有重病,内自心腹,外达四肢,盖无一毛一发不受病者。"(《朱文公文集·戊申封事》)危机既深,如病入膏肓,只有设法变革。"穷则变"是儒学传统思想。理学诸子秉承传统,也纷纷提出变革的要求。张载曾提出"凡变法须是通"(《横渠易说·系辞上》),认为只有变法才能通达。朱熹指出,时代不同了,政策方针就得有所更改。如果后世果真"有圣贤者出",就"必须别有规模,不用前人硬本子"(《朱子语类》卷一三四)。陆九渊也提出:"夫尧之法,舜尝变之;舜之法,禹尝变之。祖宗法自有当变者,变其所变果善,何嫌于同"(《陆九渊集·语录》)。在当时形势下,变革固然是惟一出路,然而,其章法规模必须以三代为样本,张载、周敦颐和二程坚持此说。周子断然说道:"不复古礼,不变今乐,而欲至治者,远矣。"(《周子全书·通书·乐上》)张载认为:"为政不法三代者,终苟道也。"(《宋史·道学一》)二程也说:治天下之道古今一贯,"为治之大原,牧民之要道,则前圣后圣,岂不同条而共贯哉?"(《河南程氏文集·论十事劄子》)因而变革以治天下必须遵从"圣人之训",效法"先王之治"。朱、陆二人对上述看法微有异议,他们认为,效法三代不能不顾实际情况,不可事必师古。朱熹说:"居今之世,若欲尽除今法,行古之政,则未见其利,而徒有烦扰之弊。"(《朱子语类》卷一〇八)陆九渊也说:自今以往,古法甚多,"今欲建一事而必师古,则将安所适从？"(《陆九渊集·策问》)他们的态度相对张载、二程要灵活得多。

理学诸子主张变革，表明他们并不是冥顽不化的政治保守派，而是具有一定的发展眼光和积极政治态度。他们主张师古，又说明他们政治思维的局限。朱、陆虽然主张不可拘泥古法，但他们的思想总体上也未能超出三代的格局。基于这样的政治态度，理学诸子提出的政策主张基本上是儒学传统的德治仁政诸说的翻版。

二、德治

理学诸子以德治作为一项重要的政治原则，认为"为政不以德，人不附且劳"(《正蒙·有司》)。德治的内容主要有二项：其一，以礼治国。二程和朱熹认为礼是治理国家的基本手段，礼和德的关系是"德又礼之本也"(《论语集注》卷一)，礼是德的制度表现，所以"礼者，天理之节文，人事之仪则"(《朱文公文集·答曾择之二》)，是天理在规范人们行为方面的具体化，其核心是"三纲五常"。实行礼治的主要目的是协调社会关系，完善政治秩序。周敦颐认为，礼治能使君臣父子兄弟夫妇等各种阶层和身份之间关系融洽，"万物各得其理然后和"(《周子全书·通书·礼乐》)。二程也说，通过礼治，使"为君尽君道，为臣尽臣道"(《河南程氏遗书》卷五)。统治者与民众的等级关系分明，"然后民志有定。民志定，然后可以言治"(《周易程氏传》卷一)。维护等级秩序是治国治民的前提条件。

其二，以德修己。理学诸子把治平天下的希望完全寄托于君主一人。在他们看来，君主个人品行是治乱兴衰的根本动因，如朱熹所言："天下之事千变万化，其端无穷，而无一不本于人主之心者，此自然之理也。"(《朱文公文集·戊申封事》)君心"公平"与否，关乎天下之纲纪。朱熹说："天下之纪纲不能以自立，必人主之心术公平正大，无偏党反侧之私，然后有所系而立。"(《宋史·道学三》)因此，端正君心，完善君主个人道德品行遂成为全部政治运动过程的根本出发点。他们认为"为政以德"既不是"以德去为政"，也不是"块然全无所作为"，而是"德修于己而人自感化"(《朱子语类》卷二十三)。"以德修己"要求君主"正心诚意"，以公去私。"只看合下心不是私，即转为天下之大公"(《朱子语类》卷一〇八)，从而使"君志先定。君志定而天下之治成矣"(《河南程氏文集·上殿劄子》)。理学诸子肯定了君主在政治生活中的绝对主导地位，希望通过"正心诚意"的内在修习，使君主成为他们理想政治的代言人。殊不知在君主专制条件下，这只能是一相情愿。

三、仁政

君主修德以正心,必须通过一定的政策形式表现出来,否则"有其心,无其政,是谓徒善"(《孟子集注》卷七)。这种政策就是"仁政"。二程说:"王道之本,仁也。"(《河南程氏文集·上仁宗皇帝书》)朱子说:"先王之道,仁政是也。"(《孟子集注》卷七)仁是传统儒学的最高道德范畴,理学诸子又将仁提升到天地万物的道德本原地位。站在仁的高度鸟瞰世界,则己与万物浑然一体。二程说:"若夫至仁,则天地为一身,而天地之间,品物万形为四肢百体。夫人岂有视四肢百体而不爱者哉。"(《河南程氏遗书》卷四)因之,仁政是最理想的治民政策。仁政的精髓是"仁心",即"爱人之心也"(《孟子集注》卷七)。爱人的方式仍然是儒学传统的"由己及人"。如张载说:"仁道有本,近譬诸身,推以及人,乃其方也。"(《正蒙·至当》)朱熹说:"仁是根,恻隐是萌芽,亲亲,仁民,爱物,便是推广到枝叶处。"(《朱子语类》卷一)仁心在政策上表现为"爱民如子","平易近民"(《朱子语类》卷一〇八),"发政施仁,使四海蒙其惠泽可也"(《河南程氏粹言》卷二)。

理学诸子十分清楚民与统治者休戚相关,对于君主来说,"民惟邦本","爱人然后能保其身",爱民就是爱君。因而,实施仁政要善于"养民",通过"养民"来体现统治者的"爱人之心"。正如陆九渊所说:"行仁政所以养民。"(《陆九渊集·杂说》)二程也说:"使人遂其生养之道,此大本也。"(《河南程氏经说》卷二)至于具体养民之道,主要有三条:其一,爱惜民力。二程说:"养民之道,在爱其力。"统治者尽量避免耗用民力,使民安于生产,如此"民力足则生养遂,生养遂则教化行而风俗美"(《河南程氏经说》卷四),天下晏然而大治。其二,足食保民。二程说:"保民之道,以食为本。"(《河南程氏文集·为家君应诏上英宗皇帝书》)为满足人民衣食之需,统治者必须重视农业生产,"务农重谷",各地方官"皆以劝农为职"。同时还要保证人民有地可耕。人们尽力于农亩,生活有了基本保障,自然会"有暇日以修礼义,是以尊君亲上而乐于效死也"(《孟子集注》卷一),安分守己作顺民。其三,省赋恤民。朱熹指出,"天下国家之大务,莫大于恤民"(《朱文公文集·庚子应诏封事》)。可是察之当世,官府对民重利盘剥,"于二税之外,别作名色,巧取于民。且如纳米收耗,则自七斗八斗以至于一倍再倍而未止也;预借官物,则自一年二年以至三年四年而未止也"(《朱文公文集·庚子应诏封事》)。官吏视民似禽兽,如草芥,致使百姓"丰年犹多饿死者"(《朱子语类》卷一〇八)。针对这种情况,朱熹指出"治军省赋以为治民之本"(《朱文公文集·庚子应诏封事》),减免税收,禁止巧取豪夺。又提出建立社仓,积谷备荒,救恤贫民,以"塞祸乱原"(《朱文公文集·建宁府崇安县五大夫社仓记》)。

理学诸子"爱民"、"养民"思想的认识基础是儒学传统的重民思潮。他们看到的社会现实是富者占有大量土地,"跨州县而莫之止",贫者却"流离饿殍而莫之恤"。人民生活窘困,"衣食日蹙,转死日多",造成民心离散,甚至皆有思寇之言。他们敏锐地指出,形成这种状况之根源不在民,而在于政,"非民无良,政使然也"(《河南程氏遗书·论十事札子》。于是试图从政策调节入手,改除弊病。可是,在他们的政治视野中,只有传统的仁政理想可供选择,而且,实现这一理想的根本途径也只有期待君主个人的觉悟,能"由己及人",垂怜百姓,推广仁心以及四海。显而易见,在积弊极深的两宋时代,这样的政策只能停留在理论和向往之中。只要存在君主专制的政治环境,再好的仁政也不免流于空论。

四、刑杀

理学诸子力主实行仁政的根本着眼点是为了缓和社会冲突,防范"万一民贫不堪诛剥,一旦屯结,自为扰乱,而盗贼蛮猺,相挺而起"(《朱文公文集·行宫便殿奏札三》),危害君权。显然,他们并不认为仁政是万能之策,为确保君权稳固,在实行仁政的同时,他们又以刑杀作为必要的补充手段。正如周敦颐所说:"圣人之法天,以政养万民,肃之以刑"(《周子全书·通书·刑》)。

关于刑杀,理学诸子提出了两点意见:其一,实行"宽和"之政不等于放纵。朱熹说:"盖今之所谓宽者乃纵弛,所谓和者乃哇淫,非古之所谓宽与和者。"(《宋元学案·晦翁学案》)德治仁政的特点是"以宽为本",但并非没有限度。如若"施之于政事,便须有纲纪文章,关防禁约,截然而不可犯"(《宋元学案·晦翁学案》)。君主治理天下,如果不用刑罚,"则号令徒挂墙壁耳"(《朱子语类》卷一〇八)。刑杀是不可或缺的治民工具。其二,充分发挥刑杀的惩戒功能,恰恰是仁爱的体现。朱熹认为,教化并非万能,假如教之而民不从,必须以刑罚相督责。如果"惩一人而天下人知所劝戒,所谓'辟以止辟'。虽曰杀之,而仁爱之实以行乎其中"(《朱子语类》卷七十八)。张载主张以肉刑代替大辟。譬如,凡应死罪者代之以刖足,则受刑者自幸免死,旁观者由此畏恐不敢再犯,"此亦仁术"(《经学理窟·周礼》)。陆九渊也认为,"刑亦诚不可废于天下","惟于用刑之际而见其宽仁之心,此则古先帝王之所以为政者也"(《陆九渊集·政之宽猛孰先论》)。

儒家历来主张宽猛相济,以宽为本。理学诸子中有人承袭传统认识,如陆九渊:"尝谓古之帝王未尝废刑……特其非君之心,非政之本焉耳。"也有人提出不同看法,如朱熹深感当今"令不行,禁不止",事无统纪,奸豪得志,"平民既不蒙其惠,又反受其殃矣"(《朱子语类》卷一〇八)。因而认为矫枉需要过正,提出了"以严为本而以宽济之"。他说:"古人为政,一本于宽,今必须反之以严;盖必如是矫之,而后有以得其当。"(《朱子语类》卷一〇八)朱熹的思想颇具代表性,表明理学诸子在宽猛之政的选择上,即仁政与刑杀孰为主导问题上并没有严格的限定,而是根据实际政治的需要作适度调整。正因为如此,他们在理论上把刑杀与仁爱统一起来,强调宽与猛的内在一致性。朱子"辟以止辟"的认识显然脱胎于法家的"以刑去刑",说明理学诸子在政策原则的选择上具有一定的灵活性和应变性。

五、宗法、分封和井田

理学诸子要帮助大宋王朝摆脱困境,又缺乏新措施,只能从先王之道中寻找解救之方。在制度方面,他们重申了宗法制、封建制和井田制的现实意义。

强调宗法制的是张载,他详细说明了加强宗法制的益处。首先,能敦厚风俗,增强人们的道德习尚。在他看来,"宗法不立,则人不知统系来处",血缘宗亲观念淡薄,"无百年之家,骨肉无统,虽至亲,恩亦薄"(《经学理窟·宗法》)。实行宗法制,就能利用血缘关系"管摄天下人心,收宗族,厚风俗,使人不忘本"(《经学理窟·宗法》),从制度上保障封建道德的实施。其次,能为君主政治建立坚实的权利基础。他说:"宗子之法不立,则朝廷无世臣"(《经学理窟·宗法》)。公卿大夫往往崛起于贫贱,如不立宗法,死后族散,其家不传。"如此则家且不能保,又安能保国家"(《经学理窟·宗法》);反之,"宗法若立,则人人各知来处……公卿各保家,忠义岂有不立?忠义既立,朝廷之本岂有不固?"(《经学理窟·宗法》)宗法制度是君主政治的社会基础,宗法观念和相关的道德是维护君主专制的社会心理基础。张载显然认识到了这一点,从而将强化宗法制作为巩固大宋王朝的一项重要政策而提出。

张载还主张施行分封制。他认为治天下在于"简"、"精"二字,分封制恰好合乎这样的政治要求。他说:"所以必要封建者,天下之事,分得简则治之精,不简则不精。故圣人必以天下分之于人,则事无不治者。"(《经学理窟·周礼》)南宋理学家胡宏也主张实行分封制,但他的着眼点是"禁御四夷","保卫中原",与张载略有不同。他说:"制侯国,所以制王畿也。王畿安强,万国亲附,所以保卫中原,禁御四夷也"。(《知言·汉文》)分封诸侯可以使"高城深池徧天下,四夷虽虎猛狼贪,安得肆其欲而逞其志乎?此先王为万世虑,御四夷之上策也"(《知言·汉文》)。胡宏的认识显然是南宋民族危机加深的反映。胡宏与张载的出发点不同,但目的一致,都是想通过分封制来巩固中央集权,维护大宋王朝。

在解决土地兼并问题上,理学诸子大多倾向于实行井田均地,认为这是"为治之本"。如张载说:"治天下不由井地,终无得平。周道止是均平。"(《经学理窟·周礼》)程颢说治民"必制其恒产,使之厚生,则经界不可不正,井地不可不均,此为治之大本也"(《河南程氏文集·论十事劄子》)南宋理学家胡宏认为"均田,为政之先也。……井田者,圣人均田之要法也"(《知言·文王》)。朱熹也认为井田是圣王之制,"公天下之法,岂敢以为不然!"(《朱子语类》卷一○八)可是在判断井田均地的价值上,理学诸子的看法不尽一致。张载,胡宏肯定井田制的现实政治价值,认为"治天下之术,必自此始"(《经学理窟·周礼》)。张载以井田与封建相互为表里,"井田而不封建,犹能养而不能教,封建而不井田,犹能教而不能养"(《性理拾遗》)。井田制是"养民之本",势在必行。胡宏认为实行井田制有两大益处:其一,有利于增强社会等级秩序的稳定性。他说,"井法行,而后智愚可择,学无滥士,野无滥农,人才各得其所,而游手鲜矣"(《知言·阴阳》),形成君、卿、大夫、士、农、工商的严整划一政治秩序,使君主政治得以巩固。其二,有利于推行教化,维护社会安定。他说:"人皆受地,世世守之,无交易之侵谋。无交易之侵谋,则无争夺之狱讼。"(《知言·阴阳》)人们固着于土地,安分守己,则"刑罚省而民安,则礼乐修而和气应矣"(《知言·阴阳》)。井田制是实现国泰民安的重要途径。朱熹对井田均地的实施效果表示怀疑,认为"设使强做得成,亦恐意外别生弊病,反不如前,则难收拾耳"(《朱子语类》卷一○八)。他针对当时"豪民占田或至数百千顷,富过王侯"(《朱文公文集·井田类说》)的现象,提出了一整套限田均赋主张。他说:"宜以口数占田,为立科限,民得耕种,不得买卖。以赡贫弱,以防兼并。"然后,再行清丈土地数额,按田计税,以杜绝贫者"无业而有税",富者"有业而无税"(《朱文公文集·经界申诸司状》)的不合理现象。

理学诸子试图通过均平土地来缓和社会冲突,然而,在"田制不立"的两宋时代,不论井田还是限田都不可能实行。土地兼并是君主专制的痼疾,理学诸子的主张不过是些"善良"的幻想。

六、求贤才

理学诸子认为任何政策都得由人来贯彻执行,人就成为政治得失的主要因素。他们说,"天下之治,由得贤也,天下不治,由失贤也"(《河南程氏文集·上仁宗皇帝书》),"帝王之道也,以择任贤俊为本,得人而后与之同治天下"(《河南程氏经说》卷二)。"人君为政在于得人"(《四书集注·中庸集注》)。求贤才的关键并非贤才之多寡,而在于求贤才的方法,所谓"世不乏贤,顾求之之道如何尔"(《河南程氏文集·上仁宗皇帝书》)。二程提出"慎择",认为只有慎重挑选,方能求得真才,实现"贤者在位,能者在职",使得人才"各得其任,则无职不举"(《河南程氏文集·上仁宗皇帝书》)。二程和朱熹还提出改革科举制度,认识大多不出前人窠臼。

总体上看,理学诸子多数品行端方,对外侮反应激烈,颇具民族气节。例如朱熹就坚决反对议和,认为议和即于义理不容,对国家利益又具大害,提出了"定计,修政,攘夷"的御侮之策。陆九渊也曾对宋孝宗说:陛下"临御二十余年,未有太宗数年之效。版图未归,仇耻未复,生聚教训之实可为寒心"(《陆九渊集·删定官轮对劄子之一》),痛惋之情溢于言表。然而,他们提出的政策方针却往往与时势相左,或抄袭古人,或流于空谈。他们对于传统政治思想的建树并非在此,而是在于对政治哲学的创建和发展。正是由于他们的努力,理学思潮方能席卷两宋、元明,成为中国封建时代后半期政治意识形态的主流。

第三节 南宋事功政治思潮与邓牧的"平等"政治理想

一、陈亮"倡事功"政治思想

陈亮(1143~1194年),字同甫,婺州永康(今浙江永康)人,人称"龙川先生"。他"家仅中产","谱不可系"。为人才气超迈,下笔数千言立就。青年时因作《酌古论》,得到郡守周葵赏识,邀为上客。隆兴初(1163年)退居于家,专心治学著书者十年。淳熙五年(1178年),赴京师"诣阙上疏",条陈国政,言辞恳切,宋孝宗深为所动,欲将所上书张榜朝堂,以励群臣,又拟重用陈亮,陈亮却说:"吾欲为社稷开数百年之基,宁用以博一官乎!"(《陈亮集》,附《宋史》本传;下引同书只注篇名)竟渡江南归。陈亮思想特异,言无忌讳,"人不以为狂,则以为妄",深为当权者妒恨,曾三次受诬身陷囹圄,几乎丧生。绍熙四年(1193年),以策对得到宋光宗赞许,擢进士第一,授建康军签判(签书建康军判官听公事),未至而卒。端平初,谥文毅。

陈亮一生多坎坷，"行年五十，犹一布衣"（《祭陈同甫文》）。自言"惟禀性之至愚，故与而人多忤"（《自赞》）。惟与吕祖谦、薛季宣、叶适、辛弃疾等人相师友，又与张栻、朱熹论学频繁。他学无师承，"其说皆今人所未讲"（《龙川文集序》），自成一派。学说以"谈天说霸"，"专及事功"为特色，又力主"中兴"，"期于开物成务"（《奏请谥陈龙川劄子》）。著作有《龙川文集》三十卷。

1. 倡事功

陈亮政治思想最显著的特点是反对性理空论，倡行事功。他从南宋的政治现实出发，认为当今内忧外患已十分严重，形势岌岌可危。他说："文恬武嬉今亦甚矣，民疲兵老今亦极矣。"（《又壬寅夏书》）"未闻有如今日之岌岌然以北方为可畏，以南方为可忧，一日不和则君臣上下朝不能以谋夕也。"（《戊申再上孝宗皇帝书》）可是，南宋朝廷的传统指导思想是"以儒道治天下，以格律守天下"（《戊申再上孝宗皇帝书》）。学者士人只知读经书，试科举，不懂事功，不晓形势，一旦出现"艰难变故"，士大夫们胸无点策，只会空发议论，必然无济于事。究其原因，皆在于性理空谈祸国误民。鉴于此，陈亮对性理之学的危害进行了深刻的揭露和批判。

陈亮说："而二十年来，道德性命之学一兴，而文章政事几于尽废"（《廷对》）。具体言之，性理之学讲求正心诚意，人们若专心研习性理问题，必然陷于修身养性，不重务实，成了"风痹不知痛痒之人"（《上孝宗皇帝第一书》）。陈亮认为，"天下岂有身外之事，而性外之物哉！"（《问答下》）。人之为人，"不可以赤立也"，必赖衣服、食物、室庐等方能生存。这些所谓"外物"缺一不可，否则，"人道为有阙，是举吾身而弃之也"（《问答下》）。因而凡以为"身与心内也；夫物皆外也。循外而忘内，不若乐其内而不愿乎其外也"（《问答下》）的认识都是荒谬的。性理之学引导人们乐内而忘外，"低头拱手以谈性命"（《上孝宗皇帝第一书》），必然导致空谈务玄的恶果。使"为士者耻言文章行义，而曰'尽心知性'；居官者耻言政事书判，而曰'学道爱人'。相蒙相欺以尽废天下之实，则亦终于百事不理而已"（《送吴允成运幹序》），人们都成了空谈理论家，置国家政事于不顾，又怎么摆脱内忧外患？陈亮还尖锐地指出，性理之学以追寻"圣人之道"、"先王之道"为目的，教人们只会熟读经书，实为抱残守缺，"以端悫静深为体，以徐行缓语为用，务为不可穷测以盖其所无，一艺一能皆以为不足自通于圣人之道也"（《送吴允成运幹序》）。人们的聪明才智被"圣人之道"所束缚，"法不得自议其私，人不得自用其智"（《戊申再上孝宗皇帝书》），形成思想教条和政治低能。"奇论指为横议，庸论谓有典则"（《戊申再上孝宗皇帝书》），"论恢复则曰修德待时,论富强则曰节用爱人,论治则曰正心,论事则曰守法。君以从谏务学为美,臣以识心见性为贤"(《上孝宗皇帝第二书》)。长此以往,国家政事益发不可收拾。

陈亮坚决反对性理空论,大声呼吁人们经世务实,讲求功利。他说:"禹无功,何以成六府?乾无利,何以具四德?"(《宋元学案·龙川学案》)功利二字圣贤尚且无避讳,何况今人。陈亮以除患安民的实事实功为己任,说:"夫以天下之大而存乎吾之志,则除天下之患,安天下之民,皆吾之责也"(《酌古论·吕蒙》)。表现出强烈的务实精神和社会责任心。

2. 王霸杂用论

陈亮不同意程朱理学关于道的认识。程朱认为道是排除了任何利欲杂质的超物质的理性原则,陈亮则认为"夫道,非出于形气之表,而常行于事物之间者也"(《勉强行道大有功》)。天地万物,人情利欲无不涵容于道,"夫天下岂有道外之事哉"(《勉强行道大有功》)。在他看来,道贯穿于一切事物,任何事物都是道的体现,他说:"道之在天下,何物非道"(《与应仲实孟明》);"赫日当空,处处光明,闭眼之人,开眼即是"(《又乙巳秋书》)。这里有三个要点:

其一,道不能脱离人类社会而独立存在。"人之所以与天地并立而为三者,非天地常独运而人为有息也,人不立则天地不能以独运,舍天地则无以为道矣"(《又乙巳春书之一》)。道贯通天地自然和人类社会,在具体历史过程中,表现为人道。"道之在天下,平施于日用之间",它"与生俱生,固不可得而离也"(《经书发题·诗经》)。

其二,人的喜怒哀乐爱恶等情欲皆自然生成,并非如程朱所言,与道绝对对立,而是"得其正则为道,失其正则为欲"(《勉强行道大有功》)。因而就个人言,"夫道岂有他物哉!喜怒哀乐爱恶得其正而已"。如何才能"得其正"?要之,修习本性,扩充本心,施于他人。陈亮举例说:"齐宣王之好色好货好勇,皆害道之事也。孟子乃欲进而扩充之。好色人心之所同,达之于民无怨旷",如此则"非道之害也"(《勉强行道大有功》)。陈亮肯定了情欲的存在具有某种合理性,但必须予以一定的管制,对于统治者来说,则意味着不可随心所欲。

其三,人道的实践内含功利。陈亮认为,道的传延并不像程朱说的那样,"二千年间世界涂炒,而光明宝藏独数儒者自得之"(《又乙巳秋书》),而是由"英雄豪杰之尤者"通过功利展现出来。英雄豪杰们"有时闭眼胡做,遂为圣门之罪人;及其开眼运用,无往而非赫日之光明,天地赖以撑柱,人物赖以生育"(《又乙巳秋书》)。譬如汉唐之君并非如程朱所说,专

"以智力把持天下",亦非专以人欲行事,而是建立了不朽功业。陈亮认为"汉唐之君本领非不洪大开廓,故能以其国与天地并立,而人物赖以生息"(《又甲辰秋书》)。英雄的功业恰恰是道的具体体现。

基于以上三层认识,陈亮重新辨析王霸义利关系,认为其间自有贯通处。王与霸、义与利是同一事物的不同表现。"诸儒自处者曰义曰王,汉唐做得成者曰利曰霸。一头自如此说,一头自如彼做;说得虽甚好,做得亦不恶,如此却是义利双行,王霸并用"(《又甲辰秋书》)。在理论上称为王道,实践中则表现为霸道。如果进一步剖析历史上的王道政治,如被程朱津津乐道的三代之世,其中也杂有霸道。陈亮举出夏启灭有扈氏、武王伐纣、周公平定三监之乱等史实,认为三代之世攻伐纷争,直接导源于三皇五帝。三代之纷争又开启五霸争强斗狠,"五霸之纷纷,岂无所因而然哉!"(《又乙巳春书之一》)因而王、霸之道本混然相杂,因循往复,并无根本区别。王道与霸道在立道为"公"的前提下可以统一起来。陈亮说:"道之在天下,至公而已矣。"(《又丙午秋书》)"至公"就是判定王、霸的准绳。譬如,汉唐之君其心"发于仁政"、"禁暴戡乱"、"爱人利物"(《又乙巳春书之一》),"无一念之不在斯民也"(《策·萧曹丙魏房杜姚宋何以独名于汉唐》),这种"至公之心"正是道的体现。所以说"有公则无私,私则不复有公。王霸可以杂用,则天理人欲可以并行矣"(《又丙午秋书》)。

陈亮辨析王霸之道的用意在于进一步完善事功理论。他在"至公"的前提下混同王、霸,肯定了利欲的合理性。他虽然并没有完全否定理学的修身之道,但在一定程度上抨击了程朱理学专事正心诚意,穷研义理的处世之道,提出了"立心之本在于功利"的人生目的,要人们在政治上能"穷天地造化之初,考古今沿革之变,以推极皇帝王伯之道"(《上孝宗皇帝第一书》),积极进取,以扭转南宋王朝之颓势,完成"中兴"大业。

3. 论君臣

陈亮是尊君论者。他说:"天生一世之人,必有出乎一世之上者以主之。"(《问答上》)认为君臣的出现具有必然性,因为君主具备优于常人的才能和品德。陈亮说:"昔者生民之初,类聚群分,各相君长。其尤能者,以相率而听命焉。曰皇曰帝。盖其才能德义足以为一代之君师,听命者不之焉则不厌也。"(《问答上》)臣的出现也是如此,"方天地设位之初",人们"奉其能者为之辅相"(《问答六》)。君和臣都是凭藉自身优越条件而受到"天下之人"的拥戴,"非其自相尊异,以据乎人民之上也"(《问答上》)。因此君臣作为统治者乃顺乎民心,合乎"天地之大义"(《问答上》),其合理性可溯源于"道"。此后,在人类社会历史长河中,君臣成为定制,"法度既成,

第十八章 两宋理学与功利学派的政治思想

而君臣有定位"(《问答上》),受到一系列制度的维护,"非天下之人所得而自制也"(《问答上》),君主的权威及君臣制度的合法性形成传统,其合理性毋庸置疑。

陈亮认为,在社会政治生活中,君主的职责是"辨邪正,专委任,明政之大体,总权之大纲"(《论执要之道》),执掌最高权力。臣的职守为忠于君主,"公家之事,知无不为"(《论正体之道》)。君和臣形成配合默契的政治团体,同心协力,"君行恩而臣行令"(《论正体之道》),如此方能建立功业。陈亮说:"臣闻上下同心,君臣戮力者,事无不济;上下相蒙,君臣异志者,功无不隳"(《论励臣之道》)。如何调顺君臣关系与建立功业至关重要,陈亮提出了三点要求。

第一,君主执掌大权不可过于专断。南宋的朝政状况是:"发一政,用一人,无非出于独断;下至朝廷之小臣,郡县之琐政,一切上劳圣虑"(《论执要之道》)。宋初实行高度集权,本于匡正五代"兵财之柄,倒持于下"的弊端。可是"后世不原其意,束之不已,故郡县空虚而本末俱弱"(《上孝宗皇帝第三书》)。权力过于集中,必然形成君主一人专断,不免弊漏百出。陈亮说,立国"正患文为之太密,事权之太分,郡县太轻于下而委琐不足恃,兵财太关于上而迟重不易举"(《上孝宗皇帝第一书》)。为免除弊漏,君主持权应以"好要"、"不好详"为原则。君主从总体上作全面统筹,使郡县地方也拥有一定的财、政、军实力,中央与地方"本末"俱强,充分发挥地方政府的行政功能,才能真正实现"上下同心",建立功业。

第二,君主须以天下为公,摒弃私心私利。陈亮以刑赏为例说:"君制其权,谓之赏罚;人受其报,谓之劝惩。"(《问答下》)君主主宰天下,拥有最高刑赏权。然而,君主不可凭个人好恶喜怒施赏用刑,而要把握一个公字。陈亮说:"私喜怒者,亡国之赏罚也;公欲恶者,王者之赏罚也。"(《问答下》)施用赏罚要符合人之本性和社会一般准则,如此方可成就事功。为了防范君主以私害公,陈亮还要君主授权于臣,与其个人决断,"不如付之有司之犹有准绳也"(《廷对》)。

第三,君主应罢退书生,重用豪杰奇才。陈亮说:"有非常之人,然后可以建非常之功。"(《戊申再上孝宗皇帝书》)可是如今庸才当道,他们"拘文持法",不知通变,"平居则何官不可为,缓急则何人不退缩"(《论开诚之道》)。在朝廷上,"大事必集议,除授必资格,才者以跅弛而弃,不才者以平稳而用;正言以迂阔而废,巽言以软美而入,奇论指为横议,庸论谓有典则"(《戊申再上孝宗皇帝书》);如此上下苟安,功业势必难成。针对这种情况,陈亮屡次上书,敦请孝宗启用豪杰之士,非常之才。他指出,若"求非常之功而用常才、出常计、举常事以应之者,不待智者而后知其不济也"(《戊申再上孝宗皇帝书》)。可是,如今天下"雄伟英豪之士"并没能汇集到君主身边,主要原因是君主不能"开心见诚"。陈亮说:"何世不生才,何才不资世。"(《论开诚之道》)天下豪士未尝不延颈待用,关键要看君主态度如何。因为真正的英才豪士并不是高官厚禄可以网络的,如果人主不能推诚以待,"雄伟英豪之士有穷饿而死尔"(《论开诚之道》)。那些可以诱以爵禄者,决非"英豪之士"。为此,陈亮提醒君主,若想招徕非常之才,必须开心见诚,用则勿疑,"与其位,勿夺其职,任其事,勿间以言"(《论开诚之道》)。君臣之间相互信任,臣才会尽心竭力报效君主。同时,君主还要因才任职,据功升迁,"大官必使之当大责,迩臣必使之与密议。才不堪此,不以其易制而姑留;才止于此,不以其久次而姑迁"(《论开诚之道》)。这样"君臣之间,相与如一体,明白洞达,豁然无隐"(《论开诚之道》)。君臣相互勾通,则何事不济,中兴之功,可立而待。

陈亮坚决维护君主的利益,将不能尽忠的臣斥为"禽兽",主张"诛之杀之,何所不可"(《论开诚之道》)。同时又给君主提出许多要求,期待形成精明强干的统治集团,重振国威,将南宋王朝从颓败之中拯救出来。可是,陈亮的愿望是不可能实现的。南宋末年,政治积弊已深入膏肓,并非倡行公心,启用几个奇才所能扭转。这是陈亮思想的局限,也是他的悲剧所在。

4. 辨和战

陈亮一生念念不忘"君父之仇","国家之耻",视徽、钦二宗"北狩",宋廷偏安为奇耻大辱,极其痛心疾首。他在淳熙五年伏阙上书,开篇即言:"臣窃惟中国,天地之正气也,天命之所钟也,人心之所会也,衣冠礼乐之所萃也,百代帝王之所以相承也,岂天地之外夷狄邪气之所可奸焉。"(《上孝宗皇帝第一书》)他坚决反对求和苟安,说:"一日之苟安,数百年之大患也。"(《上孝宗皇帝第一书》)认为求和意味着年年输送岁币,长此以往,国力虚空,民财几尽。当时的形势是:"南方之红女积尺寸之功于机杼,岁以输虏人,固已不胜其痛矣;金宝之出于山泽者有限,而输诸虏人者无穷,十数年后,岂不遂就尽哉!"(《戊申再上孝宗皇帝书》)国家年复一年将大量资财拱手相送,致使夷狄势力愈强,势难驱除。他说,凡主张通和者都是为了求得一时之安,"积财养兵以待时"。自从朝廷与辽、金和好之后,十余年来,"府库充满,无非财也;甲胄鲜明,无非兵也"(《上孝宗皇帝第一书》)。可是,长年苟安一隅之地,财资虽广,国力日衰,甲兵虽众,军力不强,再加上领兵将帅多是庸碌之辈,只会"守格令,行文书,以奉陛下之使令"(《上孝宗皇帝第一书》),一旦真开兵端,"则其迹败矣"(《上孝宗皇帝第一书》),根本无力收复失地。而且,长年苟安,人乏斗志。南渡既久,"中原父老日以殂榭",后生之辈"生长于戎,岂知有我"(《中兴论》),收复中原的向往日渐淡漠,又怎能实现中兴大业!

陈亮先后几次上书,又进《中兴论》,言辞恳诚,要孝宗以复兴国势,收还失地作为基本国策。他提出,全国要积极备战,长备不懈,"使朝野常如虏兵之在境"(《上孝宗皇帝第一书》),随时准备进兵中原。他还要求孝宗废除和约,"誓必复仇,以励群臣,以振天下之气,以动中原之心"(《上孝宗皇帝第一书》)。陈亮认为,北图中原越早越好,不可再拖。如"过此以往而不能恢复,则中原之民乌知我之为谁,纵有倍力,功未必半"(《中兴论》)。陈亮反对苟安,坚决主战,表现出儒生所特有的强烈的民族气节。

陈亮是南宋永康学派的代表人物,他的事功思想体现着某种反思和批判精神。他倡行事功,反对空论,积极进取,在南宋程朱理学一片"格物穷理"的吟诵声中,唱出了一曲富有生气的主旋。可悲的是,南宋王朝已走到末路穷途,大厦将倾,独木难支,陈亮"中兴"大业的理想只能落空。

二、叶适注重功利的政治主张

叶适(1150~1223年),字正则,温州永嘉(今浙江温州)人。晚年曾在永嘉城外水心村讲学,人称水心先生,是南宋永嘉学派的代表人物。

叶适出身寒门,自言"贫匮三世",靠其父教授生徒过活。少年时从学于永嘉学者陈傅良、薛季宣,深受影响。淳熙五年(1178年),叶适中进士第二名,开始了三十四年的仕宦生涯,历任地方和中央多种官职。其间庆元党禁时,因反对弹劾朱熹,一度罢官,名列伪学党籍。后复官兵部、工部、吏部侍郎。时值韩侂胄谋复失地,叶适积极支持,提出先行巩固江防,再谋进取的方针。韩侂胄终因轻进而败,遂委任叶适知建康府兼沿江制置使,节制江北诸州。叶适采取了整饬军队,实行屯田,修建堡坞等措施,加强了两淮和江北的边防,并收复滁州。虽功绩卓著,却因受韩侂胄牵连,开禧三年(1207年)被劾免官。此后专心著书、讲学达十六年。卒赠光禄大夫,谥"忠定"。

叶适学术地位很高,据全祖望评,堪与朱、陆相匹,"遂称鼎足"。他的政治思想以"德治"、"御侮"、"改弱就强"为主要内容。学术上以"步步著实,言之必使可行"(《宋元学案·艮斋学案》),注重功利为特色。著作有《水心文集》二十九卷,《水心别集》十六卷,《习学记言序目》五十卷。

1. 功利、道义并立论

讲求实际功利是贯穿叶适政治思想的基本价值准则。他说:"'仁人正谊不谋利,明道不计功',此语初看极好,细看全疏阔。古人以利与人而不自居其功,故道义光明。后世儒者行仲舒之论,既无功利,则道义乃无用之虚语尔。"(《习学记言序目》卷二十三,《汉书三·董仲舒》)叶适开宗明义,指出道义、功利实为表里,不能偏执。在政治生活中,"善为国者"当"务实而不务虚"(《水心文集·补遗·奏劄》,下引同书只注篇名),注重功效。可是,当今的政治状况是"议论胜而用力寡"(《始议二》),"高谈者远述性命,而以功业为可略;精论者妄推天意,而以夷夏为无辨"(《上孝宗皇帝札子》),凡制策科举,皆凭言辞华美取胜,实际流于空论,无济于政事。针对这种现象,叶适提出要"义利并立",结合"事功"讲"义理"。他说:"读书不知接统绪,虽多无益也,为文不能关教事,虽工无益也,笃行而不合于大义,虽高无益也;立志不存于忧世,虽仁无益也。"(《赠薛子长》)以实际功效作为衡量人们活动和行为的价值标准,这一认识显然击中了程朱理学的切身之弊。而且叶适又不全盘否定理学的必要性,而是主张理论与实效相结合,这样的看法无疑具有合理性。

  为了进一步论证"义利并立",叶适又对道器关系进行辨析。道指普遍原则,器为具体事物。叶适承继永嘉学者薛季宣"道存乎形器之内"的观点,强调"离器无道",说:"物之所在,道则在焉,物有止,道无止也。非知道者不能该物,非知物者不能至道;道虽广大,理备事足,而终归之于物,不使散流,此圣贤经世之业,非习为文词者所能知也。"(《习学记言序目·皇朝文鉴一·四言诗》)理学家们终日讲论的"性命道德"并不能"超然遗物而独立"(《别集·大学》),譬如"礼非玉帛所云,而终不可以离玉帛;乐非钟鼓所云,而终不可以舍钟鼓也"(《习学记言序目·礼记·仲尼燕居》)。在叶适看来,政治原则必须在具体事物中参验其功效:"上古圣人之治天下,至矣。其道在于器数,其通变在于事物"(《别集·进卷·总义》)。义理也只有在具体的事功中才有意义,"无验于事者其言不合,无考于器者其道不化,论高而实违,是又不可也"(《别集·进卷·总义》)。叶适辨析道器关系为统一义利提供了认识依据。

  叶适的功利思想对南宋空谈风气具有批判意义。他要求当权者从实效出发制定政策,改除积弊,他本人也正是从这样的认识出发,提出分权、德治等政策主张。

  2. 独断与分权相结合

  叶适对于两宋政治有一个基本估价,认为宋代建立制度,指定政策的根本前提是"矫正前代之失"。他说:"本朝之所以立国定制,维持人心,期于永存而不可动者,皆以惩创五季而矫唐末之失策为言。"(《法度总论二》)叶适认为,天下之兴衰,政治之得失,自有其必然之理,随着岁月递嬗,时代不同,前朝之失与本朝之得并没有必然的因果联系,所谓"得失不相待而行"(《法度总论二》)。治理国家应当根据具体情况另有建树,"惟其犹有自为国家之意,而不专以惩创前人之失计,矫而反之,遂以为功"(《法度总论二》)。倘若以"矫失"为得,"则必丧其得"。考察宋代政治,恰恰犯此大忌。"夫以二百余年所立之国,专务以矫失为得,而其所以得之之道独弃置而未讲"(《法度总论二》),结果不免弊害百出。其中最为严重的一条是君权过于集中。叶适说,"国家因唐五季之极弊,收敛藩镇,权归于上,一兵之籍,一财之源,一地之守,皆人主自为之也"(《始论二》);使天下之权"铢分以上悉总于朝,上独专操制之劳"(《别集·上殿札子》)。叶适认为,权力高度集于中央,利于治内却失之御外。全国在朝廷的严密控制下,"无狡悍思乱之民,不烦寸兵尺铁,可以安枕无事";对外却"虽聚重兵勇将,而无一捷之用"(《别集·上殿札子》)。全国军队只听命于君主,人民又手无寸铁,只得"坐视胡虏长驱深入"(《别集·上殿札子》)。朝廷一心"屈意损威,以就和好"(《别集·上殿札子》),使国家日渐"外削中弱"。

叶适认为,改弱就强的方法是分权。古代帝王"知威柄之不能独专也,故必有所分"(《应诏条奏六事》)。君主要将一部分权力下移到地方,以发挥地方政府的治安和御外职能。但这并不意味着要求君主放弃个人专制,恰恰相反,叶适提醒君主要牢牢把握住最高权力,将天下之势集于一身。他说,天下之势有在外戚者,有在权臣者,有在宦官、士卒者,所以会发生王莽亡汉,司马氏夺魏等篡权之祸。可见,叶适分权主张的前提是"重势",即在君主总揽最高权力的前提下,调整中央与地方官府的权力再分配。

3. **德治**

叶适说,法、政令和权势"虽非先王之所废也,然而不以是先天下"(《君德一》)。他不赞同纯"以法御天下"(《君德一》)。在他看来,纯任法治必然导致法密刑繁,这非但不能治平天下,反而使"治道不举"。法度过密,人们听命于法,一举一动都要受法的制约,个人才干无从施展,会导致"事功日隳,风俗日坏"(《君德一》)。刑法不能治服人心。考之前世,君主用刑虽重,"而民亦无畏刑之心"(《国本下》),反使"大姓奸豪"依仗权势滥用刑罚,加剧社会动乱。叶适还提出,"国家以法为本"必然会出现"废官而用吏"的现象。因为官员虽有职有权,却不如吏胥熟悉法律条文,"故不得不举而归之吏"(《别集·上殿劄子》),使得"官失职而吏得志矣"(《上殿札子》)。执法吏胥趁机弄权,上下其手,"所欲与,则陈与例;欲夺,则陈夺例,与夺在其牙颊"(《宋史·刘一止传》),加重了政治混乱。鉴于这些原因,叶适坚持以德治作为基本政策原则,着重论述了如下三个问题。

其一,服天下之心。叶适提出:"臣闻人君必以其道服天下,而不以名位临天下。"(《君德一》)君主虽然拥有权力,主宰生杀,"然而不得其道以行之",则不能"服天下之心"(《君德一》)。臣民百姓迫于君主威势不敢作乱抗上,其实统治并不稳固。推行德治,用儒家的三纲五常之德教化臣民,则能使人们从心理上、意识上心甘情愿服从君主,真正实现长治久安。

其二,善治以礼。叶适说:"古者民与君为一,后世民与君为二。"(《民事上》)君民之间既互相对立,又相互依存。一方面,"夫民不可以一日无其上",民的生存有赖于君主治理;另一方面,民又"不能一日以安其上"(《习学记言序目·史记一》),民众从来就不会俯首贴耳听命于君,他们是政治中的不稳定因素。可是,历代君主治民只会"摇手动足,皆归之于刑"(《习学记言序目·史记一》)。叶适认为这并非上策,"刑之而后安,非善治也"(《习学记言序目·史记一》)。因为"民相依以生,而不相依以刑也"。最好的方法是"安上治民,齐之以礼",运用孔子所称道的"善治"之方。叶适认为自春秋以来,儒生们无不讲论以礼乐治天下,其实他们并不清楚礼乐与治民的关系,能真正将礼乐"措之于治者绝少"(《习学记言序目·史记一》)。叶适所说的"礼治"有二层含义:第一,要纯任礼乐,废除刑戮。他说:"不为刑辟而后礼乐可为,未有礼乐刑辟兼而为之者也。"(《习学记言序目·汉书一》)第二,要"一以父兄师友之道经纪其民"(《习学记言序目·汉书一》),通过礼乐教化"化导迁改",使民"和亲安乐,久而成性",形成民风敦厚、人性善良的社会环境。这是"礼乐之实意,致治之精说"(《习学记言序目·史记一》),是消除政治不稳定因素的最佳手段。在这一点上,叶适从功利跳到了迂腐之境。

其三,得民养人。叶适说:"先王之政,以养人为大。"(《东嘉开河记》)"为国之要,在于得民。民多则田垦而税增,役众而兵强。"(《民事中》)民是君主建立功业的基础,因而统治者应视民如子,施行仁政,招徕百姓,给人民的衣、食、住以最基本的保障。他说,人们对牲畜尚且予之饮食、圈牢,"而民之饮食居处,上则夺之以自利,是不如六畜也"(《习学记言序目·管子》)。叶适对不施仁政的君主给予强烈的抨击,"古人未有不先知稼穑而能君其民,能君其民未有不能协其居者。……后世弃而不讲……乃以势力威令为君道,而以刑政末作为治体"(《习学记言序目·毛诗》)。在叶适看来,连号称明君的汉文帝、唐太宗"其实去桀纣尚无几也"(《习学记言序目·毛诗》),与"博施济众"的仁政理想相距甚远。

在具体政策上,叶适提出"因时施智,观世立法"(《别集·民事下》)。

他对理学诸子主张的复井田之说表示异议,认为实行井田制的前提是"天下之田尽在官",而且要与分封制并行。如今这些条件都不具备,即使具备,也难以实行,因为井田之法"琐细烦密,非今天下之所能为"(《别集·民事下》)。他又不主张"抑兼并",认为"富人者,州县之本,上下之所赖也"(《别集·民事下》)。穷人租佃土地,借贷度荒都要依赖富人,国家赋税又多出于富人,"富人为天子养小民,又供上用"(《别集·民事下》),实为社会中坚和国家根基,不可因抑制兼并而受到伤害。他主张对那些"豪暴过甚,兼取无已者"可给予适当的"教戒","随事而治之,使之自改则止矣"(《别集·民事下》),而不能将抑制兼并作为普遍政策。叶适认为解决土地问题的最好办法是"去狭而就广"(《别集·民事中》)。他说:"有求农而不得地,无得地而不农也。"(《别集·民事上》)各州县都有荒地,朝廷当为之立法,招徕农民耕种。这样可一举两得,既缓解了贫富对立,"兼并不抑而自已",又可使"田益垦而税益增"(《别集·民事上》),增加国家收入。此外,叶适又主张工商与农业同步发展,"夫四民(士农工商)交致其用而后治化兴,抑末厚本非正论也"(《习学记言序目·史记一》)。

叶适勾划了一幅"德治"理想政治蓝图,虽说有些政策主张未免拙劣,但其中仍不乏惊人之笔。然而在君主专制政治条件下,美好的理想大多成为泡影,只给人们留下几缕暇思和无限的遗憾,这是传统社会所有倡导"德治"、"仁政"者的必然归宿。

4. 用贤

叶适认为,南宋国事艰难,人才乏匮,庸碌之辈充塞朝廷。"能缚一奸民,遂自许为有智;能斩一黥卒,遽自负为有勇"(《上殿劄子》),其根源在于整个选官考绩制度弊病重重。叶适对此进行了深刻的剖析,总结出以下五点:

一曰"资格为用人之害"(《别集·资格》)。叶适认为选用官吏"自贱而历贵,循小官之次而后至于卿相"本无可非议,但这种方法往往使"贤否混并而无所别",是"衰世之法"。本朝官吏升迁就多凭资历,"无有流品,无有贤否",凡"资深者叙进,格到者次迁",根本做不到"举贤才,起治功"。叶适认为,最稳妥的方法是先定流品,后叙资格。即"先别其流品,以分君子小人之塗,以定清浊高下之序",使君主对于德才兼备、足以居大位者了然于胸,然后等待其人履历合乎资格条例,再行升迁。这样就能使"朝廷之资格一出于人才之所当用,则有资格之利而无资格之害矣"(《别集·资格》)。二曰"铨选之害"。铨选乃国家考核官吏,以保证"甄别有序,黜陟不失"的重要手段,其职权归属吏部。可是本朝吏部不能尽职,铨选之官形同虚设,天下贤能不得进用。"如此,则治道安从出,而治功何自成哉?"(《别集·铨选》)针对这一弊端,叶适认为只有明确吏部职权,充分发挥其选贤用能的职能方可解救。三曰"荐举之害"。南宋官员升迁须有人荐举。官员们为谋升迁而"奔竞成风,干谒盈门,较权势之轻重,不胜其求"。他们为了求得荐举者全无廉耻,一朝升官,则"彼其下者,又为卑身屈体之状以进焉"。官员们"以此见举,以此举人"(《别集·荐举》),使官场风气大坏,吏治腐败,小民深受其害。叶适认为改除这一弊端的方法是严格考课,使那些资历合格,有功无过者能循序升迁,这样就能使"卑身屈体"谋求举荐者相对减少。而举荐者或许能真正将贤能之士荐举上来。四曰"任子之害"。"任子之法"本是为了体现君主"录功记旧"之意,可是在实行过程中反而"其义不当而其恩不称"。实行"任子"使"朝廷不尚贤而尚贵",官贵子弟"不知艺极,骄侈无忌",无才少德反得高官厚禄,这是对尚贤原则的最大破坏。恩荫过滥还有害于道德风尚,使"义理愈敝而人纪隳矣"(《别集·任子》)。叶适主张凡功德平平的官员不得任子,只许功绩显著和有贤德之名的官员任其子弟。其他官员子弟则令其入学,选明师教诲,发现才器卓越者,再行选用。五曰"科举之害"。叶适说:"夫士者,人才之本源,立国之命系焉。"(《别集·科举》)古代"化天下之人为士",目的是使之通达礼义,如今"化天下之人为士,尽以入官为一害"(《法度总论三》),科举是由士而入官的必经之途。人们自幼习读,稍能为文就出入科场,盼望平步青云。但本朝取士有名额限制,各地区又不相同。名额余裕者如江淮之间,"或至以仅能识字成文者充数",名额缺少者如闽浙之地,士人"奔走四方,或求门客,或冒亲戚",以求仕进。科举制"以利诱之于前而以法限之于后",结果是谋官者"假冒干请,无所不为"(《别集·科举》)。而且,宋代科举乃一举而定终身,只中乡试,亦能作官。结果造成庸才充斥,冗官愈甚。叶适力陈科举之害,要君主严格场试,改除弊端,变害为利。

在叶适看来,治功的实现必须依靠才德兼备之士,本朝人事制度却严重阻碍了贤才的选用。他根据实际情况和具体条件逐一提出改弊设想,有些意见切中肯綮。但他没有,也不可能认识到问题的根源在于君主政治。他的批评足以启发后人,却无力挽救南宋王朝的政治危机。

5. 御侮

叶适生活的时代,民族危机日益加深。叶适多次上书,强调"二陵之仇未报,故疆之半未复"是"天下之公愤,臣子之深责"(《上孝宗皇帝劄子》),乃当今第一大事。他反对议和,奏请抵御金人侵扰,收复失地。他痛惜地指出:如今"南之思北也少,而北之望南也多"(《别集·终论五》),朝廷的对外政策有严重失误。他指出,"固外者宜坚,安内者宜柔"(《别集·纪纲二》),二者不可倒置。唐朝"化内地为藩镇,内外皆坚",至使君权衰弱;"本朝反其弊,使内外皆柔。虽能自安,而有大不可安者"(《别集·纪纲二》)。由于高度的中央集权,领兵将帅"权任轻而法制密",处处受中央辖制,"不能自备于一战"(《纪纲二》),动辄得咎。再加上冗兵之患,"国家有休兵之实过于文、景;而天下被用兵之害甚于武帝"(《别集·应诏条奏之事》),战略上形成了"进不可战,退不可守"的被动局面。

针对这些情况,叶适提出了具体的"改弱就强"之方。一曰"修实政",二曰"行实德"。前者指的是"必先审知强弱之势而定其论"(《宋史·叶适传》),不可轻举妄动。他提出要加强边防,"备成而后动,守定而后战"(《宋史·叶适传》)。沿淮水修建堡坞,联络各山水寨,实行军民联防,"彼此策应,而后进取之计可言"(《宋史·叶适传》)。后者则要求君主实行"节用减赋,以宽民力"的政策,以减缓社会冲突,争得民众拥护。他说:"何名之赋害民最甚,何等横费裁节宜先,减所入之额,定所出之费。"这样,"既修实政于上,又行实德于下,此其所以能屡战而不屈,必胜而无败也"(《宋史·叶适传》)。

叶适继陈亮之后再倡事功,他的理论受到理学家们的普遍反对。与之书信往返密切的朱熹就批评道:"陆氏之学虽是偏,尚是要去做个人;若永嘉、永康之说大不成学问!不知何故如此。"(《朱子语类》卷一二二)并认为叶适的学问多是"杜撰"(《朱子语类》卷一二三)。然而,正是叶适的"杜撰",才给南宋思想界带来一点生气,这也正是叶适功利思想的时代意义之所在。

三、邓牧的"平等"政治理想

从南宋末到元初,民族矛盾和阶级压迫伴随王朝更替而愈益加剧。战争给人民带来深重的苦难,元朝统治者统治残暴,政治黑暗。一些士人为避祸乱,隐居山林,他们对现实社会抱着强烈的批判态度,向往着太平盛世。邓牧就是其中的代表人物。

邓牧(1247~1306年),字牧心,浙江钱塘(今杭州市西)人。正史无传,身世不详。据《洞霄宫图志·邓文行先生传》载,他少年时"读《庄》、《列》,悟文法,下笔追古作者。及壮,视名利薄之,徧游方外,历览名山"。南宋亡时,邓牧三十二岁,遁入余杭大涤山道观洞霄宫隐居。大德九年(1305年)元统治者派人请他出山作官,坚辞不就。邓牧别号"九锁山人",自号"三教外人",以示归隐,不入于儒、佛、道正宗之中。邓牧有些诗文、游记之作,反映其政治思想的是《伯牙琴》。初为六十余篇,"由元迄明,亡佚过半"(《伯牙琴·跋》)。《四库全书总目提要》著录二十四篇,后有增补。今有中华书局标点本。

邓牧的政治思想以批判君主专制和向往平等社会为特色,主要有以下几层内容。

首先,邓牧提出了两种政治形式:一种为"尧舜",另一为"秦"。尧舜代表着他的理想政治,即"至德之世"。其特点是,立君主为天下之利,非以天下之利奉君主一人。邓牧说,"古之有天下者,以为大不得已";"天下有求于我,我无求于天下"。作君主并无利益可图,如同"乡师"、"里胥"。"夫乡师、里胥虽贱役,亦所以长人也,然天下未有乐为者,利不在焉故也。圣人不利天下,亦若乡师,里胥然"。"尧舜之政"其分未严,饮食未修,生活极简朴,社会成员处于相对平等地位,政治平和,君主深受人民拥戴,"惟恐其一日释位而莫之肯继也"(以上引文见《伯牙琴·君道》)。然而令人遗憾的是,尧舜之政仅上古有过,如今时世变迁,这种平等简朴的政治形式只能留作人们的理想。

历史发展到后世,"不幸而天下为秦",天下一统,"六合为一",君主成为人间一切灾难、祸乱的根源。秦之政的特点是,君主"竭天下之财以自奉","夺人之所好,聚人之所争,慢藏诲盗,冶容诲淫",宫室华美,生活奢侈,君主是造成社会不平等的祸根。邓牧质问道:"天生民而立之君,非为君也;奈何以四海之广,足一夫之用邪"。秦之政的君主专制天下,"凡所以固位而养尊者,无所不至",惟我独尊。君主以天下作为一己之私,惟恐有人谋夺权位,"惴惴然若匹夫怀一金",终日以"盗贼"为忧,于是坚甲利兵以自卫,对人民施以暴虐统治。邓牧尖锐地指出,"后世为君者歌颂功德,动称尧舜,而所以自为乃不过如秦"(以上引文见《伯牙琴·君道》)。君主是造成暴政的原因。

邓牧否定了君主的神圣性,说:"天下何常之有,败则盗贼,成则帝王。"君主与凡人本质相同,君主并非天生"四目两喙,鳞头而羽臂"的神物,"状貌咸与人同,则夫人固可为也"(《伯牙琴·君道》)。在邓牧看来,君主的权力既非神授,君主本人亦非神圣,因而君主毫无神圣可言,又凭什么作威作福,欺压百姓!

邓牧通过两种不同政治形式的比较,深刻地批判和揭示了君主专制。

其次,邓牧深入批判了官僚政治。邓牧认为,官吏是君主政治所必需,即使在尧舜至德之世,君民之间"相安无事",也不能缺少官吏。不过,那时官吏人数不多,也不是高踞民众之上的特权阶层。当时"才且贤者"大多隐居山林,出仕者不是为了谋求个人私利,只是作君主的助手而已,对民有益无害,"天下阴受其赐"。到了后世,情况大变。统治者都是"害民者"。他们惧怕人民反抗,所以"周防不得不至,禁制不得不详",启用了大量官吏作爪牙。后世的官吏只知残剥百姓,"大者至食邑数万;小者虽无禄养,则亦并缘为食,以代其耕,数十农夫,力有不能奉者"。他们大多是些"不肖游手","取民愈广,害民愈深",如同"率虎狼牧羊豕",百姓深受荼毒。邓牧深刻地揭示道:官吏之害,甚于盗贼。"盗贼害民,随起随仆",尚有所"避忌",不敢恣意妄为。官吏则凭藉权势欺凌人民,可以肆无忌惮,"天下敢怨而不敢言,敢怒而不敢诛"。这一认识真是入骨三分。邓牧还指出,百姓本来思安惧危,渴望太平,可是为什么天下常有危乱,小民会起来造反呢?原因就在于贪官污吏残害百姓,人们不堪其苦,才奋起抗争。他说:"夫夺其食,不得不怒;竭其力,不得不怨。人之乱也,由夺其食,人之危也,由竭其力。"(以上引文见《伯牙琴·吏道》)官吏名为民之父母,实是害民之贼。百姓造反,责在统治者自身。

再次,邓牧还尖刻地讽刺了元朝统治者。他写了两则寓言,《越人遇狗》和《楚佞鬼》。前一篇把元统治者喻作贪婪残忍的狗。越人以礼待狗,食以粱肉。然稍不如意,即被狗吞食。告诫人们不要对贪残成性的元朝统治者抱有幻想。后一篇将元统治者比作楚鬼,将其爪牙称作"亡(无)赖"。他们依仗势力,愚弄、欺压百姓,终于触怒天神,发雷霆震碎庙宇,杀死"亡赖"。表明邓牧痛恨元统治者,又找不到出路,只好寄希望于神灵。

邓牧集中批判了暴君、暴政,他的理想是实现"平等社会"。依照他的设想,理想的社会没有君民等级,没有聚敛掠夺,君的生活与民众一样简朴,官吏与百姓也很接近。君主能深入民间,"为衢室之访,为总章之听",了解百姓的意见,关心人民饥苦,"忧民之溺,由己之溺;忧民之饥,由己之饥"(《伯牙琴·见尧赋》),君主与民息息相通。人民则自食其力,安居乐业,与君主和官吏和睦相处。显而易见,邓牧并没有否定君主,他找不到君主政治之外的其他政治模式。不过,他在某种程度上也意识到君主政治似乎并非最佳选择,从而流露出对无政府社会的向往。他说:"得才且贤者用之,若犹未也;废有司,去县令,听天下自为治乱安危,不犹愈乎!"(《伯牙琴·吏道》)邓牧深知他的理想很难被世人接受,也无从实现,于是自叹"今世无知音"(《自序》),名其文曰《伯牙琴》,以待后世相知。

邓牧的理想政治虽属空想,历史上的影响也极为有限,但是,他对君主专制的深刻批判在中国古代政治思想发展史上仍然有其不可淹没的价值,应占一席之地。

第十九章 辽、夏、金、元的统治思想

辽(契丹)、夏(西夏)、金、元都是少数民族建立的王朝,它们分别由契丹族、党项族、女真族、蒙古族建立。在辽、夏、金、元统治时期,北方相对落后的游牧文化与中原高度发达的农耕文明从激烈的冲突、对抗,逐渐走向融合,进入中原的少数民族也大多融入汉族。这不仅丰富了中华文化和汉族的内涵,也对政治思想的发展有一定影响。

契丹、党项、女真、蒙古等作为中国历史上的古老民族,都曾为中华文化的形成作出过卓越的贡献。由于这些少数民族建立的政权在其经济、文化以及所面临的政治局面等方面均各有不同,所以在统治思想和治国方略上都具有一定的特色。

第一节 辽、夏、金因俗而治的统治方略

从唐朝灭亡至元朝建立的三百余年间,辽(契丹)、夏、金先后在北部中国兴起。它们是彼此对峙且与大宋王朝相抗衡的独立王朝。其中辽、金先后雄踞北方,都是幅员辽阔、盛极一时的大帝国。在辽、金时期,中国北部的广大地区长期处于一个政权的管辖之下。辽朝极盛时期的版图为北宋的两倍。金朝的疆域进一步向南推进到淮河一线。长期的局部统一,促进了多民族国家的发展。缔造强盛的帝国需要有雄才大略,维系地域广大的帝国需要精明的治术。辽、夏、金都曾涌现出一批杰出的政治人才,这些王朝的统治思想也很有特色。

摆在辽、夏、金最高统治者面前的政治课题大体相似:其一,如何摆脱

本民族旧的制度和习俗中的某些因素,以强化王权。其二,如何维护本民族的统治地位和特权。其三,如何实现对文化习俗迥异的众多民族的有效统治,特别是对汉族及其他汉化程度较深的民族的统治。其四,如何在与政治、经济、文化发达的中原王朝的对抗中占据优势地位,进而统一天下。

围绕上述政治课题,各族统治集团内部长期争执不休,甚至导致你死我活的政治冲突。随着时间的推移,在统治思想上又都经历了由推行本族制度、实行野蛮统治,到因地制宜、调整政策,再到实行汉制、日渐汉化的历史过程。辽、夏、金的治国方略,大体可以概括为:兼容并包,因俗而治,逐步汉化。

一、仿效汉族王权,建立皇帝制度

辽、夏、金都是在本民族内部发生重大社会变革之后,在与中原王朝的冲突中发展壮大的。社会经济的变革引起了政治体制的变革。最高统治者为了强化王权和国家职能,纷纷仿效、借鉴中原的政治体制,改首领的部落选举为王位的世袭继承,改君臣差别较小为尊卑等级分明。汉族的典章制度对各族新的国家政权有深刻的影响。

契丹王权是以汉族制度改造部族制度的混成物。据《新五代史·四夷附录第一》记载,辽朝创始人耶律阿保机依照部落选举制度登上汗位之后,听从汉族谋士所谓"中国之王无代立者"的劝诫,公然违背可汗三年一选的旧制,依靠暴力手段,仿照汉族王朝建立皇帝制度。他自称"大圣大明皇帝",确立王位世袭制度,并下令营建皇都,创造文字,颁行法律,重新编制境内部族。他"率汉人耕种,为治城郭邑屋廛市,如幽州制度,汉人安之"。

西夏立国规模,多从中原儒生所教。据《宋史纪事本末》卷三十记载,李元昊"仿中国置文武班,立蕃、汉学,自中书令、宰相、枢密使以下,分命蕃、汉人为之,以衣冠采色别士庶贵贱"。他自诩"制小蕃文字,改大汉衣冠",声称"礼乐既张",各族"莫不服从",因此必须建立"万乘之邦"。由于西夏立国前曾长期作为中央王权的地方政权存在,受汉文化影响较深,所以西夏王权在政治意识和政治制度上更接近中原王朝的模式。

金朝创始人完颜阿骨打也仿照中原制度建立王权。据《三朝北盟会编》卷三记载,进士出身的渤海人杨朴向阿骨打劝进,说:"大王创兴师旅,当变家为国,图霸天下,谋万乘之国……愿大王册帝号,封诸蕃,传檄响应……兴帝王之社稷。"阿骨打采纳此议,依汉制称帝,并改造勃极烈制度,又将猛安、谋克等氏族军事组织比照郡县置吏之法改为地方行政组织。这就将中央和地方都直接置于王权的控制之下。

为了巩固中央集权政体,辽、西夏、金的许多统治者还仿照中原礼法,不断改革、完善各项典章制度。如辽兴宗下诏"明礼义,正法度",令大臣"酌古准今,制为礼典"(《全辽文》卷二《谕萧韩家奴制礼典诏》)。金太宗灭辽后,"始议礼制度,正官名,定服色,兴庠序,设选举"(《金史·宗干传》)。金熙宗改革各项制度,对宗庙、尊号、谥法、官制、仪卫、舆服、祭祀等,都作了详尽的规定。新的制度处处体现和维护王权尊严,使这些少数民族的帝王俨然汉家天子。

二、因俗而治,两套官制

因俗而治、两套官制的统治方略由辽首创,西夏、金相继效仿。辽太祖、太宗占据以农耕为主的渤海国和燕云十六州后,发现不能以适于治理游牧民族的方法统治农耕区,于是根据南北生活方式和民族构成的不同,采取不同的统治方式,实行"蕃不治汉,汉不治蕃,蕃汉不同治"(《宣府镇制》卷十四)。随着时间的推移,这种策略逐渐演化为基本制度。据《辽史·百官志》记载,"至于太宗,兼制中国,官分南北,以国制治契丹,以汉制待汉人"。

因俗而治的基本做法是:基本维持各民族原有的政治制度、法律制度和经济制度。在中央机构中,设置南面、北面两种官制体系,"皇帝与南班汉官用汉服;太后与北班契丹臣僚用国服"(《辽史·仪卫志》),"北面治宫帐、部族、属国之政;南面治汉人州县、租赋、军马之事。因俗而治,得其宜矣"(《辽史·百官志》)。所谓南面、北面,系指官署分别设置在皇帝牙帐的南北。北面官大体沿用旧制的名称。南面官则仿照唐宋制度,中央设三省六部,地方设刺史、县令。北面官一律任用契丹人,以本族的风俗治理本族。南面官杂用各族人,皆称"汉官",穿汉服,并以汉族的制度治理汉族。在地方,契丹等游牧民族实行部族制,汉、渤海等农耕民族实行州县制。法律也有汉、蕃之别,"凡四姓(契丹、奚、渤海、汉)相犯,皆用汉法;本类自相犯者,用本国法"(《武溪集·契丹官仪》)。契丹文和汉文为官方使用的正式文字,且以汉文为主。

西夏、金也有类似的统治方略和政治制度。

辽、西夏、金的统治者奉行因俗而治的统治方略,对各民族采取有所区别的政策,有利于国家的稳定和各民族地区的安定。历史事实证明,这是比较成功的统治思想和民族政策。

三、"夷可变华"，尤重儒教

在文化政策上，辽、西夏、金都奉行兼收并蓄的方针，对各民族的文化、习俗、宗教一般不以行政干预。金的统治者一度强行推广女真风俗，后改弦更张。各族统治者对汉文化尤为重视。他们在对各族文化兼收并蓄的同时，不断吸收汉文化，儒学在统治者的心目中地位越来越高。

契丹最高统治者从一开始就对儒、道、佛采取兼收并蓄、大力提倡的政策，而对儒学尤为推崇。据《辽史·义宗倍传》记载，辽太祖曾问群臣："受命之君，当事天敬神。有大功德者，朕欲祀之，何先？"群臣"皆以佛对"，而皇太子耶律倍则认为："孔子大圣，万世所尊，宜先。"辽太祖认为"佛非中国教"，他采纳皇太子的建议，下令在京城建孔子庙。从此历代辽朝皇帝祭谒孔庙遂成定制。辽朝在上京置国子学，在南京设太学，在各州县也设学养士。辽朝的科举考试制度与唐、宋之制大同小异。

西夏学校有"蕃学"（党项学）和"国学"（汉学）两类，其中"国学"由夏崇宗建立，并选派皇亲贵族子弟数百人入学，置教授传习汉儒之学。夏仁宗时建立太学，并正式开科取士，学校教育主要是儒学。

金朝统治者比较重视道教，也崇信佛教，而一言及文治，还是更重视儒学。金熙宗、金世宗最典型。金世宗崇儒学，建孔庙，封孔子后裔为衍圣公。他认为儒家孝道与女真旧俗契合，并命译经所将《五经》译为女真文。他说："朕所以令译《五经》者，正欲女真人知仁义道德所在耳。"（《金史·世宗纪》）他在中央置国子太学和女真国子学，在各地设汉儿府学和女真府学。他还规定，女真贵族不读女真字经书者，不得承袭猛安、谋克。金章宗以降，更是大力推行尊孔读经的文教政策。

辽、西夏、金的文化政策在客观上促进了中华民族文化的统一和发展。从保存下来的辽、西夏、金的文献和文物看，当时北方的文化既借鉴了汉文化，又富有民族特色和地方特色，已达到相当高的程度。辽、西夏、金的文化是中华民族历史文化宝库中的重要组成部分。

四、习中华君道，作正统天子

在汉文化的影响下，辽、西夏、金最高统治者的民族意识和政治心理有深刻变化，主要表现是：许多帝王研修汉族经史，从中学习治国之道。他们自认是炎黄子孙，同属华夏一脉，立志统一华夏，作正统天子。

辽、西夏、金的许多帝王注重学习中华君道，对汉族的有为之君的统治术大加赞扬。据《辽史·马得臣传》等记载，辽圣宗推崇唐太宗、唐玄宗等,喜好阅读《贞观政要》,他命臣下从唐代帝纪中"录其行事可法者进之",并将《贞观政要》译为契丹文供帝王、储君及群臣阅读。无独有偶,金熙宗也说:"朕每阅《贞观政要》,见其君臣议论,大可规法。"(《金史·熙宗纪》)他还仿效唐太宗的做法,命令帝王与大臣议论政务时,记录起居注的史官不必回避。辽、金帝王学习、引据中国帝王言论、儒家经典和历代史记,并据以处理政务的事例还有很多。

在当时,学习汉族的统治模式、政治理论和习俗的风气很浓厚。这对统治者的政治意识和政治行为有深刻影响。许多帝王以炎黄子孙、华夏一脉自居,"欲跨辽、宋而比迹于汉、唐"(《金史·章宗纪》)。辽道宗曾以白金数百两铸佛像,铭其背云:"愿后世生中国。"(《全辽文》卷二《银佛背铭》)金熙宗自幼师从汉族大臣,修习儒家经典,"宛然一汉家少年子",宗室大臣称其为"汉儿",他却称固守旧俗的贵族为"夷狄"。有的帝王表现出实现"天下一家",作正统皇帝的强烈欲望。金海陵王认为:"自古帝王混一天下,然后可为正统。"(《金史·耨盌温敦思忠传》)帝王的逐渐汉化,势必推动其统治区域内政治、文化的日益汉化。

五、不断改革,与中华渐趋大同

辽、西夏、金的政治体制、典章礼仪有一个由旧俗到新制不断演变的过程。以辽代法制为例,经诸帝的不断调整,法典逐渐完备、统一。据《辽史·刑法志》记载,辽道宗"以契丹、汉人风俗不同,国法不可异施",遂命大臣"更定条例。凡合于律令者,具载之;其不合者,别存之"。以西夏的礼仪制度为例,夏毅宗下令一律采用汉礼,废止党项礼仪。这三个王朝从立国到鼎盛,改革更新始终是政治活动的主流,所以帝王大多主张因时制宜,改革变通。例如金熙宗废除女真的勃极烈制度,全面实行汉官制。他在关于"天眷新制"的诏书中说:"盖变则通而通则久……皆今急务","可则循,否则革,事不惮于改为"。又说:"维兹故土之风,颇尚先民之质,性成于习,遽易为难,政有所因,姑宜仍旧,渐祈胥效,翕至大同。"(参见《金文最》卷四《答请定官制诏》、《更定官制诏》等)改革的核心内容是摆脱本民族"祖宗成法"的羁绊。几乎每一位主张改革的帝王登基都会在改革旧制方面取得阶段性的成果。其总体结果是政治、经济、法律、礼仪等制度及统治思想、文化风俗与中原日益趋近。

北方各政权"得中国土地,役中国人力,称中国位号,仿中国官属,任中国贤才,读中国书籍,用中国车服,行中国法令"。经过二三百年的演变,北方各民族的差别逐渐泯灭,汉语成为通行的语言交流工具。元朝建立后,将原金朝统治下的汉人、女真人、契丹人等统称为"汉人"。这表明生活在大河上下的各族人民已基本上实现大同。

第二节 承天后及辽圣宗的政治思想

辽承天皇太后萧绰(953～1009年),是辽景宗的皇后、辽圣宗的母亲。她明达治道、习知军政,先后相夫教子,临驭天下达四十余年。辽圣宗耶律隆绪(970～1031年),小字文殊奴。他接受其母承天皇太后萧绰的教诲,有很高的军政、文化素养。承天后、辽圣宗母子都有卓越的政治才干。在他们的统治时期,辽朝达到鼎盛。承天后和辽圣宗的政治思想和统治方略主要有以下几个方面:

其一,任贤纳谏,用人不疑。

"惟在得人"是萧太后、辽圣宗最重要的治国方略之一。萧太后母子崇拜唐太宗,奉《贞观政要》为圭臬,在具体运用任人纳谏的政治艺术方面,其气魄和胆识有过之而无不及。史称萧太后神机智略,善驭左右,"明达治道,闻善必从,故群臣咸竭其忠"(《辽史·后妃传》)。辽圣宗"理冤滞,举才行,察贪残,抑奢僭",在辽代诸帝中,"令名无穷,其唯圣宗乎!"(《辽史·圣宗纪》)《辽史》、《契丹国志》等史籍中,记载了萧太后、辽圣宗许多任人不疑、礼敬大臣、从谏如流、信赏必罚的故事。

其二,整顿吏治,严惩贪酷。

整顿吏治是萧太后和辽圣宗一个重要的治国方略。萧太后摄政后立即着手整顿吏治,诏谕三京大小官员莅事"当执公方,毋得阿顺。诸县令佐如遇州官及朝使非理征求,毋或畏徇"(《辽史·圣宗纪》)。此后又屡下诏旨,察贪酷,决滞狱,仅统和九年(991年)就两次派遣大批得力官员分赴各地,"决诸道滞狱"(《辽史·圣宗纪》)。太平六年(1026年)辽圣宗又下诏"北南诸部廉察州县及石烈、弥里之官,不治者罢之。诏大小职官有贪暴残民者,立罢之,终身不录;其不廉直,虽处重任,即代之;能清勤自持者,在卑位亦当荐拔;其内族受赂,事发,与常人所犯同科"(《辽史·圣宗纪》)。由于任用循吏,罢黜贪官,革除陋规蠹弊,使得政治比较清明,社会相对稳定,史称"国无幸民,纲纪修举,吏多奉职,人重犯法。故统和中,南京及易、平二州以狱空闻"(《辽史·刑法志》)。

其三,开科取士,重用汉官。

开科取士是萧太后和辽圣宗在政治上采取的一个重大举措。契丹立国以来,重要官职一直实行世选制。萧太后果断地改革旧的用人制度,从各民族中大力选拔官员。她重用有才干的汉族士人,多次"诏诸部所俘宋人有官吏儒生抱器能者,诸道军有勇健者,具以名闻"(《辽史·圣宗纪》)。为了大批培养、选用精通儒学的士人,萧太后正式采用唐制开科取士,并形成制度。萧太后、辽圣宗开科举、用汉官,使大批有用之才为其所用,扩大了统治基础,提高了官僚素质,对北方文化教育的发展也具有积极意义。

其四,修订法律,改革制度。

这一时期,辽代法律变革的特点是蕃律与汉律在一些方面渐趋同一。契丹、汉族分治本是辽的一大创造,可是由于蕃汉不同法,同罪异论者很多。萧太后及辽圣宗致力于完善制度,修改法律,使刑法由严苛变为宽平,蕃汉二律趋向统一。辽圣宗说:"朕以国家有契丹、汉人,故以南、北二院分治之,盖欲去贪枉,除烦扰也;若贵贱异法,则怨必生。"(《辽史·刑法志》)他们修改律令,对许多罪名实行同罪同罚。"先是蕃民殴汉人死者,偿以牛马;汉人则斩之,仍以其亲属为奴婢。燕燕一以汉法论。"(《辽史拾遗》卷十九)又如明令"契丹人犯十恶者依汉律"(《辽史·圣宗纪》)。萧太后、辽圣宗还删除了契丹旧法中过于严苛的部分。他们还重新编制部族,改革赋税制度。

萧太后和辽圣宗对政治的调整和改革,大大强化了契丹王权,缓和了民族矛盾和阶级矛盾,使社会经济得到恢复和发展。辽王朝在萧太后、辽圣宗统治时期,疆域不断扩张,与北宋实现和议,国内政局较为安定,成为雄踞北方的泱泱大国。

第三节 金世宗的吏治思想

金世宗完颜雍(1123～1189年),本名乌禄,金太祖之孙。1161年海陵王完颜亮兴兵南侵。完颜雍趁机发动政变,在辽阳即位,改元大定。金世宗是金朝历史上一位颇有作为的皇帝。据《金史·世宗纪》记载,完颜雍"久典外郡,明祸乱之故,知吏治之得失"。在位期间,他奉行"南北讲好,与民休息"的政策,"躬节俭,崇孝弟,信赏罚,重农桑,慎守令之选,严廉察之责",故旧史称誉他为"小尧舜"(以下引文除注明者外均见《金史·世宗纪》)。

金世宗鉴于金海陵王的政治得失,借鉴历史的经验教训,把治吏作为

施治的重点,"举贤之急,求言之切,不绝于训辞"。他的吏治思想很有特点,主要有以下内容:

其一,天子不能"专行独断"。

金世宗十分重视臣在政治中的作用。他指出,君主不可能亲自办理一切政务,因此实现"人君之体"的方法只有一个:善于任人。他一再感叹"天子亦人耳",认为帝王"好问则裕,自用则小",即使是圣王也要"舍己从人",充分听取臣下的建议,若"专任独见,不谋臣下",则自取败乱。在君臣论政时,金世宗一再表示:"朕为天子,未尝敢专行独断,每事遍问卿等,可则行之,不可则止之也。"(《金史·石琚传》)重视发挥公卿大臣、言谏职官的作用是金世宗施政的显著特点之一。

其二,御臣应"以仁为本"。

在调整君臣关系方面,金世宗比较强调"以仁为本",不可"非理杀戮臣下"。他认为,梁武帝一味宽容"以至纲纪大坏"、唐太宗好用权谋以至君臣相疑、金海陵王滥杀无辜以至失去王位,这些做法都不足取。在金世宗看来,所谓仁德是指依法办事,宽严得当,"赏罚不滥,即是宽政也"。他认为,"朝廷之政,太宽则人不知惧,太猛则小玷亦将不免于罪,惟用中典耳"。基于这种认识,金世宗在处理君臣关系时,比较有章法、有节制,收到了一定的成效。

其三,严明制度,依法治吏。

金世宗重视制度建设,他主张严明法纪,惩治贪酷,并改革诠选、黜陟办法,强化考科、廉察之制,力图通过"详定制度",将改善吏治的方略和政策规范化、法制化。他强化监察制度,制定"职官犯赃同职相纠察法",并诏令"官长不法,其僚佐不能纠正,又不言上者,并坐之"。金世宗以法御臣,赏罚严明,对于贪官污吏处罚坚决,曾一再下令"吏犯赃罪,虽会赦不叙"。他认为,"朝廷行事苟不自正,何以正天下",因而对高官显宦的控驭尤为严格,曾明令朝臣一律不得收受馈赠。他严禁官吏在司法中偏袒权贵,说:"形势之家,亲识诉讼,请属道达,百官往往屈法徇情,以一切禁止。"金世宗还对历代法律中都有的"八议"(议亲、议贤等)提出异议,认为"法者,公天下持平之器也",明确规定对皇亲国戚不能适用"八议"而减轻刑罚。

其四,知人则哲,惟贤是用。

金世宗认为"知人最为难事",而选任忠臣良吏是改善吏治的关键。在政治实践中,他提出了许多具有指导意义的用人原则:一是"慎选其人"。如"左右须忠实人",宰相勿用权术之人,"县令之职最为亲民,当得贤材用之"等。二是重用有德之人。金世宗说:"人之有干能,故不易得,然不若德行之士最优也。"他认为,"儒者操行清洁,非礼不行",因此重用科举出身的进士、谏官。三是用人不分种族、不拘资格、不忌前嫌。金世宗主张"明君用人,必器使之",应量才任使,不拘资格。他认为汉族士人"敢言直谏者多",且"优于治民",堪当大任,因此用人较少种族偏见。他心胸开阔,敢于重用反对过他的人。四是注重选拔实才。金世宗认为,"朝官不历外任,无以见其才,外官不历随朝,无以进其才,中外更试,庶可得人",主张"用人咸试以事",根据其政绩决定诠选。

金世宗的吏治思想比较系统且具有可操作性,还在很大程度上付诸实践,贯彻始终。这些措施调整了君臣关系,提高了官僚群体的整体素质,对"大定治世"的出现,起了重要的作用。其思想与实践在政治思想史上也具有一定的意义。

第四节 元代"用夏变夷"思潮与理学的官学化

元朝是蒙古贵族联合汉族统治阶级建立的封建王朝。两宋以来,北方少数民族迭相兴起。与契丹、党项、女真等族相比,蒙古人兴起晚,但势力最盛。1206年,成吉思汗建立大蒙古国,统一漠北,随即迅速向外扩张,于1234年灭金,又积极谋宋。1271年,世祖忽必烈建立元朝,未几南宋灭亡。宋元之际,汉族传统的儒家文化受到前所未有的猛烈冲击,北方的游牧文化与中原高度发达的礼乐文明从激烈的冲突、对抗,逐渐走向调和,从而使元代政治思想的发展呈现十分特殊的状况。

一、"用夏变夷"思潮与汉蒙文化交融

蒙古人以少数民族入主中原,统治区域幅员辽阔,境内民族众多。然而蒙古本族人数却少得很,总数不过四十万,军队约十余万。为了巩固元朝政权,保障蒙古贵族的权益,蒙古统治者实行了种族歧视政策。他们把人分成蒙古、色目、汉人(金朝治下的汉人)、南人(南宋治下的汉人)四等,严格蒙、汉之限。凡中央政府要职、军职及地方官府最高执政官,必须由蒙古人充任,以此确保军、政实权掌握在蒙古人手中。对于其他三等人则分层使用。其中,色目人长于理财,就任用他们管理财政,搜敛民财;汉人和南人上层富于治民经验,便将他们补充到各级官府中担任副职和吏员。民族歧视政策是元朝的基本国策。实行这一政策的结果是,一方面突出了蒙古贵族的政治主导地位和特权,这意味着给予蒙古本族传统文化以高度

的政治保障;另一方面又承认汉人拥有一定的政治地位,这就为传统的儒家文化继续传播,并与蒙古文化相融合提供了条件。种族歧视政策是元代政治思想发展的政治前提,从而也决定了政治思想发展的基本趋势。

成吉思汗时期的大蒙古国,政治中心在漠北,他们自有一套完整的断事官制度和系统的体例(约孙)、法规(札撒),并不知汉法和儒学为何物。随着蒙古人势力的南移,一些通儒术的亡金官员和儒士降服蒙古。其中的个别人得到大汗亲信,用为辅臣。最典型的例子是耶律楚材。

耶律楚材(1190～1244年),是契丹人,王族之后。其学颇杂,通儒学、天文、地理、律历、术数、释老、医卜等。曾在金朝任地方官,后追随成吉思汗,又辅佐窝阔台汗,官至中书令。楚材之所以见用,一是精于卜筮,二是善于理财。蒙古人文化落后,迷信"长生天",每战必卜,以励士气。楚材既精于卜筮,遂深得成吉思汗亲信。每逢征讨,必命楚材占卜。成吉思汗还"自灼羊胛,以相符应"(《元史·耶律楚材传》)。楚材趁机假天命,论人事,向成吉思汗灌输孔子之道,并参与征伐、拥立、刑狱等方面的决策。可见,蒙古统治者之任用儒生,并非缘于相信儒家学说。

蒙古人获得生活资料的重要手段是抢掠。各级将帅均无俸禄,每陷一地,就纵兵大掠,所获除奉献汗王一份,其余按官级顺序分配。蒙古势力深入中原之后,统治者逐渐察觉到对已征服之地肆行抢掠并不是获取财物的最佳方法,于是改为任意征敛。蒙古占领区的"州郡长吏,生杀任情,至孥人妻女,取货财,兼土田",索要无度。除此而外,蒙古统治者从本民族的统治经验中找不到更好的办法,他们想到的只是"汉人无补于国,可悉空其人以为牧地",这是两种民族文化的巨大差异。针对这种情况,耶律楚材一方面谏言"中原之地,财用所出,宜存恤其民",提醒统治者征敛无度会彻底破坏社会生产,终将无物可敛;另一方面又奏请设立十路征收课税使,税使均用士人故吏,使赋税征收制度化。这一招赢得了蒙古统治者的欢心,窝阔台惊喜道:"汝不去朕左右,而能使国用充足,南国之臣,复有如卿者乎?"(以上引文见《元史·耶律楚材传》)

蒙古统治者通过切身利益感觉到儒士并非全无用处,但这并不说明他们认识到了儒家政治思想的实际价值。蒙古统治者在相当程度上仍然沿用本民族传统的统治经验,对征服之地的人民进行残暴统治,搜刮苛酷。正如儒士姚枢所说:"太祖(成吉思汗)开创,跨越千古,施治未遑。自后数朝,官盛刑滥,民困财殚。"(《元史·姚枢传》)在异族的强悍武力和落后文化冲击下,儒生的命运极为悲惨。蒙古人历来注重工匠、医、卜等技术人才,儒生被俘,除了被杀就是苦工。连耶律楚材都遭到匠人蔑视,造弓匠常八斤就说:"国家方用武,耶律儒者何用?"楚材尚且如此,一般儒士的命运可想而知。传统儒学出路何在?儒生们面临着生与死的抉择。于是有人试图在传统儒学与异族统治之间寻找一条调和之路,提出了"用夏变夷"的理论,代表人物是郝经。

郝经(1223~1275年),字伯常,泽州陵川(今属山西)人,家世业儒。金亡后迁往顺天,被蒙古守帅张柔、贾辅延为上客。张、贾"二家藏书皆万卷,(郝)经博览无不通"(《元史·郝经传》)。后归顺世祖忽必烈。郝经提出了一条重要的政治价值准则,曰:"能行中国之道,则中国之主也。"(《郝文忠公全集·与宋两淮制置使书》,下引同书只注篇名)他认为,儒家文化的纲纪典章是天下元气和命脉之所在。他说:"夫纪纲礼义者,天下之元气也,文物典章者,天下之命脉也,非是则天下之器不能安,小废则小坏,大废则大坏,小为之修完则小康,大为之修完则太平。"(《立政议》)践行儒家之道,即纪纲礼义诸原则,是据有天下的惟一合法依据,所谓"天无必与,惟善是与","天之所与,不在于地而在于人,不在于人而在于道"(《时务》)。在郝经看来,作中国之主的种族所属并不重要,关键要看能否奉行礼义。他说:"中国而既亡矣,岂必中国之人而后善治哉?圣人有云,夷而进于中国则中国之,苟有善者,与之可也,从之可也。"(《时务》)人民对于权力合法性的认可也不是根据种族,而是儒家之道,所谓"民无必从,惟德是从"。在他看来,凡是能用夏变夷,推行儒家纲纪礼义的夷狄之君,都是与尧舜、文、武齐名的圣王。如北魏孝文帝能推行汉化改革,即是"用夏变夷之贤主"(《班师议》);又如金源(完颜)氏"一用辽宋制度",使国家"法制修明,风俗完厚",天下之人至今称其为"贤君"(《立政议》)。

郝经的"用夏变夷"理论是儒家传统的"华夷之辨"的某种发展和应用。春秋时期,孔子率先提出了华夏与少数民族的区别问题,说"夷狄之有君,不如诸夏之亡(无)也"(《论语·八佾》)。然后,孟子对这种区别的主、属关系作了明确规定:"吾闻用夏变夷者,未闻变于夷者也"(《孟子·滕文公上》)。孔孟的认识在《春秋·公羊传》中得到进一步发挥,形成了"内其国而外诸夏,内诸夏而外夷狄"的公式,成为奉儒学为圭臬的统治者们解决民族关系的基本政治原则。传统的"华夷之辨"突出了两个要点:其一,判明华、夷的标准是儒家的礼义文明,而非其他;其二,华夷外内之别肯定了儒家礼义文明的主导地位,突出了儒家文化的聚合力。郝经在传统"华夷之辨"的基础上,提出"能行中国之道,则中国之主也",将判明华夷的标准用于政治实践,作为建立政权的合法依据。依照他的认识,不论何种何族,只要能接受儒家礼义文明的洗礼,奉行汉法,就有资格成为中国土地上的统治者。换言之,他承认了异族政治权威的合法性,这种合法性只有在遵循儒家礼义文明大前提下才能成立,从而在理论上和心理上为蒙汉统治阶级的政治合作开通了道路。

郝经"用夏变夷"思想的内在依据是儒家的权变思想。权变的基本精神是在坚持原则的前提下,根据具体的时、世、事而应变,所谓"与时迁徙,与世偃仰,千举万变,其道一也"(《荀子·儒效》)。儒生们面对凶悍、落后而又势不可挡的蒙古统治者,只有将权宜之计化作延存圣道、安身立命之方。正像郝经对北传理学的赵复所说:"先生尝蹈夫常矣,而未蹈乎变也;尝行夫一国矣,而未行乎天下也。……昔之所学者富一身而已,今也传正脉于异俗,衍正学于异域。指吾民心术之迁,开吾民耳目之蔽。……俾六经之义,圣人之道,焕如日星……大放于北方。如是,则先生之道非穷也,达也。"(《送汉上赵先生序》)郝经依据"用夏变夷"之旨,要儒生与异族统治者积极合作,认为"士于此时而不自用,则吾民将膏铁钺,粪土野,其无孑遗矣"(《与宋两淮制置使书》)。他将自己奉忽必烈之命出使南宋的目的解释为"将以慧积年之凶衅,顿百万之锋锐,存亿兆之性命……推九州四海之仁……以正人极,以承天休"(《与宋两淮制置使书》)。"用夏变夷"理论为使汉族免于杀伐之灾,并使儒家礼义文明能在特殊历史条件下继续传延下去指明了出路,同时又在某种程度上满足了那些以炎黄子孙、圣人之徒自居而又不得不屈从于异族统治的汉族统治阶级和知识分子的心理平衡。

郝经的认识颇具代表性,"用夏变夷"体现着宋元之际儒生们政治心态的主流。儒生们对汉法的先进性和权威性深信不疑,他们或是慨然践行孔子之道,悉心教书授徒,移风易俗,如著名理学家许衡就说:"纲常不可一日而亡于天下,苟在上者无以任之,则在下之任也。"(《元史·许衡传》)或者上书进谏,劝行汉法,寄昌明儒家礼义文明的希望于异族统治者。元初著名的儒臣如耶律楚材、刘秉忠、张德辉、姚枢、窦默、许衡等人都曾奏请行汉法,强调实行汉法是统治中国的必由之路。如楚材说:"三纲五常,圣人之名教,有国家者莫不由之,如天之有日月也。"(《元史·耶律楚材传》)许衡还引证历史经验说:"考之前代,北方奄有中夏,必行汉法,可以长久。故后魏、辽、金历年最多。其他不能实用汉法,皆乱亡相继。史册具载,昭昭可见也……使国家仍处远漠,无事论此。必如今日形势,非用汉法不宜也。"(《元文类》卷十三,《时务五事》)他们还提出了许多具体制度和政策,计有:用贤才,慎铨选,举逸遗;定法律,班俸禄,设监司,肃军政;察下情,贵兼听,亲君子,倍赏罚;重农桑,宽赋税,省徭役,禁游惰,节财用;

括户口,布屯田,通漕运,立平准,广储蓄;周匮乏,恤鳏寡;修学校,崇经术,旌节孝等等。希望通过制度化的途径使孔子之道得以推广开来,传延下去。值得注意的是,他们还将理学的正心诚意之说施用于蒙古统治者,要他们遵从《大学》之道,"以修身为本"。如窦默说:"帝王之道在诚意正心,心既正,则朝廷远近莫敢不一于正。"(《元史·窦默传》)显而易见,他们极力要使蒙古统治者接受孔子之道,成为汉族统治阶级利益的代表。

  蒙古统治者拥有本民族的文化传统和政治经验,他们对于汉法的认识随着政治中心的南移有一个循序渐进的过程。窝阔台汗时,耶律楚材议兴文治,寻得孔子五十一世孙孔元措,奏请袭封衍圣公。又召集名儒东宫讲经,宣授圣道,并奏请开科取士,说:"守成者必用儒臣。儒臣之事业,非积数十年,殆未易成也。"(《元史·耶律楚材传》)窝阔台终于诏令分三科考选儒生,史称"戊戌选试"。但是,此时蒙古统治者还没有认识到汉法对于统治中原汉地的重要作用,行汉法的要求并不迫切。真正代表了蒙汉统治者的利益,把汉法作为重要政策依据的是元世祖忽必烈。

  忽必烈早就"思大有为于天下"(《元史·世祖纪》),可又不明了汉法的价值和作用,于是广召"藩府旧臣及四方文学之士,问以治道"。曾召见儒士张德辉,问:"或云,辽以释废,金以儒亡,有诸?"德辉说:"辽事臣未周知,金季乃所亲睹,宰执中虽用一二儒臣,余皆武弁世爵。及论军国大事,又不使预闻,大抵以儒进者三十之一,国之存亡,自有任其责者,儒何咎焉!"(《元史·张德辉传》)又告之"孔子为万代王者师,有国者尊之"。兼通儒释的刘秉忠告诉忽必烈:"以马上取天下,不可以马上治。"(《元史·刘秉忠传》)在儒生们反复劝谏灌输之下,忽必烈越来越重视汉法的政治作用。张德辉议请忽必烈任"儒教大宗师",忽必烈"悦而受之"(《元史·张德辉传》)。以帝王之尊而兼为儒者宗,这在历史上尚属首例。忽必烈即位后,逐一采纳刘秉忠等人的建议,建元中统,录用儒士,进行了一系列制度和政策调整。后世统治者对忽必烈推行汉法极为称赞:"世祖度量弘广,知人善任使,信用儒术,用能以夏变夷,立经陈纪,所以为一代之制者,规模宏远矣。"(《元史·世祖纪》)

  需要特别指出的是,由于蒙、汉文化的差异和种族歧视政策,汉法在元代实行的范围及蒙古统治者接受的程度都是有限度的,正如郝经所言,不过是"缘饰以文,附会汉法"。儒学与宗教相较,蒙古统治者更看重后者。他们崇信喇嘛教、道教和禅宗,八思巴、丘处机、海云禅师等宗教领袖受到极高的尊崇,元代僧、道的地位远在儒生之上。在蒙古统治者看来,儒学不过是具有某种神秘功能的"准宗教",忽必烈欣然接受的"大宗师"称号正是冠以"儒教"之名。从某种意义上说,这一点似乎是促成元统治者接受汉法的更重要的原因。刘秉忠的事例便是最好的说明。刘秉忠是忽必烈的重要谋臣,许多汉法的实行都得益于他。他死后,忽必烈说:"秉忠事朕三十余年……其阴阳术数之精,占事知来,若合符契,惟朕知之,他人莫得闻也。"(《元史·刘秉忠传》)一语道出刘秉忠之深得亲信的真实原因,与耶律楚材之见用成吉思汗如出一辙。由于蒙古统治者对儒学的认识肤浅,再加上一些蒙古"权臣"抵制汉族文化,"屡毁汉法",以至出现国子监"诸生禀食或不继"(《元史·许衡传》)的现象。儒学与蒙古统治者的结合远未达到融洽的程度,汉法不过是元统治者统治具有高度发达的经济和政治文明的中原汉地所不得不采用的统治手段,儒家政治思想在元代虽有所传延,却未能占据主导地位。

从总体上看,"用夏变夷"作为一种政治价值准则,成为蒙、汉两个民族、两种文化形成某种契合的津梁。"用夏变夷"思想与其说是体现了儒家文化的兼容性和应变力,不如说是儒家文化在长期历史过程中形成的自我保存机制的体现。正是由于"用夏变夷"思想巧妙地处理民族征服与文化冲突,中国文化才得以形成为世人瞩目的悠久传统。同时,也正是由于这一政治价值准则的政治实践,以儒家思想为主体的君主专制主义政治思想体系才得以长期延续,经久不衰。

二、理学的官学化

"用夏变夷"理论的提出,为理学思潮在元代继续发展提供了认识前提。理学在宋代不过刚刚开始与政权相结合,这个趋势在元代继续发展,终于完成了理学的官学化过程。

宋、金之际,南北隔绝,声教不通。江南儒生方醉心于朱、陆之辨,北方学者却仍然固守章句,只知"科举文章记问之学",并不知理学奥旨。如后来成为理学大师的许衡,幼时入学不过"授章句"而已。1235年,蒙军伐宋,忽必烈命杨惟中、姚枢搜求"儒、道、释、医、卜者",于湖北德安俘获名儒赵复,护送北归。自此,北方学者始得"程颐、朱熹之书",理学方得北传。

赵复,湖北德安(今湖北安陆)人,字仁甫,人称江汉先生,生卒年不得确知,著作多佚,师承亦不详。郝经说他"及朱子之门而得其传,哀然传道于北方之人"(《郝文忠公全集·与汉上赵先生论性书》),当属朱子一脉。赵复到燕京之后,杨惟中、姚枢特建太极书院,请他讲授理学,"学子从者百余人"(《元史·赵复传》)。郝经、姚枢、窦默、刘因、赵彧、梁枢、许衡等著名学者皆从其学。赵复以"周、程而后,其书广博,学者未能贯通",于是作

《传道图》《伊洛发挥》《师友图》《希贤录》等书,对程、朱理学的师承关系和基本学说作了全面介绍。

赵复传学于北方,深为世人及后学称颂。同代人郝经说:"道之复北,虽存乎运数,其倡明指示,心传口授,则自先生始。呜呼,先生之有功于吾道,德于北方学者,抑何厚耶!"(《郝文忠公全集·与汉上赵先生论性书》)后世更称赵复为北传理学第一人。赵复作为南宋遗民,虽有志昌明圣学,但终究心存赵室,不愿事奉异族统治者,宁愿独善其身。讲学的第二年(1237年),即离开书院,归隐于真定(河北保定)。真正促成理学与元朝政权相结合者当首推许衡。

许衡(1209~1281年),字仲平,号鲁斋,怀之河内(今河南沁阳)人。少年嗜学,不满意北方"句读训解"之教。后从辉州姚枢家中录得《伊川易传》《四书集注》《小学》《大学或问》等程朱经典,方知理学义旨,叹道:"曩所授受皆非,今始闻进学之序。"(《元史·姚枢传》)不久来到苏门,与窦默、姚枢相讲习,从学者日增,许衡名声愈高。忽必烈主管漠南汉地时,闻其名,特召来任京兆提学。即位后,又召许衡参与制定朝仪、官制,进位中书左丞。至元八年(1271年)任集贤大学士兼国子祭酒,主管太学事。忽必烈"亲为择蒙古弟子俾教之"(《元史·许衡传》)。

许衡之学称鲁斋学派,他的治学特点有二:一是并不严守朱学门户。尤其是在认识天理,修习本性的方法上,许衡讲求心如明镜止水,物来不乱,物去不留,潜心体察自我的一念之善,逐渐达到心诚意正,涤私至公,使天理明于心中,人之本性与天地合为一体,进入圣贤之域。这种方法明显带有陆学直求本心的痕迹,与朱门"格物致知"的"下学"工夫不尽相同。二是注重"承流宣化","道以致用"。所谓"学以躬行为急,而不徒事乎语言文字之间;道以致用为先,而不徒极乎性命之奥"(《许文正公遗书·又表彰文正公碑记》)。许衡特别强调践行圣道的普及性,说:"道不远人"(《许文正公遗书·中庸直解》),"大而君臣父子,小而盐米细事,总谓之文;以其合宜,又谓之义;以其可以日用常行,又谓之道。文也,义也,道也,只是一般"(《许文正公遗书·语录上》)。天理的义旨就在日常生活盐米细事之中,毋需"深求隐僻之理"(《许文正公遗书·中庸直解》)。这一理论特点导致了鲁斋后学的衰微。清人全祖望说,许衡"兴绝学于北方,其功不可泯。而生平所造诣,则仅在善人有恒之间……故数传而易衰"(《宋元学案·鲁斋学案》)。鲁斋后学往往溺在修习形式化,"谓无所猷为为涵养德性,谓深中厚貌为变化气质"(《元文类》卷三五,《送李扩序》),理论贫乏,难以宏扬其说。然而,另一方面,恰恰由于许衡之学浅近易懂,方能为文化素养普遍较低的蒙古贵族们接受。许衡在太学教授蒙古贵胄,以"表章朱子《小学》为先,洒扫应对以折其外,严之出入游息而养其忠"(《元文类》卷三五,《送李扩序》)。朱门"小学"是"修身齐家治国平天下之本",包括洒扫应对进退之节,爱亲敬长隆师亲友之道等内容,简明易习。许衡令蒙古弟子们在日复一日的跪拜、揖让、进退、应对的实际操作演练中逐渐体味圣道义旨,"久之,诸生人人自得,尊师敬业,下至童子,亦知三纲五常为生人之道"(《元史·许衡传》)。经过儒家礼义教化的蒙古诸生中有的日后成了达官要员,对于促进蒙古统治者的汉化进程起了积极作用。因之,从某种意义上讲,正是由于许衡将深奥难解的程朱理学加以简明化和操作化,才促成了汉法的普及,扩大了理学的影响,在一定程度上加速了理学的官学化进程。

许衡为推广汉法煞费苦心,但仍然遭到一些蒙古权贵的强烈抵制,二年后不得不告退还乡。尽管如此,理学毕竟进入了国家最高学府,理学经典成了国子诸生的教科书。以至"数十年,彬彬然号称名卿材大夫者,皆其门人矣"(《元文类》卷三五《送李扩序》)。许衡入主太学是元代理学开始走向官学化的标志。

至大四年(1311年),元仁宗爱育黎拔力八达即位。元仁宗幼时从师于名儒李孟,深受儒学熏陶。李孟字道复,潞州上党(今山西长治)人。其人"博学强记,通贯经史,善论古今治乱"。经常为仁宗"讲论古先帝王得失成败,及君君臣臣父父子子之义"(《元史·李孟传》),使仁宗悉知儒术对于治平天下之重要。曾言:"所重乎儒者,为其握持纲常,如此其固也。"(《元史·李孟传》)仁宗即位后,重用儒臣,积极推行儒术治国。即位当年即派国子祭酒刘赓"诣曲阜,以太牢祠孔子";又扩充国子生员至三百人。皇庆二年(1313年),"以宋儒周敦颐、程颢、颢弟颐、张载、邵雍、司马光、朱熹、张栻、吕祖谦及故中书左丞许衡从祀孔子庙廷"(《元史·仁宗纪》),以示崇儒。同年又诏行科举,诏曰:"朕所愿者,安百姓以图至治,然匪用儒士,何以致此。设科取士,庶几得真儒之用,而治道可兴也。"(《元史·仁宗纪》)并明确规定了取士标准:"举人宜以德行为首,试艺则以经术为先,词章次之。浮华过实,朕所不取。"(《元文类》卷九,《行科举诏》)程、朱注释的《四书》《诗》《易》等经典被定为科场标准答案,"非程朱学,不试于有司"(《欧阳文公圭斋集·赵忠简公祠堂记》)。至此,理学终于升作元代官方学说,程朱的著作成了认识的最高权威,"海内之士,非程、朱之书不读"(《欧阳文公圭斋集·许先生神道碑铭》)。理学成为读书人步入廊庙,谋取官禄的必由之途。

元仁宗诏行科举、钦定科场程式标志着元代理学官学化的完成。

值得我们深思的是,为什么理学在宋代的际遇反而不如在"文献散逸"之后的元代?理学思潮与政治的结合恰恰完成于颇具毡酪之风的蒙古统治者之手?理学实质上是一种政治思潮,内涵汉族统治阶级两千年来的政治经验。蒙古统治者为了巩固在中原的统治,不得不借助汉法;同时,封建知识分子为谋求政治出路也不得不依附王权。极力促成蒙古统治者对理学的认可,是儒生们安身立命、谋官、行道的捷径。就这样,理学的官学化过程在蒙、汉统治阶级及儒生们的共同努力下终于完成。由于元代奉行民族歧视政策,由科举而入仕的人数较之唐、宋大为减少,儒臣的政治地位也始终不高,但这并不能减弱实现理学官学化的重大意义。自两宋兴起的理学思潮正是经由元代这个环节,方才登上官方政治思想的宝座,从而为其统治明代政治思想领域奠定了基础。

第二十章 明代的集权专制政治思想

1368年,朱元璋力挫群雄,赶跑元顺帝,建立了明朝。以朱元璋、朱棣、张居正等为代表的明统治集团,奉行的是强化集权,加强专制,同时又注重治吏安民的治国方针。在这样的政治指导思想的覆盖下,一方面,明代统治者的集权政治思想异常凸显,影响着君主专制的不断强化;另一方面,在政治思想领域也出现了某种逸出体制的思想倾向。此外,明末东林党人集合"罢官废吏",訾议国政,形成通过舆论干预政治的特殊现象。

第一节 朱元璋加强中央集权的统治思想

明初,国内社会经济遭受的破坏相当严重,常年战乱造成耕地大量荒芜,农业人口锐减,人民流离失所。社会经济凋弊是新兴王朝面临的一大难题。除此而外,明初政治生活中也存在着一系列不稳定因素,计有以下三方面。

首先,就社会下层看,一些地方势力和农户为了躲避元末兵祸,往往"团结山寨"以自保,明初不及归顺朝廷,依然据守一方。他们多不接受政府统辖。同时,在反元战争中起到重要宣传和组织作用的白莲教,明初仍十分活跃,遍及十余省。全国小规模起义时有发生,据计,仅洪武年间即达一百八十多次,这对于立足未稳的明王朝不能不构成严重威胁。其次,从统治集团内部看,明初受元末官场贪腐风气影响,法治混乱,官风鄙薄,吏治不清。据载,洪武十八年(1385年)全国各司府县朝觐官四千余人,其中称职者仅四分之一强。吏治贪坏加剧了社会对立和紊乱,直接危害统治阶级和朱氏集团的根本利益。在统治集团上层,曾与朱元璋共同起事的元功宿将形成了不同派系,如李善长的淮西集团、刘基的浙东集团。他们相互倾轧,争夺权势,对明皇室及君主权威形成了直接或潜在的威胁。朱元璋忧虑地说,今之人臣,"蔽君之明,张君之恶,邪谋党比,几无暇时。"(《御制大诰·君臣同游》)调整统治集团内部的权利再分配是关乎君权安危的重大问题。此外,还有一些元朝旧臣、士人及其他降臣,"不忘故主","不忘故国"(《明史·戴良传附:王逢传、丁鹤年传》),不肯与明廷积极合作。或者勉强出仕,也是"身在江南,心思塞北"(《明史·扩廓帖木儿传附:张昶传》)。这些降臣、士人构成统治集团内部的某种离心因素,影响着大明江山的巩固。最后,就民族关系言,明朝建立之始,即面对着北元势力的严重威胁。元顺帝遁入漠北后,随时窥伺着失去的江山。他们形成了蒙古可汗、扩廓帖木儿、纳哈出三股强大的势力,环伺大明北疆,明初统治者不得不在军事上和宣传上全力应战。

总之,明朝初建,百废待兴,其中最重要的是恢复和发展社会经济,整饬吏治,加强皇权在全国的控制。朱元璋作为大明的开国之君,不仅能认清形势,采取了一系列措施,制定了系统的制度和政策,表现了杰出的政治才能,同时又提出了一整套治国思想,对明代政治发展影响深远。

一、利用"华夷"和"天命"观念论证明朝政权合法性

洪武初年,元朝残余势力虎视北疆,国内人心未稳。为取得全社会对于新兴王朝的认可和对朱氏统治权威的服从,朱元璋利用传统的华夷观念论证政权兴替的合理性。他说:"自古帝王临御天下,中国居内以制夷狄,夷狄居外以奉中国,未闻以夷狄居中国治天下者也。"(《明太祖实录》卷二十六)以华御夷是天然法则,历朝历代无不如此。可是,由于宋代国运告终,元蒙统治者竟以北狄而君临天下,这显然非人力所致,而是天命使然。"帝命真人于沙漠,入中国为天下主"(《明太祖实录》卷二十九)。蒙古君臣尽管有了天命庇护,但毕竟违背了华夷之间的主属秩序,使"达人志士,尚有冠履倒置之叹"(《明太祖实录》卷二十六)。况且"天运循环","胡虏无百年之运",一旦失去天命眷顾,必遭覆灭。朱元璋说:"盖我中国之民,天必命中国之人以安之,夷狄何得而治哉!"他师出有名,号为"驱逐胡虏,恢复中华,立纲陈纪,救济斯民"(《明太祖实录》卷二十六),上合天则,下称民心,取代元朝而建立的大明王朝无疑是具有合理性的。

为了进一步说明朱姓拥有天下的合理性,朱元璋还三番五次强调国运兴衰在于天意,宣扬"元起朔方,世祖始有中夏,乘气运之盛,理自当兴,

第二十章 明代的集权专制政治思想

彼气运既去,理固当衰。其成其败,俱系于天"(《明太祖实录》卷三十二)。他认为,元朝经过百余年的发展,国运已尽。君臣上下"荒淫昏弱,纪纲大败","国用不经,征敛日促,水旱灾荒,频年不绝"这些现象——"虽因人事所致,实天厌其德而弃之之时也"(《明太祖实录》卷二十六)。从而出现"豪杰并起,海内瓜分"之势,"虽元兵四出无救于乱,此天意也"(《明太祖实录》卷五十三)。天意所至,不可抗拒,元朝覆灭,理所固然。同样,朱元璋认为天下为朱姓所有,也是天命使然。他说:"朕本农家,乐生于有元之世",本无意据有天下。无奈生逢乱世,"盘桓避难,终不宁居"(《明太祖实录》卷五十三),不得已"因乱起兵",旨在"保障乡里"(《明太祖实录》卷二十五),"欲图自全"。由于元蒙帝国在反元势力的沉重打击下分崩离析,"天下已非元氏有矣","群雄无成,徒扰生民",于是奋而"奉天征讨","拨乱反正",终于"削平强暴,混一天下"(《明太祖实录》卷五十三)。朱元璋再三申明,并非他有意图谋元朝天下,而是天命所归:"岂非朕无心于天下,而以救民为心,故天特命之乎!"(《明太祖实录》卷二五五)

朱元璋三番五次利用华夷观念和天命观念论证元蒙当灭,明朝当兴,为的是通过舆论宣传,在人们的意识中树立起朱姓天下的正统地位,以巩固新兴王朝,维护统一。

二、安民、恤民宽和政策

"安民"、"恤民"是朱元璋藉以争夺天下和维护统一的重要政策思想,主要包括三方面内容。

其一,在战争期间,命令严禁滥杀无辜。朱元璋曾经总结"混一天下"的经验说,元末群雄之中,"张士诚、陈友谅尤为巨蠹。士诚恃富,友谅恃强,朕独无所恃,惟不嗜杀人"。所以能"戡乱摧强",成就帝业。在战争期间,朱元璋奉行"克城以武,戡乱以仁"(《明史·太祖纪》)的原则,经常明令约束部下,废除元蒙苛政,禁绝滥杀。他告诫诸将领说:"元运将终,君则有罪,民复何辜。前代鼎革之际,肆行屠戮,违天虐民,朕实不忍。诸将克城之日,毋肆焚掠,毋妄杀人,必使市不易肆,民安其生。"(《朱元璋系年要录·至正二十八年》)据《太祖纪》载,他每听到诸将攻陷一地而不妄杀,"辄喜不自胜"。在他的明令约束下,诸将领颇能注意这一点。如胡大海就说:"吾武人不知书,惟知三事而已:不杀人,不掠妇女,不焚毁庐舍。"(《明史·胡大海传》)正是由于朱元璋严禁滥杀,他的军队能得到比较广泛的拥护,"人心日附",特别是得到地方士绅富户的支持,从而势力迅速扩大。朱元璋以"不嗜杀人"作为成就帝业的重要条件,当非虚言。

其二,废除元朝苛政酷法,以宽治民。洪武二年,朱元璋召集群臣询问元政得失。有人说,元朝以宽得天下,又以宽失之。朱元璋说:"以宽得之,则闻之矣,以宽失之,则未之闻也。夫步急则踬,弦急则绝,民急则乱,居上之道,正当用宽。"至于元季君臣,其失在于"纵弛",而不在于宽(《朱元璋系年要录·洪武二年》)。在他看来,治民原则应当是宽而勿纵,宽而有制。所谓宽,就是要废除元朝的苛酷律法和政策。他说:"网密则水无大鱼,法密则国无全民。"(《朱元璋系年要录·至正二十七年》)因而力主对"旧政不便者除之"(《明史·太祖纪》)。例如,元统治者滥施连坐法,朱元璋下令说:"先王之政,罪不及孥。自今除大逆不道,勿连坐。"(《明史·太祖纪》)另一方面,朱元璋又说:"大抵圣王之道,宽而有制,不以废弃为宽;简而有节,不以慢易为简;施之适中,则无弊矣。"(《朱元璋系年要录·洪武二年》)宽而有制的原则要求人民"各安其生","务俾农尽力畎亩,士笃于仁义,商贾以通有无,工技专于艺业"(《明太祖实录》卷一七七),人人安分守己,为国家"应役输租"。

"宽而有制"在理论原则上表现为礼法兼施。"礼法,国之纪纲,礼法立,则人志定,上下安"(《洪武圣政记·定民志》),往昔圣人就是以德刑二手化育万民的。朱元璋说:"昔圣人以德化天下",天下大治。"然圣人之心,必欲使天下人皆为善而无患,共乐天之乐。其思治之心切,故又张刑制具,以齐否从者。"(《明太祖文集·刑部尚书诰》)作为统治手段,朱元璋坚持要"三纲五常以示天下"(《明太祖文集·心经序》),经常诏告臣民,颁讲"事君之道,惟尽忠不欺"(《南雍志·事纪》),"治天下者修身为本,正家为先"(《明太祖实录》卷二十七),"孝顺父母,尊敬长上"(《明太祖实录》卷二二五)等伦常规范。他尤其重视忠孝之道,说:"圣贤之教有三:曰敬天,曰忠君,曰孝亲。"(《明史·吴沉传》)孝是忠的基础,"非孝不忠,非忠不孝","所以忠于君而不变为奸恶者,以其孝为本也"(《明太祖文集·相鉴贤臣传序》)。同时,朱元璋又重视刑法,认为德化"亦以五刑辅弼之"(《明太祖文集·心经序》)。他说:"从吾化者抚之,外吾化者绳之"(《明太祖文集·免河南等省扬州池州安庆徽州税粮诏》)。凡不从教化,须绳之以法。在他看来,法和礼互为表里,"为国之治道,非礼则无法,若专法而无礼,则又非法也。所以礼之为用,表也;法之为用,里也"(《明太祖文集·礼部尚书诰》)。礼制德化宣示其外,张刑制具才是真实内容。正是基于这样的理论原则,有明一代,律法虽不似元代苛滥,但其严烈程度较之唐宋则有过而无不及。

其三,实行恤民政策,缓和社会冲突。朱元璋说:"所谓敬天者,不独严而有礼,当有其实。天以子民之任付于君,为君者欲求事天,必先恤民。恤民者,事天之实也。"(《明史·太祖纪》)把恤民与敬天相提并论,恤民体现着敬天。朱元璋深知,"国以民为本,民以食为天,此有国家者所以厚民生而重民命也"(《明太祖文集·免应天太平镇江宁国广德五府秋粮诏》)。民势兴衰关系到国家政权的安危,所谓"民富则亲,民贫则离。民之贫富,国家休戚系焉"(《明太祖实录》卷一七七),"若年谷丰登,衣食给足,则国富民安"(《明太祖实录》卷十六)。因此,他将恤民安民,恢复生产,增强国力定为基本政策。说:"天下始定,民财力俱困,譬犹初飞之鸟,不可拔其羽;新植之木,不可摇其根,要在休养安息。"(《朱元璋系年要录·至正二十八年》)他规定了一系列具体政策,例如,允许农民耕种荒地;从宽规定田赋。朱元璋说:"夫善政在于养民,养民在于宽赋。"(《朱元璋系年要录·至正二十八年》)明初除苏、嘉、湖、杭地区征收重税,其他地区官田亩税五升三合,民田减二升。这样的政策显然有利于国初社会经济的恢复。朱元璋还说:"朕本农夫,深知民间疾苦。"(《朱元璋系年要录·洪武四年》)多次下令减免地方租赋。又令有司查访贫民无告者,给以衣食屋舍。他还告诫诸将,"畜兵所以卫民,劳民所以养兵,兵民相资,彼此相利"(《朱元璋系年要录·洪武六年》),严禁军队扰民,"自损其衣食之本"。

朱元璋恤民思想的形成,固然由于他亲身经历了元末战乱,汲取了元亡教训;同时,也与他出身贫寒,崛起民间有一定关系。然而,在封建专制时代,朱元璋身为君主,维护的是当权者及统治阶级整体利益,依赖的是以贪剥暴虐为特性的封建官吏。在这样的政治环境中,他的恤民思想就很难完全付诸实践。事实上,正如平遥县训导叶伯巨所言,"虽闻宽宥之名,未见宽宥之实"(《明史·叶伯巨传》)。农民税役仍然很重,形成"或卖产以供税,产去而税存;或赔办以当役,役重而民困"(《明史·解缙传》)的状况。政策原则与政治实践的严重背离,恰恰是中国君主政治的根本特点之一。

三、重视选才、重用儒生

重视人才是朱元璋用以扩大势力,争得天下的重要手段。至正二十一年,方国珍来献金玉马鞍。朱元璋却之不受,说:"今有事四方,所需者人才,所用者粟帛,宝玩非所好也。"(《明史·太祖纪》)他十分清楚,争天下非有谋臣、勇士相助不能成功,治天下也"必得天下之贤共理之"(《明太祖实录》卷三十)。否则"贤才不备,不足以为治"(《明太祖实录》卷八十一)。为此,朱元璋多次诏令吏部和地方官府访求"隐逸贤才"和"奇伟之士",并要求官员们灵活掌握人才标准,扩大选才范围。

在朱元璋看来,人才可分三等:"材德俱优者,上也;材不及德者,其次也;材有余而德不足,又其次也。"(《朱元璋系年要录·洪武三十一年》)选用人才就要依据这三等规格,"随才任用"。他提出了五条要求:第一,人的才智不等,"或有长于彼而短于此者"。用人切不可因短而弃长,如果只见其小节,未睹其大端,不免会"有天下无贤之叹"(《明太祖实录》卷一〇一)。用人需用其所长,"毋求备于一人可也"(《明太祖实录》卷二一〇)。第二,选才的依据是实际才能,不计出身。才能卓著者往往隐匿于佛老卜筮负贩,假如只重出身,"必举世族,则有志者不得上达者多矣"。第三,选用人才不可拘泥于亲疏之分。"国家用人惟才是举,使苟贤无间于疏远,使不肖何恤于亲昵"(《明太祖实录》卷四十八)。第四,用人不受民族限制。凡"蒙古、色目人既居我土,皆吾赤子,有才能者,一体擢用"(《全明文·大赦天下诏》)。第五,用人要打破资格旧例的局限。朱元璋认为"资格者,为常流设耳。若有贤材,岂拘常例"(《朱元璋系年要录·洪武十一年》)。对有兼人之才,出众之智者,应不拘常例,破格擢用。由于实行了这些政策,使得明初统治集团里人才济济,"由布衣而登大僚者不可胜数"(《明史·选举志三》)。

朱元璋十分重视选用儒生,他说:"盖闻上世帝王创业之际,用武以安天下;守成之时,讲武以威天下,至于经纶抚治,则在文臣,二者不可偏用也。"武将的作用在于"决胜负于两阵之间",儒生则通晓"治平之术",拥有丰富的传统政治经验。一旦天下平定,"承流宣化,绥辑一方之众",则必须依赖儒生(《朱元璋系年要录·至正二十七年、二十八年》)。出于这样的考虑,他礼贤下士,思贤若渴,"所至收揽豪隽,征聘名贤,一时韬光韫德之士,幡然就道"(《明史·刘基传赞》)。刘基、宋濂、朱升等著名儒士均受到他的礼遇,儒生们也确实给朱元璋献上了不少妙计,如朱升的"高筑墙,广积粮,缓称王"(《明史·朱升传》);刘基的"天道后举者胜"以及平定中原的战略方针;宋濂的"得天下以人心为本"(《明史·宋濂传》)等等。这些战略和策略的实施直接促进了朱元璋军事上的胜利。明朝建立以后,朱元璋诏封孔子后裔,赋予他们种种特权,以示重儒。在制度方面,他扩建国子学,又诏令各府、州、县皆立学,"以礼、乐、射、御、书、数,设科分教"(《朱元璋系年要录·洪武二年》),以培养统治人才。他还诏行科举,分科取士,为招徕儒生广辟途径。

朱元璋除了精于选才,还善于用才,在用人制度方面亦有独到之见。例如,他十分注重新旧官吏的接替问题。他认为,理论知识不等于实际才能,后者需要在一定的实践过程中形成;同时,年龄对能力的发挥也有一定的影响。因此他主张"郡县官年五十以上者,虽练达政事,而精力既衰,宜令有司选民间优秀年二十五以上,资性明敏,有学识才干者,辟赴中书,与年老者参用之。后老者休致,而少者已熟于事。如此,则人才不乏,而官使得人"(《朱元璋系年要录·至正二十四年》)。朱元璋希望通过调整官吏新老接替以保证行政效率,作为封建帝王,这一主张不失为精明之论。

朱元璋举兴儒学,重用儒生,为后世定下规模,使有明一代"文教特盛,大臣以文学登用者,林立朝右"(《明史·儒林传·序论》)。但是,朱元璋钦定的国子学和科举制,又是对人才的极大扼制。明代太学"一宗朱子之学,令学者非五经、孔、孟之书不读,非濂洛关闽之学不讲"(《东林列传·高攀龙传》)。科举亦以钦定的四书五经为标本,"其文略仿宋经义,然代古人语气为之,体用排偶,谓之八股,通谓之制义"(《明史·选举志二》)。八股文和程朱理学窒息了学术发展,知识分子为谋求政治出路,"日夜竭精敝神以攻其业,自四书一经外,咸束高阁,虽图史满前,皆不暇目,以为妨吾之所为。于是天下之书不焚而自焚矣"。比及秦皇焚书,八股取士技高一筹,"特明巧而秦拙耳,其欲愚天下之心则一也"(《二十七松堂文集·明太祖论》)。朱元璋自己也承认,"吾有法以柔天下,则无如复举制科"(《罪惟录·科举志总论》)。由此可见,在君主专制条件下,所谓选用贤才,重视人才,究其实不过是为君主聚敛统治人民的帮手罢了。

四、严整吏治

朱元璋治吏之苛酷,历史上首屈一指。明朝初期,朱元璋急于安定民心,恢复生产,稳定统治秩序。可是任使的官吏"不才者众,往往蹈袭胡元之弊"(《御制大诰·胡元制治》)。他们凌暴盘剥,贪虐待民,徇私灭公,无所不为,直接影响和破坏政治秩序的稳定。朱元璋对此深表痛恶,他说,早在民间时,"见州县官吏多不恤民,往往贪财好色"(《明太祖实录》卷三十八),不顾百姓疾苦,就十分痛恨。如今设立州府县官"本为牧民",可"曩者所任之官,皆是不才无藉之徒。一到任后,既与吏员、皂隶、不才耆宿及一切顽恶泼皮,夤缘作弊,害吾良民多矣"。对这种现象"若不禁止,民何以堪!"(《御制大诰三编·民拿害民该吏》)朱元璋深知民为邦本,国本动摇,政权焉能稳固!尤其令人不能容忍的是,虽然他经常谕告百官,"导引为政,勿陷身家"(《御制大诰·谕官之任》),但是官吏们竟然无视上谕,"往往不依朕言",照旧为非作歹。"掌钱谷者盗钱谷,掌刑名者出入刑名"(《御制大诰·谕官无作为》)。甚至连代表皇帝监察百官的御史也公然枉法,

"假御史之名,扬威胁众,恣肆贪淫"(《御制大诰三编·御史刘志仁等不才》)。鉴于这些情况,朱元璋决心严整吏治。"如今要严立法禁,凡遇官贪污蠹害百姓的,决不宽恕"(《明太祖实录》卷三十八)。

朱元璋严整吏治思想包括以下四个要点:

其一,严密法制,"刑用重典"。朱元璋说:"吾治乱世,刑不得不重。"(《明史·刑法志》)《大明律》较之《唐律》已经显示了严于治吏的特点,《八议》之条在《明律》中已形同虚设。然而,朱元璋认为《明律》刑典仍过轻简,难以起到"警省愚顽"的作用。遂"采辑官民过犯",条格律例,制成《御制大诰》及《续编》、《三编》,于洪武十八年、十九年颁行全国,作为惩治不法臣民的依据。《大诰》中的刑律规定较《明律》要严酷得多,允许采用"法外之法","刑外之刑"。凡凌迟、族诛、墨、刖、宫以及挑筋、剁指、断手等均为合法惩治手段,而且判刑极重。例如收粮违限,依《大明律》处杖刑,依《大诰》则凌迟处死。治吏刑法之酷,为历朝仅见。

其二,治吏以惩戒教育为主。朱元璋说:"曩为天下臣民不从教育者多,朕于机务之隙,特将臣民所犯,条成二《诰》,颁示中外,使家传人诵,得以惩戒而遵守之。"(《御制大诰续编·大诰续编后序》)刑用重典的目的是为了教育百官和民众,"使知趋吉避凶之道",通过杀一儆百,"意在使人知所警惧,不敢轻易犯法"(《明太祖实录》卷二三九)。朱元璋以《大诰》为教材,"皆颁学官以课士,里置塾师教之"(《明史·刑法志》),对全社会进行普法教育。为了防范皂隶吏卒残害百姓,朱元璋特别针对吏员家眷进行劝谕。说:"良心发于父母,嘉言起于妻子,善行询于弟兄。凡走卒薄书之家,有此三戒,害民者鲜矣。"(《御制大诰续编·戒吏卒亲属》)总之,朱元璋以"重典"作为手段,"取决一时,非以为则"(《明史·刑法志》)。目的是使全国臣民畏法、守法,形成良好的政治秩序。

其三,凡贪官污吏,"视朕命如寻常"者,必严惩不贷。朱元璋下令,凡无视朝廷律法,犯有亲信"无藉之徒";沉滞公文,拖延不理;巧立名目,科敛于民;克扣赈济,损公肥己;收粮违限、逾期;隐匿田赋;是非不分,冤枉下民,诽谤朝廷,妄彰君恶等罪行的官吏,均予严惩。对于受贿官吏,"除民人被其威逼科敛不罪外,官吏与者受者罪同"(《御制大诰·行人受赃》)。

其四,鼓励民众赴京告奸。朱元璋在《大诰》里规定,凡官吏违旨扰民,或相互勾结,包揽词讼,教唆陷人者,民众可以"连名赴京状奏",持诰赴京,甚至可以将害民之吏"绑缚赴京"。各地官府对于持诰赴京面奏之民,不得阻拦,即使没有"文引",也要放行;否则官吏"族诛"。朱元璋试图借助民众惩治不法官吏,通过民众监督,迫使"贪官污吏尽化为贤"(《御制大诰三编·民拿害民该吏》)。这样的规定在历史上实属仅见。许民持诰赴京告奸在某种意义上承认民众拥有制约官府的权利,并给于这种权利以一定的法律保障。然而,朱元璋许民告奸的前提是皇权的绝对权威,强调皇权对民众利益的庇护,其实质仍然是由君主制约臣民,而非民众自身权利的体现,说到底不过是比较高明的治吏术而已。

朱元璋治吏的目的并非"爱民",而是为了强化君权对全国的有效控制,避免重蹈"胡元以宽而失"之覆辙。在君主专制和官僚政治条件下,贪污腐败是必然现象。朱元璋不可能认识到这一点。他急于扭转局面,笃信法外施刑的功效,结果不免施刑过滥,法制愈加混乱,"弊若蜂起,杀身亡家者,人不计其数"(《御制大诰三编·逃囚》)。贪奸之徒趁机作乱,残民以逞。一般说来,保障政府廉洁的制约力量只能来自严格意义上的正规法制和民众。朱元璋严整吏治思想虽说并非一无可取之处,但他企图依赖专制皇权,自上而下澄清吏治,却只能适得其反。专制主义不可能自我克制其与身俱来的痼疾。因之,朱元璋治吏决心再大,手段再酷烈,终归罔然。

五、树立君主绝对权威,强化集权

朱元璋认为,君主秉承天意化育生民,理当成为最高主宰,拥有绝对权威。天下之士夫吏民都要绝对效忠,倘若不为君用,即是"外其教者,诛其身而没其家,不为之过"(《御制大诰三编·苏州人材》)。

为了强化君主个人权威,朱元璋提出要以整顿君臣纪纲作为制度保障。他认为,导致元末人心涣散,天下骚动的重要原因之一就是"纪纲不立,主荒臣专,威福下移",因而强调建国之初,当先正"纪纲","礼法立,则人志定,上下安"(《朱元璋系年要录·至正二十四年》)。依据礼法规定,明确君臣等级名分,严明号令。君主"驭臣下以礼法,臣能驭吏卒以体上"(《明太祖文集·论福建承宣布政使参政魏瞿庄诏·又》)。形成上下一贯的行政体系,给于君主权利、意志的贯彻和推行以制度保障,确立君主个人的绝对权威。

朱元璋又认真总结了前朝历代政治得失,认为女宠、宦官、权臣、藩镇、夷狄等均是导致纪纲隳废、王朝覆灭的祸端。譬如"汉无外戚、阉宦之权,唐无藩镇、夷狄之祸,国何能灭!"针对历史的教训,朱元璋提出了相应的对策。计:"严宫闱之禁,贵贱有体,恩不掩义,女宠之祸何自而生!不牵私爱,惟贤是用,苟干政典,裁以至公,外戚之祸何由而作!阉寺职在使令,不假以兵权,则无宦官之祸。上下相维,大小相制,防耳目之壅蔽,谨威福之下移,则无权臣之患。藩镇之设,本以卫民,财归有司,兵待符调,岂有跋扈之忧!至于御夷狄,则修武备,谨边防,来则御之,去不穷追,岂有侵暴之虞。"(《朱元璋系年要录·洪武九年》)朱元璋对于这几项方针颇为自信,甚至想著书立说,传于子孙,永为训典。

在具体措施方面,朱元璋命修《女诫》,严戒后妃干政。又明令禁止宦官预政典兵。他还颁铸"铁榜",申戒王公显贵不得私役官军和民户,不得私受金帛,强占田产,客观上有益于约束王公欺压百姓,目的是为了防范臣下扩张势力。他还经常教谕臣下"保身与家之道",曰:"敬谨为受福之本,骄怠为招祸之源。"惟能敬谨,不骄不怠,方能"享有荣盛,延及后世"(《朱元璋系年要录·洪武五年》)。朱元璋既对臣下晓以利害,又屡兴大狱,肆行诛杀,恩威并施。除了公开制裁,还建立锦衣卫,实行特务统治,使人钳口不敢言国事。洪武十三年,朱元璋利用胡惟庸案,废除丞相制,使政归六部;又设五军都督府,集全国军、政大权于君主一身,永为定制。朱元璋谕告群臣说:"朕罢丞相,置五府、六部、都察院、通政司、大理寺,分理庶政,事权归于朝廷。嗣君不许复立丞相,臣下敢以请者,置重典。"(《朱元璋系年要录·洪武二十八年》)废丞相制使朱元璋个人独裁达于极端,标志着明代高度专制政治体制的完成。

朱元璋既要成为政治上的绝对权威,也要做思想文化上的最高主宰。他积极推行文化专制政策,《御制大诰》既是钦定教科书,又是课士标准,君主本人就是最高思想权威。朱元璋还严禁异端邪说,说:"邪说不去,则正道不行,天下乌得而治。"(《明太祖实录》卷二十五)他明令严禁弥勒教、白莲社、明尊教等秘密宗教流传,违者严惩。又屡兴文字狱,凡大臣奏章、士人著文,用字犯讳或不合己意者,一律格杀勿论。朱元璋容不得对君主权威的丝毫冒犯。儒学亚圣孟子说过"君之视臣如草芥,臣之视君如寇仇"等语。朱元璋认为"非臣子所宜言",侵害了君主的神圣权威,竟诏令停止孟子配享孔庙,如"有谏者,以大不敬论"。虽然不久恢复配享,但仍令儒臣刘三吾修编《孟子节文》,删除了八十五条有碍君威者,不得用于课士科举。

朱元璋为巩固集权,强化专制可谓思虑周密,手段严苛。但是,他并不懂得所谓外戚、宦官、权臣等亡国祸端正是君主专制政治的必然产物,他也不会认识到文化专制政策除了激化社会矛盾,败坏士风,助长官吏腐败和贪赃枉法外,并不能真正巩固朱姓天下。他本想通过集权和专制手段防范前朝覆灭的悲剧重演。然而,他死后不久即祸起萧墙,权臣、宦官之乱在明代亦层出不穷。历史的发展往往与独裁者的预想背道而驰,朱元璋生前能主宰整个社会,死后却受到历史的嘲弄。

第二节 朱棣崇道统、尊理学的政治思想

燕王朱棣假祖训而以"靖难"之名起兵,从其侄建文帝朱允炆手中夺得帝位。他称帝后,在大肆杀戮效忠建文政权的文臣、竭力加强君主专制统治的同时,又尊崇孔子,奉行儒学,并提出一套颇为系统的以儒治国的政治思想。

一、尊崇道统与为君之道

朱棣从"道统"立场出发,极力尊崇孔子。他说:"孔子,万世帝王之师。其道之在天下,载于《六经》。天下不可一日无生民,生民不可一日无孔子之道。"(《天府广记》卷四十三胡广《视学诗序》引)所以太祖皇帝以尊孔而治化天下:"惟我皇考继统帝王,尊师孔子,举天下皆约之,使由于斯道,是以治化之盛,沦浃周遍,薄海内外罔不向风慕义。"(《明太宗实录》卷五十二)他又屡言:"《六经》,圣人之道,昭揭日星,垂宪万世。"(《明太宗实录》卷五十二)孔子"继往圣,开来学,其功贤于尧、舜","自有生民以来未有胜于孔子者也"。"天下后世之蒙其泽者,实与天地同其义远矣"(《明太宗实录》卷一九二)。在他看来,孔子为"万世帝王之师",万世帝王无不敬事孔子。他本人信奉儒家"道统",尊崇孔子,"夙夜祗敬,思惟继承之道,不敢怠凰"(《明太宗实录》卷五十二)。朱棣以此来文饰自己弑君篡位这一最不合乎儒家伦常大义的行径。

永乐朝的一些大臣揣摩到朱棣的这层心理,遂投其所好而大肆称颂。如胡广说:"陛下待儒臣,进退之际,恩礼俱至,儒道光荣多矣。"(《明太宗实录》卷五十七)杨士奇甚至将朱棣之心比作孔子之心,谓:"文皇帝之心,孔子之心也,固欲天下皆纯宽之俗,斯民皆诚笃之心,而况左右供俸之臣哉!"(《东里文集·朴斋记》)他们君臣的这番唱和,旨在鼓吹"道统"、"治统"合一论,论证朱棣称帝的合法性。

朱棣将儒学当作治国之术。他认为,"孔子参天地、赞化育,明王道、正彝伦,使君君、臣臣、父父、子子、夫夫、妇妇各得以尽其分,与天道诚无间焉"(《明太宗实录》卷一九二),以儒术治国可以达到"崇道德,弘教化,正人心,成天下之才,致天下之治"(《明太宗实录》卷五十二)的目的。所以,他摈弃佛、道二教,专用儒术治国,宣称:"朕所用治天下者,《五经》耳!"(《明太宗实录》卷二十七)永乐二年(1404年),他将侍臣所编《文华宝鉴》

授予太子,并谕之曰:"修己治人之要,具于此书。昔尧、舜相传,惟曰'允执厥中'。帝王之道贵乎知要,知要便是为治,尔其勉之。"(《明太宗实录》卷三十)永乐七年(1409年),他亲"采圣贤之言",编成《圣学心法》一书。在为此书长达五千言的序中,朱棣提出一系列为君之道,要有四端:

其一,为君者首当勤于学。他说:"夫君人者尊居九重之上而统临万物之表,智周乎天下,然后能应天下之务,不由学问则圣功何成?是故积道于躬,惟勤于教学,畜德于己,多识于前言,必也尊师重传,讲贯以广其见闻,治心修身涵养以充其器量。夫《易》以学聚问辨为修德之首,《中庸》以学问思辨为择善之功,是皆经传之名言、圣贤之彝教,循至其极,则可以参天地而赞化育。锡四海之纯福、开万世之太平,何莫不本于斯?……承帝王之绪者可不加勉于学问乎?"(《明太宗实录》卷九十二)

其二,为君者要静心寡欲。他说:"君人者以一心而维持天下,心之好恶不可以不慎也。苟为不顺示其好恶于人,则谗谄邪佞、喜利乐祸之徒得以投其隙矣,而毁誉爱憎莫得而辨。是故人君之所好与天下而同其好,所恶与天下而同其恶。群情之所好而己独恶、群情之所恶而己独好,是拂天下之公而徇夫人欲之私,则所蔽者固而所溺者深,虽欲勿殆,其可得乎?"(《明太宗实录》卷九十二)

其三,为君者要以儒术治国。他强调以仁义礼乐教化天下,说:"道德仁义,教化之源。善治天下者,以道德为郛郭、以仁义而为干橹,陶民于仁义、纳民于道德,不动声色而天下化,如流水之赴壑,沛然莫之能御也。"(《明太宗实录》卷九十二)又说:"夫礼者,治国之纪也;乐者,人情之统也。是故先王制礼,所以序上下也;作乐,所以和民俗也。非礼则无以立也,非乐则无以节也。教民以敬莫善于礼,教民以和莫善于乐。礼乐兴则天地泰而君臣正,刑罚中而长养遂,故曰礼乐刑政四达而不悖则王道备矣。治天下者必先于修礼乐。"(《明太宗实录》卷九十二)

其四,"为政必先于正名"。他说:"夫天地者,尊卑之位也;君臣者,贵贱之等也。尊卑之义明、贵贱之等辨,则天地定而阴阳和,人伦序而名分正。是故圣王之于天子也,不使卑逾尊、贱陵贵、小加大、庶先嫡,君君、臣臣、父父、子子各得其所而礼义立。"治天下者必明乎此,"则朝廷之义明而祸乱之源塞矣"(《明太宗实录》卷九十二)。

其五,爱民以实惠。在筹措起兵夺位时,朱棣本有"民心向彼,奈何"(《明史·姚广孝传》)的顾虑,故其称帝后,十分注重笼络民心,以巩固其专制统治根基。他阐发儒家"爱民"之说道:"朕惟事天以诚敬为本,爱民以实惠为先。《书》曰:'惟天惠民',又曰:'安民则惠',然天之视听皆因于民,能爱人即所以使天。"(《明太宗实录》卷二十七)。他又申论儒家仁政之说道：

> 民者，国之根本也。根本，欲其安固，不可使之凋散。是故圣王之于百姓也，恒保之如赤子，未食则先思其饥也，未衣则先思其寒也。民心欲其生也，我则有以遂之；民情恶劳也，我则有以逸之。树艺而使之，不失其时；薄其税敛而用之，必有其节。如此则教化行而风俗美，天下劝而民心归。行仁政而天下不治者，未之有也。(《明太宗实录》卷九十二)

他还诫谕各级官吏道："君国之道，以民为本"，"为臣能体其君爱民之心，推而行之，斯天下之民举得其所。尔文武群臣受国家委任，宜操节励行，尽诚竭虑。治民者专务恤民，治军者专务恤军，察其饥寒，体其劳勤，为之除害兴利，教之务本力业、孝悌忠信、尊君亲上、敦行礼义、无作愆非，庶几永享太平之福。"(《明太宗实录》卷八十七)

二、崇尚程朱理学

朱元璋推尊儒学，试图以儒学，特别是程朱理学来统一人们的思想行为。朱棣夺位称帝后，通过纂修、颁行《五经大全》、《四书大全》、《性理大全》，完成了乃父未曾完成的任务。

从学术上看，有胡广、杨荣、金幼孜等儒臣纂修而成的三部《大全》，存在不少问题，深为学者诟病。这三部《大全》是"被诏促成"的。朱棣诏修《大全》，为纂修儒臣提供优厚待遇，又屡诏催修，致使胡广等纂修儒臣在九个月里便编修而成总计二百六十卷的三部《大全》，这绝非出于学术上的考虑，而是有其自身的政治目的。由其为《大全》所制序(全文见《明太宗实录》卷一六八)来看，朱棣诏令纂修三部《大全》的目的主要有三端：一是标榜自己"任君师治教之重"，是发扬"道统"、维护"治统"的圣王兼教主；二是以其钦定标准统一天下学术，强化程朱理学的思想统治地位；三是要以"人伦日用之理，初非有待于外"的"道"即儒家纲常伦理治理天下，"使家不异政，国不殊俗"，从而形成有序的社会统治秩序。胡广等纂修儒臣对朱棣的意图心领神会，故其在《进书表》中突出宣扬朱棣的"制作"、"事功"，认为这位"大有位之君""能倡明《六经》之道，绍承先圣之统"，超越了历史上所有的君主，并指出朱棣诏修《大全》，"非惟备于经筵，实欲颁布于天下，俾人皆由于正路而学不惑于他歧，家孔孟而户程朱，必获真儒之用"(《皇明文衡》卷五)。

朱棣通过三部《大全》，以程朱理学统一人们的思想。凡有违于程朱之说，皆被宣布为异端。"饶州儒士朱季友旨阙上书，专诋周、程、张、朱之说，上览而怒曰：'毋误后人。'"(《东林列传·高攀龙传》)于是，二百余年来，庠序之所教、制科之所取，均以程朱理学为准绳。学者们不敢越朱学雷池半步，大儒如曹端、薛瑄、胡居仁也不过"笃践履，谨绳墨，守儒先之正传，无敢改错"(《明史·儒林传·序论》)。三部《大全》，尤其是科举考试中最为重视的《四书大全》，成为有明一代士大夫学问的根柢。这就使程朱理学出现了空前盛况，"世儒习气，敢于诬孔、孟，必不敢倍程、朱"(《陈确集·与黄太冲书》)。但学术发展却随之日益萧条，处于统治地位的程朱理学亦失去生机，陷入僵化境地。这也是绝对思想专制统治的必然结果。

程朱理学思想统治的社会影响不可低估。洪武年间，太祖朱元璋曾下诏禁卧冰割股伤生之行，而永乐年间，成祖朱棣强化程朱理学思想统治，将封建伦理道德的践履责之于一般民众。他命解缙编修《烈女传》，亲制序文，将此书颁行天下，"俾为师民知所以教，而闺门知所以学，庶修身者不致以家自累，而内外有以相成，全体经纶之功，大复虞周之盛"(《明太宗实录》卷二十六)。又命儒臣编成《孝顺事实》，并为书中所记各事亲制论断及诗，还亲指序文冠于书首，亦诏令将此书颁于文武群臣及两京国子监、天下学校。"俾观者属目之顷，可以尽得为孝之道，油然兴其爱亲之心，欢然尽其为子之职，则人伦明、风俗美，岂不有裨于世教者乎？"(《明太宗实录》卷二二六)此外，朱棣还曾将朱熹《家礼》诏颁天下。在最高统治者的大力倡导之下，所谓孝子、节妇大量涌现。《明太宗实录》及《明史》中的《孝义传》、《节妇传》记载了很多割肝割股以疗其父或母之疾的孝子，以及"蚤丧夫，守志不二"，或者夫死后自尽以全其志的节妇烈女。地方史乘中记载的这类事例更难以计其数。由此看来，朱棣强化程朱理学思想统治，并将这种思想统治深入到社会生活之中，其目的乃是为了造就顺从君主专制统治的愚民。

第三节　邱濬的"帝王之学"

丘濬(1421～1496年)，字仲深，琼山人。历任侍讲学士、国子祭酒、礼部尚书等职。又加太子太保兼文渊阁大学士，参与机务。死后赠太傅。《大学衍义补》是他积数十年学力与经验，专门为帝王治国平天下而著的。这部书深受明代帝王的重视。明孝宗"嘉其考据精详，论述该博，有补政治,特命刊而播之",还下令内阁采其可行之事议行。

《大学》是先秦儒家文献,据说为曾子所作,专门讲"修身、齐家、治国、平天下"之道,表现出典型的伦理政治化思维倾向。宋明理学家将《大学》列为"四书"之一,称其是"《六经》之总要,万世之大典",使之成为经中之经。宋儒真德秀是朱熹的传人,所著《大学衍义》的主旨在于正君心,肃宫闱,抑权幸。这部书受到帝王和理学家们的重视,称其是"君天下者之律令格式"。宋理宗称赞《大学衍义》"备人君之轨范焉"。元武宗谓"治天下此一书足矣"。明太祖奉之为帝王之学的要典,命人用大字写于殿堂庑壁。明成祖亲著《大学衍义赞文》。《大学衍义》遂成为帝王必读的政治教科书。《大学衍义补》则是明代的丘濬所著。它获得明孝宗、明神宗的高度评价,称其是"揭治国平天下新民之要","成真氏之完书,为孔、曾之羽翼,有功于《大学》不浅"(《御制重刊〈大学衍义补〉叙》)。

《大学衍义补》是对《大学衍义》的补充和引申;《大学衍义》又是对《大学》的扩充和发挥。《大学》与二部续作共同构成完备、详尽的"帝王之学"。《大学》提出"一人兴邦"、"修齐治平"政治原则,《大学衍义》着重发挥其"正君心"的"修、齐"之道,《大学衍义补》着重充实其"均平天下"的"治、平"之策。三位一体,体用兼备。

一、系统的君主行为规范

丘濬以正君心、正朝廷、固邦本为核心,提出了系统的君主行为规范,为帝王设置了一批思想言行的禁区。这些君主行为规范的内容丰富、条目众多,其中最主要的有六条:

其一,君不可独治。邱濬主张在权力配置上必须"君总治于上,臣分治于下"(《大学衍义补·定职官之品》),同时又必须重视百官的作用,道理很简单:"夫人君以一人之身,虽曰居尊以临卑,然实以寡而御众,以理言固可以以一人统,以势言则不能以一人周也",必须设官分职,"以分理之"(《大学衍义补·分民之牧》)。君主注重"敬大臣之礼",才能实现"君臣一心,上下忘势"(《大学衍义补·敬大臣之礼》)。

其二,君不可以愎谏。邱濬认为"从谏者,人君作圣之功,人臣进言之机也",帝王纳谏是"治安之原,太平之基",不肯纳谏,则"弃天地生人之性,负天命立君之义,悖上天爱民之心"(《大学衍义补·广陈言之路》)。"朝廷之政其弊端之最大者,莫大乎壅蔽"(《大学衍义补·总论朝廷之政》),帝王必须广开言路。在他看来,"人君行事不当于人心,天下得而议之,岂有戮一夫,钳一喙,而能沮弭之哉!"拒谏饰非,讳疾忌医,就会彻底丧失自我调整的机会,而"杀谏臣者,其国必亡"(《大学衍义补·戒滥纵之失》)。

其三,君主不可以私心行赏罚。邱濬认为"人君为治之大柄曰庆赏刑罚而已",而"人君之刑赏,非一己之刑赏,乃上天之刑赏",因此,"人君赏罚,当合天下之公论,不可徇一己之私心"(《大学衍义补·公赏罚之施》)。

其四,君主不可"厉民以养己"。邱濬认为"臣之事即君之事,君之事即民之事,民之事即天之事",天为民而立君、立官,朝廷之政、百官之事都应"为民"(《大学衍义补·定职官之品》)。他指出:"天下盛衰在庶民",君主虽至尊至强,小民虽至卑至弱,但是,犹如高山附着于平地,"君居民之上而反依附于民"。因此,"'民为邦本,本固邦宁'之言,万世人君所当书于座隅,以铭心刻骨者也",君主必须深知"民之真可畏","养之、安之,而不敢虐之、苦之"(《大学衍义补·总论固本之道》)。他批评"秦汉以来,世主但知厉民以养己,而不知立政以养民"(《大学衍义补·总论朝廷之政》),对历代暴政有所揭露。

其五,君主不可以专利。邱濬认为君主的职责是"平均天下","天以天下之民、之力、之材,奉一人以为君,非私之也。将赖之以治之、教之、养之也",君主聚敛财富则违背"天立君之意"(《大学衍义补·经制之义下》)。因此,君主必须为天守财,为民聚财,君主不"专民之利而劫夺之"是"治平之要"(《大学衍义补·总论理财之道下》)。

其六,君主不可违背天理、道德。邱濬认为,"正朝廷"首先要"正纲纪之常"、"定名分之等"。"然所谓纲纪者,盖亦多端,而在人伦者尤为重焉","家之伦理"是"纪纲之首",因此,人君为治,必须"先正一家之纪纲"(《大学衍义补·正纲纪之常》),躬行礼义孝悌,成为天下人的表率。

邱濬把为君主所立的各种戒律最终都推原于天。"人君为治,不难于得民,而难于得天"(《大学衍义补·圣神功化化之极上之下》),君主遵守各种行为规范的目的,归根结底是为了"得天"。"天命立君",所以君主必须"奉顺天道"。君不可违背天的戒律,天决定着君的命运。这种思维方式必然把国家兴亡、政治盛衰寄托于君主一人之心。

二、正君心是政治之本

邱濬与一切理学传人一样是"一心兴邦,一心丧邦"论者。他认为,正君心才是治国平天下之本,"董子所谓正心以正朝廷,正朝廷以正百官,正百官以正万民,正万民以正四方昔,正谓此也"(《大学衍义补·总论朝廷之政》)。在他看来,"德乎德乎,其立纲纪之根本"(《大学衍义补·正纲纪之常》),如何使帝王"惟以一心体天下之心,以天下之心为一人之心","尽夫天理之极,而无一毫人欲之私"(《大学衍义补·圣神功化之极中》),是治国平天下的关键之所在。因此,他主张,为君要正心,为臣要"革君心之非"。

与前代理学家相比较,邱濬更加强调正君心的重要性。他把"审几微"与《大学衍义》提出的"崇敬畏"、"戒逸欲"并列为三,同为"诚意正心之要"。他认为"崇敬畏"旨在"存天理","戒逸欲"旨在"遏人欲","然用功于事为之著,不若审察于几微之初,尤易为力焉"(《大学衍义补·审几微》)。所谓"审几微",即千方百计防范一念之私,一事之过,使"方寸之间,念虑之际,绝无一丝人欲之萌,而纯乎义理之发"(《大学衍义补·谨理欲之初分》)。至于如何"审几微",邱濬也提出了一批具体做法。

"审几微"的具体内容有四个方面:

其一,"谨理欲之初分"。邱濬认为"几微"是"人心理欲初分之处",一念始发,这种念头便有善恶之分。当此之时,君主应"戒慎乎其所初睹,恐惧乎其所初闻,方其欲动不动之间,已萌始萌之际,审而别之,去其恶而存其善"(《谨理欲之初分》)。

其二,"察事几之萌动"。邱濬认为君主治理天下,一日万机,应对"事几""察于有无之间,审于隐显之际,端倪始露,豫致其研究之功,萌芽始生,即加夫审察之力,由是以厘天下之务,御天下之人,应天下之变,审察于其先,图谋于其易"(《察事几之萌动》)。

其三,"防奸萌之渐长"。邱濬认为"大凡国家祸乱之变、弑逆之故,其原皆起于小人。诚能辩之于早,慎之于微",尽早"抑遏壅绝",才能"用力少而祸乱不作"。在他看来,这是"人君制恶之要术也"(《防奸萌之渐长》)。

其四,"炳治乱之几先"。邱濬要求人君"能于国家无事之时,审其几先。兢兢然,业业然,恒以治乱安危为念,谋之必周,虑之必远"。他认为"天子之贵,四海之富",不足依恃。大量历史事实证明,祸乱一起,天子也难免无权、无兵、无食。因此人君必须时时刻刻"思其未萌之患,虑其末流之祸,展转于心胸之间,图谋于思虑之际。审之于未然,遏之于将长,曲尽其防闲之术,旁求夫消弭之方,毋使一旦底于不可救药,无可奈何之地"(《炳治乱之几先》)。

所谓"审几微",主要是强调君主要"慎独",修身治国犹如履冰临渊,千方百计预先防范一念之私,一事之过。"审几微"无非是想把敬、慎、畏、戒推向极致,使人君慎之又慎,戒之又戒。这套学说固然可以警示帝王,推动其自我节制和自我调整,却无法根除君主专制制度的痼疾。历史一再证明,将天下太平系于君主的一言、一心、一念是极不可靠的。

从政治实践看,明代的皇帝们没有、也不可能认真践行上述主张。然而他们都承认这些治国原则是"万世帝王天德王道之标准"(《御制重刊〈大学衍义补〉叙》),也认同"君失人心则为独夫,独夫则愚夫愚妇一能胜我矣"(《大学衍义补·总论固本之道》)。许多帝王对此还有专门的论述。分析这种现象,有助于全面认识中国古代统治思想的特点。

从《大学衍义补》的内容看,理学中面对政治现实的思想家并不空言心性,亦不讳言功利,在政策选择上颇有现实感,还具有一定批判性、变革性的精神。如在《制国用》中,邱濬大讲理财之道,具体内容有"贡赋之常"、"经制之义"、"市籴之令"、"铜楮之币"、"山泽之利"、"征榷之课"、"傅算之籍"、"鬻算之失"、"漕挽之宜"、"屯营之田"等。他对财利的政治功能和调整利益的政治意义相当重视,把以财聚民列为君主政治的关键性措施之一。又如丘濬批判秦以来的制度,认为"三代以亡,遭秦变古",明代以前的历代制度"一切因秦",虽有所损益,却"大抵安于苟简而已",为此,他主张"痛革后世苟简之政"(《大学衍义补·总论礼乐之道下》)。他又反对简单地复古,主张"政不必拘于古之遗制",有些制度,如井田制等与其恢复古制,"不若随时制宜,使合乎人情,宜于土俗,而不失先王之意"(《大学衍义补·制民之产》),可以采取逐步限田的方略以抑制兼并。

《大学衍义补》"有补政治"的作用是极其有限的,但它却足以帮助人们看到传统政治思维的极限。《大学衍义补》完全得到最高统治者的首肯,这表明当时帝王承认它所开列的种种戒律,承认君权必须在一定范围内活动,承认"君失人心则为独夫,独夫则愚夫愚妇一能胜我矣"(《总论固本之道》)。换句话说,帝王通常也承认在一定条件下,臣民可以罪君、正君,君王应当自责、自正。这就是说,在最高统治者自己编印的政治教科书中也内蕴着臣民"尊君—罪君"和君主"自尊—自罪"的文化逻辑结构。这种政治文化一方面开列出一些限定君权的条例,另一方面又把至尊至上权力托付给君主,从而构造成一种无法自解的矛盾,即文化悖论。

如果人们把视野再展开一些,就不难发现:这种文化悖论不仅存在于古代绝大多数社会批判思想家和政治反对派那里。他们与丘濬的区别主要是揭露更加一针见血,抨击更加言辞激烈。关于这一点只须看一看彼此为帝王开列的禁律戒条便一目了然了:他们对君权的限定是大同小异的。

《大学衍义补》还告诉人们一个事实:宋明以来,向往三代、抨击秦政、格君心之非等等,是一股影响广泛的思潮。统治者们对这一思潮的基本论点的认可表明,对于君主政治来说,政治调节十分必要,宋明以来的统治者们已经认识到了这一点。当然,这些认识不包含民主政治的内容。

第四节 张居正"尊主庇民"政治思想

张居正(1525~1582年),字叔大,号太岳,湖北江陵(今县)人。少时"颖敏绝伦",嘉靖二十六年(1547年)考中进士,改庶吉士,授翰林院编修。隆庆元年(1567年)穆宗即位,任吏部左侍郎兼东阁大学士,参与政事。神宗即位后,代高拱为首辅,执掌实权达十年之久,为一代"权相"。张居正执政期间,推行一系列政治和经济制度改革,死后受人谮毁,削爵夺谥,籍没家产。长子自缢,次子及居正之弟"俱发戍烟瘴地"(《明史·张居正传》),至崇祯时才得平反。著作有《张文忠公全集》四十七卷,一名《张太岳集》。

明代嘉靖、隆庆年间,社会矛盾急剧激化。皇族、官贵和豪强争相兼并土地,大批农民沦为佃户。国家赋役极重,农民不堪其苦,往往流走他乡,"抛荒田产,避移四方"(《明万历实录》卷三十二)。社会生产遭到严重破坏,国家财政收入日绌,入不敷出。政治上则贪官污吏横行,当权者明争暗斗,政治腐败。国内起义不断,对外边防废弛,形势十分严峻。张居正针对时弊,图谋更化,以寻求出路。他说:"近来风俗人情,积习生弊,有颓靡不振之渐,有积重难返之几。若不稍加改易,恐无以新天下之耳目,一天下之心志。"(《张太岳集·陈六事疏》,下引同书只注篇名)张居正作为政治家和实权人物,政治思想以加强集权,严整吏治,抑制豪强和推行文化专制为主要内容,诚如他所自言:"以尊主威,定国是,振纪纲,剔瑕蠹为务。"(《答陈节推第十八书》)

一、振纪纲,重诏令

张居正"审几度势",提出一整套"救时"之方,其中首要解决的是如何加强中央集权,重振纪纲。张居正认为,最严重的危机是君主势衰,政局失控,政事弛靡。他说,当今"国威未振,人有侮心","人乐于因循,事趋于苦窳"(《与李太仆渐庵论治体》),朝廷纪纲不肃,法度不行,"上下务为姑息,百事悉从委徇"(《陈六事疏》),致使上下阻隔,君令不得下达,统治实效极差,所谓"科条虽具,而美意渐荒;申令虽勤,而实效罔获"(《辛未会试程策》)。具体言之:"臣窃见近日以来,朝廷诏旨,多废格不行,钞到各部,概从停阁。或已题奉钦,依一切视为故纸,禁之不止,令之不从。至于应勘应报,奉旨行下者,各地方官尤属迟慢,有查勘一事而数十年不完者,文卷委积,多致沉埋,干证之人,半在鬼录,年月既远,事多失真,遂使漏网终逃。"(《陈六事疏》)。君主政治赖以运行的官僚机构几近瘫痪,直接危及君权的巩固。

针对危机,张居正提出要"振纪纲"。他说:"人主以一身而居乎兆民之上,临制四海之广,所以能使天下皆服从其教令,整齐而不乱者,纪纲而已。"他说的纪纲泛指权力法度。"振纪纲"要求君主亲自总揽法纪刑赏之权,"张法纪以肃群工,揽权纲而贞百度,刑赏予夺,一归之公道"(《陈六事疏》),纪纲如同"太阿之柄",君主"不可一日而倒持也"(《陈六事疏》)。"振纪纲"还要求君主加强对官吏系统的控制,提高君主诏令的权威性。张居正说:"君者,主令者也;臣者,行君之令,而致之民者也。"政令是君主政治权威的具体体现,通过政令才能推动整个政治运行。所以说"天子之号令,譬之风霆"。假若"风不能动,而霆不能击"(《陈六事疏》),则君主的权威及其对政局的有效控制必然削弱。君主"无威",臣下必然"无法","斯大乱之道也"。据此,张居正一心严肃法制。他制定了《考成法》,规定凡部院覆奏,行抚按勘,皆以"大小缓急为限,误者抵罪。自是一切不敢饰非,政体为肃"(《明史·张居正传》)。张居正特别强调法纪必须严明,不可"徇情"或"操切"。他说:"徇情之与顺情,名虽同而实则异;振作之与操切,事若近而用则殊。"徇情指不顾是非可否,一味顺顾私情,操切则指以严刑峻法,虐使其民。此二者均是对纪纲的破坏。他主张"情可顺而不可徇,法宜严而不宜猛"。既能顺应人情之所同欲,又能"整齐严肃,悬法以示民",作到"法所当加,虽贵近不宥;事有所枉,虽疏贱必申"(《陈六事疏》)。法纪严明方能使君威振作。

张居正力主"振纪纲"的目的是为"强公室,杜私门"(《与李太仆渐庵论治体》),加强中央集权,巩固君权。法治是达到这一目的的手段。他说:"盖闻圣王杀以止杀,刑期无刑,不闻纵释有罪以为仁也。"(《答宪长周友山言弥盗非全在不欲》)他称赞秦始皇"创制立法,至今守之以为利"(《杂著》),又说:"高皇帝(朱元璋)以神武定天下,其治主于威强。"(《杂著》)在他看来,"君子为国,务强其根本,振其纪纲"(《杂著》)。高度中央集权的政治体制才是最理想的统治形式,他所主张的"振纪纲"则是典型的君主专制政治思想。

二、核名实,课吏治

张居正认为,吏治败坏是造成"国匮民穷"的重要原因。他说:"自嘉靖以来,当国者政以贿成,吏朘民膏以媚权门,而继秉国者又务一切姑息之政",致使"兼并之私"日趋严重,"国匮民贫,病实在此"(《答应天巡抚宋阳山论均粮足民》)。官吏是联接君权与百姓的津梁,吏治好坏直接影响政治秩序的稳定。据此,张居正提出"致理之道,莫急于安民生;安民之要,惟在于核吏治"(《请定面奖廉能仪注疏》),将整顿吏治作为施政的核心。

张居正认为,当今不患无才,问题的关键是人才名实不副,君主拣择不精,使得"所用非其所急,所取非其所求"(《陈六事疏》),贤庸混一,真伪莫辨,遂使人有乏才之叹。若细论用人之弊,首先,督学之官用非其人。张居正说:"养士之本在于学校,贞教端范在于督学之臣。"朝廷历来重视其人选,"非经明行修,端厚方正之士不以轻授。如有不称,宁改授别职,不以滥充"(《请申旧章饬学政以振兴人才疏》)。如今学政称职者寡,既无"卓行实学",只会"虚谈贾誉",甚至"公开幸门,明招请托",剽窃渔猎,无所不为。学政如此,碍难选拔真才。其次,官吏考课不严。张居正说:"器必试而后知其利钝,马必驾而后知其驽良。"(《陈六事疏》)然而,由于官吏考课不严,名实不核,官吏对于监察部门"奔走承顺而已"。造成"举劾参差,毁誉不定。贿多者阶崇,巧宦者秩进"(《论时政疏》)。再次,官吏不能忠于职守,形成风尚。明代官吏更调迁转过于频繁,为了谋求升迁,官吏们大多"出位是思,建白条陈,连编累牍"(《陈六事疏》)。至于本职守则,反而茫昧不知。"主钱谷者,不对出纳之数,司刑名者,未谙律例之文"。官守既失,治何由得,事何由举!总之,"世不患无才,患无用之之道"。以上种种皆为用人不当,归根结底,表现为名实不副。张居正说:"人主之所以驭其臣者,赏罚用舍而已。欲用舍赏罚之当,在于综核名实而已。"(《陈六事疏》)

针对吏治弊端,张居正提出了相应的对策。其一,严格督学之官的人选,务须德才兼备。各省提学官专管学校,要恪尽其责,勉力为国家选送有用之才。各地巡按御史有权对行止不端,玩忽职守者"指实劾奏"。其二,严考课之法,审名实之归。规定凡官吏考核"一以功实为准",但问功能,"毋尽拘于资格",亦不问毁誉。他将官吏分为称职、平常、不称职三等,分予奖惩。凡不称职者,即行黜退。张居正还特别指出,考课官吏一定要全面衡量,"毋以一事,概其平生。毋以一眚,掩其大节"(《陈六事疏》)。其三,官员就近升迁,不可"互转数易",以使"人有专职,事可责成,而人才亦不患其缺乏矣"(《陈六事疏》)。

与"综核名实"相应,张居正又提出要严惩贪官污吏。明洪武以来,国内起义始终不断,张居正认为这并非小民愿意犯上作乱,根本原因在于

"吏治不清,贪官为害耳"(《答两广刘凝斋条经略海寇四事》)。他尖锐指出,一方面,皇亲贵戚宗藩之家"皆外求亲媚于主上,以张其势;而内实奸贪淫虐,陵轹有司,搏刻小民。以纵其欲"(《论时政疏》),祸害甚大。另一方面,地方官吏大多"虚文矫饰","剥下奉上以希声誉","其实心爱民,视官事如家事,视百姓如子弟者,实不多见"(《请择有司蠲逋赋以安民生疏》)。因此,在他看来"民之亡且乱者,咸以贪吏剥下而上不加恤"(《答应天巡抚宋阳山论均粮足民》)。所谓"盗贼"不足为虑,其足以为患者在于"吏治之不清,纪纲之不振"(《与殷石汀论吏治》)。鉴于此,张居正要求"拯罢困之民,诛贪贼之吏"(《杂著》)。对于"贪污显著者",要"严限追赃,押发各边",严加惩处。不论地方小吏或达官显贵一概依法治办,"法所当加,虽贵近不宥"(《陈六事疏》)。

张居正的治吏主张有利于提高明朝政府的行政效率,严惩贪官对于敦清政治秩序,缓和社会冲突也不无积极意义。然而,在君主专制政治条件下,政治调节和制约机制主要限于统治集团内部,依赖于当权者集团的自我克制,其有效性极其有限。要求贪剥成性的封建官吏进行"自我削减"不啻与虎谋皮。而且,由于推行"考成法"考课政绩,官吏们欲奖惧罚,便不分缓急,一味严刑追缴赋税,"以致百姓嗷嗷,愁叹盈闻,咸谓朝廷催科太急,不得安生"(《请择有司蠲逋赋以安民生疏》)。结果,张居正之图谋虽善,效果却极糟。

三、抑豪强,固邦本

张居正说:"盖安民可与行义,而危民易与为非","民为邦本,本固邦宁"(《陈六事疏》)。民是国家的根基,民生安否关系到国祚长短。他认为,自古以来,虽治世也难免"夷狄盗贼之患"。如果民生安乐,家给人足,虽有祸患,"而邦本深固,自无可虞"。反之,如果百姓"愁苦思乱,民不聊生",一旦"夷狄盗贼"之祸起,国家必危。因此,张居正提出"致理之道,莫要于安民"。通过安民生以固邦本,使民心爱戴乎上,"则长治久安之术也"(《请择有司蠲逋赋以安民生疏》)。

可是,如今"国用不足,又边费重大,内帑空乏"(《陈六事疏》),财政陷入危机,小民负担极沉重。为了缓解危机和矛盾,张居正提出以下相应措施。

第一,体察民情,轻减赋税。张居正说:"安民之道,在察其疾苦而已。"明代赋税之重,尤以"带征钱粮"最为"民病"。"带征"即"将累年拖欠,搭配分数,与同见年钱粮一并催征也"。张居正几次上疏,力请君主蠲免积年逋赋,以安民生。他说:"百姓财力有限,即年岁丰,收一年之所入,仅足以供当年之数。不幸遇荒歉之岁,父母冻饿,妻子流离,见年钱粮尚不能办,岂复有余力完累岁之积逋哉。"(《请蠲积逋以安民生疏》)所谓"带征之数",名为"完旧欠",实则"减新收"。今年之所减,即明年之拖欠,如此积久愈多,而"民不堪命矣"。张居正提出除当年"正供之数"照章完纳,其余悉予蠲免。以此缓解民众负担,安定民心。

第二,抑制豪右,宽解民力。张居正认为造成民力乏困,国用不足的一个重要原因是"豪强兼并而民贫失所"。富户豪右依仗财力大量兼并土地,隐占人口,又"花分诡寄,恃顽不纳田粮,偏累小民"(《陈六事疏》)。他们还贿赂公行,与官府勾结,使"有司之令,但能行于小民,不能行于豪右,故催科之苦,小民独当之"(《请蠲积逋以安民生疏》),生活困苦不堪。为打击豪右,维护封建国家利益,增加赋税收入,张居正提出清丈全国土地的方针,察勘豪右隐占土地,以期"粮不增加,而轻重适均,将来国赋即易办纳,小民如获更生"(《答山东巡抚何来山言均田粮核吏治》)。继而又推行"一条鞭法",将各种国赋杂税"悉并为一条,皆计亩征银,折办于官"(《明史·食货志》),使赋税征收变繁为简,税额以田亩为主,使赋税负担趋于平均。张居正还规定,除功臣的赐田"粮且不纳",其余凡"自置田土,自当与齐民一体办纳粮差,不在优免之数也"(《答山东巡抚杨本庵》)。张居正试图通过这些措施抑制豪右势力使"贫民不致独困,豪民不能并兼",民力有所宽解。

第三,节俭省用,与民休息。张居正认为,如今国家元气大伤,虽然采取措施强征赋税,也只是权宜之计。况且有的地区百姓穷困,根本无赋可敛。各道御史为完纳税额,只好将"官库所储,尽行催解",致使各省库藏空虚,加重危机。张居正说:"天之生财,在官在民,止有此数。譬之于人,禀赋强弱,自有定分。"(《陈六事疏》)强行搜求,只能每况愈下。他举出汉昭帝时霍光推行与民休息政策,"行之数年,百姓阜安,国用遂足"(《陈六事疏》)的事例,认为"与其设法征求,索之于有限之数以病民,孰若加意省俭,取之于自足之中以厚下乎"(《陈六事疏》)。张居正尖锐指出,实行节俭政策的关键是君主。他说,正是由于君主"口厌甘脆"、"身厌纨绮"、"居厌广丽",极尽奢华,才使得人民生活困苦,出现"藜藿不饱者","短褐不完者","宵啼露处者"。君主的作为严重背离天意,"天之立君,以为民也",天下不可无君,否则"孰与治之",更不可无民,不然"孰与守之"(《人主保身以保民辛未程论》)。君主之号为天子,拥有天下,就是要"齐一其乱,而均适其欲,衣食其饥寒,而拊循其疾苦,然后天之意有所寄焉"(《人主保身以保民辛未程论》)。因此,张居正告戒君主,切不可"以天下之大,奉一人之身",而应当节制欲求,"使欲不穷于物,物不屈于欲,则其欲有节矣"(《人主保身以保民辛未程论》)。君主要"痛加省节","于凡不急工程,无益征办,一切停免。敦尚俭素,以为天下先"(《陈六事疏》)。如若不然,继行横征暴敛,以满足君主一己之私欲,终将导致全社会的"离志解体而不可收拾"(《人主保身以保民辛未程论》)。

张居正的"固邦本"主张是传统仁政思想的延续,目的在于缓和社会矛盾,维护大明政权。张居正丝毫也不想改变小民的被统治地位。他说:"夫出赋税以供上者,下之义也;怜其穷困量行蠲免者,上之恩也。"(《请择有司蠲逋赋以安民生疏》)凡体察民情、抑制豪右、节俭省用等等均为统治者的施恩行惠之举,体现了君主的好生之德。小民感恩戴德,就要更加勤勉,恪尽其责。由此可知,"固邦本"固然有利于民,但更有利于君,说到底不过是维护君主政治的一个比较高明的手段罢了。

四、禁私学,抑异说

张居正论政事之弊,其中之一曰"病在议论"。大臣们往往坐议空谈,"一事未建,而论者盈庭;一利未兴,而议者踵至"(《辛未会试程策》)。他们指论朝政,又不务实事,无所作为。张居正认为,形成这种现象的根源在于学风不正,其由来久矣。自孔子没,微言中绝。学者溺于见闻,"人持异见,各信其说,天下于是修身正心、真切笃实之学废,而训诂词章之习兴"。虽"有宋诸儒力诋其弊,然议论乃日以滋甚"(《宜都县重刻儒学记》)。学风影响政风,不容忽视。要想扭转尚空论、不务实的颓败现象,必须从整顿学风入手,"学术之弊必改而新之,而后可久也"(《宜都县重刻儒学记》)。那么如何更改呢?张居正提出了一个总方针,曰"学以致用"。

张居正说:"学不究乎性命,不可以言学;道不兼乎经济,不可以利用。"(《翰林院读书记》)他肯定了宋元以来性理之学的"下学"工夫,认为"学不本诸心,而假诸外以自益,只见其愈劳愈弊也矣"(《宜都县重刻儒学记》)。但是,性命之学必须与"经济"相贯通,用之于社会政治实践,这才是为学的根本价值所在。对于儒生们来说,所谓"经济"、"致用"就是忠于君主,为君主所用,除此而外别无它途。张居正说:"凡学,官先事,士先志。士君子未遇时,则相与讲明所以修己治人者,以需他日之用。及其服官有事,即以其事为学,兢兢然求所以称职免咎者,以共上之命。未有舍其本事,而别问一门以为学者也。"(《答南司成屠平石论为学》)人们读书治学,当"以足踏实地为功,以崇尚本质为行,以遵守成宪为准,以诚心顺上为忠"(《答南司成屠平石论为学》)。不可妄自菲薄,诋毁前贤,尤其不可"相与造为虚谈,逞其胸臆,以挠上之法也"(《答南司成屠平石论为学》)。显而易见,张居正给文化教育、学术研究规定了严格的范围,"学以致用"意味着人们必须与君主政治及国家政令法规保持一致性,文化发展本身要符合统治阶级的根本利益。

在这样的认识指导下,张居正积极推行文化专制,力主禁学,提出了三点规定:其一,只许研习儒家经典,不许私设书院。张居正说:"圣贤以经术垂训,国家以经术作人。若能体认经书,便是讲明学问,何必又别标门户,聚党空谈。"(《访申旧章饬学政以振兴人才疏》)他明令规定,"今后各提学官督率教官生儒,务将平日所习经书义理,着实讲求,躬行实践,以需他日之用。不许别创书院,群聚徒党,及号招他方游食无行之徒,空谈废业。"凡有违背,提学官并"游士人等"均予严办。其二,严格取士标准,禁止异端邪说。张居正说:"国家明经取士,说书者以宋儒传注为宗,行文者以典实纯正为尚。"(《请申旧章饬学政以振兴人才疏》)生员读习课本限定为国家颁布的《四书》、《五经》、《性理大全》、《通鉴纲目》、《大学衍义》、《历代名臣奏议》以及"当代诰律典制等书",凡有异端邪说,"炫奇立异者,文虽工弗录"(《请申旧章饬学政以振兴人才疏》)。其三,严禁儒生干政。张居正规定,"天下利病,诸人皆许直言,惟生员不许,今后生员务遵明禁"(《请申旧章饬学政以振兴人才疏》)。凡关涉儒生"本身切己事情",许其家人"抱告有司,从公审问,倘有冤抑,即为昭雪"。此外,凡事不关己,"辄便出入衙门,陈说民情,议论官员贤否者",提学官当将其革退。倘若情节严重,如聚众十人以上,骂詈官长,肆行无礼,则必予严惩。"为首者,照例问遣;其余不分人数多少,尽行黜退为民。"(《请申旧章饬学政以振兴人才疏》)毫无疑问,这些规定是典型的文化专制政策。

专制政治不能容忍任何形式的批评、评价和参与,政治专制必然会导致文化专制。明初以来,君主专制的程度即不断加强,嘉靖时,禁毁私学已屡有发生。张居正更是将文化专制推向极端。他认为臣属坤道,"坤道贵顺",臣的职守就是要"毕志竭力以济公家之事,而不敢有一毫矜己德上之心"(《杂著》),这不仅表现在行为上,而且要体现在思想中。他推行的文化专制政策,就是要严格束缚人们的思想,约束人们的行动,为君主政治培养惟命是从的忠顺之臣。

五、"治体用刚"

张居正政治思想的理论特点是强调"变革"和主张"治体用刚"。他说:

"天下之事,极则必变,变则反始,此造化自然之理也。"(《杂著》)在这治与乱的往复循环过程中,最艰难者莫过于以一种既定的趋势向着对立面转化,所谓"天下之势,最患于成,成则未可以骤反。治之势成,欲变而之乱,难。乱之势成,欲变而之治,难"(《杂著》)。张居正秉政之时,正值大乱之势成,"上失其道,民散于下,贪吏虐政,又从而驱迫之",一旦堤防溃决,"虽有智者,无如之何矣"(《杂著》)。基于这样的认识,张居正主张运用强硬手段更改颓势,于是提出"治体用刚"。传统儒术讲求用中、用和,张居正则认为,"当大过之时,为大过之事,未免有刚过之病。然不如是不足以定倾而安国"(《答奉常陆五台论治体用刚》)。譬如伊尹、周公就是如此,"而商、周之业,赖之以存"。由此观之,"虽刚,而不失为中也"(《答奉常陆五台论治体用刚》)。张居正推行改革,加强集权,使"权珰贵戚,奉法遵令,俛首贴耳而不敢肆,狡夷强房,献琛修贡,蹶角稽首而惟恐后"(《答奉常陆五台论治体用刚》),对于稳定社会秩序不无益处。他提出的一整套"尊主庇民"政治主张代表着明代统治阶级政治思想的主流,是朱元璋强化集权治国术的延续。

第五节 东林党人以政治调节为特色的政治思想

东林党兴起于明末万历年间,始发于顾宪成、高攀龙等人创办的"东林大会"。与会者大都是统治集团中的士大夫反对派及所谓"罢官废吏"。他们旨趣相通,学术相同,"亦多裁量人物,訾议国政"(《明儒学案·东林学案》),表现出强烈的政治参与倾向。东林大会规约详密,俨然形成了一个兼具学术和政治性质的松散士大夫政治集团,成为明末政治舆论的中心。东林党人的政治主张切关时弊,得到某些社会阶层的广泛支持和响应,构成明代政治思想发展的一个特殊内容。

一、东林党人的兴起

明中期以来,政治腐败,吏治混乱,统治集团内部权力争夺日益加深。张居正推行强化集权政策,力挽颓势,可是积弊既久且深,也是只能治末,难以根本扭转。由于张居正十年专权秉国,任用亲信,排斥异己,又增加了新的矛盾。东林党中主要成员对张居正改革基本持否定态度,如邹元标说,张居正"才虽可为,学术则偏,志虽欲为,自用太甚"。在他改革过程中,"言路未通","民隐未周","其他用深刻之吏,沮豪杰之材,又不可枚数矣"

(《明史·邹元标传》)。一般说来,封建专制条件下的"政治反对"现象总是伴随着权力争夺。对张居正专权持否定态度的官僚士大夫们相互引为同道,逐渐形成宗派,随后在"争国本"、"移宫"等政治问题上与其他集团争讼不休,实则党同伐异,以期谋得皇权庇护,参与权力和利益的再分配,一荣俱荣。封建统治集团内部的权力之争是东林党人兴起的政治条件。

政治腐败的重要表现之一是统治者对人民的超经济掠夺。明代统治者对民众的肆意剥削则集中表现为君主直接占有大量社会财富。万历时期,明神宗派遣宦官任矿监税使,到全国大小城镇强征暴敛,以供皇室挥霍。一时"都邑关津中税使棋布",税使所到之处,富民首当其冲,其他小商贩、小手工业者无不殃及,甚至"穷乡僻坞,米盐鸡豚,皆令输税"(《明会要》卷五十七,《商税》),致使数年之后,"天下赋税之额,比二十年前十增其四",天下殷实之户则"比二十年前十减其五"(《明神宗实录》卷三四〇)。矿监税使依仗皇权,敲剥百姓,中饱私囊,使社会矛盾急剧激化,市民反矿监税使斗争此起彼伏。富民阶层本是君主政治的社会基础,明代统治者竭泽而渔的掠夺政策严重损害了他们的利益,同时也损害了封建王朝的稳固。东林党人多数出身富民,他们出于维护切身利益和统治阶级整体利益的考虑,坚决反对矿税政策,成为富民和小手工业、小商业者的政治代言人。东林大会始兴,"罢官废吏,富商大贾之类,如病如狂,走集供奉者,不知其数"(《明神宗实录》卷五一三)。东林党人受到镇压时,更激起民愤。如杨涟被捕,"都城市民数万,拥道攀号,争欲碎官旗而夺公"(《明季北略》卷二)。周顺昌被捕,"众咸愤怒,号冤者塞道"(《明史·周顺昌传》)。因之,富民及小工商业者反矿监税使的政治意向是东林党人兴起的社会条件。

自宋以来,书院成为民间学术研究和传播的主要形式。明代延续这一趋势,讲学结社之风愈炽。赵南星说:"讲学者,与师友切磋者也。道在天下,古今相传,彼此相授,不遇其人,虽读书穷年,不知其解。"(《罗近溪先生语录钞序》)讲学不仅促进了学术交流和士人间的交往,更重要的是这种治学方法冲破了程朱官学一统思想学术的局面,形成某种程度的自由学风。士人们往往别标门户,炫奇立异,甚或评骘时事,干预政治,以至出现了"以童生而殴辱郡守,以生员而攻讦有司。非毁官长,连珠徧布于街衢;报复仇嫌,歌谣遂锓于梓木"(《明穆宗实录》卷二十四)的现象。虽朝廷几次下令禁毁书院,张居正为之不遗余力,但"终不能止"。讲学结社的自由学风无疑是东林党人兴起的文化条件。

东林党人著籍者数百,著名者有顾宪成、赵南星、邹元标、高攀龙、李三才、李应升、顾允成、钱一本、左光斗、周顺昌、杨涟、叶茂才、薛敷教、史孟麟、黄尊素等。其中，宪成、南星、元标合称"三君"，为其领袖人物。

东林党的重要人物皆有文集传世，一些重要篇章由清人顾沅收入《乾坤正气集》。

二、东林党人的政治主张

东林党人的政治宗旨十分明确，就是要力挽颓势，除救世弊。他们看到明朝政治危机愈陷愈深，"风声气习日趋日下，莫可挽回"（《明史·叶向高传》），"民不聊生，大乱将作矣"（《高子遗书》卷八），必须依赖"君臣奋兴而力图之"（《明史·李应升传》）。可是当今天子不明，倒行逆施，当权者多贪奸之辈，只知阿谀谋利，不能励精图治。东林诸公失势在野，殊无权柄，顾宪成说："夫救世者二端，有矫之于上，有矫之于下。"（《泾皋藏稿》卷八）他们只能采用后者，通过舆论、上疏等间接方式干预政治，提出一系列政治主张。

1. 道德救世，救厚风俗

东林党人制定会规，以讲习程朱理学，倡明儒道为要旨。在他们看来，儒道既是学之大宗，又是治世良方，非倡明儒道不足以救世。《东林会约》说："经，常道也。孔子表章《六经》，程朱表章《四书》，凡以昭往示来，维世教，觉人心，为天下留此常道也。"（《东林书院志》卷二）他们把儒学经典看作治国理民的永恒法规，"譬诸日月焉，非是则万古晦冥；譬诸雨露焉，非是则万古枯槁"（《东林书院志》卷一）。高攀龙也明确宣称："是《六经》者，天之法律也。顺之则生，逆之则死，天下所以治而无乱，乱而即治者，以《六经》在也。"（《高子遗书》卷一）既然儒道兴衰顺逆关乎天下治乱，东林党人遂在学术上坚持尊崇程朱理学为正统，力辟邪说，抵斥流行一时的王门心学。如顾宪成削籍后，"益覃精研究，力辟王守仁'无善无恶心之体'之说"（《明史·顾宪成传》），追求政治原则的统一。

东林党人认为，儒学之道博大精深，其要旨为君臣纲纪，只要坚持了这一原则，推而广之，则上可干王政，下能励风俗，使社会政治秩序趋向稳定。可是怎样才能重振纲纪，推而广之呢？他们认为最好的方式是集会讲习和宣传。他们说："自古未有关闭门户独自做成的圣贤，自古圣贤未有离群绝类，孤立无与的学问"（《东林书院志》卷二）。儒道之发扬光大，必须通过志同道合者之间的参求讲习。因而，他们于五伦之中，最重朋友之道，认为五伦之中，君臣父子夫妇兄弟"各有专主"，而朋友关系则"无所不摄"。例如，世事流变，千头万绪，其中有"上不可言于君亲，中不可言于兄弟，下不可言于妻子，而独可从容拟议于朋友者"，所以说"非朋友无以成其君臣父子夫妇兄弟,非讲习亦无以成其朋友也"(《东林书院志》卷三)。结社讲习以形成朋友关系,成为维护君臣父子纪纲的重要条件。再如,"君臣之相与也以敬胜,父子夫妇兄弟之相与也以爱胜。胜则偏,偏则弊。亦必以朋友之道为之调燮乎其间,乃克有济。"(《东林书院志》卷三)朋友关系是调处君臣父子纪纲的必要环节。于是,以研习儒学为本业的士人遂成为振兴纪纲和维护社会政治秩序的中流砥柱。

在东林党人看来,士人之间以道义相交,他们通过结社宣教的方式振兴纪纲。"群一乡之善士讲习,即一乡之善皆收而为吾之善,而精神充满乎一乡矣。群一国之善士讲习,即一国之善皆收而为吾之善,而精神充满乎一国矣。群天下之善士讲习,即天下之善皆收而为吾之善,而精神充满乎天下矣。"(《东林书院志》卷三)士人们要躬正自责,严守程朱学训,"专以道义相切磨,使之诚意正心修身,以求驯至乎圣贤之域"(《东林书院志》卷一)。作到"伦必敦,言必信,行必敬,忿必惩,欲必窒,善必迁,过必改,谊必正,道必明,不欲必勿施,不得必反求"(《东林书院志》卷一)。同时,还要将君臣纲纪推扩给每一个人,将伦常道德的核心——"善"的精神灌注于每一个心灵。如果达到人皆向善,则风俗敦厚,天下必然大治。他们说,如果人们都能"孝顺父母,尊敬长上,和睦乡里,教训子孙,各安生理,毋作非为。如此便成了极好的风俗。家家良善,人人良善,这一县一团和气便感召得天地一团和气,当雨便雨,当晴便晴,时和年丰,家给人足,岂不人人享太平之福"(《高子遗书·同善会讲语》)。

不言而喻,这种道德救世主张是儒家德治教化思想的延续。东林党人自己要作循规蹈矩的君子,也要求人们都来作君主的忠臣和顺民。他们要将儒家君臣纲纪的规范通过讲习宣传的途径深入人们的意识心理之中,以此约束人们的政治行为和选择,形成良好的社会政治秩序。由此可知,东林党人是君主政治的卫道士。至于他们以程朱理学统一认识,防范"人各以其是为是,以其非为非"(《顾端文公遗书》卷三),则不过是思想专制的老调重弹。东林党人藉宋明自由讲学之风而"讽议朝政,裁量人物",但其政治主张的逻辑归宿却是专制主义。

2. 严惩贪官,取缔矿监税使

这是东林党人改救时弊的重要主张之一。一方面,他们无情地揭露和抨击矿监税使的贪暴行径。如顾宪成揭露"税棍"俞愚、金阳等人"所在恣行,民不堪命",逼人至死的恶行,质问道:"凡为漏税之说者,公乎私乎?抑亦假公行私乎?窃恐官受其名,彼享其实,民受其害,彼叨其利。"(《泾皋藏稿》卷四)周顺昌也指斥税使逼税伤民,"狼心虎口,肆毒无已"。他述及小民本微力薄,全仗贩卖糊口,"举家老幼,嗷嗷以待"(《周忠介公烬余集》卷一),却遭税使杀害,伤痛百姓之情溢于言表。另一方面,他们利用上疏之便,力陈矿税之害,为民请命,恳请罢除。典型者有李三才,他几次上疏,言之恳切。他说:"陛下爱珠玉,民亦慕温饱;陛下爱子孙,民亦恋妻孥。奈何陛下欲崇聚财贿,而不使小民享升斗之需;欲绵祚万年,而不使小民适朝夕之乐。"他尖锐指出,矿税之害的根源在于君主"溺志货财",敦请君主"欲心既去,然后政事可理"(《明史·李三才传》)。李三才坚决反对当权者们竭泽而渔的荒唐行径,对朝廷借口"内府匮乏"而强征赋税的做法尤为不满,说:"陛下所谓匮乏者,黄金未遍地,珠玉未际天耳。"(《明史·李三才传》)要求统治者藏富于民,"罢除天下矿税"。

此外,东林党人认为吏治是国家危亡的关键所在。他们多方论证,要求君主能整饬吏治,严惩贪官。例如,赵南星上疏,分析当今天下有"干进"、"倾危"、"州县"、"乡害"四大害,致使奸人充斥于官府,"众正不容,宵人得志;吏治日汙,民生日瘁",地方乡官权柄大于守令,横行无忌。他惊呼"四害不除,天下不可得治"(《明史·赵南星传》)。李应升也说:如今"言兴利而利未必可兴,不如且与之除害"(《落落斋遗集》卷一)。他列举十大害,其中属于吏治之害者就有徭役繁重,奸胥欺隐;长吏贪残,酷罚重耗;俗吏妨农,非时勾比,白役下乡,乘船骑马;里甲修理,粮长铺办等,要求当权者务予克治。

东林党人反对矿监税使和严治贪官的主张符合民众的政治要求,得到民众拥护。正因为如此,当他们受到阉党魏忠贤政治迫害时,民众给予他们强烈支持。然而,他们的着眼点却并非民众利益,而是为了防范社会冲突的激化。如李三才曾告诫神宗,矿税"此宗社存亡所关,一旦众畔土崩,小民皆为敌国,风驰尘骛,乱众麻起,陛下块然独处,即黄金盈箱,明珠填屋,谁为守之"(《明史·李三才传》)。可知,东林党人反矿税贪官的认识基础并未超出传统"重民"思想,他们的真正目的不言自明。

3. 恤穷民,保富民

有明一代税赋沉重,土地兼并尤其严重。史载明"中叶以后,庄田(指皇庄)侵夺民业与国相终云"(《明史·食货志》)。官僚贵族和皇族直接参与占有大量土地,使许多田主富户破产,如无锡一带"自国朝以来,辗转于贫富之交,进退于奸胥之手,至嘉靖间,盖有田者不尽出赋,而赋税者不必有田。富民之子孙已无置锥之地,而催科之吏犹环门守之"(《高子遗书》卷六)。这种状况极不利于明王朝的赋税收入,直接影响其政权基础的稳固。针对这种情况,东林党人提出了"恤穷民,体富民"的赋税调节政策。

李应升说:"今日安天下之大机括,莫如恤内地之民生。"(《落落斋遗集》卷一)国家应减免赋税,遇到灾荒,更要蠲免恤民,否则一味强敛,将会激起民变。然而,如果减免过多,又影响国家收入。如徐如珂说:灾年照常额征税,"民固有所不堪",但是"值公家告匮之秋而置国课于不问,官亦有所不便"(《徐念阳公集》卷七)。东林党人试图在君利与民利之间寻找均衡,提出了"下可以宽民,而上亦无损国储"的"两便之术"。具体办法是,对贫民和富民采用不同的减税率,"如官大户,十停其二,细民十停其四,停者半年取偿,而不停者出示征之,民必有闻风输纳者矣"(《徐念阳公集》卷七),这样既"恤穷民",又"体富民",同时又满足国家赋税需要。

另外,传统的恤灾政策"不出蠲赈两端"。这种"救灾之策,主于恤贫民,而易于累富民"。为了保护富民利益,徐如珂提出,"今被灾非常,如煮粥,如买米,势不得不责之大户,要以量力而派,审便而行,必不使富者因贫者而倾家,斯为两便"(《徐念阳公集》卷七)。东林党人试图在贫民、富民和国家即君主三者之间寻求利益均衡,其立意固然是为了维护明王朝的根本利益,但政策本身无疑有益于减缓社会矛盾,有助于社会秩序的稳定。

4. 君子小人辨

李应升认为天下有三患,其中之一是"小人,腹心之患"(《落落斋遗集》卷一)。顾宪成也说:"天下之最不可混者,莫如君子小人之辨。"(《顾端文公遗书》卷三)君子小人辨是东林党人用人政策的指导原则,亦是其派别意识的体现。他们说的小人指政治上的异己分子和反对派,君子则是他们援引同党的自称。他们认为,构成君子的重要标准是立身行道以君国百姓为重,富于社会责任和使命感。正如顾宪成所言:

官辇毂,念头不在君父之上;官封疆,念头不在百姓之上;至于山间林下,三三两两,相与讲求性命,切磨德业,念头不在世道上,即有他美,君子不齿也。(《顾端文公遗书》卷一)

作为君子,要直言敢谏,积极参与政治,不畏削籍罢官,或诬为朋党。刘元珍说:"从古小人未有不以朋党之说先空善类者。"(《明史·刘元珍传》)如今"正直之臣不安于位"(《明史·安希范传》),"善类摈斥一空"(《明史·高攀龙传》),当权者"惧人攻己,而欲钳天下之口"(《明史·钱一本传》),这些恰恰是小人之所为。东林党人既以君子自诩,遂不以结党为非,反而相互援引,自称"吾党"(《东林书院志》卷一)。

君子小人辨内涵的道义感和社会责任感增强了东林党人的集体向心

力,形成了明末政坛上一支不可忽视的政治力量。然而,君子小人辨作为用人指导原则,又加剧了党派倾轧。东林党人将所有党外士人均视为小人。天启初年,东林党人执掌权柄,他们大量启用同党,搜举遗佚,排斥异类,"核人品者,乃专以与东林厚薄为轻重"(《明史·崔景荣传》),以至陷于党争不能自拔,使本已混乱的吏治更加难以收拾。

三、东林党人的政治立场及思想特点

顾宪成曾说:"吾辈持濂、洛、关、闽之清议,不持顾、厨、俊、及之清议"(《顾端文公年谱》)。八顾、八厨、八俊、八及是东汉末"清议"领袖。顾宪成认为东林党与汉末诸公旨趣不同。东林党人学宗正统,尊君重道,政治主张无一不以维护纲常名教和大明王朝为宗旨。他们是政治上的在野派,但无疑都是君主的忠臣。他们在观念上严守"君臣之分,等于天地"的原则,在行为上宁受诬陷,家破身亡,也要感戴君恩。例如,李应升被捕时即写下"臣罪应难赦,君恩本自宽"(《东林始末·碧血录》)的诗句;高攀龙因受迫害而自杀,死前写下"君恩未报,愿结来生"(《高子遗书·附录》)的遗表以明志。

东林党人政治主张的根本特点是立足于调节和缓和社会矛盾,在维护明王朝根本利益的前提下,兼顾君、民各方的利益和要求。严格而论,其中并不含有民主思想成分。他们是儒学圣道的崇拜者和践行者,是儒学正统主义的实际体现。表现在政治实践中,东林党人大多能爱护百姓,惩治贪吏,为政清廉。如杨涟任常熟知县,举廉吏第一;周起元政绩卓然,"以廉惠称";李应升任南康推官时,"出无辜十九人于死,置大猾数人重辟",民谣颂之"清和无比"(引文均见《明史》各本传)。东林党人既忠于君主,又能得到民众拥护,是典型的"清官"形象,亦即封建统治阶级自我政治调节机制的典型表现。

第二十一章 王守仁"心学"及其后学的政治思想

明代中期,王守仁集"心学"思想之大成,建构了以"致良知"为核心的理论体系。王门心学与官学化的程朱理学思想体系相呼应,形成了另一种政治认知系统,在明代中期以后的政治思想界影响极广。这里尤其需要关注的是,王门后学之中出现了一股"异端"思潮,主要有"泰州学派"王艮及其后学何心隐等提出的具有"平等"色彩的政治蓝图;李贽抨击儒学传统观念和张扬个性的思想等。这股"异端"思潮与明代君主专制政治思想主流相对立,从而使明代政治思想的发展愈发显得多样化而异彩纷呈。

第一节 王守仁"心学"的政治意义

王守仁(1472~1529年),字伯安,浙江余姚(今余姚县)人。曾在会稽阳明洞筑室居住,人称阳明先生。他少年时立志"读书学圣贤",好言兵事,善骑射。弘治十二年(1499年)举进士,步入仕途。正德元年(1506年)因得罪宦官刘瑾,谪贵州龙场驿任驿丞。四年后刘瑾被诛,王守仁才时来运转,一年三迁,历任刑部、兵部主事,兵部尚书,都察院左佥都御史等职。王守仁政治上忠于君主,一生多次镇压农民和少数民族起义,又平定宁王朱宸濠叛乱,论功特进光禄大夫、柱国、晋封新建伯,子孙世袭。但因遭妒谗,一度失去君主信任。晚年病甚乞还,不俟君命竟归,卒于途中。以擅离职守,追夺封爵世袭,"恤典俱不行"。至穆宗即位方重予世袭,谥文成。万历十二年(1584年),诏从祀孔庙。

王守仁是理学思潮中心学一派的集大成者,学术地位甚高。他曾在贵阳书院主讲,又在白鹿洞书院授徒。亲自创办了稽山书院、阳明书院、敷文书院,门徒众多,影响极广。他在学术上前承陆(象山)、陈(白沙),后启王(心斋)、李(卓吾)。其学以讲求"致良知"、"知行合一"为特色,试图通过振兴心学以拯救陷于危机的明王朝。他的著作有《王文成公文集》三十八卷,一名《阳明全书》。

一、心的学说与"天下一家"理想政治

王守仁所处的时代,大明帝国已是危机四伏。他对现状的认识极为清楚,故而忧心忡忡。"今天下波颓风靡,为日已久,何异于病革临绝之时。"(《王文成公文集·答储柴墟二》,下引同书只注篇名)作为大明忠臣,他除了积极参与镇反、平叛,为君分忧,又苦心孤诣试图挖出形成危机的总根。据他看来,当今危机表现为君昏、民暴、臣颓,此三者又源于社会道德破坏。例如明武宗亲信肖小,不理朝政,在位期间"屡经变难";农民则道德沦丧,作乱犯上,"凶狠贪暴"。尤为可虑者,"今天下之不治,由于士风之衰薄"(《送别省吾林都宪序》)。官僚士大夫是君主政治的权力基础,如今"群僚百司各怀谗嫉党比之心,此则腹心之祸"(《与黄宗贤》)。

那么是什么原因造成全社会道德风气败坏呢?王守仁认为是"由于学术之不明"(《送别省吾林都宪序》),这显然是针对程朱之学而言。王守仁认为,程朱之学有着不可克服的内在矛盾。程朱之学讲究"下学上达"的笃实工夫,要人们逐日一件一件去格物中之理,连"一草一木昆虫之微"也不可放过。王守仁认为,这种认识方法"未免牵合附会"。"天下之物如何格得?且谓一草一木亦皆有理,今如何去格?纵格得草木来,如何反来诚得自家意?"(《传习录下》)他通过亲身实践,认为"下学"难以"上达",研习程朱之学并不能实现道德履践,即难以实践立诚、达本、修身、齐家、治国,反而流为人们谋求官禄的手段,造成了教化不行,人格虚伪,风习败坏的颓丧局面。王守仁还认为,程朱之学立为官学,奉为独尊,凡有违程朱学旨者即目为离经叛道。这种思想文化的一统化造成人们思想僵化,学风固陋,大多只会循章摘句,"从册子上钻研,名物上考索,形迹上比拟"(《传习录上》)。他抨击道:"盖平日解经最为守章句者,然亦多是推衍文义,自做一片文字,非惟屋下架屋,说得意味淡薄,且是使人看者将注与经作两项工夫,做了下梢,看得支离,至于本旨,全不相照。"(《答张敬夫》)这是一种"似是而非之学",远离圣学真质,如此焉能"致治"! 正是出于这样的思考,王守仁提出了系统的王门心学。

关于心的认识是王学体系的理论基础。王守仁认为,心的内涵十分丰

富。首先,心是人们的感知认识,表现为一种主观精神。他说:"心不是一块血肉,凡知觉处便是心。"(《传习录下》)心与身不可分割。身是心的"充塞处",即心的载体,"无身则无心"。反之,心是身的主宰,所谓"身之主宰便是心"(《传习录上》)。人的一切活动或行为均受心的支配,人们与外部世界的关系全然维系于心的发动流行,"心之所发便是意,意之本体便是知,意之所在便是物"(《传习录上》)。正是由于心的运动及与外物的联系,天地万物才是存在的和有意义的。此即谓"有是意,即有是物,无是意,即无是物矣"(《答顾东桥书》)。"心外无物,心外无事"(《与王纯甫二》),物和事不过是心的某种外化。从这个意义上说,"人者,天地万物之心也;心者,天地万物之主也"(《答季明德》),天地万物不可能离开心而独立存在。王守仁说:"天没有我的灵明,谁去仰他高?地没有我的灵明,谁去俯他深?鬼神没有我的灵明,谁去辨他吉凶灾祥?"外物离却人心,便不复存在,反之,"我的灵明"亦依赖外物而得以表现出来。"如此,便是一气流通的,如何与他间隔得"(《传习录下》)。由此可见,心即人的主观精神构成了天地万物的本原。其次,王守仁认为,心作为主观精神,其本质为至善之德,谓之"天理",又称"良知"。他说的天理就是儒家传统的道德原则,"夫礼也者,天理也。天命之性具于吾心,其浑然全体之中,而条理节目森然毕具,是故谓之天理"(《博约说》)。他用的良知一词出自《孟子》,指人们先天即有的至善之德。良知作为"心之本体",与天理同出一源,"吾心之良知,即所谓天理也"(《答顾东桥书》)。但二者又微有不同,天理是至善之德的规范——原则形态,"天理之条理谓之礼";良知乃至善之德的观念——心理形态,"只是一个天理自然明觉发见处"(《答聂文蔚二》)。二者皆为吾心的表现形式,所以说"心外无理,心外无义"(《与王纯甫二》)。例如:"有孝亲之心,即有孝之理……有忠君之心,即有忠之理……理岂外于吾心邪?"(《答顾东桥书》)由此可知心是人伦道德的最高本体。再次,王守仁将天命、人性统一于吾心。他从不同角度讲论三者的关系。自性言"性一而已。自其形体也谓之天;主宰也谓之帝;流行也谓之命;赋于人也谓之性;主于身也谓之心"。自天命言,"天命于人,则命便谓之性,率性而行,则性便谓之道"(《传习录上》)。自天理言,"经,常道也。其在于天谓之命,其赋于人谓之性,其主于身谓之心。心也,性也;命也,一也"(《稽山书院尊经阁记》)。天命、人性都是人心之天理的不同表现。

王守仁强调物、事、理、义皆归宗于吾心,并不是要否定和割裂心与外部世界的联系。恰恰相反,他要确立心即人之主观精神的本体地位,并无限扩大心与外物的同一性。譬如观花,未看时"此花与汝心同归于寂;你来看此花时,则此花颜色一时明白起来,便知此花不在你的心外"(《传习录下》)。从而在某种意义上否定了外部世界与人之主观世界的差别。基于这样的认识,王守仁提出了"万物一体"说。他认为,"天地万物与人原是一体,其发窍之最精处,是人心一点灵明。风雨露雷日月星辰禽兽草木山川土石与人原只一体,故五谷禽兽之类,皆可以养人,药石之类,皆可以疗疾。只为同此一气,故能相通耳。"(《传习录下》)又说:"人的良知,就是草木瓦石的良知。若草木瓦石无人的良知,不可以为草木瓦石矣。岂惟草木瓦石为然,天地无人的良知,亦不可为天地矣。"(《传习录下》)凭借人心的沟通,天地万物与人同出一源,殊无分别。将这样的认识实践于社会,即形成了"天下一家"的理想政治模式。

王守仁说,圣学的真旨是"无人己,无内外,一天地万物以为心"(《重修山阴县学记》)。圣人是圣学的人格化,"其心之仁本若是",因而惟有圣人之治天下,"其视天下犹一家,中国犹一人焉"(《大学问》),没有外内远近之分。"凡有血气,皆其昆弟赤子之亲,莫不欲安全而教养之,以遂其万物一体之念。"(《答顾东桥书》)王守仁认为,实现"天下一家"理想政治包涵两个环节:

其一曰"明明德","明明德者,立其天地万物一体之体也",即在圣人之本心确立"天地万物一体"的道德信条。其二曰"亲民","亲民者,达其天地万物一体之用也"(《大学问》),即将圣人之"明德"推广于社会,施之于百姓。

"明明德"是"亲民"的前提,"亲民"是"明明德"的检验标准和归宿,"故明明德必在于亲民,而亲民乃所以明其明德也"(《大学问》)。这是一个由己及人的过程,亦即孟子"推仁"以及于四海的过程。王守仁释之甚详:

亲吾之父,以及人之父,以及天下人之父,而后吾之仁实与吾之父、人之父与天下人之父而为一体矣;实与之为一体,而后孝之明德始明矣。亲吾之兄,以及人之兄,以及天下人之兄,而后吾之仁实与吾之兄、人之兄与天下人之兄而为一体矣;实与之为一体,而后弟之明德始明矣。(《大学问》)

将这一方法广施于所有的社会政治关系和自然关系之中,"君臣也,夫妇也,朋友也,以至于山川鬼神鸟兽草木也,莫不实有以亲之,以达吾一体之仁,然后吾之明德始无不明,而真能以天地万物为一体矣"(《大学问》)。如果每个人都能依照这一方法明其"明德",推广吾心之良知,就能形成人人相亲,各安其分,各勤其业的理想社会。正如王守仁所描绘的:

"天下之人,熙熙皞皞,皆相亲如一家之亲。其才质之下者,则安其农工商贾之分,各勤其业以相生相养,而无有乎希高慕外之心;其才能之异,若皋、夔、稷、契者,则出而各效其能"(《答顾东桥书》)。显而易见,王守仁以"亲民"为目的的"天下一家"理想社会,是儒家传统"仁政"理想的重构。

王守仁的理想政治模式具有一定的社会批判意义。他对当时政局混乱,争权倾轧现象十分不满,于是举出圣人的旗帜,希望当权者遵行圣人训典,"公是非,同好恶,视人犹己,视国犹家"(《答聂文蔚》)。推行仁政,怜惜小民,"生民之困苦荼毒,孰非疾痛之切于吾身者乎?"(《答聂文蔚》)从而实现"家齐国治而天下平"(《大学问》)的安定政治局面。

然而,王守仁向往的"天下一家"并非政治平等的蓝图,而是以贯通于自然与社会的亲疏等级为前提。他说:"禽兽与草木同是爱的,把草木去养禽兽,又忍得?人与禽兽同是爱的,宰禽兽与养亲,与供祭祀,燕宾客,心又忍得?至亲与路人同是爱的,如箪食豆羹,得则生,不得则死,不能两全,救至亲不救路人,心又忍得?这是道理合该如此。"(《传习录下》)可见,严格的亲疏等级规定又是王守仁理想政治的基础。在"天下一家"的政治社会里,统治者是民之父母,民是"朝廷赤子"。赤子们须"小心以奉官法,勤谨以办国课"(《十家牌法告谕各府父老子弟》),务要安分守己;如有背逆之举,就要受到严惩,如同父母之除逆子。虽说王守仁一再申明父母杀逆子是"不得已也",却无法遮掩其理想政治的专制主义内容。

二、"致良知"与"破心中贼"

王守仁把"致良知"作为其全部理论的总纲,说:"吾生平讲学,只是'致良知'三字。"(《寄正宪男手墨二卷》)自诩是"千古圣圣相传的一点真骨血";是"圣门正法眼藏"(《年谱二》)。"致良知"的要义有如下几点:

首先,良知是人本心的本来面目,人所固有。王守仁说:"知是心之本体,心自然会知。见父自然知孝,见兄自然知弟,见孺子入井自然知恻隐,此便是良知,不假外求。"(《传习录上》)良知本来人人皆备,因为人"性无不善,故知无不良。良知即是未发之中,即是廓然大公,寂然不动之本体,人人之所同具者也"(《答陆原静》)。可是由于人有私心物欲,"欲为之蔽,习为之害",蒙蔽了人的良知,如同水被"污入之而流浊",镜子为"垢积之而光昧"(《别黄宗贤归天台序》),因而需要通过"致良知","将此障碍窒塞一齐去尽"(《答陆原静书》)。

其次,王守仁以"正心"代"格物",用"致良知"改造朱门"格物穷理"说。朱子"格物"说本于《大学》,王守仁批评朱学,又不可违《大学》义旨,遂重新训诂"格"字。说："格者,正也,正其不正以归于正之谓也。"(《大学问》)格物即正物。依照心的学说,所谓物皆为心的外化,"心外无物",因此"天下之物本无可格者,其格物之功只在身心上做"(《传习录下》)。正物即正心,即致良知。王守仁认为,这种解释避免了朱学"析心与理为二"之弊,"致吾心良知之天理于事事物物,则事事物物皆得其理矣。……是合心与理而为一者也"(《答顾东桥书》)。基于这样的认识,王守仁总结出著名的"王门四句教"："无善无恶是心之体,有善有恶是意之动。知善知恶是良知,为善去恶是格物。"格物即正心为王学体系的形成提供了最重要的理论支柱。

再次,在格物即正心的认识基础上,王守仁用"正心"概括了儒家传统的修身理论,疏通了正心与修身、诚意、致知的关系。王守仁认为,既然"心者身之主宰",则修身只须在正心上下功夫,"主率一正,则发窍于目,自无非礼之视;发窍于耳,自无非礼之听;发窍于口与四肢,自无非礼之言动;此便是修身在正其心"(《传习录下》)。王守仁又认为,正心还必须通过致知、诚意的环节。"致知"即"所谓人虽不知,而己所独知者,此正是吾心良知处"。将自身良知扩充到底,把善善恶恶之心落到实处,"便是在诚意。如一念发在好善上,便实实落落去好善;一念发在恶恶上,便实实落落去恶恶"(《传习录下》)。因而"致知"为"诚意"之本,"功夫到诚意,始有着落处"。一言以蔽之,诚意、致知、格物等是"正心"即修身之同一过程的不同表现,"以其凝聚主宰而言,则谓之心;以其主宰之发动而言,则谓之意;以其发动之明觉而言,则谓之知"(《答罗整庵少宰书》)。正心则是诚意,致知的出发点和归结点,如此循环往复。这便是"致良知"的内在运行逻辑。

最后,"致良知"的目的是"存理灭欲"。王守仁既讲"心即理",又说吾心"不能不昏蔽于物欲"(《传习录中》),这就不免在逻辑上与"心外无物"相矛盾。他说不清欲自何来,却讲"致良知""只在此心去人欲,存天理上用功便是"(《传习录上》)。

实现"存理灭欲"的途径为"克己"。王守仁认为克己要下真功夫。"人若真真切切己用功不已,则于此心天理之精微日见一日,私欲之细微亦日见一日。"否则天理、人欲"终不自见"。克己还要坚持不懈,好比走路,"有疑便问,问了又走,方渐能到得欲到之处"(《传习录上》)。具体言之,克己工夫包括四种境界:一曰"静坐息虑"。这是克己工夫的第一步。王守仁说,人们"初学时心猿意马拴缚不定,其所思虑多是人欲一边,故且教之静坐、息思虑"(《传习录上》),使吾心处于"悬空静守"状态,排除杂念,然后才能进一步克己。二曰"省察克治"。这种功夫要求人们认真内省吾心一己之

第二十一章 王守仁"心学"及其后学的政治思想

私,努力克治。"如去盗贼,须有个扫除廓清之意",随时随地"将好色、好货、好名等私,逐一追究搜寻出来,定要拔去病根,永不复起,方始为快"(《传习录上》)。三曰"防于未萌之先","克于方萌之际"。王守仁认为,若想使吾心"纯乎天理",必须作到心中"无一毫人欲之私",而达到这一境界,则"非防于未萌之先,而克于方萌之际不能也"(《答陆原静书》)。好比"猫之捕鼠,一眼看着,一耳听着。才有一念萌动,即与克去,斩钉截铁,不可姑容,与他方便。不可窝藏,不可放他出路,方是真实用功,方能扫除廓清"(《传习录上》)。直至达到"无私可克",只存留"纯乎天理"的心之本体。"此便是寂然不动,便是未发之中,便是廓然大公"(《传习录上》)。其四曰勘破"生死念头"。这是克己的最高境界。当人们"于一切声利嗜好,俱能脱落殆尽"后,尚有生死念头须勘得破。王守仁说:"人于生死念头,本从生身命根上带来,故不易去。"(《传习录下》)有了这种念头的"毫发挂带",私欲的克治便不能彻底,"便于全体有未融释处"。人们只有将生死念头看得透彻.才能使心之全体"流利无碍",最终达到"无视无听,无思无作,淡然平怀"的崇高境界,实现人之至善本性的彻底归复。

"致良知"学说具有深刻的政治意义。王守仁一生积极镇压民众"叛上作乱",致力于"破山中贼"。但是,他认为,武力镇压并不能从根本上杜绝民众反叛,"民虽格面,未知格心"(《年谱》)。比"山中贼"更具危害的是"心中贼",而他的"致良知"学说恰恰具有破"心中贼"的功效。他认为,即使愚夫愚妇"知这良知诀窍,随他多少邪思枉念,这里一觉,都自消融。真个是灵丹一粒,点铁成金"(《传习录下》)。王守仁以"良知"作为人们认识事物,判断价值的最高准则,说:"良知只是个是非之心,是非只是个好恶,只好恶就尽了是非,只是非就尽了万事万变。"(《传习录下》)任何事物都要放在"良知"面前衡量,以判断价值,决定取舍。这样一来,"良知"内涵的封建道德规范就成为人们的选择及行为标准,从而能使人们在思想上和行为上与封建统治者的要求保持一致性。王守仁又认为,虽说"良知"凡圣皆具,"但惟圣人能致其良知"(《传习录中》)。圣人的特质是"生知安行",先天良知完备。在圣人的引导下,人们潜心克己,"静时念念去人欲、存天理,动时念念去人欲、存天理"(《传习录上》),最终达到"致良知"的极致,即"内圣外王"。内圣是说,吾心良知臻于纯粹之境,决无丝毫私欲,从而在精神上与圣人皈本如一。正如王守仁所言:"圣人气象何由认得,自己良知原与圣人一般。若体认得自己良知明白,即圣人气象不在圣人而在我矣。"(《传习录中》)外王是说以内圣之吾心良知进退于社会政治,便可收发自如,调处适宜,吾心"发之事父便是孝,发之事君便是忠,发之交友治民便是信与仁"(《传习录上》)。内圣外王塑造的是儒家文化的理想人格,是人生追求的最高理想。人们沿着这条"光明大道"走下去,心中自无"贼"念生,从而养育成温顺恭让的美德,同时也就钻入了君主专制政治的死胡同,成为圣人治下的谦谦君子和君主治下的驯服良民。这便是"致良知"的最终目的和最根本的政治意义。

不过,我们必须指出,由于王守仁极力强调"良知"作为认识主体的绝对权威,结果使吾心具有了绝对真理性。他要人们"只信良知","只依良知行"。只要将良知"看得透彻,随他千言万语,是非诚伪,到前便明"(《传习录下》),良知成为验证一切理论权威的"试金石"和"指南针"。良知所内涵的天理即儒家伦理政治原则的地位无限提升,使得"圣圣相传"的具体权威相形见绌。王守仁说:"道,天下之公道也;学,天下之公学也,非朱子可得而私也,非孔子可得而私也。"又说:"求之于心而非也,虽其言之出于孔子,不敢以为是也,而况未及孔子者乎"(《答罗整庵少宰书》)。儒家经典在良知面前亦不再那么神圣不可侵犯,他告诉人们:"六经者,吾心之记籍也,而六经之实,则具于吾心。"(《稽山书院尊经阁记》)"凡看经书,要在致吾之良知,取其有益于学而已,则千经万典,颠倒纵横,皆为我之所用。一涉拘执比拟,则反为所缚。"(《答季德明》)王守仁这些认识的立意本在抵斥朱学固陋,学风拘泥,但在逻辑上无疑是对明代官学权威的某种冲击和否定,并在一定程度上形成了个人认识主体性与传统思维的对立。王门心学的这一特点成为后世"异端"思想发展的契机,启发了泰州学派及其后学的兴起。

三、"知行合一"与政治道德实践

宋儒讨论知行问题,大都主张知先行后。这种认识的流弊是学尚空论,不重践行,形成人格虚伪,极有碍于道德完善。王守仁认为,"今人学问,只因知行分作两件,故有一念发动,虽是不善,然却未曾行,便不去禁止"(《传习录下》),实为姑息放纵,如此怎能"化育流行"呢?于是提出"知行合一"。他说:"未有知而不行者,知而不行,只是未知。"知行之体本来如一,"圣贤教人知行,正是安复那本体"(《传习录上》)。譬如说某人知孝悌,"必是其人已曾行孝行弟",不能只说不作。"此便是知行的本体,不曾有私意隔断的"(《传习录上》)。将知行合一贯彻在具体修习过程中,知与行更是密不可分,"知行原是两个字说一个工夫"(《传习录上》)。王守仁说:"知之真切笃实处便是行,行之明觉精察处便是知。"(《答友人问》)行而不能"精察明觉"乃是"冥行",知而不能"著实去做"又成"妄想"(《答友同人》)。

所以说"知是行的主意,行是知的工夫,知是行之始,行是知之成"(《传习录上》)。此间的关系好比饮食,"夫人必有欲食之心然后知食,欲食之心即是意,即是行之始矣。食味之美恶,必待入口而后知,岂有不待入口而已先知食味之美恶者邪?"(《答顾东桥书》)这就是所谓"知行并进之功"。

根据"知行合一",王守仁要求人们严格把握自我动机。既然"一念发动处便即是行了",那就"须要彻底不使那一念不善潜伏在胸中"。通过"根察"动机以向善去恶是王门心学的"立言宗旨"之一。王守仁还要人们注意修习吾心的"笃实之功",要人们在"事上磨炼"。对于统治者来说,就是将"良知"贯彻到政治实践中。譬如参与政事,"便从官司的事上为学",在"簿书讼狱"的具体政治实践中,不可因一己之私念而有"怒心"、"喜心","不可恶其嘱托,加意治之;不可因其请求,屈意从之"。在王守仁看来,"簿书讼狱之间,无非实学。若离了事物为学,却是著空"(《传习录下》)。依照这样的认识,参与君主政治的具体活动恰恰是体认"良知"的捷径。王守仁镇压起义,修练民兵,"行十家牌法",颁行"乡约",正是出于"事上磨炼",将维护君主政治的道德原则融贯于实践之中。

对于下层民众而言,"知行合一"意味着人们处处遵行封建道德规范,形成良好的道德风尚和严整的社会秩序。人们"恭俭以守家业,谦和以处乡里。心要平恕,毋得轻意忿争,事要含忍,毋得辄兴词讼,见善互相劝勉,有恶互相惩戒,务兴礼让之风,以成敦厚之俗"(《十家牌法告谕各府父老子弟》)。在王守仁的价值体系中,小民生来就要应役纳粮,"世岂有不纳粮,不当差,与官府相对背抗而可以长久无事,终免于诛戮者乎!"(《告谕顽民》)可见,"知行合一"说到底不过是要人民安分守己作顺民,其政治目的于此昭然若揭。

王守仁学宗陆九渊,诋毁程朱,宁愿"冒天下之讥,以为象山一暴其说"(《答徐成之》)。在学术上,他是异于官方学术的自由派,在政治上则是君主的耿耿忠臣。他主观上并非要作君主政治的叛逆,但无意中却成为后世"异端"思想的先驱。

第二节 王艮、何心隐以"平等"为特色的理想政治

明中叶以后,王门心学广为流传,形成十数派系。王艮始创泰州学派;在理论上与王学有师承关系,但思想主旨别具一格,自成系统,与王学相左,被封建统治者目为思想异端。王艮及其后学何心隐规划的理想政治蓝

图,以向往政治平等为特色,在明代政治思想发展史上写下了光辉的一页。

一、王艮的"人人君子"理想政治

王艮(1483~1541年),字汝止,号心斋。初名银,王守仁为之更名。泰州安丰场(今江苏东台)人,出身灶户。祖上于洪武年间应诏自姑苏徙淮南安丰场,世代操盐业,社会地位低下,生活艰辛。王艮幼曾入塾,十一岁时因贫辍学,归理"家政"。十九岁受父命经商,"同里人商贩东鲁间"(《王心斋先生遗集·王艮传文》),家境日宽。经商改变了王艮的经济和社会地位,为他探窥学术提供了物质条件。王艮的家乡"俗负盐,无宿学者"(《重镌心斋王先生全集·王艮墓铭》),但王艮抱负颇高远。在山东经商时"特谒孔庙,即叹曰:夫子亦人也,我亦人也。归,即奋然有尚友之志,旦夕寤寐,耿耿不能自已"(《重镌心斋王先生全集·王艮别传》)。由是自学《四书》,"逢人质义",潜心悟道。正德六年(1511年)王艮二十九岁,忽一夜梦天坠,百姓惊号。他"奋身以手支天而起,见日月星辰,陨乱次弟,整顿如初,民相欢呼拜谢"。醒来但见"汗淋沾席","顿觉万物一体","自得自喻",从而洞释大道,开始讲经说书,传授其学,"毅然以先觉为己任,而不忍斯人之无知也"(《重镌心斋王先生全集·王艮别传》)。正德十五年(1520年),王艮喜闻王守仁之"谈学问"与己相类,即赴豫章(南昌)拜谒。诘辩二日,"心大服,竟下拜执弟子礼",皈依王门。直至王守仁卒,方自立门户。五十八岁病卒于家。

王艮治学基本精神为"以经证悟,以悟释经"(《重镌心斋王先生全集·王艮墓铭》),不泥传注,不固师说,曾说:"涂之人,皆明师也。"但不喜文词,鲜所著述。思想以讲求"百姓日用之道","安身立本"和王道政治为主要内容。他的著作由后学汇成《心斋王先生全集》,清末袁承业重订为《明儒王心斋先生遗集》。

1. 从"万物一体"到"人人君子"理想政治

王艮对王守仁执弟子礼颇恭谨,但在学术上却"多出独解",对王学的基本论点"天地万物为一体"进行了独到的阐发。他说:"父母生我,劬劳万千。及至成人,形气俱全。形属乎地,气本乎天,中涵太极,号人之天。此人之天,即天之天。此天不昧,万理森然,动则俱动,静则同焉。天人感应,因体同然,天人一理,无大小焉。"(《王心斋先生遗集·勉同志箴》)他认为,天地万物的本质是自然,"天性之体,本自活泼,鸢飞鱼跃,便是此体"(《王心斋先生遗集·语录》)。所谓天理,乃是"天然自有之理也"(《王心斋先生遗集·语录》)。人的本质与自然天地殊无差别,他说的"人之天",又称"中",即是"良知"。人的"良知之体,与鸢鱼同一活泼泼地。……要之自然天则,不着人力安排"(《王心斋先生遗集·语录》)。所以说"人性上,不可添一物"。他肯定了人的本性自然,则人的一切本能情欲均为"天体之性"。这样的认识显然有违师门。王学"良知"是封建伦理道德原则的本初面目,王艮却在自然天理的基础上论说万物一体。"人之天"与"天之天"本质同一,从而将良知的内涵换作人的自然欲求,所谓"致良知"不过是顺应人的自然本性,"无为其所不为,无欲其所不欲,只是致良知便了"(《王心斋先生遗集·语录》)。

根据"天地万物一体"的新阐释,王艮提出了"百姓日用即道"的命题。传统儒学认为圣人之道极其高明,非君子不得知晓。谓之"百姓日用而不知,故君子之道鲜矣"(《易·系辞上》)。王艮认为,既然人之本性与天体之性同为自然。那么百姓日用之间就是本性的实践,同时也就体现了圣人之道。他说:"百姓日用条理处,即是圣人之条理处。""圣人之道,无异于百姓日用。凡有异者,皆谓之异端"(《王心斋先生遗集·语录》)。在他看来,甚至"愚夫愚妇与知能行,便是道,与鸢飞鱼跃同一活泼泼地,则知性矣"(《王心斋先生遗集·语录》)。王艮肯定了道之实践的普遍性,圣人之道并非圣人君子的私有物,而是为天下人所共有。传统儒学始终坚持孔子的"上智下愚"说,认为凡圣本性虽同,实践则异。王守仁承续此说,认为"惟圣人能致其良知,而愚夫愚妇不能致,此圣、愚之不同处"(《王文成公全书·答顾东桥书》)。"上智下愚"说成为维护封建等级制度的理论基础之一。王艮却认为道的内涵不外乎"百姓日用","圣人经世,只是家常事"(《王心斋先生遗集·语录》),凡、圣之间的差别只表现在对于道的知与不知,先知与后知。"圣人知,便不失;百姓不知,便会失"(《王心斋先生遗集·语录》),并不存在凡与圣,即上智与下愚的根本对立。王艮通过"百姓日用即道"论证了凡、圣之间不论在本质上,还是在道的实践中均具同一性,从而在一定程度上动摇了封建等级制度的理论基础。

王艮在论证"百姓日用是道"的认识基础上,提出了"人人君子"的理想政治模式。他说:"夫仁者以天地万物为一体。一物不获其所,即己之不获其所也,务使获所而后已。是故人人君子,比屋可封。天地位而万物育,此予之志也。"(《王心斋先生遗集·勉仁方·书壁示诸生》)王艮的理想政治与传统儒学的仁政理想相类,运行的方式也是"推仁及于四海"的由己及人过程,要求统治者"以万物一体之仁而竭心思焉,斯有万物一体之政"(《王心斋先生遗集·答朱思斋明府》)。但是,"人人君子"政治模式的理论前提是对凡圣对立的否定,向往的是一种没有等级对立和社会冲突,人人平等,各得其所的理想社会。这一认识虽属空想,却显然高出仁政理想一筹,对于君主政治具有一定的批判意义。

2. 安身立本——实现理想政治的途径

王艮自认为与王学的区别在于"王公论良知,某谈格物"。他的格物学说自成体系,见解独到,称为"淮南格物"。他不采王门训格为正之说,认为"格,絜度也","格,如格式之格,即后絜矩之谓"(《王心斋先生遗集·语录·答问补遗》)。格是一种度量标准,用于格物,则有衡量、度量之义。依照王艮的"天地万物一体"原则,"身与天下国家,一物也"。但若细究,其中又有本末之分。"身也者,天地万物之本也",天地国家俱为末。所谓"格物",就是"絜度于本末之间,而知'本乱而末治者,否矣',此格物也"(《王心斋先生遗集·语录·答问补遗》)。可见,王艮格物说的逻辑是:格物即"知本",知本即"修身",身修即可安身,"安身者,立天下之大本也"(《王心斋先生遗集·语录·答问补遗》)。

王艮解格物为"安身立本"的理论依据是《大学》的"自天子以至于庶人,壹是皆以修身为本"。然而在理论上又有所创新,主要有两个方面。

第一,突出了身与道的权威性。王艮认为,人我之间的平等关系是道德实践的前提条件。他说:"我不欲人之加诸我,是安身也,立本也,明德止至善也。吾亦欲无加诸人,是所以安人安天下也,不遗末也,亲民止至善也。"(《王心斋先生遗集·语录·答问补遗》)在他看来,"安身立本"内涵着人我之间的某种对等关系,个人的意志、欲求既不可强加对方,亦不能受制于人,而是要保持一定的独立性,否则难以达到至善之德的光辉顶点。若就个人与道的关系言,则身与道处于同等地位。他说,"圣人以道济天下,是至尊者道也;人能宏道,是至尊者身也。"身与道同等尊贵,"道尊则身尊,身尊则道尊"(《明儒学案·泰州学案》),二者相辅相成。由于"道尊、身尊,才是至善",徇身徇道者便成为道德上的圣人。"使有王者作,必来取法,致敬尽礼,学焉而后臣之,然后言听计从,不劳而王。"王艮辨析人与我、人与道的关系,突出了个人的政治地位和价值判断的权威性。将这样的认识用之于政治实践,则吾身为"矩",天下国家是"方"。格物即是以吾身来裁量天下国家,"矩正则方正矣,方正则成格矣"(《王心斋先生遗集·语录·答问补遗》)。这是一种高于国家和君主权威的政治人格,"大丈夫存不忍人之心,而以天地万物依于己。故出必为帝者师,处必为天下万世师"(《王心斋先生遗集·语录》)。"安身立本"的目的是"行道",格物的归宿在"致治"。或是实现"飞龙在天,上治也,圣人治于上也";要么"见龙在田,天下文明,圣人治于下也"(《王心斋先生遗集·语录》)。这是传统

第二十一章 王守仁"心学"及其后学的政治思想

儒学"内圣外王"理论的发展。王艮既以传道圣人自居,则不论是"出"或是"处",都要依照吾身和道的原则行事,从而突出了个人在政治生活中的主导地位。

第二,强调"保身",以维护个人利益作为实现理想政治的基本出发点。王艮认为,"安身立本"的具体要求是保身。保身则与个人的物质利益相关。他说:"人有因于贫而冻馁其身者,则亦失其本而非学也。夫子曰:吾岂匏瓜也哉,焉能系而不食"(《王心斋先生遗集·语录》)。这种认识显然与孔、孟提倡的安贫乐道不同。保有堂堂七尺之躯,满足人们最基本的物质要求是政治实践和道德实践的必要前提。王艮又认为,保身还要注意设身处地的政治环境,现实社会政治生活中常有险恶,"仕以为禄也,或至于害身,仕而害身,于禄也何有?仕以行道也,或至于害身,仕而害身,于道也何有?"(《王心斋先生遗集·语录》)他反对作无意义的殉道者,如果只知行道,不知保身,一旦烹身割股,舍生杀身,"又何以保天下国家哉!"(《王心斋先生遗集·明哲保身论》)王艮所讲的保身并不是单纯以一己之利为目的,他将保身之道融于传统儒学的仁爱思想,以之作为实现理想政治的重要途径。他说,保身必然爱身,"能爱身,则不敢不爱人,能爱人,则人必爱我,人爱我,则吾身保矣"(《王心斋先生遗集·明哲保身论》)。保身与爱人是一个循环往复的过程,依照这样的逻辑推而广之,"则天下凡有血气者莫不尊亲。莫不尊亲,则吾身保矣。吾身保,然后能保天下矣"(《王心斋先生遗集·明哲保身论》)。反之,如若只知"适己自便,利己害人,人将报我",吾身不能保,天下国家随之遭殃。据此,王艮总结出一个重要的公式,曰:"内不失己,外不失人。成己成物而后已"(《王心斋先生遗集·明哲保身论》)。这种认识是对传统忠恕之道的改进。他向往着在确保自身物质需求和人身安全的前提下,实现全社会的和睦尊亲。这是一种有条件的"忠恕之道",突出了个人的利益和尊严。

"淮南格物"以"安身立本"为主旨,以尊重自身利益与安全为前提,在认识上突出了个人的价值和权威,为实现融洽和谐的"人人君子"理想政治指明了道路。然而,另一方面,"淮南格物"说并没有完全摆脱传统的修身理论,仍然以"正己"作为修身的第一要务,要求人们遵循传统的忠孝仁义等道德规范去视听言动,结果不免又被卷入封建伦理的漩涡。理论上的自相矛盾削弱了"安身立本"说的积极意义。王艮对于个人价值及其独立性有所觉悟,但没能形成完整的独立人格。

在具体的统治政策方面,王艮却未能超出传统的德治、仁政主张,他提出对民要"养之有道,教之有方"(《重镌心斋王先生全集·王道论》),

"刑措不用"而天下大治。要统治者力行"务本而节用",采用均田等方法解决土地问题,但必须根据具体条件略作变通,不可泥古。"通变得宜,民皆安之"(《重镌心斋王先生全集·王道论》)。

王艮之悟道、传道均有浓重的神秘色彩,又特别重视对社会下层民众的宣传教育。他的得意高足朱恕、韩贞即出身樵夫和陶匠。王艮执贽王门时,曾乘薄轮(一名招摇车)北上传道,立意"入山林求会隐逸,过市井启发愚蒙"。他"沿途聚讲",所到观者如堵,"惊动庙廊"。黄宗羲对王艮一派的评价是:"诸公掀翻天地,前不见有古人,后不见有来者。"(《明儒学案·泰州学案》)王艮的"人人君子"理想政治及其对个人利益和尊严的认识,在明代政治思想发展史上占有一席重要地位。

二、何心隐以"师友"为核心的理想政治

王艮后学声势颇壮,其中最著名者为何心隐。何心隐(1517~1579年),原名梁汝元,字夫山,一字柱乾,江西吉州(今江西吉安)人。幼时即"以远大自期"(《何心隐集·梁夫山传》,下引同书只注篇名)。嘉靖二十五年(1546年)江西省试,考取榜首。闻慕王艮"良知之学","竟芥视子衿",师事王艮再传弟子颜均(山农),从此不图科举。嘉靖三十八年(1559年),邑令强征赋外之税"皇木银两",何心隐写信讥之,结果身陷囹圄,拟充军贵州,经友人营救得释。翌年北上京师,交游广泛,参与邹应龙等人参罢权相严嵩活动,由此招至严党忌恨,被迫更名改姓,南下避祸。何心隐在京师时,曾与张居正同会于显灵宫,彼此言语不合。张居正推行文化专制,禁毁私学,何心隐作《原学原讲》,力倡"必学必讲",与之针锋相对,言多"讥切时弊",直贬张居正"专政,当入都颂言逐之"(《明史记事本末》卷六十一)。遂被当权者视为叛逆,诬为"妖人"、"奸犯",遭到通缉,终在祁门被捕,惨死狱中。

何心隐疾恶如仇,思想激进。李贽称其"英雄莫比",目为圣人。他的著作《重庆会稿》、《四书究正注解》、《聚和堂日新记》今均未见。仅《爨桐集》、《梁夫山遗集》有少量传世。容肇祖参校二书,合为《何心隐集》,内容较全。

1. 关于人的认识

道是何心隐理想政治蓝图的认识基础。何心隐认为"人亦禽兽也"(《原人》)。人有音形声貌,禽兽亦有,从形式上看,人无疑是动物中的一种。但是如果仔细考察,人禽之间又有区别。禽兽之间相饮相啄,"宛若有亲亲父子之仁,以见乎其情"(《辨无父无君非弑父弑君》),但并不存在什

么道德规范,更没有关于伦理的自觉观念。反之,"人则仁义,仁义则人"(《原人》)。人不仅有父子之亲,而且独具关于伦理的自觉,形成独特的道德本质。因此,"仁义之人,人不易而人也"(《原人》),人既是一种自然物,又是一种社会存在。这种认识显然是儒家关于人本质认识的延续。

何心隐又认为,人所独具的仁义之德等同太极,说:"夫人,则天地心也。而仁则人心也。心则太极也。"又说:"然仁则人也,有乾坤而乃有人也。而乃有仁也。而乾坤奚原于仁其原耶?惟乾惟坤,而不有天地,则不有乾坤矣。惟天惟地而不有人,则不有天地矣;惟人而不有仁,则不有人矣。"(《原学原讲》)他一方面承认"有乾坤而乃有人",另一方面又认为"不有人则不有天地",未免有些自相矛盾,没有说清何者为万物之源。但是,他将人与天地并称,认为人与天地同具本体意义,又将人的尊贵地位绝对化,这种认识无疑具有一定的人文主义色彩。

何心隐强调人的道德本质,并不否定人的自然欲求。他说:"性而味,性而色,性而声,性而安佚,性也。乘乎其欲者也。"(《寡欲》)人的自然欲求与生俱来,无可非议。因而他不赞同程朱理学的"灭人欲"之说。不过他又认为人欲横流终究不妥,于是提出"寡欲"、"育欲"之法。"寡欲"旨在节制个人欲求,勿使过度。"凡欲所欲而若有所发,发以中也,自不偏乎欲于欲之多也,非寡欲乎?"(《寡欲》)他认为,寡欲的第一步是满足个人的基本欲求,"尽天之性以天乎人之性",这种欲求当以人们的一般欲求为标准,例如"味乃嗜乎天下之味以味"(《寡欲》)。第二步则要求对个人欲求有所节制,"凡欲所欲而若有所节,节而和也,自不戾乎欲于欲之多也,非寡欲乎?"(《寡欲》)可见,"寡欲,以尽性也",人的合理欲求必须肯定,但不可过度,侵害他人欲求,如此人人有所节制,形成全社会的和谐局面。"育欲"则主要针对统治者而言,要求统治者与民同欲。何心隐说:"昔公刘虽欲货,然欲与百姓同欲,以笃前烈。以育欲也。太王虽欲色,亦欲与百姓同欲,以基王绩,以育欲也。"(《聚和老老文》)这是孟子"与民同欲"思想的承继。在程朱理学统治思想界的明代,何心隐重申这一思想,显然具有积极意义。个人欲求的满足内涵着对于个人生存权利的认可,承认民与统治者"同欲"则意味着对于封建特权的批判。否定个人的权利和尊严是君主专制主义的特定内涵之一,何心隐肯定人的价值和追求利益的合理性,显然是对君主专制主义的背叛。正是在这样的认识基础上,何心隐提出了以师友为核心的理想政治蓝图。

2. 政治关系师友化理想

传统儒学认为仁的社会政治实践必须遵循等级原则,从亲亲、仁民、爱物而归结为爱君。何心隐则认为,仁义的内涵等同泛爱,并不受等级规范约束。他说:"仁无有不亲也,惟亲亲之为大,非徒父子之亲亲已也,亦惟亲其所可亲,以至凡有血气之莫不亲,则亲又莫大于斯。……义无有不尊也,惟尊贤之为大,非徒君臣之尊贤已也,亦惟尊其所可尊,以至凡有血气之莫不尊,则尊又莫大于斯。"(《仁义》)人人都以内涵泛爱的仁义之德为本质,在社会政治实践中,必然结成亲密无间的平等关系,这种社会关系超出血缘和政治的约束,是为朋友之道。

李贽曾说:"人伦有五,公(指何心隐)舍其四,而独置身于师友贤圣之间。"(《焚书·何心隐论》)何心隐以朋友之交为五伦之首,是最高层次的社会关系,所谓"天地交曰泰,交尽于友也"。其余四伦"非不交也",只是受到血缘和政治因素的干扰,"或交而匹,或交而昵,或交而陵、而援"(《论友》),皆非平等的交往,实践范围亦过于狭小,属于"小乎其交者也"。只有朋友之交超出家庭(族)的狭小范围,形成全体社会成员的广泛联系,结成新型的社会组织形式,称之为"会"。这是一种自古以来从未有过的理想组织形式,人们生活其中,"必身以主会而家以会"(《语会》),关系融洽和美,"老者相与以安,朋友相与以信,少者相与以怀"(《邓自斋说》)。

何心隐认为,结成朋友关系必须遵循道的原则,治学和行道是维系朋友之道的基本途径,因而必须尊师。他说:"师非道也,道非师不帱。师非学也,学非师不约。不帱不约则不交。"又说:"师也,至善也。非道而尽道,道之至也。非学而尽学,学之至也。"(《师说》)师是行道治学的最高权威,人们尊师行道,与贤圣结成师生关系。师生与朋友分别从纵向和横向维系着"会"的组织结构,形成井然有序的理想社会。

何心隐又认为,"会"不仅是社会组织形式,同时还具有政治组织的性质。师与生的纵向联系可以演变为君臣关系。他说:

> 达道始属于君臣,以其上也。终属于朋友,以其下也。……惟君臣而后可以聚天下之豪杰,以仁出政,仁自覆天下矣。天下非统于君臣而何?故唐虞以道统统于尧舜。惟友朋可以聚天下之英才,以仁设教,而天下自归仁矣。天下非统于友朋而何?故《春秋》以道统统于仲尼。(《与艾冷溪书》)

何心隐认为,惟有"达道"统御天下,朋友、师生、君臣都是"达道"的不同体现形式。人们相互交往为朋友,治学行道为师生,"以仁出政"为君臣。"君臣友朋,相为表里者也"。"君臣之道,不有友朋设教于下,不明。友朋之道,不有君臣出政于上,不行"(《与艾冷溪书》)。不论君臣朋友或师生,均以践行"达道"为宏旨。不言而喻,这样的君主实际已成为道的化身。何心隐说:"君者,中也","允执乎中者,允执君以道其心也"(《论中》)。君主作为圣圣相传之"道心"的人格化,通过"群"和"均"的功能来贯彻"道心":

> 君其心于君臣,可以群君臣,而君臣可均也。不然,则君不君,臣不臣,不群不均矣。君其心于父子,可以群父子,而父子可均也。不然,则父不父,子不子,不群不均矣。至于可以群夫妇而夫妇均,可以群昆弟而昆弟均,可以群朋友而朋友均者,莫非其君其心于道也,中也。(《论中》)

可见,在何心隐描绘的理想政治社会里,君主不再是集揽大权于一身的专制统治者,而是践行"达道"的理想政治领袖,体现着仁爱和公正。

何心隐理想中的"会"具有平均、平等的特征,其间只有治学行道的先进与落后之别,没有政治压迫和经济剥削。人们依据职业的不同,有士、农、工、商之分,其中,"商贾大于农工,士大于商贾,圣贤大于士"(《答作主》),圣贤通晓达道,有资格作师、作君。这种认识显然是何心隐自己政治参与意识的体现。

何心隐曾在家乡进行"会"的实验。他以本家族为试点,"谓《大学》先齐家,乃构萃和堂以合族,身理一族之政。冠婚,丧祭,赋役,一切通其有无,行之有成"(《明儒学案·泰州学案》)。何心隐的理想政治社会纯为空想,在小生产条件下,殊无实践的可能。但是,作为一种否定封建专制政治的政治理想,却意义重大。何心隐试想以"会"的形式取代封建等级制度和君主政治,要君主作实现仁爱理想的工具。在表达形式上,何心隐延用君臣、圣贤等概念,但表述的实质却是对君主政治的深刻批判。何心隐思想激进,人格高尚,屡遭迫害而卓然不屈,是中国封建时代持不同政见者的典型代表。

第三节 李贽张扬个性的反传统政治思想

李贽(1527~1602年),字卓吾、笃吾,号温陵居士,泉州晋江(今福建泉州)人,商贾出身。四世祖曾与色目人联姻,父、祖俱奉伊斯兰教。李贽少时通习五经,嘉靖三十一年(1552年)考中举人。历任县教谕、南京国子博士等职。嘉靖四十五年(1566年)赴京师任礼部司务,位微俸薄,但李贽安之若素,一心访学闻道。说:"穷莫穷于不闻道,乐莫乐于安汝止。吾十年余奔走南北,只为家事,全忘却温陵、百泉安乐之想矣。吾闻京师人士所都,盖将访而学焉。"(《焚书·卓吾论略》)是年始习王守仁学说,"潜心道妙"。后师事王艮之子王襞,得泰州学派真传。万历五年(1577年)调任云南姚安知府,不久,即因厌恶仕宦生活,致仕以归。携家赴湖北黄安耿定理家,教授其子弟。万历十二年(1584年)定理卒,遂将家眷送归泉州,只身一人至麻城龙潭湖上芝佛院,专心治学近二十年。其间曾在麻城讲学,影响巨大,"一境如狂"。他的著作被统治者列为禁书,但得到"少年高旷豪举之士"的仰慕。万历二十七年(1599年)《藏书》刊行,益遭当权者忌恨。给事中张问达参劾李贽,明神宗诏令"严拿治罪"。万历三十年(1602年)春,以"敢倡乱道,惑世诬民"罪名被捕,三月十五日以剃刀自刭,卒狱中。

李贽个性极强,刚正不阿,痛恨道学虚伪,不为世俗所容。他总结二十年仕宦生涯,为一"触"字,说:"为县博士,即与县令、提学触;为太学博士,即与祭酒、司业触……最后为郡守,即与巡抚王触,与守道骆触。""余惟以不受管束之故,受尽磨难,一生坎坷,将大地为墨,难尽写也。"(《焚书·豫约感慨平生》)他思想激进、深刻,不同凡响,"言语真切至到,文辞惊天动地"(《续焚书序》)。晚年落发明志,甘以异端自居,说:"此间无见识人多以异端目我,故我遂为异端,以成彼竖子之名。"(《续焚书·与曾继泉书》)李贽的思想以倡童心说、平等观为主要内容,具有鲜明的"叛逆"精神。他著作甚丰,主要有《藏书》六十八卷,《续藏书》二十七卷,《焚书》六卷,《续焚书》五卷以及《四书评》、《李氏文集》等。

一、平等观

李贽尝自言:"余自幼倔强难化",不信释、道,尤恶道学(理学)先生。惟见到阳明王先生书,得知龙溪(王几,王门后学)先生语,方始领悟大道。后又拜在王襞门下,王襞之学"实出自庭训"。王学的"良知"说及王艮的平等观对李贽思想的形成均有重大影响,由此提出了独具特色的平等理论。

首先,李贽否定了理学公认的天理——太极为万物本源说,重申天地乃万物之本,提出"天下万物皆生于两,不生于一"的命题。他认为,"夫厥初生人,惟是阴阳二气,男女二命",男女合为夫妇,"夫妇,人之始也"。而后才有父子、兄弟、上下,均是"两",不是"一"。若"极而言之,天地一夫妇也,是故有天地然后有万物"(《焚书·夫妇论》)。因此,"初无所谓一与理也,而何太极之有?"(《焚书·夫妇论》)他说的天地实为自然。"天下万物皆生于两"的命题将世界本原还给了自然,否定了天理——太极的神秘性权威,这就为平等理论的展开铺平了道路。

其次,提出"大道"的内涵不外乎人伦物理。李贽认为,既然万物源出自然,那么"大道"的真质也只能在世间尘俗中寻求。他说:"道之在人,犹水之在地也。人之求道,犹之掘地而求水也。然则水无不在地,人无不载道也审矣。"(《藏书·德业儒臣前论》)道不仅在人间,而且就蕴于每个人的心中。所谓"道本不远人。……人即道也,道即人也。人外无道,而道外亦无人"(《李氏文集·道古录》卷下)。既然人道无别,那么,道的表现也就不外乎日常生活,称之为"人伦物理"。李贽说:"穿衣吃饭,即是人伦物理,除却穿衣吃饭,无伦物矣。世间种种皆衣与饭类耳,故举衣与饭而世间种种自然在其中。"(《焚书·答邓石阳》)这一认识与王艮"百姓日用是道"的思想一脉相承。李贽强调"道"的世俗特性,认为圣圣相传的道并非高不可攀,而是在人们日常生活的举手投足之间即能寻觅,这一认识为践行道的普及性和拉平凡、圣距离创造了前提。

再次,李贽肯定了凡、圣无别。他在承认天地为自然本原和大道即人伦物理的基础上,认定人性是自然产物,人人具有,无增无减。他说,人之德性"本是至尊无对",人们天生即有,所谓"天下无一人不生知"(《焚书·答周西岩》),人的德性"上与天同,下与地同,中与千圣万贤同,彼无加而我无损者"(《续焚书·与马历山》)。因而,凡人与圣人本无区分。"圣人之意若曰:尔勿以尊德性之人为异人也,彼其所为亦不过众人之所能为而已。"(《李氏文集·道古录》卷上)"圣人所能者,夫妇之不肖可以与能,勿不视世间之夫妇为。……夫妇之不能者,则虽圣人亦必不能,勿高视一切圣人为也。"(《李氏文集·道古录》卷下)因而,无论就本质或是从能力言,"尧舜与途人一,圣人与凡人一"(《李氏文集·道古录》卷上)。这是对儒家传统的"人皆可以为尧舜"命题的某种超越。传统儒学仅仅承认在修习本性之德的道路上,凡与圣的起点平等,但从凡至圣只具可能性,没有必然性。李贽却断言凡圣之间殊无差别,愚夫愚妇亦与圣贤别无二致。这是一种绝对的平等观,具有鲜明的反传统色彩。基于这样的认识,李贽虽没有明确否定三纲五常,却表达了对等级规范、封建礼法的无情蔑视和嘲弄。例如他公开提倡男女平等,认为"谓人有男女则可,谓见有男女岂可乎?谓见有长短则可,谓男子之见尽长,女人之见尽短,又岂可乎!"《焚书.答以女人学道为见短书》)这种认识显然意味着对于夫为妻纲的否定。他中年以后弃官离家,落发明志,对世人奉若神圣的礼法规范不屑一顾,正是他之平等思想的某种表现。

最后,李贽将平等思想用于政治实践,提出了"致一之道"。他说:"侯王不知致一之道与庶人同等,故不免以贵自高。高者必蹶下其基也,贵者必蹶贱其本也。何也？致一之理，庶人非下，侯王非高。"(《李氏丛书·老子解·下篇》)他说的"致一之道"，旨在强调统治者与民众的地位平等，"曷尝有所谓高下贵贱者哉！"(《李氏丛书·老子解·下篇》)在他看来，人类社会既无凡圣之别，亦无贵贱之分，因为人心息息相通，古今如一，"一时之民心，即千万世之人心，而古今同一心也"(《李氏文集·道古录》卷下)。统治者明得此理，就能形成与全社会的心理沟通，消除等级隔阂。统治者的政治标准就能与民众的政治要求保持一致性。正如"大舜无中，而以百姓之中为中；大舜无善，而以百姓之迩言为善。则大舜无智，而惟合天下，通古今以成其智。"(《李氏文集·道古录》卷下)这种认识较之孟子的"天视自我民视"更高一筹。孟子之论虽然极为儒者称道，但究其实则并未超出重民思潮的范围，意在敦促统治者重视民心向背。李贽却认为古今一心，上下同体，人无贵贱。如果依照"致一之道"的逻辑推演下去，只能形成以政治平等为特征的理想社会。相对传统儒学而言，李贽的平等思想无疑是一种认识上的超越，在等级观念根深蒂固，君主专制日益强化的明代，足以惊世骇俗，振聋发聩。虽说理论本身过于朦胧含混，但仍然具有一定的启蒙意义。

二、童心说

李贽毕生最恨道学虚伪，对之进行了无情的揭露和抨击。他说：道学家们"平居无事，只解打恭作揖，终日匡坐，同于泥塑，以为杂念不起，便是真实大圣大贤人矣。其稍学奸诈者，又挽入良知讲席，以阴博高官。一旦有警，则面面相觑，绝无人色，甚至互相推委，以为能明哲"(《焚书·因记往事》)。官学化的理学已经陷入教条和僵化，非但不能济世匡俗，反而成为无耻之徒欺世盗名、谋求富贵的工具。不学无术之辈"若不以讲圣人道学之名要之，则终身贫且贱焉，耻矣"。这是对圣学的亵渎，李贽极其深恶痛绝，直斥作"阳为道学，阴为富贵，被服儒雅，行若狗彘然也"(《续焚书·三教归儒说》)。鉴于此，李贽提出"童心说"，以匡正其谬。

李贽认为，"童子者，人之初也；童心者，心之初也"，"夫童心者，绝假纯真，最初一念之本心也"(《焚书·童心说》)。童心乃人生之初纯真无瑕本质的体现，亦称真心。人有真心，称为真人。然而随着年龄增长，阅历增多，人们"有闻见自耳目入"，"有道理自闻见入"，人们渐知美丑之名，产生了扬美掩丑之欲。遂使童心受到蒙蔽，使"从外入者闻见道理为之心也"。"童心既障，于是发而为言语，则言语不由衷，见而为政事，则政事无根柢；著而为文辞，则文辞不能达。"(《焚书·童心说》)人们失却纯真无瑕的本质,就会导致人格虚伪,"其人既假,则无所不假",行为可卑,面目可憎。李贽强调凡是从童心自出者为真实,那么一切闻见道理均可放在童心的天平上重新衡量,以判断真伪,决定其价值。基于这样的认识,李贽对传统儒学的政治价值系统进行了尖锐的批判。

首先,李贽对孔子的圣人形象提出异议。他说,人皆以孔子为"大圣",以老、佛为异端。但是"人人非真知大圣与异端也",而是闻于"父师",父师闻于"儒先",而"儒先亦非真知大圣与异端也,以孔子有是言也"(《续焚书·题孔子像于芝佛院》)。人们之所以尊奉孔子是由于千百年来人云亦云,"儒先亿度而言之,父师沿袭而诵之,小子朦聋而听之。万口一词,不可破也;千年一律,不自知也"(《续焚书·题孔子像于芝佛院》),绝非"从童心自出者"。李贽认为,孔子本人从未教人学自己。门人问仁,孔子回答说:"为仁由己",可知"孔子自无学术以授门人"(《焚书·答耿中丞》)。奉孔子为万世师表实为后人盲目崇拜,好比"矮子观场,随人说研,和声而已"(《续焚书·圣教小引》)。孔子的神圣形象是人为造成的,属于"闻见道理"之类,理应恢复其人的本来面目。自汉以降,孔子已成为封建统治思想和文化的象征,成为统治者推行思想文化专制的工具。李贽揭露孔子是人而非神,对于思想文化专制显然具有一定的批判意义。

其二,李贽对儒家经典的神圣性提出质疑。他说,被儒学奉为经典的《六经》、《论语》、《孟子》等"大半非圣人之言",而是官吏"褒崇之词",臣子的"赞美之语",以及孔、孟的"迂阔门徒,懵懂弟子,记忆师说,有头无尾,得后遗前,随其所见,笔之于书"(《焚书·童心说》)。后人不察,便奉为经典。其中或有圣人之论,也是有为而发,"不过因病发药,随时处方",不能作"万世之至论"(《焚书·童心说》)。然而,道学家们以儒经为"口实","咸以孔子之是非为是非",实在荒唐。李贽诘问说:自三代至汉唐宋,"中间千百余年,而独无是非者,岂其人无是非哉?"(《藏书·世纪列传总目前论》)"若必待取足于孔子,则千古以前无孔子,终不得为人乎?"(《焚书·答耿中丞》)李贽认为是非标准具有时代性,"昨日是而今日非矣,今日非而后日又是矣。虽使孔子复生于今,又不知作如何是非也,而可遽以定本行罚赏哉"(《藏书·世纪列传总目前论》)。如果尽奉儒经为标准,必然会颠倒是非,丧失真心,堕于虚伪。儒家经典汇集着君主统治的政治及道德价值体系,是统治者据以建立政权,颁定政策的法定依据。李贽否认儒家经典的神圣性,亦即否定了统治者的政治及道德价值体系的权威,体现了李贽摆脱传统束缚的自由思维倾向。

其三,李贽攻击道统说,主张学术平等。汉以后,统治者尊奉儒学,宋明儒生大倡道统说,以标榜其正统地位。李贽则主张学术平等,否定道统,认为根本不存在什么圣圣相传的序列,指斥理学家所说孟子而后大道中绝"真大谬也"。他说,自秦至宋,其间千数百年,"若谓人尽不得道,则人道灭矣,何以能长世也?"如果说至宋代濂洛关闽之学出,始接孟氏之传,"何宋室愈以不兢,奄奄如垂绝之人,而反不如彼之失传者哉"(《藏书·德业儒臣前论》)。可见道统纯属后人妄说,是道学家们用以压倒其他学说的手段。李贽反对独尊儒学,认为百家之学各有所长,"各各有一定之学术,各各有必至之事功","各周于用,总足办事"(《焚书·孔明为后主写申韩管子六韬》),不应一概否定。李贽的学术平等思想与其政治平等主张相呼应,意味着对于封建思想文化专制权威的否定。

童心说是王门"良知"学说的某种理论发展。李贽痛恨道学虚伪,束缚个性,遂以"童心"作为真善美的标尺,揭露和批判道学家及封建统治者赖以立足的传统政治价值体系,剥去其人造神圣外衣,还其本来面目。李贽的"童心说"突出了认识上的个人主体地位,带有鲜明的个性解放和自由思维特征,足以启发后人。

三、私利论

李贽从"穿衣吃饭,即是人伦物理"的认识出发,认为谋求私利和物质追求乃人生所必须。他说:"夫私者,人之心也。人必有私,而后其心乃见;若无私,则无心矣。"(《藏书·德业儒臣后论》)私心是人之心,与生俱来,广义而言,表现为食、色之欲。如"饥定思食,渴定思饮。夫天下曷尝有不思食饮之人哉"(《焚书·答刘方伯书》)。具体言之,凡种田、治家、为学、居官等均有利可图,"如服田者私有秋之获,而后治田必力;居家者私积仓之获,而后治家必力;为学者私进取之获,而后举业之治也必力。故官人而不私以禄,则虽召之必不来矣"(《藏书·德业儒臣后论》)。一言以蔽之;私利是人们一切经济和政治活动或行为的原动力,"此自然之理,必至之符,非可以架空而臆说也"(《藏书·德业儒臣后论》)。既然如此,趋利避害就成了人们的本能,传统儒学奉行的"正其义不谋其利,明其道不计其功"便显得十分虚伪了。李贽尖锐地指出:"为无私之说者,皆画饼之谈,观场之见",正义的目的是谋利,明道恰为计其功。他说:"夫欲正义,是利之也;若不谋利,不可正矣。吾道苟明,则吾之功毕矣,若不计功,道又何时而可明也?"(《藏书·德业儒臣后论》)譬如董仲舒"欲明灾异,是欲计利而避害也",否则何必讲灾异?董氏既欲避害,又说仁人不计利,实已陷于自相矛盾。可见,仁义为其表,利害为其里,"若不是真实知其有利益于我,可以成吾之大功,则乌用正义明道为邪?"(《藏书·德业儒臣后论》)在李贽看来,"天下曷尝有不计功谋利之人哉!"连圣人也不能无势利之心。孔子与常人一样,并不能高飞远举,绝粒衣草,他相鲁仅三月,而"至富贵享也"。孔子不只自己好利,而且"知人之好名也,故以名教诱之"(《焚书·答耿司寇》)。这些认识直与千百年传统儒学相对立。正是基于这样的认识,李贽对于传统道德养育下的普遍虚伪人格进行了无情的揭露。

李贽说,"自有知识以至今日",人们"种种日用,皆为自己身家计虑,无一厘为人谋者"(《焚书·答耿司寇》)。可是只要"开口谈学,便说尔为自己,我为他人,尔为自私,我欲利他。我怜东家之饥矣,又思西家之寒难可忍也"(《焚书·答耿司寇》)。口头标榜毫不利己,专门利人,实则无一处不利己,表现为言与行背道而驰。李贽认为,教人者大肆宣讲"专志道德,无求功名,不可贪位慕禄也,不可患得患失也",然而讲此种议论者,并非不知其言不由衷,"但为人宗师,不得不如此立论以教人耳"(《焚书·答邓明府》)。在这种口是心非的道德教化之下,久而久之,逐渐养成了普遍的虚伪人格。人们"口谈道德,而心存高官,志在巨富。既已得高官巨富矣,仍讲道德,说仁义自若也"。其实这种人最为败俗伤世,他们"名为山人,而心同商贾;口谈道德,而志在穿窬"(《焚书·又与焦弱侯》)。反不如"市井小夫,身履是事,口便说是事,作生意者但说生意,力田作者但说力田。凿凿有味,真有德之言"(《焚书·答耿司寇》)。相比之下,李贽对道学虚伪人格的剖析真可谓入木三分。

李贽痛恨虚伪道德说教,讲求实利,判定政治道德价值亦以实际功效为准。例如,李贽坚持"天之立君,所以为民"(《李氏文集·道古录》卷下),以"利民"作为重要价值准则,政治行为或政策效果只要对民有利,即予肯定,不计其他。五代的冯道历经四朝,事奉五姓,最为道学诋斥,视为背弃君臣大义,无耻之尤。李贽却说:"夫社者,所以安民也。稷者,所以养民也。民得安养而后君臣之责始塞。君不能安养斯民,而后臣独为之安养斯民,而后冯道之责始尽。今观五季相禅,潜移嘿夺,纵有兵革,不闻争城。五十年间,虽经历四姓,事一十二君并耶律契丹等,而百姓卒免锋镝之苦者,(冯)道务安养之力也。"(《藏书·冯道》)这一认识显然超出了儒家传统重民思潮的局限。传统重民思想强调君利与民利的一致性,安民是巩固君权的前提。李贽却认为民利的价值高于君利,安民是最终目的。这种认识内含对君主权威的否定,为重新判定传统政治道德价值开辟了新视角。

四、理想人格与理想政治

李贽半生仕宦,深感封建礼法对个性的巨大压抑,热切向往实现个性多样化发展的理想政治。他认为,人们的能力、欲求本不相同,各有特点,若"就其力之所能为,与心之所欲为,势之所必为者以听之,则千万其人者,各得其千万人之心,千万其心者,各遂其千万人之欲"(《李氏文集·道古录》卷上)。人类社会的本来面目就是个性多样化,因此,理想政治必须尊重个人的选择,允许个性发展。譬如"天地之所以因材而笃也,所谓万物并育而不相害也。……若肯听其并育,则大成大,小成小,天下更有一物之不得所者哉!"(《李氏文集·道古录》卷上)然而,现实的社会是"君子之治",这种政治形式的特点是"本诸心者","取必于己",统治者任凭自己的价值标准去裁量他人,"有诸己矣,而望人之同有;无诸己矣,而望人之同无",并且还"欲为一切有无之法以整齐之",形成一系列条格规范,"于是有条教之繁,有刑法之施,而民日以多事矣"(《焚书·论政篇》)。推行"君子之治"的统治者根本不知道要尊重人的个性,反欲强行划一,致使"有德之主"也"不免于政刑之用",他们用德礼"以格其心",用政刑"以絷其四体",使得人失其所,大违人道,不足为治。李贽针对"君子之治"提出一种理想政治形式,曰:"至人之治"。依照他的设想,这种理想政治社会的根本特征是尊重人的个性发展,称"因乎人者","恒顺于民",亦即"因其政不易其俗,顺其性不拂其能"(《焚书·论政篇》),充分发挥每个人的主体精神,形成"自律"的道德规范,任何形式的束缚性规定均被取消,"既说以人治人,则条教禁约皆不必用","人能自治,不待禁而止之也"(《李氏文集·道古录》卷下)。从而使人们"各从所好,各聘所长,无一人之不中用"(《焚书·答耿中丞》),天下之民"各遂其生,各获其所愿有,不格心归化者,未之有也"(《李氏文集·道古录》卷上)。在这种理想政治社会里,人们虽然生而平等,但由于能力和欲求的差异,反而形成实际上的不平等。李贽认为这是"天之所为","夫天下至大也,万民至众也,物之不齐,又物之情也"(《李氏文集·道古录》卷上)。自然形成的差异乃理所必然。他说:"夫栽培倾覆,天必因材,而况于人乎。强弱众寡,其材定矣。强者弱之归,不归必并之;众者寡之附,不附即吞之,此天道也。"(《李氏文集·道古录》卷下)但是人为的强凌弱、众暴寡则是不合理的。当然,李贽没能进一步区分弱归强与强凌弱的差别何在,尽管如此,李贽的理想政治反对人为的不平等和束缚个性,主张尊重个性的多样化发展,维护人们生而平等和均等竞争,仅就此而言,李贽应为启蒙思想的先驱。

第二十二章 明末与清初士人群体的政治反思

明末、清初,剧烈的社会动荡和国破君亡的政治大变局,推动一大批士人反思明代弊政,反思宋明理学,对传统政治思维和政治体制进行再认识。在批判和反思的基础上,他们纷纷主张明道救世、崇实致用、调整君权、改革体制,形成一股影响深远的社会政治批判思潮。这个思潮的主要代表人物是黄宗羲、顾炎武、王夫之、唐甄。

黄宗羲、顾炎武、王夫之都曾参与明末反对弊政、抗御清军的斗争,并一直坚持反清立场。沧桑巨变和人生遭际把他们磨练成思想深邃、学识渊博、面向现实的哲人、学者和斗士。他们深刻的反思和总结,涉及到战国秦汉以来君主政治的方方面面,其政治思维具有批判性、总结性和创造性,代表着传统政治学说的最高成就。唐甄等人对暴君、暴政的抨击言辞尤为激烈,有的甚至被视为"悖逆狂噬之词",这就更加强化了这个思潮的批判性。这个思潮的精神成果,不仅对清代的学术风气及某些统治阶级政治家产生过重大影响,而且为近代的启蒙思想提供了重要思想材料。

第一节 黄宗羲对秦汉以来政治体制的批判

黄宗羲(1610~1695年),字太冲,号南雷,又号梨洲,浙江余姚人。他是东林遗孤领袖、复社名士,师事理学大师刘宗周,在学术上以"濂洛之统,综合诸家"。明亡后,他举兵抗清,晚年拒绝清廷征召,潜心著述,其中《明儒学案》及《宋元学案》是具有创造性的学术史鸿篇巨制;《明夷待访录》则是中国古代政治思想史上的不朽篇章,对中国近代思想有巨大影响。黄宗羲的政治思想还见于《孟子师说》、《破邪论》、《汰存录》等。浙江古籍出版社编有《黄宗羲全集》。

以黄宗羲、顾炎武、王夫之为代表的清代社会政治批判思想家高举公天下的旗帜，激烈抨击暴君暴政，乃至否定秦汉以来的政治制度。其中黄宗羲的观点最具代表性。黄宗羲的政治思想可以概括为以下几点。

一、"天下为主，君为客"说

黄宗羲在《明夷待访录·原君》中提出"天下为主，君为客"的命题。他将"古之君"与"今之君"、"古之法"与"今之法"相互比照，认为皇帝制度的要害是以"大私"为"大公"，并由此带来一系列弊政。据此，他批判乃至否定秦汉以来的政治体制、法律制度、土地制度和政治关系。

黄宗羲把人类历史分为三个阶段：第一阶段是无君时代。"有生之初，人各自私也，人各自利也，天下有公利而莫或兴之，有公害而莫或除之"。无君则天下混乱无序，人们都孜孜于一己之私利，纷争不已。这无疑属于乱世。第二个阶段是有君且王者大公无私的时代。有人站出来为天下兴利除害，这就是君主。在当时，"天下为主，君为客"，古代圣王皆公而忘私，"不以一己之利为利，而使天下受其利，不以一己之害为害，而使天下释其害"。由于"凡君所毕世经营者，为天下也"，故造就了人类的盛世。从黄宗羲的全部政论看，这个阶段指的是尧舜禹汤文武等在位的时代。第三个阶段是君主一心谋私的时代。当此之时，君主"以我之大私为天下之大公"，"使天下之人不敢自私，不敢自利"，有君反而不如无君，"向使无君，人各得自私也，人各得自利也"。在这种情况下，君主遂成为"天下之大害"(《明夷待访录·原君》)。

这种君主制度起源论和发展史的阐释方式表明，在黄宗羲看来，无君则天下利不兴，害不除；有君而君心不公也违背设君之道。简言之，君主制度是为了公众利益的需要而设立的，君主理应是公众利益的代表，有君且君心大公无私是最理想的政治模式。这个思想进一步发挥了中国古代的"公天下"论。

黄宗羲以天下为公、一人为私为价值尺度，对皇帝制度下的帝王意识、政治关系和政治体制，进行了深刻的再认识。

黄宗羲的公私论和王霸论与朱熹等著名理学家的认识很接近。他认为，"王霸之分，不在事功而在心术"，战国以来，"人主之所讲求，策士之所揣摩，只在'利害'二字"，帝王皆无"王者之心"，而行"霸者之事"，就连汉唐盛世的帝王心术也只是一个"霸"字。这必然导致"举世尽在利欲胶漆之中"(《孟子师说》卷一),而帝王尤甚。他认为,春秋以来,天下有乱而无治,其根本原因是君主的心术不正,违背了公天下的设君之道。帝王们都"视天下为莫大之产业","以天下之利尽归于己,以天下之害尽归于人"。许多帝王为了争夺天下,聚敛财富,不惜涂炭万民,结果"今也以君为主,天下为客,凡天下之无地而得安宁者,为君也"。由此可见,那些没有王者之心的帝王是人间一切祸患的根源。"天下之大害者,君而已矣"(《明夷待访录·原君》),主要表现有四。

其一,引发了围绕最高权力的厮杀和征战。帝王既然以天下为自家的私产,那么"人之欲得产业,谁不如我?"帝王们千方百计维护既得利益,而"一人之智力不能胜天下欲得之者众"(《明夷待访录·原君》),结果必然导致王朝不断更替,强者逐鹿中原,而天下涂炭。

其二,君民关系恶化,形成对立的关系。皇帝制度的特征之一是"以天下而养一人"(《孟子师说》卷六)。古代圣王之时,君主以井田制将土地分配给民众,而战国秦汉以来则实行向民众自有土地征收赋税的制度,这就使古代的"民养于上"一变而为当今的"民无以自养"(《破邪论·赋税》)。许多帝王横征暴敛,这又使王道仁政一变而为霸道暴政。因此,"今也天下之人怨恶其君,视之如寇仇,名之为独夫,固其所也"。黄宗羲不仅肯定了仇视乃至诛杀暴君的正义性,而且对"小儒规规焉以君臣之义无所逃于天地之间"(《明夷待访录·原君》)不以为然。

其三,君臣形成主奴关系。黄宗羲说:"原夫作君之意,所以治天下也。天下不能一人而治,则设官以治之。是官者,分身之君也。"君臣皆为天下而设,"非独至于天子遂截然无等级也"(《明夷待访录·置相》)。在他看来,君臣共治天下,彼此之间是分工合作关系,"夫治天下犹曳大木然,前者唱邪,后者唱许。君与臣,共曳木之人也"。因此,"君臣之名,从天下而有之者","臣之与君,名异而实同",臣"以天下为事,则君之师友"(《明夷待访录·原臣》)。他认为战国秦汉以来"天子而豢畜其臣下,人臣而自治以佣隶,其所行者皆宦官宫妾之事,君臣之礼,几于绝矣"(《孟子师说》卷二)。黄宗羲对这种形同主奴的君臣关系模式进行了猛烈的抨击,主张恢复"君使臣以礼,臣事君以忠"的君臣关系模式。依据这种"君臣正道"(《孟子师说》卷四),臣君都要以道义为重,以天下为重,以万民为重,臣可以不服从无道之君,而君则必须以臣为师为友。

其四,帝王行"非法之法",导致天下大乱。黄宗羲认为,由于古代圣王立法为天下而后世帝王立法为一家,所以"三代以上有法,三代以下无法"。他以"三代之法"为典范,抨击秦汉以来的制度是"一家之法,而非天下之法"。帝王们为了维护一家一行的王朝,处处设禁,严加防范,"故法不得不密",结果"法愈密而天下之乱即生于法之中",这种法实属"非法之法"(《明夷待访录·原法》)。这就从根本上否定了秦汉以来的制度、法律、礼仪、政策的合理性和正义性,把皇帝制度视为天下动乱的根源。

黄宗羲在《明夷待访录·原法》中,继承和发展传统政治思维中"法为要,人次之"的思想,明确提出"有治法而后有治人"。他抨击"谓天下之治乱不系于法之存亡"的观点是"俗儒之剿说",认为"非法之法桎梏天下人之手足",即使"有能治之人"也因制度上的牵制而"不能有度外之功名"。在他看来,必须以"天下之法"取代"一家之法",才能发挥"治人"的作用。黄宗羲反对"有治人,无治法"之论,强调法的重要性,这是颇有见地的。然而他又主张由圣王立"天下之法"。这个理论缺陷是中国古代的法治论所共有的。

二、宰相理政、方镇御边、学校议政

黄宗羲理想中的政治模式是"三代之法",他主张恢复三代的井田、封建、学校、卒乘之制。在他看来,"不以三代之治为治者,皆苟焉而已"(《孟子师说》卷四)。但是黄宗羲又是头脑清醒、面对现实的思想家,他并不主张立即原原本本地尽复旧制,而是力图以西周、汉唐制度中的某些合理成分,调整弊端百出的宋明制度。他针对明代弊政,提出恢复宰相制度和学校议政制度,设置相对独立的边镇等,以改革过度集权的政治体制,防止宦官专政。

明清之际,人们普遍把辅臣无权视为明代弊政和亡国之因。黄宗羲在《明夷待访录·置相》中尖锐地指出:"有明之无善治,自高皇帝罢丞相始也。"他认为废除宰相制度有三大弊端:一是君主更加轻视群臣,使君臣之间形同主奴。二是不能补救君权传子之弊。"天子传子,宰相不传子。天子之子不皆贤,尚赖宰相传贤足相补救,则天子亦不失传贤之意。宰相既罢,天子之子一不贤,更无与为贤者矣。"三是朝政尽归于宦官。明代阉党之祸尤为酷烈的根源在于罢相,而相权落入宦官手中。黄宗羲主张恢复宰相制度,由宰相、公卿、谏官与天子公议朝政,从而排除宦官专政的可能性,即"凡章奏进呈,六科给事中主之,给事中以白宰相,宰相以白天子,同议可否。天子批红。天子不能尽,则宰相批之,下六部施行"。

在中央与地方的关系上,黄宗羲主张参行郡县和方镇两种体制。黄宗羲认为"自三代以后,乱天下者无如夷狄矣"。边疆民族频频侵扰乃至入主中原,"则是废封建之罪也"(《明夷待访录未刊文·封建》)。但是,"今封建之事远矣,因时乘势,则方镇可复也"。他分析了唐代的盛衰,认为"唐之所以亡,由方镇之弱,非由方镇之强也"(《明夷待访录·方镇》)。他又分析了封建与郡县的利弊,指出:"封建之弊,强弱吞并,天子之政教有所不加;郡县之弊,疆场之害苦无已时"。为了兴利除弊,巩固边防,他认为"欲去两者之弊,使其并行不悖",则沿边之方镇最为可取。具体做法是:在边疆各地俱设方镇,"田赋商税,听其征收,以充战守之用;一切政教张弛,不从中制;属下官员亦听其自行辟召,然后名闻"。凡按时朝贡,治理有方者,"许以嗣世"(《明夷待访录·方镇》)。所谓方镇,实质是享有自主权、近乎封君的地方行政实体。

如果说恢复和加强宰相、方镇权力是为了调整帝王与朝臣公卿、封疆大吏的政治关系和权力配置,那么完善和加强学校的职能,就是为了强化舆论制约,调整朝廷与在野士大夫的关系。

宋代以后,君权日趋绝对化,谏议机制的功效大大削弱。宋制与唐制相仿,而其机构与职官往往形同虚设,谏官的职能也进一步向监察百官偏移。至元、明、清,干脆取消了专职谏议机构及相应的言官。在这种情况下,许多人主张仿效古制,完善谏议制度。宋代名相范仲淹依据《礼记》等儒家经典中的思想材料,主张建立天子定期斋戒受谏制度。宋明理学诸子及其传人大讲"格君心之非",主张天子以天下之心为心,服从舆论的制约。王夫之等人力主恢复唐代制度,以充分发挥封驳、言谏机制的作用。黄宗羲则集其大成,设计了学校议政的制度。

在《明夷待访录·学校》中,黄宗羲主张天子"公其非是于学校"。他认为,学校议政是圣王之制。在三代,人们可以在学校评议朝政,"天子之所是未必是,天子之所非未必非,天子亦遂不敢自为非是,而公其非是于学校"。为充分发挥学校议政职能,黄宗羲主张实行学校议政制度,即学官由国家任命改为公议推举,学校定期评议政治,天子百官必须接受舆论监督。在他的政治设计中,提出建立两个具体制度:一是天子定期亲临太学听谏制度。具体做法是:给予太学祭酒相当宰相的地位或者由离任的宰相担任太学祭酒。每月初一,天子率宰相、六卿、谏官到太学,以弟子身份听祭酒讲学。祭酒有权批评朝政,"直言无讳"。这项改革的目的是将历代帝王听讲学、纳谏诤、采舆论的做法制度化,并进一步提高学校地位,扩大其议政职能。二是地方官定期接受士绅批评制度。具体做法是:郡县学官不再由国家任命,而由"郡县公议,请明儒主之"。每逢初一、十五在学校举行缙绅士子大会。学官讲学,地方官以弟子身份听讲。郡县官政事有差错,集会者可以批评、责罚,令其改正,所谓"郡县官政事缺失,小则纠绳,大则伐鼓号于众"。这项改革的目的是充分发挥士大夫群体的清议作用,强化对地方官的舆论监督。

黄宗羲将历代君主政治中的积极因素,诸如乡校议政、群臣谏议、处士横议、太学生干政、书院谠论、士大夫清议及帝王听讲经书、采纳民意之类,加以集粹并力图使之制度化、经常化。其中太学祭酒、郡县学官由士人公推,由他们代表民意的设想内蕴着某些近代民主因素。但是,他没有设想:如果议而不纳,谏而不改,帝王和官僚一意孤行,又当如何处置?采取什么样的政体、规范和程序,制衡最高统治者,使其不得违反公议和民意?因此,黄宗羲的政治设计仍属于谏议范畴,与近代民主政体不能同日而语。

三、"重定天下之赋"与工商皆本

在君主制度下,土地和赋税问题是关系到君民关系、政治稳定和国计民生的大事。黄宗羲认为秦汉以来,无论田制、税法都存在弊端,从而导致民生困苦,他主张改革田制,重定税法,实行"工商皆本",以减轻民众负担,发展经济。

黄宗羲认为:"古者井田养民,其田皆上之田也。自秦而后,民所自有之田也。上既不能养民,使民自养,又从而赋之,虽三十而税一,较之于古亦未尝为轻也。"(《明夷待访录·田制一》)井田系由帝王授田于民,是君养民;后世庶民自己买田,是民自养。民众耕种自己的私田,即使按古制最轻的税法征赋,还是太重了。造成民生困苦的原因,不仅在于井田不复,而且在于税法不周。横征暴敛使民众达到无以自养的地步。针对这种状况,黄宗羲主张推行屯田,"重定天下之赋"。

所谓"重定天下之赋",有四层含义:一是"履亩而税"。他主张将土地编号,设立号长,"按号而为催科",改变按户征税的现行办法。如此便可使"诡寄之术穷"、"飞洒之路绝"、"九等不得那移"、"胥吏无从上下"(《破邪论·赋税》)。二是"任田不任用"。即改变秦汉以来根据国家和君主的需求确定赋役数量的做法,而根据土地数量重新确定赋役数量,"授田于民,以什一为则;未授之田,以二十一为则;其户口则以为出兵养兵之赋"(《田制三》)。三是"任土作贡"。即废除专以钱和银为赋、困瘵民生的税法。四是解决税额不齐问题。具体做法是:土地分为五等,分别定为一亩二百四十步、三百六十步、四百八十步、六百步、七百二十步,"鱼鳞册字号,一号以一亩准之","使田图之等第,不在税额之重轻而在丈量之广狭,则不齐者从而齐矣"(《田制三》)。

黄宗羲批评"世儒不察,以工商为末,妄议抑之",他一反农业为本、工商为末的传统观点,鲜明地提出"工商皆本"的思想。在黄宗羲看来,"夫工固圣王之所欲来,商又使其愿出于途者,盖皆本也"(《财计三》)。他反对官府垄断矿产,他主张废除金银等贵金属货币,以铜钱作为统一货币。

黄宗羲的"重定天下之赋"和"工商皆本"的思想,着眼于调整君民关系,着眼于发展"切于民用"的事业,以达到天下安富。尽管他的一些具体主张是不现实的、幼稚的,诸如恢复井田、废除金银货币等,但总的说来,黄宗羲的财政经济思想和主张,切中时弊且符合潮流。特别是"履亩而税"的主张,与清代赋税改革的方向是一致的。"工商皆本"的思想更具有积极的价值和意义。

黄宗羲对现实和历史的批判是激烈的、精彩的、深刻的。在近代维新思潮形成和发展的过程中,《明夷待访录》曾起过积极的作用。但是,由于主观和客观的原因,黄宗羲的思想言论只能成为历史上特定形势下的一段慷慨陈词而已。

就主观因素而言,黄宗羲把一切希望寄托于有"王者之心"的君主。他耐心地等待着,等待着一位圣明的主体来重新规范"纲常伦物之则",以仁义来正人心、兴天理、去人欲,所谓"吾虽老矣,如箕子之见访,或庶几焉"(《题辞》)。而所谓的"圣王"充其量是一个理想化的文化符号,自古以来就不曾有过,更不可能存在于现实之中。

就客观而言,黄宗羲终其一生,待访而无访,而迎来的却是一个更加成熟、更加强大的大清帝国。黄宗羲所代表的思潮长期处于沉寂之中。当他的思想再度受到人们重视的时候,一种新的政治思维方式已经在中国的大地上生根、发芽,并形成一股波澜壮阔的思潮。这些都注定了黄宗羲的政治理想和具体设计,不可能成为现实。

黄宗羲是中国古代最伟大的政治思想家之一。他的成就凝集着中国古代政治批判思想的精华,而他的个人悲剧,恰恰是传统政治文化所固有的局限造成的。

第二节　顾炎武改革君主集权政体的设想

顾炎武(1613～1682年),江苏昆山人,原名绛,字忠清,后因清朝入主中原,更名炎武,字宁人,人称亭林先生。他在历史、地理、音韵、考据、金石等方面都有独到建树,开一代朴学风气之先,是乾嘉汉学的"不祧之祖"。顾炎武著述宏丰,计有著作四十多种,四百余卷,主要有《天下郡国利病书》《日知录》等。他的一些具体政论集中在《亭林诗文集》。

顾炎武与黄宗羲交友至厚,政见大致相同,其有特点的政治主张有以下几点:

一、批判"私天下"的政治体制

顾炎武激烈批判秦汉以来的政治体制,认为专制君主集一切权力于一身,是造成"百王之敝"的根本原因。在他看来,三代盛世与后世弊政的区别在于前者是"公天下",后者是"私天下"。顾炎武说:"古之圣人,以公心待天下之人,胙之土而分之国;今之君人者,尽四海之内为我郡县犹不足也。"(《顾亭林诗文集·郡县论一》)专制君主出于"专大利"的目的,视天下为私财,集大权于一身,由此造就了维护私天下的法律制度和官僚制度。君主集一切权力于一身,是各种政治弊端的根源。首先,君主一人的才能根本无法胜任使天下致治之责。他说:"后世有不善治者出焉,尽天下一切之权,而收之在上。而万几之广,固非一人之所能操也。"(《日知录·守令》)君主"欲专大利,而无受其大害,遂废人而用法,废官而用吏",结果导致"一兵之籍,一财之源,一地之守,皆人主自为之","内外上下,一事之小,一罪之微,皆先有法以待之"。兼以"前人立法之初,不能详究事势,豫为变通之地。后人承其已弊,拘于旧章,不能更革,而复立一法以救之,于是法愈繁而弊愈多"。繁刑苛法一旦发展到"法败则法从人"的地步,就会造成是非不分,赏罚不公,"事功日堕,风俗日坏"(以上见《日知录·法制》)。再次,君主猜忌群臣,移权于法,造成吏治败坏。君主"多为之法以禁防之,虽大奸有所不能逾,而贤智之臣亦无能效尺寸于法之外,相与兢兢奉法,以求无过而已。于是天子之权不寄之人臣,而寄之吏胥"(《日知录·守令》)。科举出身的大臣、守令不仅被法束缚手脚,而且由于法例如毛,莫知所从,只得借重吏胥。君主"人人而疑之,事事而制之,科条文簿日多于一日,而又设之监司,设之督抚,以为如此,守令不得以残害其民矣。不知有司之官,凛凛焉救过之不给,以得代为幸,而无肯为其民兴一日之利者,民乌得而不穷?"(《顾亭林诗文集·郡县论一》)总之,帝王依靠百官,又怕百官弄权。由于权在君上,拘束太甚,导致贤者唯唯诺诺,不肖者又上下其手,贪赃枉法,实际上是由虎狼之吏执掌国柄。这与黄宗羲视秦汉以来的政治法律制度为"非法之法"的观点如出一辙。

顾炎武试图从理论上否定君权的绝对性。他认为,君主是一种职位,"而非绝世之贵"(《日知录·周室班爵禄》)。他又辨析天下与国家,辨析

"亡国家"与"亡天下"。他认为,"保其国者,其君其臣,肉食者谋之;保天下者,匹夫之贱,与有责焉耳矣"(《日知录·正始》)。国家是一人一姓的王朝,天下是天下人之天下,"天下"高于一家一姓的"国家"。这个思想后来被梁启超概括为"天下兴亡,匹夫有责"。这就从天下观的角度,把孟子的民贵君轻论发展到一个新的高度。但是,顾炎武在同一篇章中依然把"无父无君"视为"禽兽"。这表明,他并没有从传统的君臣关系论和纲常论中走出来。

二、"寓封建之意于郡县"

顾炎武力主矫治君主过度集权之弊,通过改革权力配置,适度强化地方权力,以实现国家的长治久安。为此,他提出"寓封建之意于郡县"的政治设计方案。

顾炎武主张改"独治"为"众治",合理配置中央与地方权力。他说:"所谓天子者,执天下之大权者也。其执大权奈何?以天下之权,寄天下之人,而权乃归天子。自公卿大夫,至于百里之宰,一命之官,莫不分天子之权,以各治其事,而天子之权益尊。"(《日知录·守令》)在《日知录·郡县》和《郡县论》中,顾炎武认为废封建变郡县是历史之必然,虽说"封建"是圣王之制,然而圣王立于今天,也不会再行"封建"。时至今日,郡县制也走到尽头,必然有所更革。"封建之失,其专在下;郡县之失,其专在上。"(《顾亭林诗文集·郡县论一》)当今制度的最大弊病是郡县无权,"辟官、莅政、理财、治军,郡县之四权也,而令皆不得专之……是以言莅事而事权不在于郡县,言兴利而利权不在于郡县,言治兵而兵权不在于郡县,尚何以复论其富国裕民之道哉!"(《日知录·守令》)。这种状况既不利于富国裕民,抵御外患,又不利于天子之尊。天子将天下之权分配给百官,才能真正实现"执天下之大权"。因此,顾炎武主张"寓封建之意于郡县"(《顾亭林诗文集·郡县论一》),基本构思是:从中央到地方层层分权;赋予县令"生财治人"之权和选聘县丞以外其他吏职之权;尊令长之职,改七品知县为五品县令,并选拔熟悉风土人情的贤才担任;经三年试用和十二年考察,凡称职的县令晋级益禄且得为终身之任;获终身留任的县令,年老退休时可传子或荐贤为新县令。

"寓封建之意于郡县"的实质是使郡县制中的县令可以终身任职并世袭。顾炎武认为这样一来,县令就会像关心自己家财私事一样关心县政。这种县令又不是小国封君,他要向皇帝负责,受郡的领导,有政绩的考察,且可以随时罢撤。在顾炎武看来,这种体制可以同时防止"其专在下"和

"其专在上"两种弊端。

顾炎武同宋明以来许多思想家一样,认识到皇帝过度集权是现行制度的弊端,试图以兼取郡县与封建之长的办法完善君主制度。但是他们并没有找到真正的出路。既然皇帝执天下之大权,以天下为私产,导致法之弊和民之困,难道地方官执地方之权,以地方为一家之私产,就能真正改善吏治吗?一部君主政治史对此作出了明确的回答。

三、废天下之生员

士风问题是明清之际的士大夫普遍关注的问题。士大夫是文化的载体,是君主政治的骨干、中坚和基础。士大夫群体的素质在一定程度上关系到君主政治的兴衰成败。在当时,凡批评时政者,大都对空谈心性、八股取士提出非议,认为士风不正是明朝灭亡的重要原因之一。改变学术风气,改革科举制度,是人们议论的热点问题之一。黄宗羲、顾炎武、王夫之等人对此多有评说。顾炎武明道救世与"废天下之生员"的主张是典型代表。

顾炎武在《日知录自序》中提出"明学术,正人心,拨乱世,以兴太平之事"。他认为空谈心性、八股取士危害极大,其对学术、人才的摧残甚于秦始皇焚书坑儒。针对当时官僚、胥吏、生员同滥同腐的种种弊端,顾炎武提出:"废天下之生员而官府之政清,废天下之生员而百姓之困苏,废天下之生员而门户之习除,废天下之生员而用世之才出。"(《顾亭林诗文集·生员论》)在他看来,重振儒家经学,废除生员制度,对改变腐败的吏治、士风具有釜底抽薪之效。

顾炎武指出,以八股取士的弊端很多。明代秀才大多只知道诵经书,作八股,对于经世致用的实际学问一窍不通。这种科举制度,"败坏天下之人才,而至于士不成士,官不成官,兵不成兵,将不成将"(《日知录.生员额数》)。天下生员数以万计,他们占有大量土地且免除赋役。结果是"杂泛之差,乃尽归于小民"。许多生员在地方横行无忌,"今天下之出入公门以挠官府之政者,生员也"(《顾亭林诗文集·生员论》)。基于上述原因,顾炎武大声疾呼废除生员制度,防止生员武断乡曲。

顾炎武主张大幅度改革国家的育才选官制度。其要点有二:一是改革考试内容,限制生员人数,主要选拔兼通《五经》、《二十一史》和当世之务的人才。二是仿照古代的乡举里选的做法,以"辟举"制度代替现行生员制度。

顾炎武对明代科举制度的批判是鞭辟入里的,但他提出的改革途径,多曾在历史上实行过。实践证明,这些办法不可能根除士大夫群体的种种陋习。顾炎武还建议实行买爵之法,允许用钱去买功名、买地位。这都表明,他只是在传统制度所允许的范围内,寻找和设想一些治表性的改良方案。

第三节 王夫之对儒家政治哲学的改造

王夫之(1619~1692年),字而农,号姜斋,湖南衡阳人。曾举兵衡山,武装抗清。晚年隐居于衡阳石船山,自称"船山遗老",故人称"船山先生"。他反思亡明教训,立志明道救世,一生著述宏富。主要政治、哲学著作有《张子正蒙注》、《周易外传》、《读四书大全说》、《读通鉴论》等,收入《船山遗书》。

王夫之的政治思想融哲学、史评、政论于一体,尤其在政治哲学方面博采众长,独放幽馨。他推崇王充,独宗张载,修正程朱,扬弃陆王,改铸佛老,然后精研易理,淹贯经史,参验百家,推陈出新。王夫之把哲学思辨、历史分析和时政品评有机地结合在一起,建构集批判、调整、改造、肯定于一体的政治思想体系。王夫之的政治学说极其宏富,这里仅能列举一二。

一、论"循天下之公"

王夫之以"公天下"为最高政治价值标准,他认为:"以天下论者,必循天下之公。"(《读通鉴论》卷末)"一姓之兴亡,私也;而民之生死,公也。"(《读通鉴论》卷十七)他坚持天下为公、君为私的标准,主张"不以一人疑天下,不以天下私一人",并据此对秦汉以来的政治作了深刻的分析、评判,力主"濯秦愚,刷宋耻","绝孤秦、陋宋之丰祸"(《黄书·宰制》)。所谓"秦愚"、"宋耻",即君主以天下为自己的私产,实行绝对君权,而招致颠覆、外侮。在他看来,秦汉之制虽客观上实现了"天下大公",而君心之私仍为天下之大弊。许多帝王"欲思其子孙以长存",违背"天下大公"(《读通鉴论》卷一)的原则,这是天下动乱的根源。

王夫之着重从三个方面批判了历代的暴君暴政:

其一,帝王"独富"是民生疾苦的政治根源。王夫之认为,导致社会混乱的根本原因不在于豪强兼并,而在于横征暴敛和官吏腐败。不均、不公是天下之大弊,"天子无大公之德以立于人上,独灭裂小民而使之公,是仁义中正为帝王桎梏天下之具"。要根治这种弊端,就必须实行这样的制度:

"天子不独富,农民不独贫,相仿相差而各守其畴"(《读通鉴论》卷五)。

其二,帝王"独尊"是导致君臣关系恶化的主要原因。王夫之认为,帝王本应"贵士大夫以自贵,尊士大夫以自尊"(《读通鉴论》卷八),而秦汉以降"天子孤高于上",视臣下为犬马、土芥,"身为士大夫,俄加诸膝,俄坠诸渊,习于呵斥,历于桎梏"(《读通鉴论》卷二),备受凌辱。这就必然造成大臣无耻,因循苟且,政治腐败。

其三,法制之弊是导致政治腐败的重要原因。在郡县制下,"其治九州也,天子者一人也"(《读通鉴论》卷二十),辅臣人数不多,且难于广开言路,一旦帝王肆意横行,大臣奸佞枉法,就会导致政治腐败。

王夫之对秦汉以来的制度多有非议。但是,他历史地考察三代之制和汉唐之制的利弊得失,肯定后者的历史进步及合理性。在这一点上,他的思想明显地优于同时代的其他思想家。

二、理势相成与政治变革

王夫之自称是一个"观变者"。在他的政治哲学和历史评论中,有丰富的变革思想。他认为理是"当然而然",势是"不得不然","得理自然成势",顺"势"亦即合"理",可见,势因理成,理因于势,"理势不可以两截沟分"(《读四书大全说·离娄上》)。王夫之以理势相成的哲理,系统地阐释了政治变革的必然性。

王夫之根据理势合一的哲学观,提出"时异而事异,势异而理亦异矣"。因此,"洪荒无揖让之道,尧舜无吊伐之道,汉唐无今日之道,则今日无他日之道多矣"(《宋论》卷十)。他认为"事随势迁而法必变"(《思问录·内篇》),治国平天下之法不是一成不变的。在他看来,历史是不断进化的,"法无有不得者也,亦无有不失者也",任何具体的制度、法律、规范都会有自身的缺陷,历代制度皆有利弊得失,"法弊而必更,不可复矣"(《读通鉴论》卷二十一)。三代的分封制被更为合理的郡县制所取代就是典型事例。

王夫之提出,对于历史上的成功经验,无论"三代之隆、两汉之盛",还是"一事之效,一时之宜,一言之传",都要正确对待,不能盲目效法。历代的政治方略、制度、法令、政策都是适应那个时代而构建的完整的体系。对这种因时因势而形成的政治模式,无论其整体,还是局部,都不能生搬硬套。将古代的某些成功的具体做法照搬过来的做法尤为不妥。历史经验一再证明,"未有慕古人一事之当,独举一事,杂古于今之中,足以成章者也。""举其百,废其一,而百者皆病;废其百,举其一,而一可行乎?"在他看来,王莽改制、王安石变法失败的原因之一就在于此。王安石"偏举《周礼》一节,杂之宋法之中",这就像"庸医杂表里,兼温凉以饮人,强者笃,弱者死",结果不仅"王不成王,霸不成霸"(《读通鉴论》卷二十一),而且导致天下大乱。

针对宋明以来的制度之弊,王夫之主张仿效隋唐制度,恢复并完善宰相制度、会议制度、封驳制度、谏议制度,中央与地方都实行逐级负责制,并强化地方权力。

王夫之主张天子、郡县、乡邑分级而治。他认为,"天下之治,统于天子",而所谓天下一统就是分级而治。如果违背分级而治的原则,天子越级而治,则天下乱;州郡越级而治,则州郡乱。汉唐宋明实行中央集权,剥夺封疆大吏的擅兵专杀之权,这是自取衰弱灭亡之道。因此,王夫之主张从中央到地方各级政府一律实行分级而治,逐级负责,上级不得越级干预地方政务。每个地方都有不同的人情风俗和自然环境,"不可以一切之法治之"。一个地方实行的政策,应先由当地民众提出意见,地方官与士大夫斟酌商量,报有关部门裁决,最终由天子批准。总之,"一统"即"分统",分级而治才能使"一统"可靠而有效。这个思想见于《读通鉴论》卷十九。

王夫之是倡导"大变"的,而其所谓"大变"归根结底是对"大常"的恪守。他在《周易外传·系辞下传》中提出,"圣人反常以尽变,常立而变不出其范围"。千变万化不能脱离一个特定的范围,而这个范围就是礼。"何云因变而变邪?故圣人于常治变,于变有常,夫乃与时偕行,以待忧患;而其大用,则莫若以礼。"礼是衡量常与变的合理性的标准。"《易》兼常变,礼惟贞常",不易不变的是礼。纲常、礼法不可变,这是儒家政治学说的命根子,王夫之也未能从这个大限中跳出来。

三、理欲合一论与人禽之辨

在明清之际,批评理学空谈心性、提倡窒欲灭欲乃至"以理杀人"的流弊,重新调整和修正理欲之辨,注重经世、事功、践行,是一股影响广泛的思潮。王夫之的理欲合一论是其中的典型代表之一。

王夫之对理欲的关系重新作了辨析。他认为,由于性是生之理,与人的形体同在,故理欲同体,"私欲之中,天理所寓","人情天理合一"(《四书训义》卷二十六)。他从以下几个层次对这个命题进行了理论上的论证:一是"理与欲皆自然"(《张子正蒙注·诚明》)。正如木有根茎,人有父子,欲与理也是共存的,"有欲斯有理"(《周易外传·复卦》)。理与欲皆与生俱来,皆属生之理,亦即性。二是在一定范围内,理、性、欲等价。道德理性与感官欲望皆为生存所必需,"故仁义礼智之理,下愚所不能灭,而声色臭味之欲,上智所不能废,俱可谓之为性"。"声色臭味,顺其道则与仁义礼智不相悖害,合两者而互为体也"(《张子正蒙注·诚明》)。三是天理往往借助人欲展现自己。例如:"礼虽纯为天理之节文,而必寓于人欲以见。""离欲而别为理,其惟释氏为然。"(《读四书大全说·梁惠王下》)四是圣人之欲亦即理,孔孟之学于欲见理。在王夫之看来,"圣人有欲,其欲即天之理。天无欲,其理即人之欲。学者有理有欲,理尽则合人之欲,欲推即合天之理"(《读四书大全说·里仁》)。孔孟在治学论政中无不"随处见人欲,即随处见天理"(《读四书大全说·梁惠王下》)。王夫之将天理与人欲在一定条件下划上等号,这就在一定程度上否定了程朱一派将天理与人欲截然对立的存理灭欲观。

但是,王夫之又发挥朱熹的理欲同体、同行异情论,仍然主张以礼为价值尺度对理和欲加以辨析。他一方面批评"须是人欲净尽,然后天理自然流行"(《读四书大全说·先进》)的说法,认为一味讲灭欲不仅行不通,而且弄不好就会导致非理。一味强调"惩忿"、"窒欲",将使人"废才"而如牛马,"灭情"而为木石,这是佛老异端的论调,违背孔孟正学,另一方面又肯定了"人欲净尽,天理流行"的说法。

王夫之的理欲之辨是其社会政治思想的重要理论基础之一。在教化论上,他主张与其喋喋不休地号召百姓"去人欲"、"薄人欲",不如在一定范围内满足人们的欲望。在修养论上,他主张"格物"、"致知"两者相济。在政治论上,王夫之主张面向实际,注重功利。正是基于上述观点,王夫之在政论和史论中,比较注重对具体方略、制度、政策的分析、品评和采择,充分肯定汉唐盛世及秦以来政治体制的合理成分。

在王夫之看来,"三纲五常,是礼之本原"(《读四书大全说·为政》)。纲常就是礼,礼是纲常之显,"天道、人性、中和化育之德皆于礼显之"。因此,"礼为君柄"。"君之所以自正而正人者,则惟礼而已矣。礼所以治政,而有礼之政,政即礼也。故或言政,或言礼,其实一也。"(以上见《礼记章句》卷九)

王夫之继承儒家的人禽之辨,并作为其政论的主要依据。他在《黄书·原极》中称:"人不自畛以绝物,则天维裂矣。华夏不自畛以绝夷,则地维裂矣。天地制人以畛,人不能自畛以绝其党,则人维裂矣。"王夫之在史论和政论中把"三代以下无盛治",国家丧乱、天下沦亡、世道衰弱,归咎于人极不立,具体而言就是夷狄乱华夏,小人居上位,盗贼叛君上。宋明以来其害尤烈。因此,王夫之认为夷狄、小人利欲熏心,"人道几于永灭","故均是人也,而夷、夏分以其疆,君子、小人殊以其类,防之不可不严也"(《读通鉴论》卷十四)。在王夫之看来,夷狄、小人都是违背纲常伦理的禽兽。"禽兽"一词是儒家指斥违逆纲常的常用词。人禽之辨的主旨是肯定礼教中心论。维护礼教、纲常是王夫之全部政论的基点和主干。

在一定范围内肯定人欲的合理性和功利的价值,调整和纠正宋明理学流弊,但仍然将理与欲、公与私、义与利对立起来,把以纲常伦理为内核的理、礼、中、公、义奉为最高价值,这是明清之际士大夫政治批判思潮的共同主张。在这个基本政治价值问题上,暴露了这批反思宋明政治、反刍宋明理学的人们的局限性。

四、道器统一论与任人任法并重

王夫之反对历史上各种片面夸大道或器的作用的道器论,以道器合一论升华了有关道器关系的思辨。他认为:"道者器之道","无其道则无其器","无其器则无其道","天下惟器而已矣"(《周易外传·系辞上传》)。道器相须,道丽于器,所以"据器而道存,离器而道毁"(《周易外传·大有》)。他主张将"尽器明道"与"尽道审器"结合起来,并据以论证礼与法制在政治中的作用,提出任人与任法并重。

王夫之把道器关系从哲学领域引向政治领域以论说政治原则、伦理规范与社会制度、政治设置的关系。他认为:"礼因器以载道,器用上达。"礼乐之道是通过一系列礼器、礼仪体现的,离开具体的君臣、父子关系就不存在相应的道德规范;社会政治制度和人际关系在变化,礼乐原则、伦理规范也在变化。"故古之圣人,能治器而不能治道。治器者谓之道,道得则谓之德,器成则谓之行,器用之广则谓之变通,器效之著则谓之事业。"(《周易外传·系辞上传》)在王夫之看来,治器、尽器、审器是知道、得道、行道的关键。道器合一,道丽于器,道与器都是不断变化的,各种具体的社会政治制度不是一成而不变的。因此,必须重视"法"及"变法"在政治中的作用。

王夫之主张任人与任法并重。在《读通鉴论》中,王夫之结合不同的历史事件对法治与人治的关系多方辨析,主要有以下几个论点:一是礼法是道的体现,国家应以法制规范政治,整饬吏治,否则"治道之裂,坏于无法"(《读通鉴论》卷十七)。二是人是弘道者,"治之弊也,任法而不任人"(《读通鉴论》卷六),君主不能单靠法制治国。三是必须任人任法并重,"举一废一,而害必生焉"(《读通鉴论》卷十一)。四是"法者因人",政治的关键是"先有制法之主"(《读通鉴论》卷三十)。弘道之君才是政治之本。在王夫之看来,"治天下以道,未闻以法也"(《读通鉴论》卷五),而"道者因天,法者因人"(《读通鉴论》卷十七),因此,"任人任法皆言治也,而言治者曰:任法不如任人"(《读通鉴论》卷十)。归根结底,王夫之还是人治论者。

五、道统、治统与尊君

"天子者,化之原也"(《读通鉴论》卷十二)。王夫之等有识之士抱着"冷风热血,洗涤乾坤"之志,企图改变社会,净化政治。他们的思想激烈、敏锐、深邃,给人以启迪。但是,他们以伦理论天理,以礼教论公私,以圣人论道统,以心术论治者,必然把政治企盼寄于某一个特定的主体。批判暴君暴政、非法之法的归宿是建立合乎"天理人心"的君主制度。王夫之的道统与治统论,也堪为这方面的典型代表。

王夫之寄希望于帝王的心术,即皇帝有"君天下之心","始于大公,终于至正"。换句话说,即道统与君统合一。他说:"天下所极重而不可窃者二:天子之位也,是谓治统;圣人之教也,是谓道统。"(《读通鉴论》卷十三)所谓道统,即孔孟之道,亦即礼仁政治的基本原则。所谓治统,即君统、帝统、帝王之统。君统或治统是道统的一种传绪形式。道统与君统有所区别:道统是对治平天下一般原则的传承,其传承者未必居大位;君统是治平天下一般原则的实施和运作,其传承者必须居天子之位。所以王夫之又分别称之为"儒者之统"和"帝王之统"。

王夫之认为道统与君统是分二合一的关系,其分与合决定治与乱。他说:"儒者之统,与帝王之统并行于天下,而互为兴替。其合也,天下以道而治,道以天子而明;及其衰,而帝王之统绝,儒者犹保其道以孤行而无所待,以人存道,而道不可亡。"有些朝代,"天下无道"、"天下无君","上无教,下无学,是二统者皆将斩于天下",幸赖"儒者有统","斯道亘天垂地而不可亡者也"(《读通鉴论》卷十五)。

王夫之提出道统与治统分二合一论,旨在否定"舍天下之道而论一姓之兴亡"的传统史论和政论。他以"大公至正"为准则,在驳论中立论,提出了论史、论政、论君的四条原则,即正与窃、合与离、治与乱、德与功。依据这四条原则,王夫之将历史上的的多数朝代和大多数帝王列入批判、抨击乃至否定的对象。

道统与治统合一是王夫之的政治理想。他认为"君天下者,道也,非势也"(《读通鉴论》卷十五)。"德立而后道随之,道立而后政随之"(《读通鉴论》卷十六),方称其为帝王。这种政治思维方式注定了王夫之的政论以批判为起点,以肯定为终点,把全部希望寄托在"圣人垂训,天子行法"上。

王夫之是一位思想巨人。他"集千古之智",几乎在所有传统哲学范畴和命题上,都提出汇聚精华或超越前人的见解。经过王夫之的反刍和重构,传统政治哲学发展到"前无古人,后无来者"的新高度。王夫之的学说体系汇聚并强化了传统哲学思辨内蕴的各种理性成分,代表着明末清初群体性政治批判思潮在哲学上的新思维及其局限性。在一定意义上可以说,王夫之的哲学思辨代表着中国古典哲学发展的顶峰。

第四节 唐甄抨击暴君暴政的思想

唐甄(1630～1704年),原名大陶,字铸万,号圃亭,四川达州(今四川达县)人。曾任山西长子县知县,仅十月,革职为民。晚年改名唐甄。著有《潜书》(原名《衡书》)。

唐甄全部政论的基础是:"治天下者惟君,乱天下者惟君。"(《潜书·鲜君》)他认为:"天下之主在君,君之主在心。"(《潜书·良功》)唐甄自信:"使我立于明主之侧,从容咨询……可以任官,可以足民,可以弭乱,不出十年,天下大治矣。"(《潜书·潜存》)所以一部《潜书》的重点是设计为君之道。这种政治思维方式把社会动乱的责任全部归咎于君主,又把君主奉为天下国家的最高政治主体。激烈抨击帝王的归宿只是如何调整、改善和巩固王权。唐甄的思想为认识传统政治思维中的悖论提供了又一个典型实例。

一、"帝王皆贼"说

唐甄认为:"自秦汉以来,凡为帝王者皆贼也。"(《潜书·室语》)在先秦,虽有圣王治世,却也是"君之无道也多矣"。"其余一代之中,治世十一二,乱世十八九"(《潜书·鲜君》)。总而言之,古往今来,乱世多,治世少,大多数帝王昏愦荒淫,其所作所为,犹如盗贼。

为什么说秦汉以来帝王皆贼?唐甄的理由是:"杀一人而取其匹布斗粟,犹谓之贼;杀天下之人而尽有其布粟之富,而反不谓之贼乎!"(《潜书·室语》)他进一步引据历史记载指出:帝王的天堂是构筑在庶民的血泪和白骨之上的。当他们逐鹿中原的时候,到处屠掠洗劫,杀人如麻。当他们坐稳帝王宝座后,又利用权势,实行残暴统治。帝王们不仅自己"服衮冕,乘法驾,坐前殿,受朝贺",而且"高宫室,广苑囿,以贵其妻妾,以肥其子孙"。"有天下者无故而杀人,虽百其身不足以抵其杀一人之罪。"对于这样的君主,唐甄愤慨地说:"若上帝使我治杀人之狱,我则有以处之矣。"

(《潜书·室语》)言外之意是:对残如盗贼的帝王应依杀人越货之律,统统处以极刑。

为什么历史上乱世多,治世少,暴君多,明主少?为什么秦汉以来问题更加严重?唐甄认为主要原因有两点:一是王位世袭制度注定了贤君少、庸主多。他说:"天之生贤也实难。博征都邑,世族贵家,其子孙鲜有贤者,何况帝室富贵,生习骄恣,岂能成贤!是故一代之中,十数世而二三贤君,不为不多矣。其余非暴即暗,非暗即辟,非辟即懦。此亦生人之常,不足为异。"(《潜书·鲜君》)二是秦汉以来"君日益尊,臣日益卑"(《潜书·抑尊》),于是上骄下谀,君主更加无道。

唐甄对"官"也进行了猛烈的抨击。他认为大多数官吏是害民之贼。官多吏贪是君主政治的一大弊政,"官多,则禄不得不薄;禄薄,则侵上而虐下,为盗臣,为民贼"(《潜书·省官》)。唐甄认为治官难于治民。他说:"天下难治。人皆以为民难治也,不知难治者,非民也,官也。"为官者"心不在民","视民若忘,等于草茅",从而阻碍政令推行,"举天下之民委弃之也"(《潜书·柅政》)。

唐甄认为吏治不善的终极原因是帝王任用非人,治国乏术。他说:"治乱非他人所能为也,君也。小人乱天下,用小人者谁也?女子、寺人乱天下,宠女子、寺人者谁也?奸雄盗贼乱天下,致奸雄盗贼之乱者谁也?反是于有道,则天下治,反是于有道者谁也?"(《潜书·鲜君》)历代破家亡国皆因君主无道。于是,"奄妾蛊志,权奸蔽聪,滥赏淫刑,善恶倒置,似亦庸君之常,未足大异"。由此可见,"治乱在君,于臣何有!"(《潜书·远谏》)与黄宗羲等人相较,唐甄抨击暴君、暴政的言辞更为激烈。"帝王皆贼"的命题,一针见血地揭露了君主的本质。帝王披着君权神授的外衣,是绝对权力的化身。他们视国家、人民为私家财产,独断专行,恣意宰割,是天下动乱、民生疾苦的根源。"帝王皆贼"之论足以启发后人。

然而,罪君的目的是训诫君主,进而论证为君之道,所谓"吾为此惧,于百世之上,训百世以下之为君者。若闻吾言,惧而知改,虽中才之主,可以保天下"(《潜书·远谏》)。罪君旨在尊君,这是唐甄政治思维的悲剧,也是清初士大夫群体批判思潮的悲剧。

唐甄紧紧抓住"君"这个政治角色来评论和设计政治,把"君为政本"的思想进一步深化。但是,由于他的视野和思维跳不出传统政治文化的圈子,反而使自己落入抨击绝对君权同时又肯定绝对君权的悖论之中。明明知道"贤君少,昏主多",乃至"帝王皆贼";明明知道"天之生贤也实难",却仍然把希望系于君主身上。

二、调整绝对君权的具体设想

唐甄虽深知"贤君不易得,乱世无所逃"(《潜书·鲜君》),却又认为"天下之主在君,君之主在心"(《潜书·良功》)。因此,他仍然从"补天"的愿望出发,提出一整套改革政治的设计,而其核心是为君之道。唐甄提出的为君之道、治国之道,基本上来自传统的君道论,主要有"抑尊"、"节俭"、"用贤"、"纳谏"、"重民"、"赏罚"等,其中许多设想具有明确的针对性。

唐甄认为帝王必须自觉地抑制尊威、节俭费用、下放权限、听言纳谏。他说:"位在天下之上者,必处天下之下。"(《潜书·抑尊》)君主"**势尊自蔽**"就会妨碍和阻隔君臣之间的沟通,"是故人君之患,莫大于自尊,自尊则无臣,无臣则无民,无民则为独夫"(《潜书·任相》)。正确的做法是:"接贱士如见公卿,临匹夫如对上帝。"(《潜书·善施》)帝王还应躬行节俭,"虽贵为天子,富有四海,存心如赤子,处身如农夫,殿陛如田舍,衣食如贫士,海内如室家"(《潜书·尚治》)。在唐甄看来,"人君能俭,则百官化之,庶民化之,于是官不扰民,民不伤财。"(《潜书·富民》)

唐甄认为官僚群体的素质和作用对现实天下大治具有重要作用。他说:"为政亦多务矣,惟用贤为国之大事。"(《潜书·主进》)在《潜书》中,唐甄对朝廷体制及选拔、任用、考核、赏罚官吏提出了具体意见。他认为尚贤与能的关键是君主知人善任,主张"隆师保之礼,重宰衡之权"(《潜书·任相》),选拔贤者担任有职有权的宰相。他还提出审官、定职、省官、制禄等措施,以人尽其才,明确职则,精兵简政,减轻民众负担。

唐甄认为奸佞、朋党是君主政治的大害。他说:"君者,利之源也,奸之的也。人皆之之,皆欲中之。"(《潜书·任相》)解决的办法,一是君主知人善任。二是强化谏议监察机制。这样就可以"虽有佞人,化为直臣;虽有奸人,化为良臣"(《潜书·抑尊》)。

不难看出,唐甄调整君权的主要设计都是采自传统的思想材料,缺乏创建。在这一点上,他比黄宗羲、顾炎武、王夫之都稍逊一筹。

三、"平则万物各得其所"

均平,是唐甄提出的改造社会的重要设想之一。在明清之际,均平的问题受到普遍的关注。关于如何解决兼并严重、贫富不均的社会问题,人们纷纷提出自己的设想。唐甄的思想具有一定的代表性。

唐甄对明末四海困穷,民众盼迎农民军,"君为仇敌,贼为父母"的历史现象感受痛切。他主张君主以明朝灭亡的教训为鉴,采取切实措施缓和社会矛盾。唐甄认为民是国家之本,朝廷应当处处为民着想,一切政治活动都必须为民服务,只有使民众"茅舍无恙"、"蓑笠无失"、"豆藿无缺",才可使帝王"宝位可居"、"衮冕可服"、"天禄可享"(《潜书·明鉴》)。

唐甄明确提出:社会不平是民生疾苦的重要原因,而贫富悬殊,苦乐不均,又是人间最大的不平。在当时,"王公之家,一宴之味,费上农一岁之获,犹食之而不甘。吴西之民,非凶岁为觍粥,杂以荞秆之灰;无食者见之,以为是天下之美味也。人之生也,无不同也,今若此,不平甚矣"(《潜书·大命》)。他从这种极其不平、不均的现状中,预感到王权的危机。

均平是唐甄的政治理想。他说:"天地之道故平,平则万物各地其所。""是以舜禹之有天下也,恶衣菲食,不敢自恣。岂所嗜之异于人哉?惧其不平以倾天下也。"(《潜书·大命》)依据固有的政治思维逻辑,唐甄把均平的理想寄托于君主,他殷切希望开明的帝王自损、自抑、俭朴,以求得天下均平,并以均平之政养民。

从总体看来,唐甄未能脱离等级关系、宗法关系去寻求更加合理的社会关系和政治关系。但在他的思想中又酝酿着某些新的思想因素。例如他从人生皆同的观点出发,反对重男轻女。他一反传统偏见,认为"父母,一也";"男女,一也"(《潜书·备孝》)。他痛斥丈夫虐待妻子的卑劣行为,对传统的"女祸"论也不以为然。在当时的历史条件下,这种思想是难能可贵的。它在一定程度上冲击着男尊女卑、夫为妻纲的纲常伦理。

"君心者,治乱之源","君之心,政之本","一心兴邦,一心丧邦",这类思想无疑对君主提出了极高的要求。秦汉以来,许多志士仁人、忠良谏臣正是依据"君明则国治,君暗则国乱","治天下者惟君,乱天下者惟君"的思路,把政治批判的矛头径直指向君主。从总的发展趋势看,政治批判的言辞越来越激烈,思想越来越深刻。周秦以来,多有责君为"无道"者;唐宋以来,多有斥君为盗贼者;宋明以来,多有否定秦政汉制者。许多思想家从否定时君时政,走向否定春秋战国以来的制度和世道。至清代,政治批判思潮在各方面都发展到高峰。黄宗羲斥责"君为天下之大害",认为秦汉以来的制度、法律、政策、伦理为"非法之法",把制度批判发展到极致。王夫之反刍和重构儒家政治哲学,将其发展到前无古人的新高度,从而把理论批判发展到极致。吕留良和唐甄,一个斥骂清朝皇帝,一个称秦汉以来"凡为帝王者皆贼",尽管前者的理论工具是程朱理学,后者的学术渊源是陆王心学,其救世之方丝毫未逾越孔孟之道的范围,而言辞激烈的程度已无以复加。

第二十二章 明末与清初士人群体的政治反思

自明末至清代,具有浓烈批判色彩的思想家接连出现,形成一个群体,一股潮流,人数之多、波及面之广、言辞之激烈、理性思辨之深度,皆前所未有。这些思想家都不是孤立的个体,每个人都代表着一种思潮或学派。他们所思考的问题实际上是整个士人阶层所普遍关心的问题。只要大致翻一翻清代帝王的上谕诏旨和群臣的章表奏议,就不难发现,许多问题也受到了朝廷的重视和关切。与帝王将相等当权者不同的是,政治批判思想家们更富于现实感,他们更敢于一针见血地揭露时弊,敢于把抨击的矛头径直指向最高统治者,敢于把思想的解剖刀对准现行政治制度和统治思想的理论形态。然而他们都认同君为政本论,这就使他们的政治选择无法超越君主制度的藩篱。黄宗羲把理想政治的企盼寄托于君心大公无私,顾炎武把体制革新的希望寄托于帝王体察一统与分权的哲理,王夫之把天下大治的途径归结为道统与治统的合一,唐甄把平均天下的主体界定为帝王。这就很难把他们的思想体系纳入民主主义体系。

第二十三章 清代帝王的统治思想与古典政治思想的终结

清朝是以满族贵族为核心建立的君主专制帝国,也是中国历史上最后一个封建王朝,清朝的最高统治阶层在入关前后相当长的一段时期内,保留着其本民族的政治文化与习俗,因而对于清初统治者来说,变革既有的政权体制,以适应当前的统治形势已是当务之急。清初顺治、康熙、雍正、乾隆等几朝皇帝在政治上大权独揽,在统治思想上则吸收了儒家文化的精髓,并且各有不同程度的阐发。这是清帝国走向鼎盛的思想基础。在经历了"康乾盛世"之后,清帝国盛极而衰。到了19世纪前期,社会发展呈现出经济衰败、思想沉寂、民生困苦的残破景象。各种社会矛盾十分尖锐,大清王朝危机重重。值此"山雨欲来风满楼"之际,龚自珍以其对君主政治的尖锐批判宣告了中国古典政治思想的终结。

第一节 清代帝王维护绝对君权的政治思想

清朝统治者总结了历代王朝兴败的历史教训,与强化君主专权的诸种政治措施相适应,在统治思想上将君主专制思想进一步绝对化,提出了一整套维护绝对君权的政治理论。

一、君权惟一论

传统的儒家学说十分尊崇君权,但同时也强调能臣贤相的作用,强调民为社稷之本,以此作为君主政治的补充。康熙皇帝撰写的《君臣一体论》大体上遵循这种观念,他说:"天尊地卑,自然之定位也……君尊臣卑,百王之大经也。"(《御制文初集·君臣一体论》)他把君臣比作一人身体的各个部分,给臣下以相当重要的地位。但这只是康熙帝早期研习儒学得出的认识,并非清朝皇帝在君臣关系问题上的主导观念。至雍正帝,便将君主至尊无二的地位强调到绝对化程度,他认为:"夫人之所以为人而异于禽兽者,以有此伦常之理也。故五伦谓之人伦,是阙一则不可谓之人矣";其中"君臣居五伦之首"(《大义觉迷录》卷一)。根据这个原则,人之为人的依据首先是认同君臣关系。任何人都必须对君主俯首而从,"为人臣者,义当惟知有君;惟知有君,则其情固结不可解,而能与君同好恶"(《清世宗实录》卷二十二)。君主专制政治在这里表现得极其充分,不留一丝回转的余地。乾隆帝读史,读到宋代王安石向宋神宗抗表申捥,使宋神宗悔悟一节,立即批语曰:"安石抗章、神宗逊谢,成何政体?!即安石果正人,犹尚不可,而况不正乎!"(《评鉴阐要》卷八)在乾隆帝的意识里,君主理政即使有误,为臣者亦不得指责冒犯,君主日后自可调整改进。这就在政治认识上否定了儒家传统的谏议理论,否定了臣对君主进忠言、作诤臣、直言敢谏、补弊救偏等种种为臣之道,在认识上将君主的个人专权推向了绝对化。

怎样看待君与臣在政治体制和政治活动中的作用,是传统政治理论的重要问题之一。汉、唐时代的统治者大多强调君与臣共同治天下。与传统认识不同是,清代帝王尊君而抑臣。大体而言,除了个别时期,如康熙前期之外,其他几朝君主均排抑臣下,将群臣百官视为奴才。例如,顺治十年(1653年)三月,顺治帝向大臣们颁发敕书曰:"尔等如恪遵朕旨,以实心行实政,庶已共享和平之福,朕显秩厚禄自不吝惜。如貌承朕旨,心怀诈伪,媚上虐下,慢政隳操,昭昭国宪,必贻身家之灾。虽欲免,得乎!"(《清世祖实录》卷七十三)语意充满威慑。后来顺治帝主持编成《御定人臣儆心录》一书,专选历代奸臣、罪官如何违反皇帝根本利益、最后受到惩处的事例,附加议论,分为"植党"、"好名"、"营私"、"徇利"、"骄志"、"作伪"、"附势"、"旷官"等各大类别,颁发朝臣,要求以此为鉴。

又如,康熙帝一度热衷于儒学的研习,熊赐履、李光地、汤斌等人为之开设经筵日讲,出力甚多,时称"理学名臣"。然而,在康熙帝基本掌握了这一套封建思想体系后,便公然训斥这些大臣,将他们一一贬低。康熙三十三年(1694年)闰五月初四,康熙帝亲试众翰林官,试题为《理学真伪论》,这实际上是对在朝一些大臣的旁敲侧击。不几日,康熙帝即发长篇上谕,指责魏象枢、李光地、熊赐履、汤斌、王鸿绪、高士奇等人行为乖谬,与他们标榜的理学言论十分不符。斥责这些人为伪道学不无道理,但更深层的寓意在于,只有康熙帝才是真道学。清代皇帝不断对大臣进行训诫,雍正帝上台伊始,即分别向各级官僚颁发教谕性指示。接见大臣,"训导"之词不厌其烦。正如他自己说:"朕自御极以来,凡文武大小官员进见时,必谆谆训诲,谕以国计民生之要务……盖朕意欲使其人晓然明白、自知识见之浅鄙,是以降旨之时,周详往复,不惮烦劳。"(《清世宗实录》卷八十五)朝廷虽仍然设有进谏的言官,但只要进言稍不遂意即加惩戒。如乾隆帝曾指斥言官"效明末谏垣门户恶习"(《清高宗实录》卷一〇二三),指责其奏疏"措词乖体"、"全不知敬谨之道"(《清高宗实录》卷一二二七)。

康熙帝首先以论史证今的方式强调君主的至尊至要地位。他认为:"从来书生论历代帝王,多指摘过失,谓其安享富贵,耽于逸乐。朕披阅史书,历观古来帝王,因深知为君之难。即朕六十年宵旰勤劳,虽金石为质,亦应消耗,况气血之身乎!"(《清圣祖实录》卷二八四)他认为从古以来做大臣的只有一个诸葛亮算是身担重任,"鞠躬尽瘁,死而后已",而君主则几乎都是这样为国事鞠躬尽瘁(《清圣祖实录》卷二七五)。康熙六十年(1721年),他郑重发令曰:

> 朕披览史册,于前代帝王每加留意。书生辈但知讥评往事,前代帝王虽无过失,亦必刻意指摘,论列短长,全无公是公非。朕观历代帝王庙所崇祀者,每朝不过一二位,或庙享其子而不及其父,或配享其臣而不及其君,皆因书生妄论而定,甚未允当。况前代帝王曾为天下主,后世之人俱分属臣子,而可轻肆议论、定其崇祀与不崇祀乎!今宋明诸儒,人尚以其宜附孔庙奏请,前代帝王既无后裔,后之君天下者继其统绪,即当崇其祀典。朕君临宇内,不得不为前人言也。朕意以为凡曾在位,除无道、被弑、亡国之主外,应尽入庙崇祀。尔等将朕此旨录出,公同从容详议具奏(《清圣祖实录》卷二九二)。

这段话的要点是:第一,不许"书生辈"对历代帝王说短论长;第二,除了个别无道或亡国之君,绝大多数帝王应得到永久的尊崇。

此外,雍正帝承袭康熙帝的思想,且找出具体史事予以发挥。西汉文帝召见贾谊,"不问苍生问鬼神",历来人们皆因贾谊未获重用而惋惜。雍正帝却认为:汉文帝决不是弃才之主,他看出贾谊是个疏狂少年,不足任用,才聊问鬼神以敷衍。"设有一夫私议,妄自记载,非惟庸主无由剖析,虽明哲之君亦何从闻见而正其是非!其流传失实受诬于后世者,不知凡几矣。"(《清世宗实录》卷八十九)总之,史书上贬低帝王、抬高人臣的记载都是大可怀疑的。至乾隆帝,则将尊崇历代皇帝的做法弄得更加细致和形式化,纂辑《四库全书》时,当他发现宋朝李廌《济南集》诗中直称汉武帝之名

第二十三章 清代帝王的统治思想与古典政治思想的终结

时,竟当成一件大事,提出"伊祖未尝不为其臣","此等背理称名之谬,岂可不为改正以昭示方来!"于是指令《四库全书》馆臣"于校刊书籍内,遇有似此者俱加签拟改,声明进呈,毋稍忽略"(《清高宗实录》卷一〇二四)。在君臣历史作用问题上,乾隆帝力斥理学创始人之一程颐"天下安危系于宰相"的论点,认为"夫用宰相者非人君其谁为之?使为人君者但深居高处、自修其德,惟以天下之治乱付之宰相,己不过问,幸而所用若韩、范,犹不免有上殿之相争,设不幸而所用若王、吕,天下岂有不乱者?此不可也。且使为宰相者,居然以天下之治乱为己任,而目无其君,此犹大不可也!"(清高宗《御制文二集》卷十九《书程颐论经筵札子后》)

评论历史是为现实服务,乾隆帝审阅宗人府与内阁合撰《宗室王公功绩表传》,其中称某位王公"生有神力",遂严斥其"语尤不经"(《国朝宫史续编·史学一》),下令将此书改由国史馆重纂。乾隆四十六年(1781年)三月,致仕大臣尹嘉铨上疏为其尹父会一及汤斌、范文程、李光地、顾八代等人请求从祀孔庙,乾隆帝勃然大怒,批示曰:"竟大肆狂吠,不可恕也!"于是尹嘉铨被拘捕抄家,又搜出其手撰《皇朝名臣言行录》一册,将清朝建立以来诸多大臣列为"名臣",述其言行。于是案情更趋严重,尹嘉铨被处以绞刑,其书令全国查禁。乾隆帝对此案连发谕旨,指摘汤斌、范文程、李光地等人的行为,认为"本无行谊过人之处"(《清高宗实录》卷一一四七)。随后又指出:

> 至名臣之称,必其勋业能安社稷方为无愧,然社稷待名臣而安之,已非国家之福。况历观前代,忠良屈指可数,而奸佞则接踵不绝,可见名臣之不易得矣。朕以为本朝纪纲整肃,无名臣亦无奸臣。何则?乾纲在上,不致朝廷有名臣、奸臣,亦社稷之福耳。尹嘉铨竟敢标列本朝"名臣言行录",妄为胪列、谬致品评,若不明辟其非,则将来流而为标榜,甚而为门户、为朋党,岂不为国家之害、清流之祸乎!总之人君果能敬天、爱民、勤政,自能庶事惟和,百工熙载。否则虽有贤相,亦何裨政事?我国家世世子孙,能以朕心为心,整纲维而勤宵旰,庶几永凝庥命、垂裕万年。所谓无疆惟休,亦无疆惟恤,可弗凛欤!将此申谕中外知之。(《清代文字狱档》第六辑)

乾隆帝关于无名臣亦无奸臣即社稷之福、要求人君亲自勤政视事的观点,已在君臣关系方面将君主一人专制理论推拓到顶峰。"选贤"、"任能"之论都被排斥为妄见,惟有君主总揽权柄,扼住群臣使之既无名臣也无奸臣,一个个皆成为庸庸碌碌的差役和奴才,这才是治国根本、社稷之福。这是乾隆帝政治思想的突出特点。

二、严禁朋党论

清朝皇帝认为,晚明大臣结成朋党而党争不已是明朝灭亡的主要原因。康熙帝说:"至于宦官为害,历代有之……但谓明之亡亡于太监,则朕殊不以为然。明末朋党纷争,在廷诸臣置封疆社稷于度外,惟以门户胜负为念,不待智者知其必亡。"(《清圣祖实录》卷一五四)于是,他将防止大臣结朋为党作为整顿政治的首要问题之一,对同年门生,相为援引,三五成群,互有交结之类的现象,一经发觉,即予以取缔,禁绝朋党于萌芽之中。康熙晚年,诸皇子争夺储嗣地位,各结朝臣为党羽,危害了王权专制。对此清世宗雍正乃亲身经历,深有体会,于是在雍正二年(1724年)七月撰成《御制朋党论》一篇,颁示于宗师贵族及满汉文武大臣,指示"尔等须洗心涤虑,详玩熟体。如自信素不预朋党者,则当益加勉励,如或不能自保,则当痛改前非"(《清世宗实录》卷二十二)。

《御制朋党论》主要论点有五:

第一,要求"惟知有君",与君王同好恶,"乃有心怀二三,不能与君同好恶,以至于上下之情睽、而尊卑之分逆,则皆朋党之习为之害也"。这就是说,大臣如果在爱憎情感上不成为君王的附庸,就是沾染了朋党恶习。

第二,朋党的危害在于可能造成一派社会舆论以抵制君主的赏罚黜陟,有损君主专制的权威。雍正帝认为:"人臣乃敢溺私心、树朋党,各徇其好恶,以为是非……是朝廷之赏罚黜陟不足为轻重,而转以党人之咨嗟叹惜为荣,以党人之指摘诋訾为辱。乱天下之公是公非,作好恶以阴挠人主予夺之柄。朋党之为害,一至是哉!"这就点明了朋党的主要罪状,即有损于君主一人专制的政体。

第三,为臣应仅存君臣之义,以公灭私。宋朝欧阳修撰写《朋党论》,提出"君子以同道为朋",具有一定的影响。雍正帝对此痛斥欧阳修曰:"夫罔上行私,安得谓'道'!修之所谓'道',亦小人之道耳!自有此论,而小人之为朋者,皆得假同道之名,以济其同利之实。朕以为君子无朋,惟小人则有之。"那么怎样认识友情和忠君之间的关系呢?雍正帝提出:"夫朋友亦五伦之一,朋党不可有而朋友之道不可无。然惟草茅伏处之时,恒资其讲习以相依助。今既登朝莅官,则君臣为公义,而朋友为私情,人臣当以公灭私,岂得稍顾私情而违公义!"这就是说一旦为官,最好连朋友也不要顾及,要以公灭私,仅存君臣之义。

第四,君主不避琐细、亲理庶务是遏制朋党的重要措施。雍正帝写道:

"而无知小人,辄议朕为烦苛琐细,有云人君不当亲庶务者……此皆朋党之锢习未去,畏人君之英察而欲蒙蔽耳目,以自便其好恶之私焉耳。"所以无论是批斥朋党的目的,抑或杜绝朋党的方法,都归结于君主总揽一切政务,加强君主的一人专制。

第五,结朋树党绝无好下场,"今之好为朋党者,不过冀其攀援扶植、缓急可恃,而不知其无益也,徒自逆天悖义,以陷于诛绝之罪,亦甚可悯矣"(以上引文见《清世宗实录》卷二十二)。

此外,在颁发《御制朋党论》的谕旨中,雍正帝讲得更为严厉和明确:"嗣后朋党之习,务宜尽除,尔等须扪心自问,不可阳奉阴违,以至欺君罔上、悖理违天。毋谓朕恩宽大、罪不加众,傥自干国法,万不能宽。朕虽未必尽行诛戮,然或千人之中百人、百人之中十人,尔等能自保不在百人、十人之列乎!……上念朝廷任用之恩、下为身家子孙之计,各勉之慎之。"(《清世宗实录》卷二十二)这里杀气腾腾地表达了杜绝一切朋党的决心。

乾隆帝认为:"门户之为害,甚于陷阱,一溺其中,即欲自拔亦不可得矣!"(《评鉴阐要》卷七)在评论明朝东林党时,他对朋党的形成原因提出了新的见解,也给予了更深入的批斥:

> 汉室党人已开标榜之渐,激而致祸。即宋之周(敦颐)、程(程颐、程颢)、张(载)、朱(熹),其阐洙泗心传,固不为无功,然论其致君泽民之实迹,如向之所举而人者(指原文列举过的伊尹、吕望、萧何等人——引者注)安能并肩齐趋乎!而蜀洛之门户、朱陆之冰炭,已启相攻之渐。盖有讲学必有标榜,有标榜必有门户,尾大不掉,必致国家破亡。汉、宋、明,其殷鉴也。(《御制文二集》卷一八及"批语",《提〈东林列传〉》)

这段论述将理学的创始人一一点名指摘,认为私家讲学是朋党相攻的祸根而欲行取缔,这与黄宗羲提倡学者讲学,主张由学校议政的思想正好相反,同为对明代历史教训的总结,结论却不相同,表明清代帝王在政治理念上已经走向了极端君主专制主义。

三、文化崇正论

康熙帝曾向臣民颁发十六条训谕,作为立身行事的准则,其中之一为"黜异端以崇正学"。雍正帝对这条训谕的解释是:"欲厚风俗,先正人心;欲正人心,先端学术。"(见《圣谕广训》)乾隆帝在主持编辑《四库全书》时,指示馆臣注意鉴别,对书籍或收录、或摈弃、或禁毁、或抽改,"务须详慎抉择,使群言悉归雅正,副朕鉴古斥邪之意"(《清高宗实录》卷九九七)。在文化领域中"崇正斥邪"是清朝皇帝的一贯思想和文化政策。

康熙五十三年(1714年)四月,康熙帝谕令全国"严绝非圣之书",特别指出:"近见坊间多卖小说淫辞,荒唐俚鄙,殊非正理。不但诱惑愚民,即缙绅士子,未免游目而蛊心焉,所关于风俗者非细,应即行严禁。其书作何销毁,市卖者作何问罪,著九卿、詹事、科道会议具奏。"(《清圣祖实录》卷二五八)于是规定了对印刷、售卖和查禁不力之官员的惩治办法,后直至嘉庆帝,历朝清帝均有禁绝小说的指示。至于书籍中涉及清廷禁忌的政治内容,甚或贬抑、对抗清廷统治者,更大兴文字狱,穷追索而广株连,酿成难以数计的惨案,成为清代专制统治极端化的一个重要表现。

雍正帝是清朝第一个在全国以主动出击方式大兴文字狱的皇帝。雍正六年(1728年)发生曾静煽动官僚岳钟琪反清案,这本身是政治性事件,但雍正帝着意将之引至思想文化领域,形成将主要矛头对准已故学者吕留良的文字狱。雍正十一年(1733年),浙江总督程元章查出书生吴茂育《求志编》一书中"语多狂悖",且序文日期只写干支,未书"雍正"年号,奏报朝廷。雍正帝在奏疏上批示曰:"辟邪说以正风俗,惩奸匪以警人心,能见及此,殊属可嘉。"还批评有些地方官对此纠察不力,应当尽力搜访惩治,"切不可因远'多事苛求'四字之嫌,而贻误于世道生民也。果能于斯一节,汲汲铲除,胜于治理刑名钱谷案件之功,不啻什百相倍,卿其谨志,奉行勿替"(《朱批谕旨》,雍正十一年十一月程元章奏折批语)。这是将思想文化领域的"辟邪说"、"惩奸匪"看作极重要的大事,置于其他一般案件之上。

乾隆朝的文网更为严密,不仅带有反清情绪、反清嫌疑的书籍、诗文必须查抄追剿,而且稍有不合封建纲常伦理原则的字句亦在清查之列。至乾隆三十七年(1772年)编辑《四库全书》时,对历代文献、典籍的总清理进入高潮,前后禁毁、抽毁之书达三千一百多种、十五万一千多部。所有文字狱的处理及书籍的禁毁与否,皆由乾隆帝亲自裁决。当他要一逞淫威时,便对办案不力、拟罪较轻的官员予以惩处。例如,举人王锡侯编辑《字贯》,删改修订《康熙字典》,为江西巡抚海成奏请革去举人功名,但乾隆帝查看《字贯》,竟发现其中对康熙、雍正帝庙号和自己御名不加避讳之处,于是,下旨痛骂海成"双眼无珠,茫然不见","视大逆为泛常,全不知有尊君亲上之义,实属昧尽天良"(《掌故丛编》第五辑,乾隆四十二年十月二十六日谕),结果不仅王锡侯被斩,巡抚海成也被革职拿问。当他要缓解文字狱时,又对积极办案的官员予以斥责。例如乾隆四十七年(1782年)广西

第二十三章 清代帝王的统治思想与古典政治思想的终结

缉获曾游历各省的回民携带书籍中有"狂悖荒唐"之语,不敢怠慢,急忙追查并且上奏,乾隆帝却认为对此等小事若兴师追究,将"不胜其扰",怒斥地方官"如此矜张办事,殊非大臣实心任事之道,实属可鄙可笑"(《清代文字狱档》第七辑)。这种完全以己意高下其手,使大臣虽欲紧随而不及的做法,最充分地显示了君主一人专制的绝对权威。

乾隆帝不仅亲自裁定当时文化界事涉"狂悖"的案件,还要对封建思想体系来一番清理,在有关君权至上、君臣大义的原则方面,对历来名儒学者的论述都予以审阅,批评的矛头有时亦直指孟子和程、朱。他亲自主持编辑各种书籍,对经学思想、史学观点等等都作出了官方的论断,特别在史学上用力最大。在乾隆帝亲自批阅和主持编辑的《御批通鉴辑览》中,对上古至明末的史事均重作评定,后又将其中御批之文录出,编汇为《评鉴阐要》一书,成为当时论断历史奉行不违的圭臬。《四库全书总目提要》称此书可"垂较万世",认为"盖千古之是非系于史氏之褒贬,史氏之是非则有待于圣人之折衷"(《四库全书总目提要》卷八十八)。这个圣人自然是指乾隆帝。又称"我皇上综括古今,折衷众论,钦定《评鉴阐要》及全韵诗,昭示来兹。日月著明,爝火可息,百家谰言,原可无存"(《四库全书总目提要》卷八十八)。意即有了乾隆帝的论断,历朝历代的议论皆可废弃,君主成了裁判历史认识的最高权威。乾隆帝自己在编辑书史、发表评论时也反复声称要为万世"植纲常"、"示彰瘅",在指示编撰国史时说:"今悉据事核实,立为表传。总裁大臣公同商榷,朕复亲为裁定,传之万世,使淑慝并昭而衮钺不爽,不更愈于自来秉史笔者之传闻异词,而任爱憎为毁誉者耶!"(《国朝宫史续编》卷八十八)《四库全书总目提要》介绍乾隆帝御选《明臣奏议》时说:"是编禀承训示……以众论归于一是。譬诸童谣妇唱,一经尼山之删定而列在《六经》,一代得失之林,即千古政治之鉴也。"这样,乾隆帝被尊为承接孔子之后的思想教主。乾隆帝自己对此也当仁不让,称其审编的《明纪纲目》是"敢曰继《春秋》之翼道"(《清高宗实录》卷一七八),称《御批通鉴辑览》"此编体例一本至公,以为万世君臣法戒"(《阅通鉴辑览作》(诗)自注,见《国朝宫史续编》卷八十九),"则所以教万世之为君者,即所以教万世之为臣者"(《御批通鉴辑览》卷首《御制序》)。能够提出永不过时的思想见解以教万世君臣,当然是最伟大的圣哲、最杰出的理论权威,乾隆帝就是以这种身份自居的。

总之,清朝帝王实行文化专制主义,"崇正斥邪"是其典型的理论表现。皇帝不但拥有至高无上的政治权力,而且要以最高思想教主的身份审查书籍、文献以及所有文化现象,以自己的意志和见解作为文化领域判别

"正"、"邪"的标准,而且要用其思想垂教万世,这正是君主专制政治思想的极端化,是秦汉以来"别黑白而定一尊"、"罢黜百家,独尊儒术"等文化专制思想的延续和发展。

第二节 乾嘉汉学的政治理念与戴震对传统经学的反思

继明末清初的政治反思思潮之后,中国的学术发展进入了另一个阶段,汉学成为学界的主流。这一学风的特点是离弃宋明理学的"空谈义理",崇尚汉儒经说,讲究名物训诂、音韵、考据等。清朝末年今文经学家皮锡瑞总论清代经学,认为"专门汉学"始于乾隆以后,其特点是"说经皆主实证,不空谈义理"[①]。旧说汉学分吴、皖两派,吴派以惠栋为首,皖派以戴震掌纛。他们的治学特点或有不同,但学派归属均是古文经学;而清代今文经学的复起,则是道光时期的事。

总体来看,清代汉学的形成源于对明朝后期阳明王学末流的空疏学风的批判,这一学术发展的基本特点自然会形成对于传统经学即宋明理学的反思和批判。因之,从政治思想的角度看,在一般人们认为的"为经学而治经学"的考据之风背后,潜存着深刻的政治认识,即便是被称为"专门汉学"的古文经学也不是绝对的"为学术而学术",在他们关门闭户,埋首经籍的操劳过程中,始终贯穿着他们关于政治价值的思考,蕴含着某种深层次的政治期盼。皖派首领戴震则是这一反思思潮中的代表人物。

一、乾嘉汉学的循道与崇圣主旨

乾嘉汉学家们尊崇汉儒经说,并不以致力于音训考据等"小学"之道为满足,他们治学的最高目标是循道,训诂小学是手段,明见义理才是目的。如钱大昕说:"《六经》者圣人之言,因其言以求其义,则必自训诂始。"(《潜研堂文集·臧玉林经义杂记序》)戴震说:"经之至者道也,所以明道者其词也,所以成词者字也。由字以通其词,由词以通其道,必有渐。"[②]王鸣盛也说,通过辨音读,释训诂,"则义理自见,而道在其中矣"(《十七史商榷·序》)。戴震还总括诸家之言,归纳出一条治学规律:"凡学始乎离词,

---

① 皮锡瑞:《经学复盛时代》,《经学历史》,中华书局1959年版,第341页。
② 戴震:《戴震集》,上海古籍出版社1980年版,第183页。

中乎辨言,终乎闻道。"① 这些认识再清楚不过地表明,清人汉学并非简单地以考据为学术,亦非单纯地为学术而学术,他们从一开始就有着鲜明的政治追求。"闻道"是儒学千百年来一以贯之的政治价值之所在,在这一点上,乾嘉汉学家们是传统儒学及其政治价值系统的忠实传人。

然而问题是,他们"闻道"的具体内涵是什么?约略言之,可以分为两类。一类主张笃信汉人传注、固守汉儒经说即是闻道。如惠栋说:"汉经师之说,立于学官,与经平行",故而通晓汉儒经说即是通经,所谓"舍古亦无以为是"(《九经古义·首说》),道在其中矣。另一类则对汉人传注提出疑问,对笃信汉代经说的做法深表疑虑。如俞樾即认为:"其实汉儒于义理亦有精胜之处;宋儒于训诂未必无可取也。"(《论语集注旁证·论语旁证序》)戴震从治学目的着眼,也坚决反对株守汉儒,认为"徒株守先儒而信之笃,如南北朝人所讥,'宁言周、孔误,莫道郑、服非',亦未志乎闻道者也"②。于是,这一派在质疑汉儒的基础上,提出了另一个判断标准:"求是"才是闻道。他们主张"实事求是,不尚墨守"(汪中:《述学·别录·与巡抚毕侍郎书》);"学问之道,贵平心以求其是非"(臧庸:《拜经堂文集·题蜀石经毛诗考证》);"博采众说,择善而从"(俞樾:《春在堂全书文续·沈肖岩田间诗学补注序》)。

平心而论,"实事求是,惟善是从"作为一种认识的价值选择,代表着清代经学思维理性的最高峰,这种认识强调的是认识主体在辨析和选择中的相对独立性,很有些拨云见日,冲出传统思想之藩篱的气魄。与惠栋等人的"笃于尊信"、"鲜下己见"相比较,这里确乎蕴含着某种学术自主或独立思维的味道。

如果进一步追问,"是"或"善"的具体内涵是什么,焦循认为"是"即孔子,他批评学者"惟汉是求,而不求其是",结果他们的所述所学都是"汉儒也,非孔子也"(《雕菰楼集·述难四》)。戴震认为"是"或"善"要达到"十分之见":"所谓十分之见,必徵之古而靡不条贯,合诸道而不留余议"。他反对道听途说、空言孤证,认为在认识上理应追根溯源,通过"巨细毕究,本末兼察",以求其真正"合诸道"③ 者。

焦循和戴震的认识很有代表性,他们告诉世人,认识上理应"求是"和"惟善",这无疑需要认识主体的某种自主性或独立性,但是,这里内蕴的

---

① 戴震:《戴震集》,上海古籍出版社1980年版,第210页。
② 同上书,第186页。
③ 同上书,第185页。

价值选择并不是彻底地超越传统,而是一种跨越了历代儒说直接与孔、孟等儒学宗师的思想交融。他们认为,孔孟以后,思想学术无正统,包括汉儒在内的历代经师皆以自家学问为真传,其实似是而非,种种歪说讹误充斥其间。于是他们以孔孟之学作为最终和最高的认识标准,用以检验、甄别历代经说,以期达于"十分之见"。如戴震言,他们的终极追求是"通乎古圣贤之心志",因之说到底,"求是"的真实含义是"循道",是宋明以来圣圣相传的圣人之道溺于混乱而后的拨乱反正,表现为一种更为积极的"崇圣",这是隐匿在清儒小学之道背后的深层政治期盼。他们流露出来的认识自主性更多地表现为一种"信仰的理性",其中的积极意义不无遗憾地淹没在自汉代以来愈益昏聩的崇圣潮流中,汉学家们的"以小学见大道"没有导向完整意义上的思想解放。

二、戴震的"以理杀人"辨

清代汉学与宋学的疏离有一个由浅至深的过程,最初只是表现出对宋学的真理性的怀疑,批评的言词大多限于"支离"、"空论"等等。皖派戴震则异军突起,其锋芒所至,不仅批评宋学的学风和方法,而且触及宋学的理论内核,赫然斥之曰"以理杀人"。这一点最为后人称颂不已,誉之曰思想解放。然而,有清一代,理学仍然被尊为官学,其思想文化的权威地位并没有受到什么冲击,因而,斥理学为杀人需要在理论上有一个细密的引导过程。

第一步,重新诠释天理的内涵。

有关天理的认识是宋明理学的理论基石,戴震则偏要釜底抽薪,批评理或天理是宋儒的杜撰。他批评北宋张载的"太虚"观:"《六经》、孔、孟无是言也。"(《孟子字义疏证·理》)又说:"《六经》、孔、孟之书不闻理气之辨,而后儒创言之,遂以阴阳属形而下,实失道之名义也。"(《孟子字义疏证·天道》)戴震认为,宋代以前的儒、道、佛等各家基本是独立发展的,彼此并无依附。宋以后,"孔、孟之书尽失其解,儒者杂袭老、释之言以解之"①。这种释、儒混杂的现象延续了数百年,"惑人也易而破之也难",为此戴震对天理做了新的诠释,以正视听。其说有三。

其一,理的客观存在形式是事物之条理。戴震认为,天下的"大本"是善,"显之为天明谓之命,实之为化之顺谓之道,循之而分治有常谓之理";

---

① 戴震:《戴震集》,上海古籍出版社1980年版,第166页。

又:"生生而条理者,化之流"①。这里说的"循之而分治有常"、"生生而条理者",指的是具体地存在于每一事物之中的"物则"。戴震相信事物总是依照一定的条理或规则而存在,由此形成的秩序谓之礼,故而,所谓理或天理是对于事物之客观存在方式的概括。

其二,理的主观存在形式是人们对事物的共同认识或公论。戴震说:"心之所同然始谓之理。""同然"者,"凡一人以为然,天下万世皆曰:'是不可易也',此之谓同然"。反之,个人的认识或判断是"意见",即"未至于同然,存乎其人之意见,不可谓之理义"。在戴震看来,"同然"是人们对于"物则"的领悟,是对于事物之理的共识,其中蕴含着万物之理。例如"直者之中悬,平者之中水,圆者之中规,方者之中矩,然后推诸天下万世而准……夫如是,是为得理,是为心之所同然"。这就是说,能真切体察并感知体现着事物必然合理性的永恒法则,所谓"心之神明,于事物咸足以知其不易之则",即是理的主观存在形式,"故理义非他,所照所察者之不谬也"(以上引文见《孟子字义疏证·理》)。

其三,理的社会存在形式是"人伦日用",这也体现了理的本质特征。戴震说:"'民之质矣,日用饮食。'自古及今,以为道之经也。"又:"尽乎人之理非他,人伦日用尽乎其必然而已矣。"(《孟子字义疏证·理》)在戴震看来,理即道,人之道是"道之经",是为理的本质或主要形式。"故语道于人,人伦日用,咸道之实事"。这样的认识与古圣贤是相通的,可是宋儒恰恰反其道而行之,"以人伦日用之事不得谓之道",岂非大谬,"《六经》、孔、孟之言,无与之合者也"(《孟子字义疏证·道》)。

戴震重新诠释了理即天理的普遍合理性和世俗价值,为进一步抨击宋学提供了认识依据。

第二步,辨析"存天理,灭人欲",阐明理学的不合理。

在宋儒眼中,理欲之辨凝聚着理学实践的社会政治价值。戴震却大肆抨击。他指出,性乃人和物的自然属性,谓之"血气心知",是人的道德和情、欲之源,并不存在什么天地之性或生之谓性。"孟子言性,曷尝自歧为二哉!二之者,宋儒也。"他认为,"人生而后有欲,有情,有知,三者,血气心知之自然也"(《孟子字义疏证·性》)。因而所谓欲者,自有其存在的必然性,只能节制,不可去除。他反对宋儒的"惩忿窒欲"说,明确指出:"孟子曰:'养心莫善于寡欲',明乎欲不可无也,寡之而已。人之生也,莫病于无以遂其生。欲遂其生,亦遂人之生,仁也。"(《孟子字义疏证·理》)无欲违

---

① 戴震:《戴震集》,上海古籍出版社1980年版,第156页。

背了仁道的"遂生"宗旨,因而极不合理。

戴震认为,君子可以无私,但"不贵无欲"。宋儒的理欲之辨是教条和僵化的,"犹之执中无权",他们背离了人的合理欲求而奢言"存理",使理陷于空泛,后果很恶劣。如果从人格修养看,理欲之辨造成了普遍的虚伪人格:"此理欲之辨,适以穷天下之人尽转移为欺伪之人,为祸何可胜言也哉!"若是从社会发展来看,否定人的合理欲求会阻滞社会发展的动力:"凡事为皆有于欲,无欲则无为矣;有欲而后有为,有为而归于至当不可易之谓理;无欲无为又焉有理!"(《孟子字义疏证·权》)戴震能将人的欲求视为社会发展的推动力,这一认识不仅极为深刻,而且更接近历史的真实。戴震理想中的社会是理和欲两方面的满足:"圣人务在有欲有为之咸得理",这一点正是他抨击宋学"以理杀人"的认识基础。

第三步,戴震明确指出宋儒"以理杀人",对传统经学进行了深刻的批判。总括其论,计有三层。

其一,戴震批评说,自宋以来,所谓理或天理常常是个人的偏见私见,有势位者更是以私见为理,欺压弱者,为祸于民。他说:"宋以来儒者,以己之见,硬坐为古贤圣立言之意,而语言文字实未之知。其于天下之事也,以己所谓理,强断行之……是以大道失而行事乖。"① 由于人们以"心之意见"当作理,所谓理的判定标准就不是人的认识,而是取决于势力。"于是负其气,挟其势位,加以口给者,理伸;力弱气慑,口不能道辞者,理屈"(《孟子字义疏证·理》)。戴震认为,偏见或私见是普遍现象,即使有的人"廉洁自持,心无私慝",也难免会以个人之"意见"为理,而失之于偏颇,"往往人受其祸,己且终身不寤"。廉洁之人尚且如此,何况"天下智者少而愚者多",结果人们孜孜以求的理,不过是个人"意见"即个人的一孔之见,以至危害不小,"未有任其意见而不祸斯民者"(《孟子字义疏证·理》)。

其二,尊贵者用理"责制"卑贱者,理成了统治者治民的工具。戴震揭示说:"尊者以理责卑,长者以理责幼,贵者以理责贱,虽失,谓之顺;卑者、幼者、贱者以理争之,虽得,谓之逆。于是下之人不能以天下之同情、天下所同欲达之于上;上以理责其下,而在下之罪,人人不胜指数。人死于法,犹有怜之者;死于理,其谁怜之?"在这里,戴震说出了传统中国的一个重要的政治现象:理与政治权力相结合,理就会凭借着权力的至上权威而成了当然合理的是非标准,于是执权柄者即尊贵者亦可以理所当然地在理即天理的名义下任其所为,可以以非为是,似是而非。显然,戴震清楚地意

---

① 戴震:《戴震集》,上海古籍出版社1980年版,第187页。

识到,与法相比较,理作为统治工具具有更强的隐蔽性,"其谁怜之"一句直击此间弊端,备受后世称颂。

其三,后世之儒以理为法,以理杀人。依戴震之见,既然情和欲是合理的,所谓圣人之道即是寓情于理,以使下情得以上达,以遂民之欲。于是仁人君子及古圣贤皆能仁民爱物,"故学成而民赖以生"。宋儒却将情、欲与理对立起来,使得儒生有学而无情,"故学成而民情不知,天下自此多迂儒"。这样的理必然是不近人情,以至于戕害生灵。正如戴震所说:"后儒不知情之至于纤微无憾,是谓理。而其所谓理者,同于酷吏之所谓法。酷吏以法杀人,后儒以理杀人,浸浸乎舍法而论理死矣,更无可救矣。"(《与某书》)自宋儒之后,执权柄者、尊贵者以理责民,"民莫能辨,彼方自以为理得,而天下受其害者众也"[①]。

自元代起始即被树为国是的理学,其拥有的学术权威与政治权威之高,自不待言。迄于清际乾嘉之世,理学已经流传了数百年。戴震一派居然敢于公开指责理学"杀人",实是前无古人!在当时一片崇宋抑汉的呼声中,可谓独树一帜,振聋发聩,受到了后世先进人士们的交口称颂。那么,当我们从政治思想的角度审视,"以理杀人"在政治学意义上应当怎样评估呢?

清代统治者之尊崇儒学的基本倾向是极力抬高程朱理学,康熙帝即明确宣称,朱子之学乃"集大成而继千百年绝传之学,开愚蒙而立亿万世一定之规"。其内容"皆内圣外王之心传",关乎世道人心、治乱兴衰,"非此不能知天人相与之奥,非此不能治万邦于衽席,非此不能仁心仁政施于天下,非此不能外内为一家"(康熙帝:《御制文四集》卷二十一《朱子全书序》)。在统治者的倡导下,社会上形成的主导性认识是将朱学视为"孔、孟之门户也";如陆陇其说:"学孔、孟而不由朱子,是入室而不由户也。"(《三鱼堂文集·答嘉善李子乔书》)刁包则说:"不悟《集注》之妙,亦不可与言《四书》。"(《潜室札记》卷下)在清儒们看来,朱子之学的领袖身份几乎与孔子无别,陆陇其即宣称"非孔子之道者皆当绝,则非朱子之道者亦皆当绝"(《三鱼堂文集·四书集义序》)。清代统治者将宋儒思想尊为正统,为的是促进治统与道统的合一,以强化王权对社会、政治与思想文化的全方位的统治。

戴震抨击理学,攻击宋儒,明明有意将程朱剔出儒家"道统"。其言词之激烈,旗帜之鲜明,显然并没有将朝廷的政治权威和思想权威奉为至

[①] 戴震:《戴震集》,上海古籍出版社1980年版,第188页。

尊。仅就其与权威对垒的立场来看,戴震的学术个性便不同凡响,表明了一定程度的自由化倾向,在经历了清初"文字狱"思想专制的清代学术界,不无促进思想解放的启迪意义。

然而,如果进一步思忖,戴震之论虽然言词激烈,但其最终立场或曰根本用意只是离经而不叛道。关于这一点,著名学者焦循的评论最贴切。他说:

> 读东原戴氏之书,最心服者,《孟子字义疏证》。学者分别汉学、宋学,以义理归之宋。宋之义理诚详于汉,然故训明乃能识羲、文、周、孔之义理。宋之义理仍当以孔义理衡之,未容以宋之义理即定为孔学之义理也。(《雕菰楼集·寄朱休承学士书》)

显而易见,在焦氏看来,戴震抨击理学并没有离开义理二字,他的真正要求是要树立"孔学之义理"在思想文化上的绝对主导地位。因之,就政治学意义而言,戴震的认识可以作两层分析。

其一,从理论的表像看,如前所述,戴震在学术尊属上偏离了帝王高举着的思想正统的旗帜,被卫道之士目为"异端",抨击者斥责他"离经叛道过于杨、墨、佛、老"(方东树:《仪卫轩集·辨道论》),实不为过。从清代政治思想主流的立场来看,他确实表现出某种反传统精神,值得称道。

其二,如果从戴震思想发展的内在逻辑来看,批评理学"杀人"乃是其"以小学见大道"的必然结果。在戴震的思维逻辑中,既然宋学空论,程朱之徒音训莫辨,字且不识,其所谓"义理"相距圣人之学可谓远矣。故而以戴震为代表的一代学者重新考订"理"的内涵,重申"理欲之辨",重新树立"孔学之义理",其意在恢复数百年来被扭曲湮没的圣学真权威。从这个意义来说,被戴震斥曰"杀人"的理学无非是背离了圣人之学正统的"异端",必欲批驳之而后快。这一认识在治学方法上沿顺着清代汉学以小学见大道的致思逻辑,在价值选择上从抑宋学、尊汉学发展到对理学权威的抨击和重塑孔孟的政治权威。

戴震之论似乎突兀其来,实则正是清人汉学的学术逻辑与政治思维的必然轨迹,戴震不过是以更具权威性的思想权威取代另一种权威。与"每的非汤武而薄周孔"的嵇康或"敢倡乱道,惑世诬民"的李贽相比较,戴震确有"离经"之论,但他没有"孔门叛逆"的异端之思,他没有在"卫道士"的立场上再退一步,因而凡是以戴震为"启蒙论"者,不可不详察焉。

三、"归返原典"政治思维

以戴震为代表的乾嘉汉学在追循圣道、重塑思想权威的过程中,明晰地表现出一种"归返原典"的思维特征。

戴震说:"圣人之道,在《六经》。汉儒得其制数,失其义理;宋儒得其义理,失其制数。"①"《六经》者,道义之宗而神明之府也"②。这是典型的《六经》崇拜。另外,著名汉学家崔述有一段话,讲得更为明确。他说:

> 古之异端,在儒之外,后世之异端,则在儒之内。在外者,拒之、排之而已;在内者,非疏而剔之不可。……故居今日而欲考唐虞三代之事,是非必折衷于孔、孟,而真伪必取信于《诗》、《书》。然后圣人之真可见,而圣人之道可明也。(《崔东壁遗书·附录·考信录自序》)

就实质而论,这种认识是汉代思想经典崇拜的延续。汉代儒生以孔门《六经》为正统、为神圣,圣人之言成为惟一的价值标准,用以衡量天下之是非。延至清代,这种对儒学经典的崇拜表现为,在治学上"舍注求经",要求重新树立儒学原初经典的权威地位,在认识上则表现为一种"归返原典"的政治思维倾向。

一般而论,"归返原典"是人类思想史上的普遍现象,仅就中国思想发展而言,这一思维特征即曾几次出现。譬如受到清代汉学家们非议的宋学,在其形成之初,也曾经历过类似的思想历程。简言之,自唐代中期起始,一些学者鉴于汉唐以来儒学笺注训诂日益繁琐,儒生大多固守师说家法而日渐僵化,遂兴起一股"疑古"之风,发展到了宋代,"疑古"之风愈炽。《五经正义》一统天下的局面被打破,宋儒以己意阐释经典,渐渐由"舍经求传"而至疑经、易经。如欧阳修认为《易传》不是孔子所做,朱熹认为《诗序》非圣人之言,在《诗集传》中尽删之。正是在这一过程中,宋儒提升孟子之学,追溯尧、禹、文、武,以"道统"自固,他们在儒学原典的旗帜下抵斥汉唐儒学,不断推出解经新义,为理学的形成创造了条件。

宋儒以道统和孟子之学抵制汉唐儒说,以重树儒学原典权威来否定前人传注,推陈出新。与此相类,清代汉学诸儒则是以《六经》、孔孟的权威抵制宋儒,以戴震为代表则以"求是"的标准裁量宋学义理。虽然时代、学派、学说等均有不同,但在其"思路历程"上有相通之处。他们都是在对"时尚"之学的批判与否定中形成了新的学说与学派,是在对儒学原典权威的认同过程中自圆其说。一般说来,人类文明的每一次发展都伴随着认识上的飞跃,而认识的更新则需要以否定成说和固有观念为起点。从这个意义

---

① 戴震:《戴震集》,上海古籍出版社1980年版,第189页。
② 同上书,第191页。

上说,无论汉学、宋学,就其时代而言都是学术和认识的某种发展,此毋庸置疑。可是,如前所析,汉学、宋学在批判既有成说以发展自身的过程中,又不约而同地在思维上表现出向着儒学原典归复的倾向,其中尤以清代汉学为典型。在专制主义泛滥的时代,学术领域与政治领域一样,缺乏严格意义上的自由思维,学术的生存、传播和发展首先要取得政治上的合法性,否则就极有可能被视为异端,难以生存。就中国传统政治思想与文化来看,自从汉武帝崇儒术、立学官、祀圣人以来,孔孟儒学具有了最高思想文化权威和最高政治权威的双重身份,以《六经》为象征的孔孟儒学原典成为一切学术的政治合法性的本原,并且构成了传统文化的轴心。后世儒学的每一发展总也离不开这条主干。而所谓"发展",说到底也无非是"代圣人立言",即在原典圈定的价值范围内进行阐释、补充和发挥,亦谓之"我注六经",这是"归返原典"政治思维的主要形式之一。

相比之下,所谓"六经注我"则显得富于学术个性,在一定程度上凸显了认识主体的学术自主性。然而,在以政治意识形态化了的儒学统率着主流文化的中国传统社会,"六经注我"在其政治分野和价值判定上难以斩断与原典价值体系的天然联系;同时,在其思维和表述的过程中,其理性的表达亦难以脱出儒学原典的逻辑思维形式。于是便形成了这样一种思维现象:形式拖住内容,死的拉住活的,在儒学原典的知识体系、认知方法和价值结构的约束下,认识者可能具有的学术个性虽然竭尽全力,也很难突破既有的思维框架而真的有所创新。然而,认识上要求发展与创新是学术的固有品性,一种思想文化的生命力常常孕育在学术认识的发展创新之中。于是,学术固有的发展需求与专制权力对学术的桎梏必然会形成冲突,在中国传统社会,这种冲突常常以一方压倒一方的形式而暂告平息。如果说,春秋战国是学术的发展占据了上风,那么秦汉帝国则是政治权力占据了主控地位。有时候,这种冲突又会以特定的形式达成妥协,"归返原典"的思维方式就是学术发展与政治桎梏形成妥协的认识路径之一。

具体到清代汉学,他们的崇圣和重树政治权威的努力是典型的价值回归,汉学家们表现出来的"原典情结"正是回归《六经》母体。因之,戴震痛斥"理学杀人"的疾呼过后,则是义无反顾地转向传统和完善传统,作君主政治的忠实卫道士。下面的一段话可以为证:

> 凡天之文,地之义,人之纪,分则得其专,合则得其和。分也者,道之条理也;合也者,道之统会也。条理明,统会举,而贵贱位矣。贵者

君之,贱者臣之,而治化出矣。征之于臣道妻道无失,知君道立矣。①

显而易见,以戴震为代表的清代汉学家们在学术发展与政治制约的冲突中没有找到足够的推力,在"原典思维"的制约下,他们再次跌入了君主政治及其政治意识形态的桎梏之中。

第三节 龚自珍"自改革"、救衰世的政治思想

清朝晚期世道的衰败、社会的动荡再次把人们的视线引向现实。不仅日益激化的社会矛盾呼唤着新的政治思维,就连统治阶级也急切地寻求救世补天之术,要求产生一种更能有效维护现存秩序的思想武器。最先敏锐地感受到世道变化的是士大夫阶层。这种感知又直接引发思想界风气的变化,并逐渐汇成一股匡时救世的社会思潮。当时有一大批士大夫从庞大驳杂的儒学武库中重新发掘出春秋公羊学,力图从"大一统"、"张三世"、"通三统"、"受命改制"等思想中找到经世致用、挽救衰世的药方。龚自珍是这个思潮的主要代表人物之一。

龚自珍(1792~1841年),号定庵,浙江仁和(今杭州)人。生于"累代世官,簪缨文史"之家。他曾师事当时著名的公羊学家刘逢禄。考中进士后,长期担任内阁中书、礼部主事之类的小官,郁郁不得志。由于"言多奇僻,世颇訾之",在京城难以容身,于1839年辞官还乡。1841年9月26日暴卒于丹阳,死因有疑点。著有《定庵文集》等。

龚自珍的思想是时代以及特有个性铸就的产物,代表着一种典型的政治思维方式。他的政治主张主要有以下几点:

一、激烈抨击"衰世",劝谏朝廷"自改革"

龚自珍将他所生活的时代定位于"衰世"。在他看来,人类社会和历代王朝都有"三世",即"治世"、"衰世"、"乱世"的循环。三代"治世"以降,中国处于"衰世"之中,清王朝发展到他所生活的年代,也已进入"衰世",即当今之世是"衰世"中的"衰世"。

龚自珍认为,划分"三世"的标准主要依据人才的状况,即"世有三等,三等之世,皆观其才;才之差,治世为一等,乱世为一等,衰世别为一等"。"衰世"从"治世"而来,向"乱世"而去,乍然看去一片太平景象,实际上已

---

① 戴震:《戴震集》,上海古籍出版社1980年版,第155页。

逐渐衰落。"衰世"最大的特点是死气沉沉,庸庸碌碌。皇帝是庸主,朝廷上没有贤明的将相,社会上没有优秀的农、工、商,就连小偷、强盗也都是低能儿,因此"起视其世,乱亦竟不远矣"(《龚自珍全集·乙丙之际箸议第九》)。

龚自珍明确地指出:导致世道衰落的根本原因是帝王奉行"一夫为刚,万夫为柔","仇天下之士,去人之廉耻"的制度和政策。龚自珍具体分析了造成天下鲜有廉耻的原因及其表现。一是帝王视群臣为奴婢,致使官僚无耻。当今之世,废汉唐三公"坐而论道"之制,"朝见长跪、夕见长跪之余,无此事矣"。由此君臣之间"渐相悬以相绝",而"大臣无耻,凡百士大夫法则之,以及士庶人法则之"(《龚自珍全集·明良论二》)。二是天子处处牵制朝臣,致使官偷民狎。龚自珍尖锐地指出:专制王权为了牵制大臣,"天下无巨细,一束之于不可破之例,则虽以总督之尊,而实不能以行一谋、专一事"(《龚自珍全集·明良论四》)。百官无法发挥才能,都变得庸庸碌碌。三是八股取士、论资排辈,致使士大夫毫无创新精神。龚自珍认为以《四书》、八股取士是导致"天下之子弟,心术坏而义理锢"(《龚自珍全集·述思古子议》)的重要原因。四是庸才当道,英才在下,摧残、扼杀了人才。"当彼其世也,而才士与才民出,则百不才督之缚之,以至于戮之"(《龚自珍全集·乙丙之际箸议第九》),致使社会名流多是庸俗卑劣之辈,一般士人则"避席畏闻文字狱,著书都为稻梁谋"(《龚自珍全集·乙酉诗五首》)。

龚自珍体察到整个社会酝酿着危机,感叹"万马齐喑究可哀",期待上天"不拘一格降人才"(《龚自珍全集·乙亥杂诗》),并期待朝廷主动革新政治,以重返治世。

在《乙丙之际箸议第七》中,龚自珍提出"豫师来姓"的主张。他认为,"革命"论是为"一姓劝豫也"。历史上"无八百年不夷之天下",一家一姓的王朝迟早要被新的王朝取代。但是王朝的寿命有长有短。短命王朝的共同特点是固执祖宗旧制而不更不革。反之,只要不断自我调整、自我更新,王朝的寿命就可以延长。自我更新的最佳方案是"豫师来姓",实行"自改革",即效法未来王朝的政治模式,革新政治以消除本朝的弊端。因此,他呼吁"奋之!奋之!将败则豫师来姓,又将败则豫师来姓",并劝告当权者:"一祖之法无不弊,千夫之议无不靡,与其赠来者以劲改革,孰若自改革?"

二、重建农宗、平均天下与尊崇君命

《平均篇》、《农宗》与《尊命》是反映龚自珍社会、政治、经济理想的三篇论文。平均、农宗、尊命三者各有侧重又互相贯通，共同构成了龚自珍对社会历史、社会结构和改革变法的一般认识和具体设计。

龚自珍著有《农宗》一文。他认为君主制度的历史起点是农宗，社会生活的基础也是农宗，重建、完善、维系农宗是古今帝王的"为天下大纲"。据此，他呼吁全面恢复农宗，以重建宗法制度的方式，维护社会秩序。

龚自珍对传统儒学的君主制度起源理论提出质疑，明确提出君主制度最初是依据宗法而确立的。他认为儒者把君主制度的根源归结为上帝、天道、圣人，称"天下之大分，自上而下"，歪曲了事实，实属"失其情，不究其本"。他提出了一系列值得思索的问题，综合言之，即为什么上古没有君主制度和礼乐刑法，而这些强制性规范产生之初，人们并不感到惊骇和疑惧？为什么古代人将治家与治国相提并论，治家与平天下一以贯之？为什么帝王们都以天下为家，尊尊亲亲的社会规范能长期持续下去？对此，龚自珍作了极为接近历史本来面目的解释。

龚自珍指出：各种政治设置和社会规范都起源于农宗。宗法产生的经济基础是农业耕作。拥有土地的人必然实行嫡长子继承制度，并世代相承，分化出大宗、小宗、群宗和无地的闲民。为了维护这种等级关系，又形成了一套相应的制度与规范，这就是礼。有农则有宗，有宗则有礼。宗法制就是君主制。大宗犹如帝王，小宗犹如"帝王之上藩"，群宗犹如"帝王之群藩"，闲民犹如"宗室群臣"。大大小小的宗主依据占有土地的多少构成政治上的统属关系。至上者为帝王，其次者为诸侯。仁孝悌义、礼乐刑法、君主制度都是农宗制度的必然产物。

龚自珍深知"筹一农身，身不七尺，人伦五品、本末原流具矣！"在每一个社会成员的身上内蕴着维系这种社会政治制度的一切文化因子；深知"筹一农家，家不十步，古今帝王，为天下大纲，细目备矣！"在每一个社会组织中内蕴着君主政治的一切准则和规范。因此，他主张由国家"定后王法"，即按照宗法关系划分大宗、小宗、群宗和闲民四个等级，按等级重新分配土地，即使为官为宦也不改变固有的宗法隶属关系，所谓"木无二本，川无二原，贵贱无二人，人无二治，治无二法，请使农之有一田、一宅，如天子之有万国天下"。如此便可使治国与治家重新实现"一以贯之"。使每一个家庭犹如一个小的王国，每一个社会成员兼备君臣、父子、夫妻、兄弟、朋友等"人伦五品、本末原流"。对于这种"后王法"，龚自珍作了相当具体的设计。在他看来，一旦试行此法，就会使天下无田之人各由其宗所养，无需天子操心，"蓬跣之子，言必称祖宗，学必世谱牒。宗能收族，族能敬宗"，"然而有天下之主，受是宗之福矣"（以上引文见《龚自珍全集·农宗》）。

龚自珍又著《平均篇》一文。他认为平均财富是自古以来帝王治理天下的最高准则,"有天下者,莫高于平之之尚也"。不均则天下乱,平均则天下治,据此,他提出了由君主平均天下的政治主张。

龚自珍把古往今来的政治分为四类:第一类是"平天下"。如远古之时,君臣相聚共饮。第二类是"安天下"。如三代盛世社会财富的分配犹如取水,君主取一碗,大臣取一勺,民众取一杯。第三类是"天下安",即君守其分,大臣和民众彼此侵夺对方之水。第四类是"食天下",即君主想取一石水,臣民也都想取一石水,结果有人占夺太多,有人干渴而死。

龚自珍认为:"人心者,世俗之本也;世俗者,王运之本也。人心亡,则世俗坏;世俗坏,则王运中易。"而不平不齐是败坏世俗人心、酝酿政治危机的社会根源。贫富之差是一个愈演愈烈的历史过程,"其始,不过贫富不相齐之为之尔;小不相齐,渐至大不相齐;大不相齐,即至丧天下"。一般说来,贫富差别"相去愈远,则亡愈速;去稍近,治亦稍速"。由此可见,治国安邦,移风易俗,"贵乎操其本源,与随其时而剂调之"。

在龚自珍看来,实现平天下的关键是"王心"平和公正,"上有五气,下有五行,民有五丑,物有五才,消焉息焉,淳焉决焉,王心而已矣"。一切取决于君主的政治措施和施政态度。实现平均的具体办法是由君主履行民之父母的责任,实行平均天下的政策,取有余而补不足,调剂贫富,使天下人都有饭吃。龚自珍认为平天下不难实现,只要帝王"试之以至难之法,齐之以至信之刑,统之以至澹之心",则"不十年几于平矣"(以上引文见《龚自珍全集·平均篇》)。

龚自珍是典型的尊君论者。他期望一位有作为的皇帝来革新朝政,而一切改革设想的根本目的都是尊朝廷。在《尊命》一文中,龚自珍认为儒者"以天为宗,以命为极,以事父事君谓践履",把天和天命视为至高无上,是对古代典籍的误解。他们以知天命,通古今为口实干君,实际上是想"自售其学"、"自通其情"、"自偿其功"。这些人假借天命,想与帝王平起平坐,明目张胆地图谋私利,"亵君嫚君孰甚!"在龚自珍看来,"君有父之严,有天之威;有可知,有弗可知,而范围乎我之生。君之言,唐、虞谓之命,周亦谓之命",所谓"命"、"天",其本意是指君的权威。所谓"尊命"即尊崇君命。他抨击天人感应论,认为与其以"天命"谏君,不如使君主面对现实。龚自珍担心尊君命不尊天命的主张被俗儒指责为"赵高之术",所以自设自答道:"赵高匿其君以为尊君,吾之术,使君无日不与天下相见以尊君。"

三、君师合一的政治理想

龚自珍的革新主张是有明确的针对性的。他把社会危机的根源归咎于君主专制的绝对化和贫富差别的扩大化,这是切中时弊的。然而,他是人治论者,又是典型的中央集权论者,并致力于在儒家经义、宗法制度、君主制度的范围内寻求救世之方。这就注定他只能把重建治世的希望寄托在君主身上。因此,龚自珍所企盼的理想政治,简言之,即"君师合一"。

在龚自珍心目中,三代是王道盛世和托古改制的范本。在他看来,三代("治世")与后世("衰世"、"乱世")的区别在于前者实现了道、学、治的统一,而后者则道、学、治分离。龚自珍认为:"自周而上,一代之治,即一代之学也;一代之学,皆一代王者开之也。"不仅王是一代学宗,而且王以下的各种政治角色和政治设置都与学相关,"是道也,是学也,是治也,则一而已矣"(《龚自珍全集·乙丙之际箸议第六》)。将政治与学术统一在一起的是王。王创造道与学,并据以颁布王命,实施政治。官宣达王命,民遵奉王命,师儒研讨王命。王命就是道,王是师中之师,亦即君师合一。龚自珍参加殿试时所作的《对策》也表达了同样的思想。在他看来,"君与师之统不分,士与民之数不分,学与治之术不分",是最理想的政治范式。在三代,各级政长即为各级之师,不仅帝王为天下之师,而且"党正即一党之师,州长即一州之师","乡遂之大夫,亦即乡遂之师。岂若后世官吏自为官吏,师儒自为师儒,曰刺史、曰守令以治民,曰博士、曰文学掾以教士之区分乎?"(《龚自珍全集·对策》)

龚自珍认为君与师合一是"兴化善俗,制治之本"(《龚自珍全集·对策》)。那么如何才能使君师合一呢?除了祈求圣人从天而降以外,他没有,也不可能提出更好的对策。龚自珍自己也看到这种理想是很难实现的。他说:"夫五行不再当令,一姓不再产圣。"(《古史钩沉论四》)一姓之圣王不会一再降生于人间是自然和社会发展的规律。于是他又寄希望于帝王以"异姓之圣"为宾、为友(《古史钩沉论四》)。可是他举目四望,又发现朝野上下的士大夫几乎都是昏愦无耻之辈。于是只好把希望寄托于冥冥之中主宰着人类社会的超然的力量。他在一篇祭天的祝文中写道:"九州生气恃风雷,万马齐喑究可哀。我劝天公重抖擞,不拘一格降人才。"(《己亥杂诗》)这首诗气势磅礴,却又在激愤之中流露出哀怨。龚自珍无法认识和理解真正的风雷酝酿在大众之中。他找不到出路,有时竟然从佛教虚无主义中寻找归宿,并重新跌入天命论的泥潭。

圣人之道及圣化之王是龚自珍政治理想的最高概括。他期盼着一代王者开创一代之学,以实现"一代之治,即一代之学"的理想政治。他追求新的君师合一,即政治与学术的统一。这种愿望有其合理成分,即全面改善君主与官僚的素质,通过道、学、治的合一,将道德教化贯彻于天下。但是,这种理想并不具有现实可能性。由君师合一的圣王通过弘扬道义、任用贤才、重建农宗、平均天下,来重建理想盛世,这种政治思路也毫无新意。自先秦以来,历代儒者对此谆谆不已,而历史已经一再证明:靠这一套思想是无法开辟人类社会新时代的。

龚自珍是第一个明确以"衰世"来看待世道的思想家。他亲眼看到国内民生憔悴,民变蜂起的形势,看到外部势力加紧侵略步伐,鸦片流毒全国的危局,同时又看到朝廷的无能、官僚的腐败和士风的沦落。他预感到大变即将到来。于是,他"借经论政"、"谈古论今",用时而明朗、时而隐晦的笔法,寻求革新救世之方。龚自珍"百脏发酸泪,夜涌如源泉",忧国忧民,倡言改革,不愿"守默守雌"。他的诗文开一代风气,又是中国古代社会走向崩溃的一曲挽歌。龚自珍的政见虽不足以创新,却可引以破旧。在帝制之下,救亡图变的人们一时读他的文集,"若受电然"。近代维新派人物大多经历过崇拜龚自珍的阶段。龚自珍不仅是当时士风和思潮的头羊,而且对近代的士风和思潮有所启迪,这就奠定了他在政治思想史上的地位。但是,从政治思维方式和政治文化范式上看,龚自珍仍属于旧的时代。

龚自珍是中国古代最后一位重要的政治思想家。他对近代以来的思想界也有过很大的影响。就在他逝世之前的28天,清政府被迫签订了《中英南京条约》,从此,中国的社会性质发生了重大的变化。与此相应,中国的思想界也立即发生明显的变化。龚自珍的同路人林则徐、魏源等人明确提出了学习西方的课题。龚自珍英年早逝,使他不可能对世道的巨变做出思想理论上的反映。他的政见恰好是中国古代政治思想史的一个句号。从此以后,旧的政治思维的影响依然很大,而新的政治思维已经萌芽,并不断发展。在这个意义上,龚自珍标志着中国古典政治思维的终结。

后　记

　　这个版本是 1992 年《中国古代政治思想史》的修订版。从 1992 年到现在已过了 10 年，那个版本先后印刷过 4 次，版面已经老化，不能再用。更主要的是我们做了相当大的修改。借着新版的机会我说一点自己的经历和感受。

　　我在大学教书已 40 年有余，前 20 年干什么，我自己也说不清楚了，大抵是"紧跟"之类的事，有时虽跟不上，但还是尽力去"跟"。由于是"跟"在别人屁股后边跑，于是处于"无我"状态，自然也就没有"自己"可言。现在说起来那时是懵懵懂懂的，不过在当时却是相当投入的，真的以为是在做"贡献"。就实而言不能说当时不认真，但由于"着力点"有问题，结果是劳而无功，或劳而少功。直到 70 年代后期才稍微有点清醒，意识到人生在世应做点属于自己的事。追求"无我"自然有"无我"的麻烦，麻烦是如何把"我"去掉；可是真要有点"我"也不易，一是在"鸟笼"里呆久了，失去了飞的能力；二是要给"我"找一个落脚的地方，而且能使"我"显示一下个性也不是很容易的事。我这个人一辈子都在教书，少时扫过盲、教过小学，当过中学教师，后来一个偶然的机会又忝列大学教师的行列。因此我只能在教学上找找属于"自己"的东西。在我看来，那就是应该在教案、教材上下大功夫，要在这里做文章。作为一名大学教师如果一辈子都没有写过教材，或者说没有把自己"口述"的东西变成文字、书籍交给学生，那我认为这个教师是不大称职的，或者说没有尽职。在这个理念的指使下，我于教材的编撰是尽心尽力的。我与合作者携手，经过多年的共同努力，撰写出了系统的、不同层次的中国古代政治思想史教材或教学参考书。有为大学本科生写的《政治学说简明读本（古代部分）》，有为硕士研究生写的《中国古代政治思想史》,有供博士生和专业人员参考的《中国政治思想史》(三卷本)、《中国传统政治思想反思》、《中国的王权主义》、《中国传统政治哲学与社会的整合》等著作。我给自己定下的目标是:教学一定要有自己的研究心得与成果,研究一定要围绕教学并转化为教学。我不认为教材仅是基础性的抄录之功,它同样可以是有个性的学术著作。时下有一种观念:重专著而轻教材。就我个人的经验而言,在历史学科(其实还应包括整个文科),写所谓的专著不一定比写教材更难;教材也未必就不是专著。重要的是有否学术个性,有否创见。作为一名教师,我认为不写专著不为过,不写教材则肯定是未尽职。就历史学而言,虽然有不少著作可作为教学参考书,但总的来说,品种还偏少,尤其缺乏富有学术个性的教学用书。我们不妨假定一下,在大学里,如果一门课有几种富有个性的、可资比较的、系统的教学用书,我相信会大大地开阔同学的视野,增加学生的选择和批评能力。

  上边提到的几本书不全是我个人之作,而是与合作者共同完成的。合作者有多人,他们的执笔情况均在首页标明。这些合作者都是我曾教过的学生。因此这个合作体具有师徒关系介入其中。我不否认师生关系具有某种纽带性质,但真正把我们连在一起的是因为:我们在学术理念上基本相同;在互相交往中遵循学术至上、学术自由、学术平等与学术独立的原则;有共同的学术领域和学术目标;以诚相待,互相尊重,责任与名利相一致;我们的才学虽属平平,但我们懂得"三个臭皮匠,顶一个诸葛亮"之理。有了这几点,也就有了我们的合作体。

  下边说说本书的修订事宜。2000年春,教育部研究生办公室经专家审议把本书定为研究生教学用书,要出新版本。我们商定对本书进行大的修订。首先是作者的调整。原书有几位作者在其他城市或居域外,运作起来很不方便,我决定就近调整,请葛荃同志与我共同担任主编,又请张分田、乔治忠参加撰写。葛荃、张分田、乔治忠同志都是教授、博士生导师。我虽不敢言老,也不敢懈怠,但这种组合无疑对我是极大的解脱,修订之事由葛荃同志负责统筹。随着作者的调整自然也要相应调整书稿的内容,新作者的内容全是新写的,与旧稿完全脱勾。在这里我希望原来的几位作者能谅解和理解我做的这种调整。我的出发点仅仅是方便而已。别的不说,迄今为止,在修订过程中我们没有任何经费支持,所有的开支都是自己支付。仅仅这一点我就不能不取方便法门。

  在修订过程中有许多事务性的工作,还有核对原文很费工夫,几位少年小弟帮了大忙,他们是张健、张鸿、李宪堂、弥维、商爱玲、程世刚、张师

后 记

伟。在此我代表作者向他们表示衷心的感谢。

本书的第一版编辑是莫建来同志，这次是焦静宜同志。他们对本书的出版和再版付出了辛勤的劳动，提出过许多宝贵建议。我仅代表作者向他们致谢。

刘泽华

2001 年 5 月

于南开洗耳斋